La France
du XXᵉ siècle

Nouvelle histoire
de la France contemporaine

20

La France du XXe siècle

Documents d'histoire

présentés par
*Olivier Wieviorka et
Christophe Prochasson*

Éditions du Seuil

La présente édition est augmentée d'une sélection
de documents couvrant les années 1995 à 2002.

ISBN 2-02-063236-5
(ISBN 2-02-013224-9, 1re édition)

www.seuil.com

Avant-propos

Le recueil de documents ne constitue pas, on le sait, un genre particulièrement original. Circonstance aggravante, les choix qui fondent la sélection des textes sont par définition subjectifs et éveillent de ce fait le soupçon. Et l'inévitable mais inégale ventilation entre les différents domaines — politiques, économiques, sociaux ou culturels — transforme le soupçon en suspicion légitime. Pourquoi, au vrai, accorder le primat aux événements politiques alors que les forces économiques scandent la marche du siècle? Pourquoi minorer la part du culturel dans une histoire générale, alors que ce champ, aujourd'hui, est l'un des domaines les plus féconds de la recherche?

Nous avons, certes, été conscients de ces obstacles qui limitent l'objet même de l'ouvrage, mais nous n'avons pas cru bon de renoncer. L'éparpillement des sources comme l'incertitude sur la fiabilité de certains documents nous ont incités à proposer à tous ceux que l'histoire intéresse quelques « grands textes », aussi fréquemment cités que difficiles d'accès.

La sélection des documents a donc obéi à un principe simple. Dans le grand siècle qui unit 1870 à 2002, nous avons retenu un texte important par année — quitte à excéder ce quota lorsque l'importance des événements le justifiait. Par exemple, en 1906, entre la querelle des Inventaires et la Charte d'Amiens, il était périlleux de trancher... Si les textes majeurs — en raison de leurs effets immédiats — ont d'emblée bénéficié d'un traitement préférentiel (on songe ici au « toast » de Lavigerie comme au discours d'Évreux d'Alexandre Millerand), les documents révélateurs d'une époque (le premier Tour de France, *La Garçonne*...) ou reflet d'une période (la révolution de 1917 vue par un journal conservateur...) ont également été sélectionnés. Nous avons aussi veillé, dans la mesure du possible, à couvrir l'ensemble des domaines (social, économique, culturel...), même si le politique se taille la part du lion.

Certaines règles simples ont été par ailleurs respectées. Nous avons toujours tenté de nous reporter à la source originale (articles, débats parlementaires...) en refusant de nous fier à des ouvrages de seconde main. De plus, nous nous sommes efforcés

de limiter les coupes pour présenter les documents dans leur inté-
gralité. Les textes sont toujours précédés d'une brève introduction destinée à resituer le document dans son contexte. Et sans
le moins du monde prétendre à une édition critique des sources,
nous avons tenté, par des notes, outre celles des auteurs, d'apporter une information factuelle (et jamais interprétative) destinée
à éclairer le sens littéral de discours parfois obscurs. Nous avons,
enfin, respecté l'orthographe employée par les auteurs, malgré
les archaïsmes parfois utilisés.

C. P.

O. W.

Documents

1870. La Défense nationale

Le 19 juillet 1870, Napoléon III déclare la guerre à la Prusse, mais les défaites françaises s'additionnent jusqu'à la capitulation de l'empereur à Sedan (2 septembre 1870). Un gouvernement de la Défense nationale se constitue aussitôt. Léon Gambetta (1838-1882) — ministre de l'Intérieur —, Adolphe Crémieux (1796-1880) — ministre de la Justice — et Alexandre Glais-Bizoin (1800-1877) — également membre du gouvernement — essaient depuis Tours d'organiser la contre-offensive.

FRANÇAIS,

Élevez vos âmes et vos résolutions à la hauteur des effroyables périls qui fondent sur la patrie.

Il dépend encore de nous de lasser la mauvaise fortune et de montrer à l'univers ce qu'est un grand peuple qui ne veut pas périr, et dont le courage s'exalte au sein même des catastrophes.

Metz a capitulé.

Un général sur qui la France comptait, même après le Mexique, vient d'enlever à la patrie en danger plus de deux cent mille de ses défenseurs.

Le maréchal Bazaine [1] a trahi !

Il s'est fait l'agent de l'homme de Sedan, le complice de l'envahisseur ; et, au mépris de l'honneur de l'armée dont il avait la garde, il a livré, sans même essayer un suprême effort, cent vingt mille combattants, vingt mille blessés, ses fusils, ses canons, ses drapeaux, et la plus forte citadelle de la France, Metz, vierge jusqu'à lui des souillures de l'étranger.

Un tel crime est au-dessus même des châtiments de la justice.

Et maintenant, Français, mesurez la profondeur de l'abîme où vous a précipités l'Empire : Vingt ans la France a subi ce pouvoir corrupteur, qui tarissait en elle toutes les sources de la grandeur et de la vie.

L'armée de la France, dépouillée de son caractère national, devenue sans le savoir un instrument de règne et de servitude, est engloutie, malgré l'héroïsme des soldats, par la trahison des chefs, dans les désastres de la patrie. En moins de deux mois, deux cent vingt-cinq mille hommes ont été livrés à l'ennemi : sinistre épilogue du coup de main militaire de Décembre !

Il est temps de nous ressaisir, citoyens, et, sous l'égide de la République que nous sommes décidés à ne laisser capituler ni au-dedans ni au-dehors, de puiser dans l'étendue même de nos malheurs le rajeunissement de notre moralité et de notre virilité politique et sociale. Oui, quelle que soit l'étendue du désastre, il ne nous trouve ni consternés ni hésitants.

Nous sommes prêts aux derniers sacrifices, et, en face d'ennemis que tout favorise, nous jurons de ne jamais nous rendre. Tant qu'il restera un pouce du sol sacré sous nos semelles, nous tiendrons ferme le glorieux drapeau de la Révolution française.

Notre cause est celle de la justice et du droit : l'Europe le voit, l'Europe le sent ; devant tant de malheurs immérités, spontanément, sans avoir reçu de nous ni invitation, ni adhésion, elle s'est émue, elle s'agite. Pas d'illusions ! Ne nous laissons ni alanguir ni énerver, et prouvons par des actes que nous voulons, que nous pouvons tenir de nous-mêmes l'honneur, l'indépendance, l'intégrité, tout ce qui fait la patrie libre et fière.

Vive la France ! Vive la République une et indivisible !

> A. Crémieux, A. Glais-Bizoin, L. Gambetta, « Proclamation au peuple français », Tours, 30 octobre 1870, cité in *Dépêches, Circulaires, Décrets, Proclamations et Discours de Léon Gambetta*, Paris, Charpentier et Cⁱᵉ, 1886, p. 48-49.

---

1. Après avoir dirigé l'expédition mexicaine, Achille Bazaine (1811-1888) commande en chef les armées en 1870. Replié sur Metz, il finit par capituler le 27 octobre, livrant 180 000 hommes et plus de 1 500 canons.

1871. La Commune

La France avait déclaré la guerre à la Prusse le 19 juillet 1870.
Très vite, elle accumula les défaites. Le 2 septembre, celle de
Sedan mit fin à l'Empire remplacé dans la nuit du 3 au
4 septembre par un «gouvernement de la Défense nationale»
républicain. En dépit des efforts, les armées françaises ne par-
vinrent pas à débloquer Paris encerclé d'où le gouvernement capi-
tula le 28 janvier 1871. Le 18 mars 1871, Adolphe Thiers, alors
«chef du pouvoir exécutif de la République française», provo-
qua l'insurrection des Parisiens en tentant de récupérer les canons
de la garde nationale sur la butte Montmartre. Paris, qui n'éli-
sait pas son maire, prit son destin en main. Le Comité, qui
regroupait des représentants des vingt arrondissements, fit le
22 mars la déclaration suivante au Journal officiel, *en vue des*
prochaines élections.

Vous êtes appelés à élire votre assemblée communale (le conseil municipal de la ville de Paris).

Pour la première fois depuis le 4 septembre, la République est affranchie du gouvernement de ses ennemis.

Conformément au droit républicain, vous vous convoquez vous-mêmes, par l'organe de votre Comité, pour donner à des hommes que vous-mêmes aurez élus un mandat que vous-mêmes aurez défini.

Votre souveraineté vous est rendue tout entière, vous vous appartenez complètement : profitez de cette heure précieuse, unique peut-être, pour ressaisir les libertés communales dont jouissent ailleurs les plus humbles villages, et dont vous êtes depuis si longtemps privés.

En donnant à votre ville une forte organisation communale, vous y jetterez les premières assises de votre droit, indestructible base de vos institutions républicaines.

Le droit de la cité est aussi imprescriptible que celui de la nation ; la cité doit avoir, comme la nation, son assemblée, qui s'appelle indistinctement assemblée municipale ou communale, ou commune.

C'est cette assemblée qui, récemment, aurait pu faire la force et le succès de la défense nationale, et, aujourd'hui, peut faire la force et le salut de la République.

Cette assemblée fonde l'ordre véritable, le seul durable, en l'appuyant sur le consentement souvent renouvelé d'une majorité souvent consultée, et supprime toute cause de conflit, de guerre civile et de révolution, en supprimant tout antagonisme contre l'opinion politique de Paris et le pouvoir exécutif central.

Elle sauvegarde à la fois le droit de la cité et le droit de la nation, celui de la capitale et celui de la province, fait leur juste part aux deux influences, et réconcilie les deux esprits.

Enfin, elle donne à la cité une milice nationale qui défend les citoyens contre le pouvoir, au lieu d'une armée permanente qui défend le pouvoir contre les citoyens, et une police municipale qui poursuit les malfaiteurs, au lieu d'une police politique qui poursuit les honnêtes gens.

Cette assemblée nomme dans son sein des comités spéciaux qui se partagent ses attributions diverses (instruction, travail, finances, assistance, garde nationale, police, etc.).

Les membres de l'assemblée municipale, sans cesse contrôlés, surveillés, discutés par l'opinion, sont révocables, comptables et responsables ; c'est une telle assemblée, la ville libre dans le pays libre, que vous allez fonder.

Citoyens, vous tiendrez à honneur de contribuer par votre vote à cette fondation. Vous voudrez conquérir à Paris la gloire d'avoir posé la première pierre du nouvel édifice social, d'avoir élu le premier sa commune républicaine.

Citoyens,

Paris ne veut pas régner, mais il veut être libre ; il n'ambitionne pas d'autre dictature que celle de l'exemple ; il ne prétend ni imposer ni abdiquer sa volonté ; il ne se soucie pas plus de lancer des décrets que de subir des plébiscites ; il démontre le mouvement en marchant lui-même, et prépare la liberté des autres en fondant la sienne. Il ne pousse personne violemment dans les voies de la République ; il est content d'y entrer le premier.

Jacques Rougerie, *Paris libre, 1871*, Paris, Éd. du Seuil, 1971, p. 125-126.

1872. Discours de Grenoble prononcé par Léon Gambetta

Les conflits étaient âpres qui opposaient Thiers, convaincu du caractère inéluctable de la République, aux monarchistes de l'Assemblée nationale. Le radical Gambetta avait désormais souci de ne pas trop effaroucher les électeurs qu'il était urgent de rallier au nouveau régime encore incertain. Cet « opportunisme » anime tous les discours qu'il prononce lors d'une grande tournée de propagande républicaine faite dans les provinces françaises tout au long de l'année 1872. C'est le 26 septembre 1872 que ce commis voyageur de la République annonce le nouveau rôle politique d'une « couche sociale nouvelle ».

En France on ne peut pas s'habituer, depuis quarante-cinq ans, dans certaines classes de la société, à prendre son parti, non seulement de la Révolution française, mais de ses conséquences, de ses résultats.

On se demande, en vérité, d'où peut provenir une pareille obstination ; on se demande si ces hommes ont bien réfléchi sur ce qui se passe ; on se demande comment ils ne s'aperçoivent pas des fautes qu'ils commettent et comment ils peuvent plus longtemps conserver de bonne foi les idées sur lesquelles ils prétendent s'appuyer ; comment ils peuvent fermer les yeux à un spectacle qui devrait les frapper. N'ont-ils pas vu apparaître, depuis la chute de l'Empire, une génération neuve, ardente, quoique contenue, intelligente, propre aux affaires, amoureuse de la justice, soucieuse des droits généraux ? Ne l'ont-ils pas vue faire son entrée dans les Conseils municipaux, s'élever par degrés, dans les autres conseils électifs du pays, réclamer et se faire place, de plus en plus grande, dans les luttes électorales ? N'a-t-on pas vu apparaître, sur toute le surface du pays – et je tiens infiniment à mettre en relief cette génération nouvelle de la démocratie – un nouveau personnel politique électoral, un nouveau personnel du suffrage universel ? N'a-t-on pas vu les travailleurs des villes et des campagnes, ce monde du travail à qui appartient l'avenir, faire son entrée dans les affaires politiques ? N'est-il pas l'avertissement caractéristique que le pays, après avoir essayé bien des formes de gouvernement, veut enfin s'adresser à une autre couche sociale pour expérimenter la forme républicaine ? (*Oui ! oui ! Sensation prolongée.*)

Oui, je pressens, je sens, j'annonce la venue et la présence, dans la politique, d'une couche sociale nouvelle (*nouveau mouvement*) qui est aux affaires depuis dix-huit mois, et qui est loin, à coup sûr, d'être inférieure à ses devancières. (*Bravos.*)

Quand on l'a vue apparaître, on ne pouvait en noter, en remarquer la naissance que par petits groupes, que sur des points isolés, à Marseille, Paris, à Lyon, au Havre, à Saint-Étienne, ici et même ailleurs ; mais par le fait même de l'isolement de ces groupes, qu'on ne réunissait pas pour les soumettre à un examen, à une analyse, véritablement sagace, on n'a pu se rendre un compte exact, au début, des conséquences de cette apparition, de cette invasion d'un élément social nouveau par le suffrage universel dans les affaires générales de la nation ; et, alors, on a trouvé beaucoup plus facile de déclamer contre ces conseils électifs, de les accuser de toute espèce de mauvaises passions, de les critiquer, de les dénoncer, quoique. peu à peu, pour les observateurs attentifs, il ait apparu que ces conseils, tant diffamés, devenaient chaque jour de plus en plus pratiques, expérimentés, aptes aux affaires, prudents, sages en politique, et que, toutes les fois qu'ils émettaient un vœu ou qu'ils prenaient une décision, ces vœux ou ces décisions avaient un caractère particulier, un accent spécial, qui doivent influer sur la direction générale des affaires de France. On a senti que la démocratie actuelle était sortie du sentimentalisme un peu vague qui avait été le caractère dominant de nos devanciers, on a senti qu'il y avait là quelque chose de plus positif, de plus pratique et – passez-moi une expression que l'on critique quelquefois, mais qui seule peut rendre ma pensée – de plus scientifique. Et alors, qu'a-t-on fait dans le camp de nos adversaires ?

On a changé de tactique et, au lieu de considérer à l'œuvre ce personnel nouveau, au lieu de le juger et de se laisser entraîner dans ce courant, on a réfléchi, mais dans un mauvais sens. La réaction et les partis coalisés de la monarchie, sous quelque forme qu'elle se présente, se sont mis en garde, en éveil, et ils ont crié au radicalisme triomphant. Partout ils ont dit que le radicalisme était aux portes avec le cortège de spectres, de malheurs et de catastrophes qu'il doit nécessairement traîner après lui ! (*Hilarité générale. Très bien ! Bravos.*) On a cherché ainsi à alarmer le pays que depuis soixante-quinze ans, les partis rétrogrades dominent et exploitent par la peur. Car la peur, Messieurs, c'est la maladie chronique de la France : la peur en politique. En effet, autant la France est brave, généreuse, ardente, héroïque, désintéressée sur les champs de bataille, autant elle est timide, hésitante, facile à troubler, à tromper, à affoler, à effrayer dans le domaine politique.

[...] »

> *Discours et plaidoyers politiques de M. Gambetta*, éd. par Joseph Reinach, tome III, p. 100-101 (1881-1885).

1873. L'impossible restauration

Bien qu'ils soient au départ majoritaires dans le pays, les monarchistes ne parviennent pas à rétablir la royauté en raison de l'intransigeance manifestée par le prétendant au trône, Henri, comte de Chambord. Dès le 5 juillet 1871, ce dernier proclame en effet son attachement au drapeau blanc, une exigence insoutenable pour les orléanistes. Profitant de la vacance de l'Assemblée, les monarchistes tentent de fléchir cette intransigeance. Délégué à Salzbourg avec d'autres légitimistes (L. Brun, Carayon-Latour...), Pierre Chesnelong (1820-1899) croit obtenir gain de cause, et, dès son retour, les groupes monarchistes approuvent un projet de restauration — comprenant le maintien du drapeau tricolore. Mais, dès le 27 octobre, Henri réagit. Dans une lettre publiée par le quotidien royaliste L'Union, *il refuse de renier ses principes. Son intransigeance écarte pour longtemps le possible retour de la monarchie.*

J'ai conservé, Monsieur, de votre visite à Salzbourg un si bon souvenir, j'ai conçu pour votre noble caractère une si profonde estime que je n'hésite pas à m'adresser loyalement à vous comme vous êtes venu vous-même loyalement vers moi.

Vous m'avez entretenu, durant de longues heures, des destinées de notre chère et bien-aimée patrie, et je sais qu'au retour vous avez prononcé, au milieu de vos collègues, des paroles qui vous vaudront mon éternelle reconnaissance. Je vous remercie d'avoir si bien compris les angoisses de mon âme et de n'avoir rien caché de l'inébranlable fermeté de mes résolutions.

Aussi ne me suis-je point ému quand l'opinion publique, emportée par un courant que je déplore, a prétendu que je consentais enfin à devenir le Roi légitime de la Révolution. J'avais pour garant le témoignage d'un homme de cœur et j'étais résolu à garder le silence tant qu'on ne me forcerait pas à faire appel à votre loyauté.

Mais, puisque, malgré vos efforts, les malentendus s'accumulent, cherchant à rendre obscure ma politique à ciel ouvert, je dois toute la vérité à ce pays dont je puis être méconnu, mais qui rend hommage à ma sincérité, parce qu'il sait que je ne l'ai jamais trompé et que je ne le tromperai jamais.

On me demande aujourd'hui le sacrifice de mon honneur.

Que puis-je répondre ? sinon que je ne rétracte rien, que je ne retranche rien de mes précédentes déclarations. Les prétentions de la veille me donnent la mesure des exigences du lendemain, et je ne puis consentir à inaugurer un règne réparateur et fort par un acte de faiblesse.

Il est de mode, vous le savez, d'opposer à la fermeté d'Henri V[1] l'habileté d'Henri IV. « Le violent amour que je porte à mes sujets, disait-il souvent, me rend tout possible et honorable. » Je prétends, sur ce point, ne lui céder en rien ; mais je voudrais bien savoir quelle leçon se fût attirée l'imprudent assez osé pour lui persuader de renier l'étendard d'Arques et d'Ivry.

Vous appartenez, Monsieur, à la province qui l'a vu naître, et vous serez, comme moi, d'avis qu'il eût promptement désarmé son interlocuteur en lui disant avec sa verve béarnaise : « Mon ami, prenez mon drapeau blanc, il vous conduira toujours au chemin de l'honneur et de la victoire[2]. »

On m'accuse de ne pas tenir en assez haute estime la valeur de nos soldats, et cela au moment où je n'aspire qu'à leur confier tout ce que j'ai de plus cher. On oublie donc que l'honneur est le patrimoine commun de la maison de Bourbon et de l'armée française, et que sur ce terrain-là on ne peut manquer de s'entendre !

Non, je ne méconnais aucune des gloires de ma patrie, et Dieu seul, au fond de mon exil, a vu couler mes larmes de reconnaissance toutes les fois que, dans la bonne ou la mauvaise fortune, les enfants de la France se sont montrés dignes d'elle.

Mais nous avons ensemble une grande œuvre à accomplir.

Je suis prêt, tout prêt à l'entreprendre quand on le voudra, dès demain, dès ce soir, dès ce moment. C'est pourquoi je veux rester tout entier ce que je suis. Amoindri aujourd'hui, je serais impuissant demain.

Il ne s'agit rien moins que de constituer sur ses bases naturelles une société profondément troublée, d'assurer avec énergie le règne de la loi ; de faire renaître la prospérité au-dedans, de contracter au-dehors des alliances durables et surtout de ne pas craindre d'employer la force au service de l'ordre et de la justice.

On parle de conditions. M'en a-t-il posé ce jeune prince dont j'ai ressenti avec tant de bonheur la loyale étreinte et qui, n'écoutant que son patriotisme, venait spontanément à moi, m'apportant au nom de tous les siens des assurances de paix, de dévouement et de réconciliation [3] ?

On veut des garanties. En a-t-on demandé à ce Bayard des temps modernes dans cette nuit mémorable du 24 mai, où l'on imposait à sa modestie la glorieuse mission de calmer son pays par une de ces paroles d'honnête homme et de soldat, qui rassurent les bons et font trembler les méchants [4] ?

Je n'ai pas, c'est vrai, porté comme lui l'épée de la France sur vingt champs de bataille, mais j'ai conservé intact, durant quarante-trois ans, le dépôt sacré de nos traditions et de nos libertés. J'ai donc le droit de compter sur la même confiance et je dois inspirer la même sécurité.

Ma personne n'est rien. Mon principe est tout. La France verra la fin de ses épreuves quand elle voudra le comprendre. Je suis le pilote nécessaire, le seul capable de conduire le navire au port, parce que j'ai mission et autorité pour cela.

Vous pouvez beaucoup, Monsieur, pour dissiper les malentendus et arrêter les défaillances à l'heure de la lutte. Vos consolantes paroles, en quittant Salzbourg, sont sans cesse présentes à ma pensée : la France ne peut pas périr, car le Christ aime encore ses Francs et, lorsque Dieu a résolu de sauver un peuple, Il veille à ce que le sceptre de la justice ne soit remis qu'en des mains assez fermes pour le porter.

Henri

« Lettre du comte de Chambord à Chesnelong », Salzbourg, 27 octobre 1873, citée in G. Cabourdin et O. Voillard, *Documents d'histoire contemporaine*, Paris, Colin, 1964, p. 34 *sq*.

---

1. Henri serait le cinquième du nom à régner.
2. Comme Henri IV, Pierre Chesnelong est d'origine béarnaise.
3. Le 5 août 1873, le comte de Paris reconnaît les droits du comte de Chambord, ce qui prévient toute querelle dynastique.
4. Après la chute de Thiers (24 mai 1873), le maréchal de Mac-Mahon devient président de la République.

1874. Degas vu
par Edmond de Goncourt

Le Journal *tenu par Jules (1830-1870) et Edmond (1822-1896) de Goncourt offre plus d'un détail sur la vie intellectuelle parisienne de 1851 à 1892. Lors d'une visite rendue à l'atelier d'Édouard Degas (1834-1917), Edmond de Goncourt commente l'œuvre d'un peintre proche au départ des impressionnistes — dont la première exposition date précisément de 1874.*

Vendredi 13 février

Hier, j'ai passé ma journée dans l'atelier d'un peintre bizarre, du nom de Degas. Après beaucoup de tentatives, d'essais, de pointes poussées dans tous les sens, il s'est enamouré du moderne ; et dans le moderne, il a jeté son dévolu sur les blanchisseuses et les danseuses. Au fond, le choix n'est pas si mauvais [1]. C'est du blanc et du rose, de la chair de femme dans du linon et de la gaze, le plus charmant prétexte aux colorations blondes et tendres.

Il nous met sous les yeux, dans leurs poses et leurs raccourcis de grâce, des blanchisseuses, des blanchisseuses... parlant leur langue et nous expliquant techniquement le coup de fer *appuyé*, le coup de fer *circulaire*, etc.

Défilent ensuite les danseuses... C'est le foyer de la danse, avec, sur le jour d'une fenêtre, la silhouette fantastique de jambes de danseuses descendant un petit escalier, avec l'éclatante tache de rouge d'un tartan au milieu de tous ces blancs nuages ballonnants, avec le repoussoir canaillé d'un maître de ballet ridicule. Et l'on a devant soi, surpris sur la nature, le gracieux tortillage des mouvements et des gestes de ces petites filles singes.

Le peintre vous exhibe ses tableaux, commentant de temps en temps son explication par la mimique d'un développement chorégraphique, par l'imitation, selon l'expression des danseuses, d'une de leurs *arabesques*. Et c'est vraiment très amusant de le voir, sur le haut de ses pointes, les bras arrondis, mêler à l'esthétique du maître de danse l'esthétique du peintre, parlant du *boueux tendre* de Velásquez et du *silhouetteux* de Mantegna [2].

Un original garçon que ce Degas, un maladif, un névrosé, un ophtalmique, à ce point qu'il craint de perdre la vue ; mais par cela même, un être éminemment sensitif et recevant le contrecoup du caractère des choses. C'est, jusqu'à présent, l'homme que j'ai vu le mieux attraper, dans la copie de la vie moderne, l'âme de cette vie.

Maintenant, réalisera-t-il jamais quelque chose de complet ? J'en doute. C'est un esprit trop inquiet. Puis conçoit-on que, dans ces reproductions si délicatement senties d'êtres et de natures, au lieu de mettre à cela le rigoureux décor du foyer de la danse de l'Opéra, il fasse dessiner par un perspecteur des architectures de Panini [3] ?

> Edmond et Jules de Goncourt, *Journal* [1re éd. intégrale, 1956], Paris, Laffont, 1989, p. 569-570.

1. Variantes et additifs 1891 : « Je ne puis trouver son choix mauvais, moi qui, dans *Manette Salomon*, ai chanté ces deux professions, comme fournissant les plus picturaux modèles de femmes de ce temps, pour un artiste moderne. » Edmond s'illusionne : s'il a eu le mérite, dans *Manette Salomon*, de faire prêcher par Chassagnol et de faire pratiquer par Coriolis la peinture du monde contemporain, il n'a pas célébré les danseuses ; quant aux blanchisseuses, elles sont un des motifs, parmi d'autres, que la vie de la rue fournit à l'album de croquis de Coriolis : encore Coriolis les dessine-t-il en train de livrer leur travail au dehors, à la façon de Gavarni (voir Gav., p. 135) et non dans la buée de l'atelier à la façon de Degas. Voir *Manette Salomon*, p. 315.

2. Peintre italien (1431-1506).

3. Peintre italien (1691-1765) réputé pour ses paysages de ruines et ses décors de théâtre.

1875. Le vote de la République

L'impossibilité de procéder à une restauration monarchique, la montée du péril bonapartiste et la progression des républicains conduisent les députés — fort divisés — à vouloir doter le pays d'institutions définitives. Le 30 janvier 1875, Henri Wallon (1812-1904), un député modéré, propose un amendement disposant que « Le président de la République est élu à la majorité des suffrages par le Sénat et la Chambre » [...]. Recueillant une voix de majorité, ce texte instaure définitivement la République et enclenche le vote des trois lois constitutionnelles fixant les règles de fonctionnement de la IIIe République.

M. Henri Wallon [...] *:* Nous sommes des constituants, nous avons promis de ne point nous séparer sans donner une constitution à la France. Quel est le propre d'une constitution ? C'est que plus on avance, plus la confiance s'accroît par le fait même de sa durée. Ici, au contraire, à mesure qu'on avancerait, la confiance irait diminuant, car à mesure qu'on avancerait, on approcherait du terme où tout serait remis en question, où les pouvoirs du président de la République cesseraient, et où on ne saurait ce que deviendrait la Constitution de la France.

[Assentiment à gauche.]

Il faut donc sortir du provisoire. Mais comment ?

Je ne connais, messieurs, que trois formes de gouvernement : la monarchie, la république, l'empire. L'empire, personne n'a osé vous proposer de le voter. La monarchie ! nous avons entendu, à part des personnalités regrettables, de nobles et dignes paroles. L'honorable M. de Carayon-Latour [1] a exposé, avec une forte et vive éloquence, les grands titres de la monarchie dans le passé, et ceux qu'elle pourrait avoir encore dans l'avenir. Je n'y contredis point ; mais, je le demande, la monarchie est-elle possible ?

Voix à droite : Pourquoi pas ?

Plusieurs membres à gauche : Proposez-la donc !

M. le vicomte de Lorgeril [2] *prononce quelques mots qui sont couverts par le bruit.*

M. le président : Veuillez ne pas interrompre, monsieur de Lorgeril ; vous aurez la parole sur votre amendement.

M. Henri Wallon : Je n'en veux pas juger par moi-même ; j'en juge par les actes de ceux qu'on peut regarder comme les plus fidèles et les plus dévoués défenseurs de la monarchie.

Si la monarchie était possible en novembre 1873, pourquoi l'honorable M. Lucien Brun [3] et ses amis ont-ils voté la loi du 20 novembre [4] ?

Si la monarchie est possible aujourd'hui, pourquoi l'honorable M. de Carayon-Latour a-t-il demandé qu'on ne passât point à une deuxième délibération sur la loi que nous discutons aujourd'hui ? C'était le moment, au contraire, de venir proposer la monarchie, d'exposer son programme et de voir si l'Assemblée était en disposition de l'accepter.

[*Très bien ! très bien ! à gauche.*]

Le vote de la loi du 20 novembre 1873 par les royalistes est la preuve qu'ils ne croyaient pas la monarchie possible de longtemps.

Sera-t-elle plus possible à l'échéance du 20 novembre 1880 ? Qui peut le dire ? Et si on le croit, je dis que c'est une grande illusion. Ceux-là seuls seront prêts alors qui sont prêts aujourd'hui, et leurs chances seront accrues de toutes celles que vous aurez perdues en vous obstinant à maintenir le pays dans le provisoire.

[*Marques d'approbation à gauche.*]

Mais, dira-t-on, vous proclamez donc la République ?

Messieurs, je ne proclame rien... [*exclamations et rires à droite*] ; je ne proclame rien, je prends ce qui est.

[*Très bien ! très bien ! sur plusieurs bancs à gauche.*]

J'appelle les choses par leur nom ; je les prends sous le nom que vous avez accepté, que vous acceptez encore... [*très bien ! à gauche ; rumeurs à droite*], et je veux faire que ce Gouvernement qui est, dure tant que vous ne trouverez pas quelque chose de mieux à faire.

Mais, dira-t-on, vous n'en faites pas moins la République !

A cela, je réponds tout simplement : Si la République ne convient pas à la France, la plus sûre manière d'en finir avec elle, c'est de la faire.

[*Exclamations et rires ironiques à droite.*]

A l'heure qu'il est, la République prend pour elle toutes les bonnes valeurs ; et s'il y a quelque mauvais billet, c'est le parti monarchique qui l'endosse : si l'emprunt réussit d'une manière si prodigieuse, c'est que nous sommes en République.

[*Dénégations sur plusieurs bancs à droite.*]

M. Pouyer-Quertier [5] *:* C'est parce que vous êtes la France !

M. Henri Wallon : Si le territoire est libéré avant le temps qui était marqué, c'est que nous sommes en République.

[*Nouvelles dénégations sur les mêmes bancs.*]

M. Henri Wallon : Messieurs, vous n'avez pas l'air de comprendre ma pensée. Veuillez suivre mon raisonnement, et j'espère que vous en saisirez la signification.

[*Parlez ! parlez ! à gauche.*]

Si les catholiques persécutés sont recueillis en France, c'est que nous sommes en République.

[*Rumeurs et interruptions à droite.*]

M. le président : L'orateur est interrompu à chaque mot sans pouvoir même faire comprendre sa pensée. Il faut que ces interruptions cessent.

[*Très bien ! très bien !*]

M. Henri Wallon : Au contraire, s'il y a des inquiétudes dans les esprits, s'il y a stagnation dans les affaires, c'est que nous ne sommes pas en République.

Et bien, je demande que la République ait la responsabilité complète de ce qui arrive.

[*Mouvements divers.*]

Un membre à gauche : Et les avantages !

M. Henri Wallon : Je lui souhaite les meilleures chances, et je suis décidé à faire qu'elle les ait les meilleures possibles.

[*Très bien ! très bien ! à gauche.*]

Je crois, messieurs, que c'est là le devoir de tout bon citoyen.

[*Vive approbation à gauche.*]

Dans la situation où est la France, il faut que nous sacrifiions nos préférences, nos théories. Nous n'avons pas le choix. Nous trouvons une forme de Gouvernement, il faut la prendre telle qu'elle est ; il faut la faire durer. Je dis que c'est le devoir de tout bon citoyen. J'ajoute, au risque d'avoir l'air de soutenir un paradoxe, que c'est l'intérêt même du parti monarchique.

En effet, ou la République s'affermira avec votre concours et donnera à la France le moyen de se relever et de recouvrer sa prospérité, de reprendre sa place dans le monde, et alors

vous ne pourrez que vous réjouir du bien auquel vous aurez
contribué [*très bien ! à gauche*] ;
ou bien votre concours même sera insuffisant ; on trouvera qu'il
n'y a pas assez de stabilité dans le pouvoir, que les affaires ne
reprennent pas, et alors, après une épreuve loyale [*murmures à
droite*],
le pays reconnaissant des sacrifices d'opinion que vous aurez
faits, du concours que vous aurez apporté à la chose publique,
sera plus disposé à suivre vos idées, et ce jour-là vous trouverez
le concours de ceux qui, aujourd'hui, ont une autre opinion, mais
qui, éclairés par l'expérience et voulant comme nous, avant tout,
le bien du pays, vous aideront à faire ce que le pays réclame.

[*Très bien ! très bien ! à gauche. Rumeurs à droite.*]

Ma conclusion, messieurs, c'est qu'il faut sortir du provisoire.
Si la monarchie est possible, si vous pouvez montrer qu'elle est
acceptable, proposez-la.

[*Très bien ! à gauche.*]

M. Cézanne [6] *:* Avec son drapeau !

M. Henri Wallon : Mais il ne dépend pas malheureusement
de vous, ici présents, de la rendre acceptable.

Que si, au contraire, elle ne paraît pas possible, eh bien, je
ne vous dis pas : Proclamez la République !... mais je vous dis :
Constituez le Gouvernement qui se trouve maintenant établi et
qui est le Gouvernement de la République.

[*Rires ironiques sur divers bancs à droite.*]

Un membre à droite : C'est le septennat !

M. Henri Wallon : Je ne vous demande pas de le déclarer
définitif. Qu'est-ce qui est définitif ? Mais ne le déclarez pas
non plus provisoire. Faites un Gouvernement qui ait en lui les
moyens de vivre et de se continuer, qui ait aussi en lui les moyens
de se transformer, si le besoin du pays le demande ; de se transformer, non pas à une date fixe comme le 20 novembre 1880,
mais alors que le besoin du pays le demandera, ni plus tôt ni
plus tard.

[*Très bien ! très bien ! à gauche.*]

Voilà, messieurs, quel était l'objet de mon amendement.

Je fais appel à tous ceux qui mettent le bien de la chose publique au-dessus de toutes questions de parti ; je m'adresse particulièrement à ceux à qui M. le Maréchal [7], président de la
République, faisait appel lorsque, dans son voyage dans le Nord,

parlant à notre honorable collègue, M. Testelin [8], il appelait à lui les modérés de tous les partis.

[*Très bien ! très bien ! à gauche.*]

C'est sous l'invocation de cet acte accompli au chef-lieu du département dont j'ai l'honneur d'être le représentant, que je place mon amendement et que je le soumets à vos suffrages.

[*Très bien ! très bien ! et applaudissements à gauche et au centre gauche.*]

Chambre des députés, séance du 30 janvier 1875,
Annales de l'Assemblée nationale, p. 363 *sq.*

1. Joseph de Carayon-Latour (1824-1886) est représentant monarchiste de la Gironde.
2. Le vicomte Charles de Lorgeril (1845-1897) est représentant royaliste des Côtes-du-Nord.
3. Lucien Brun (1822-1898), député légitimiste de l'Ain.
4. La loi du 20 novembre instaure le septennat.
5. Né en 1820, Augustin Pouyer-Quertier, représentant de la Seine-Inférieure, est fort hostile à la République.
6. De tendance orléaniste, Ernest Cézanne (1830-1876) représente les Hautes-Alpes.
7. Il s'agit du maréchal de Mac-Mahon.
8. Armand Testelin (1814-1891) représente le Nord et appartient au groupe de l'Union républicaine.

1876. *L'Après-Midi d'un faune*
Églogue

*Stéphane Mallarmé (1842-1898) commença sa carrière poétique sous l'influence conjointe de Charles Baudelaire et d'Edgar Poe dont il traduisit des poèmes. Poussé par une exigence esthétique d'une rigueur extrême, il quitta cette route trop bien tracée pour lui vers 1865. Il se mit alors à travailler avec obstination. Des fragments d'*Hérodiade*, drame lyrique qui resta inachevé, furent élaborés dès cette période. Une première version de* L'Après-Midi d'un faune *fut également mise au point. Il fallut pourtant attendre 1875 pour voir le poète se satisfaire d'une version définitive qui fut publiée en 1876. « Étranger à la langue », le vers est obscur. La poésie mallarméenne est un agencement abstrait de sons, d'images, de sens et de rythmes. Elle fut l'un des grands référents du symbolisme qui bientôt s'en réclama.*

LE FAUNE

Ces nymphes, je les veux perpétuer.

Si clair,

Leur incarnat légé qu'il voltige dans l'air
Assoupi de sommeil touffus.

Aimai-je un rêve ?

Mon doute, amas de nuit ancienne, s'achève
En maint rameau subtil, qui, demeuré les vrais
Bois mêmes, prouve, hélas ! que bien seul je m'offrais
Pour triomphe la faute idéale de roses.

Réfléchissons...

ou si les femmes dont tu gloses
Figurent un souhait de tes sens fabuleux !
Faune, l'illusion s'échappe des yeux bleus

Et froids, comme une source en pleurs, de la plus chaste :
Mais, l'autre tout soupirs, dis-tu qu'elle contraste
Comme brise du jour chaude dans ta toison !
Que non ! par l'immobile et lasse pâmoison
Suffoquant de chaleurs le matin frais s'il lutte,
Ne murmure point d'eau que ne verse ma flûte
Au bosquet arrosé d'accords ; et le seul vent
Hors des deux tuyaux prompt à s'exhaler avant
Qu'il disperse le son dans une pluie aride,
C'est, à l'horizon pas remué d'une ride,
Le visible et serein souffle artificiel
De l'inspiration, qui regagne le ciel.

O bords siciliens d'un calme marécage
Qu'à l'envi des soleils ma vanité saccage,
Tacite sous les fleurs d'étincelles, CONTEZ
» *Que je coupais ici les creux roseaux domptés*
» *Par le talent ; quand, sur l'or glauque de lointaines*
» *Verdures dédiant leur vigne à des fontaines,*
» *Ondoie une blancheur animale au repos :*
» *Et qu'au prélude lent où naissent les pipeaux*
» *Ce vol de cygnes, non ! de naïades se sauve*
» *Ou plonge...* »

                         Inerte, tout brûle dans l'heure fauve
Sans marquer par quel art ensemble détala
Trop d'hymen souhaité de qui cherche le *la* :
Alors m'éveillerai-je à la ferveur première,
Droit et seul, sous un flot antique de lumière,
Lys ! et l'un de vous tous pour l'ingénuité.

1877. La crise du 16 mai

Les différends (loi sur la presse...) qui opposent le président de la République, Mac-Mahon, à son président du Conseil, Jules Simon, ne suffisent pas à expliquer la crise du 16 mai 1877. En effet, le conflit résulte de deux lectures divergentes des lois constitutionnelles. Après le renvoi de Jules Simon (16 mai) et la dissolution de la Chambre (25 juin), les Français sont invités à trancher entre l'interprétation monarchiste des uns et la conception républicaine des autres. Les élections législatives (14-28 octobre 1877) apportent une réponse claire à cette question cruciale pour l'avenir du régime.

Messieurs les députés, j'ai dû me séparer du ministère que présidait M. Jules Simon [1] et en former un nouveau. Je dois vous faire l'exposé sincère des motifs qui m'ont amené à prendre cette décision.

Vous savez tous avec quel scrupule, depuis le 25 février 1875, jour où l'Assemblée nationale a donné à la France une constitution républicaine, j'ai observé, dans l'exercice du pouvoir qui m'est confié, toutes les prescriptions de cette loi fondamentale.

Après les élections de l'année dernière, j'ai voulu choisir pour ministres des hommes que je supposais être en accord de sentiments avec la majorité de la Chambre des députés.

J'ai formé, dans cette pensée, successivement, deux ministères.

Le premier avait à sa tête M. Dufaure [2], vétéran de nos assemblées politiques, l'un des auteurs de la Constitution, aussi estimé pour la loyauté de son caractère qu'illustre par son éloquence.

M. Jules Simon qui a présidé le second, attaché de tous temps à la forme républicaine, voulait, comme M. Dufaure, la concilier avec tous les principes conservateurs.

Malgré le concours loyal que je leur ai prêté, ni l'un ni l'autre de ces ministères n'a pu réunir, dans la Chambre des députés, une majorité solide acquise à ses propres idées.

M. Dufaure a vainement essayé, l'année dernière, dans la discussion du budget, de prévenir des innovations qu'il regardait justement comme très fâcheuses.

Le même échec était réservé au président du dernier cabinet, sur des points de législation très graves [3] au sujet desquels il était tombé d'accord avec moi, qu'aucune modification ne devait être admise.

Après ces deux tentatives, également dénuées de succès, je ne pourrais faire un pas de plus dans la même voie sans faire appel ou demander appui à une autre fraction du Parti républicain, celle qui croit que la République ne peut s'affirmer sans avoir pour complément et pour conséquence la modification radicale de toutes nos grandes institutions administratives, judiciaires, financières et militaires. Ce programme est bien connu. Ceux qui le professent sont d'accord sur tout ce qu'il contient. Ils ne diffèrent entre eux que sur les moyens à employer et le temps opportun pour l'appliquer.

Ni ma conscience, ni mon patrimoine, ne me permettent de m'associer, même de loin et pour l'avenir, au triomphe de ces idées. Je ne les crois opportunes ni pour aujourd'hui, ni pour demain. A quelque époque qu'elles dussent prévaloir, elles n'engendreraient que le désordre et l'abaissement de la France.

Je ne veux ni en tenter l'application moi-même, ni en faciliter l'essai à mes successeurs.

Tant que je serai dépositaire du pouvoir, j'en ferai usage dans toute l'étendue de ses limites légales, pour m'opposer à ce que je regarde comme la perte de mon pays. Mais je suis convaincu que ce pays pense comme moi.

Ce n'est pas le triomphe de ces théories qu'il a voulu aux élections dernières. Ce n'est pas ce que lui ont annoncé ceux — c'étaient presque tous les candidats — qui se prévalaient de mon nom et se déclaraient résolus à soutenir mon pouvoir. S'il était interrogé de nouveau, et de manière à prévenir tout malentendu, il repousserait, j'en suis sûr, cette confusion.

J'ai donc dû choisir, et c'était mon droit constitutionnel, des conseillers qui pensent comme moi, sur ce point, qui est, en réalité, le seul en question. Je n'en reste pas moins, aujourd'hui comme hier, fermement résolu à respecter et à maintenir les institutions qui sont l'œuvre de l'Assemblée de qui je tiens le pouvoir, et qui ont constitué la République. Jusqu'en 1880, je suis le seul qui pourrait proposer d'y introduire un changement et je ne médite rien de ce genre [4].

Tous mes conseillers sont, comme moi, décidés à pratiquer loyalement les institutions, et incapables d'y porter aucune atteinte.

Je livre ces considérations à vos réflexions comme au jugement du pays.

Pour laisser calmer l'émotion qu'ont causée les derniers incidents, je vous inviterai à suspendre vos séances pendant un certain temps.

Quand vous les reprendrez, vous pourrez vous mettre, toute autre affaire cessante, à la discussion du budget, qu'il est si important de mener bientôt à terme.

D'ici là, mon gouvernement veillera à la paix publique. Au-dedans, il ne souffrirait rien qui la compromette. Au-dehors, elle sera maintenue, j'en ai la confiance, malgré les agitations qui troublent une partie de l'Europe, grâce aux bons rapports que nous entretenons et voulons conserver avec toutes les puissances, et à cette politique de neutralité et d'abstention qui vous a été exposée tout récemment, et que vous avez confirmée par votre approbation unanime. Sur ce point, aucune différence d'opinion ne s'élève entre les partis. Ils veulent tous le même but, par le même moyen. Le nouveau ministère pense exactement comme l'ancien, et pour bien attester cette conformité de sentiment, la direction politique étrangère est restée dans les mêmes mains [5].

Si quelques imprudences de parole ou de presse compromettaient cet accord, que nous voulons tous, j'emploierai pour les réprimer les moyens que la loi met en mon pouvoir [6], et pour les prévenir je fais appel au patriotisme qui, Dieu merci ! ne fait défaut en France à aucune classe de citoyens.

Mes ministres vont vous donner lecture du décret qui, conformément à l'article 2 de la loi constitutionnelle du 16 juillet 1875, ajourne les Chambres pour un mois.

DÉCRET

Le président de la République française,
Vu l'article 2 de la loi du 16 juillet 1875,

Décrète :

Art. 1ᵉʳ. — Le Sénat et la Chambre des députés sont ajournés au 16 juin 1877.

Art. 2. — Le présent décret sera porté au Sénat par le garde des Sceaux, président du Conseil, et à la Chambre des députés par le ministre de l'Intérieur.

> Message du président de la République suivi d'un décret portant prorogation du Sénat et de la Chambre des députés, lu à la Chambre des députés par M. de Fourtou, ministre de l'Intérieur, *JO*, 19 mai 1877, p. 3785.

1. Jules Simon (1814-1896) est président du Conseil depuis le 12 décembre 1876.

2. Armand Dufaure (1798-1881) est président du Conseil depuis le 9 mars 1876.

3. La publicité des séances tenues par les conseils municipaux, le jugement par le jury des délits de presse et les pouvoirs financiers du Sénat constituent les principaux points d'achoppement.

4. L'article 8 de la loi du 25 février 1875 précise que, pendant la durée des pouvoirs confiés par la loi du 20 novembre 1873 au maréchal de Mac-Mahon, la révision constitutionnelle ne peut avoir lieu que sur proposition de ce dernier.

5. Louis Decazes (1819-1886) est ministre des Affaires étrangères de novembre 1873 à mai 1877.

6. Outre la loi sur la répression des délits de presse (1876), les autorités peuvent exploiter la loi de 1849 qui soumet à autorisation le colportage des journaux et imprimés.

1877. Discours prononcé à Lille par Léon Gambetta

Le prince de Broglie, qui avait composé un ministère d'ordre moral après la démission de Jules Simon le 16 mai 1877, ne put obtenir la confiance d'une Chambre en majorité républicaine. Le 16 juin, celle-ci vota un ordre du jour de défiance par 363 voix contre 158. Le président de la République, Mac-Mahon, dut la dissoudre après avoir obtenu l'accord du Sénat. De nouvelles élections législatives furent fixées aux 14 et 28 octobre. Gambetta prit la tête de la campagne républicaine. L'unité de candidature et de programme des républicains en fit un véritable chef de parti qui mit en avant les thèmes de la fidélité aux principes de 1789 et de la menace cléricale. Le discours qu'il prononça à Lille le 15 août eut un fort retentissement qui contraignit Mac-Mahon à répondre le mois suivant : « Je ne saurais devenir l'instrument du radicalisme ni abandonner le poste où la Constitution m'a placé. Je resterai pour défendre, avec l'appui du Sénat, les intérêts conservateurs. »

Messieurs, l'Europe entière assiste avec une sympathique anxiété qui nous honore à cette suprême épreuve de la démocratie républicaine et libérale pour établir en France un gouvernement pacifique au-dehors et progressif au-dedans ; un gouvernement qui, tout en respectant les droits légitimes des citoyens et des corporations établies, se dégage de plus en plus des étreintes de l'esprit théocratique et ultramontain ; qui façonne l'administration et l'éducation nationales selon les principes de la raison moderne et fasse de l'État un agent exclusivement civil de réformes et de stabilité.

[*Applaudissements.*]

Dès l'origine du conflit, l'Europe, sans distinction de convictions politiques, monarchiques ou républicaines, s'est prononcée contre le coup de réaction du 16 Mai. Elle y a vu, comme nous, une audacieuse tentative de l'esprit clérical contre l'Europe entière. Elle a déploré de voir le crédit, l'influence que la France reprenait peu à peu dans les conseils du monde remis soudainement en question et sa voix faire défaut dans le concert européen. Elle suit attentivement, et jour par jour, les divers incidents de la lutte passionnée que le ministère du 16 Mai a entreprise contre la nation. Les graves problèmes soulevés par la question d'Orient [1] ne l'absorbent pas au point de la distraire de nos efforts quotidiens dans la campagne électorale ouverte depuis deux mois. Les organes les plus influents et les plus autorisés de l'opinion européenne soutiennent notre démocratie de leurs encouragements et de leurs conseils.

Les peuples, comme les gouvernements, attendent avec impatience l'issue de la lutte, espérant que le dernier mot restera à la souveraineté nationale, à l'esprit de 89. Comme le disait le ministre président du Conseil d'Italie : les gouvernements passent et les nations restent. La France, qui a promulgué le droit moderne, ne voudra pas donner à l'Évangile de 89 un démenti dont profiteraient seuls le *Syllabus* [2] et le jésuitisme.

[*Non ! non ! Vifs applaudissements.*]

L'Europe a fait comme la bourgeoisie ; elle a porté ses sympathies de droite à gauche ; et c'est là, pour nous, républicains et patriotes, un élément de plus de la victoire et de la stabilité qui attendent la République quand elle sera sortie des misérables difficultés que lui crée, contre tout patriotisme, la coalition des anciens partis. Les espérances du monde ne seront pas trompées. La République sortira triomphante de cette dernière épreuve, et le plus clair bénéfice du 16 Mai sera, pour l'histoire, d'avoir abrégé de trois ans, de dix ans, la période d'incertitude et de tâtonnements à laquelle nous condamnaient les dernières combinaisons de l'Assemblée nationale élue dans un jour de malheur [3].

[*Marques d'assentiment et applaudissements.*]

Messieurs, telle est la situation. Et j'ose dire que les espérances du Parti républicain sont sûres ; j'ose dire que votre fermeté, votre union, que votre activité sont les garants de ce triomphe. Pourquoi ne le dirais-je pas, au milieu de ces admirables populations du département du Nord, qui, à elles seules, payent le huitième des contributions de la France, dans ce département qui tient une des plus grandes places dans notre industrie nationale, aussi bien au point de vue mécanique qu'agricole ? N'est-il pas vrai que, dans ce pays, vous avez commencé aussi à faire justice des factions qui s'opposaient à l'établissement de la République et que vous n'attendez que l'heure du scrutin pour que tous vos élus forment une députation unanime?

[*Oui! oui! Applaudissements.*]

Vous le pouvez si vous le voulez, et vous savez bien ce qui vous manque : ce ne sont pas les populations disposées à voter pour des candidats républicains ; ce sont des candidats qui consentent à sortir définitivement d'une résistance dictée par des intérêts privés et comprennent qu'il s'agit aujourd'hui d'un service public et d'élections d'où dépendent les destinées de la France. Il faut que ces hommes fassent violence à leurs intérêts domestiques pour aborder la plate-forme électorale.

[*Marques unanimes d'adhésion.*]

A ce point de vue, des adhésions significatives ont déjà été obtenues et vous avez su trouver des candidats qui vous mèneront à la victoire. Je devais plus particulièrement le dire ici, dans ce département qui, parmi les autres, tient la tête dans les questions d'affaires et de politique. Je devais le dire ici pour vous mettre en garde contre certains bruits qui ont été répandus et dont on alimente la basse presse, à savoir que si le suffrage universel dans sa souveraineté, je ne dirai pas dans la liberté de ses votes, puisqu'on fera tout pour restreindre cette liberté [4], mais dans sa volonté plénière, renomme une majorité républicaine, on n'en tiendra aucun compte. Ah! tenez, messieurs, on a beau dire ces choses ou plutôt les donner à entendre, avec l'espoir de ranimer par là le courage défaillant de ses auxiliaires et de remporter ainsi la victoire : ce sont là de ces choses qu'on ne dit que lorsqu'on va à la bataille ; mais, quand on en revient et que le destin a prononcé, c'est différent! Que dis-je, le destin? Quand la seule autorité devant laquelle il faut que tous s'inclinent aura prononcé, ne croyez pas que personne soit de taille à lui tenir tête. Ne croyez pas que quand ces millions de Français, paysans, ouvriers, bourgeois, électeurs de la libre terre française, auront fait leur choix, et précisément dans les termes où la question est posée ; ne croyez pas que quand ils auront indiqué leur préférence et fait connaître leur volonté, ne croyez pas que lorsque tant de millions de Français auront parlé, il y ait personne, à quelque degré de l'échelle politique ou administrative qu'il soit placé, qui puisse résister.

Quand la France aura fait entendre sa voix souveraine, croyez-le bien, messieurs, il faudra se soumettre ou se démettre.

[*Double salve d'applaudissements. Bravos et cris répétés de :
Vive la République ! Vive Gambetta !*]

La République française, 16 août 1877.

1. Dans le dernier quart du XIXᵉ siècle, les puissances européennes multiplièrent leurs efforts pour profiter de la phase terminale du déclin qui affectait l'Empire ottoman. Autour de 1875, sous l'impulsion du chef tory Disraeli et de plusieurs écrivains, l'Angleterre revitalisa son impérialisme assoupi. Les tensions qui l'opposaient à la Russie reprirent alors même que l'Allemagne souhaitait se poser comme une puissance coloniale.

2. Il s'agit du *Syllabus* qui fut promulgué par Pie IX en 1864 à la suite de l'encyclique *Quanta Cura*. Ce texte comprenait un ensemble de propositions qui condamnaient les principales erreurs philosophiques, morales, politiques et doctrinales du monde moderne.

3. L'Assemblée nationale avait été élue le 8 février 1871, les Prussiens présents sur le territoire national et l'armée française en pleine déroute.

4. Le ministre de l'Intérieur, Fourtou, prépara soigneusement ces élections. Il déplaça ou révoqua 77 préfets, rappela le devoir du gouvernement d'« éclairer » le corps électoral et recourut aux pressions administratives. Par diverses mesures (fermetures de cabarets, de loges maçonniques ou de sociétés républicaines, multiplication des délits de presse), la propagande républicaine fut entravée.

1877. Un discours positiviste sur la représentation du prolétariat au Parlement

Le positivisme ne forme pas l'horizon intellectuel des seules éli-tes politiques de la République. Un Cercle des prolétaires posi-tivistes groupe des ouvriers, en général hautement qualifiés, hostiles au collectivisme ou à la coopération. Fabien Magnin, qui prononce ce discours, est menuisier. Auguste Keufer, qui dirige le Cercle à partir de 1880, est typographe. Ce courant, très minoritaire dans le mouvement ouvrier, n'en marque pas moins l'une des traditions les plus fortes faite d'une confiance inébran-lable dans les mérites de l'éducation comme outil d'améliora-tion sociale et d'un scepticisme concomitant face aux luttes politiques.

Je déclare que c'est avec un profond sentiment d'amertume que je vois la France soumise à un régime qui peut si facilement se transformer en un ignoble traquenard, et j'engage fort les Démocrates à méditer sur ce bizarre phénomène, afin que, ne pouvant le modifier de manière à le rendre profitable, ils s'abs-tiennent au moins de l'appliquer à toutes choses.

Parmi les dangers que nous fait courir le régime parlemen-taire, il en est un qui mérite une attention toute particulière, tant à cause de sa gravité propre qu'à cause des troubles qu'il pro-duit plus ou moins directement dans l'ensemble des fonctions sociales. Ici j'ai besoin, plus que jamais, de votre bienveillante et sérieuse attention.

Ce danger est de faire croire que *voter* soit la principale fonc-tion sociale, que *voter* soit la fonction par excellence. C'est là une grave erreur contre laquelle il est bon de prémunir le public en montrant qu'il est une fonction sans laquelle le vote ni aucune autre fonction sociale ne peut être convenablement accompli. Cette fonction de premier ordre, c'est la fonction d'*appréciation*.

Elle a pour but l'examen attentif de tous les phénomènes qui intéressent la famille humaine et le jugement sévère mais impartial, des actes quelconques de tous les fonctionnaires, depuis le dernier garde champêtre jusqu'au président de la République ; depuis le dernier bedeau jusqu'au pape ; depuis le plus petit maître d'école jusqu'aux grands maîtres de la science ; depuis le dernier caporal jusqu'aux maréchaux de France ; depuis le plus petit industriel jusqu'aux plus puissantes compagnies.

En conséquence, cette fonction doit être permanente comme le sont celles dont je viens de parler. Les pouvoirs accomplissent l'œuvre sociale dont ils sont toujours responsables devant l'opinion publique. Mais, de son côté, le public apprécie l'ensemble de cette œuvre avant, pendant et après l'exécution.

L'appréciation est donc le complément nécessaire de toute l'activité sociale.

Son influence morale, sociale et politique se manifeste :

Premièrement, par les réunions publiques, où le simple rapprochement rend les hommes meilleurs ;

Deuxièmement, par la parole, dont la souplesse fait mieux ressortir les nuances ainsi que les détails de toute sérieuse appréciation ;

Troisièmement, par les affiches, qui sont le moyen le plus accessible, le plus bref et le plus civique pour faire connaître sa pensée ;

Quatrièmement, par les journaux, dont la vaste extension atteint les plus grandes distances ;

Cinquièmement, par les livres, qui fixent et perpétuent les appréciations et permettent de leur donner l'ampleur nécessaire.

Quoique essentiellement morale et sociale, cette fonction doit avoir sur la politique une influence prépondérante et tendre sans cesse à développer et à moraliser l'opinion publique en l'éclairant et en l'exerçant.

Ritti, *Le Positivisme au Congrès ouvrier*, Paris, Publication de l'École positiviste, 1877, p. 61-64.

1878. Le plan Freycinet

En 1878, le plan Freycinet se propose d'améliorer les infra-structures françaises dans le domaine des transports, le réseau ferré notamment. Dans un rapport du 8 juin 1878, une com-mission parlementaire justifie que l'État entreprenne la construc-tion de nouvelles lignes — confiées jusque lors à des compagnies privées.

Dans le texte de la loi de finances de 1877, la Chambre des députés avait introduit une disposition législative ainsi conçue :

« Le ministre des Travaux publics est autorisé à entreprendre, par voie d'adjudication, les travaux de construction des chemins de fer énoncés à l'article 1er de la loi du 16 décembre 1875, et aux articles 1er et 3 de la loi du 31 décembre 1875.

» En dehors des dépenses prévues par la loi du 11 juin 1842, sont autorisées celles des travaux de superstructure, l'achat du matériel roulant excepté. »

Sans discuter les avantages ou les inconvénients de cette der-nière disposition, le Sénat a pensé qu'elle devait faire l'objet d'une loi spéciale, et elle n'a pas été insérée dans le texte définitif de la loi de finances.

Le Gouvernement juge que le moment est aujourd'hui venu de la reproduire et de demander aux Chambres l'autorisation d'entreprendre la superstructure des lignes non concédées au fur et à mesure de l'achèvement de l'infrastructure, afin de ne pas laisser les premiers travaux improductifs et de ne pas retarder l'ouverture de l'exploitation.

Il a donc repris la disposition insérée par la Chambre, en 1876, dans la loi de finances, pour formuler l'article 1er du projet de loi déposé en mars sur le bureau du Sénat.

Voici en quels termes l'exposé des motifs justifie cette propo-sition :

« Jusqu'à ce jour, l'État n'avait été chargé que des travaux d'infrastructure dans les conditions prévues par les lois du 11 juin 1842 et du 19 juillet 1845 [1]. Il y a un véritable intérêt à ce qu'il soit en outre autorisé à construire également la superstructure.

Il pourra, d'ailleurs, le faire dans d'excellentes conditions. Le personnel expérimenté et dévoué, qui a commencé les travaux, les continuera avec le même succès. Il n'y aura aucune organisation nouvelle à faire, et les lignes pourront être rapidement achevées, de manière à donner satisfaction aux populations qui en attendent l'ouverture avec la plus grande impatience.

» On a objecté, il est vrai, que la superstructure d'un chemin de fer devait être faite par la compagnie même qui doit l'exploiter. Cette objection, qui a pu être fondée à une certaine époque, a cessé de l'être aujourd'hui. Tous les procédés de construction sont connus : tous les types ont été expérimentés, et les ingénieurs de l'État sont parfaitement au courant des progrès obtenus jusqu'à ce jour. »

Et plus loin :

« On fait remarquer que les grandes compagnies entretiennent auprès des établissements métallurgiques des agents spéciaux pour surveiller la confection des rails, lesquels offrent ainsi toutes les garanties. Rien n'empêchera l'administration d'en désigner également pour la même surveillance, et elle a, à cet effet, des ingénieurs qui ne le cèdent à aucun autre.

» L'État pourra ainsi construire entièrement les lignes non concédées, dans les meilleures conditions pour leur exploitation.

» Souvent même, il le fera plus économiquement ; car les ingénieurs pourront, dès leurs premiers travaux, trouver et mettre en réserve sur la ligne le ballast nécessaire à son achèvement. »

C'est ainsi que M. le ministre des Travaux publics entrait dans les vues de la Chambre des députés de 1876, qui peuvent se résumer dans une phrase du rapport sur le budget, insérée à la suite d'observations sur le danger d'étendre outre mesure le compte de la garantie d'intérêt :

« Votre commission, messieurs, souhaite vous voir inaugurer, pour des chemins de fer dont le rendement ne saurait être considérable, un système dans lequel le contrôle de l'État soit facile et où l'administration puisse exercer une action efficace pour réaliser de sérieuses économies de construction. »

Réduire, dans la mesure du possible, les dépenses de premier établissement et inscrire directement les charges d'intérêts au compte du Trésor, au lieu d'avoir à les rembourser, à titre de garantie, à des compagnies concessionnaires, telle était la pensée de la Chambre de 1876.

Dans le projet présenté au Sénat en mars 1878, M. le ministre des Travaux publics a restreint l'application du système et l'a limitée aux lignes comprises dans les lois de décembre « qui n'auraient pas été concédées avant l'achèvement des travaux d'infrastructure ».

Le projet qui nous est actuellement soumis après l'examen du Sénat a perdu tout caractère de généralité. Il ne s'agit plus de l'ensemble des chemins de fer décrétés et non concédés, mais d'un certain nombre de sections, d'une longueur limitée, choisies sur douze lignes désignées parmi les trente-quatre qui figurent dans les lois de 1875.

En résumé, nous avons l'honneur de demander à la Chambre d'adopter le projet de loi suivant.

PROJET DE LOI

Art. 1ᵉʳ. — Le ministre des Travaux publics est autorisé à entreprendre l'exécution des travaux de superstructure, l'achat du matériel roulant excepté, jusqu'à concurrence d'une longueur totale de 220 kilomètres, sur les chemins de fer désignés ci-après :

Caen à Dozulé ;
Échauffour à Bernay ;
Alençon à Domfront ;
Mamers à Mortagne ;
Mortagne à Mézidon ;
Gondrecourt à Neufchâteau ;
Saillat à Bussière-Galant ;
Limoges au Dorat ;
Vendôme à Romorantin ;
Limoges à Eymoutiers ;
Fontenay-le-Comte à Benêt ;
Avallon à Nuits-sous-Ravières.

Art. 2. — Les dépenses afférentes à l'exécution de ces travaux seront imputées sur les crédits du chapitre ouvert à la 2ᵉ section *bis* du budget du ministère des Travaux publics sous le titre : Travaux de chemins de fer décrétés et non concédés.

Art. 3. — Les travaux de superstructure seront exécutés suivant les types adoptés, avec approbation du ministre des Tra-

vaux publics, sur l'avis du Conseil général des ponts et chaus-
sées, sur les lignes principales dont les lignes à construire sont
les affluents.

> Rapport fait au nom de la commission chargée d'exa-
> miner le projet de loi autorisant le ministre des Tra-
> vaux publics à entreprendre l'exécution des travaux
> de superstructure de divers chemins de fer, 6 juin 1878,
> *JO*, juin 1878, annexe n° 804.

1. Ces lois fixent les conditions d'établissement du réseau ferré
national.

1879. La mort d'un prince

*Le désastre de la guerre de 1870 n'a pas tout à fait tué le bona-
partisme. Celui-ci conserve quelques fiefs (la Corse) et en
conquiert vite de nouveaux (les Charentes). Au sein de l'armée,
les sympathies pour l'Empire restent nombreuses. Une presse
existe : Le Gaulois, L'Ordre, Le Pays. La mort de Napoléon III,
le 7 janvier 1873, facilite la reconquête en faisant de son fils,
le jeune et séduisant prince impérial, né en 1856, le prétendant
au trône impérial. Au début de 1876, les bonapartistes se retrouvent 75 à la Chambre et 40 au Sénat. En juillet 1878, les mineurs
d'Anzin en grève crient : « Vive Napoléon IV ! » La mort du
prince le 1ᵉʳ juin 1879 au cours d'un engagement contre une
tribu zouloue d'Afrique australe, où il sert dans les rangs
anglais, provoque un grand désarroi politique chez les bonapartistes.*

Le jeune Louis Bonaparte, celui que les partisans de la dynastie
napoléonienne appelait « le prince impérial », vient de succomber, massacré par des sauvages, là-bas, dans le Sud de l'Afrique.

Triste fin ! sans gloire et sans honte !

Nous ne nous sentons capables, ni de nous affliger, ni de nous
réjouir, en présence de cet événement.

Mieux vaut pour cet enfant être mort ainsi, qu'avoir poursuivi le cours de sa carrière impériale. Il n'a pas eu, du moins,
l'occasion d'assumer devant l'histoire la responsabilité des crimes auxquels on le préparait.

Singulière destinée, que celle des héritiers présomptifs dans
cette famille de bandits couronnés ! Le petit roi de Rome [1] et le
petit prince Louis auront une renommée pareille aux yeux des
générations à venir.

Quant à cette femme, jadis impératrice, quant à cette Espagnole [2] dont l'influence a été si néfaste pour la France, nous ne
pouvons en ce moment oublier que c'est une mère.

Laissons-la donc pleurer en paix ; mais qu'elle laisse désormais notre pays tranquille.

« C'est ma guerre, à moi », disait-elle avec orgueil en 1870.

Voilà, madame, le dernier épisode de « votre guerre ». Peut-être n'en seriez-vous pas là, peut-être n'auriez-vous pas à pleurer aujourd'hui votre fils, si vous aviez réfléchi qu'il y avait en France d'autres mères que vous. Elles pleurent aussi, celles-là ; elles pleurent depuis neuf ans, leurs enfants tombés victimes de votre folie catholique ; et si nous sommes décidés à respecter vos larmes, nous n'oublions rien ; nous nous taisons, et voilà tout.

En ce qui concerne les conséquences politiques de cette mort du jeune Bonaparte, nous demandons à nos amis de garder un peu de sang-froid et de n'en point exagérer l'importance.

Il est certain qu'au premier abord, le coup semble bien rude pour le parti bonapartiste. Les uns, parmi les honnêtes gens que nous savons, sont d'avis de se ranger du côté de la légitimité. D'autres se mettent en quête d'un prétendant. Il y en a qui songent à l'un des fils du célèbre Napoléon Jérôme, plus connu sous le nom de Plon-Plon. Avouons-le, cette branche-là manquerait un peu de prestige [3].

Nous prendrons la liberté de recommander à ces pauvres gens, à la recherche d'un maître, la candidature impériale de M. Pierre Bonaparte. En voilà un, du moins, qui personnifie bien la famille et la doctrine ! Et puis, on ne peut pas reprocher au héros d'Auteuil d'avoir des états de services insuffisants.

Donc, MM. les impérialistes sont très désorientés ; mais leur parti n'est pas plus malade qu'il ne l'était avant — par l'excellente raison qu'avant la mort du prince le parti était mort lui-même.

Les républicains ne s'en rendent peut-être pas assez exactement compte. Depuis Sedan, le parti bonapartiste n'est plus un parti ; c'est une bande ; c'est une coalition d'appétits inassouvis, d'ambitions déçues, de rages rétrospectives, de fureurs faméliques. Tout ce monde est prêt à se ruer à l'assaut de la France, pour reconquérir les situations perdues ; mais les mauvaises intentions, fort heureusement, ne suffisent pas. On dirait des carnassiers s'agitant dans une cage dont les barreaux sont solides ; la France n'a rien — et n'avait rien — à en craindre.

Un parti, cet affreux mélange de cléricalisme et fausse démocratie [...] ! Allons donc !

Non. Que la France républicaine ne s'égare pas. Aujourd'hui comme hier, elle a des ennemis redoutables, mais ils ne sont pas où elle a cru les voir. Et parce qu'on se voit délivré d'un obstacle apparent, ce serait grande folie de s'abandonner à une sécurité trompeuse.

Sur le terrain national et social, le seul, l'unique ennemi, c'est le cléricalisme.

Sur le terrain politique, c'est l'orléanisme. Non pas l'orléanisme avoué, hardi, se préparant à remporter la victoire de haute lutte. Il n'existe plus, celui-là — s'il a jamais existé !

Mais l'esprit orléaniste, qui tend à prendre possession de la République ; qui empoisonne tout ce qu'il pénètre ; qui fait obstacle à toutes les réformes démocratiques ; qui s'introduit insidieusement dans nos institutions, qui s'empare des fonctions publiques à tous les degrés ; cet esprit-là est partout et nos gouvernants feront bien de veiller.

C'est là, n'en doutons pas, que nous allons voir refluer tous les bonapartistes assez malheureux pour n'avoir pas trouvé un futur empereur à moitié présentable.

Méfions-nous des conversions républicaines dont on va bientôt nous donner le spectacle. Méfions-nous des prétendus républicains qui ne veulent que le mot et non la chose.

L'empire est mort, dites-vous, en même temps que le prince Louis Bonaparte.

Soit ; admettons-le.

L'orléanisme vit toujours.

Gare à l'orléanisme !

Le Petit Parisien, 22 juin 1879.

1. Fils de Napoléon Ier, né en 1811 et mort en 1832.
2. Eugénie de Montijo de Guzmán (1826-1920), fille du comte de Montijo, Grand d'Espagne, épouse Napoléon III en 1853. Très catholique, elle est critiquée par les opposants à l'Empire qui la jugent en partie responsable du déclenchement de la guerre.
3. Les bonapartistes se divisent entre partisans du prince Napoléon, dit le prince Jérôme et familièrement surnommé Plon-Plon (1822-1891), fils de Jérôme Bonaparte, frère de Napoléon Ier, et son fils Victor (1862-1926) que le prince impérial a désigné comme successeur.

1879. Pour le droit de vote
des femmes

Du 20 au 31 octobre 1879, se tient à Marseille l'un des congrès qui tentent de réorganiser le mouvement ouvrier après la répression de la Commune. Cet « immortel congrès », selon les termes de Jules Guesde, adopte un programme collectiviste et marque ainsi une date dans l'histoire du socialisme français. Hubertine Auclert (1851-1914) y prononce un discours important. Féministe et socialiste, elle avait fondé en 1876 la société « Le Droit des femmes ». En 1879, elle est l'une des sept femmes déléguées au congrès de Marseille. Elle y représente Le Droit des femmes ainsi qu'une association coopérative de vente et de production « Les Travailleurs de Belleville ». Elle rapporte le 22 octobre au nom de la Commission des femmes.

Il y va de votre intérêt, électeurs, de ne plus vous contenter de cette hypocrisie prudhommesque, clichée sur tous les programmes des candidats à la députation, aux conseils généraux et municipaux : « Guerre au cléricalisme ! » Exigez des réformes sociales et, parmi elles, une des premières : la reconnaissance de notre égalité sociale et politique. Il faut qu'à l'instar des héritiers de la Révolution, qui montraient les tables des droits de l'homme aux libérâtres de l'époque, leur demandant : signeriez-vous cela ?, il faut que, vous, prolétaires, vous présentiez la table des droits de la femme aux candidats. Ce sera un critérium pour reconnaître à l'avance les opportunistes, les traîtres du lendemain.

Quiconque méconnaîtra les droits des femmes, méconnaîtra, quand il n'en aura plus besoin pour escalader le pouvoir, les droits de prolétaires.

Nous nous adressons à vous, prolétaires, comme à nos compagnons d'infortune, pour appuyer notre droit à sortir de la servitude.

Vous êtes électeurs, vous avez la puissance du nombre, tous vous êtes femmes par le cœur, vous êtes nos frères. Aidez-nous à nous affranchir.

Vous admettez le vote pour les despotes, les prêtres, les soldats, oiseaux de proie affamés de carnage. Vous les distinguez même dans la foule pour leur donner avec le mandat de vous conduire, quelquefois, celui de vous assassiner.

Et aux femmes, créatrices, aux femmes amies de l'humanité, vous refusez de donner voix au chapitre de vos destinées.

Vous dites : la femme est trop cléricale. Est-elle plus cléricale que les prêtres, les jésuites, les religieux de tous ordres qui votent ? La femme, si elle se confesse, est-elle plus cléricale que les hommes, qui logent et payent confessionnaux et confesseurs ? Est-ce la femme enfin qui se fait prêtre ? Je dis, moi, que ceux qui entretiennent le cléricalisme — les hommes — sont plus cléricaux que les femmes qui le pratiquent.

L'heure n'est plus au sabre et à la force ; il ne s'agit plus de porter chez nos voisins la désolation et la mort. Il s'agit de résoudre pour tous la question du bonheur chez soi. Ayez donc pour cela plus de confiance dans cette catégorie d'êtres, qui veulent les réformes, parce que sur eux particulièrement pèsent les abus — les prolétaires et les femmes. Ce ne sont pas les satisfaits de la vie qui aideront les malheureux à changer de sort. Ce sont ceux qui ne peuvent voir souffrir, ceux qui ne peuvent voir pleurer. A savoir : les ouvriers et les femmes.

Ô ! prolétaires, si vous voulez être libres, cessez d'être injustes. Avec la science moderne, avec la conscience qui, elle, n'a pas de préjugés, dites : Égalité entre tous les hommes. Égalité entre les hommes et les femmes. Ascension de toute la race humaine, unie dans la justice, vers un avenir meilleur.

Égalité sociale et politique de la femme et de l'homme,
Marseille, Imprimerie commerciale A. Thomas et Cⁱᵉ,
1879, p. 14-16.

1880. Le débat sur la gratuité de l'enseignement primaire

Le 20 janvier 1880, le gouvernement Ferry dépose un projet de loi sur la gratuité de l'enseignement primaire. Les députés l'adoptent le 29 novembre, et le texte est promulgué le 16 juin 1881. Le 6 juillet 1880, Ferdinand Boyer (1823-1885), député royaliste conservateur, conteste avec vigueur et le principe et les modalités de la gratuité de l'école élémentaire.

M. Ferdinand Boyer : Sur sa demande, l'ordre de la discussion a été modifié, la date avancée, et hier vous avez voté l'urgence.

Vous reconnaîtrez avec moi que l'attaque, qui est dirigée contre l'enseignement chrétien, est conduite par une main résolue et tenace. A chaque instant l'assaut est donné, et c'est ce qui explique la présence assidue sur le rempart, permettez-moi l'expression, des soldats qui ont mis leur dévouement au service de cette grande cause.

La première brèche a été faite avec la suppression de la lettre d'obédience [1], nous voici en présence de la gratuité. Demain, on vous demandera de voter l'obligation et, dans quelques jours, la laïcité [2].

Le dépôt des projets partiels du Gouvernement, destinés à former une loi générale de l'instruction primaire, a nécessairement changé l'ordre de discussion, qui avait été choisi, préféré par la commission spéciale.

Celle-ci travaillait en présence d'un projet unique, d'un projet dont les chapitres, les articles étaient reliés par une pensée fondamentale ; elle a cru bien faire en prenant pour base d'opération l'obligation. De l'obligation, elle fait dériver, comme conséquences nécessaires : la gratuité, d'une part, et la laïcité de l'autre.

La gratuité, parce que, suivant l'honorable rapporteur [3], il est impossible de contraindre l'enfant à aller à l'école, si son père ne peut faire les frais de la rétribution. Comment obliger, si l'on n'ouvre pas les portes de l'école, pour ainsi dire, à deux battants ?

Quant à la laïcité, le raisonnement est le même : il est évident qu'on ne peut avoir des écoles confessionnelles dans toutes les communes. Aussi n'y a-t-il qu'un moyen de mettre tout le monde d'accord : la neutralité, c'est-à-dire la laïcité de l'école.

A gauche : C'est cela ! — Très bien !

M. Ferdinand Boyer : Donc, dit M. le rapporteur, l'obligation étant admise aujourd'hui par tout le monde, non pas seulement comme une amélioration, mais comme une nécessité sociale, ses conséquences forcées sont la gratuité et la laïcité.

En prenant cette position, la commission a cru se donner le double avantage de la logique et de l'habileté, de la logique apparente au moins ; l'habileté est très compromise par la rigueur du raisonnement ou de la déduction. J'estime quant à moi, messieurs, que ce calcul n'est pas aussi habile qu'on le suppose.

En s'efforçant de relier entre elles, comme trois anneaux, l'obligation, la gratuité et la laïcité, on pense donner plus de force à l'ensemble, mais on se trompe, car il suffira de briser l'un des anneaux pour que la chaîne soit rompue. Et s'il est démontré que la gratuité est la plus grande des injustices et que la laïcité est, non pas comme on le prétend, la simple neutralité en matière religieuse, mais la négation formelle de toute idée religieuse, l'exclusion de Dieu de l'école... [*réclamations à gauche.* — *Oui ! oui ! à droite*] alors que deviendra l'obligation ?

Si nous supprimons l'un des termes du programme, l'obligation disparaît, puisque, d'après M. le rapporteur, l'obligation ne peut exister qu'à ces deux conditions essentielles, avec ces deux annexes : la gratuité et la laïcité.

[...]

Messieurs, on a beaucoup discuté sur la question de la gratuité, mais tous les arguments se résument en ces deux points : une question de justice et une question d'argent.

C'est une question de justice, c'est-à-dire une question d'assiette de l'impôt. Il ne suffit pas d'édicter de nouveaux impôts et de songer à faire face à des dépenses considérables à l'aide de tel ou tel expédient financier. Ce n'est point assez, il faut d'abord asseoir l'impôt, rechercher qui le doit, qui le payera.

C'est une question d'argent, c'est-à-dire de nécessité et de possibilité ; avant de grever le budget d'une charge aussi lourde, il faut se demander s'il y a une nécessité véritable et si le budget est dans des conditions d'élasticité suffisante pour arriver à couvrir de pareilles dépenses.

[...]

Il ne faut pas confondre ce qu'on nomme aujourd'hui la gratuité avec la gratuité ancienne, celle des écoles de l'Église et des corporations avant 1789. Celles-là vivaient de leur vie propre, au moyen de dons et de fondations : la gratuité y était véritable, on ne payait pas. De généreux bienfaiteurs avaient pourvu aux besoins, aux dépenses de l'instruction primaire.

En 1880, il faut payer ; tout se paye. Et Bastiat [4], je crois, cite cet exemple : Un gouvernement socialiste s'est emparé des chemins de fer ; il s'est empressé d'édicter la gratuité absolue des voyages et des transports. Est-ce bien un service gratuit ? Non, répond-il avec sa verve et son esprit ordinaires : De ce que l'État a mis la main sur les chemins de fer et a proclamé la gratuité des voyages, il n'en résulte pas que rien ne soit payé : l'État paye la houille, les rails, les mécaniciens, les locomotives, les employés, les voitures. C'est le budget général qui réglera la dépense.

Le budget général, celui de tous, sera substitué au budget individuel. La masse payera pour ceux qui auront voyagé ou bénéficié des transports.

La gratuité absolue de l'enseignement n'est pas autre chose. Elle doit aboutir à la substitution du budget général au budget particulier.

[...]

Que d'innovations, de travaux à accomplir, d'œuvres à achever et par conséquent de dépenses à faire encore !

Vous dites, par exemple, dans vos exposés, qu'il existe 600 000 enfants de 6 à 13 ans qui ne reçoivent pas l'instruction primaire. Avec la gratuité, vous ne les ferez pas tous venir à l'école. Mais en supposant qu'il en arrive la moitié, vous serez obligés de faire des écoles nouvelles, de leur procurer des maîtres nouveaux. Et si la gratuité est appliquée, avec l'obligation, vous serez forcés d'augmenter vos dépenses. Ne dites pas que vous parviendrez à combler le déficit en prenant 19 000 000 F [5] dans la caisse des contribuables qui ne doivent rien. Vous serez amenés à leur demander beaucoup plus.

[...]

J'ai donc raison de combattre une innovation qui se traduit en un véritable cadeau de 19 millions fait à ceux qui doivent payer et qui payent sans élever aucune plainte.

Enfin, messieurs, je me suis demandé, s'il n'y avait pas, sous cette loi d'apparence généreuse, autre chose que l'abandon de la rétribution scolaire.

Il y a le triomphe d'un système et l'avantage de l'école laïque. Il suffit, pour s'en convaincre, de lire l'exposé des motifs de M. Carnot [6], les projets et les rapports d'aujourd'hui.

Une considération paraît cependant embarrasser les partisans du nouveau système ; c'est celle qu'indiquait hier, en si bons termes, l'honorable M. Beaussire [7]. Si le riche gagne à l'innovation, le pauvre y perd. Dans son rapport, l'honorable M. Paul Bert avait essayé de répondre à l'avance. Il écrivait : « Il est peu exact de dire que les ce⋅⋅⋅mes additionnels seront payés également par les pauvres et pa⋅⋅⋅ riches ; il est évident que ceux-ci en solderont la plus grande partie. » Cela est vrai absolument et en chiffres, mais, proportionnellement, l'affirmation n'est pas exacte.

Cet exemple a été donné quelque part : un ouvrier, non point indigent, mais peu aisé, a fait admettre gratuitement son fils à l'école communale. L'éducation achevée, la commune transforme l'école et crée la gratuité absolue. Cet ouvrier, qui n'a plus d'enfant à élever, aura certainement à supporter une partie des charges nouvelles qui auront été établies par la commune pour payer les dépenses de la gratuité. Dans une certaine proportion, il fera les frais de l'éducation des enfants des autres, de l'enfant du riche.

Mes deux propositions sont donc établies : la gratuité absolue est une injustice, et l'État aussi bien que les communes et les départements ne sont point en mesure de supporter la lourde charge qu'on voudrait leur imposer.

Une dernière indication et j'ai fini : il ne faut pas croire que le vote de la gratuité ne soit point un engagement pour l'avenir : la gratuité absolue est, on vous l'a dit très franchement, la préparation de l'obligation et de la laïcité.

Cette révélation vous montre le danger du premier pas fait dans une voie mauvaise. Arrêtez-vous à l'entrée, messieurs, ne votez pas la gratuité.

Principiis obsta : le conseil est aussi excellent qu'il est ancien. Vous le suivrez et vous repousserez, comme moi, le projet de loi. [*Très bien ! très bien ! à droite.*]

Débats du 6 juillet 1880, *Annales de la Chambre*, 7 juillet 1880, p. 17 *sq.*

1. La lettre d'obédience permettait aux congréganistes reconnus par l'État d'enseigner sans brevet de capacité. Cette disposition est cassée par la loi votée par les députés le 27 mai et promulguée le 21 décembre 1880.

2. Ces deux projets de loi sont déposés par Ferry le 20 janvier 1880.

3. Il s'agit de Paul Bert.

4. Frédéric Bastiat (1801-1850) est un économiste libéral.

5. C'est, selon Ferdinand Boyer, le montant de la rétribution scolaire que l'État veut remplacer par l'impôt.

6. Ministre de l'Instruction publique en 1848, Hippolyte Carnot (1801-1888), dans son projet du 30 juin, propose la gratuité de l'enseignement.

7. Député de la Vendée, Émile Beaussire (1824-1889) s'oppose le 5 juillet 1880 à la gratuité de l'enseignement.

1880. Le débat sur la laïcité et l'obligation de l'enseignement

Le gouvernement Ferry dépose le 20 janvier 1880 un projet de loi établissant la laïcité et l'obligation de l'enseignement élémentaire. Voté par la Chambre le 24 décembre 1880, le texte n'est promulgué que le 28 mars 1882 en raison de l'opposition sénatoriale. Lors d'un débat à la Chambre, Paul Bert (1833-1886), rapporteur de la Commission, défend la conception républicaine de l'école primaire.

M. *Paul Bert :* [...] [sur la laïcité] La laïcité, messieurs, telle que l'entendaient nos honorables collègues, peut être envisagée à deux points de vue différents.

Il y a d'abord la laïcité des programmes, ou la suppression de l'enseignement religieux dans l'école publique.

Il y a, d'autre part, la laïcité du personnel, qui consiste à remettre les écoles publiques, dans leur ensemble, aux mains d'instituteurs laïques.

Pour cette seconde partie de la laïcité, il nous a semblé, comme à M. le ministre, qu'il était possible d'attendre un troisième projet de loi ; et que, en tous cas, l'insuffisance du personnel, en ce qui concerne les institutrices, faisait que cette loi ne présentait pas un caractère d'urgence absolue.

Mais nous avons pensé qu'il n'était pas possible d'ajourner ce qu'on appelle en France la laïcité du programme, ce qu'on appelle, dans d'autres pays, la neutralisation de l'école, la séparation de l'école et des Églises.

[*Applaudissements à gauche.*]

C'est pourquoi, messieurs, l'article 1er du projet de loi que nous vous soumettons aujourd'hui est ainsi conçu :

« L'instruction religieuse ne sera plus donnée dans les écoles primaires publiques des divers ordres ; elle sera facultative dans les écoles privées.

» Les écoles primaires publiques vaqueront un jour par semaine, en outre du dimanche, afin de permettre aux parents de faire donner, s'ils le désirent, à leurs enfants, telle instruction religieuse que bon leur semblera. »

[*Très bien ! très bien ! à gauche.*]

Cet article 1ᵉʳ est suivi d'un second article qui n'en est en quelque sorte qu'une déduction, qu'un corollaire dans l'ordre administratif.

« Art. 2. — Sont abrogées les dispositions des articles 18 et 44 de la loi des 15 et 27 mars 1850 [1], en ce qu'elles donnent aux ministres des cultes un droit d'inspection, de surveillance et de direction dans les écoles primaires publiques et privées et dans les salles d'asile. »

[*Nouvelle approbation à gauche.*]

Messieurs, nous avons fait précéder de cette définition de l'école notre loi sur l'obligation, parce que nous avons jugé que cela était indispensable, surtout en proclamant l'obligation. Alors que nous édictons une loi qui peut frapper de peines assez sévères le père de famille, s'il n'envoie pas son enfant à l'école ; en présence de cette situation que, dans l'immense majorité des cas, c'est l'école publique qui devra s'ouvrir à l'enfant, il nous a paru indispensable d'affirmer au père de famille que rien ne sera enseigné dans cette école qui puisse porter atteinte à la liberté de conscience de son enfant et à la sienne propre.

[*Vives marques d'approbation à gauche.*]

Nous avons voulu commencer par lui affirmer que son enfant ne recevra pas à l'école une instruction contraire à ses sentiments, en telle sorte que, rentré au foyer familial, il devienne une source de discussions et une occasion de scandales.

[*Interruptions à droite. Très bien ! Très bien ! à gauche.*]

M. Villiers [2] *:* Le mot « scandale » est fort.

M. le rapporteur : Cela dépend de la manière dont sera donnée l'instruction religieuse.

Comment pourrait-on condamner un père de famille qui vous dirait : Je comprends l'importance de l'obligation qui m'est imposée ; j'accepte et j'approuve votre loi qui d'une obligation morale me fait une obligation légale. Mais comme je ne puis instruire moi-même mon enfant ou le faire instruire par un précepteur, je refuse de l'envoyer à l'école publique où il recevra un enseignement religieux que je repousse. Je sais que j'agis contre son intérêt ; je sais qu'il est par là frappé d'infériorité sociale ; je sais que son avenir est en péril ; mais il y a quelque chose que je prise plus haut que son intérêt matériel, plus haut que sa situation sociale, plus haut même que la science acquise, c'est l'intégrité conservée de sa conscience. Je ne veux pas, moi protestant, envoyer mon enfant à l'école catholique, la seule qui existe dans ma commune, je ne le veux pas, parce que là on lui donnera l'enseignement catholique ; je ne le veux pas non plus, moi juif, parce qu'on lui donnera un enseignement chrétien ; enfin je ne le veux pas, moi, classé comme catholique, qui n'ai eu cependant de rapports avec la religion catholique qu'au premier jour de ma naissance, alors qu'on m'a porté sur les fonts baptismaux, je ne veux pas qu'on donne à mon enfant l'enseignement catholique.

[*Très bien ! très bien ! et applaudissements à gauche. Rumeurs à droite.*]

[...] [sur l'obligation]

Avons-nous le droit d'imposer cette obligation, qui est, personne ne le discute, inscrite dans le droit naturel, avons-nous le droit de l'inscrire dans la loi civile, le pouvons-nous, le devons-nous ?

Des jurisconsultes disent qu'elle existe déjà dans nos lois, et que l'article 203 du Code civil, qui ordonne au père de famille d'élever et de nourrir ses enfants, par cette expression, « élever », a compris et exige l'éducation et l'instruction.

Je n'y contredis pas et je ne veux pas discuter. Mais il n'est pas inutile, l'événement l'a prouvé, de donner plus de précision à cette obligation et de lui donner surtout une sanction. Faut-il donc le faire ? Avons-nous raison de le faire, pouvons-nous et devons-nous le faire ? La question ayant été posée à l'Assemblée nationale par le ministre de l'Instruction publique, M. Jules Simon[3], la commission présidée par M. Dupanloup[4], et ayant pour rapporteur M. Ernoul[5], a répondu : non, en se basant sur la violence faite à la liberté du père de famille, auquel on vient enlever ainsi la disposition de son enfant.

C'est cet argument qui est l'épée de chevet de tous les ennemis de l'obligation ; c'est à vrai dire le seul qui puisse être invoqué. Ah ! si le devoir naturel d'élever son enfant, de l'instruire, était un de ces devoirs purement moraux qui n'ont sur l'intérêt général de la société qu'un retentissement lointain, je comprendrais l'hésitation. Car c'est chose grave, qui mérite en effet qu'on y réfléchisse, et qui explique bien des hésitations que de venir placer la loi au foyer de la famille, entre le père et l'enfant pour ainsi dire ; et, lorsqu'il y aura conflit entre l'injonction de la loi et l'autorité du père de famille, de frapper celle-ci de déchéance. Je le reconnais, c'est chose grave et qui peut faire hésiter quand on n'envisage que cette face de la question. Mais je prie ceux qui en sont frappés de se retourner et d'envisager l'autre face, de considérer non plus l'intérêt du père de famille, sa volonté, son caprice plus ou moins excusable, mais de considérer l'intérêt général de la société.

Faut-il redire encore combien l'instruction publique est cause de prospérité matérielle et morale pour la société ? Faut-il répéter ces banalités — s'il est permis de donner à ces vérités éternelles, cette caractéristique irrespectueuse —, faut-il répéter que la richesse sociale augmente avec l'instruction, que la criminalité diminue avec l'instruction, qu'un homme ignorant non seulement est frappé d'infériorité personnelle, mais qu'il devient ou peut devenir pour l'intérêt social une charge et un danger ? Tout ceci est véritablement par trop connu, et ce serait abuser des moments de la Chambre que de le répéter et de le développer.

Si l'intérêt de la société est ainsi engagé dans la question, si l'intérêt de l'enfant est ainsi compromis, que devient le caprice ou la mauvaise volonté du père de famille ? Il a contre lui l'intérêt de l'État et l'intérêt de son enfant ; et n'y eût-il que cet intérêt de l'enfant, que, quant à moi, je prendrais parti contre le père pour l'enfant, pour cette faiblesse que seule la loi protège, et qu'elle a progressivement enlevée à une autorité jadis absolue, absolue jusqu'à la mort. Et d'ailleurs, est-ce que c'est la première fois que la loi se met entre le père de famille et l'enfant ? Est-ce qu'elle ne le protège pas contre les brutalités physiques du père ? Est-ce qu'il n'est pas protégé lorsqu'il s'agit de lui assurer la propriété de quelque héritage ? Et enfin, pour prendre l'exemple le plus poignant, est-ce que la loi militaire ne l'arrache pas au foyer domestique pour aller défendre la patrie et les intérêts de l'État ?

[*Très bien ! très bien ! à gauche et au centre.*]

Toutes ces raisons ne militent-elles pas en faveur de l'obligation de l'instruction primaire, ne combattent-elles pas en faveur de la limite posée à cette autorité du père de famille, que personne ici ne voudrait voir toute puissante ?

[*Marques nombreuses d'adhésion.*]

Telle est la situation ; l'obligation est légitime, on ne peut pas le nier.

Est-elle nécessaire ? Quelques-uns disent non, et ils s'appuient sur une statistique qui a, en effet, quelque chose d'assez consolant :

En 1863, sur une population d'enfants âgés de 6 à 13 ans, qui s'élève, en chiffres ronds, à quatre millions et demi, trois millions cent mille seulement — je laisse les fractions — fréquentaient les écoles publiques ou privées.

En 1866, la proportion s'est élevée à trois millions trois cent mille.

En 1876, elle est devenue trois millions huit cent mille, tout près de trois millions neuf cent mille.

Cela marche, il n'y a pas de doute ; le besoin de l'instruction primaire finit par pénétrer les masses populaires et convaincre les natures les plus récalcitrantes.

Mais, messieurs, ne négligez pas ceci, vous ne le pouvez pas ; n'oubliez pas les 624 000 enfants, le septième de la population scolaire, qui, en 1876, ne recevaient aucune instruction, n'apprenaient ni à lire, ni à écrire, ne recevaient aucune notion de l'histoire de leur pays, aucune notion de moralité générale. Ces enfants, pouvez-vous les laisser dans cet état inférieur ?

Ne sentez-vous pas quel danger ils constituent au sein de notre société ? Pouvez-vous vous résoudre à n'être que des philosophes ou des statisticiens enregistrant des courbes et vous disant : à la façon dont les choses marchent, dans quinze ans tous les enfants seront entrés dans les écoles publiques. Vous ne le pouvez pas et vous ne le voudrez pas.

> Chambre des députés, débats du 4 décembre 1880, *JO*,
> 5 décembre 1880, p. 62 *sq.*

---

1. Il s'agit de la loi Falloux.
2. Émile Villiers (1851-1941) est député conservateur du Finistère.
3. Ministre de l'Instruction publique de 1870 à 1873, Jules Simon (1814-1896) présente en janvier 1872 un projet portant sur l'obligation de l'enseignement primaire qui est rejeté.
4. Président de la Commission de l'instruction, Félix Dupanloup (1802-1878), évêque libéral d'Orléans, député de 1871 à 1875, fait rejeter le projet de Jules Simon.
5. Edmond Ernould est député légitimiste de la Vienne.

1881. Pour la colonisation

*La politique coloniale des opportunistes bénéficie de peu de sou-
tiens. Elle n'en est pas moins fort active. Devant les progrès de
l'influence italienne en Tunisie et prétextant des incursions de
Kroumirs sur les confins algériens, le gouvernement français
obtient le vote par la Chambre de crédits militaires le 7 avril 1881,
qui permettent une intervention militaire en Tunisie. Le 12 mai,
le bey signe le traité qui marque le début du protectorat français
sur la Tunisie.*

Ce que nous disions pour le Tonkin, nous le répétons
aujourd'hui pour la Tunisie. L'annexion totale de la régence est
un acte nécessaire de politique prévoyante.

Jamais, en outre, plus belle occasion ne s'est présentée pour
la France de rentrer dans la voie dont elle n'aurait jamais dû
sortir, c'est-à-dire de reprendre sa place au premier rang dans
l'œuvre civilisatrice des peuples.

Le temps presse d'ailleurs : les races anglo-saxonne, allemande
et russe semblent prêtes à se partager la domination du monde ;
elles constituent, dans les terres encore vacantes de l'Amérique
et de l'Océanie, des sociétés toujours grandissantes, et avant peu
la seule Amérique du Nord aura une population supérieure à celle
de l'Europe occidentale. Partout se développe un énergique mouvement d'expansion universelle.

Que devons-nous faire ?

La voie est toute tracée.

Abandonnons la politique continentale et, comme le disait hier,
dans *L'Économiste*, et d'accord avec nous, M. Leroy-
Beaulieu [1], dans un excellent article relatif à la Tunisie : revenons à la politique coloniale, la seule qui ait de l'avenir, la seule
qui pourra redonner la vie à notre marine marchande,
aujourd'hui en décadence ; la seule qui, sans aucun péril, puisse
nous procurer les plus grands avantages.

Depuis deux siècles, nous avons abandonné cette politique
coloniale, qui avait élevé si haut le prestige du nom français dans
toutes les parties du monde ; depuis deux siècles, nous avons

couru les aventures, guerroyant sur nos frontières, coopérant, au prix de notre or et de notre sang, à la fondation des puissances devenues ensuite pour nous de redoutables ennemies.

Pense-t-on que, si nous avions conservé nos belles et prospères colonies, le Canada, la Louisiane, Saint-Domingue, retenu l'empire des Indes que les Anglais nous ont enlevé — pense-t-on que nous serions moins riches, moins instruits, moins respectés ?

Non, cent fois non ! bien au contraire. Nous ne nous serions pas fait des ennemis héréditaires de ceux que nous avons combattus, et des ingrats de ceux que nous avons secourus.

Abandonnons, par conséquent, une fois pour toutes, la politique continentale, qui serait pour nous, comme elle l'a toujours été, une duperie, et reprenons vigoureusement, en y employant tous nos efforts, toute notre richesse, toute notre intelligence, la politique coloniale, la seule qui soit utile, la seule qui nous permettra de lutter avantageusement contre l'expansion, tous les jours plus grande, des autres peuples de l'Europe occidentale.

> X..., « Il nous faut la Tunisie », *Le Gaulois*, 8 mai 1881.

1. Dès 1874, l'économiste Paul Leroy-Beaulieu (1843-1916), gendre de Michel Chevalier, publie *De la colonisation chez les peuples modernes*, ouvrage dans lequel il prétend montrer que la colonisation favorise le progrès matériel et les échanges, et est la condition de la grandeur des peuples. Il est en outre le fondateur de *L'Économiste français* où il défend des idées libérales et des thèses favorables à la colonisation.

1882. Le krach financier

Sur fond d'une « grande dépression » qui s'était manifestée à l'échelle mondiale dès 1873, la France subit de plein fouet une grave récession à partir de 1882. Le 19 janvier, le krach de l'Union générale alerte les milieux financiers et économiques. Cette banque, fondée par Eugène Bontoux, soutenue par les réseaux catholiques et légitimistes, avait réalisé des investissements hasardeux. Sa disparition est l'occasion d'une réorganisation de l'ensemble du système bancaire français.

La journée d'hier est mauvaise pour la France !

Il ne s'agit pas seulement de spéculateurs ruinés, de situations compromises ! Il n'est plus question de savoir si certaines valeurs avaient été trop surchauffées, de discerner quelle part de responsabilité incombe à des allumeurs trop malins ou à des allumés trop naïfs.

Cette fois, c'est du crédit public qu'il s'agit, c'est la fortune nationale qu'il faut défendre contre l'affolement des vendeurs, contre la panique du marché.

La Presse a un devoir à remplir dans ces heures troubles. *Le Figaro* croit faire le sien en opposant malgré tout, à la débandade des capitaux, ce cri qui compte comme une bonne action dans la vie d'Émile de Girardin [1], le cri célèbre de 1848 : « *Confiance ! confiance !* »

Oui, confiance ! parce que les crises comme celles dont nous racontons plus loin les émouvantes et attristantes péripéties sont des leçons coûteuses, douloureuses, mais utiles, parce qu'elles rendront à l'argent français sa véritable voie, celle de l'industrie, du commerce, du travail honnête, lent et sûr.

Il faut bien l'avouer, la spéculation l'en avait détourné ; mais, à qui la faute, sinon au gouvernement [2] qui n'a fait que de la politique exécrable, au lieu d'offrir à l'activité publique l'aliment d'affaires sérieuses et productives.

Pendant qu'on s'attarde en haut lieu à des chinoiseries parlementaires qui d'ailleurs vont probablement rester pour compte au fabricant, la fortune de la France périclite !

On s'est donné la basse et lâche satisfaction de monter à l'assaut de valeurs où l'on a voulu voir une sorte de syndicat des intérêts matériels et moraux du parti conservateur !

On y a réussi — pour un moment, mais quand la manœuvre devrait aboutir, quand les ruines amoncelées autour de quelques gredins ne seraient pas immédiatement repérables, la France, notre chère France, si laborieuse, si économe, qui, chaque semaine, transforme sa sueur et ses sacs d'écus en rentes et en obligations de toute espèce, la France serait-elle atteinte dans ses œuvres vives ?

Non ! et c'est pourquoi nous le répétons, il faut avoir de la confiance pour en donner à tout le monde, pour enrayer cette panique déraisonnée qui menace de tout entraîner.

« La débâcle de la Bourse », *Le Figaro*, 20 janvier 1882.

1. Émile de Girardin (1806-1881), en fondant *La Presse*, contribue, par l'abaissement du prix des journaux, à transformer le journalisme.
2. Il s'agit du gouvernement dirigé par Léon Gambetta depuis le 14 novembre 1881 et très contesté par les milieux d'affaires.

1883. La morale de l'école laïque vue par Jules Ferry

Instituant l'obligation et la laïcité de l'école primaire, la loi du 28 mars 1882 prévoit également l'enseignement de « l'instruction morale et civique ». Dans une lettre du 17 novembre 1883 qu'il adresse aux instituteurs, Jules Ferry (1832-1893), président du Conseil et ministre de l'Instruction publique, précise le contenu de cet enseignement.

Monsieur l'Instituteur,

L'année scolaire qui vient de s'ouvrir sera la seconde année d'application de la loi du 28 mars 1882. Je ne veux pas la laisser commencer sans vous adresser personnellement quelques recommandations qui sans doute ne vous paraîtront pas superflues, après la première expérience que vous venez de faire du régime nouveau. Des diverses obligations qu'il vous impose, celle assurément qui vous tient le plus au cœur, celle qui vous apporte le plus lourd surcroît de travail et de souci, c'est la mission qui vous est confiée de donner à vos élèves l'éducation morale et l'instruction civique : vous me saurez gré de répondre à vos préoccupations en essayant de bien fixer le caractère et l'objet de ce nouvel enseignement ; et, pour y mieux réussir, vous me permettrez de me mettre un instant à votre place, afin de vous montrer, par des exemples empruntés au détail même de vos fonctions, comment vous pourrez remplir, à cet égard, tout votre devoir, et rien que votre devoir.

La loi du 28 mars se caractérise par deux dispositions qui se complètent sans se contredire : d'une part, elle met en dehors du programme obligatoire l'enseignement de tout dogme particulier ; d'autre part, elle y place au premier rang l'enseignement moral et civique. L'instruction religieuse appartient aux familles et à l'église, l'instruction morale à l'école. Le législateur n'a donc pas entendu faire une œuvre purement négative. Sans doute il a eu pour premier objet de séparer l'école de l'église, d'assurer la liberté de conscience et des maîtres et des élèves, de distinguer enfin deux domaines trop longtemps confondus : celui des croyances, qui sont personnelles, libres et variables, et celui des connaissances, qui sont communes et indispensables à tous, de l'aveu de tous. Mais il y a autre chose dans la loi du 28 mars : elle affirme la volonté de fonder chez nous une éducation nationale, et de la fonder sur des notions du devoir et du droit que le législateur n'hésite pas à inscrire au nombre des premières vérités que nul ne peut ignorer. Pour cette partie capitale de l'éducation, c'est sur vous, Monsieur, que les pouvoirs publics ont compté. En vous dispensant de l'enseignement religieux, on n'a pas songé à vous décharger de l'enseignement moral : c'eût été vous enlever ce qui fait la dignité de votre profession. Au contraire, il a paru tout naturel que l'instituteur, en même temps qu'il apprend aux enfants à lire et à écrire, leur enseigne aussi ces règles élémentaires de la vie morale qui ne sont pas moins universellement acceptées que celles du langage ou du calcul. [...]

Si parfois vous étiez embarrassé pour savoir jusqu'où il vous est permis d'aller dans votre enseignement moral, voici une règle pratique à laquelle vous pourrez vous tenir. Au moment de proposer aux élèves un précepte, une maxime quelconque, demandez-vous s'il se trouve à votre connaissance un seul honnête homme qui puisse être froissé de ce que vous allez dire. Demandez-vous si un père de famille, je dis un seul, présent à votre classe et vous écoutant, pourrait de bonne foi refuser son assentiment à ce qu'il vous entendrait dire. Si oui, abstenez-vous de le dire ; sinon, parlez hardiment : car ce que vous allez communiquer à l'enfant, ce n'est pas votre propre sagesse ; c'est la sagesse du genre humain, c'est une de ces idées d'ordre universel que plusieurs siècles de civilisation ont fait entrer dans le patrimoine de l'humanité. Si étroit que vous semble peut-être un cercle d'action ainsi tracé, faites-vous un devoir d'honneur de n'en jamais sortir, restez en deçà de cette limite plutôt que vous exposer à la franchir : vous ne toucherez jamais avec trop de scrupule à cette chose délicate et sacrée, qui est la conscience de l'enfant. Mais, une fois que vous vous êtes ainsi loyalement enfermé dans l'humble et sûre région de la morale usuelle, que vous demande-t-on ? Des discours ? des dissertations savantes ? de brillants exposés, un docte enseignement ? Non ! la famille et la société vous demandent de les aider à bien élever leurs enfants, à en faire des honnêtes gens. C'est dire qu'elles atten-

dent de vous non des paroles, mais des actes, non pas un enseignement de plus à inscrire au programme, mais un service tout
pratique, que vous pouvez rendre au pays plutôt encore comme
homme que comme professeur. [...]

Dans une telle œuvre, vous le savez, Monsieur, ce n'est pas
avec des difficultés de théorie et de haute spéculation que vous
avez à vous mesurer ; c'est avec des défauts, des vices, des préjugés grossiers. Ces défauts, il ne s'agit pas de les condamner
— tout le monde ne les condamne-t-il pas ? — mais de les faire
disparaître par une succession de petites victoires, obscurément
remportées. Il ne suffit donc pas que vos élèves aient compris
et retenu vos leçons ; il faut surtout que leur caractère s'en res-
sente : ce n'est pas dans l'école, c'est surtout hors de l'école qu'on
pourra juger ce qu'a valu votre enseignement. Au reste, voulez-
vous en juger vous-même, dès à présent, et voir si votre enseignement est bien engagé dans cette voie, la seule bonne : examinez s'il a déjà conduit vos élèves à quelques réformes pratiques.
Vous leur avez parlé, par exemple, du respect de la loi : si cette
leçon ne les empêche pas, au sortir de la classe, de commettre
une fraude, un acte, fût-il léger, de contrebande ou de bracon-
nage, vous n'avez rien fait encore ; la leçon de morale n'a pas
porté. Ou bien vous leur avez expliqué ce que c'est que la justice et que la vérité : en sont-ils assez profondément pénétrés pour
aimer mieux avouer une faute que de la dissimuler par un mensonge, pour se refuser à une indélicatesse ou à un passe-droit
en leur faveur ? [...]

Il dépend de vous, Monsieur, j'en ai la certitude, de hâter par
votre manière d'agir le moment où cet enseignement sera partout non pas seulement accepté, mais apprécié, honoré, aimé
comme il mérite de l'être. Les populations mêmes dont on a cherché à exciter les inquiétudes ne résisteront pas longtemps à l'expérience qui se fera sous leurs yeux. Quand elles vous auront vu
à l'œuvre, quand elles reconnaîtront que vous n'avez d'autre
arrière-pensée que de leur rendre leurs enfants plus instruits et
meilleurs, quand elles remarqueront que vos leçons de morale
commencent à produire de l'effet, que leurs enfants rapportent
de votre classe de meilleures habitudes, des manières plus douces et plus respectueuses, plus de droiture, plus d'obéissance, plus
de goût pour le travail, plus de soumission au devoir, enfin tous
les signes d'une incessante amélioration morale, alors la cause

de l'école laïque sera gagnée : le bon sens du père et le cœur de la mère ne s'y tromperont pas, et ils n'auront pas besoin qu'on leur apprenne ce qu'ils vous doivent d'estime, de confiance et de gratitude.

Jules Ferry, Lettre aux instituteurs, 17 novembre 1883, cité *in* Paul Robiquet, *Discours et Opinions politiques de Jules Ferry*, Paris, Colin, 1896, t. IV, p. 259-267.

1883. Les conventions
de chemins de fer

Sous le Second Empire, l'État avait accru le poids de sa tutelle sur les réseaux de chemins de fer. Les conventions de 1858-1859, celles de 1863 et de 1868-1869 allaient toutes dans le sens d'un assujettissement des compagnies, en échange, il est vrai, de quelques avantages. Ces tendances sont tout à fait confirmées au début des années 1880. En 1883, le gouvernement profite du retour à la prospérité pour imposer aux entreprises ferroviaires de nouvelles charges et renforcer son contrôle sur elles. Même si les menaces de rachat, que les radicaux appelaient de leurs vœux, sont écartées, l'administration gouvernementale ne cesse de multiplier les circulaires qui imposent des procédés d'exploitation ou de coûteuses consignes de sécurité. C'est cette politique modérée que le ministre des Travaux publics, Raynal, vient défendre devant les parlementaires qui ont ouvert le débat sur les conventions en juillet 1883. Raynal, un ancien gambettiste, avait négocié avec les compagnies depuis mars. Les nouvelles conventions qui ressortent de ces discussions sont promulguées le 20 novembre 1883.

Messieurs, j'ai essayé d'établir, dans la séance d'hier, l'impossibilité d'effectuer actuellement le rachat général ou le rachat partiel des chemins de fer ; j'en ai conclu que la Chambre se trouvait en présence de ce dilemme : ou se résigner au maintien du *statu quo*, ou approuver les conventions que j'ai appelées : l'amélioration du *statu quo*. J'ai abordé l'examen des avantages que présentent ces conventions, et je vous demande la permission de les rappeler en les énumérant : c'est, d'abord, l'obtention de subventions importantes ; c'est la diminution des charges résultant pour l'État de la construction des chemins de fer ; c'est l'obligation pour les compagnies de supporter les insuffisances d'exploitation du 3e réseau [1] ; c'est l'abaissement du point de partage des bénéfices ; c'est, enfin, l'augmentation de la part de l'État dans les excédents de recettes, qui, aux termes des conventions actuelles, appartiennent par moitié à l'État et aux compagnies, et qui, désormais, seront attribués pour deux tiers à l'État.

J'ai omis d'indiquer un autre avantage sur lequel je demande la permission d'appeler votre attention.

J'ai omis d'indiquer à la Chambre que, pour la première fois, on avait inscrit dans les conventions, au point de vue du retard que les compagnies pouvaient apporter à l'exécution des travaux, une pénalité de 5 000 F par kilomètre et par an. Cette pénalité est très sérieuse.

Le seul intérêt des compagnies à retarder l'exécution d'une ligne, c'est la possibilité de s'exonérer des insuffisances d'exploitation ; mais comme ces insuffisances peuvent être évaluées, je disais hier, à 2 500 F en moyenne, et que je ne crois pas qu'elles puissent arriver sur la plus misérable des lignes à 5 000 F, les compagnies ne pourront, sans préjudice pour leurs intérêts, se dispenser d'exécuter, dans les délais stipulés, les lignes dont elles ont accepté la concession. En ce qui concerne les tarifs, sur lesquels je ne reviendrai pas, j'ai également omis d'indiquer que nous avions obtenu des compagnies un avantage depuis très longtemps réclamé : je veux parler de l'unification des tarifs.

Vous savez, messieurs, que tous ceux qui ont traité la question des tarifs, et en particulier l'honorable M. George, dans le rapport très remarquable qu'il a présenté au Sénat, ont insisté plus encore sur la simplification des tarifs que sur leurs réductions ; nous avons obtenu des compagnies l'engagement d'établir des tarifs à base kilométrique décroissante, et en suivant un système de réductions contraire au système actuel, c'est-à-dire que le barème kilométrique deviendra la règle et que les tarifs de gare à gare deviendront l'exception.

Et comme preuve des engagements pris par les compagnies, je puis indiquer à la Chambre que trois d'entre elles ont déjà établi ces tarifs et les ont soumis à l'homologation ministérielle.

Débats parlementaires, 21 juillet 1883, p. 1777.

1. Il s'agit du réseau créé par le plan Freycinet. La loi de 1879 prévoyait la construction de 18 000 kilomètres de voies ferrées afin de desservir les régions les plus enclavées du territoire national.

1884. La loi Waldeck-Rousseau

Pierre Waldeck-Rousseau (1846-1904), avocat de formation, est ministre de l'Intérieur de Jules Ferry lorsqu'il fait voter la loi du 21 mars 1884 garantissant les libertés syndicales. Républicain modéré, il est membre de l'Union républicaine. Sa loi, qui abroge celle du 14-17 juin 1791 (loi Le Chapelier), impose le dépôt des statuts, ce que refusent un certain nombre de syndicats. Elle veut surtout favoriser l'essor des organisations professionnelles dont beaucoup existaient déjà. Le 25 août 1884, il fait parvenir une circulaire aux préfets précisant les conditions de mise en application de la loi et les principes qui ont présidé à son élaboration.

Monsieur le Préfet, la loi du 21 mars 1884, en faisant disparaître toutes les entraves au libre exercice du droit d'association pour les syndicats professionnels, a supprimé dans une même pensée libérale toutes les autorisations préalables, toutes les prohibitions arbitraires, toutes les formalités inutiles. — Elle n'exige de la part de ces associations qu'une seule condition pour leur fondation légale : la publicité. Faire connaître leurs statuts, la liste de leurs sociétaires, justifier en un mot de leur qualité de *syndicats* professionnels, telle est, au point de vue des formes qu'elles doivent observer, la seule obligation qui incombe à ces associations.

Si le rôle de l'État se bornait exclusivement à veiller à la stricte observation des lois, votre intervention n'aurait sans doute que de rares occasions de se produire.

Mais vous avez un devoir plus grave. Il vous appartient de favoriser l'essor de l'esprit d'association, de le stimuler, de faciliter l'usage d'une loi de liberté, d'en rendre la pratique aisée, d'aplanir sur sa route les difficultés qui ne sauraient manquer de naître de l'inexpérience et du défaut d'habitude de cette liberté. Ainsi, à considérer les besoins auxquels répond la loi du 21 mars, son esprit, les grandes espérances que les pouvoirs publics et les travailleurs ont mis en elle, votre mission, monsieur le Préfet, s'élargit et son importance se mesurera au degré de confiance que vous saurez inspirer aux intéressés, à la somme de services que cette confiance vous permettra de leur rendre. C'est pourquoi, monsieur le Préfet, il m'a semblé nécessaire de vous faire connaître les vues du gouvernement sur l'application de la loi du 21 mars.

La pensée dominante du gouvernement et des Chambres dans l'élaboration de cette loi a été de développer parmi les travailleurs l'esprit d'association.

Le législateur a fait plus encore. Pénétré de l'idée que l'association des individus suivant leurs affinités professionnelles est moins une arme de combat qu'un instrument de progrès matériel, moral et intellectuel, il a donné aux syndicats la personnalité civile pour leur permettre de porter au plus haut degré de puissance leur bienfaisante activité. Grâce à la liberté complète d'une part, à la personnalité civile de l'autre, les syndicats, sûrs de l'avenir, pourront réunir les ressources nécessaires pour créer et multiplier les utiles institutions qui ont produit chez d'autres peuples de précieux résultats : caisses de retraites, de secours, de crédit mutuel, cours, bibliothèques, sociétés coopératives, bureaux de renseignements, de placements, de statistique, des salaires, etc. Certaines nations, moins favorisées que la France par la nature et qui lui font une concurrence sérieuse, doivent, pour une large part, à la vitalité de ces établissements leurs prospérités commerciale, industrielle et agricole. Sous peine de déchoir, la France doit se hâter de suivre cet exemple. Aussi le vœu du gouvernement et des Chambres est-il de voir se propager, dans la plus large mesure possible, les associations professionnelles et les œuvres qu'elles sont appelées à engendrer. La loi du 21 mars ouvre la plus vaste carrière à l'activité des syndicats, en permettant à ceux qui sont régulièrement constitués de se concerter pour l'étude et la défense de leurs intérêts économiques, industriels, commerciaux et agricoles. Désormais la fécondité des associations professionnelles n'a plus de limites légales. Le gouvernement et les Chambres ne se sont pas laissés effrayer par le péril hypothétique d'une fédération antisociale de tous les travailleurs. Pleins de confiance dans la sagesse tant de fois attestée des travailleurs, les pouvoirs publics n'ont envisagé que les bienfaits certains d'une liberté nouvelle qui doit bientôt initier l'intelligence des plus humbles à la conception des plus grands problèmes économiques et sociaux.

Henri Leyret, *De Waldeck-Rousseau à la CGT. La société et les syndicats*, Paris, Éd. de la Sirène, 1921, p. 231-233.

1885. Le débat colonial

A partir du 27 juillet 1885, les députés discutent d'un projet de loi « portant ouverture au ministre de la Marine et des Colonies [...] d'un crédit extraordinaire de 12 190 000 francs pour les dépenses occasionnées par les événements de Madagascar », la France voulant imposer aux Malgaches un protectorat. La Chambre profite surtout de cette occasion pour débattre de la politique coloniale menée par les opportunistes. Frédéric Passy (1822-1912), économiste de formation, dénonce la colonisation au nom du libéralisme. Chassé du pouvoir après l'incident de Lang-sön (30 mars 1885), Jules Ferry (1832-1893) défend au contraire sa politique que Georges Clemenceau (1841-1929), député radical, attaque avec sa férocité coutumière. Les crédits sont finalement votés par 277 voix contre 120, de nombreux députés s'étant abstenus.

M. Frédéric Passy : [...] Non ; je ne crois pas que ce soit le moyen de résoudre la question sociale, le moyen d'augmenter la richesse et la puissance d'un pays, que d'envoyer sans fruit, sans profit, sans résultat, et quelquefois par des procédés qui ne sont pas toujours les plus conformes à cette civilisation libérale que nous nous honorons de représenter, la partie la plus vigoureuse de la nation, la portion la plus précieuse de ses épargnes, se fondre sous le soleil des tropiques ; que d'engloutir au-dehors nos trésors, et de verser sur des terres ou arides ou insalubres et inhospitalières le sang de nos enfants, mêlé, il est vrai, au sang de ceux que nous appelons des barbares.

[*Applaudissements à gauche. Interruptions.*]

Je crois, comme l'a dit l'honorable M. Perin [1], qui est bon juge en pareille question, que la véritable expansion coloniale, que le véritable patriotisme, auquel M. de Mahy [2] faisait un si éloquent et si énergique appel, peuvent se comprendre et s'exercer d'une autre façon.

Je crois que nous sommes, nous, les adversaires de ces aventures lointaines, de meilleurs ménagers de la force expansive de la nation, de plus vrais représentants de l'esprit national et du patriotisme national lorsque nous nous refusons à sacrifier en pure perte ces choses précieuses, l'or et le sang de la France, lorsque nous voulons que nos forces soient réservées pour les périls inévitables, pour les épreuves nécessaires, pour les éventualités redoutables auxquelles il n'est pas possible de ne pas songer même quand on a le plus grand désir de les voir s'éloigner et de les éviter. Je crois que la France a le devoir de se concentrer, de se recueillir, et que, si elle veut rayonner et s'épandre, il faut que ce soit comme ces eaux qui se déversent en s'élevant, non comme celles qui se perdent par mille fissures et mille fuites qui les abaissent.

C'est par le naturel progrès de la richesse, de la population débordant sur les territoires étrangers, c'est par l'émigration volontaire, par le commerce libre et fructueux, et non par ces aventureuses, coûteuses et stériles expéditions lancées au hasard en tous sens, qu'on peut arriver à répandre le nom, la langue, l'esprit et les intérêts de la France. C'est en la rendant plus forte qu'on la fera rayonner avec plus d'énergie et plus d'éclat au-dehors.

[*Très bien ! à l'extrême gauche et à droite.*]

Voilà comment nous entendons l'expansion et le patriotisme, et pourquoi nous n'acceptons pas l'anathème de M. de Mahy. Nous croyons qu'on peut, non seulement sans forfaiture et sans crime, mais avec honneur, se refuser à prendre par la force possession d'un pays que les habitants se refusent à livrer, et que beaucoup de nos concitoyens peut-être ne se soucient pas de payer du sang de leurs enfants.

[*Applaudissements.*] [...]

> Intervention de Frédéric Passy, Chambre des députés, débats du 28 juillet 1885, *JO*, 29 juillet 1885, p. 1639.

1. Georges Perin (1838-1903), député radical de la Haute-Vienne, est violemment hostile à la colonisation.
2. Député de la Réunion, François de Mahy (1830-1906), républicain de gauche, est favorable à la colonisation.

M. Jules Ferry : Messieurs, je suis confus de faire un appel aussi prolongé à l'attention bienveillante de la Chambre, mais je ne crois pas remplir à cette tribune une tâche inutile. Elle est laborieuse pour moi comme pour vous, mais il y a, je crois, quelque intérêt à résumer et à condenser, sous forme d'arguments, les principes, les mobiles, les intérêts divers qui justifient la politique d'expansion coloniale, bien entendu, sage, modérée et ne perdant jamais de vue les grands intérêts continentaux qui sont le premier intérêt de ce pays. Je disais, pour appuyer cette proposition, à savoir qu'en fait, comme on le dit, la politique d'expansion coloniale est un système politique et économique ; je disais qu'on pouvait rattacher ce système à trois ordres d'idées : à des idées économiques, à des idées de civilisation de la plus haute portée, et à des idées d'ordre politique et patriotique.

Sur le terrain économique, je me suis permis de placer devant vous, en les appuyant de quelques chiffres, les considérations qui justifient la politique d'expansion coloniale, au point de vue de ce besoin, de plus en plus impérieusement senti par les populations industrielles de l'Europe et particulièrement de notre riche et laborieux pays de France : le besoin de débouchés. Est-ce que c'est quelque chose de chimérique ? est-ce que c'est une vue d'avenir, ou bien n'est-ce pas un besoin pressant, et on peut dire le cri de notre population industrielle ? Je ne fais que formuler d'une manière générale ce que chacun de vous, dans les différentes parties de la France, est en situation de constater. Oui, ce qui manque à notre grande industrie, que les traités de 1860 ont irrévocablement dirigée dans la voie de l'exportation, ce qui lui manque de plus en plus, ce sont les débouchés. Pourquoi ? parce qu'à côté d'elle, l'Allemagne se couvre de barrières, parce que, au-delà de l'Océan, les États-Unis d'Amérique sont devenus protectionnistes, et protectionnistes à outrance ; parce que non seulement ces grands marchés, je ne dis pas se ferment, mais se rétrécissent, deviennent de plus en plus difficiles à atteindre par nos produits industriels ; parce que ces grands États commencent à verser sur nos propres marchés des produits qu'on n'y voyait pas autrefois. Ce n'est pas une vérité seulement pour l'agriculture, qui a été si cruellement éprouvée, et pour laquelle la concurrence n'est plus limitée à ce cercle de grands États européens pour lesquels avaient été édifiées en quelque sorte les anciennes théories économiques ; aujourd'hui, vous ne l'ignorez pas, la concurrence, la loi de l'offre et de la demande, la liberté des échanges, l'influence des spéculations, tout cela rayonne dans un cercle qui s'étend jusqu'aux extrémités du monde. [*Très bien ! très bien !*] C'est là une grande complication, une grande difficulté économique ; nous en avons plusieurs fois parlé à cette tribune, quand le Gouvernement a été interpellé par M. Langlois [1] sur la situation économique de la capitale ; c'est là un problème extrêmement grave. Il est si grave, messieurs, si palpitant, que les gens les moins avisés sont condamnés à déjà entrevoir, à prévoir et à se pourvoir pour l'époque où ce grand marché de l'Amérique du Sud, qui nous appartenait de temps en quelque sorte immémorial, nous sera disputé et peut-être enlevé par les produits de l'Amérique du Nord. Il n'y a rien de plus sérieux, il n'y a pas de problème social plus grave ; or, ce programme est intimement lié à la politique coloniale. Je n'ai pas besoin de pousser plus loin cette démonstration. [...]

[...] Messieurs, il y a un second point, un second ordre d'idées que je dois également aborder, le plus rapidement possible, croyez-le bien : c'est le côté humanitaire et civilisateur de la question. [...]

Est-ce que vous pouvez nier, est-ce que quelqu'un peut nier qu'il y a plus de justice, plus d'ordre matériel et moral, plus d'équité, plus de vertus sociales dans l'Afrique du Nord depuis que la France a fait sa conquête ? Quand nous sommes allés à Alger pour détruire la piraterie et assurer la liberté du commerce dans la Méditerranée, est-ce que nous faisions œuvre de forbans, de conquérants, de dévastateurs ? Est-il possible de nier que dans l'Inde, et malgré les épisodes douloureux qui se rencontrent dans l'histoire de cette conquête, il y a aujourd'hui infiniment plus de justice, plus de lumière, d'ordre, de vertus publiques et privées depuis la conquête anglaise qu'auparavant ?

M. Clémenceau : C'est très douteux.

M. Georges Perin [2] *:* Rappelez-vous donc le discours de Burke !

M. Jules Ferry : Est-ce qu'il est possible de nier que ce soit une bonne fortune pour ces malheureuses populations de l'Afrique équatoriale de tomber sous le protectorat de la nation fran-

çaise ou de la nation anglaise ? Est-ce que notre premier devoir,
la première règle que la France s'est imposée, que l'Angleterre
a fait pénétrer dans le droit coutumier des nations européennes,
et que la conférence de Berlin ³ vient de traduire en droit positif, en obligation sanctionnée par la signature de tous les gouvernements, n'est pas de combattre la traite des nègres, cet
horrible trafic, et l'esclavage, cette infamie ?

[*Vives marques d'approbations sur divers bancs.*] [...]

Voilà ce que j'ai à répondre à l'honorable M. Pelletan ⁴ sur
le second point qu'il a touché.

Il est ensuite arrivé à un troisième, plus délicat, plus grave,
et sur lequel je vous demande la permission de m'expliquer en
toute franchise. C'est le côté politique de la question. L'honorable M. Pelletan, qui est un écrivain distingué, a toujours des
formules d'une remarquable précision. Je lui emprunte celle qu'il
a appliquée l'autre jour à ce côté de la politique coloniale :

« C'est un système, dit-il, qui consiste à chercher des compensations en Orient à la réserve et au recueillement qui nous sont
actuellement imposés en Europe. »

Je voudrais m'expliquer là-dessus. Je n'aime pas ce mot de compensation, et, en effet, non pas ici, sans doute, mais ailleurs, on
en a pu faire un emploi souvent perfide. Si l'on veut dire ou insi-
nuer qu'un gouvernement quelconque dans ce pays, un ministère
républicain a pu croire qu'il y avait quelque part, dans le monde,
des compensations pour les désastres qui nous ont atteints, on fait
injure..., et une injure gratuite, à ce gouvernement.

[*Applaudissements au centre et à gauche.*]

Cette injure, je la repousse de toute la force de mon patriotisme !

[*Nouveaux applaudissements et bravos sur les mêmes bancs.*]

[...] Messieurs, dans l'Europe telle qu'elle est faite, dans cette
concurrence de tant de rivaux que nous voyons grandir autour de
nous, les uns par les perfectionnements militaires ou mariti-
mes, les autres par le développement prodigieux d'une population incessamment croissante ; dans une Europe, ou plutôt dans
un univers ainsi fait, la politique de recueillement ou d'abstention, c'est tout simplement le grand chemin de la décadence ! Les
nations, au temps où nous sommes, ne sont grandes que par
l'activité qu'elles développent ; ce n'est pas « par le rayonnement
pacifique des institutions »... [*interruptions à l'extrême gauche
et à droite*] qu'elles sont grandes, à l'heure qu'il est.

M. Paul de Cassagnac [5] *:* Nous nous en souviendrons : c'est l'apologie de la guerre.

M. de Baudry d'Asson [6] *:* Très bien ! la République, c'est la guerre. Nous ferons imprimer votre discours à nos frais et nous le répandrons dans toutes les communes de nos circonscriptions électorales.

M. Jules Ferry : Rayonner sans agir, sans se mêler aux affaires du monde, en se tenant à l'écart de toutes les combinaisons européennes, en regardant comme un piège, comme une aventure toute expansion vers l'Afrique ou vers l'Orient, vivre de cette sorte, pour une grande nation, croyez-le bien, c'est abdiquer, et, dans un temps plus court que vous ne pouvez le croire, c'est descendre du premier rang au troisième et au quatrième.

[*Nouvelles interruptions sur les mêmes bancs. Très bien ! très bien ! au centre.*]

Je ne puis pas, messieurs, et personne, j'imagine, ne peut envisager une pareille destinée pour notre pays. Il faut que notre pays se mette en mesure de faire ce que font tous les autres, et, puisque la politique d'expansion coloniale est le mobile général qui emporte, à l'heure qu'il est, toutes les puissances européennes, il faut qu'il en prenne son parti ; autrement il arrivera... oh ! pas à nous qui ne verrons pas ces choses, mais à nos fils et à nos petits-fils, il arrivera ce qui est advenu à d'autres nations qui ont joué un très grand rôle il y a trois siècles, et qui se trouvent aujourd'hui, quelque puissantes, quelque grandes qu'elles aient été, descendues au troisième ou au quatrième rang.

[*Interruptions.*]

Aujourd'hui, la question est très bien posée : le rejet des crédits qui vous sont soumis, c'est la politique d'abdication proclamée et décidée.

[*Non ! non !*]

Je sais très bien que vous ne la voterez pas, cette politique ; je sais très bien aussi que la France vous applaudira de ne pas l'avoir votée : le corps électoral, devant lequel vous allez vous rendre [7], n'est pas plus que nous partisan de la politique de l'abdication ; allez bravement devant lui, dites-lui ce que vous avez fait, ne plaidez pas les circonstances atténuantes...

[*Exclamations à droite et à l'extrême gauche. Applaudissements à gauche et au centre.*]

... dites que vous avez voulu une France grande en toutes choses...

Un membre : Pas par la conquête.

M. *Jules Ferry :* ... grande par les arts de la paix, par la politique coloniale, dites cela franchement au corps électoral, et il vous comprendra.

M. *Raoul Duval*[8] *:* Le pays, vous l'avez conduit à la défaite et à la banqueroute.

M. *Jules Ferry :* Quant à moi, je comprends à merveille que les partis monarchiques s'indignent de voir la République française suivre une politique qui ne se renferme pas dans cet idéal de modestie, de réserve, et, si vous me permettez l'expression, de pot-au-feu... [*interruptions et rires à droite*] que les représentants des monarchies déchues voudraient imposer à la France.

[*Applaudissements au centre.*]

Quand vous direz cela au pays, messieurs, comme c'est l'ensemble de cette œuvre, comme c'est la grandeur de cette conception qu'on attaque, comme c'est toujours le même procès qu'on instruit contre vous, aussi bien quand il s'agit d'écoles et de travaux publics que quand il s'agit de politique coloniale ; quand vous direz à vos électeurs : « Voilà ce que nous avons voulu faire », soyez tranquilles, vos électeurs vous entendront et le pays sera avec vous, car la France n'a jamais tenu rigueur à ceux qui ont voulu passionnément sa grandeur matérielle, morale et intellectuelle.

[*Bravos prolongés à gauche et au centre. Double salve d'applaudissements. L'orateur, en retournant à son banc, reçoit les félicitations de ses collègues.*]

> Chambre des députés, débats du 29 juillet 1885, *JO*,
> 29 juillet 1885, p. 1666 *sq.*

1. Né en 1819, Amédée Langlois, député de la Seine, est favorable à Ferry.

2. Georges Perin (1838-1903) est député radical de la Haute-Vienne.

3. Outre le partage de l'Afrique, la conférence de Berlin (1884-1885) impose aux puissances de lutter contre la traite, l'esclavage et la violence.

4. Camille Pelletan (1846-1915), député radical des Bouches-du-Rhône.

5. Paul Granier de Cassagnac (1843-1904) est député bonapartiste du Gers.

6. Armand de Baudry d'Asson (1836-1915) est député conservateur de la Vendée.

7. Les élections législatives sont fixées au 4 et au 18 octobre.

8. Raoul Duval (1832-1887) est député bonapartiste de Louviers.

La parole est à M. Clémenceau.

M. Clémenceau : Messieurs, à Tunis, au Tonkin, dans l'Annam, au Congo, à Obock [1], à Madagascar, partout... et ailleurs, nous avons fait, nous faisons et nous ferons des expéditions coloniales ; nous avons dépensé beaucoup d'argent et nous en dépenserons plus encore ; nous avons fait verser beaucoup de sang français et nous en ferons verser encore. On vient de nous dire pourquoi. Il était temps !

On vient de nous dire pourquoi ! En effet, c'est la première fois, après l'expérience d'une politique coloniale qui a duré plus de quatre ans, que l'auteur responsable de cette politique se présente à la tribune et esquisse à grands traits les lignes maîtresses de cette politique [2].

Il en résulte que, au lieu que vous soyez appelés à délibérer sur cette politique, comme il conviendrait à des représentants d'un peuple libre, pour savoir s'il vous convient de vous y engager, après en avoir pesé le fort et le faible, après en avoir examiné les avantages et les inconvénients, vous vous trouvez en face de faits accomplis, et il arrive que cette fameuse théorie dont on fait tant de bruit, que cette grande doctrine coloniale qu'on présente avec tant d'éclat, n'est pas autre chose qu'une théorie vaille que vaille, qui doit s'adapter à des faits accomplis. [...]

Elle est inventée, elle est apportée à cette tribune comme une justification de faits accomplis.

[*Très bien ! sur divers bancs.*]

C'est qu'en effet, on n'a pas averti le pays, on ne lui a pas fait connaître ses desseins, et on avait de bien bonnes raisons pour cela : nous savons aujourd'hui qu'on ne les connaissait pas soi-même...

[*C'est vrai ! Très bien ! et rires approbatifs à l'extrême gauche et à droite.*]

De sorte que si, une fois cet exposé fait devant la Chambre, il arrive que le pays l'accepte, et trouve cette politique bonne, c'est tant mieux ! mais, si le pays ne l'accepte pas et s'il trouve cette politique mauvaise, c'est tant pis ! il faut que le pays subisse les faits accomplis.

[*Très bien ! très bien ! à gauche.*]

Voilà la situation dans laquelle nous nous trouvons. Il est

impossible de ne pas remarquer, dès le début de cette discussion, que nous ne sommes pas en face d'un système exposé par un homme d'État à cette tribune et soumis aux représentants du peuple pour qu'ils le jugent en toute liberté ! Non, il est bien entendu qu'il ne s'agit que d'une justification après coup de théories qu'on adapte comme on peut aux faits accomplis.

Le pays n'a pas été consulté. On lui a systématiquement caché la vérité. On essaye maintenant d'accommoder les faits à une doctrine inventée pour les besoins de la cause. [...]

Je crois qu'il ne s'agit pas de savoir si une nation peut et doit avoir des colonies. C'est une question qui peut être très intéressante pour un conférencier, mais ce n'est pas du tout une question à traiter à la tribune française.

[*Réclamations sur divers bancs à gauche et au centre.*] [...]

Il ne s'agit pas de savoir si théoriquement une nation peut et doit avoir des colonies. Il s'agit de savoir si la France, et entendez-le bien, non pas la France considérée en soi, mais la France de 1885, peut et doit acquérir certaines colonies.

[*Applaudissements à l'extrême gauche et à droite.*] [...]

Maintenant, messieurs, puisque j'ai entrepris de suivre le préopinant, M. Jules Ferry, dans son argumentation, il faut bien que j'accepte le cadre de discussion qu'il a soumis à la Chambre, et que j'examine après lui — je tâcherai de le faire très brièvement pour ne pas fatiguer votre attention — la question coloniale en soi, puisqu'il a eu soin d'écarter de la discussion des faits qu'il connaît bien, qu'il connaît trop. Je vais examiner cette question, comme il l'a fait, au triple point de vue économique, humanitaire et politique.

Au point de vue économique, la question est très simple ; pour M. Ferry, il n'est pas besoin de consulter Stuart Mill. La formule court les rues. Voulez-vous avoir des débouchés ? Eh bien, faites des colonies ! dit-on. Il y aura là des consommateurs nouveaux qui ne se sont pas encore adressés à votre marché, qui ont des besoins ; par le contact de votre civilisation, développez ces besoins, entrez en relations commerciales avec eux ; tâchez de les lier par des traités qui seront plus ou moins bien exécutés. Voilà la théorie des débouchés coloniaux. [...]

Ah ! si la politique coloniale consistait à aller chercher avec quatre hommes et un caporal un Chinois, à l'amener dans le fau-

bourg Saint-Antoine pour lui faire acheter une armoire à glace...
[*on rit*] il y aurait là une opération coloniale très claire, et, si les
frais de voyage et d'expédition pouvaient s'établir à bon compte,
il y aurait là un véritable système de débouchés nouveaux.

Mais les débouchés ne s'ouvrent pas à coups de canon...

M. Raoul Duval[3] *:* Ils se ferment à coups de canon !

M. Clémenceau : C'est qu'on ne force pas l'acheteur, c'est
qu'on l'attire, c'est qu'on le séduit, on le tente par le bon marché de la fabrication et le bas prix des transports.

Ah ! si vous voulez des débouchés, cherchez dans cette voie
du bon marché de la fabrication et du bas prix des transports.
Or, lorsque vous dépensez une centaine de millions en expéditions guerrières, vous ne faites que charger le budget, grever le
travail, diminuer le pouvoir d'achat du salaire ; vous augmentez
les prix de la fabrication. Que voyons-nous en France autour
de nous ? Nos industriels ne cessent de se plaindre de l'élévation
de la main-d'œuvre, et nos ouvriers nous disent : nos salaires
sont beaucoup plus élevés qu'en Belgique, et cependant notre
pouvoir d'achat est moins élevé.

M. Raoul Duval : Parfaitement !

M. Vernhes[4] *:* C'est pour cela qu'on demande la protection !

M. Clémenceau : ... En dépensant une somme supérieure, non
seulement nous ne pouvons pas acheter davantage, mais nous
ne pouvons acheter autant.

Et pourquoi ? C'est parce que le travail est grevé par vos impôts
de consommation, parce que, lorsque vous mettez un impôt sur
le blé, vous accroissez les charges de travail ; vous fermez les
débouchés [*c'est vrai ! Très bien ! sur divers bancs*], parce que
lorsque vous mettez un impôt sur la viande, vous accroissez les
charges du travail, vous fermez vos débouchés ; parce que, lorsque vous mettez un droit sur le sucre, vous accroissez les charges du travail, vous fermez vos débouchés ; parce que, lorsque
vous maintenez cet impôt absurde et inique du sel qui est taxé
au double de sa valeur, puisque une substance qui vaut
16 millions paye 32 millions au fisc, et que, lorsqu'une ména-
gère achète trois sous de sel, elle en verse deux dans les caisses
de l'État — lorsque, dis-je, vous maintenez tous ces impôts, ce
sont autant d'entraves dont vous chargez le travail national, ce
sont autant de débouchés que vous fermez.

[*Très bien ! très bien !*]

Les salaires peuvent hausser en apparence, ils peuvent faire illusion aux industriels eux-mêmes, qui se plaignent des réclamations de leurs ouvriers, alors que ceux-ci, étant aux prises avec la dure nécessité de nourrir, d'élever leur famille, payant l'impôt sur tous les objets de consommation, sur toutes les denrées de première nécessité, sur le pain, la viande, le sel, le sucre, sont bien forcés de demander l'augmentation de leurs salaires.

Voulez-vous faciliter l'ouverture des débouchés ? Commencez par abaisser le prix de la fabrication en déchargeant le produit du poids écrasant des impôts de consommation, y compris l'octroi. [...]

Vous comprenez tout de suite que la question ainsi posée est résolue. C'est sur la production qu'il faut d'abord agir en la dégrevant, pour faciliter les débouchés. L'acheteur ira de lui-même au bon marché.

Lors donc que, pour vous créer des débouchés, vous allez guerroyer au bout du monde ; lorsque vous dépensez des centaines de millions, lorsque vous faites tuer des milliers de Français pour ce résultat, vous allez directement contre votre but : autant d'hommes tués, autant de millions dépensés, autant de charges nouvelles pour le travail, autant de débouchés qui se ferment.

[*Nouveaux applaudissements.*]

Voilà pourquoi, jusqu'à présent, notre principale exportation dans les colonies nouvellement acquises, c'est le demi-milliard qu'elles nous ont coûté. Voilà les débouchés que nous avons trouvés ; nous avons pris l'argent français, l'argent des contribuables, qui serait productif en France, où il aurait tant d'emplois utiles, et on l'a expédié au-delà des mers, d'où il ne reviendra plus.

[*C'est vrai ! Très bien ! à l'extrême gauche et à droite.*] [...]

Je passe maintenant à la critique de votre politique de conquêtes au second point de vue, au point de vue humanitaire...

M. Eugène Delattre [5] : Vingt mille cadavres !...

M. Clémenceau : Nous avons des droits sur les races inférieures.

M. Paul de Cassagnac : C'est la théorie des négriers !

M. Clémenceau : Les races supérieures ont sur les races inférieures un droit qu'elles exercent, et ce droit, par une transformation particulière, est en même temps un devoir de civilisation.

Voilà en propres termes la thèse de M. Ferry, et l'on voit le gouvernement français exerçant son droit sur les races inférieures en allant guerroyer contre elles et les convertissant de force aux bienfaits de la civilisation. Races supérieures ! races inférieures, c'est bientôt dit ! Pour ma part, j'en rabats singulièrement depuis que j'ai vu des savants allemands démontrer scientifiquement que la France devait être vaincue dans la guerre franco-allemande parce que le Français est d'une race inférieure à l'Allemand. Depuis ce temps, je l'avoue, j'y regarde à deux fois avant de me retourner vers un homme et vers une civilisation, et de prononcer : homme ou civilisation inférieurs. Race inférieure, les Hindous ! avec cette grande civilisation raffinée qui se perd dans la nuit des temps ! avec cette grande religion bouddhiste qui a quitté l'Inde pour la Chine, avec cette grande efflorescence d'art dont nous voyons encore aujourd'hui les magnifiques vestiges ! Race inférieure, les Chinois ! avec cette civilisation dont les origines sont inconnues et qui paraît avoir été poussée tout d'abord jusqu'à ses extrêmes limites. Inférieur Confucius ! En vérité, aujourd'hui même, permettez-moi de dire que, quand les diplomates chinois sont aux prises avec certains diplomates européens... [*rires et applaudissements sur divers bancs*], ils font bonne figure et que, si l'on veut consulter les annales diplomatiques de certains peuples, on y peut voir des documents qui prouvent assurément que la race jaune, au point de vue de l'entente des affaires, de la bonne conduite d'opérations infiniment délicates, n'est en rien inférieure à ceux qui se hâtent trop de proclamer leur suprématie.

M. Paul de Cassagnac : Aux hommes de la race vosgienne [6].

M. Clémenceau : Je ne veux pas juger au fond la thèse qui a été apportée ici et qui n'est pas autre chose que la proclamation de la primauté de la force sur le droit ; l'histoire de France depuis la Révolution est une vivante protestation contre cette inique prétention. [...]

J'arrive à la théorie politique. [...]

Ce que je veux examiner, c'est la théorie gouvernementale, la théorie civilisatrice, la théorie politique, qui est au fond de toute cette discussion.

On nous dit : Le recueillement, l'abstention, l'effacement, c'est la décadence, c'est la ruine. Il faut l'activité guerrière ; il faut se répandre dans le monde, s'emparer de territoires. Voilà comment on peut devenir un grand peuple !

Je commence par constater que c'est la première fois que l'on dit ouvertement ces choses ; oui, c'est la première fois qu'on recommande à un peuple, comme un système, les expéditions guerrières continues. Tous les gouvernements, quels qu'ils fussent, ont préconisé la paix ; l'empire lui-même ne pratiquait pas sa maxime, mais il disait : L'empire, c'est la paix. Prenez en Europe tous les gouvernements qui se sont développés, fondés par la guerre ; tous ces gouvernements formaient bien haut la théorie de la paix. Ils ne demandent rien, disent-ils, ils ne rêvent rien que le développement pacifique de l'activité nationale.

C'est la première fois qu'un homme qui a été à la tête d'un gouvernement vient rétrospectivement faire la théorie de sa politique et dire : Ma politique, c'est la théorie, non pas du rayonnement pacifique, mais du rayonnement par la guerre. Ma politique, c'est une succession d'expéditions guerrières aux quatre coins du monde. Ma politique, c'est la guerre ! Non pas la guerre en Europe — je ne veux pas donner aux paroles de M. Jules Ferry un sens et une portée qu'elles n'ont pas — mais enfin, la politique qu'il nous a exposée, c'est une série d'expéditions guerrières en vertu desquelles on fera plus tard des actes commerciaux profitables à la nation conquérante.

Voilà la théorie qui a été apportée à cette tribune.

[*Réclamations au centre.*]

Je n'ai pas besoin de vous entendre, je n'ai pas besoin du *Journal officiel*, je n'ai pas besoin de vos interruptions : il me suffit d'ouvrir les yeux et de considérer Madagascar, l'Annam, le Tonkin, la Tunisie, pour savoir comment vous entendez l'activité humaine et pourquoi vous vous plaignez du rayonnement pacifique.

[*Très bien ! très bien ! sur les mêmes bancs.*]

Eh bien, je dis que c'est la théorie de la guerre, je dis que cette politique est une politique fausse, lorsque, au lieu de la discuter en l'air pour une nation en soi, on l'applique à la France actuelle. Je m'explique.

Voyons la théorie de l'expansion de l'activité humaine. Si on l'apporte à cette tribune, elle ne trouvera pas de contradicteur. Qui donc, en effet, voudrait dire : Non, je ne veux pas que mon pays s'étende, qu'il aille porter au loin ses arts, son commerce, son industrie. Qui est-ce qui a jamais soutenu une pareille thèse ? Personne.

Mais nous dirons, nous, que lorsqu'une nation a éprouvé de

graves, de très graves revers en Europe, lorsque sa frontière a été entamée, il convient peut-être, avant de la lancer dans des conquêtes lointaines, fussent-elles utiles — et j'ai démontré le contraire — de bien s'assurer qu'on a le pied solide chez soi, et que le sol national ne tremble pas.

Voilà le devoir qui s'impose. Mais, quand un pays est placé dans ces conditions, aller s'affaiblir en hommes et en argent, et aller chercher au bout du monde, au Tonkin, à Madagascar, une force pour réagir sur le pays d'origine et lui communiquer une puissance nouvelle, je dis que c'est une politique absurde, une politique coupable, une politique folle...

[*Bravos et applaudissements à gauche et à droite.*] [...]

Chambre des députés, débats du 31 juillet 1885, *JO*, 1ᵉʳ août 1885, p. 1677 *sq*.

1. Port principal de la Côte des Somalis avant la fondation de Djibouti.
2. Allusion à Jules Ferry.
3. Raoul Duval (1832-1887) est député bonapartiste de Louviers.
4. Émile Vernhes (1820-1890) est député radical de l'Hérault.
5. Eugène Delattre (1830-1898), député radical de la Seine, est anti-colonialiste.
6. Ferry est député des Vosges.

1886. Le manifeste du symbolisme

Le terme « décadent » ne suffisait plus à distinguer des groupes littéraires aux aspirations parfois très confuses et aux ambitions rivales. Jean Moréas (1856-1910) inventa un mot à la manière d'un coup publicitaire : symbolisme. *Avec Gustave Kahn, ce poète d'origine grecque, disposant d'un véritable talent d'entrepreneur littéraire, crée une revue éphémère* Le Symboliste *pour faire pièce à la revue de René Ghil* La Décadence. *Il lance avec fracas un nouveau groupe littéraire dans* Le Figaro *du 18 septembre 1886 comme on lance un produit commercial. Quitte à affirmer dès 1891 que le symbolisme est mort...*

Comme tous les arts, la littérature évolue : évolution cyclique avec des retours strictement déterminés et qui se compliquent des diverses modifications apportées sur la marche des temps et les bouleversements des milieux. Il serait superflu de faire observer que chaque nouvelle phase évolutive de l'art correspond exactement à la décrépitude sénile, à l'inéluctable fin de l'école précédente. Deux exemples suffiront : Ronsard triomphe des derniers imitateurs de Marot, le romantisme éploie ses oriflammes sur les décombres classiques mal gardés par Casimir Delavigne et Étienne de Jouy. C'est que toute manifestation d'art arrive fatalement à s'appauvrir, à s'épuiser ; alors, de copie en copie, d'imitation en imitation, ce qui fut plein de sève et de fraîcheur se dessèche et se recroqueville ; ce qui fut le neuf et le spontané devient le poncif et le lieu commun.

Ainsi le romantisme, après avoir sonné tous les tumultueux tocsins de la révolte, après avoir eu ses jours de gloire et de bataille, perdit de sa force et de sa grâce, abdiqua ses audaces héroïques, se fit rangé, sceptique et plein de bon sens ; dans l'honorable et mesquine tentative des Parnassiens, il espéra de fallacieux renouveaux, puis finalement, tel un monarque tombé en enfance, il se laissa déposer par le naturalisme auquel on ne peut accorder sérieusement qu'une valeur de protestation, légitime mais mal avisée contre les fadeurs de quelques romanciers alors à la mode.

Une nouvelle manifestation d'art était donc attendue, nécessaire, inévitable. Cette manifestation, couvée depuis longtemps, vient d'éclore. Et toutes les anodines facéties des joyeux de la presse, toutes les inquiétudes des critiques graves, toute la mauvaise humeur du public surpris dans ses nonchalances moutonnières ne font qu'affirmer chaque jour davantage la vitalité de l'évolution actuelle dans les lettres françaises, cette évolution que les juges pressés notèrent, par une inexplicable antinomie, de décadence. Remarquez pourtant que les littératures décadentes se révèlent essentiellement coriaces, filandreuses, timorées et serviles : toutes les tragédies de Voltaire, par exemple, sont marquées de ces tavelures de décadence. Et que peut-on reprocher, que reproche-t-on à la nouvelle école ? L'abus de la pompe, l'étrangeté de la métaphore, un vocabulaire neuf où les harmonies se combinent avec les couleurs et les lignes : caractéristiques de toute renaissance.

Nous avons déjà proposé la dénomination de *Symbolisme* comme la seule capable de désigner raisonnablement la tendance actuelle de l'esprit créateur en art. Cette dénomination peut être maintenue.

Il a été dit au commencement de cet article que les évolutions d'art offrent un caractère cyclique extrêmement compliqué de divergences ; ainsi, pour suivre l'exacte filiation de la nouvelle école, il faudrait remonter jusques à certains poèmes d'Alfred de Vigny, jusques à Shakespeare, jusques aux mystiques, plus loin encore. Ces questions demanderaient un volume de commentaires ; disons donc que Charles Baudelaire doit être considéré comme le véritable précurseur du mouvement actuel ; M. St Mallarmé le lotit du sens et de l'ineffable. M. Paul Verlaine brisa en son honneur les cruelles entraves du vers que les doigts prestigieux de M. Th. de Banville avaient assouplies auparavant. Cependant le *Suprême Enchantement* n'est pas encore consommé : un labeur opiniâtre et jaloux sollicite de nouveaux venus.

Ennemis de « l'enseignement, la déclamation, la fausse sensibilité, la description objective », la poésie symbolique cherche : à vêtir l'Idée d'une forme sensible qui, néanmoins, ne serait pas son but à elle-même, mais qui, tout en servant à exprimer l'Idée, demeurerait sujette. L'Idée, à son tour, ne doit point se laisser voir privée des somptueuses simarres des analogies extérieures ; car le caractère essentiel de l'art symbolique consiste à ne jamais aller jusqu'à la conception de l'Idée en soi. Ainsi, dans cet art, les tableaux de la nature, les actions des humains, tous les phénomènes concrets ne sauraient se manifester eux-mêmes : ce sont là des apparences sensibles destinées à représenter leurs affinités ésotériques avec des idées primordiales.

L'accusation d'obscurité lancée contre une telle esthétique par des lecteurs à bâtons rompus n'a rien qui puisse surprendre. Mais qu'y faire ? Les *Pythiques* de Pindare, l'*Hamlet* de Shakespeare, *La Vita Nuova* de Dante, *Le Second Faust* de Goethe, *La Tentation de saint Antoine* de Flaubert ne furent-ils pas aussi taxés d'ambiguïté ?

Pour la traduction exacte de sa synthèse, il faut au symbolisme un style archétype et complexe : d'impollués vocables, la période qui s'arc-boute alternant avec la période aux défaillances ondulées, les pléonasmes significatifs, les mystérieuses ellipses, l'anacoluthe en suspens, tout trope hardi et multiforme : enfin, la bonne langue — instaurée et modernisée —, la bonne et luxuriante et fringante langue française d'avant les Vaugelas et les Boileau-Despréaux, la langue de François Rabelais et de Philippe de Commines, de Villon, de Rutebeuf et de tant d'autres écrivains libres et dardant le terme acut du langage, tels des toxotes de Thrace leurs flèches sinueuses.

LE RYTHME : L'ancienne métrique avivée ; un désordre savamment ordonné la rime illucescente et martelée comme un bouclier d'or et d'airain, auprès de la rime aux fluidités absconses ; l'alexandrin à arrêts multiples et mobiles ; l'emploi de certains nombres premiers — sept, neuf, onze, treize — résolus en les diverses combinaisons rythmiques dont ils sont les sommes.

Le Figaro, 18 septembre 1886.

1886. *La France juive*

Édouard Drumont (1844-1917) avait commencé une médiocre carrière de romancier en publiant notamment en 1878 Le Dernier des Trémolins. *Mais ce sont ses nombreux pamphlets antisémites qui font de ce polygraphe catholique un écrivain à succès. La publication en 1886 de* La France juive *fait de Drumont le docteur incontesté de l'antisémitisme français. Les réimpressions de son livre sont immédiates. En 1889, l'ouvrage en est déjà à sa 65ᵉ édition. Le talent de Drumont fut de fédérer plusieurs traditions : l'antijudaïsme catholique et l'hostilité populaire au «capitalisme juif» que cultivait parfois la gauche. Ce sont la psychologie et la sociologie qui intéressent Drumont bien plus que la biologie, terrain sur lequel il ne s'avance que très prudemment.*

L'Aryen, est-il nécessaire de le répéter, est un être de foi et de discipline, et il garde ces sentiments même dans la révolution : il est né pour être le croisé intrépide et croyant, le soldat de la vieille garde, la victime obscure et intéressante encore d'une Commune. Il est tour à tour le héros de la Chanson de geste, le grognard que célèbre Béranger [1], le combattant noir de poudre des trois Journées, celui qui

> ... Sur l'or jonché devant ses pas,
> Vainqueur, marchait pieds nus et ne se baissait pas.

La Commune eut donc ainsi deux faces :
L'une déraisonnable, irréfléchie, mais courageuse : la face française.
L'autre mercantile, cupide, pillarde, bassement spéculative : la face juive.
Les fédérés français se battirent bien et se firent tuer.
Les communards juifs volèrent, assassinèrent et pétrolèrent pour cacher leurs vols. Certains négociants établis rue de Turbigo organisèrent la dévastation comme une opération commerciale, et se retirèrent à New York deux ou trois fois millionnaires.

Comme le Nathan, dont parle Maxime Du Camp [2], les Juifs *firent la grande soulasse*; seulement l'assassinat suivi de vol fut cette fois compliqué d'incendie.

La Commune eut également deux résultats.

D'abord elle enrichit, dans de modestes proportions, il est vrai, la bohème juive qui, après le passage du gouvernement de la Défense nationale, ne put guère que secouer les tiroirs, mettre la main sur de petites caisses oubliées, dépouiller surtout les palais, les ministères et les hôtels particuliers des chrétiens de leurs objets d'art. (La Commune n'a pas touché une seule fois à une propriété juive; pas une seule des 150 maisons des Rothschild n'a été incendiée.)

Ensuite — résultat autrement important — elle fit égorger trente mille Français par des Français.

Les Allemands, en échange de leur haute et dédaigneuse protection, ne demandèrent qu'une chose à la Commune.

Après avoir détruit le prestige de nos armées, ils étaient offusqués encore de la glorieuse légende de nos ancêtres. Cette colonne, faite de canons pris à des Allemands, qui se dressait dans Paris, les gênait; malgré leur facile triomphe sur le neveu, ils en voulaient encore à l'*Imperator* invincible que l'on apercevait drapé dans le manteau des Augustes,

Le matin dans l'azur, le soir dans les étoiles.

Maîtres de Paris, ils n'eussent pas touché à cette colonne; ils ont respecté partout les monuments de nos victoires et les images de nos héros, le tombeau de Marceau [3], les statues de Fabert [4], de Kléber [5], de Rapp [6]. Il y a des choses que les Aryens ne font pas eux-mêmes; mais ces choses-là, parfois, ils les font faire par des Sémites comme pour prouver que ceux-ci peuvent être utiles à l'occasion.

Édouard Drumont, *La France juive*, Paris, Morpon et Flammarion, 1886, p. 317-319.

1. Les chansons de Pierre Jean de Béranger (1780-1857), qui incarnent une certaine forme de l'esprit populaire, sont très souvent d'accent patriotique. Nombreuses sont celles qui célèbrent la légende napoléonienne.

2. Maxime Du Camp (1822-1894) est l'auteur de nombreux récits de voyages en Orient dans lesquels les clichés antisémites sont parfois présents.

3. François Séverin Marceau (1769-1796), général de la Révolution, est tué au cours d'une reconnaissance à Altenkirchen.

4. Abraham de Fabert (1599-1662) est un des maréchaux de France à l'héroïsme le plus légendaire.

5. Jean-Baptiste Kléber (1753-1800), général de la Révolution, héroïque combattant des Turcs, tomba sous le poignard d'un mameluk.

6. Le général Jean Rapp (1772-1821) combattit dans toutes les grandes batailles de l'Empire.

1887. « Quel malheur d'avoir un gendre ou lamentation d'un beau-père »

En 1887, alors même qu'une droite extrême tente de s'organiser contre la République et ses valeurs, éclate le scandale des décorations qui affaiblit le régime et contraint le président de la République à la démission. Jules Grévy (1807-1891), élu en 1879, semblait pourtant incarner l'austérité et l'honnêteté républicaines. Il tombe victime de son gendre, Daniel Wilson, homme d'affaires richissime et politicien retors, qui trafique de son influence et de sa position pour favoriser ses amis. Il s'applique en particulier à attribuer des décorations en échange de services de toutes sortes. La presse et les chansonniers s'emparent du thème du « pot-de-vin ». Cette chanson, écrite par Émile Carré, connut un succès considérable. Les textes imprimés en furent saisis le 8 octobre 1887.

1

J' suis un honnêt' pèr' de famille
Ma seul' passion c'est l' jeu d' billard
Un blond barbu, joli gaillard,
Un' fois m' demand' la main d' ma fille.
Nini, qui, s' desséchait d'attendre
Un parti, m' dit : papa, je l' prends.
Y s' sont mariés, mais c' que j' m'en r'pens [1] !
  Ah ! quel malheur d'avoir un gendre.

2

D'abord y s' fit donner un poste,
Grâce auquel il put à propos,
En s'affranchissant des impôts,
Ne rien affranchir à la poste.
Un jour il voulut s'en défendre

A Tours et dans les alentours[2],
Mais il en fut pour son discours !
   Ah ! quel malheur d'avoir un gendre.

3

Sous c' nom : *Pod' vins* et compagnie,
Mon gendre ouvrit des magasins,
S'associant à des *limousins*[3]
Pour exploiter un fonds d' merc'rie.
A sa boutique y s' chargeait d' vendre
Rubans, faveurs[4]... Ah ! que cam'lot !
Maint'nant, son commerce est *dans d' l'eau*[5].
   Ah ! quel malheur d'avoir un gendre.

4

Moi, j' suis pur et bon d' ma personne,
On m'appell' mêm' papa Clément.
Mon gendre n' peut en dire autant,
Maint'nant qu' son nom dans la *vill' sonne*
Comme un nom qu'on n' peut pas entendre
Sans dire : enlevez-le ! n'en faut plus !
J' crois qu'il est fini... comm' Paulus.
   Ah ! quel malheur d'avoir un gendre.

5

Ma fill' qu' aim' pas les *cafards, elle*[6],
Et craint qu'y n' nuis'nt à son mari,
Pendant qu' mon gendre à son *gré vit*,
Sur lui veille et fait sentinelle.
Que d' tours il fit sans s' laisser prendre !
L'impudent pour les *fair' bravait*
Tout ! jusqu'à la plainte au parquet.
   Ah ! quel malheur d'avoir un gendre.

6

Avec lui j'en ai vu de grises !
Fallait qu' j'emploie à chaque instant
Mon nom, mon crédit, mon argent,

A réparer tout's ses sottises.
Dans ma caisse, à force d'en prendre,
Avec un sou s'il me laissait,
J' vous d'mande c' que *mon sou vaudrait*[7] !
    Ah ! quel malheur d'avoir un gendre.

Archives de la préfecture de police (APP Ba 873).

1. Daniel Wilson épouse Alice Grévy en octobre 1881.
2. Wilson est député radical d'Indre-et-Loire et sous-secrétaire d'État aux Finances.
3. Mme Limouzin et son compagnon sont deux intermédiaires utilisés par Wilson.
4. Wilson avait investi dans la filature de Loches.
5. Le général d'Andlau est impliqué dans le trafic des décorations.
6. Le général Caffarel, sous-chef d'état-major, victime du krach de la banque catholique, l'Union générale, tente de se rétablir par des trafics sur les commandes de l'armée.
7. Grévy recevait régulièrement à Mont-sous-Vaudrey. Wilson contribuait à l'élaboration de la liste des invités.

1888. Le programme du général Boulanger

Georges Boulanger (1837-1891) passe pour l'un des rares généraux républicains lorsqu'il est nommé ministre de la Guerre en février 1886. Il se distingue à ce poste par plusieurs mesures libérales et par un ton patriotique qui le fait surnommer le « général Revanche ». A partir de mai 1887, Boulanger n'étant plus ministre, une opposition, qui parvient à réunir des mécontentements aux origines diverses, se cristallise sur son nom. Le boulangisme présente tous les traits d'un caméléon politique, s'adaptant à la demande locale. Il sait attirer des bonapartistes comme des monarchistes. D'avril à août 1888, le général se présente à plusieurs élections partielles (Dordogne, Nord, Somme et Charente). Il rencontre dans tous les cas d'importants succès qui inquiètent les opportunistes au pouvoir, gênés par l'affairisme.

Les trembleurs hypocrites qui nous oppriment depuis trop longtemps s'évertuent à prétendre que le général Boulanger n'a pas de programme, qu'on ignore ce qu'il veut, ce qu'il pense, ce qu'il peut.

A ceux-là, nous allons répondre : Vous voulez savoir ce qu'est Boulanger ?

Boulanger, c'est le TRAVAIL !
Boulanger, c'est la LIBERTÉ !
Boulanger, c'est l'HONNÊTETÉ !
Boulanger, c'est le DROIT !
Boulanger, c'est le PEUPLE !
Boulanger, c'est la PAIX !

BOULANGER C'EST LE TRAVAIL !

Que voulez-vous, travailleurs ?
Vivre en travaillant !
Que vous manque-t-il ?

Du travail et du pain !

A qui devez-vous le chômage, la ruine et la misère ?

A ceux qui font passer, avant vos intérêts qu'ils devraient
défendre, leurs besoins, leurs appétits, leur ambition malsaine
et qui voient, d'un œil sec et d'un cœur léger, l'ouvrier pâtir et
mourir de faim !

A eux les places, les honneurs, le luxe, le pouvoir !

A vous la misère !

Il est temps que cela finisse !

Place au vengeur !

Place à celui qui vous débarrassera de ce troupeau de parasi-
tes, vivant de vos peines, trahissant votre confiance et qui n'a
rien fait pour vous, si ce n'est d'envoyer vos enfants mourir au
loin, sans profit pour la France qu'il laissait désarmée !

Place à celui qui relèvera le travail national !

Place au général qui, nous donnant la force, nous donnera
la sécurité, sans laquelle il n'y a pas d'entreprise possible !

Place au Réformateur qui, protégeant l'industrie, le commerce
et l'agriculture, vous donnera la possibilité de nourrir vos enfants,
de les élever et d'en faire de bons et solides ouvriers !

Boulanger vous défendra contre la concurrence étrangère.

Boulanger, dont les mains sont pures de tout trafic honteux,
ne s'inspirera que de vos intérêts.

C'est parce qu'il est honnête par-dessus tout que ceux qui vous
vendent depuis si longtemps ont essayé de l'abattre et continuent
à le combattre avec rage.

Mais vous le soutiendrez, vous tous qui ne connaissez que le
pain honnêtement gagné !

Vous le défendrez, ouvriers accablés par ceux qui vous exploitent.

Vous combattrez pour lui, par vos votes, travailleurs de tous
les métiers qui voulez vivre de votre travail, et qui êtes fatigués
de languir inoccupés !

Serrez-vous en masse autour de Boulanger !

Appuyé sur vous, il chassera les vendeurs du temple, et, désormais, ayant à votre tête un homme qui défendra vos légitimes
revendications, vous pourrez, protégés contre les ennemis intérieurs et extérieurs, mettre en pratique la devise chère à tous les
ouvriers honnêtes, celle pour laquelle vos pères ont combattu :

Vivre en travaillant !

[...]

BOULANGER C'EST LA PAIX !

Oui, c'est la paix, mais la paix honorable !

C'est celle-là que nous voulons !

C'est celle-là qu'il nous donnera !

C'est en vain que ses déloyaux adversaires ne craignent pas d'écrire que son nom est synonyme de guerre prochaine.

C'est en vain que, poussant l'imprudence jusqu'à ses dernières limites, ces Allemands de l'intérieur affirment que, pour se maintenir, le général sera emporté par un courant irrésistible vers la lutte.

Ils mentent !

Français patriotes, fatigués de courber la tête,

Si vous voulez maintenir la paix,

Soutenez le général Boulanger !

Lui seul vous permettra de ne plus subir les insolentes injonctions du dehors, car, autant on est insolent avec les faibles, avec les timides, avec les humbles, autant on est respectueux envers les forts, envers ceux qui, sans arrogance, ont la conscience de leur bon droit. Et le bon droit est de notre côté !

Vous tous, ouvriers écrasés par les conséquences désastreuses d'une politique néfaste, qui réduit le travail national !

Vous tous, paysans, qui voulez garder le champ de vos pères et ne pas manger d'un pain honteusement conservé !

Vous, bourgeois et patrons, atteints dans vos intérêts par le chaos au fond duquel grouille le parlementarisme discrédité !

Vous aussi, élite intellectuelle de la nation, humiliée par la fortune insolente des médiocrités sans pudeur !

Soutenez le général Boulanger !

La main sur la garde de l'épée de la France, le général saura faire comprendre à ceux qui nous menacent que le temps des craintives soumissions est passé, et que, dans la balance des destinées de l'Europe, cette épée, reforgée par ses soins, peut peser d'un grand poids.

Et alors, confiante dans sa mission de progrès et de civilisation, voyant s'ouvrir devant elle une ère de justice, de calme, d'ordre et de liberté, la France, débarrassée de ceux qui l'asservissent, attendra, impassible et sereine, que le Droit, jadis méconnu et violé, prenne sur la Force une éclatante Revanche !

Tel est le programme du général Boulanger.
A vous, Français, de lui permettre de l'accomplir !
VIVE LA FRANCE !
VIVE LA RÉPUBLIQUE !

Avril 1888.

Bibliothèque nationale (folio Lb 57 9588).

1889. Le triomphe
du général Boulanger

*Une victoire du général Boulanger à Paris était un symbole. Aux
élections générales de 1885, les républicains avaient remporté tous
les sièges. En gagnant à Paris, Boulanger faisait la preuve qu'il
avait le peuple derrière lui. Le décès du député radical Hude,
en décembre 1888, est l'occasion offerte au général de se mesurer à Édouard Jacques, président du conseil général de la Seine,
candidat unique des radicaux et des opportunistes. La campagne est très tendue. Au soir du 27 janvier, Boulanger recueille
plus de 245 000 voix contre un peu plus de 162 000 à Jacques.
La Cocarde, journal fondé en mars 1888 par Georges de
Labruyère pour défendre le parti boulangiste, annonce la victoire.*

Le général Boulanger a obtenu quatre-vingt mille voix de majorité dans le département de la Seine.

Après avoir sans trêve ni merci, depuis deux ans, insulté le
chef du Parti national [1] dans sa dignité d'homme, dans son honneur de soldat ; après avoir épuisé contre lui, depuis deux mois,
tout ce que la calomnie produit de saletés, tout ce que le ruis-
seau roule d'immondices, tout ce que la poubelle des fonds secrets
recèle d'ordures, la fureur des parlementaires se tourne
aujourd'hui contre le peuple de Paris.

La Lanterne [2] dit : « Paris, hier, s'est déshonoré. »

La République française [3] déclare : « La volonté du peuple est
la fontaine d'un pacha ivre. »

M. Reinach [4] ajoute, il est vrai, ce correctif : « si elle prétend
aller contre la loi ». Mais nous pensons, nous, en notre foi républicaine qui se réclame des révolutions *illégales* de 1789, de 1830,
de 1848, de 1870, que, pour rester fidèle à nos origine et logique
en notre conduite, nous devons proclamer ceci : Le peuple ne
subit pas la loi — il la fait. Sa volonté prime tout, domine tout.

C'est, croyons-nous, la seule façon de demeurer respectueux
du Suffrage Universel, si fort vanté jadis par les parlementaires
d'aujourd'hui.

Et nous voulons — n'ayant point besoin d'affirmer notre dévouement au général, près duquel nous n'avons été courtisan qu'aux époques de disgrâce et de proscription [5], qui sait qu'il peut compter sur l'effort de notre vie aux heures douteuses, sur l'offrance de notre mort aux heures tragiques —, nous voulons saluer cet admirable peuple de Paris, auquel revient tout l'honneur du triomphe d'hier.

Il a résisté à toutes les sollicitations, à toutes les menaces, à toutes les intimidations ; il a évité tous les pièges, éventé tous les panneaux, il a deviné l'injure payée sous les dithyrambes de certains républicains, la déception inavouable sous le prêche de certains autres ; il a senti — avec son brave cœur et son cerveau puissant — de quel côté était le bon droit, et, tranquillement, sans violences, simplement, il a mis sa large main dans la main loyale qu'on lui tendait.

La population parisienne a fait hier un inoubliable acte de justice. C'est la condamnation sans appel des parlementaires et du Parlement.

Encore une fois, merci et salut !

Vive la République !

Vive le peuple de Paris !

Vive le général Boulanger !

> Labruyère, « Salut au Peuple ! », *La Cocarde*, 29 janvier 1889.

1. C'est le nom de la coalition politique qui soutient l'entreprise de Boulanger.

2. Journal radical qui, dans un premier temps, avait soutenu Boulanger.

3. Ancien journal de Gambetta, devenu l'organe des opportunistes.

4. Joseph Reinach (1856-1921) est directeur de *La République française*.

5. En mars 1888, Labruyère avait lancé une pétition protestant contre la mise en non-activité du général Boulanger.

1890. Le ralliement

Élu pape en 1878, Léon XIII souhaite que l'Église de France abandonne son indéfectible attachement à la monarchie et se rallie à la République. Évêque de Nancy puis archevêque d'Alger (1867), fondateur des Pères Blancs (1868), élevé à la pourpre cardinalice en 1882, Charles Lavigerie (1825-1892) est chargé de préparer ce ralliement. Une escale de la flotte à Alger offre au prélat l'occasion de porter un « toast » à la République française. Rome adresse ainsi un signal sans équivoque aux catholiques, souvent d'obédience royaliste.

Messieurs, permettez-moi, avant de nous séparer, de boire à la Marine française si noblement représentée aujourd'hui au milieu de nous.

Notre Marine rappelle à l'Algérie des souvenirs glorieux et chers : elle a contribué, dès le premier jour, à sa conquête, et le nom du Chef éminent [1] qui commande en ce moment l'escadre de la Méditerranée semble lui ramener comme le lointain écho de ses premiers chants de victoire.

Je suis donc heureux, monsieur l'Amiral, en l'absence de notre Gouverneur général [2] retenu loin de nous, d'avoir pu vous faire ici comme une couronne d'honneur de tous ceux qui représentent en Algérie l'autorité de la France : chefs de notre vaillante Armée, de notre Administration, de notre Magistrature. Ce qui me touche surtout, c'est qu'ils soient tous venus à cette table, sur l'invitation du vieil archevêque qui a comme eux, pour mieux servir la France, fait de l'Afrique sa seconde patrie.

Plaise à Dieu que le même spectacle se reproduise dans notre France, et que l'union qui se montre ici parmi nous, en présence de l'étranger qui nous entoure, règne bientôt entre les Fils de la Mère-Patrie !

L'union, en présence de ce passé qui saigne encore, de l'avenir qui menace toujours, est en ce moment, en effet, notre besoin suprême. L'union est aussi, laissez-moi vous le dire, le premier vœu de l'Église et de ses pasteurs à tous les degrés de la hiérarchie.

Sans doute, elle ne nous demande de renoncer ni au souvenir des gloires du passé, ni aux sentiments de fidélité et de reconnaissance qui honorent tous les hommes. Mais quand la volonté d'un peuple s'est nettement affirmée ; que la forme d'un gouvernement n'a rien en soi de contraire, comme le proclamait dernièrement Léon XIII, aux principes qui seuls peuvent faire vivre les nations chrétiennes et civilisées ; lorsqu'il faut, pour arracher enfin son pays aux abîmes qui le menacent, l'adhésion sans arrière-pensée, à cette forme de gouvernement, le moment vient de déclarer enfin l'épreuve faite et, pour mettre un terme à nos divisions, de sacrifier tout ce que la conscience et l'honneur permettent, ordonnent à chacun de nous de sacrifier pour le salut de la patrie.

C'est ce que j'enseigne autour de moi ; c'est ce que je souhaite de voir enseigner en France par tout notre clergé, et en parlant ainsi je suis certain de n'être point désavoué par aucune voix autorisée.

En dehors de cette résignation, de cette acceptation patriotique, rien n'est possible, en effet, ni pour conserver l'ordre et la paix, ni pour sauver le monde du péril social, ni pour sauver le culte même dont nous sommes les ministres. Ce serait folie que d'espérer soutenir les colonnes d'un édifice sans entrer dans l'édifice lui-même, ne serait-ce que pour empêcher ceux qui voudraient tout détruire d'accomplir leur œuvre ; folie surtout de l'assiéger du dehors, comme le font encore quelques-uns, malgré des hontes récentes, donnant aux ennemis qui nous observent le spectacle de nos ambitions ou de nos haines, et jetant dans le cœur de la France un découragement précurseur des dernières catastrophes.

La Marine française nous a de même que l'Armée donné cet exemple, quels que fussent les sentiments de chacun de ses membres ; elle n'a jamais admis qu'elle dût, ni rompre avec ses traditions antiques, ni se séparer du drapeau de la Patrie, quelle que soit la forme d'ailleurs régulière de gouvernement qu'abrite ce drapeau. Voilà l'une des causes pour lesquelles la Marine française est restée forte et respectée, même aux plus mauvais jours ; pourquoi elle peut porter son drapeau, comme un symbole d'honneur, partout où elle doit soutenir le nom de la France, et, permettez à un cardinal-missionnaire de le dire avec reconnaissance, où elle protège les Missions chrétiennes créées par nous.

Messieurs, à la Marine française !

> Cardinal Lavigerie, « Toast porté à la Marine française », 12 novembre 1890, cité *in* X. de Montclos, *Le Cardinal Lavigerie*, Paris, Éd. du Cerf, 1968, p. 146-148.

1. L'amiral Victor Auguste Duperré commande l'escadre de Méditerranée. Son père, le baron Victor Guy Duperré, avait commandé l'expédition d'Alger en 1830.

2. Louis Tirman (1837-1899) est gouverneur de l'Algérie de 1881 à avril 1891.

1891. La doctrine sociale de l'Église

Le 15 mai 1891, le pape Léon XIII (1810-1903) publie l'importante encyclique Rerum Novarum *qui redéfinit, dans le domaine social, les conceptions de l'Église.*

PREMIER PRINCIPE À METTRE EN AVANT : L'HOMME DOIT PRENDRE EN PATIENCE SA CONDITION

Le premier principe à mettre en avant, c'est que l'homme doit prendre en patience sa condition ; il est impossible que, dans la société civile, tout le monde soit élevé au même niveau. Sans doute, c'est là ce que poursuivent les *socialistes* ; mais contre la nature tous les efforts sont vains. C'est elle, en effet, qui a disposé parmi les hommes des différences aussi multiples que profondes : différences d'intelligence, de talent, d'habileté, de santé, de forces ; différences nécessaires, d'où naît spontanément l'inégalité des conditions. Cette inégalité, d'ailleurs, tourne au profit de tous, de la société comme des individus : car la vie sociale requiert un organisme très varié et des fonctions fort diverses ; et ce qui porte précisément les hommes à se partager ces fonctions, c'est surtout la différence de leurs conditions respectives. — Pour ce qui regarde le travail en particulier, l'homme dans *l'état* même *d'innocence*, n'était pas destiné à vivre dans l'oisiveté ; mais ce que la volonté eût embrassé librement comme un exercice agréable, la nécessité y a ajouté, après le péché, le sentiment de la douleur et l'a imposé comme une expiation. *Maledicta terra in opere tuo : in laboribus comedes ex ea cunctis diebus vitae tuae* [1].

« La terre sera maudite à cause de toi : c'est par le travail que tu en tireras ta subsistance tous les jours de ta vie. »

Il en est de même de toutes les autres calamités qui ont fondu sur l'homme : ici-bas, elles n'auront pas de fin ni de trêve, parce que les funestes fruits du péché sont amers, âpres, acerbes, et qu'ils accompagnent nécessairement l'homme jusqu'à son dernier soupir. Oui, la douleur et la souffrance sont l'apanage de l'humanité, et les hommes auront beau tout essayer, tout tenter pour les bannir, ils n'y réussiront jamais, quelques ressources qu'ils déploient et quelques forces qu'ils mettent en jeu. S'il en est qui s'en attribuent le pouvoir, s'il en est qui promettent au pauvre une vie exempte de souffrances et de peines, toute au repos et à de perpétuelles jouissances, ceux-là certainement trompent le peuple et lui dressent des embûches, où se cachent pour l'avenir de plus terribles calamités que celles du présent. Le meilleur parti consiste à voir les choses telles qu'elles sont et comme Nous l'avons dit, à chercher ailleurs un remède capable de soulager nos maux.

ERREUR CAPITALE DANS LA QUESTION : CROIRE QUE LES RICHES ET LES PAUVRES SONT ENNEMIS-NÉS

L'erreur capitale dans la question présente, c'est de croire que les deux classes sont ennemies-nées l'une de l'autre, comme si la nature avait armé les riches et les pauvres pour qu'ils se combattent mutuellement dans un duel obstiné. C'est là une aberration telle qu'il faut placer la vérité dans une doctrine contrairement opposée ; car de même que dans le corps humain, les membres, malgré leur diversité, s'adaptent merveilleusement l'un à l'autre, de façon à former un tout exactement proportionné et qu'on pourrait appeler symétrique, ainsi, dans la société, les deux classes sont destinées par la nature à s'unir harmonieusement et à se tenir mutuellement dans un parfait équilibre. Elles ont un impérieux besoin l'une de l'autre : il ne peut y avoir de capital sans travail, ni de travail sans capital. La concorde engendre l'ordre et la beauté ; au contraire, d'un conflit perpétuel il ne peut résulter que la confusion des luttes sauvages. Or, pour dirimer ce conflit et couper le mal dans sa racine, les institutions chrétiennes possèdent une vertu admirable et multiple.

PUISSANCE BIENFAISANTE DES VÉRITÉS RELIGIEUSES, POUR RÉCONCILIER LES RICHES ET LES PAUVRES, EN INDIQUANT AUX UNS ET AUX AUTRES LEURS DEVOIRS DE JUSTICE

Et d'abord toute l'économie des vérités religieuses, dont l'Église est la gardienne et l'interprète, est de nature à rapprocher et à réconcilier les riches et les pauvres, en rappelant aux deux classes leurs devoirs mutuels, et avant tous les autres ceux qui dérivent de la justice. Parmi ces devoirs, voici ceux qui regardent le pauvre et l'ouvrier : il doit fournir intégralement et fidèlement tout le travail auquel il s'est engagé par contrat libre et conforme à l'équité ; il ne doit point léser son patron, ni dans ses biens, ni dans sa personne ; ses revendications mêmes doivent être exemptes de violences et ne jamais revêtir la forme de séditions ; il doit fuir les hommes pervers qui, dans des discours artificieux, lui suggèrent des espérances exagérées et lui font de grandes promesses, qui n'aboutissent qu'à de stériles regrets et à la ruine des fortunes. — Quant aux riches et aux patrons, ils ne doivent point traiter l'ouvrier en esclave ; il est juste qu'ils respectent en lui la dignité de l'homme, relevée encore par celle du chrétien. Le travail du corps, au témoignage commun de la raison et de la philosophie chrétienne, loin d'être un sujet de honte, fait honneur à l'homme, parce qu'il lui fournit un noble moyen de sustenter sa vie. Ce qui est honteux et inhumain, c'est d'user de l'homme comme d'un vil instrument de lucre, de ne l'estimer qu'en proportion de la vigueur de ses bras. — Le christianisme, en outre, prescrit qu'il soit tenu compte des intérêts spirituels de l'ouvrier et du bien de son âme. Aux maîtres il revient de veiller qu'il y soit donné pleine satisfaction ; que l'ouvrier ne soit point livré à la séduction et aux sollicitations corruptrices ; que rien ne vienne affaiblir en lui l'esprit de famille, ni les habitudes d'économie. Défense encore aux maîtres d'imposer à leurs subordonnés un travail au-dessus de leurs forces ou en désaccord avec leur âge ou leur sexe.

LE PATRON DOIT DONNER
À CHACUN LE SALAIRE QUI CONVIENT

Mais, parmi les devoirs principaux du patron, il faut mettre au premier rang celui de donner à chacun le salaire qui convient. Assurément, pour fixer la juste mesure du salaire, il y a de nombreux points de vue à considérer ; mais, d'une manière générale, que le riche et le patron se souviennent qu'exploiter la pauvreté et la misère et spéculer sur l'indigence sont choses que réprouvent également les lois divines et humaines. Ce qui serait un crime à crier vengeance au ciel serait de frustrer quelqu'un du prix de ses labeurs. *Voilà que le salaire que vous avez dérobé par fraude à vos ouvriers crie contre vous, et que leur clameur est montée jusqu'aux oreilles du Dieu des armées* (Jacq, v, 4 [2]).

> Léon XIII, « De la condition des ouvriers », lettre encyclique publiée *in* Supplément à *La Croix* du 27 mai 1891.

---

1. Gen., III, 4.
2. Épître de Jacques, v, 4.

1891. Le débat sur le tarif Méline

Inspiré par l'économiste P.L. Cauwès, le président de la Commission des douanes, Jules Méline (1838-1925), s'affirme comme le chef du clan protectionniste à la Chambre. Le 19 mai 1891, il expose à ses collègues les raisons qui l'incitent à proposer un tarif douanier se substituant aux traités de commerce conclus par la France. Adopté le 11 janvier 1892, le « tarif Méline », loin d'être prohibitionniste, se caractérise par sa modération, les droits sur les produits industriels n'augmentant en moyenne que d'un tiers.

M. le président : L'ordre du jour appelle la suite de la 1re délibération sur le projet de loi relatif à l'établissement du tarif général des douanes.

La parole est à M. le président de la Commission des douanes.

M. Jules Méline, président et rapporteur général de la Commission : Messieurs, j'ai essayé de dégager devant vous ce que j'appelle les raisons directes qui nous obligent à réviser les tarifs de 1860 dans un sens plus protecteur de notre agriculture et de notre industrie. [...]

Je passe sur les produits agricoles ; j'en ai dit assez pour vous démontrer qu'avec de bons tarifs vous pourriez certainement pousser à la production d'une plus grande quantité de matières alimentaires et, par conséquent, donner plus de travail à vos agriculteurs, tout en diminuant la dette que vous contractez tous les ans vis-à-vis de l'étranger.

[*Très bien ! très bien !*]

Passons aux produits industriels et faisons les mêmes comparaisons.

En 1857, nous n'achetions à l'étranger que pour 6 800 000 francs de machines ; aujourd'hui nous en achetons pour 42 200 000 francs.

Est-ce qu'il ne serait pas possible de diminuer ce chiffre ?

Et, ici, je suis absolument d'accord avec l'honorable M. Berger [1] qui a eu tout à fait raison de demander une protection plus efficace pour les machines fabriquées en France ; elle donnera du travail à nos ouvriers.

[*Applaudissements.*]

J'arrive aux tissus de soie pure, c'est un produit essentiellement français, il n'y en a pas qui le soit plus.

J'ai bien le droit de dire que, pour ce produit, nous ne devrions être tributaires de personne, et que nous devrions nous suffire absolument. Que s'est-il passé à leur égard grâce à l'absence de droits ? Car c'est là la véritable cause, il n'y en a pas d'autre, qui puisse rendre compte de l'augmentation des importations.

En 1859, nous n'achetions à l'étranger que 6 700 000 francs de ces tissus, et en 1889, nous en avons acheté pour 58 millions.

Personne ne soutiendra, j'imagine, que la France soit hors d'état de produire une plus grande quantité de tissus de soie ? Et la Commission n'a-t-elle pas eu raison de venir au secours de cette branche spéciale de notre production et de lui témoigner les sympathies qu'elle mérite ?

J'arrive aux fils de coton.

En 1859, nous recevions de l'étranger pour 1 300 000 francs de fils de coton. Nous en recevons aujourd'hui pour 29 millions. Et vous trouvez étrange que la filature se plaigne ? Voulez-vous me dire quelle raison il y a pour que la France ne se suffise pas au point de vue de la production des fils de coton ? Établissez un régime économique qui vous permette d'augmenter le nombre de broches, et alors, au lieu de payer à l'étranger 29 millions, vous les payerez à vos ouvriers.

[*Très bien ! très bien !*] [...]

L'importation, qui était, en 1859, de 1 800 000 francs, s'élève actuellement à 22 millions.

Je m'arrête dans cette nomenclature ; je pourrais pousser plus loin la comparaison et vous donner des preuves décisives de ce que j'avance ; je vous démontrerais qu'il y a à l'heure présente une série de produits dont nous pourrions conserver la fabrication à notre pays, que nous pourrions créer sans avoir recours à l'étranger et qui resteraient chez nous comme un capital créé, comme un travail assuré aux ouvriers.

Et voulez-vous la preuve de ce que peut un bon régime économique par une seule comparaison que je tire également des tableaux de douane ?

Je vous disais hier qu'en 1860, parmi les grandes industries qui intéressent l'Angleterre, une seule avait trouvé grâce : la métallurgie. C'est à M. Schneider qu'elle doit d'avoir obtenu les tarifs suffisants pour la défendre. Savez-vous quel en a été le résultat ? Je vous prie de le comparer avec ceux que je vous signalais pour les autres industries qui ont été sacrifiées. Vous pourrez ainsi vous rendre compte des vrais effets d'un bon tarif.

En 1859, les importations de fers, fontes et aciers étaient de 7 600 000 francs ; en 1889, elles sont de 7 300 000. Elles ont donc diminué ; est-ce assez clair ?

Pendant que pour certaines industries textiles vous voyez l'importation étrangère tripler, quadrupler, pour cette industrie métallurgique qui est protégée, vous voyez au contraire l'importation s'arrêter, au grand profit de l'ouvrier et de la métallurgie française, qui a pu rester ainsi une grande force industrielle de notre pays.

M. Le Cour [2] *:* Et elle exporte !

M. le rapporteur général : Ne dites pas qu'elle a souffert au point de vue de l'exportation, car — ceci est très remarquable —, en même temps que cette industrie voyait l'importation des produits étrangers arrêtée, elle exportait plus que ces industries souffrantes dont je parlais tout à l'heure ; cette constatation répond à nos adversaires qui disent que, quand une industrie est protégée, elle ne peut plus exporter. Je vous réponds, tableaux en mains : Non ! ce n'est pas vrai ! car voilà une industrie, l'industrie la plus protégée de toutes, dont la protection pourrait peut-être être discutée si elle n'était pas si nécessaire à la défense nationale, voyez sa situation : en 1869 elle exportait pour 2 600 000 francs ; elle exporte aujourd'hui pour 30 millions, fers, fontes et aciers. Je dis que cette comparaison suffit, qu'elle est décisive et justifie l'œuvre de votre commission.

[Applaudissements.] [...]

On ne gagne pas seulement de l'argent, je le répète, en vendant à l'étranger ; on en gagne également en vendant à des Français ; cela a été constaté par la *Statistique agricole* elle-même, à laquelle l'honorable M. Léon Say [3] rendait justice, et c'est pour cela que je l'indique devant lui.

Eh bien ! la *Statistique agricole* constate que, dans le mouvement de la production agricole, quand on a payé tous les frais généraux de cette production et même tous les salaires, il reste un chiffre de bénéfice pour les agriculteurs français qui ne représente pas moins de 1 milliard 155 millions, et la *Statistique* ajoute fort judicieusement, — messieurs, je recommande ces paroles à vos méditations :

« Grâce à l'esprit d'ordre et d'économie qui caractérise la classe des paysans français, une grande partie de cette somme et une portion notable des salaires passent à l'état d'épargne et constituent pour la France ces précieuses ressources qui sont un des gages les plus sûrs de son crédit et de sa puissance financière. » [*Très bien ! très bien !*]

Voilà, messieurs, le bas de laine où la France puise incessamment ; le bas de laine où elle prend de quoi réparer ses désastres, de quoi reconstituer son épargne si souvent compromise, de quoi payer à l'étranger ces différences dont je parlais tout à l'heure. Voilà comment la France trouve le moyen de régler ses comptes avec l'étranger : c'est dans les économies qu'elle réalise sur son marché intérieur. Mais ces économies, elle ne peut les réaliser qu'à une condition, c'est que vous ne l'empêchiez pas de faire des bénéfices sur son marché intérieur, c'est qu'elle ne soit pas en perte ; car ce jour-là les économies s'évanouiront.

[*Marques d'approbation.*]

Eh bien ! n'est-il pas vrai que la concurrence étrangère peut mettre vos producteurs en perte sur le marché intérieur ? Quand le produit étranger arrive sur le marché, quel effet produit-il ?

D'abord, il supprime une quantité correspondante de travail. Ce n'est pas tout, il atteint tous les produits similaires qui cherchent des acheteurs, et si le producteur français est condamné par cette concurrence à vendre au-dessous de son prix de revient, il n'a qu'une alternative : il est obligé ou de laisser entrer le produit étranger ou de se ruiner.

Il faut choisir. Et voilà pourquoi j'avais raison de dire qu'un mauvais régime économique porte un préjudice de tous les jours à la richesse publique, parce que ce mauvais régime économique atteint tous les jours le marché intérieur.

Et il ne l'atteint pas seulement dans son revenu. Il l'atteint dans ce qui est peut-être, au point de vue national, supérieur aux revenus, dans son capital ; car cette production représente un capital dont vous connaissez la valeur. La *Statistique* estime le capital agricole à 91 milliards et le capital industriel à plus de 100 milliards. Le capital de la France est donc de 200 milliards environ ; ces 200 milliards, c'est la fortune de la France, la base de son crédit, la garantie que nous donnons à ceux qui nous prêtent de l'argent. Le jour où cette garantie diminuera, est-ce que le crédit de la France ne diminuera pas en même temps ? Est-ce que cela est indifférent ? C'est si peu indifférent que, aussitôt le capital national atteint, la situation devient tellement grave qu'il faut que les pouvoirs publics avisent.

On a trop oublié ce qui s'est passé de 1880 à 1884. Vous vous rappelez, à cette époque, les cris de détresse qui se sont fait entendre sur tous les points du territoire et dans les régions agricoles. On hésitait à les entendre, tant on a l'habitude de répéter que les cultivateurs se plaignent toujours, qu'ils sont toujours mécontents. Mais les cris devinrent tellement déchirants qu'on fut bien obligé d'ordonner une enquête : elle constata une situation navrante dans les départements les plus riches. Dans l'Aisne, par exemple, elle établit qu'une portion du sol était à l'abandon, qu'on offrait des domaines en location pour le prix des impôts et que personne ne se présentait.

Un membre au centre : Il en est de même encore aujourd'hui.

M. le rapporteur général : La valeur des terres diminuait tous les jours et, comme conséquence, les moins-values de nos budgets allaient croissant. Mais le mal n'est pas resté dans les campagnes, car il n'y reste jamais longtemps ; il a gagné les villes ; les agriculteurs, ayant perdu leur puissance de consommation, n'achetaient plus rien ; les industriels gardaient leurs produits, la surproduction était générale. C'est à ce moment qu'ils sont venus eux-mêmes demander au Parlement d'intervenir et de sauver l'agriculture ; et les ouvriers se sont joints à eux — j'en ai le souvenir — pour demander la même chose, parce qu'ils se sentaient atteints à leur tour.

[*Marques d'assentiment.*]

Le travail diminuant, leurs salaires diminuaient en même temps, et ce qui restait de leurs salaires leur était disputé par les ouvriers des campagnes qui affluaient dans les villes.

[*Très bien ! très bien !*]

Ce jour-là, les ouvriers des villes ont compris la solidarité qui les unissait aux ouvriers des campagnes. [...]

Séance du 12 mai 1991, *JO*, débats parlementaires de la Chambre, 13 mai 1891, p. 863 *sq.*

1. Georges Berger (1834-1910), député progressiste de la Seine, appartient à la Commission des douanes.

2. François Le Cour Grandmaison (1848-1901), député monarchiste de Loire-Inférieure, est spécialiste des questions économiques.

3. Député des Basses-Pyrénées, l'économiste Léon Say (1826-1896) est le chef de file du clan libre-échangiste à la Chambre.

1892. Le scandale de Panama

En 1880, Ferdinand de Lesseps fonde la Compagnie universelle du canal interocéanique. Les fonds venant à manquer, il obtient — grâce à des parlementaires complaisants — le droit d'émettre des obligations à lots (juin 1888), mais les sommes recueillies se révélant insuffisantes, la Compagnie est mise en liquidation en février 1889. En 1892, le scandale éclate véritablement, à la suite des révélations de la presse boulangiste et à l'interpellation du député Jules Delahaye qui réclame — et obtient — la création d'une commission d'enquête.

M. le président : La parole est à M. Delahaye.

M. Jules Delahaye [1] *:* Messieurs, je viens vous proposer de remplir un grand devoir, qui domine toutes nos querelles politiques, un devoir de salubrité sociale qui intéresse tous les partis : je viens vous demander de nommer une commission d'enquête pour vérifier les faits que je vais affirmer ici hautement, au risque de mon honneur ou au risque du vôtre...

[*Très bien ! très bien ! sur divers bancs à l'extrémité gauche de la salle et à droite. Mouvements divers.*]

M. Boissy d'Anglas [2] *:* Occupez-vous seulement du vôtre ; nous nous chargeons du nôtre !

M. Jules Delahaye : ... des faits que les poursuites engagées ont, à mon avis, manifestement pour but de dissimuler au pays.

[*Exclamations à gauche.*]

N'ayez pas crainte, messieurs, que j'abaisse ce débat à des questions de personnes, que je pourrais nommer.

A gauche : Mais si ! Nommez-les !

M. Darlan [3] *:* Si vous ne les nommez pas, votre considération sera immédiatement, et par ce fait seul, compromise !

M. Paul Déroulède [4] *:* On peut ne pas les nommer, mais cependant les désigner.

M. Jules Delahaye : Quoi que vous disiez, je n'oublierai pas la dignité de mon mandat, ni celle de l'Assemblée devant laquelle je parle.

[*Bruit.*]

Mon premier souci est de paraître à vos yeux, non en dénonciateur, mais en représentant du pays qui a le sentiment profond des obligations qui lui incombent, en ce moment, comme à vous.

[*Interruptions.*]

M. le président : Veuillez faire silence, messieurs ; l'orateur est maître de son argumentation. On répondra.

M. Gabriel [5] *:* Si vous connaissez des voleurs, vous pouvez tout de même les dénoncer.

[*Nouvelles interruptions.*]

M. Jules Delahaye : On a comparé le scandale du Panama à celui d'un ancien député, gendre du président de la République, tenant le commerce que vous savez dans le palais même de l'Élysée [6]. Hélas ! le trafic de la croix d'honneur n'est qu'une misère à côté des trafics du Panama.

M. le comte de Lanjuinais [7] *:* Très bien !

M. Jules Delahaye : Daniel Wilson, ce n'était qu'une impudence, qu'une inconscience personnelle ; Panama, c'est tout une camarilla, tout un syndicat politique sur qui pèse l'opprobre de la vénalité.

[*Interruptions et bruit.*]

M. le président : Veuillez ne pas nommer des personnes qui ne sont pas dans cette Assemblée ; il serait plus courageux de nommer celles qui sont présentes.

[*Très bien ! très bien ! à gauche et au centre.*]

M. Jules Delahaye : Je ne reçois de leçon de courage de personne.

[*Exclamations.*]

Les faits que je viens de rappeler n'étaient qu'un accident qui révélait le mal ; Panama, c'est le mal lui-même qui a gagné tous les membres du corps social, parce que vous l'avez laissé s'étendre et se développer.

[*Interruptions à gauche.*]

Panama, c'est le gaspillage effronté, c'est la curée au grand soleil.

M. Boissy d'Anglas : Ce sont des boulangistes qui sont à la tête du Panama.

[*Nouvelles interruptions.*]

M. Paul Déroulède : Les boulangistes restent à la tête de toutes les revendications de la justice. On parle de partis ; je dis qu'il n'est pas question de partis dans ce débat, et je suis avec M. Delahaye, qui demande la justice et la vérité.

[*Bruit.*]

M. Jules Delahaye : C'est la curée, au grand soleil, de la fortune des citoyens, des pauvres, des besogneux, par des hommes ayant mission de la protéger et de la défendre. Je m'explique, messieurs.

C'était en 1888. Les administrateurs de la Compagnie de Panama avaient découragé les souscripteurs. Les bruits les plus inquiétants circulaient sur l'état des travaux, sur les dilapidations, les malversations des ingénieurs et des entrepreneurs de la compagnie. M. Rousseau [8] avait été envoyé dans l'isthme pour éclairer le Gouvernement. Alors, M. Ferdinand de Lesseps crut que l'heure des efforts suprêmes, désespérés, qu'il avait connue pour Suez, était venue. Il partit à travers la France, afin de ranimer l'enthousiasme. Il réveilla bien l'enthousiasme des actionnaires toujours crédules, mais il revint à Paris les mains vides.

Un membre à gauche : Heureusement !

M. Jules Delahaye : Il fallait, à tout prix, pensèrent alors les administrateurs de la compagnie, surexciter l'épargne épuisée et, pour cela, lui offrir, à côté d'une garantie solide, d'un titre de tout repos, l'attrait d'un grand gain, l'attrait des joueurs, d'un billet de loterie.

L'homme qui conçut cette opération financière n'est plus de ce monde depuis hier [9]. Par respect de la mort et du deuil, je ne prononcerai même pas son nom.

[*Mouvement.*]

Il vint, un jour, trouver les administrateurs de la compagnie pour leur recommander son ingénieuse combinaison des valeurs à lots ; il fut accueilli comme un sauveur. Mais, messieurs, je suis bien obligé de le dire, il devint bientôt l'un des plus mauvais génies de l'entreprise de Panama.

Vous savez ce que je pense des directeurs et des administrateurs de la compagnie, avec quelle dureté, quelle sévérité, j'ai plusieurs fois parlé d'eux à cette tribune. J'ai demandé contre eux un châtiment exemplaire, impitoyable ; ce châtiment, je le demande encore, parce que j'estime qu'ils ont indignement abusé de la confiance publique, dilapidé follement, criminellement géré le milliard et demi qui avait été remis entre leurs mains. L'enquête à laquelle je me suis livré n'a nullement changé mon sentiment à leur égard. Mais, messieurs, qui le penserait ? j'ai découvert que ces grands dupeurs avaient été dupés, que ces exploiteurs avaient été exploités avec un tel cynisme, une telle âpreté, que si le malheur des actionnaires et des obligataires de Panama permettait de prononcer le mot de pitié en face de pareils coupables, c'est à eux qu'il faudrait le réserver dans la lamentable catastrophe où ils ont sombré avec l'entreprise de Panama.

[*Mouvements divers.*]

Pour émettre des valeurs à lots, l'intervention des pouvoirs publics était nécessaire : il fallait une loi. Le financier se fit fort de l'obtenir par la toute-puissance de ses relations politiques et par la corruption. Il demanda 5 millions dont il ne devait rendre compte à personne. Cette somme lui parut d'abord suffisante pour sa commission et pour acheter toutes les consciences à vendre dans le Parlement.

[*Rumeurs sur divers bancs. Interruptions.*]

Voix nombreuses : Des noms ! des noms !

M. Jules Delahaye : Trois millions furent distribués à plus de cent cinquante membres du Parlement. [...]

Une véritable meute de politiciens assaillit les administrateurs de la compagnie pour exiger d'eux de nouvelles sommes au budget de la corruption du Panama.

Il fallait vider les caisses ou succomber.

[...]

Il y a ici deux catégories de personnes qui m'écoutent : celles qui ont touché et celles qui n'ont pas touché.

[*Nouvelles exclamations sur les mêmes bancs.*]

M. le président : Je vous prie, monsieur Delahaye, de ne pas vous adresser ainsi à vos collègues ou de nommer les personnes dont vous parlez. Ayez le courage de votre opinion.

[*Applaudissements à gauche et au centre.*]

M. Jules Delahaye : Je vous répète que je ne reçois pas de leçons de courage.

M. le président : Vous n'en recevez pas ? eh bien, moi je vous dis que vous ne pouvez pas accuser collectivement cent de vos collègues sans les nommer.

[*Vifs applaudissements.*]

Voix nombreuses à gauche : Les noms ! les noms !

M. Guillemet [10] : Ceux qui n'ont rien touché tiennent à ce qu'on fasse connaître les noms.

M. Jules Delahaye : J'y arrive !

A gauche : Les noms ! les noms !

M. Jules Delahaye : Dans ces conditions, il est impossible que vous ne votiez pas l'enquête.

> Séance extraordinaire du 21 novembre 1892, *JO*, débats parlementaires de la Chambre, 23 novembre 1892, p. 1647 *sq.*

1. Jules Delahaye (1851-1925), député monarchiste de l'Indre-et-Loire.

2. François Boissy d'Anglas (1841-1921) est député de la Drôme.

3. Jean-Baptiste Darlan (1848-1912) est député républicain modéré du Lot-et-Garonne.

4. Paul Déroulède (1846-1914) est député nationaliste des Charentes.

5. Alfred Gabriel (1848-1915), député initialement radical de Meurthe-et-Moselle, se rallie au boulangisme.

6. Allusion au scandale des décorations (1887).

7. Le comte Paul de Lanjuinais (1836-1916), député royaliste du Morbihan, deviendra membre de la Commission d'enquête sur le scandale de Panama.

8. En 1885, de Lesseps demande le droit d'émettre des obligations à lots, mais le rapport de l'ingénieur Rousseau, envoyé par le gouvernement à Panama, juge négativement le projet.

9. L'homme d'affaires Jacques de Reinach (1840-1892) meurt dans la nuit du 19 au 20 novembre.

10. Gaston Guillemet (1851-1914), député de la Gauche démocratique de la Vendée, appartiendra à la Commission d'enquête sur le scandale de Panama.

1893. Une victoire historique
des socialistes

Les élections législatives des 20 août et 3 septembre 1893 sont un triomphe pour les candidats socialistes. Toutes tendances confondues, ils obtiennent 600 000 voix qui leur assurent une cinquantaine d'élus : une vingtaine d'indépendants, quelques radicaux socialistes, 5 guesdistes, 4 blanquistes, 2 broussistes et 5 allemanistes dont le journal, Le Parti ouvrier, *rend compte ici des résultats. Le parti de Jean Allemane, le POSR (Parti ouvrier socialiste révolutionnaire), fondé en 1890, avait toujours manifesté sa méfiance à l'égard des élections.*

Ça y est. L'inique arbre social est entamé. Le coin qui doit le faire éclater est amorcé. Point ne sera besoin de taper dessus pour le faire pénétrer plus avant ; la force des choses et l'impuissance de la majorité à faire quoi que ce soit y suffiront.

Je suis d'autant plus satisfait du résultat de dimanche que je n'ai pas une foi bien grande en la vertu du suffrage universel, tel qu'il est pratiqué.

Tant de circonstances contribuent à le fausser !

Pour être efficace, il devrait être sincère et éclairé.

Réunit-il ces deux qualités maîtresses ? Il ne faut pas l'avoir vu à l'œuvre pour le croire.

Il ne faut pas avoir été témoins du scandaleux marchandage des voix ; il ne faut pas avoir vu les plus viles calomnies, les injures les plus grossières s'étaler sur les murs et dans la presse, pour en douter.

Car il n'y a pas à dire, le moins qu'est un député, surtout socialiste, c'est : voleur ou assassin ; ou les deux réunis.

Aussi, combien les résultats obtenus me semblent-ils magnifiques, quand je vois les obstacles qu'il a fallu vaincre. Sans argent, ayant contre eux une presse hostile et riche, les candidats du Parti, avec leur ténacité et leur seule franchise dans l'exposition du programme de revendications populaires, ont su amener à eux les travailleurs, et déloger des positions acquises, de leurs fiefs, des individualités considérées comme les plus imminentes [*sic*] du parti républicain.

Ils ont eu beau s'affubler d'un faux nez socialiste, rien n'y a fait. Le peuple a su reconnaître les siens.

Car c'est étonnant combien il y a de socialistes parmi nos dirigeants.

Qui s'en fût douté, il y a quelques années?

B., « La trouée », *Le Parti ouvrier*, 7-8 septembre 1893.

1894. Le bordereau Dreyfus

Le 26 septembre 1894, les Services de renseignements français reçoivent un « bordereau » provenant de l'ambassade d'Allemagne. Ce papier révèle la présence d'espions au sein de l'État-major. Cette pièce a été obtenue par une femme de ménage travaillant pour le 2e Bureau, fouillant consciencieusement la corbeille à papier de l'attaché militaire. L'affaire Dreyfus commence par la découverte de ce document bien banal.

Sans nouvelles m'indiquant que vous désiriez me voir, je vous adresse cependant, Monsieur, quelques renseignements intéressants :

1) Une note sur le frein hydraulique du 120 et la manière dont s'est conduite cette pièce ;

2) Une note sur les troupes de couverture (quelques modifications seront apportées par le nouveau plan) ;

3) Une note sur une modification aux formations de l'artillerie ;

4) Une note relative à Madagascar ;

5) Le projet de manuel de tir de l'artillerie de campagne (14 mars 1894).

Ce dernier document est extrêmement difficile à se procurer et je ne puis l'avoir à ma disposition que très peu de jours. Le ministre en a envoyé un nombre fixe dans les corps et ces corps en sont responsables ; chaque officier détenteur doit remettre le sien après les manœuvres. Si donc vous voulez y prendre ce qui vous intéresse et le tenir à ma disposition après, je le prendrai. A moins que vous ne vouliez que je vous le fasse copier *in extenso* et ne vous en adresse la copie.

Je vais partir en manœuvres.

Texte du bordereau, cité *in* P. Miquel, *Une énigme ? L'affaire Dreyfus*, Paris, PUF, 1972, p. 17.

1895. La naissance de la CGT

Dans les années 1880 s'étaient constituées des fédérations pro-fessionnelles dans les vieux métiers (chapeliers, typographes, meu-ble, bâtiment) puis dans la grande industrie (mine, métallurgie, textile, etc.). En 1886, la Fédération nationale des syndicats, d'obédience guesdiste, les rassembla. Les querelles ne manquè-rent pas. Au congrès de Nantes (1894), une majorité, emmenée par Fernand Pelloutier et Aristide Briand, se prononce en faveur de l'« organisation immédiate » de la grève générale. Ce vote pro-voque le départ des guesdistes et la fin virtuelle de la Fédération nationale des syndicats qui survit officiellement jusqu'en 1898. En septembre 1895, 28 fédérations professionnelles, 18 bourses du travail et 26 chambres syndicales décident la création de la CGT en un congrès organisé à Limoges. Les statuts suivants sont votés mais ne cesseront d'être rediscutés dans de futurs congrès.

1. — Entre les divers syndicats et groupements professionnels de Syndicats d'ouvriers et d'employés des deux sexes existant en France et aux colonies, il est créé une organisation unitaire et col-lective qui prend pour titre : *Confédération générale du travail.*

Les éléments constituant la Confédération générale du travail devront se tenir en dehors de toutes les écoles politiques.

2. — La Confédération générale du travail a exclusivement pour objet d'unir, sur le terrain économique et dans des liens d'étroite solidarité, les travailleurs en lutte pour leur émancipa-tion intégrale.

3. — La Confédération générale du travail admet dans ses rangs :

   I. Les Syndicats ;

  II. Les Bourses du travail ;

 III. Les Unions ou Fédérations locales des syndicats de diver-ses professions ou de métiers similaires ;

 IV. Les Fédérations départementales ou régionales de syndicats ;

  V. Les Fédérations nationales de syndicats de diverses pro-fessions ;

VI. Les Unions ou Fédérations nationales de métiers et les syndicats nationaux ;

VII. Les Fédérations d'industries unissant diverses branches de métiers similaires ;

VIII. La Fédération nationale des Bourses du travail.

4. — Ces organisations, pour être admises, devront avoir six mois d'existence.

5. — Le siège de la Confédération nationale du travail est à Paris.

Les congrès corporatifs pourront toujours changer le siège de la Confédération générale.

6. — La Confédération nationale du travail est administrée par un Conseil national.

7. — Ce Conseil est composé comme il va être dit ci-après, de délégués élus et choisis directement par les organisations confédérées.

8. — Aucun délégué ne pourra représenter plus de cinq organisations confédérées.

Dans les délibérations du Conseil national chaque délégué ne pourra avoir qu'une seule voix.

Pour composer le Conseil national, les Unions ou Fédérations locales, départementales ou régionales des syndicats de diverses professions ou de métiers similaires, désigneront chacune un délégué.

La Fédération des Bourses du travail, les Syndicats nationaux, les Fédérations nationales de syndicats de diverses professions, ou de mêmes métiers, ou de métiers similaires, concourant à la même industrie, éliront chacune trois délégués.

Septième Congrès national corporatif, tenu à Limoges du 23 au 28 septembre 1895, s.l.n.d., p. 86-87.

1896. Le discours de Saint-Mandé

Alexandre Millerand (1859-1943), issu du radicalisme, fait partie de ces intellectuels qui se rallient au socialisme dans le cours des années 1890. Avocat, il intervient fréquemment aux côtés des syndicats durant les conflits et se fait leur défenseur. En 1893, il prend la tête de La Petite République, *un quotidien opportuniste, qu'il s'applique à transformer en un organe socialiste. Élu député à Paris comme socialiste indépendant, il se tient éloigné de tout esprit de révolte. Pour célébrer les succès que les socialistes ont remportés aux élections municipales en 1896, le 30 mai, un banquet de mille couverts, réunissant des élus socialistes de toute la France, permet à Millerand de prononcer un discours-programme dans lequel il prétend dépasser les «querelles d'écoles». Il y plaide en faveur de la discipline électorale. En dépit des quelques réserves manifestées par Jules Guesde, tous les socialistes présents souscrivent à ce «programme».*

On a fait bien souvent le tableau de l'anarchie capitaliste ; il suffit, pour la caractériser d'un mot, de constater que, dans ce régime, il n'y a de sécurité pour personne ; agriculteurs, commerçants, industriels, travailleurs intellectuels comme travailleurs manuels, sont livrés à tous les hasards. Mais c'est de cet excès même du mal que le collectivisme soutient que va jaillir le salut.

[*Triple salve d'applaudissements.*]

Le collectivisme, j'ai prononcé ce mot plein d'horreur, dont l'incantation magique doit faire se dresser contre nous les millions de travailleurs des villes et des champs que le socialisme ne suffit décidément pas à apeurer.

Je ne veux, de l'idée collectiviste, dire qu'une chose, c'est qu'elle n'est ni le produit de l'imagination d'un rêveur, ni le résultat de conceptions d'un philosophe, mais la constatation pure et simple des phénomènes qui se déroulent sous nos yeux. On ne fait pas, on ne fera pas le collectivisme ; il se fait chaque jour ; il est, passez-moi le mot, la sécrétion du régime capitaliste.

[*Applaudissements répétés.*]

Sous la double influence du progrès de la science, dont le développement du machinisme n'est que la traduction pratique, et de la concentration des capitaux, nous assistons à l'expropriation des petits propriétaires, à la dissociation du travail et de la propriété, à la constitution d'une féodalité nouvelle, qui, accumulant entre ses mains la propriété des instruments de production, deviendrait par une lente, mais implacable progression, la maîtresse absolue de la vie économique, politique et morale du peuple tout entier, réduit par elle à cette forme moderne de l'esclavage qui s'appelle le salariat.

Eh bien ! le collectivisme proclame que le salariat ne sera pas plus éternel que ne l'ont été ces modes antérieurs de la servitude et de l'exploitation humaine, qui se sont appelés l'esclavage et le servage !

Le collectivisme constate que le développement normal de la société capitaliste substitue à la propriété individuelle, condition et sauvegarde de la liberté, le monopole tyrannique d'une minorité. Il ne se révolte point contre les constatations, il s'incline devant elles. Il ne prétend point remonter le cours des siècles, ni arrêter la transformation de l'humanité ; il se plie, au contraire, à ses règles, et puisque c'est une loi de l'évolution sociologique, que tous les moyens de production et d'échange passent de la forme de propriété individuelle à celle de propriété capitaliste, toute la prétention est qu'au fur et à mesure que se constituent ces immenses propriétés capitalistes, qui, sous leur rayonnement, dessèchent et tuent la petite propriété, la propriété individuelle, c'est qu'au fur et à mesure la propriété sociale se substitue à la propriété capitaliste.

[*Applaudissements.*]

[...]

Et voici que, me semble-t-il, je touche du doigt le trait caractéristique du programme socialiste.

N'est pas socialiste, à mon avis, quiconque n'accepte pas la substitution nécessaire et progressive de la propriété sociale à la propriété capitaliste.

Deux Discours de Millerand, Paris, Giard, 1923, p. 37-39.

1896. Jacques Bertillon et la dépopulation de la France

La France de la fin du XIXᵉ siècle connaît une situation démographique peu reluisante pour une nation qui songe à la Revanche. Les années 1891-1895 ont vu s'annuler le taux d'accroissement naturel qui, reprenant faiblement au cours des années 1896-1900, atteint 1,3 ‰. La population française est en état de stagnation : 38 340 000 habitants en 1891, 38 960 000 dix ans plus tard. Cette situation résulte principalement de la baisse constante du taux de natalité qui passe de 22,4 ‰ pour les années 1876-1880 à 21,9 ‰ durant la période 1895-1900. Cette chute alarme quelques personnalités qui dénoncent tout à la fois la propagande néo-malthusienne, le célibat des hommes politiques, qui donnent ainsi le mauvais exemple, et la passivité de l'État. Le Dʳ Jacques Bertillon (1851-1922), qui crée en 1896 l'Alliance nationale pour l'accroissement de la population française, fait partie de ces auteurs inquiets.

La loi devrait tout faire pour alléger la charge méritoire qu'assume le chef d'une famille nombreuse ; or, actuellement, elle fait tout pour l'alourdir.

Elle couvre d'impôts les familles nombreuses. La douane, l'octroi, semblent s'entendre pour les charger. L'impôt mobilier est, pour elles, plus lourd, puisqu'il faut plus de place pour loger six personnes que pour en loger deux. Tous les autres impôts, y compris l'impôt du sang, frappent à l'envi le père imprévoyant qui a commis le crime insensé d'avoir une nombreuse postérité. Mais la principale peine que la loi édicte contre les familles nombreuses est inscrite dans le Code civil, lorsqu'il les condamne à s'appauvrir irrémédiablement à la mort de leur chef. Les lois sur l'héritage sont la grande cause de la faible natalité française.

Puisque les causes du mal sont artificielles, il dépend de nous, il dépend du législateur de les supprimer.

Pour cela, la première chose à faire est de ne pas frapper un homme de peines et d'amendes variées chaque fois qu'il commet la folie de vouloir être père. Autrement dit, il est urgent, pour l'avenir de la France, que le Fisc reconnaisse cette vérité, d'ailleurs évidente : c'est que les contributions de chacun doivent être proportionnelles à ses ressources et *inversement proportionnelles à ses charges*. C'est une charge que d'élever plusieurs enfants.

Si la France se doutait du malheur vers lequel elle se précipite fatalement, si elle s'en préoccupait (elle commence à s'en préoccuper), elle se convaincrait de cette vérité, c'est qu'il est indispensable que l'État considère *le fait d'élever un enfant comme une des formes de l'impôt*.

Payer un impôt, c'est s'imposer un sacrifice pécuniaire au profit de la nation entière. C'est ce que fait le père qui élève un enfant. Il s'impose une série toujours croissante de sacrifices pécuniaires très lourds, et ces sacrifices (qui généralement, hélas ! lui profitent peu à lui-même) profitent à la nation entière.

Pour que cet impôt puisse être considéré comme acquitté par une famille, il faut qu'elle élève *trois* enfants. En effet, il en faut deux pour remplacer les deux parents, et, en outre, un troisième, car le calcul des probabilités montre que, sur les trois, il y en aura, en moyenne, un qui mourra avant de s'être reproduit.

Donc la famille qui élève quatre enfants, ou davantage, paye un excédent d'impôts, et la justice veut qu'on lui tienne compte de ce sacrifice, en la dégrevant d'impôts. Qu'on dégrève donc davantage encore les familles qui élèvent cinq enfants, celles qui en élèvent six... Et qui doit payer ces dégrèvements ? Naturellement, ce sont ceux qui n'élèvent pas les trois enfants nécessaires à l'avenir de la nation. Ils se soustraient (volontairement ou non, peu importe) au plus nécessaire et au plus lourd de tous les impôts. Il est strictement juste qu'ils compensent, par une somme d'argent, le tort qu'ils font à la patrie.

Qu'on ne dise pas que je veux persécuter les familles stériles ou peu nombreuses. Je ne leur inflige ni punition, ni amende ; seulement, je transforme pour elles l'impôt qu'elles doivent au pays. Je fais comme un propriétaire qui, ne pouvant se faire payer par son métayer en nature, se fait payer en argent monnayé.

Jacques Bertillon, « De la dépopulation de la France et des remèdes à y apporter », *Journal de la Société de statistique de Paris*, 1896, p. 27-28.

1897. Choses parisiennes

Octave Mirbeau (1848-1917) n'est pas seulement l'écrivain anarchisant, auteur de Sébastien Roch *et du* Journal d'une femme de chambre. *Il est aussi un impitoyable critique d'art, soutien des avant-gardes et propriétaire d'une remarquable collection de peinture. Il collabore à de nombreux journaux et revues (*La France, L'Écho de Paris, Le Figaro, Le Journal*) dont il est l'une des meilleures plumes. Il y défend tout ce qui est fragile ou mal connu. Répudiant la notion d'école, il attaque les peintres qui se réclament du naturalisme, même s'il se range du côté de Zola. Mais son panthéon comprend aussi Stéphane Mallarmé, Maurice Maeterlinck et Paul Claudel. Dès ses premiers pas de journaliste en 1872 dans la feuille bonapartiste,* L'Ordre, *il fait l'éloge de Manet, Monet et Cézanne. Il se veut d'abord un esprit libre et hétérodoxe. La théorie, selon lui, est l'ennemie de l'art. La forme adoptée dans l'article suivant, publié le 18 avril 1897 dans* Le Journal, *le laisse clairement entendre.*

On discute fort, en ce moment, l'emplacement que devra occuper, l'année prochaine et les années subséquentes, le Salon de peinture. Chacun propose son idée et il y en a, dans le nombre, d'admirables. Les uns voudraient qu'on couvrît de verre la place Vendôme, et qu'on l'aménageât en salles d'exposition. Mais Napoléon s'y refuse. Les autres réclament la place du Carrousel. Mais Gambetta s'y oppose. D'autres encore projettent de boucher la perspective des Tuileries par d'immenses baraquements. Il y en a même qui ne craignent point de troubler de leurs disputes le silence provincial du Palais-Royal et le calme gothique du Parvis-Notre-Dame. Quelques-uns offrirent de mener jusqu'au rond-point des Bergères les blancs moutons de leur inspiration.

— Pourquoi n'exposerions-nous pas dans les égouts? dit celui-ci. Les égouts sont à la mode. On y joue du Beethoven... On pourrait bien y accrocher du Bouguereau, ce semble...

— Et la Cour des comptes? suggère un naturiste... Quel plus beau cadre à l'art contemporain? Et pas besoin d'orchestre!...

Il y en a un gratuit et charmant, donné, chaque jour, par les oiseaux !... Et, pour les expositions du soir, où trouver un plus splendide luminaire que celui de la Lune, parmi les frondaisons ?

Bref, on ne s'entend guère.

Je causais de ces choses fort importantes, et vitales, si j'ose dire, avec un habitant du quartier des Champs-Élysées... Un peu gâteux, certes, mais si aimable et tellement préhistorique ! C'est un vrai Parisien... Un de ces vieux Parisiens, vous savez, comme il n'y en a plus guère à Paris, depuis la disparition du Gymnase, de feu Victor Koning. Et je lui disais :

— On a pensé à tout, sauf à la seule chose qui serait, à mon avis, logique et pratique : la suppression totale du Salon.

Le vrai Parisien sursauta :

— Vous n'y songez pas, dites ?...

— Je ne songe qu'à cela.

— C'est un de ces paradoxes...

— Pas du tout...

Il se planta devant moi, et, d'un air triomphal, il me lança au visage cette objection :

— Et le Vernissage ?

— Eh bien, il n'y aurait plus de Vernissage !

Jamais je ne vis tant d'étonnement dans le regard d'un homme.

— Comment ? plus de Vernissage !... Mais c'est de la folie !... Mais c'est impossible !... Autant dire tout de suite qu'il n'y aurait plus de Paris !... Alors, c'est ça !... Supprimons Paris, pendant que nous y sommes.

Cette idée qu'un jour arriverait, qu'un jour pourrait arriver, où il n'y aurait plus de Vernissage, le mettait hors de soi. Cela lui apparaissait aussi chimérique, scandaleux, fou et lointain que la fin du monde. Un tel avenir, il se refusait même à le croire, par l'excès de son absurdité. Autant concevoir que les hommes, bientôt, marcheraient sur la tête. Son âme éprouvait d'étranges impressions cosmogoniques. Les astres, les arbres, les maisons, les montagnes, les fleuves, les mers, tout cela lui paraissait lié l'un à l'autre, par un lien unique, qui en assurait l'équilibre. Et ce lien, c'était le Vernissage. Le lien rompu, tout croulait. L'univers s'abîmait dans un effroyable néant.

Octave Mirbeau, *Des artistes*, Paris, UGE, « 10 × 18 », 1986, p. 263-265.

1897. La nation
selon Maurice Barrès

C'est en 1897 que Maurice Barrès (1862-1923) publie Les Déracinés, *roman dans lequel se trouve critiqué le système méritocrati-
que mis en place par la République. Celui-ci est assuré d'arracher
les âmes à leur lieu d'enracinement. Ce « déracinement » est l'une
des causes de la décadence à laquelle s'en prennent nombre d'écrivains de la fin du siècle, au premier rang desquels se place Maurice Barrès. Pour ce Lorrain, qui jusqu'à l'affaire Dreyfus n'a
pas été sans cultiver un anarchisme de dilettante, il est temps de
« convoquer les énergies françaises ».* Les Déracinés *constituent
le premier volet d'une trilogie romanesque intitulée* Le Roman de
l'énergie nationale. *On y lit l'odyssée de jeunes lycéens lorrains,
venus à Paris poursuivre leurs études, nourris du kantisme de leur
professeur de philosophie, et se heurtant à l'anomie comme aux
illusions du monde moderne.*

Mais si la substance nationale est atteinte, vraiment il devient
fort secondaire de savoir qui sera vainqueur de M. Clemenceau ou de M. Jules Ferry, en qui se concentre à cette date
tout l'intérêt parlementaire. — D'ailleurs ils font un jeu qui
permet à chacun d'eux d'exister, et si l'un d'eux venait à disparaître et n'était pas sur l'heure remplacé, l'autre devrait également disparaître.

Il devient secondaire de savoir si la France, par ses troupes
au Tonkin et à Madagascar, par sa diplomatie en Égypte et au
Congo, par une convention financière en Tunisie, mènera à bien
son extension coloniale dans l'Extrême-Orient. — D'ailleurs,
l'extension de la France a-t-elle rien à voir avec des succès militaires en Extrême-Orient ? Ces possessions lointaines ne vaudront
que par notre action sur les bords du Rhin.

Il devient secondaire de savoir si les théories révolutionnaires
d'une minorité évidemment faible, qui excitent au vol et au pil-
lage par protestation contre la propriété et la misère, sont dangereuses et significatives d'un temps nouveau. — D'ailleurs,
l'évolution sociale dans le sens du « collectivisme » se fera fatalement et s'accomplit déjà sous nos yeux, avec le concours de

ceux mêmes qui en combattent les formules, et quant à des accents de révolte contre l'ordre établi, on les a toujours entendus, on les entendra toujours.

Il devient secondaire de savoir si l'honneur et le bénéfice d'avoir percé l'isthme de Panama reviendront à la Troisième République. — D'ailleurs, les accents d'humanitarisme lyrique par lesquels la Banque, la Presse, les agents du gouvernement saluent l'entreprise de M. de Lesseps [1] expriment simplement le plaisir que les subventions donnent à ces messieurs ; elles coûtent plus cher à la Compagnie que les pelletées de terre utilement enlevées dans l'isthme.

Quand de telles questions sont considérées comme essentielles par ceux qui discutent les affaires de ce pays et par ceux qui les mènent, on penche vraiment à conclure que la France est décérébrée, car le grave problème et, pour tout dire, le seul, est de refaire la substance nationale entamée, c'est-à-dire de restaurer les blocs du pays ou, si vous répugnez à la méthode rétrospective, d'organiser cette anarchie.

De leur anarchie, ces bacheliers mêmes, qui errent sur le pavé de Paris comme des Tonkinois dans leurs marais, sans lien social, sans règle de vie, sans but, se rendent compte. Quand ils essaient de se grouper selon le mode primitif du clan, quand ils sont hantés par l'idée césarienne, c'est un instinct de malades. Ils voudraient prendre appui les uns sur les autres ; ils se tournent aussi vers le dictateur, et vers celui dont l'histoire a dit : « Le vrai mérite, dès qu'il lui apparaissait, était sûr d'une immense récompense. » Leur énergie et leur malchance les rendent sympathiques. S'ils travaillaient d'accord avec des forces sociales honnêtes et utiles, ils pourraient faire des choses honnêtes et utiles. Mais des hommes qui n'ont pas de devoirs d'état, qui sont enfiévrés par l'esprit d'imitation en face d'un héros, et qui prétendent intervenir avec leurs volontés individuelles dans les actions de la collectivité, c'est pour celle-ci fort terrible !... Car les héros, s'ils ne tombent pas exactement à l'heure et dans le milieu convenables, voilà des fléaux.

Maurice Barrès, *Les Déracinés*, Paris, UGE, « 10 × 18 », 1963, p. 183-184.

1. Ferdinand de Lesseps (1805-1894) a réalisé le percement du canal de Suez et entrepris celui de Panama.

1898. « J'accuse »

Le jeudi 13 janvier 1898, L'Aurore, *quotidien fondé en 1897 dont Clemenceau assure la direction politique, publie une lettre de Zola au président de la République. Précédé d'une manchette choisie par Clemenceau — le célèbre « J'accuse » —, le texte est promis à un profond retentissement, l'auteur de* Germinal *jouissant d'un énorme prestige. Tirée à 300 000 exemplaires, cette intervention relance l'affaire Dreyfus. Elle vaut également à Zola une condamnation à un an de prison et 3 000 francs d'amende. L'écrivain s'exile alors en Angleterre du 18 juillet 1898 au 5 juin 1899. Il meurt en 1902, et ses cendres seront transférées au Panthéon en 1908.*

LETTRE
À M. FÉLIX FAURE

PRÉSIDENT DE LA RÉPUBLIQUE

Monsieur le Président,

Me permettez-vous, dans ma gratitude pour le bienveillant accueil que vous m'avez fait un jour, d'avoir le souci de votre juste gloire et de vous dire que votre étoile, si heureuse jusqu'ici, est menacée de la plus honteuse, de la plus ineffaçable des taches ?

Vous êtes sorti sain et sauf des basses calomnies, vous avez conquis les cœurs. Vous apparaissez rayonnant dans l'apothéose de cette fête patriotique que l'alliance russe a été pour la France, et vous vous préparez à présider au solennel triomphe de notre Exposition universelle, qui couronnera notre grand siècle de travail, de vérité et de liberté. Mais quelle tache de boue sur votre nom — j'allais dire sur votre règne — que cette abominable affaire Dreyfus ! Un conseil de guerre vient, par ordre, d'oser acquitter un Esterhazy [1], soufflet suprême à toute vérité, à toute justice. Et c'est fini, la France a sur la joue cette souillure, l'histoire écrira que c'est sous votre présidence qu'un tel crime social a pu être commis.

Puisqu'ils ont osé, j'oserai aussi, moi. La vérité, je la dirai, car j'ai promis de la dire si la justice, régulièrement saisie, ne la faisait pas, pleine et entière. Mon devoir est de parler, je ne veux pas être complice. Mes nuits seraient hantées par le spectre de l'innocent qui expie là-bas, dans la plus affreuse des tortures, un crime qu'il n'a pas commis.

Et, c'est à vous, monsieur le Président, que je la crierai, cette vérité, de toute la force de ma révolte d'honnête homme. Pour votre honneur, je suis convaincu que vous l'ignorez. Et à qui donc dénoncerai-je la tourbe malfaisante des vrais coupables, si ce n'est à vous, le premier magistrat du pays ?

[...]

Je l'ai démontré d'autre part : l'affaire Dreyfus était l'affaire des bureaux de la guerre, un officier de l'état-major, dénoncé par ses camarades de l'état-major, condamné sous la pression des chefs de l'état-major. Encore une fois, il ne peut revenir innocent, sans que tout l'état-major soit coupable. Aussi les bureaux, par tous les moyens imaginables, par des campagnes de presse, par des communications, par des influences, n'ont-ils couvert Esterhazy que pour perdre une seconde fois Dreyfus. Ah ! quel coup de balai le gouvernement républicain devrait donner dans cette jésuitière, ainsi que les appelle le général Billot ² lui-même ! Où est-il le ministère vraiment fort et d'un patriotisme sage, qui osera tout y refondre et tout y renouveler ? Que de gens je connais qui, devant une guerre possible, tremblent d'angoisse en sachant dans quelles mains est la défense nationale et quel nid de basses intrigues, de commérages et de dilapidations, est devenu cet asile sacré où se décide le sort de la patrie. On s'épouvante devant le jour terrible que vient d'y jeter l'affaire Dreyfus, ce sacrifice humain d'un malheureux, d'un « sale juif » ! Ah : tout ce qui s'est agité là de démence et de sottise, des imaginations folles, des pratiques de basse police, des mœurs d'inquisition et de tyrannie, le bon plaisir de quelques galonnés mettant leurs bottes sur la nation, lui rentrant dans la gorge son cri de vérité et de justice, sous le prétexte menteur et sacrilège de la raison d'État.

Et c'est un crime encore que de s'être appuyé sur la presse immonde, que de s'être laissé défendre par toute la fripouille de Paris. [...] C'est un crime d'avoir accusé de troubler la France ceux qui la veulent généreuse, à la tête des nations libres et justes, lorsqu'on ourdit soi-même l'impudent complot d'imposer l'erreur devant le monde entier. C'est un crime d'égarer l'opinion, d'utiliser pour une besogne de mort cette opinion qu'on a pervertie, jusqu'à la faire délirer. C'est un crime d'empoisonner les petits et les humbles, d'exaspérer les passions de réaction et d'intolérance, en s'abritant derrière l'odieux antisémitisme, dont la grande France libérale des droits de l'homme mourra, si elle n'en est pas guérie. C'est un crime que d'exploiter le patriotisme pour des œuvres de haine, et c'est un crime enfin que de faire du sabre le dieu moderne, lorsque toute la science humaine est au travail pour l'œuvre prochaine de vérité et de justice.

Cette vérité, cette justice, que nous avons si passionnément voulues, quelle détresse à les voir ainsi souffletées, plus méconnues et plus obscurcies. Je me doute de l'écroulement qui doit avoir lieu dans l'âme de M. Scheurer-Kestner [3] et je crois bien qu'il finira par éprouver un remords, celui de n'avoir pas agi révolutionnairement, le jour de l'interpellation au Sénat, en lâchant tout le paquet, pour tout jeter à bas. Il a été le grand honnête homme, l'homme de sa vie loyale, il a cru que la vérité se suffisait à elle-même, surtout lorsqu'elle lui apparaissait éclatante comme le plein jour. A quoi bon tout bouleverser, puisque bientôt le soleil allait luire ? Et c'est de cette sérénité confiante dont il est si cruellement puni. De même pour le lieutenant-colonel Picquart [4] qui, par un sentiment de haute dignité, n'a pas voulu publier les lettres du général Gonse [5]. Ces scrupules l'honorent d'autant plus que, pendant qu'il restait respectueux de la discipline, ses supérieurs le faisaient couvrir de boue, instruisaient eux-mêmes son procès, de la façon la plus inattendue et la plus outrageante. Il y a deux victimes, deux braves gens, deux cœurs simples, qui ont laissé faire Dieu, tandis que le diable agissait. Et l'on a même vu, pour le lieutenant-colonel Picquart, cette chose ignoble : un tribunal français, après avoir laissé le rapporteur charger publiquement un témoin, l'accuser de toutes les fautes, a fait le huis clos, lorsque ce témoin a été introduit pour s'expliquer et se défendre. Je dis que cela est un crime de plus et que ce crime soulèvera la conscience universelle. Décidément, les tribunaux militaires se font une singulière idée de la justice.

Telle est donc la simple vérité, monsieur le Président, et elle est effroyable, elle restera pour votre présidence une souillure. Je me doute bien que vous n'avez aucun pouvoir en cette affaire, que vous êtes le prisonnier de la Constitution et de votre entourage. Vous n'en avez pas moins un devoir d'homme, auquel vous songerez, et que vous remplirez. Ce n'est pas, d'ailleurs, que je désespère le moins du monde du triomphe. Je le répète avec une certitude plus véhémente : la vérité est en marche, et rien ne l'arrêtera. C'est d'aujourd'hui seulement que l'affaire commence, puisque aujourd'hui seulement les positions sont nettes : d'une part, les coupables qui ne veulent pas que la lumière se fasse ; de l'autre, les justiciers, qui donneront leur vie pour qu'elle soit faite. Quand on enferme la vérité sous terre, elle s'y amasse, elle y prend une force telle d'explosion que, le jour où elle a éclaté, elle fait tout sauter avec elle. On verra bien si l'on ne vient pas de préparer, pour plus tard, le plus retentissant des désastres.

Mais cette lettre est longue, monsieur le Président, et il est temps de conclure.

J'accuse le lieutenant-colonel du Paty de Clam [6] d'avoir été l'ouvrier diabolique de l'erreur judiciaire, en inconscient, je veux le croire, et d'avoir ensuite défendu son œuvre néfaste, depuis trois ans, par les machinations les plus saugrenues et les plus coupables.

J'accuse le général Mercier [7] de s'être rendu complice, tout au moins par faiblesse d'esprit, d'une des plus grandes iniquités du siècle.

J'accuse le général Billot d'avoir eu entre les mains les preuves certaines de l'innocence de Dreyfus et de les avoir étouffées, de s'être rendu coupable de ce crime de lèse-humanité et de lèse-justice, dans un but politique et pour sauver l'état-major compromis.

J'accuse le général de Boisdeffre [8] et le général Gonse de s'être rendus complices du même crime, l'un sans doute par passion cléricale, l'autre peut-être par cet esprit de corps qui fait des bureaux de la Guerre l'arche sainte, inattaquable.

J'accuse le général de Pellieux et le commandant Ravary d'avoir fait une enquête scélérate, j'entends par là une enquête de la plus monstrueuse partialité, dont nous avons, dans le rapport du second, un impérissable monument de naïve audace.

J'accuse les trois experts en écritures, les sieurs Belhomme, Varinard et Couard, d'avoir fait des rapports mensongers et frauduleux, à moins qu'un examen médical ne les déclare atteints d'une maladie de la vue et du jugement.

J'accuse les bureaux de la Guerre d'avoir mené dans la presse, particulièrement dans *L'Éclair* et dans *L'Écho de Paris*, une campagne abominable, pour égarer l'opinion et couvrir leur faute.

J'accuse enfin le premier conseil de guerre d'avoir violé le droit, en condamnant un accusé sur une pièce restée secrète, et j'accuse le second conseil de guerre d'avoir couvert cette illégalité par ordre, en commettant à son tour le crime juridique d'acquitter sciemment un coupable.

En portant ces accusations, je n'ignore pas que je me mets sous le coup des articles 30 et 31 de la loi sur la presse du 29 juillet 1881, qui punit les délits de diffamation. Et c'est volontairement que je m'expose.

Quant aux gens que j'accuse, je ne les connais pas, je ne les ai jamais vus, je n'ai contre eux ni rancune ni haine. Ils ne sont pour moi que des entités, des esprits de malfaisance sociale. Et l'acte que j'accomplis ici n'est qu'un moyen révolutionnaire pour hâter l'explosion de la vérité et de la justice.

Je n'ai qu'une passion, celle de la lumière, au nom de l'humanité qui a tant souffert et qui a droit au bonheur. Ma protestation enflammée n'est que le cri de mon âme. Qu'on ose donc me traduire en cour d'assises et que l'enquête ait lieu au grand jour !

J'attends...

Veuillez agréer, monsieur le Président, l'assurance de mon profond respect.

Émile Zola, « J'accuse », *L'Aurore*, 13 janvier 1898.

1. Walsin Esterhazy, commandant, protégé par de hautes relations, espion à la solde de l'Allemagne, jugé mais acquitté le 11 janvier 1898.

2. Jean-Baptiste Billot, ministre de la Guerre en 1896.

3. Auguste Scheurer-Kestner, industriel et vice-président du Sénat, s'engage très tôt dans la défense de Dreyfus.

4. Georges Picquart, lieutenant-colonel, défend l'innocence de Dreyfus. Nommé général puis ministre de la Guerre après la révision du procès.

5. Charles Gonse, général, sous-chef d'état-major de l'armée.

6. Armand Du Paty de Clam, commandant, chargé, comme officier judiciaire, de l'enquête sur Alfred Dreyfus.

7. Auguste Mercier, en charge de la guerre dans les ministères Casimir-Perier (1893) et Dupuy (1893-1894), quitte l'armée en 1898.

8. Raoul de Boisdeffre, chef d'état-major de l'armée en 1893, démissionne de cette charge en 1898.

1898. Jean Jaurès : *Les Preuves*

Jean Jaurès (1859-1914) n'a pas été immédiatement convaincu par les arguments de Bernard-Lazare défendant l'innocence de Dreyfus. Il n'est pas de ces tout premiers dreyfusards qui allumèrent les feux du combat révisionniste dès l'été 1897. Rallié à leurs combats, pressé par les membres du Parti ouvrier socialiste révolutionnaire de Jean Allemane, dreyfusards de la première heure, Jaurès consacre ses vacances de l'été 1898 au démontage de la machination dont le capitaine Dreyfus a été la victime. Avec une précision d'historien du présent, il révèle, au fil d'articles publiés dans La Petite République *en août et septembre, sur la base des plus solides dossiers, les mensonges et les truquages de l'État et de l'Armée. Cette histoire à chaud profite le 31 août du suicide du commandant Henry, l'un des principaux faussaires de l'Affaire. L'ensemble de ces textes, tous fondés sur la méthode positive en usage chez les historiens de l'École des chartes, de la IVe section de l'École pratique des hautes études ou de la Sorbonne, est publié en volume à la fin du mois de septembre 1898.*

Encore une fois, il n'y a dans mes paroles aucune intention blessante pour la Cour de cassation. Il se peut qu'elle s'élève au-dessus de toute crainte, au-dessus de toute fausse prudence et qu'elle ait l'entier courage de l'entière vérité.

Je dis seulement que les crimes prolongés de la haute armée et la longue suite des mensonges judiciaires ont créé une situation si terrible que peut-être aucune force organisée de la société d'aujourd'hui ne peut résoudre le problème sans le concours passionné de l'opinion.

Quelle est l'institution qui reste debout ? Il est démontré que les conseils de guerre ont jugé avec la plus déplorable partialité ; il est démontré que l'état-major a commis des faux abominables pour sauver le traître Esterhazy [1] et que la haute armée a communié, sous les espèces du faux, avec la trahison.

Il est démontré que les pouvoirs publics, par ignorance ou lâcheté, ont été traînés pendant trois ans à la remorque du mensonge.

Il est démontré que les magistrats civils, du président Dele-
gorgue [2] au procureur Feuilloley [3], se sont ingéniés, par des artifices de procédure, à couvrir les crimes militaires.

Et le suffrage universel lui-même, dans son expression légale
et parlementaire, n'a su trop longtemps, jusqu'à l'éclair du coup
de rasoir, que donner au mensonge et au faux l'investiture
nationale.

Oui, quelle est l'institution qui reste debout ? Il n'en est plus
qu'une : c'est la France elle-même. Un moment, elle a été surprise, mais elle se ressaisit et même si tous les flambeaux officiels s'éteignent, son clair bon sens peut encore dissiper la nuit.

C'est elle et elle seule qui fera la révision. J'entends par là que
tous les organes légaux, la Cour de cassation, les conseils de
guerre, sont incapables désormais de la vérité complète, si la
conscience française n'exige pas chaque jour toute la vérité.

Voilà pourquoi, bien loin de désarmer aujourd'hui, les citoyens
qui ont entrepris le combat contre les violences et les fraudes de
la justice militaire doivent redoubler d'efforts pour éveiller et
éclairer le pays. Voilà pourquoi aussi nous tenons à fournir au
prolétariat les éléments de discussion et de preuve que nous avons
recueillis.

> Jean Jaurès, *Les Preuves*, Paris, *La Petite Républi-
> que*, 1898, p. 127-128.

---

1. Le commandant Walsin Esterhazy est le véritable auteur du bordereau attribué à Dreyfus.
2. Ce juge présidait la cour d'assises qui condamne Zola après la publication de « J'accuse ». Il empêche au cours du procès toute allusion à
l'Affaire en répliquant régulièrement à toute tentative : « La question
ne sera pas posée. »
3. Feuilloley est procureur de la République à Paris et l'un des plus
farouches opposants à la révision du procès.

1898. Fachoda

En 1896, le capitaine Jean-Baptiste Marchand (1863-1934) obtient le droit de conduire une mission vers le haut Nil afin de contenir la poussée anglaise vers le Soudan. Le 10 juillet 1898, les Français atteignent Fachoda, mais les Anglais n'entendent pas accepter le fait accompli. Une colonne anglaise arrive dans la bourgade soudanaise le 26 septembre. Le rapport de forces conduit alors le ministre des Affaires étrangères, Delcassé, à ordonner l'évacuation de Fachoda le 3 novembre. Le 6, le quotidien nationaliste La Patrie *commente cet abandon peu glorieux.*

C'est officiellement décidé.

La France a cédé aux sommations violentes et insolentes de l'Angleterre.

Elle abandonne Fachoda.

Elle abandonne tout.

Elle reçoit l'humiliation la plus cruelle qu'elle ait éprouvée depuis vingt-cinq ans.

L'Angleterre a cherché, voulu, accentué cette humiliation, qu'elle a provoquée et étalée pour ravaler la France devant l'Europe et le monde entier.

L'outrage est sanglant, la honte est complète.

Cette nouvelle vient d'être confirmée par la note officielle suivante communiquée aux journaux :

« Le gouvernement a résolu de ne pas maintenir à Fachoda la mission Marchand.

Cette décision a été prise par le Conseil des ministres après un examen approfondi de la question.

Le gouvernement, en répondant à l'interpellation qui doit lui être adressée à ce sujet, se réserve de développer devant les Chambres les motifs de cette résolution. »

Cette décision a été officiellement portée hier à la connaissance de lord Salisbury. Aussi le Premier ministre anglais a-t-il pu y faire allusion dans le discours prononcé — discours fort peu rassurant pour l'avenir — au banquet du lord-maire en l'honneur du serdar [1].

On savait que Marchand avait dit : « Tant qu'il me restera un homme et que je serai debout, l'Anglais ne mettra pas le pied à Fachoda. » Et l'on savait qu'il était homme de parole, qu'il combattrait jusqu'à la dernière goutte de son sang plutôt que de baisser pavillon devant l'insolence anglaise.

C'est pourquoi on s'est hâté de le rappeler, sous le plus futile des prétextes.

On a pu ainsi signer la capitulation sans craindre la révolte de cet héroïque enfant de la France.

Ainsi les dangers bravés pendant près de deux ans par Marchand, à travers la brousse africaine, n'ont servi de rien. Cette marche triomphale au milieu des peuplades nègres, à qui l'héroïque commandant a appris à balbutier le nom de la France et à respecter les trois couleurs, son symbole, a été faite en pure perte.

Les os de nos tirailleurs soudanais vont blanchir au soleil équatorial, marquant la route, longue et périlleuse, de cette vaillante colonne, uniquement pour la honte de voir une tache de plus salir le drapeau !

Le coup était préparé.

Mais l'abandon de Fachoda, relativement, ce n'est rien. C'est la suite qui est grave.

Il faut voir, ce matin, le ton ironique des journaux anglais ! Et, sous cette ironie, avec quelle précision apparaît le véritable mobile du Foreign Office, qui n'a poussé la France à abandonner Fachoda que pour la diriger dans la voie des abandons successifs et inévitables !

Alors que nous demeurons l'arme au pied, immobiles, nos vaisseaux ancrés dans leurs ports respectifs, l'Angleterre continue de plus belle sa mobilisation et ses armements.

Elle fait déclarer, par ses journaux, que la France a d'autres positions à évacuer un peu partout, c'est-à-dire partout où elle entre en conflit ou simplement en contact avec les possessions anglaises.

Eh bien ! et nos alliances, qu'en faisons-nous ? Le nouveau ministère [2] parlait encore hier, dans sa déclaration, de l'alliance franco-russe. A quoi sert-elle si nous devons boire chaque jour un peu plus à la coupe des capitulations et des lâchetés ?

Et sur le Nil, notre allié Ménélik [3], qui est là avec ses troupes, prêt à entrer en campagne et à nous soutenir, qu'allons-nous lui dire ?

Enfin, pour bien montrer que nous sommes destinés à être éternellement ses dupes, le Foreign Office a déclaré formellement que nous n'aurions aucune espèce de compensation à espérer pour Fachoda. Il compte au contraire sur l'abandon de toutes nos prétentions à Terre-Neuve, au Siam, en Chine, au Cap. Partout il nous faudra céder, comme à Fachoda. Sans quoi, pas « d'entente cordiale ».

Autrement dit, le conflit inéluctable, fatal, n'est que prorogé.

Il était donc parfaitement inutile de reculer à Fachoda, si c'est pour mieux sauter un peu plus tard.

> Robert d'Arlon, « Drapeau abandonné », *La Patrie*, 6 novembre 1898.

1. Officier britannique, le serdar commande en Égypte l'armée du pacha d'Égypte.
2. Il s'agit du ministère Dupuy (1898-1899).
3. Ménélik II (1844-1913), négus d'Éthiopie, est favorable à la France.

1899. Le Congrès de la salle Japy

Entre mai 1898 et décembre 1899, le socialisme français, très divisé, commence une longue marche à l'unité sous la pression conjointe de la base et de la volonté politique de quelques leaders, au premier rang desquels se place Jaurès. En octobre 1898, un Comité de vigilance est créé dans le climat perturbé de l'affaire Dreyfus. En janvier 1899, un Comité d'entente, qui permet aux différentes organisations socialistes de se rencontrer, marque le temps d'une nouvelle ébauche d'unification. En décembre, enfin, un Congrès général des organisations socialistes se réunit à Paris, salle Japy, et charpente une organisation unitaire, par le biais de plusieurs résolutions, en dépit des graves divisions suscitées par la participation ministérielle d'Alexandre Millerand. Un parti socialiste unifié est né.

RÉSOLUTION

CONSTITUTION DU PARTI

Le Parti socialiste est fondé sur les bases des principes inscrits dans les formules de convocation au congrès ; il se compose :

1° Des cinq [1] organisations nationalement constituées ;

2° Des fédérations régionales et départementales autonomes ;

3° Des groupes qui demanderont au Comité général du parti, tel qu'il sera défini ci-après, leur inscription au parti, à condition que ces groupes aient au moins un an d'existence et cinquante membres cotisants, et qu'il n'existe pas de fédération dans leur département. Ces groupes seront rayés du parti, si, dans le délai d'une année, ils n'ont pas institué une fédération départementale.

Les groupes ne pourront être admis que du consentement unanime des membres du Comité général ;

4° Des syndicats ouvriers qui adhèrent explicitement à la formule du principe socialiste qui a servi de base à la convocation du premier congrès général du parti ;

5° Des coopératives, qui adhèrent à ces principes, et consacrent à la propagande socialiste une part de leurs bénéfices.

Congrès général

Le parti se réunira tous les ans en un congrès général ; chaque congrès déterminera le lieu du congrès suivant ; mais il est entendu que, sauf exception pour l'année prochaine à raison de l'Exposition universelle, le congrès siégera chaque année dans une région différente.

Constitution du comité général

Il sera constitué dans un délai maximum de huit jours un Comité général du parti dont les pouvoirs dureront jusqu'au congrès suivant : chacune des organisations sera représentée au Comité général par des délégués désignés par elle et en proportion avec le nombre des mandats qu'elle a apportés au congrès, à raison d'un délégué par cinquante mandats et fraction de cinquante.

Les fédérations autonomes cesseront d'être considérées, pour leur représentation au Comité, comme une organisation unique ; elles formeront sept organisations distinctes (Ardennes, Côte-d'Or, Doubs, Bretagne, Bouches-du-Rhône, Seine-et-Oise, Saône-et-Loire) régies par les règles ci-dessous. Elles n'ont donc pas en fait un délégué chacune.

Il en est de même de l'Alliance communiste [2].

Pour rétablir l'équilibre, chacune des organisations représentées au congrès recevra un délégué supplémentaire.

Les décisions du Comité général seront prises à la majorité des voix. Chacune des organisations sera tenue de verser au Comité général une somme à fixer par le Comité général et proportionnellement au nombre de mandats de chacune.

Contrôle de la presse

Le congrès déclare qu'aucun des journaux socialistes n'est, dans l'état actuel des choses, l'organe officiel du parti ; mais tous les journaux qui se réclament du socialisme ont des obligations définies, qui grandissent avec l'importance du journal et le concours que lui ont prêté, dans tous les pays, les militants.

La liberté de discussion est entière pour toutes les questions de doctrine et de méthode. Mais, pour l'action, les journaux devront se conformer strictement aux décisions du congrès interprétées par le Comité général. De plus les journaux s'abstiendront de toute polémique et de toute communication de nature à blesser une des organisations.

Les journaux seront tenus d'insérer les communications du Comité général et celle des organisations adhérentes.

Si le Comité général estime que tel journal viole les décisions du parti et cause un préjudice au prolétariat, il appellera devant lui les rédacteurs responsables. Ceux-ci étant entendus, le Comité général leur signifie, s'il y a lieu, par un avertissement public, qu'il demandera contre eux qu'un blâme ou l'exclusion du parti ou la mise en interdit du journal lui-même. Ces mesures seront renvoyées au congrès suivant.

Contrôle des élus

Il sera procédé à la Chambre, sur les bases théoriques de la convocation du congrès, à la constitution d'un groupe parlementaire unique placé sous le contrôle direct du Comité général, qui aura à rappeler aux élus les décisions du congrès et à les amener autant que possible à l'unité du vote.

Nul ne pourra être considéré comme candidat socialiste s'il ne rappelle dans ses professions de foi les principes qui ont servi de base à la convocation du présent congrès.

En période électorale, le Comité général ne devra jamais donner d'investiture quelconque à un candidat ; s'il y a conflit au deuxième tour de scrutin, il sera naturellement arbitre.

Adopté à l'unanimité.

> *Congrès général des organisations socialistes françaises*, Paris, Société nouvelle de librairie et d'édition, 1900, p. 410-413.

1. Fédération des travailleurs socialistes de France (FTSF) de Paul Brousse, Parti ouvrier socialiste révolutionnaire (POSR) de Jean Allemane, Parti ouvrier français (POF) de Jules Guesde, Parti socialiste révolutionnaire (PSR) d'Édouard Vaillant, Fédération des « indépendants » d'Alexandre Millerand.

2. L'Alliance communiste provient d'une scission du POSR qui s'est produite en 1896.

1899. *Psychologie du socialisme*

C'est en 1895 que le Dr *Gustave Le Bon (1841-1931) publie*
Psychologie des foules, *ouvrage qui connaît un succès remarquable et fait de son auteur un sociologue écouté, surtout en dehors des milieux universitaires. Quatre ans plus tard, l'année même où les socialistes accomplissent une première tentative d'unité organique, il donne au public un nouveau livre dans lequel il applique au socialisme les théories mises au jour dans son travail de 1895. Le Bon, hanté par la montée en puissance des foules dans la démocratie moderne — il est un farouche antidreyfusard —, est à la recherche de tout ce qui peut contribuer à renforcer le ciment social. L'anthropologie de ce mesureur de crânes n'est rien d'autre qu'une science à la recherche de l'âme des races dont la connaissance assurera aux élites les moyens de leur domination.*

Si nous voulons comprendre l'influence profonde exercée par le socialisme moderne, il ne faut pas examiner ses dogmes. Quand on recherche les causes de son succès, on constate que ce succès est tout à fait étranger aux théories que ces dogmes proposent ou aux négations qu'ils imposent. Comme les religions, dont il tend de plus en plus à prendre les allures, le socialisme se propage tout autrement que par des raisons. Très faible quand il essaie de discuter et de s'appuyer sur des arguments économiques, il devient au contraire très fort quand il reste dans le domaine des affirmations, des rêveries et des promesses chimériques. Il serait même plus redoutable encore s'il n'en sortait pas.

Grâce à ses promesses de régénération, grâce à l'espoir qu'il fait luire devant tous les déshérités de la vie, le socialisme arrive à constituer une croyance à forme religieuse beaucoup plus qu'une doctrine. Or la grande force des croyances, quand elles tendent à revêtir cette forme religieuse dont nous avons étudié le mécanisme ailleurs, c'est que leur propagation est indépendante de la part de vérité ou d'erreur qu'elles peuvent contenir. Dès qu'une croyance est fixée dans les âmes, son absurdité n'apparaît plus, la raison ne l'atteint plus. Le temps seul peut l'user. Les plus puissants penseurs de l'humanité, un Leibniz, un Descartes, un Newton, se sont inclinés sans murmure devant des dogmes religieux dont la raison leur eût vite montré la faiblesse s'ils avaient pu les soumettre au contrôle de la critique. Mais ce qui est entré dans le domaine du sentiment ne peut plus être touché par la discussion. Les religions, n'agissant que sur les sentiments, ne sauraient être ébranlées par des arguments, et c'est pourquoi leur pouvoir sur les âmes a toujours été si absolu.

L'âge moderne représente une de ces périodes de transition où les vieilles croyances ont perdu leur empire et où celles qui doivent les remplacer ne sont pas établies. L'homme n'a pu réussir encore à vivre sans divinités. Elles tombent parfois de leur trône, mais ce trône n'est jamais resté vide. Des fantômes nouveaux surgissent bientôt de la poussière des dieux morts.

La science qui a combattu les dieux, ne saurait contester leur prodigieux empire. Aucune civilisation n'a pu réussir encore à se fonder et à grandir sans eux. Les civilisations les plus florissantes se sont toujours appuyées sur des dogmes religieux qui, au point de vue de la raison, ne possédaient aucune parcelle de logique, de vérité ou même de simple bon sens. La logique et la raison n'ont jamais été les vrais guides des peuples. L'irrationnel a toujours constitué un des plus puissants mobiles d'action que l'humanité ait connus.

Ce n'est pas aux lueurs de la raison qu'a été transformé le monde. Alors que les religions, fondées sur des chimères, ont marqué leur indestructible empreinte sur tous les éléments des civilisations et continuent à maintenir l'immense majorité des hommes sous leurs lois, les systèmes philosophiques, bâtis sur des raisonnements, n'ont joué qu'un rôle insignifiant dans la vie des peuples et n'ont eu qu'une existence éphémère. Ils ne proposent en effet aux foules que des arguments, alors que l'âme humaine ne demande que des espérances.

Ce sont ces espérances que les religions ont toujours données, et elles ont donné aussi un idéal capable de séduire et de soulever les âmes. C'est avec leur baguette magique qu'ont été créés les plus puissants empires, qu'ont surgi du néant les merveilles de la littérature et des arts qui forment le trésor commun de la civilisation.

Gustave Le Bon, *Psychologie du socialisme*, Paris, Alcan, 1927, p. IX-XI.

1900. L'Exposition universelle

Le 14 avril 1900, le président de la République, Émile Loubet,
ouvre l'Exposition universelle. Dans les colonnes du Petit Parisien, *Jean Frollo — pseudonyme collectif qui désigne souvent*
la rédaction de ce quotidien populaire fondé en 1876 — rappelle
que ce type de manifestations a toujours revêtu une extrême
importance dans l'histoire du pays.

L'exposition est ouverte!

[...]

Avec quelle ardeur, en ces deux dernières semaines, tout le
peuple de travailleurs à l'œuvre sur le Champ-de-Mars — devenu
le champ de la paix — avait activé la besogne! Un vrai monde,
un univers a surgi du sol. Et quel magnifique spectacle que celui
de cette multitude d'hommes venus de tous les points du globe,
occupés sur ce vaste chantier à un labeur commun! On a eu raison de dire : « C'est la tour de Babel du travail! » En effet, les
ouvriers parlaient là toutes les langues connues, toutes les nations
y étaient représentées. Et on travaillait en pleine concorde, avec
le même cœur à l'ouvrage. S'il fallait prouver que la fraternité
universelle n'est pas une utopie, ce serait un exemple à offrir.

Maintenant, la France, dans un salut cordial, va dire aux peuples :
— Vous pouvez venir!

Depuis l'époque où, après de cruels revers, une France nouvelle
s'est faite, c'est la troisième exposition universelle qui s'ouvre à
Paris. En ces trente années, notre patrie a ainsi, par trois fois, offert
au monde l'éclatante manifestation de ses forces vives. Elle peut
avec un légitime orgueil regarder derrière elle et, comme le voyageur qui a atteint les plus hauts sommets, s'écrier : « J'ai bien
monté! » Quel chemin parcouru! De dix en dix années environ,
les expositions universelles ont été les étapes mémorables par lesquelles nous avons marqué notre existence nationale.

Au lendemain de la guerre, la France s'était recueillie. Habituée aux ingratitudes, après avoir poussé la générosité à ses limites

extrêmes, elle avait voulu rester isolée, résolue à ne compter que
sur elle, à se retremper dans ses épreuves mêmes. Combien fut
prodigieux le réveil de 1878 ! Il restera comme une date glorieuse
dans l'histoire du siècle. Nous montrions qu'il n'y a pas de catastrophes dont un peuple ne puisse se relever quand il a l'énergie
de ne rien épargner au point de vue des sacrifices.

Il y eut d'abord de l'étonnement, en Europe — un étonnement d'admiration, d'ailleurs —, puis ce fut un applaudissement
enthousiaste. Nous trouvions ainsi, en un moment, la récompense des années d'efforts pendant lesquelles nous avions réparé
nos infortunes. Que d'épreuves patiemment endurées ! que de
forces courageusement dispensées ! Mais, après ce long temps
d'un deuil noblement porté, de travail silencieux, notre patrie
reprenait sa place dans le monde avec toute sa vitalité, avec tout
son génie, et elle disait aux autres nations, en les conviant à la
plus majestueuse des solennités :

— Je suis toujours la France !

C'est le 1er mai que s'ouvrit l'Exposition de 1878.

« Au milieu du fracas des armements, écrivait un publiciste
russe, Michel Katkoff [1], et alors que l'Europe ne semble plus
être qu'un camp immense, la France prend la superbe initiative
d'inviter les États à laisser un instant l'épée pour l'outil et à glorifier les produits de l'industrie, du commerce et des arts. »

La journée d'ouverture de l'Exposition fut merveilleuse de
grandeur. Mais il ne s'agissait encore que de la fête d'inauguration, de la cérémonie purement officielle. Le gouvernement
décida que le 30 juin il y aurait une fête publique à Paris, et ce
fut alors la vraie manifestation nationale.

De la capitale aux départements, une radieuse allégresse écla-
tait à ciel ouvert. On n'avait qu'à aller par les rues pour se sentir envahi de cette saine et réconfortante émotion éparse dans
l'air. De cette foule enfiévrée, mais heureuse, de cette collectivité d'êtres humains où toutes les classes de la société se mêlaient,
se dégageait une électricité joyeuse.

[...]

Je ne pouvais, évoquant de tels souvenirs, faire autrement que
d'insister sur cette fête du 30 juin 1878. Elle a été, on l'a dit,
la fête de la résurrection ! Et, au lendemain de cette journée où
nous nous étions unis dans la joie fraternelle, quand les mille

murmures des usines et des chantiers se répandirent de nouveau dans l'air, se confondant, ne faisant plus que ce bruit unique, imposant et large, qui est comme la puissante respiration de tout un peuple à l'ouvrage, il nous fut permis, sans rien oublier du passé, d'envisager l'avenir avec sérénité.

Les drapeaux étaient détachés, la nation avait ôté sa parure tricolore pour reprendre ses vêtements de travail, mais il restait, survivant aux réjouissances, des pensées et des sentiments qui ne devaient plus périr ; on gardait au cœur, vibrante, toute l'ardeur de cet élan unanime de patriotisme, et on allait se remettre vaillamment en marche vers la deuxième étape.

L'Exposition de 1889 fut la fête de la République.

Ne devions-nous pas, à l'occasion du Centenaire de 1789, la glorifier hautement, cette République qui, aux jours de péril, avait ressaisi l'épée brisée de la France et avait su la rendre encore plus redoutable à l'adversaire, cette République qui avait ensuite cicatrisé les blessures de la patrie ?

C'est dans les institutions démocratiques que notre pays, si éprouvé par la criminelle politique du pouvoir absolu, avait puisé la conscience de sa grandeur en même temps que celle de son droit. Nos richesses industrielles et commerciales étaient retrouvées, nos finances rétablies, nos forces militaires reconstituées, gardiennes vigilantes de notre dignité. Un an plus tard, le ministre de la Guerre, dans un toast retentissant, à la réunion des généraux clôturant les grandes manœuvres, allait pouvoir dire : « Personne ne doute plus que nous soyons forts, et notre armée inspire aux uns la confiance, aux autres le respect ! » Le gouvernement de la République était officiellement reconnu par tous les États. On en avait fini de prétendre que ce régime nous condamnait, en ce qui concerne les relations diplomatiques, à l'isolement. Une puissante alliance était en préparation — définitivement conclue depuis lors. Les visites impériales et royales prouvaient que notre patrie n'avait rien perdu de son aimantation irrésistible, et en venant à elle les souverains reconnaissaient que la République était le gouvernement définitif que la France s'était librement donné.

Combien d'événements entre ces deux dates : 1789 et 1889 ! combien de choses pendant ces cent années ! Mais ce dont notre pays avait le droit de se montrer fier, c'était de se retrouver au bout de ce temps écoulé maître de ses destinées. La France de

1789 en se faisant, suivant une illustre expression, « la grande ouvrière de l'ordre moderne » et « en fondant la loi populaire par la Déclaration des droits de l'Homme », avait proclamé son affranchissement ; en 1889, elle célébrait en pleine possession de son indépendance le centenaire de cet acte qui demeure comme l'un des plus beaux dont l'Humanité s'honore.

Nous voici arrivés à la troisième étape. De la fête du 30 juin 1878, on avait dit : « Nous venons d'assister à la fête de la santé, à la fête du relèvement ! » La France veut, par celle qui s'ouvre aujourd'hui, justifier la magnifique prophétie de Michelet : « Au XXᵉ siècle, Paris déclarera la paix au monde ! »

Plus qu'aucune autre nation, la France a connu les triomphes des champs de bataille ; tous les enivrements de la victoire, elle les a éprouvés ; son histoire contient un incomparable trésor de gloire ; à l'aurore du siècle, ses soldats promenaient son drapeau de capitale en capitale. Maintenant, alors que ce siècle s'achève, elle proclame la trêve du travail, du progrès, de la civilisation. Et c'est une noble entreprise, certes, que d'entraîner les aspirations des peuples vers ce lumineux avenir entrevu par le tsar Nicolas II, quand il adressait aux puissances le message qui fut suivi de la conférence de La Haye : l'Europe déposant enfin la gigantesque armure qui l'écrase, la justice immanente apportant les réparations légitimement attendues, les conflits internationaux réglés selon le droit et non plus par la force, et partout les canons qui ne creusent que de stériles ornières, remplacés par la charrue qui trace les sillons nourriciers [2] !

« Qu'est-ce qu'une Exposition universelle ? demandait Victor Hugo à la veille de celle de 1878. C'est tout l'univers voisinant ! On vient comparer les idéals. Confrontation des produits en apparence, confrontation d'espérances en réalité ! »

L'Exposition de 1900 couronne le XIXᵉ siècle par l'apothéose de la Paix ; puisse le soleil du siècle nouveau se lever sur le monde dans un ciel sans brumes !

> Jean Frollo [pseudonyme collectif], « Les trois étapes », *Le Petit Parisien*, 15 avril 1900.

1. Mikhaïl Katkoff (1818-1887), écrivain, philosophe et journaliste russe, défend avec ardeur le rapprochement franco-russe après 1878.

2. Réunie à l'initiative de Nicolas II, la conférence de La Haye (1899) adopte trois conventions destinées à éviter ou à humaniser les conflits.

1901. La constitution
du Parti radical

Le 21 juin 1901 s'ouvre le congrès constitutif du Parti radical.
Cette réunion s'achève par une longue déclaration dans laquelle
le rapporteur général Camille Pelletan (1846-1915) résume synthé-
tiquement les débats et définit le programme de la nouvelle for-
mation.

RENDRE LA RÉPUBLIQUE
RÉPUBLICAINE

La plupart des réformes promises attendent encore. Leur
heure devait avoir sonné depuis longtemps, on ne peut plus
la retarder. Ce sont d'abord celles qui visent le cléricalisme.
La loi contre les congrégations est déjà faite [1]. Le pays compte
qu'elle sera appliquée sans faiblesse. Il l'exigerait si c'était nécessaire. La lutte est ouverte, il faudra aller jusqu'au bout. La
loi Falloux [2] a été forgée pour livrer la France aux Jésuites,
il faut achever de l'abroger. Nul ne peut considérer comme
une institution républicaine le pacte d'alliance conclu contre
la liberté entre le pontificat romain et la dictature napolé-
nienne renaissante. Nous ne pouvons avoir entre nous de divergences que sur le moment où il sera déchiré : le suffrage
universel décidera.

Un autre péril grandit de jour en jour dans tous les pays. C'est
le pouvoir que prennent dans les mains de la haute spéculation
la concentration et le maniement des grands capitaux. Il faut préserver de leur domination croissante les intérêts généraux du pays,
la liberté et la fortune de tous, tant par une législation enfin appliquée contre les manœuvres d'agiotage que par les mesures législatives faisant rentrer dans le domaine de l'État certains monopoles et services publics au fur et à mesure que l'exigeront les
intérêts de la défense nationale et de la production agricole industrielle.

Les réformes sociales s'imposent entre toutes aux préoccupations des sociétés modernes. Ce qui nous sépare à cet égard des

socialistes, c'est notre attachement passionné au principe de la propriété individuelle, dont nous ne voulons ni commencer ni même préparer la suppression.

Mais précisément parce que ce principe repose tout entier sur le droit inviolable de la personne humaine au produit de son travail, nous n'entendons le céder à personne quand il s'agira, non seulement d'assurer dans des conditions pratiques les retraites de la vieillesse, mais encore d'empêcher que la grande exploitation industrielle ne prenne le caractère d'une féodalité nouvelle et de hâter l'évolution pacifique par laquelle enfin le travailleur aura la propriété de son outil, la légitime rémunération de son travail.

Les réformes fiscales ne sont pas moins urgentes. Notre système d'impôts reste léger aux riches, lourd aux pauvres, pesant surtout sur la masse des cultivateurs qui forment la majorité et la force du pays. Nous voulons avant tout l'établissement de cet impôt progressif sur le revenu qui décharge tous les travailleurs et qui sera particulièrement le grand dégrèvement des villages. Nous voulons, d'une façon générale, la refonte de ce système vieilli, notamment la réforme de la contribution foncière et des taxes qui immobilisent la propriété rurale.

Ajoutez une véritable égalité devant le service militaire réduit à deux ans.

Voilà les grandes lignes du programme.

LA DÉMOCRATIE QUOTIDIENNE

Pour sa réalisation nous attendons tout du suffrage universel mis en pleine possession de lui-même et de son autorité légitime à la fois par les mesures nécessaires, soit pour affranchir de toutes les pressions la liberté des votants les plus humbles, soit pour mettre un terme à la honte des élections d'argent, et par les remaniements constitutionnels qui assureront la plénitude de sa souveraineté.

Mais il faut autre chose à la démocratie pour qu'elle sente tout à fait à sa tête un gouvernement vraiment républicain. C'est du train quotidien des choses, du choix des fonctionnaires, du poids des influences locales, des mille questions de détail qu'un gouvernement traverse tous les jours que se dégage l'impression décisive pour la grande majorité du pays.

Comment ne découragerait-on pas les masses profondes de la démocratie, les millions d'individus dont le dévouement n'a jamais manqué à notre cause, dont le courage a résisté à toutes les persécutions et qui sont, plus encore que les politiques les plus illustres, les véritables fondateurs de la République, s'ils voyaient indéfiniment les intérêts réactionnaires aussi puissants sur les ministres qu'ils ont portés au pouvoir que sur ceux qui les traquaient la veille ?

La France républicaine n'est plus disposée à tolérer qu'un gouvernement aussi bien intentionné qu'il soit se laisse envelopper par les influences qu'il avait mission de détruire et commence par se faire trahir par ses bureaux pour finir par se faire dominer par eux.

Ces revendications sont celles que la démocratie n'a cessé de faire entendre. Il y a longtemps qu'on tient un pareil langage sans que jusqu'ici les résultats aient répondu à l'attente du pays. Un sentiment très énergique se dégage de la foule de bons citoyens venus ici de tous les points de la France. C'est qu'il est indispensable d'en finir avec les atermoiements.

Nous ne cherchons pas ici quelles ont été les causes qui les ont motivés. Notre tâche est non de récriminer sur le passé, mais de regarder l'avenir. Il faut que l'ère des ajournements soit close. L'ère des résolutions doit s'ouvrir.

C'est ce que le suffrage universel exigera, et alors l'union des républicains de toutes les nuances contre le cléricalisme, contre les entreprises césariennes, contre les pouvoirs de l'argent, pour la cause de la justice sociale, cette union dont ce Congrès a été une éclatante affirmation sera féconde pour la République et pour la Patrie.

Cité *in* Jean-Thomas Nordmann, *La France radicale*, Paris, © Julliard-Gallimard, « Archives », 1977, p. 45-47.

1. La loi sur les associations du 1ᵉʳ juillet 1901 soumet les congrégations à une autorisation législative.
2. La loi Falloux (15 mars 1850) établit un régime de liberté pour l'enseignement public primaire et secondaire, et accorde divers avantages à l'enseignement privé.

1902. Le raisonnement mathématique

Henri Poincaré (1854-1912), cousin d'un homme politique en vue bientôt président de la République, est l'un des principaux penseurs du conventionnalisme, courant qui s'empare de l'épistémologie au tournant du siècle. Ce grand mathématicien, disciple de Cauchy, mais aussi physicien, président de la Société astronomique de France, participe au souci de démocratisation de la science qui habite la République. Poincaré est aussi un vulgarisateur de talent. En 1902, dans la collection que dirige Gustave Le Bon chez Flammarion, il publie le premier volet d'une vaste réflexion sur le statut de la science : La Science et l'Hypothèse. Suivront, en 1905, La Valeur de la science, et, en 1909, Science et Méthode. Antikantien, Poincaré adopte parfois un langage criticiste ; antinominaliste, il sait envisager le rôle de la convention dans la démarche scientifique. Son conventionnalisme ne se laisse pas toujours aisément saisir.

La possibilité même de la science mathématique semble une contradiction insoluble. Si cette science n'est déductive qu'en apparence, d'où lui vient cette parfaite rigueur que personne ne songe à mettre en doute ? Si, au contraire, toutes les propositions qu'elle énonce peuvent se tirer les unes des autres par les règles de la logique formelle, comment la mathématique ne se réduit-elle pas à une immense tautologie ? Le syllogisme ne peut rien nous apprendre d'essentiellement nouveau et, si tout devait sortir du principe d'identité, tout devrait aussi pouvoir s'y ramener. Admettra-t-on donc que les énoncés de tous ces théorèmes qui remplissent tant de volumes ne soient que des manières détournées de dire que A est A !

Sans doute, on peut remonter aux axiomes qui sont à la source de tous ces raisonnements. Si on juge qu'on ne peut les réduire au principe de contradiction, si on ne veut pas non plus y voir des faits expérimentaux qui ne pourraient participer à la nécessité mathématique, on a encore la ressource de les classer parmi les jugements synthétiques *a priori*. Ce n'est pas résoudre la difficulté, c'est seulement la baptiser ; et lors même que la nature des jugements synthétiques n'aurait plus pour nous de mystère, la contradiction ne se serait pas évanouie, elle n'aurait fait que reculer ; le raisonnement syllogistique reste incapable de rien ajouter aux données qu'on lui fournit ; ces données se réduisent à quelques axiomes et on ne devrait pas retrouver autre chose dans les conclusions.

Aucun théorème ne devrait être nouveau si dans sa démonstration n'intervenait un axiome nouveau ; le raisonnement ne pourrait nous rendre que les vérités immédiatement évidentes empruntées à l'intuition directe ; il ne serait plus qu'un intermédiaire parasite et dès lors n'aurait-on pas lieu de se demander si tout l'appareil syllogistique ne sert pas uniquement à dissimuler notre emprunt ?

La contradiction nous frappera davantage si nous ouvrons un livre quelconque de mathématiques ; à chaque page l'auteur annoncera l'intention de généraliser une proposition déjà connue. Est-ce donc que la méthode mathématique procède du particulier au général et comment alors peut-on l'appeler déductive ?

Si enfin la science du nombre était purement analytique, ou pouvait sortir analytiquement d'un petit nombre de jugements synthétiques, il semble qu'un esprit assez puissant pourrait d'un seul coup d'œil en apercevoir toutes les vérités ; que dis-je ! on pourrait même espérer qu'un jour on inventera pour les exprimer un langage assez simple pour qu'elles apparaissent ainsi immédiatement à une intelligence ordinaire.

Si l'on se refuse à admettre ces conséquences, il faut bien concéder que le raisonnement mathématique a par lui-même une sorte de vertu créatrice et par conséquent qu'il se distingue du syllogisme.

La différence doit même être profonde. Nous ne trouverons pas par exemple la clef du mystère dans l'usage fréquent de cette règle d'après laquelle une même opération uniforme appliquée à deux nombres égaux donnera des résultats identiques.

Tous ces modes de raisonnement, qu'ils soient ou non réductibles au syllogisme proprement dit, conservent le caractère analytique et sont par cela même impuissants.

Henri Poincaré, *La Science et l'Hypothèse*, Paris, Flammarion, 1902, p. 9-11.

1902. La critique moderniste

L'abbé Alfred Loisy (1857-1940), professeur d'écriture sainte à l'Institut catholique de Paris, se lance dans une critique histori-que des textes sacrés qui le conduit à l'excommunication en 1908. Destitué de ses fonctions d'enseignement dès 1893, il publie en 1902 (à 1 500 exemplaires) un ouvrage qui fait scandale dans les milieux intellectuels catholiques : L'Évangile et l'Église. Le livre, immédiatement condamné par la hiérarchie catholique, ne pré-tend pourtant pas autre chose que répondre à L'Essence du chris-tianisme, qu'avait publié en 1900 le professeur de théologie allemand Adolf Harnack, où était dénoncé le catholicisme romain comme un « état fondé sur le droit et sur la force », en « contra-diction manifeste » avec l'Évangile. Farouchement catholique, Loisy, en admettant l'histoire, souhaite seulement répondre au théologien protestant sur son propre terrain.

Si l'on veut déterminer historiquement l'essence de l'Évangile, les règles d'une saine critique ne permettent pas qu'on soit résolu d'avance à considérer comme non essentiel ce que l'on est porté maintenant à juger incertain ou inacceptable. Ce qui a été essen-tiel à l'Évangile de Jésus est ce qui tient la première place, et la plus considérable, dans son enseignement authentique, les idées pour lesquelles il a lutté et pour lesquelles il est mort, non celle-là seulement que l'on croit encore vivante aujourd'hui. De même, si l'on veut définir l'essence du christianisme primitif, on devra chercher quelle était la préoccupation dominante des premiers chrétiens, et ce dont vivait leur religion. En appliquant le même procédé d'analyse à toutes les époques, et en comparant les résul-tats, on pourra vérifier si le christianisme est resté fidèle à la loi de son origine, si ce qui fait aujourd'hui la base du catholicisme est ce qui soutenait l'Église du Moyen Age, celle des premiers siècles, et si cette base est substantiellement identique à l'Évan-gile de Jésus, ou bien si la clarté de l'Évangile s'est bientôt obs-curcie, pour n'être dégagée de ses ténèbres qu'au XVIe siècle ou même de nos jours. Si des traits communs se sont conservés et développés depuis l'origine jusqu'à notre temps dans l'Église, ce sont ces traits qui constituent l'essence du christianisme. Du moins, l'historien n'en peut pas connaître d'autres ; il n'a pas le droit d'appliquer une autre méthode que celle qu'il appliquerait à une religion quelconque. Pour fixer l'essence de l'islamisme, on ne prendra pas, dans l'enseignement du Prophète et dans la tradition musulmane, ce que l'on peut juger vrai et fécond, mais ce qui, pour Mahomet et ses sectateurs, importe le plus en fait de croyance, de morale et de culte. Autrement, avec un peu de bonne volonté, l'on découvrirait que l'essence du Coran est la même que celle de l'Évangile, la foi au Dieu clément et miséricordieux.

Il y aurait aussi peu de logique à prendre pour l'essence totale d'une religion ce qui la différencie d'avec une autre. La foi monothéiste est commune au judaïsme, au christianisme et à l'islamisme. On n'en conclura pas que l'essence de ces trois religions doive être cherchée en dehors de l'idée monothéiste. Ni le juif, ni le chrétien, ni le musulman n'admettront que la foi à un seul Dieu ne soit pas le premier et principal article de leur symbole. Chacun critiquera la forme particulière que l'idée reçoit dans la croyance du voisin ; mais aucun ne s'avisera de nier que le monothéisme soit un élément de sa religion, sous prétexte que le monothéisme appartient aussi à la religion des autres. C'est par leurs différences qu'on établit la distinction essentielle de ces religions, mais ce n'est pas uniquement par ces différences qu'elles sont constituées. Il est donc souverainement arbitraire de décréter que le christianisme doit être essentiellement ce que l'Évangile n'a pas emprunté au judaïsme, comme si ce que l'Évangile doit à la tradition juive était nécessairement de valeur secondaire.

Alfred Loisy, *L'Évangile et l'Église*, Paris, A. Picard, 1902, p. XIV-XVII.

1903. Le premier Tour de France

En 1900, Henri Desgranges (1865-1940), cycliste et coureur à pied émérite, fonde L'Auto, *un quotidien centré sur le monde du sport. Du 1ᵉʳ au 19 juillet 1903, ce journal organise le premier Tour de France. Son vainqueur, Maurice Garin, parcourt les 2 500 kilomètres — divisés en 6 étapes — en 94 heures et 33 minutes, soit une moyenne de 26,5 km/h... Dans le numéro du 20 juillet 1903, Henri Desgranges tire les premiers enseignements d'une épreuve promise, on le sait, à un bel avenir.*

Voici le premier « Tour de France » terminé ! Tous mes collaborateurs sont fourbus, je suis ravi et j'aurais voulu que les heures de travail et d'immenses satisfactions que la course nous a données depuis trois semaines pussent se prolonger indéfiniment, tant est délicieux un pareil travail, tant sont douces de semblables satisfactions.

J'ai fait bien des rêves sportifs dans ma vie, je n'en avais jamais conçu qui vaillent cette réalité. Lancer des hommes à travers la France entière, rappeler par eux les joies vives que peut, que doit nous procurer la bicyclette, réveiller des centaines de kilomètres de pays endormis dans l'inaction physique, montrer aux engourdis, aux indifférents, aux timorés que le sport cycliste est toujours jeune, qu'il est toujours capable de nous étonner, susciter partout de l'émulation, de l'énergie, de la volonté, voilà ce que devait faire le Tour de France, voilà ce qu'il a fait largement. Les soleils du Midi peuvent être écrasants, les plaines de la Crau désolées, les bords de la Garonne balayés par le vent, la vie monotone de province peut reprendre, dans plus de la moitié de la France, toute la jeunesse conservera le souvenir des hommes qu'elle a vus passer comme des trombes, luttant depuis Paris avec une énergie farouche.

Et voici que déjà, de tous côtés, de nouvelles sociétés se forment. Nous avons tous connu, les anciens, l'irrésistible contagion de l'exemple. C'est pour avoir vu courir que nous avons couru, c'est pour avoir vu les premiers Bordeaux-Paris [1] que nous avons senti se lever dans nos cœurs, avant même le désir

de vaincre, le besoin de lutter. Partout, en France, depuis quelques jours, le même besoin se fait sentir, et le Tour de France,
dans son sillage, vient de faire naître une nouvelle race de
champions.

N'est-ce pas là la plus belle mission d'un journal comme le
nôtre ! N'est-ce pas notre raison d'être et pouvions-nous espérer atteindre notre but mieux que nous ne venons de l'atteindre !

Cette considération est la première qui s'impose à nous.

D'autres aussi valent qu'on s'y arrête.

Comparons sans parti pris les autres grandes épreuves classiques de la route avec le Tour de France. Ne semble-t-il pas
qu'elles apparaissent comme profondément atteintes et diminuées
non pas dans leur classicisme, mais dans leur formule ? Après
le Tour de France on se demande malgré soi ce que viennent faire
les entraîneurs, les soigneurs, les suiveurs, tous ces prétextes à
fraude, tous ces moyens iniques qui paraissent destinés seulement à favoriser les uns au détriment des autres, à créer des inégalités quand le sport répugne au favoritisme. On se demande
comment les constructeurs de cycles ont pu, des années durant,
s'imposer les lourds sacrifices de l'entraînement et ne pas jeter
par-dessus bord tout ce fatras ruineux et démodé.

Il a fallu le Tour de France pour qu'on s'en aperçoive enfin
et l'on peut dire que l'entraînement après notre épreuve a vécu
dans les grandes courses sur route.

Et cet autre résultat dont nous ne saurions trop nous réjouir
d'avoir fait sortir de l'obscurité, surgir du néant des hommes
de valeur, la veille totalement inconnus, aujourd'hui classés, connus de tous, entrés en quelques jours dans notre histoire sportive, d'avoir créé une pépinière d'hommes nouveaux qui savaient
fort bien que les entraîneurs réservés à Aucouturier, à Garin,
à deux ou trois autres à peine, ne seraient jamais pour eux ;
d'avoir, d'un seul coup, mis en lumière Pothier, Kerff, Auge-
reau, Beaugendre, Samson, Catteau, Dargassies, Brange, Lechar-
tier, Payan, Girbe et d'autres encore.

Mieux encore, la joie sportive d'avoir fait naître partout des
espoirs sans nombre, de savoir que des centaines, des milliers
de cyclistes vont rêver des mois durant la gloire des « Tour de
France », qu'ils n'ignorent plus que cette gloire est possible et

qu'ils peuvent y atteindre avec de la persévérance et de l'énergie. Avec une bicyclette, désormais, on pourra gagner le Tour de France ; ce qu'il faudra avec cette bicyclette, il ne dépendra que du coureur de l'acquérir avec de l'entraînement et de la raison [2].

Voilà les résultats tangibles, palpables et intéressants du Tour de France : une excellente propagande sportive, la condamnation des entraîneurs et des moyens factices pour arriver à la victoire, des hommes nouveaux mis en valeur et la possibilité désormais pour tous de parvenir.

Les plus difficiles se contenteraient de ces résultats ; je tiens à déclarer qu'ils ne me suffisent pas.

Aujourd'hui seulement chacun pourra parler, nous comme les autres, des imperfections de ce premier essai. Le succès en est assez retentissant pour que nous n'ayons pas la fatuité de le proclamer parfait. Il y a des taches au soleil, voici les taches du nôtre :

1° La création des étapes particulières avec possibilité pour un coureur de ne disputer qu'une seule étape fut une erreur. Erreur séduisante d'ailleurs, car nous avions rêvé tous les coureurs régionaux saisissant avec enthousiasme cette occasion de se mesurer avec les grands routiers. Ils craignirent au contraire une lutte dont pourtant les Pagie, les Brange, les Pothier, les Samson, les Laeser, les Gauban leur montrèrent la possibilité, et les rares engagements d'étapes furent pour une part ceux de maraudeurs que nous empêchâmes pourtant d'exercer leur petit métier. Les étapes particulières disparaîtront donc en 1904 ; il n'y aura d'engagés que pour la totalité de l'épreuve, avec des prix pour chaque étape, et ceux qui abandonneront en route seront éliminés définitivement de la course. [...]

Une seule catégorie, la suppression du second groupe, l'élimination radicale de tout homme arrivant après la fermeture d'un contrôle, voilà une première réforme pour 1904, qui donnera au Tour de France plus d'unité et plus de belle simplicité.

2° Nous serons enfin l'année prochaine plus stricts encore que cette année sur l'observation du règlement en ce qui concerne les soigneurs. On se défait difficilement des vieilles habitudes, et beaucoup considéraient que la suppression des aides dans le Tour de France était une douce illusion. Il y a eu de-ci de-là quelques petites infractions aux règlements. J'ai déjà dit qu'elles

n'avaient rien changé au classement et qu'elles étaient insignifiantes. Nous n'en avons retenu qu'une seule dans la troisième
étape, nous l'examinerons à loisir.

L'année prochaine, nous nous retrouverons d'ailleurs en présence de constructeurs bien éclairés et édifiés sur les avantages
de la suppression des entraîneurs, suiveurs et soigneurs, de
curieux venant voir la course et conscients qu'en passant à boire
à un coureur pour lui venir en aide, ils peuvent faire perdre la
course et à celui qu'ils aident ou à ceux qui le suivent, de coureurs enfin désormais édifiés aussi sur les avantages d'un traitement égal pour tous.

Telles sont les grandes lignes du prochain Tour de France. Il
nous restera aussi à trouver le moyen pécuniaire de faire qu'un
coureur qui n'aura encore rien touché dans les étapes particulières et qu'un accident viendra mettre hors de course presque
aux portes de Paris, de faire qu'un coureur obligé d'abandonner au fin fond de la France puisse, le premier, toucher quelque
chose, et le second ne pas payer son retour de sa poche. Le Tour
de France coûte à notre journal plus de 40 000 francs; nous
demanderons, avec la certitude d'être entendus, aux constructeurs et aux sportsmen ce qu'il faudra pour accomplir cette œuvre
charitable, à moins que nous ne nous décidions nous-mêmes à
le donner.

Nous aurons ainsi, avec ces réformes, une œuvre parfaite d'un
seul bloc et qui ne prêtera plus à aucune critique.

Il nous suffit pour cette année d'avoir doté le sport cycliste
de sa plus belle et de sa plus grande épreuve, en un moment où
les malins affirmaient tous qu'il était impossible de faire mieux
que ce qui existait.

Et je ne saurais mieux terminer qu'en rappelant qu'un soir,
à la Commission sportive de l'U.V.F. [3], des sourires discrets et
railleurs accueillirent l'idée lancée par un membre de cette
commission que le Tour de France serait peut-être annuel. Vous
verrez que dans cinq ans d'ici, ce seront les railleurs d'il y a quelques mois qui m'auront conseillé de faire la course.

Ça n'a et ça n'aura, d'ailleurs, aucune importance.

H. Desgranges, « Conclusion », *L'Auto*, 20 juillet
1903.

1. La course Bordeaux-Paris, première épreuve cycliste d'envergure, est créée en 1891.

2. Les premières années, les coureurs s'engagent pour le Tour à titre individuel.

3. L'Union vélocipédique de France naît en 1881, mais se transforme en 1941 en Fédération française de cyclisme.

1904. Le scandale des Fiches

En octobre 1904 éclate l'affaire des Fiches. Souhaitant républi-caniser l'armée, le ministre de la Guerre, le général Louis André (1838-1913), note l'ensemble des officiers en raison de leurs opi-nions politiques. Ces renseignements lui sont fournis par les mili-taires francs-maçons. Si la presse révèle ce scandale, les députés lui donnent, le 28 octobre, une ampleur telle que le général André démissionne à la mi-novembre, portant un coup sévère au minis-tère Combes. Le Figaro, *quotidien républicain modéré, donne son sentiment sur cette affaire.*

Le pays attend avec une anxiété fébrile — et cela se comprend — le résultat de l'interpellation sur la délation dans l'armée qui doit venir demain en discussion devant la Chambre.

Osera-t-on, une fois pour toutes, en finir dans l'intérêt de la République et de l'armée ?

Les accusations qui pèsent sur le ministre de la Guerre sont graves. De son aveu même, elles « entachent son honorabilité ministérielle ».

Sur ce point l'interpellé et l'interpellateur sont d'accord.

Dans une de ces interruptions tranchantes comme une lame d'acier, M. Lasies [1] a précisé mardi, en effet, d'un mot ce qu'il voulait faire.

— Ce n'est pas, a-t-il dit, l'honneur des officiers que je défends ; c'est le vôtre, monsieur le ministre, que j'attaque.

Cependant, ce que nous savons à l'heure actuelle, n'est rien à côté de ce que nous avons encore à apprendre.

Tout le monde a encore présentes à la mémoire ces phrases lapidaires écrites au *Matin*, il y a un mois à peine, par un offi-cier supérieur, dont on put, à une époque, apprécier le caractère.

« Si j'ai pris prématurément ma retraite il y a six mois, bien qu'inscrit au tableau d'avancement pour colonel, écrivit alors le lieutenant-colonel Hartmann, c'est précisément parce que je connaissais les *agissements de la bande* qui règne au cabinet du ministre de la Guerre et à la Direction de l'artillerie. »

Mais combien vos révélations sont au-dessous de la réalité !

M. Lasies, de son côté, ne paraît pas moins bien renseigné. Du haut de la tribune de la Chambre, il a déclaré l'autre semaine que « les faits connus étaient graves, mais qu'il en savait de plus graves encore à signaler ».

Que nous cache donc ce mystère ? Quels sont ces faits plus graves auxquels firent allusion successivement et M. le colonel Hartmann et le député du Gers ? Quelle est cette bande qui règne à la Direction de l'artillerie et au ministère de la Guerre ?

Il nous a paru que, sans plus attendre, puisque le scandale allait éclater, puisqu'il allait faire l'objet d'un long débat parlementaire, le devoir de tous était de se mettre à la tâche pour tirer une fois de plus la Vérité hors de son puits et établir, dans la mesure du possible, toutes les responsabilités.

Les faits remontent au début de l'année 1903. La bataille anticléricale battait son plein. Le gouvernement laissait faire.

Quelques francs-maçons, et non des moindres, pensèrent que l'heure était propice pour payer d'audace et organiser dans l'armée, sous prétexte de défense républicaine, un service occulte de surveillance et de renseignements.

Comment fonctionne ce service ? C'est là ce que nous allons dire ; car nous pensons qu'il est honteux, pour un pays comme le nôtre, de voir élever la délation à la hauteur d'une institution.

Il en est ainsi cependant.

La délation compte aujourd'hui dans nos casernes des centaines et des centaines de policiers amateurs, officiers de métier, qui travaillent, sinon officiellement, du moins officieusement, au nom et pour le compte du ministère de la Guerre. Elle a ses mouchards, ses inspecteurs, ses limiers. Elle a, rue Cadet [2] et rue Saint-Dominique [3] même, sa comptabilité en partie double.

Et comme à Rome, sous les tyrans, les délateurs reçoivent en récompense une part des biens des condamnés.

A leurs victimes, la condamnation sans défense possible.

A eux, l'avancement, les postes de choix, les galons et les croix.

L'idée d'organiser ce service revient, si nous sommes bien renseigné, à un commandant qui occupe à Paris une situation privilégiée : M. le commandant Pasquier, directeur de la prison du Cherche-Midi.

Ce qui est certain, indéniable, ce que nous mettons les membres du Grand Conseil de l'ordre au défi de démentir, c'est que cette idée du commandant Pasquier, et de quelques-uns de ses amis, fut adoptée, presque aussitôt, par les « Grands Honneurs » de la rue Cadet. Elle devint leur, ils l'étudièrent, la discutèrent, et officiellement l'appliquèrent.

Sous ce titre, la « Sol... Mer... » (lisez : la Solidarité militaire), ils décidèrent de fonder une sorte d'association nouvelle entre tous les officiers francs-maçons.

Le but, vous l'avez deviné déjà, était de « sauver » encore la République, en faisant surveiller tous les officiers non francs-maçons qui, par définition, étaient réputés réactionnaires.

A cet effet, une circulaire officielle fut rédigée. C'était l'appel à la délation.

On invitait les « ch∴ fr∴ » à se renseigner et à renseigner par la suite le Grand-Orient sur les collègues que le hasard des garnisons leur donnait.

A la suite de la circulaire, une série de questions étaient posées, auxquelles le correspondant devait répondre. Ces questions visaient :

L'état civil du père et de la mère de l'officier ;

L'état civil du père et de la mère de sa femme ;

Les écoles dans lesquelles l'officier et sa femme avaient été élevés ;

Les cercles ou les sociétés auxquels ils appartenaient ;

Leurs pratiques religieuses ;

Les écoles que fréquentaient les enfants ;

Leurs relations mondaines ;

Les chasses auxquelles ils étaient invités.

Le questionnaire se terminait ainsi :

Est-il antisémite ?

Avant d'être imprimée, cette circulaire de police fut discutée au sein même du Grand Conseil de l'ordre. Elle souleva, nous devons le dire, de la part de quelques esprits libéraux de violentes protestations. [...]

Malgré cela, *la circulaire fut imprimée et expédiée.*

Nous ferions injure à la vérité en affirmant que l'accueil qui lui fut réservé ait été partout également chaleureux. Peu d'officiers francs-maçons protestèrent. Presque tous même, cela est triste, se mirent à l'œuvre. Nous en avons les lamentables preuves. Par contre, il est des loges où l'odieux du procédé révolta tellement les consciences que, séance tenante, la circulaire fut déchirée et piétinée.

Un scandale était à craindre de ce côté. La question pouvait être soulevée au Convent. Toutes les précautions furent donc prises à ce sujet (mal prises, il faut le croire, puisque nous sommes renseigné) lors de la réunion du Convent maçonnique en septembre dernier.

Conformément au rituel, la Commission de propagande avait, pour cette réunion, rédigé un rapport sur la propagande faite en 1904 et la propagande à faire en 1905.

Suivant l'usage, ce rapport aurait dû être imprimé et lu en séance plénière. Pour éviter les indiscrétions, le document ne fut pas d'abord livré à l'impression et de crainte ensuite qu'il ne s'élevât dans le « Temple » même de trop violentes protestations lorsque le rapporteur rendrait compte des travaux de la « Solidarité militaire », *le rapport ne fut pas lu*. L'assistance l'adopta sans discussion, les yeux fermés.

Telle est l'œuvre — œuvre de délation et de haine si honteuse que ceux-là mêmes qui l'ont organisée n'osent entre eux avouer la paternité — à laquelle le général André, ministre de la Guerre, représentant officiel du gouvernement, chef suprême de l'armée, n'a pas craint cependant de s'associer.

La circulaire était à peine lancée que déjà les renseignements affluaient. Les basses vengeances, l'envie, la haine, se donnaient libre cours. Il ne restait plus, dès lors, qu'à « classer ». M. Vadecard, secrétaire du Grand-Orient de France, récemment promu officier de la Légion d'honneur, se chargea de ce travail.

Le tout fut, par ses soins, enregistré, numéroté et catalogué sur des fiches assez semblables à celles du service anthropométrique réservées généralement aux voleurs et aux assassins.

Le Grand Livre de la délation était ouvert. Sans avoir à redouter aucun contrôle, aucune contradiction, sous le voile de l'anonymat, tous les officiers francs-maçons pouvaient, sans risque, y venir écrire leurs odieuses accusations ou au contraire y venir vanter les opinions « républicaines » de leurs camarades ch∴ fr∴. En un an, douze mille fiches furent remplies, c'est-à-dire que douze mille officiers furent « mouchardés ».

Ce n'était pas assez — on le comprend — que ce Grand Livre fût ouvert rue Cadet. Pour « sauver la République », il était nécessaire que ce Grand Livre eût sa place officielle dans les archives du ministère de la Guerre. Cela fut fait.

Mis au courant des travaux de la « Sol... Mer... » par quelques-uns de ses amis francs-maçons, le général André les laissa organiser rue Saint-Dominique, sous la haute surveillance du colonel Jacquot, de la direction d'artillerie, du commandant Bernard et du capitaine Mollin, officier d'ordonnance du ministre, un service semblable à celui qui fonctionnait déjà rue Cadet.

Depuis lors, dès qu'un renseignement parvient au Grand-Orient, le capitaine Mollin en est avisé. Il se rend lui-même, en voiture et à nos frais, chez M. Vadecard qui lui remet une copie des renseignements ou le document original. La « Sol... Mer... » officielle — c'est-à-dire celle du ministère de la Guerre — se met ensuite au travail.

Tout d'abord analysés sur des fiches spéciales, les renseignements sont aussitôt traduits en langage chiffré, par MM. Jacquot, Bernard et Mollin, qui constituent ainsi à eux trois la plus haute juridiction militaire.

Sur chaque fiche, au crayon rouge ou au crayon bleu, suivant les cas, ils inscrivent un coefficient, une « cote d'amour » qui est reportée ensuite sur deux livres *ad hoc* connus au ministère sous ce titre : « *CORINTHE* » et « *CARTHAGE* ».

A dater de ce moment même, c'en est fait de l'avenir des officiers.

Peu importent leurs mérites, les notes de leurs chefs, leurs aptitudes, leurs droits. Peu importent leur valeur, leur conduite. Peu importent même leurs opinions véritables. Lors des prochaines promotions, lors de l'établissement du tableau de la Légion d'honneur, on ne tiendra plus compte, pour statuer sur leur sort, que d'une seule note, la cote d'amour de MM. Jacquot, Bernard et Mollin.

Aux uns, ceux qui auront une cote d'amour supérieure à dix, tout sera permis, même de vider la caisse comme le fit un lieutenant dont on a parlé récemment. Rien ne nuira à leur avancement.

Aux autres, ceux qui auront la cote d'amour bleue inférieure à dix, tout, au contraire, sera défendu. On leur fera un crime de penser.

Ainsi, non suivant leurs mérites, mais suivant leurs prétendues opinions, le ministre de la Guerre juge les officiers de l'armée française, sans appel, sans contrôle, au hasard de rapports anonymes de basse police dressés par des mouchards qui trahissent, le plus souvent, les devoirs de l'amitié.

Qui donc eût jamais pu supposer qu'un général, un soldat, aurait laissé ainsi, avec le concours d'une société secrète, organiser officiellement dans son ministère un service régulier de délation ?

Qui aurait jamais pu croire que le chef suprême de l'armée se serait ainsi abaissé jusqu'à attiser les haines politiques entre des frères d'armes appelés à combattre sous le même drapeau.

Ce scandale, dont les origines remontent à plusieurs années, a trop duré.

Il est temps d'y mettre un terme. Il est temps de brûler et Corinthe et Carthage et de réduire à l'impuissance « la bande qui règne au ministère de la Guerre et à la Direction de l'artillerie » dont parle le colonel Hartmann.

La parole est maintenant à M. Lasies et surtout au ministre de la Guerre.

Il y va, nous le répétons, de l'intérêt de la République et de l'armée.

> Vidi [?], « La Délation dans l'armée, une nouvelle maffia, la "Sol... Mer..." », *Le Figaro*, 27 octobre 1904.

1. Joseph Lasies (1862-1927), député antisémite et antidreyfusard du Gers.
2. Siège du Grand-Orient de France.
3. Siège du ministère de la Guerre.

1904. Maurice Barrès
Ce que j'ai vu à Rennes

Le 3 juin 1899, la Cour de cassation casse le jugement qui avait condamné le capitaine Dreyfus en 1894. Les dreyfusards ont enfin obtenu la révision du procès, mais c'est devant un nouveau conseil de guerre établi à Rennes que Dreyfus se retrouve le 7 août 1899. Le 9 septembre, le procès s'achève avec une nouvelle condamnation assortie de singulières circonstances atténuantes. En villégiature à Combourg, Barrès se rend régulièrement aux séances du procès de Rennes. Dans ce petit ouvrage, il en fait un compte rendu détaillé. Contrairement à l'attente de Léon Blum, l'écrivain a tôt rallié le camp antidreyfusard et manifeste un antisémitisme virulent.

Nul homme plus muré qu'Alfred Dreyfus. Il a un continuel mouvement de la bouche qui s'ouvre, de la gorge qui se serre ; il avale péniblement sa salive. De minute en minute, le sang vient colorer sa peau, puis le laisse tout blême. Ses réactions ne livrent rien. On se fait mal sans bénéfice sur cette face toute rétrécie par la détresse. Derrière son lorgnon, ses yeux se jettent avec rapidité à droite et à gauche, mais qu'est-ce qui vit et qui pense derrière ces yeux aux aguets d'animal traqué ?

Le journaliste qui surprit à Quiberon par une nuit d'orage la barque de Dreyfus abordant furtivement la côte m'a dit : « Il me parut fou avec son regard fuyant. Je crois qu'il craignait un coup de poignard. »

Ma lorgnette cherche dans la salle, pour les comparer, son frère Mathieu. La figure de Mathieu présente des colorations jaunes et verdâtres au fond d'un teint constamment mat, tandis qu'Alfred, à chaque respiration, rosit comme un petit cochon. Tous deux affichent un type juif accentué, mais celui qui est pris, s'étant affiné par la souffrance, fait paraître l'autre brutal.

[...]

De tous les dreyfusards, c'est Dreyfus le plus mou. Serait-ce usure, abrutissement ? Parfois je crus entrevoir que le malheureux assis sur cette chaise, tantôt cramoisi, tantôt exsangue, la bouche entrouverte et la lèvre pendante sous la moustache ou bien serrant les dents et faisant provision d'énergie, était allé aux extrémités de l'angoisse humaine et qu'en outre il avait attrapé une insolation. Mais ses camarades objectent qu'il n'a guère maigri, nullement blanchi. D'autres fois je supposai qu'il prenait des stupéfiants pour trouver du sommeil ; de là viendrait son engourdissement.

[...]

Ce déraciné qui se sent mal à l'aise dans un des carreaux de notre vieux jardin français, devait tout naturellement admettre que dans un autre milieu il eût trouvé son bonheur. Une partie des siens se résignait à la nationalité allemande : ne s'est-il pas figuré que, dans cette civilisation pour laquelle des aïeux d'outre-Rhin le préparaient, il eût été plus heureux ? N'a-t-il pas entendu au fond de son être un instinct qui s'accommodait mieux des mœurs germaniques que des françaises ? S'il en fut ainsi, la notion de l'honneur n'allait point l'embarrasser ; son sens réaliste le dirigeait pour tirer le meilleur parti de cette situation où il n'avait pas trouvé son contentement ; ses rancunes l'incitaient. Quand la tentation se présenta, ce fut un grand malheur, car il n'avait point de racines, comme on en voit à Combourg, qui l'associassent au sol et à la conscience de France assez fort pour lui interdire de chercher son bonheur, sa paix, sa vie, chez l'étranger.

Je n'ai pas besoin qu'on me dise pourquoi Dreyfus a trahi. En psychologie, il me suffit de savoir qu'il est capable de trahir et il me suffit de savoir qu'il a trahi. L'intervalle est rempli. Que Dreyfus est capable de trahir, je le conclus de sa race. Qu'il a trahi, je le sais parce que j'ai lu les pages de Mercier [1] et de Roget [2] qui sont de magnifiques travaux.

Quant à ceux qui disent que Dreyfus n'est pas un traître, le tout, c'est de s'entendre. Soit ! ils ont raison : Dreyfus n'appartient pas à notre nation et dès lors comment la trahirait-il ? Les Juifs sont de la patrie où ils trouvent leur plus grand intérêt. Et par là on peut dire qu'un Juif n'est jamais un traître.

Telles étaient les pensées qu'un manoir breton me suggérait sur un produit de ghetto. Cependant, la chaleur aidant, je m'inclinai à compenser le sommeil dont nous prive chaque matin le conseil de guerre et je m'endormis sur l'herbe de Combourg.

Maurice Barrès, *Ce que j'ai vu à Rennes*, Paris, Sansot, 1904, p. 26-27 et 40-42.

1. Le général Mercier est ministre de la Guerre entre décembre 1893 et janvier 1895. Il est l'un des principaux responsables des décisions qui envoyèrent Dreyfus devant le conseil de guerre ainsi que des forfaitures qui ont suivi.

2. Le général Roget, pourtant très antidreyfusard, refuse de suivre Paul Déroulède qui essaie de l'entraîner dans une tentative de coup d'État le 23 février 1899 au cours des funérailles de Félix Faure.

1905. La séparation
des Églises et de l'État

Durant l'hiver 1904-1905 se prépare la loi portant sur la sépara-
tion des Églises et de l'État. Le 21 mars 1905, le débat s'ouvre
à la Chambre. Il se poursuit en avril — est ici présenté un extrait
des débats tenus le 8 — et se conclut le 8 juillet 1905 par le vote
de la loi promulguée le 11 décembre de la même année.

[...]

M. le président : La parole est à M. du Halgouët.

M. le lieutenant-colonel du Halgouët [1] *:* J'ai l'honneur, au
nom de MM. de La Ferronnays, de Pomereu, Gérard, Le Goni-
dec de Traissan, Louis de Maillé, de L'Estourbeillon, de Rohan,
Ferdinand Bougère, de Ramel, Savary de Beauregard, de Mon-
talembert, Jules Gallot, La Chambre [2] et en mon nom personnel, de donner lecture de la déclaration suivante :

« Le Concordat, tout en conservant aux mains de la puissance
civile des droits de nomination et de police, a apporté à l'Église
en 1801, avec le terme de cruelles épreuves, l'ordre et la paix.

» Il lui a garanti, depuis un siècle, dans une mesure qui est
restée généralement compatible avec sa dignité, les avantages de
la liberté, de la publicité et de l'unité.

» Le Concordat n'est pas seulement une loi de l'État français,
c'est un traité conclu entre le pouvoir civil et la puissance religieuse. Cet accord ne peut être équitablement remplacé que par
un nouvel accord à concerter entre ces deux puissances.

» Les relations avec le Saint-Siège n'ont été rompues que sous
des prétextes futiles : rien ne serait plus facile que de les renouer
sans aucun sacrifice de dignité nationale ou même d'amour-
propre diplomatique [3].

» A défaut d'un nouvel accord, les catholiques, qui sont
l'immense majorité dans le pays, ne peuvent accepter qu'un régime
qui respecterait les droits acquis et leur offrirait, pour la liberté
de la pratique et de la célébration de leur culte, des garanties pro-
portionnées à leur importance numérique et traditionnelle.

[*Très bien ! très bien ! à droite.*]

» Le projet de loi présenté par la commission offre-t-il ce caractère ?

» En aucune façon, quelques vains efforts qui aient été faits par la commission pour lui donner une apparence plus libérale que n'en avait le projet du Gouvernement.

» La suppression du budget des cultes sans compensation est la violation d'engagements solennels.

» La location à titre onéreux des églises et autres édifices religieux serait une dépossession dans tous les cas, souvent une spoliation.

» Le régime des associations cultuelles est une organisation de schisme.

» L'assimilation des offices religieux au régime des réunions publiques, la suppression des manifestations extérieures du culte et des insignes religieux dans les lieux publics trahissent une méconnaissance profonde du droit des fidèles à la liberté de leur culte et violent ce droit.

» Enfin, le règlement d'administration publique annoncé est gros d'inconnu et de menaces.

» Nous estimons, en conséquence, que, pour pouvoir servir de base équitable à un nouveau règlement des rapports de l'Église et de l'État, le projet qui nous est soumis devrait recevoir des modifications plus profondes que celles qui vraisemblablement pourront résulter de la discussion des amendements.

» Nous voterons donc contre le passage à la discussion des articles. »

[*Très bien ! très bien ! à droite.*]

M. le président : La parole est à M. de Ramel.

M. Fernand de Ramel[4] *:* Tout en adhérant à la déclaration que vient de formuler en excellents termes mon honorable collègue et ami M. le colonel du Halgouët, je tiens à y ajouter quelques mots pour bien préciser le sens et la portée de mon vote.

Je ne voterai pas le passage à la discussion des articles du projet de loi qui nous est proposé : parce qu'il méconnaît essentiellement les trois principes fondamentaux du droit public reconnus par toutes les nations civilisées : 1° les garanties et le respect dus à la liberté de conscience et des cultes ; 2° le respect dû à l'égalité entre les citoyens ; 3° le respect dû à la propriété.

Tout d'abord, en ce qui concerne les garanties dues à la liberté de conscience et des cultes, il résulte du fait même que c'est par une simple loi du Parlement et non point par un pacte concordataire ou un pacte constitutionnel que vous prétendez établir la séparation de l'Église et de l'État, qu'aucune des garanties essentielles auxquelles ont droit la liberté de conscience et, ce qui en est le corollaire indispensable, la liberté du culte, n'est accordée.

Dans tous les pays sans exception où le régime de la séparation de l'Église et de l'État est adopté, c'est par les lois constitutionnelles que la liberté du culte est garantie et il n'est pas au pouvoir du Parlement d'y rien modifier par des lois de circonstance. Ce n'est qu'à ce prix et par un tel pacte qu'on supplée au pacte concordataire. Or, ni mes amis ni moi nous ne voulons mettre les catholiques ni aucun culte à la merci de la versatilité et du caprice parlementaires qui défont le lendemain ce qu'ils ont fait la veille.

[*Très bien ! très bien ! à droite.*]

Les exemples sont assez récents et nombreux des lois que vous avez votées et que vous avez modifiées, à peine étaient-elles promulguées, soit à raison de leur incohérence constatée dès leur première application, soit parce que le caprice des majorités vous conduisait à des expédients de circonstance et vous entraînait à l'arbitraire et à la tyrannie.

A peine la loi de 1901 sur les associations était-elle votée que vous en aggraviez encore les dispositions restrictives de la liberté en la modifiant par la loi du 2 décembre 1902 [5]. Votre loi sur les accidents qui paraissait si mûrie, si préparée, en est à sa troisième refonte en quelques années, et ce n'est peut-être pas la dernière, tant elle fut mal conçue et tant fut manifeste votre inconstance. Je pourrais citer bien d'autres de vos lois, fruit de l'instabilité.

A droite : De l'incohérence !

M. Fernand de Ramel : Oui, de l'incohérence qui tient au régime même sous lequel nous vivons. On ne saurait vouer la liberté de conscience, la liberté du culte, patrimoine le plus précieux de l'homme, à cette versatilité !

[*Très bien ! très bien ! à droite.*]

En conséquence, votre loi par elle-même, et parce qu'elle n'est qu'une loi du Parlement, sujette à tous les changements, est essentiellement une loi qui viole le principe des garanties dues à la liberté des cultes et à la liberté de conscience.

[*Applaudissements à droite.*]

Je dis qu'elle viole aussi le principe d'égalité parce que, quoi qu'on ait essayé d'en dire à cette tribune — on l'a dit en équivoquant d'ailleurs, la discussion des articles le démontrerait surabondamment —, vous mettez les catholiques hors du droit commun en matière d'association.

Il n'est pas utile en ce moment de préciser les points sur lesquels vous restreignez pour les associations cultuelles le droit accordé par le 1ᵉʳ titre de la loi de 1901 à tous les citoyens. Cela est manifeste et ne saurait être contesté. Il suffit de rappeler que vous limitez dérisoirement leurs réserves et que vous faites intervenir dans leur gestion le contrôle des administrations de l'État !

Par conséquent il est bien vrai que vous ne laissez pas aux catholiques, aux croyants, le régime du droit commun, et que vous violez par là même le principe de l'égalité des citoyens.

Enfin la troisième violation du droit public des nations civilisées que j'indiquais tout à l'heure, elle est dans l'atteinte fondamentale portée au droit de propriété par le projet de loi qui nous est proposé. Il constitue une véritable confiscation. En effet, lorsqu'au moment de la Révolution les biens du clergé furent nationalisés, il fut publiquement reconnu et déclaré qu'une compensation juste et équitable était due, et que l'indemnité qui était décrétée pour assurer les moyens d'existence du clergé n'était qu'une réparation nécessaire.

Somme toute, c'était une expropriation forcée, avec indemnité définitive et perpétuelle. Et c'est vous qui, pour la première fois aujourd'hui, commettez une véritable usurpation, une confiscation abolie par les constitutions de notre droit public moderne, en supprimant désormais l'indemnité due au clergé comme la juste et équitable compensation à la nationalisation des biens de l'Église en France.

[*Très bien ! très bien ! à droite.*]

Tous ces motifs sont déterminants pour que nous n'entrions pas dans la discussion des articles d'une telle loi, contraire par son essence même aux principes fondamentaux que garantissent toutes les constitutions des pays qui vivent sous un régime de liberté.

D'ailleurs le dernier et suprême motif qui nous détermine à la repousser dès maintenant, c'est que cette loi n'est que la continuation d'une politique de tyrannie et d'arbitraire qui met hors le droit commun les croyants et qui n'a pour objet que l'oppression des consciences.

[*Applaudissements à droite.*]

M. le président : La parole est à M. Bagnol.

M. Henry Bagnol[6] *:* Messieurs, je voterai le passage à la discussion des articles, parce que, dans mon esprit, la loi qui nous est soumise n'est pas un acte de sectarisme, mais de raison.

Ceci déclaré, que l'honorable M. Perroche[7] me permette de protester contre les paroles qu'il a prononcées tout à l'heure, au nom de tous les pères de famille dont les enfants ne reçoivent dans nos écoles aucune espèce de morale religieuse, mais reçoivent des leçons de morale des instituteurs et des institutrices laïques, qui, je puis le dire avec orgueil, remplissent leur mission avec un dévouement admirable.

[*Très bien ! très bien ! à gauche.*]

J'ajoute, monsieur Perroche, que véritablement, quant à nous, nous ne pouvons que nous enorgueillir quelque peu de voir donner à nos enfants cette haute morale laïque.

Vous venez injurier les pères de famille qui croient en cette morale. Vous avez dit, si je ne m'abuse, que la seule morale élevée était la morale catholique. Quant à moi, je crois fermement avec l'immense majorité des pères de famille laïques [*exclamations et rires au centre et à droite*] qu'il n'y a qu'une belle et haute morale, c'est la morale laïque.

[*Applaudissements à l'extrême gauche et à gauche.*]

J'ajoute qu'il est véritablement indigne, alors que nous n'avons jamais méprisé ceux qui envoient leurs enfants dans les écoles chrétiennes, d'entendre les paroles injurieuses adressées par M. Perroche à ceux qui ne pratiquent pas cette morale catholique. [...]

> Débats à la Chambre, 8 avril 1905, *JO*, 10 avril 1905, p. 1281-1282.

1. Maurice du Poulpiquet du Halgouët (1847-1919) est député conservateur de Redon.

2. Ensemble de députés conservateurs catholiques.

3. La France rompt ses relations diplomatiques avec le Vatican le 30 juillet 1904.

4. Fernand de Ramel (1847-1915) est député monarchiste libéral du Gard.

5. La loi du 4 décembre 1902 aggrave l'article 16 de la loi du 1ᵉʳ juillet 1901 relative aux associations, en réprimant fermement l'ouverture ou la tenue d'un établissement congréganiste non autorisé.

6. Henri Bagnol (1862-1905), député socialiste de la Seine, est favorable à la Séparation.

7. Paul Perroche (1845-1917), député indépendant de la Marne, est hostile à la Séparation.

1905. Sur le syndicalisme
révolutionnaire

*Dans son grand souci d'unifier la classe ouvrière, Jaurès n'oublie
pas le syndicalisme. Sortant de la période marquée par les alliances passées entre socialistes et radicaux durant le Bloc des gauches, le socialisme français pouvait passer pour étranger à cette
force montante au sein de la CGT : le syndicalisme révolutionnaire. Un esprit aussi opposé à Jaurès que Georges Sorel n'en
était-il pas l'un des principaux théoriciens ? Or « l'action directe »
domine bientôt les agitations ouvrières des années 1906-1909. La
stratégie jaurésienne ne s'arrête pas aux antagonismes les plus
radicaux si l'unité du mouvement ouvrier est en cause. Le socialisme se construira, selon lui, avec toutes ces forces. Telle est
l'idée sous-jacente à ce discours prononcé à la Chambre des députés le 15 décembre 1905.*

[...] S'il est vrai, comme j'ai essayé de le démontrer, par
l'analyse même de la tradition de la classe ouvrière et de sa
conscience révolutionnaire, que, pour elle, l'indépendance de la
nation et l'émancipation sociale sont inséparables, il ne faut pas
qu'il y ait d'équivoque : elle défendra la liberté de la patrie elle-
même dans un intérêt de classe, et elle essaiera, par un incessant
effort, de substituer à une patrie d'inégalités et de privilèges une
patrie de pleine égalité sociale qui s'harmonise par là même avec
les autres patries. C'est à cet effort, messieurs, que s'emploient
à cette heure toutes les énergies de la classe ouvrière française.
Elles prennent une forme nouvelle, la forme du syndicalisme
révolutionnaire, sur laquelle il ne faut pas que vous vous mépre-
niez. C'est une injustice, c'est un enfantillage de juger, comme
on le fait trop souvent, cet effort d'organisation syndicale des
ouvriers par quelques propos étourdis, excessifs, outranciers.
C'est dans leurs tendances générales, essentielles, permanentes,
qu'il faut juger les institutions.

Messieurs, je ne méconnais pas la part d'erreur, la part d'illusion qui a pu se mêler parfois, depuis quelques années, à la théorie, et même à ce qu'on pourrait appeler la politique du

syndicalisme révolutionnaire. Je crois qu'il se trompe lorsqu'il essaie de discréditer aux yeux de la classe ouvrière l'action proprement politique, l'action électorale et parlementaire, la conquête du suffrage universel, la conquête de l'État. Si puissante que soit l'action du prolétariat organisé dans ses syndicats, dans ses bourses du travail, dans sa Confédération du travail, elle n'aboutira à l'émancipation complète et à l'organisation d'une société nouvelle que par l'harmonie de la pleine action politique de classe et de la pleine action économique de la classe ouvrière.

[...]

Je crois en même temps que c'est une erreur pour le syndicalisme révolutionnaire d'opposer la classe ouvrière à la démocratie. Il prétend que la démocratie affaiblit, éparpille la volonté du peuple, l'atténue à n'être plus qu'une volonté indirecte et lointaine, parce qu'elle s'exerce nécessairement par des mandataires, par des délégués dont le mandat trop général et trop étendu rend le délégué en quelque mesure indépendant de la volonté et de la pensée des mandants eux-mêmes. Mais, messieurs, ce n'est pas en affaiblissant l'action politique, c'est au contraire en la fortifiant, en fortifiant l'organisation politique du parti de la classe ouvrière qu'elle remédiera à ce vice et à ce péril. D'ailleurs, à mesure que la classe ouvrière étendra son organisation syndicale, elle sera obligée elle-même d'exercer la volonté commune des ouvriers organisés, par des délégués, par des mandataires.

Enfin, il ne suffira pas aux ouvriers d'organiser leurs forces propres. Même si par la seule action syndicale, même si par la réussite soudaine du syndicalisme révolutionnaire ils parvenaient à s'emparer du pouvoir, ils seraient obligés d'organiser, d'incorporer à la société nouvellement fondée par eux non seulement les éléments proprement ouvriers, mais l'ensemble des citoyens ; ainsi ils seraient obligés à leur tour, pour réaliser dans sa plénitude l'ordre social nouveau, de pratiquer sous la forme ouvrière, et dans l'intérêt du prolétariat, une politique de démocratie.

Mais s'il y a là une part d'illusions inévitable, comme dans tous les mouvements nouveaux, comme dans toute affirmation véhémente d'une force neuve, ce qui reste vrai, ce qui est vivant dans le syndicalisme révolutionnaire, ce qui doit appeler l'attention de tous les gouvernants, de tous les élus, c'est d'abord ceci :

c'est que tous les ouvriers aspirent de plus en plus à constituer une force distincte, une force autonome, capable d'agir sur l'ensemble du corps social, dans l'intégrité de sa pensée.

Nous, messieurs, mêlés comme socialistes à la bataille politique, cherchant par la loi même de notre action à étendre notre influence sur le suffrage universel, sur la démocratie mêlée de forces diverses ; nous, cherchant à obtenir dans les Parlements des résultats immédiats, des réformes immédiates, nous pouvons être entraînés, par la logique même de notre action, à des concessions outrées, à des compromissions dangereuses ; nous pouvons parfois être tentés d'oublier le but final de l'action du prolétariat, l'entière rénovation sociale dans laquelle ce sont les travailleurs, les salariés d'aujourd'hui, qui seront les maîtres de la production ; et il est bon que dans les syndicats, dans les bourses du travail, dans la Confédération du travail, dans l'unité ouvrière distincte, organisée, la conscience du prolétariat reste à l'état de force autonome, je dirai de force aiguë. Il est bon, il faut que quelque part le ressort de la classe ouvrière, le ressort de la pensée ouvrière soit ramassé sur lui-même, de façon à agir par une détente vigoureuse sur l'ensemble des forces sociales.

Jean Jaurès, *La Classe ouvrière*, textes rassemblés et présentés par Madeleine Rebérioux, Paris, Maspero, 1976, p. 126-128. Ouvrage disponible aux éditions La Découverte (Paris).

1906. La querelle des Inventaires

Après promulgation de la loi de séparation des Églises et de l'État (décembre 1905), le gouvernement entend dresser l'inventaire des biens qui doivent in fine *revenir aux associations cultuelles. En janvier 1906, ordre est donné d'ouvrir les tabernacles. Cette mesure suscite une profonde émotion. Dans un éditorial, Jules Bouvattier (1843-1917), ancien député conservateur et rédacteur en chef de* La Croix *depuis 1900, fait part de son émotion. Le quotidien assomptionniste manifeste ainsi son mécontentement avant même que le pape ne condamne l'initiative républicaine par l'encyclique* Vehementer nos *du 11 février 1906.*

Ainsi le premier acte de la séparation aura été l'invasion de l'État dans l'Église : nous nous séparons, dit le gouvernement, donc subissez notre présence. Montrez-moi vos biens, vos ornements, vos vases sacrés, pour que je les évalue ; n'ayez rien de caché pour moi, pour que je puisse m'emparer de tout à mon heure ; car, il ne faut pas se le dissimuler, la prétendue dévolution n'est qu'une confiscation, et le prétendu inventaire qu'une perquisition, prélude de la confiscation ! Pourquoi, en effet, un inventaire de biens qui ne vous appartient pas, si ce n'est pour les prendre ?

Le peuple, qui est honnête et bon, ne voulait pas croire à un tel forfait. Quand il l'a vu, de ses yeux vu, il a bien été forcé d'y croire, et alors de son honnêteté et de sa bonté mêmes a jailli l'indignation : il s'est opposé, dans maintes églises de Paris et des départements, à la perpétration de l'attentat.

A Paris, MM. les curés, domptant leur douleur, ont protesté avec le calme et la dignité qui conviennent à leur mission sacrée. Mgr Darboy [1] ne leur a-t-il pas donné l'exemple, en bénissant les assassins qui le massacraient ? Le peuple catholique, pris d'une généreuse colère, a crié : « Cela ne se fera pas », et a empêché que cela se fît.

— A la violation de la loi ! clament les jacobins et les sectaires, habituels violateurs de la loi.

— A nous les apaches ! hurle l'un d'eux.

A nous les apaches, pour faire respecter la loi, n'est-ce pas ?

Quant à quelques-uns de nos confrères qui comprennent l'iniquité de la loi, qui ont tout fait pour l'empêcher d'être votée, ils « déplorent » le mouvement spontané et généreux de l'indignation catholique. D'après eux, MM. les curés auraient dû **fermer les églises** pour quelques heures, afin de ne pas faire assister une **foule surexcitée** à une **opération délicate et douloureuse**.

Pour éviter le conflit, il fallait donc « fermer l'église » aux catholiques pour la livrer aux sectaires ! Il fallait infliger aux catholiques ce surcroît de douleur d'être chassés de l'église par leurs pasteurs ! Il fallait calmer « leur surexcitation » si légitime, en leur cachant « l'opération délicate et douloureuse » ! Cela revient à dire : Ici, l'on tue, ici l'on égorge, ici on vole. Ne laissez pas les citoyens assister à « l'opération délicate et douloureuse » ! Sa vue serait capable de les surexciter !

Comment ! un ennemi implacable pénètre dans nos églises pour nous arracher les objets les plus chers à notre piété pour les profaner, pour piétiner notre foi ! et la porte de l'église nous serait fermée ! Mais que fait-on, quand on sait qu'un malfaiteur qui s'est introduit dans une maison a pris la précaution de fermer la porte ? Ne l'enfonce-t-on pas ?

Après ces beaux raisonnements tendant à l'acceptation, sans surexcitation, d'une opération délicate et douloureuse, un de nos confrères opportunistes conclut : En ne l'acceptant pas, « les catholiques cherchent-ils à se rendre indéfendables » ?

Indéfendables, ils ne le seraient pas s'ils supportaient de sang-froid la profanation de leurs églises ; et mieux vaut, en vérité, n'être pas défendu, que l'être au prix d'une telle déchéance !

Pour parler ainsi, il faut ne voir dans l'inventaire qu'une simple formalité sans importance. Mais ceux qui ont si judicieusement et si virilement combattu la loi savent bien que l'inventaire n'est pas cela. Il est le premier acte de la mainmise sur les biens de l'Église ; il a pour conséquence inévitable leur spoliation ; et le peuple catholique, dans son bon sens, en a compris toute la gravité.

La conscience catholique n'a jamais été endormie ; elle ignorait, voilà tout, et le premier acte de la séparation a eu pour effet, non pas de la réveiller, mais de l'éclairer. C'est pourquoi elle agit.

— A quoi bon ? se demandent les pacifistes quand même.

— A quoi bon ? à quoi bon se défendre ? à quoi bon défendre le droit et la justice ? à quoi bon défendre sa foi ?

A quoi bon ? Vous le verrez bien, en voyant ce que coûte un pareil outrage à la foi des catholiques.

Aujourd'hui est aux profanateurs d'églises, mais demain ne peut-il pas être aux réparateurs de profanations ? Est-ce en supportant docilement les profanations qu'on parvient à les réparer ?

Hier, dans une église, à un agent du gouvernement qui parlait de conciliation, un catholique a répondu : « Vous n'avez qu'un moyen de prouver votre esprit de conciliation, c'est de prendre la porte. »

Nous n'avons qu'un moyen de prouver nous-mêmes tout l'esprit de conciliation que contient notre amour de l'ordre, de la paix, de la justice et de la liberté, c'est, quand l'heure de la consultation nationale aura sonné, de « faire prendre la porte » aux perturbateurs, aux jacobins, aux sectaires, aux maçons sous le joug desquels il ne peut y avoir ni conciliation, ni concorde, ni tranquillité, ni rien de ce qui fait les nations grandes et respectées.

En dernière heure, nous apprenons qu'à la suite des incidents qui se sont produits hier, le préfet de la Seine va prendre un arrêté mettant en demeure les curés ou leurs fabriques de remettre aux représentants des domaines les clés des églises et conférant à ces derniers, en cas de refus, le droit de réquisitionner la force publique.

A la bonne heure ! Les clés des églises aux mains des agents du gouvernement ! Les églises fermées par ceux-ci, et en cas certain de refus des prêtres de livrer les églises aux ennemis de Dieu, les portes crochetées et enfoncées par la force publique ! L'hypocrisie cède le pas à la violence, le forfait se voit, il est clair, il est palpable et évident ; on peut le juger... il sera châtié.

> J[ules] B[ouvattier], « Le Peuple catholique », *La Croix*, 2 février 1906.

---

1. Archevêque de Paris en 1863, Georges Darboy (1813-1871) est l'un des plus illustres otages fusillés par les communards après l'entrée des versaillais dans Paris.

1906. La question marocaine

A partir de 1901, la France cherche à étendre sa domination sur le Maroc, une politique qui ulcère Guillaume II. Réclamée à Tanger par l'empereur allemand, une conférence internationale, réunie à Algésiras du 16 janvier au 7 avril 1906, cherche à régler le contentieux qu'oppose sur cette question Paris à Berlin. Sous la plume d'Alceste (le journaliste Hippolyte Castille), le quotidien nationaliste La Presse — *le journal du soir qui connaît les plus forts tirages — commente cet épineux problème.*

Il n'était pas nécessaire d'être grand clerc en diplomatie pour annoncer que les représentants des puissances européennes à Algésiras finiraient inévitablement par faire de la bouillie pour les chats.

Il y a déjà plusieurs semaines que nous avons annoncé que l'entente se produirait très aisément sur toutes les questions où d'avance l'on était d'accord, mais que l'on n'arriverait à rien sur le seul point intéressant, celui de l'organisation de la police [1].

Dans une communication, dont la forme est aussi naïve que le fond, l'Agence Havas semble s'étonner de cet aboutissement qui, pourtant, pouvait être aisément prévu et se demande gravement ce que l'Allemagne peut bien vouloir, en suscitant toutes ces difficultés.

Ce que l'Allemagne veut, il y a longtemps que tout le monde, sauf les diplomates, le sait à merveille. Elle veut, sur l'Atlantique, une zone d'influence policière qu'elle ne tardera pas à transformer en une zone d'occupation militaire avec un point de relâche et d'appui pour ses navires de commerce et pour sa marine de guerre.

La dernière guerre entre la Russie et le Japon a démontré pour les nations européennes la nécessité d'avoir, en raison du rayon d'action des cuirassés, des stations de ravitaillement en vivres et en charbon. L'Allemagne n'en a pas entre Kiel et Cameroun, et elle désire en avoir. Il n'y a pas de mystère là-dedans et le dernier des écoliers aurait pu, dans cet ordre d'idées, pénétrer les secrets des chancelleries.

Entre l'Allemagne, qui s'installerait sur les côtes de l'Atlantique, et l'Italie qui ne tardera pas à prendre pied dans la Tripoli-
taine, qui ne comprend qu'il y aurait là pour nos possessions
de l'Afrique du Nord un danger commercial et militaire qu'il
était de notre intérêt essentiel d'éviter.

La maladresse de M. Delcassé [2] nous avait jetés dans ce guê-
pier ; l'habileté tant vantée de M. Rouvier [3] aurait dû s'appliquer à nous en tirer. Loin de là, le président du Conseil nous
a engagés dans cette funeste conférence d'Algésiras qu'il aurait
été prudent d'éviter, si l'on ne voulait pas arriver à un lamentable aveu d'impuissance.

Personne, évidemment, ne veut la guerre à l'occasion du Maroc ;
mais alors, le plus sage n'était-il pas de laisser passer l'orage et de
rester dans un *statu quo* où le temps travaillait pour nous, plutôt
que de vouloir obtenir une solution qui, en tout cas, ne pouvait
être satisfaisante pour nous. Au lieu de cela, le gouvernement a
mis notre doigt dans l'engrenage et nous nous demandons avec
inquiétude, aujourd'hui, si le corps tout entier ne va pas y passer.

S'il s'était agi d'une combinaison financière, M. Rouvier se
serait probablement montré plus expert ; mais voilà, on ne peut
pas tout savoir, et tel brille à la Bourse qui s'éclipse dans la guerre
ou dans la diplomatie. Nous avons déjà eu M. Berteaux [4] qui
ne s'est pas montré très reluisant comme guerrier ; son ex-collègue
n'est pas plus heureux comme diplomate. Vous vous rappelez
le mot de Beaumarchais, qui est toujours vrai : « Il fallait un
calculateur, ce fut un danseur qui l'obtint. »

> Alceste [H. Castille], « Le gâchis d'Algésiras »,
> *La Presse*, 14 février 1906.

1. Depuis 1901-1902, les droits de police au Maroc appartiennent à
la France, ce que l'Allemagne conteste.
2. Ministre des Affaires étrangères en 1905, Théophile Delcassé
(1852-1923) refuse le principe de la conférence d'Algésiras. Guillaume II
réclame alors la démission de ce ministre qui quitte le Quai d'Orsay le
6 juin 1905.
3. Président du Conseil, Maurice Rouvier (1842-1911), connu pour son
habileté financière, prend les Affaires étrangères après le départ de Delcassé.
4. Maurice Berteaux est ministre de la Guerre de novembre 1904 au
12 novembre 1905, mais ses projets militaires (en matière de fortifications notamment) sont vigoureusement contestés.

1906. La Charte d'Amiens

En 1906, les rapports entre le syndicalisme et la SFIO sont à l'ordre du jour. Certains, comme Victor Renard, secrétaire général de la Fédération du textile, préconisent une collaboration entre la SFIO et la CGT que rejettent d'autres syndicalistes, Victor Griffuelhes ou Alphonse Merrheim notamment. Adoptée le 13 octobre 1906 lors du 9e congrès de la CGT, la Charte d'Amiens, fébrilement rédigée au buffet de la gare par quelques délégués, porte la signature de Merrheim, Pouget, Yvetot... Elle marque leur victoire puisqu'elle est adoptée par 834 voix contre 8 et une abstention, les délégués guesdistes refusant pour leur part de voter.

Le Congrès confédéral d'Amiens confirme l'article 2, constitutif de la CGT [1].

La CGT groupe, en dehors de toute école politique, tous les travailleurs conscients de la lutte à mener pour la disparition du salariat et du patronat...;

Le Congrès considère que cette déclaration est une reconnaissance de la *lutte de classe* qui oppose, sur le terrain économique, les travailleurs en révolte contre toutes les formes d'exploitation et d'oppression, tant matérielles que morales, mises en œuvre par la classe capitaliste contre la classe ouvrière;

Le Congrès précise, par les points suivants, cette affirmation théorique :

Dans l'œuvre revendicatrice quotidienne, le syndicalisme poursuit la coordination des efforts ouvriers, l'accroissement du mieux-être des travailleurs par la réalisation d'améliorations immédiates, telles que la diminution des heures de travail, l'augmentation des salaires, etc. ;

Mais cette besogne n'est qu'un côté de l'œuvre du syndicalisme; il prépare l'émancipation intégrale, qui ne peut se réaliser que par l'expropriation capitaliste; il préconise comme moyen d'action la grève générale et il considère que le syndicat, aujourd'hui groupement de résistance sera, dans l'avenir, le groupement de production et de répartition, base de réorganisation sociale;

Le Congrès déclare que cette double besogne, quotidienne et d'avenir, découle de la situation des salariés qui pèse sur la classe ouvrière et qui fait de tous les travailleurs quelles que soient leurs opinions ou leurs tendances politiques ou philosophiques, un devoir d'appartenir au groupement essentiel qu'est le syndicat ;

Comme conséquence, en ce qui concerne les individus, le Congrès affirme l'entière liberté pour le syndiqué, de participer, en dehors du groupement corporatif, à telles formes de lutte correspondant à sa conception philosophique ou politique, se bornant à lui demander, en réciprocité, de ne pas introduire dans le syndicat les opinions qu'il professe au-dehors ;

En ce qui concerne les organisations, le Congrès décide qu'afin que le syndicalisme atteigne son maximum d'effet l'action économique doit s'exercer directement contre le patronat, les organisations confédérées n'ayant pas, en tant que groupements syndicaux, à se préoccuper des partis et des sectes qui, en dehors et à côté, peuvent poursuivre en toute liberté, la transformation sociale.

Cousteau ; **Menard** ; **Chazeaud** ; **Bruon** ; **Ferrier** ; **É. David**, B.d.T. Grenoble ; **Latapie** ; **Médard** ; **Merrheim** ; **Delesalle** ; **Bled** ; **Pouget** ; **E. Tabard** ; **A. Bousquet** ; **Monclard** ; **Mazau** ; **Braun** ; **Garnery** ; **Luquet** ; **Dret** ; **Merzet** ; **Lévy** ; **G. Thil** ; **Ader** ; **Yvetot** ; **Delzant** ; **H. Galantus** ; **H. Turpin** ; **J. Samay**, Bourse de Paris ; **Robert** ; **Bornet** ; **P. Hervier**, Bourse du Travail de Bourges ; **Dhooghe**, Textile de Reims ; **Roullier**, Bourse du Travail de Brest ; **Richer**, Bourse du Travail du Mans ; **Laurent**, Bourse du Travail de Cherbourg ; **Devilar**, Courtiers de Paris ; **Bastien**, Textile d'Amiens ; **Henriot**, Allumettiers ; **L. Morel**, de Nice ; **Sauvage** ; **Gauthier**.

1. L'article 2 précise : « La CGT a exclusivement pour objet d'unir sur le terrain économique et dans des liens d'étroite solidarité les travailleurs en lutte pour leur émancipation intégrale. Les éléments constituant la CGT devront se tenir en dehors de toutes les écoles politiques. » La citation renvoie donc en fait au deuxième alinéa de l'article 1er adopté en septembre 1902 au congrès de Montpellier.

1907. La mutinerie du 17e

Depuis 1900, le Midi viticole est en crise. Les méventes, qui résul-
tent de la surproduction, atteignent un niveau paroxystique en
1907. Un Comité de défense, à la tête duquel se trouve Marcel-
lin Albert, un cafetier d'Argeliers, organise la contestation qui
dénonce la «fraude». Les meetings succèdent aux meetings. Le
9 juin 1907, on compte 500000 manifestants à Montpellier. Le
même jour, des troubles ont agité une caserne de Narbonne où
est cantonné le 100e de ligne. La loi de 1905, qui a réduit la durée
du service militaire à deux années, a également rapproché les
«pioupious» de leurs familles en établissant le recrutement régio-
nal. Les incidents de Narbonne ne sont pas sans conséquence.
Le 20, les soldats du 17e de ligne cantonnés à Agde, apprenant
la tragique fusillade de Narbonne qui a fait quatre morts, déci-
dent de marcher sur la ville martyre. Un caporal anonyme, pro-
che des antimilitaristes du journal La Guerre sociale, *a laissé un*
témoignage précis de l'événement.

Il est indispensable, pour comprendre la possibilité de la mutinerie du 17e, de connaître l'état d'esprit qui régnait en temps normal dans le régiment et l'état d'esprit causé dans toute la
population par l'agitation viticole.

Pendant les deux années (1905 à 1907) qui suivirent l'application du recrutement régional, l'esprit du régiment changea complètement.

Toute la garnison de Béziers était composée de jeunes gens
des environs immédiats de la ville. Celle d'Agde comprenait les
recrues des villages environnants et de Béziers. Les nouveaux
caporaux et sous-officiers non rengagés, se trouvant au milieu
de leurs camarades d'enfance, ne pouvaient imposer leur autorité ; ils auraient été mis à l'index dans leur village et encouru
des représailles. Aussi, sauf quelques rares exceptions,
conservèrent-ils la camaraderie aux dépens de la discipline. Les
officiers ne pouvaient réagir contre ce relâchement de la discipline, sollicités qu'ils étaient par des demandes de favoritisme
et ne pouvant les satisfaire qu'à la condition de fermer les

yeux dans maintes circonstances pour ne pas provoquer, par des inégalités criantes, des protestations intempestives. A tous les degrés de la hiérarchie, on n'osait plus sévir, les punitions donnant souvent lieu à des réclamations et risquant d'amener des « histoires ».

Dans cette région du Midi, l'autorité paternelle n'existe pas ou est très peu sévère. Échappé au joug de l'école, l'enfant ne connaît pas d'autre servitude et est naturellement turbulent. Aussi, ce n'est pas sans une vive rancœur qu'il se soumet à la discipline militaire. Il n'a pas besoin de devenir antimilitariste, il l'est foncièrement, naturellement, ou plutôt il n'est jamais devenu militariste.

En temps normal, bien avant l'agitation viticole, souvent les soldats parlaient de révolte et supputaient les chances de réussite dans une rébellion. Jamais des considérations patriotiques ou de devoir ne les retenaient, mais seulement la crainte que le mouvement ne fût pas suivi par les autres régiments et aussi par beaucoup de camarades trop froussards.

Quand survint l'agitation viticole, ces craintes devaient diminuer et l'éventualité d'une mutinerie se présenter plus sérieusement à l'esprit des militants. Il n'était pas possible, en effet, que l'agitation qui secouait profondément le pays n'effleurât pas les militaires qui vivaient si intimement liés avec leur famille et avec l'élément civil.

> J.M., *La Révolte du 17ᵉ*, Paris, Maison des Fédérations, s.d., p. 1-2.

1908. Nationalisme
et classe ouvrière

Charles Maurras (1868-1952) s'est fait depuis la fin du XIXe siè-
cle le théoricien du retour à la monarchie et du nationalisme.
En juillet 1899, il est l'un des animateurs d'une petite revue,
L'Action française, *qui devient quotidienne à partir du 21 mars*
1908. En 1905, la Ligue du même nom a été créée et se mani-
feste par la violence de son action de rue. Sous le gouvernement
Clemenceau, l'Action française tente de récupérer à son profit
le mécontentement croissant de la classe ouvrière.

Nous sommes nationalistes : par conséquent préoccupés de la
santé, de la vigueur de nos éléments sociaux. Nous sommes royalistes et par conséquent syndicaux : le Roi est le président-né de
toutes les républiques professionnelles ou locales dont se compose
la nation. Enfin, sachant un peu d'histoire et de géographie, nous
servant aussi de nos yeux, nous ne pouvons nous empêcher de
voir ce qui est : il va falloir régler la question ouvrière ou retomber dans une complète barbarie.

Nos opinions ont été claires dès notre premier mot. Mon collaborateur Criton en a eu la preuve par une intéressante lettre
arrivée dès samedi soir et qu'il me communique. Elle est signée
d'un «abonné de *L'Humanité*». Ce citoyen, qui n'a pas le cerveau perclus, a coutume d'acheter «les premiers numéros de tous
les journaux paraissant», dans l'espoir, toujours déçu, déclare-
t-il, d'y trouver une idée neuve. Nous aurions dû le décevoir un
peu plus que les camarades, ne nous étant jamais flattés d'émettre
des idées neuves et les idées justes nous suffisant.

Et (tant il est vrai qu'en cherchant la vérité et la justesse, on
a le reste de surcroît) nous avons procuré au lecteur de M. Jaurès la petite secousse que recherchait sa curiosité ou son blase-
ment. Mais réussirons-nous ? Il en doute d'abord. Puis il avoue
que nous arrivons «dans un moment *absolument opportun*, le
peuple commençant véritablement à être dégoûté de la République qui ne fait absolument rien pour lui». Donc, sans nous

approuver, tout en maugréant, et soit par acquit de conscience,
soit pour céder à quelque obscur élan du désir français qui
s'ignore, il pose très bien ses questions.

Elles se ramènent à une seule : Est-ce sérieux ?

Quelle méfiance excellente ! En temps normal, et quoi qu'en
ait pu dire ce demi-juif, le plus mol oreiller de l'esprit, c'est la
foi. La foi est l'instrument naturel d'une bonne vie. Mais, quand
on est en république, rien n'est plus naturel, ni normal, tout
s'invertit. C'est le douter au contraire qu'il faut recommander
à un peuple obsédé par les républicains. Doute, bon peuple !
Doute, tu ne peux rien faire de mieux en écoutant la promesse
des imposteurs. Doute, même de nous. Tu ne nous connais pas.
Tu ne connais pas notre Roi. Tu ne sais pas que nous sommes
Toi, c'est-à-dire ta condition, ta fortune, ton avenir, ton salut
même. Doute. Tu te rendras à l'évidence quand il faudra. Mieux
vaut commencer par douter que t'exposer à prendre un blago-
logue à la Viviani pour quelqu'un de sérieux ou pour un ami
vrai quelque Briand numéro deux.

> Charles Maurras, « Le bien de tous », *L'Action fran-
> çaise*, 24 mars 1908.

1909. Le ministère Briand

Le 27 juillet 1909, Aristide Briand (1862-1932), fraîchement chargé par le président Fallières de former le gouvernement, présente aux députés son programme.

M. le président : La parole est à M. le président du Conseil pour une communication du Gouvernement.

M. Aristide Briand, président du Conseil, ministre de l'Intérieur et des Cultes : Messieurs les députés, appelé par le président de la République à assumer les responsabilités du pouvoir, le cabinet qui s'offre à votre confiance est animé de la ferme volonté de préparer par l'union et l'action loyales des républicains une politique de paix, de réformes et de progrès.

Pour servir à l'extérieur la politique de paix, nous resterons inébranlablement fidèles à l'alliance et aux amitiés que le Gouvernement de la République a contractées.

[*Très bien ! très bien !*]

Attachés à la fois à assurer le respect de la France, de sa dignité et de ses droits et à garantir la paix du monde, nous persévérerons dans la politique suivie notamment par le précédent ministère. Cette politique qui recueillit votre approbation constante ne permet aucun doute sur la sincérité de nos desseins pacifiques. Elle a contribué à accroître le crédit par lequel la France a pu, avec une autorité grandissante, concourir, dans un esprit de conciliation, au règlement des difficultés internationales.

Cette autorité lui vient à la fois de la continuité de ses vues, du prestige qu'elle tient de sa puissance d'expansion morale, de sa force militaire et de sa force navale. Sur la situation actuelle de la marine, des critiques se sont produites. Le Gouvernement est prêt à en dégager la vérité et à rendre plus efficaces, par une refonte organique, les sacrifices consentis par le pays. Les critiques les plus sévères ont d'ailleurs mis hors de cause l'esprit d'abnégation, la valeur professionnelle, le dévouement patriotique de nos marins qui sont, comme leurs camarades de l'armée de terre, dignes de la gratitude et de la confiance du pays.

[*Applaudissements.*]

La politique de défense laïque et de progrès social affirmée tant de fois par la majorité républicaine s'est déjà traduite par des lois importantes. Nous voulons en assurer la continuation en rappelant à la démocratie que rien ne se fonde ni se développe sans esprit de suite et de méthode. C'est dans cette pensée que le Gouvernement vous demandera votre concours pour réaliser les réformes préparées, soit par une discussion déjà ouverte, soit par le labeur des commissions. Au premier rang de ses préoccupations, le Gouvernement place le vote rapide du budget, comptant sur les Chambres pour en terminer une fois de plus l'examen dans la période normale et, surtout à l'heure où nous sommes, avec le souci prédominant des finances publiques et de l'intérêt général.

Au point de vue social, le Gouvernement, sans négliger aucune des réformes inscrites à votre ordre du jour, appliquera son principal effort à faire aboutir devant le Sénat, de façon qu'il puisse être voté dans cette législature, le projet de loi des retraites ouvrières et paysannes [1].

[*Applaudissements à gauche et à l'extrême gauche.*]

Nous ne resterons indifférents à aucun des problèmes que posent l'évolution et l'organisation des travailleurs. Nous pensons que le devoir de la République est d'étendre progressivement à tous les travailleurs de l'agriculture, du commerce et de l'industrie un système complet d'assurances sociales et de les aider à obtenir une situation moins précaire. En échange, la République fondée par le suffrage universel, et qui leur a donné la liberté politique et la liberté syndicale, leur demande d'évoluer dans la légalité et de répudier la violence.

[*Applaudissements à gauche, au centre et sur divers bancs.*]

La Chambre a voté après de longs et consciencieux débats la grande réforme fiscale destinée à introduire plus de justice dans la répartition de l'impôt. Nous avons la confiance que le Gouvernement obtiendra l'adhésion du Sénat au projet d'impôt sur le revenu. Aucun effort ne nous coûtera pour défendre devant la haute Assemblée la volonté nettement exprimée par la Chambre [2].

[*Applaudissements à gauche et à l'extrême gauche.*]

La Chambre a décidé d'inscrire en tête de son ordre du jour la réforme électorale. Le Gouvernement ne méconnaît ni l'importance de la question ni la nécessité du débat, mais il n'échappe à personne qu'il ne peut prendre parti qu'après avoir appuyé son opinion sur l'étude des faits. Dès maintenant il pense qu'il y aura lieu de proposer à la Chambre de mettre le pays en mesure de faire, dans les élections municipales, l'essai méthodique d'un système de proportionnalité[3].

[*Applaudissements sur divers bancs.*]

A la suite de ce débat, le Gouvernement pressera la Chambre de voter le projet réglant le statut des fonctionnaires et insistera auprès du Sénat pour qu'immédiatement après le vote des retraites ouvrières ce projet indispensable soit par lui adopté.

[*Très bien! très bien!*]

Nous assurerons ainsi aux serviteurs de l'État, dans le loyalisme et le dévouement professionnel desquels nous avons pleine confiance, les libertés et les garanties légitimes. Mais il ne peut être question ni de tolérer l'interruption des services publics, ni de constituer une nation privilégiée dans la nation elle-même [*applaudissements à gauche et au centre*] qui reste une et dont le Parlement seul a qualité pour dire la volonté.

[*Nouveaux applaudissements sur les mêmes bancs.*]

Le Parlement est saisi de projets sur l'enseignement secondaire privé, la fréquentation scolaire, la responsabilité des maîtres, la stricte exécution de notre législation scolaire. Cet ensemble de réformes est destiné à mettre l'enseignement laïque à l'abri des attaques de ses adversaires qui sont en même temps les ennemis de la République.

[*Applaudissements à gauche.*]

M. Fernand de Ramel[4] *:* Ce sont les ennemis de la liberté.

M. le président du Conseil, ministre de l'Intérieur et des Cultes : c'est dire l'intérêt qui s'attache au vote de ces projets.

Messieurs, il ne suffit pas de voter des réformes. Il faut, pour qu'elles soient fécondes, un pays prospère sachant mettre en valeur les instruments nécessaires à la richesse publique. Au premier rang de ceux-ci se placent les moyens de transport. Il importe de les développer. Dès la rentrée, sera déposé un projet sur l'autonomie des ports. Nous vous demanderons aussi de mettre à la disposition de nos agriculteurs l'outillage économique, les canaux d'irrigation qui leur sont indispensables...

[*Applaudissements.*]

M. Emmanuel Brousse[5] *:* Sans oublier les chemins vicinaux.

M. le président du Conseil : ... et de porter remède à la situation malheureuse de nos régions viticoles,

[*Applaudissements sur divers bancs*]
en donnant satisfaction aux vœux exprimés par leurs représentants autorisés.

La révision douanière devra être reprise et poursuivie dans l'esprit qu'avaient indiqué nos prédécesseurs.

[*Très bien ! très bien !*]

Messieurs, si quelques-uns trouvaient trop vaste le plan méthodique et raisonné dont nous vous demanderons de vous inspirer, nous répondrions que le premier devoir d'un Gouvernement, à quelque époque qu'il ait la charge du pouvoir, est de travailler à organiser la démocratie. Pour cette tâche qui est de tous les instants, nous comptons, dans le Parlement et dans le pays, sur la force agissante des républicains. Républicains nous-mêmes, nous plaçons la République au-dessus de toute conception personnelle. La République est la condition nécessaire de la prospérité nationale et du progrès social. Nous n'apercevons sa grandeur, loin des querelles intestines, que dans l'œuvre réformatrice dont nous serons, avec vous, les continuateurs.

[*Applaudissements à gauche, au centre et sur plusieurs bancs à l'extrême gauche.*]

> Chambre des députés, séance du 27 juillet 1909, *JO*, 28 juillet 1909, p. 2249-2250.

1. La loi sur les retraites ouvrières et paysannes date du 5 avril 1910.
2. C'est le 7 février 1907 que Joseph Caillaux (1863-1944) propose à la Chambre la création d'un impôt sur le revenu. Si les députés votent ce projet le 9 mars 1909, les sénateurs attendent 1917 pour en accepter la totale application.
3. Le mouvement en faveur de la RP émerge dès 1905. Par le discours de Périgueux (10 octobre 1909), Briand lui accorde son soutien avant d'y renoncer à la fin de ce même mois.
4. Fernand de Ramel (1847-1915) est député monarchiste libéral du Gard.
5. Emmanuel Brousse (1866-1926), député modéré des Pyrénées-Orientales.

1909. La condition des instituteurs

Chargés de répandre l'instruction dans les campagnes les plus reculées, « les hussards noirs » de la République vivent bien souvent dans des conditions matérielles difficiles. Dans un témoignage écrit, recueilli en 1960 par Jacques et Mona Ozouf — deux historiens spécialisés dans l'histoire de l'éducation —, une jeune institutrice retrace ses débuts difficiles dans une commune rurale du Territoire de Belfort.

Pour moi, de ma longue carrière, les souvenirs les plus lointains sont ceux qui dominent en ma mémoire, sans doute parce qu'ils se rattachent à une période austère et difficile, celle de ma vie de toute jeune Institutrice, de 1909 à 1912, dans une école mixte de petit village, à quinze kilomètres d'une gare, en une maison isolée, à peu près sans mobilier, et sans eau, sans gaz, sans électricité, sans téléphone au village, sans communication, hors la vieille diligence attelée de deux chevaux. Classe à quatre divisions, cours du soir aux jeunes gens (guère plus jeunes que moi) et, surtout, secrétariat de la mairie, pour lequel on ne nous avait rien appris. Autant dire que, avec un Maire de sommaire instruction, on me remettait en main l'administration de la commune. Aussi, de 10 h à minuit, on pouvait voir les deux fenêtres de la Mairie éclairées par une lampe à pétrole. C'était l'heure où, sous son abat-jour, « la Demoiselle » était penchée sur les papiers communaux demandés par la préfecture, le percepteur ou les particuliers. Et grand fut mon embarras, la première année, quand il fallut m'occuper des centimes additionnels et du budget, dresser la liste des chevaux hongres (mot inconnu pour moi), rédiger un extrait de matrice cadastrale ou un acte de reconnaissance d'enfant illégitime, ou bien aller faire la vente des bois communaux sur les montagnes d'Alsace. A mes débuts, un mendiant a passé un jour, et je l'ai un peu envié, lui sur qui ne pesait nulle obligation impérieuse de travail lourd et difficile, nulle responsabilité envers personne. N'importe qui, à n'importe quelle heure, pouvait venir me trouver en Mairie. J'étais jolie, inexpérimentée et si sage. Mon père m'avait procuré un chien et j'avais acheté un revolver, avec lequel je faisais l'inspection de ma maison tous les soirs, de la cave au grenier. Mon brave homme de Maire m'avait apporté une matraque et m'avait expliqué comment la placer pour bloquer de l'intérieur la porte d'entrée pour la nuit. Et puis... je me suis habituée ; ma maison était devenue pimpante, avec des rideaux et des fleurs ; la commune m'avait acheté une armoire pour remplacer ma malle, m'avait fait une table de toilette et une table de jardin, rustiques à souhait.

Parfois, un des enfants m'apportait des œufs et je leur faisais des madeleines, qu'on mangeait en classe. Que me pardonne le règlement... J'avais la coquetterie de soigner ma haie de troènes qui entourait la cour et le jardin, et les passants s'amusaient à me voir manier un grand sécateur que la commune m'avait autorisée à acheter, pour tailler régulièrement ainsi que dans un square. On m'appelait : « la belle Demoiselle de Petitefontaine ».

X, cité *in* Jacques et Mona Ozouf (sous la direction de), *La République des instituteurs*, Paris, Gallimard-Éd. du Seuil, 1990, p. 307-308.

1910. Les retraites ouvrières

L'examen de la loi portant sur les retraites ouvrières permet au député socialiste parisien Édouard Vaillant (1840-1915) de développer, le 26 mars 1910, son point de vue sur les assurances sociales.

M. Édouard Vaillant : Toute loi d'assurance est une reconnaissance du droit du prolétaire à l'existence, à une existence humaine. Et elle n'est pas seulement l'inscription de ce droit dans la loi, elle est aussi sa réalisation dans les faits. Le degré de cette reconnaissance et de cette réalisation du droit du prolétaire mesure le degré de civilisation, d'humanité de la société, de la nation.

Au prolétariat, qui fait la richesse sociale, qui donne à la société tous les moyens matériels et on pourrait dire moraux de développement, on ne peut rien réclamer en échange ; mais on doit lui reconnaître et donner les moyens d'une existence humaine. Pour le prolétaire et sa famille, quand le travail normal ne peut plus les lui fournir parce qu'il a été victime d'un des risques innombrables qui le guettent à chacun de ses pas et mouvements, la société se doit, lui doit, de leur assurer des moyens équivalents d'existence.

Dans ces conditions, ce qui doit se faire, c'est que, dès que sa faculté de travail diminue, cette diminution soit immédiatement compensée, quel que soit le risque, maladie, invalidité, accident ou chômage qui l'ait causée, et que cette compensation pécuniaire satisfasse à ses besoins et à ceux de sa famille dans la même proportion que son travail normal. Et une assurance vraiment sociale doit lui garantir cette compensation, sans qu'il ait à la réclamer, mais en vertu de son droit appliqué directement par l'organisation des assurés ayant gérance de l'assurance sociale.

C'est, pour nous, ce que nous cherchons à réaliser, c'est la marche que nous suivons. Nous vous demandons donc d'inscrire dans la loi le droit de l'assuré à cette vie humaine et normale et le devoir de la société de le lui garantir. Et pour l'exercer, la gestion et direction de l'assurance devra de plus en plus être attribuée aux assurés organisés à cet effet.

La partie essentielle de cette assurance est, plus encore que la compensation des risques, leur prévention. Si cette société est civilisée, si elle donne à chacun de ses membres la compensation des effets de tous les risques, elle doit bien plus encore prévenir ces risques et leurs effets par les moyens législatifs et effectifs nécessaires. Lois protectrices du travail, mesures d'assainissement et d'hygiène, de prophylaxie, de soins médicaux, etc., nécessaires et suffisants et sous le contrôle des délégués élus des assurés et de leurs syndicats.

C'est ce que, dans une très faible mesure obtenue par le développement des institutions d'assurance, arrive à faire l'assurance allemande et ce que l'assurance sociale doit réaliser entièrement comme son premier mandat. Je ne veux pas entrer dans le détail, mais ce que nous voudrions, c'est que, par le fait même, qu'une partie des réserves de capitaux de la capitalisation excessive, à laquelle au besoin s'ajouterait une partie des fonds de contribution budgétaire, soient appliqués à cette œuvre de prévention nécessaire.

Il est bon de compenser les effets des risques : c'est le seul moyen de donner, en vertu de son droit reconnu à cet effet, sécurité et dignité à la vie ouvrière ; mais mieux vaut encore prévenir ces risques par des mesures sociales.

Il faudrait, par exemple, qu'il n'y ait plus d'atelier ni de travail insalubre, plus de logement insalubre, plus de surmenage et en un mot plus de ces causes qui produisent le risque. Voilà ce que l'assurance sociale inscrit comme la première de ses revendications et voilà ce que nous poursuivons.

Vous me dites que ce sera beaucoup de dépenses, beaucoup de frais. Nous répondons que la société, au fur et à mesure qu'elle développe ses moyens de production, produit des richesses et des capitaux en quantité largement suffisante pour pourvoir à tous ces besoins et au-delà ; même sans les transformations sociales de la société. Ce ne serait d'ailleurs pas à vous à nous opposer cette objection, au moment où le Gouvernement demande 500 millions par an pour construire des cuirassés, pour des armements qui perpétuent une politique détestable, antidémocratique. L'argent ne manque donc pas pour les retraites et même pour l'assurance sociale, même dans les conditions actuelles.

Parce que les besoins sociaux iront croissant, les dépenses résultant de réformes sociales, sous l'impulsion socialiste, iront croissant également dans une même proportion. [...]

Il y a, en outre, des ressources qui peuvent être réalisées à cet effet : ainsi, certains monopoles d'État, comme le monopole de l'alcool et le monopole des assurances, l'organisation de l'exploitation nationale des forces naturelles conservées à la nation ; d'un autre côté, certains impôts qui n'ont pas de répercussion comme les impôts sur les successions qui, déjà, sont proposés et devraient être appliqués dans la mesure utile. Il y a aussi l'impôt progressif sur le revenu épargnant le salaire de l'ouvrier et frappant progressivement la richesse, etc. Il y a, en un mot, une série de ressources qui sont largement et plus que largement suffisantes, pour réaliser l'assurance contre tous les risques du prolétariat, dans une assurance ouvrière s'acheminant vers l'assurance sociale.

Voilà pourquoi nous préférons cette assurance sociale et nous disons qu'elle est la seule assurance qui convienne et doive être établie, non dans un État socialiste qui, par la suppression du régime capitaliste et l'émancipation des travailleurs, réalise avec la propriété sociale un ordre nouveau, mais en attendant et sous le mode de production capitaliste actuel, en rapport avec les progrès de la démocratie. Par conséquent, c'est elle que nous chercherons à réaliser, c'est elle que nous réaliserons, c'est vers elle que nous tendons à guider l'effort du prolétariat qui, s'associant à l'effort socialiste, arrivera certainement à l'imposer.

> Séance du 26 mars 1910, *JO*, débats parlementaires de la Chambre, 27 mars 1890, p. 1635 *sq*.

1911. L'incident d'Agadir

Au mépris des accords conclus lors de la conférence d'Algésiras (1906), la France décide en 1911 d'occuper Fez. Le 1ᵉʳ juillet 1911, l'Allemagne réplique en envoyant sur Agadir une canonnière, la Panther. *Le nationaliste Charles Maurras (1868-1952) commente cet incident dans le quotidien* L'Action française.

La politique allemande suit son cours. Et nous continuons d'en subir les effets.

A bien considérer les choses, ce que nous faisons ou ne faisons pas importe à peine. Il existe à nos portes un peuple nombreux, fortement organisé, enhardi par la victoire et pressé de besoins nouveaux tant par la force même de son activité que par son accroissement numérique. Sa poussée est puissante du simple fait de sa masse. Elle est encore plus puissante en vertu de sa distribution, de son ordre. Toutes les valeurs économiques et militaires de cette nation sont décuplées ou centuplées par la valeur de son État comme nos valeurs morales, territoriales, historiques sont annulées ou corrompues par la faiblesse, la nullité ou la perversité de notre État. L'Allemagne est ainsi en mesure de profiter de tous nos maux en s'appropriant tous nos biens et, si elle procède avec une lenteur savante, c'est afin de rendre l'opération plus certaine. La démonstration d'Agadir en est l'exemple saisissant.

Nos organes officieux venaient de s'étendre avec complaisance sur les résultats aussi efficaces que prompts de l'occupation française dans la Chaouïa ; ils énuméraient avec fierté ce que nous avions fait pour rétablir la sécurité et la facilité des communications, la régularité des péages, l'ordre fiscal et même la justice et la paix. L'excellence des troupes, le sérieux du commandement militaire avaient comblé le déficit des ordres supérieurs. Il ne manquait à ces bons effets qu'un peu d'avenir. Et cet avenir vient de leur être retiré d'un trait. L'Allemagne dessine un mouvement imprévu de rapide offensive sur l'un des rivages qu'elle avait guignés sournoisement jusque-là. « Agadir », disait un de leurs journaux, « est la clef des immenses trésors du Sud.

Tout ce pays est rempli d'or, d'argent et de pierres précieuses. »
Cette terre promise, ajoutait-il dans un style moins digne des
temps primitifs, « a le plus grand avenir et celui qui en est le maître peut dire le mot décisif dans l'exploitation économique de
la région ».

Jacques Bainville [1] vous a déjà montré, tout à l'heure il vous
redira, dans quelles conditions d'amitié (*Le Temps* écrit : « de
confiance et de bons procédés ») nous est porté ce brutal coup
de poing teutonique. Jamais tonnerre n'éclata dans un ciel plus
serein. Jamais gouvernement n'avait accumulé plus de précautions de tout ordre pour éloigner tous les risques d'intempéries.
On allait au-devant des vœux de l'Allemagne. On avait soin de
faire approuver par elle les plans de campagne qu'on ébauchait.
L'ambassadeur ou le chancelier étaient priés de nous dicter leurs
ratures ; — Vous n'entrerez pas à Rabat... — Nous n'entrerons
pas à Rabat. — Défense d'aller à Tazza... — Plutôt nous arracher les yeux. — Vous n'entrerez dans Fez que dans le cas de
nécessité absolue... Toutes ces conditions furent si bien souscri-
tes que la colonne française, ayant été matériellement obligée
de traverser en hâte Rabat, son chef militaire dut assembler tous
les consuls européens pour les prendre à témoin comme chez le
notaire de ce cas de force majeure. [...]

Toutes ces platitudes faisant suite à un traité d'entente et de
bon accord qui n'a que deux ans d'existence n'auront en définitive rien empêché. L'empire guerrier fondé par les rois de Prusse
est loin d'être l'ennemi des arts de la paix. Seulement, il manie
les instruments de diplomatie d'une main exercée à tenir l'arme
du soldat. Les avances des peuples vaincus et humiliés doivent
lui servir autant qu'il doit faire expier leurs semblants d'insurrection. On croyait trop, en France, que M. Delcassé [2] était la
cause de tout le mal. Et l'on s'était d'abord beaucoup trompé
en lui attribuant je ne sais quels projets de revanche. M. Delcassé n'aspirait à d'autres victoires qu'à celles de sa vanité, dont
les sourires du roi d'Angleterre formaient le triomphe. [...] Sa
politique était centrifuge par rapport à l'axe de Berlin et de
Vienne, mais elle aurait pu être tout le contraire sans que le résultat fût bien modifié quant aux intérêts de ce pays-ci. Comme
on comprend dès lors que Guillaume II n'attachât plus aucune
signification désagréable à la présence de M. Delcassé dans un
ministère français. [...]

Or, cette expérience cruelle d'une action commune avec l'Allemagne tournant en fin de compte à notre détriment n'est pas nouvelle du tout. Si les républicains étaient capables d'un peu de mémoire, ils sauraient qu'il n'y a pas plus de seize ans, toutes les fortes têtes de leur République, de leur meilleure République, de la République modérée et conservatrice, nous conduisaient, en juin 1895, sous la direction de l'empereur de Russie, saluer l'empereur d'Allemagne à cette ouverture du canal de Kiel, qui fut une si grande date de l'expansion maritime des Allemands ! M. Hanotaux [3], M. Ribot [4], M. Félix Faure [5], c'est-à-dire des hommes d'ordre et des patriotes, présidaient à cette orientation nouvelle de notre politique européenne et planétaire, visant, on s'en souvient, le vieil empire de la reine Victoria.

On ne prétendait pas oublier l'Alsace, mais on se disait que les clefs de Strasbourg et de Metz étaient cachées quelque part dans la tour de Londres. Les cabinets de Paris et de Berlin ne pouvaient pas collaborer très directement, « l'honnête courtier » russe s'entremettait et rendait les relations aussi étroites et cordiales que possibles : Marchand [6] était parti du Congo vers le Nil sur la foi de ces engagements amicaux, et la réouverture de la question d'Égypte pouvait sortir du succès de sa mission. Je n'ai pas besoin de vous redire ce qui suivit et comme le désastre de Fachoda devait sortir de l'agitation dreyfusienne qui nous avait paralysés. Mais, au cours de l'agitation, on avait pu toucher du doigt deux vérités édifiantes. La première était que l'excellence de nos relations avec l'Allemagne n'avait jamais empêché l'armée allemande d'entretenir une nuée d'espions autour de notre armée ; la seconde, que les mêmes relations excellentes ne firent pas hésiter un seul instant l'empereur, ni son chancelier M. de Bülow, ni son ambassadeur à Paris, ni le personnel militaire et civil de cette ambassade, à soutenir par tous les moyens l'anarchie dreyfusienne qui désorganisait l'armée et l'État. En vain demeurions-nous leurs quasi-alliés, les amis de leurs amis russes, les ennemis de leurs ennemis d'outre-Manche, notre position de Français suffisait à nous classer comme la première puissance à dissoudre. Ce qui faisait du mal à la force militaire française apportait à Berlin un bien si évident qu'on ne perdait pas un seul instant à la discuter. Les réflexes de l'instinct et ceux de l'intérêt le plus général y jouaient dans le même sens.

Certes, on s'étonnait dans nos milieux officieux. Je le sais, on se récria. On flétrit à voix basse la duplicité, la mauvaise foi et la perfidie de cet honnête, simple et vertueux Germain dont on avait pris les serments pour de l'argent comptant. Et les mêmes vitupérations montèrent aux cieux étonnés quand, de mars 1905 à avril 1906, les divers représentants de la puissance allemande ne cessèrent d'insulter à notre désarroi, utilisant nos plaintes, jouant de nos faiblesses et de nos imprudences imposant en juin le renvoi de M. Delcassé, l'obligeant en octobre à trahir des secrets d'État, puis, à Algésiras, profitant d'une crise ministérielle pour remettre en question tout ce qu'on nous avait concédé ! Devant cet épaississement de la fibre morale, cette oblitération du sens moral, on ne montrait point, à proprement parler, de colère : les colères auraient tendu à des sanctions de fait dont on n'avait pas le moyen, mais on gémissait, on blâmait, on flétrissait. Voici que ces appels à la conscience du genre humain recommencent ; la presse républicaine en regorge. Les paroles reniées, les pactes violés sont énumérés avec beaucoup de fracas et plus d'un politique s'établit moraliste consultant pour faire voir de combien de manières l'Allemagne a tort et sur combien de points l'amendement éthique de ce peuple serait désirable...

Ces vues ne sont point fausses, et l'Allemagne a de nombreux progrès à faire du côté de la politesse et de l'élégance de cœur. Mais il n'est pas probable qu'elle se rende de plein gré chez le maître à danser capable de l'instruire à mieux régler son pas. Ni ses sentiments, ni ses intérêts, ni même ses nécessités ne l'y inclinent. Tout la pousse au contraire à vouloir fermement s'agrandir, se développer et se fortifier davantage. Un point l'arrêterait : c'est une résistance. Elle n'en trouve pas.

Je connais, pour ma part, un moyen, mais un seul, de moraliser la politique allemande. Ce serait, de ce côté des Vosges, d'être très forts. On ne l'est pas en République. Quant à l'empire français, il a fait l'Allemagne que les rois de France avaient défaite plusieurs fois.

Charles Maurras, « Kiel et Tanger (suite) », *L'Action française*, 3 juillet 1911.

1. Jacques Bainville (1879-1936), historien membre de l'Action française.

2. Théophile Delcassé (1852-1923), ministre des Affaires étrangères (1898-1905). Refusant le principe d'une conférence sur le Maroc, il est contraint de démissionner sous la pression de l'Allemagne.

3. Gabriel Hanotaux (1853-1944), ministre des Affaires étrangères dans la quasi-totalité des gouvernements au pouvoir de 1894 à 1898.

4. Alexandre Ribot (1842-1923), ministre des Affaires étrangères de mars 1890 à janvier 1893.

5. Félix Faure (1841-1899) est élu président de la République en 1895.

6. La mission dirigée par Jean-Baptiste Marchand vise à atteindre le Nil en partant du Congo. Ce rêve est brisé le 7 novembre 1898 lorsque les Anglais imposent à Marchand l'évacuation de Fachoda, ville soudanaise située sur le Nil.

1912. Un modèle colonial :
Lyautey et le Maroc

Le 28 avril 1912, Louis Hubert Lyautey (1854-1934) est nommé résident général au Maroc. Dans ce protectorat turbulent, ce représentant d'un colonialisme ouvert mène une politique originale dont il expose les grandes lignes lors d'une conférence prononcée le 21 décembre 1912 devant les étudiants de l'École libre des sciences politiques.

La pacification du Maroc, restez-en bien convaincus, est une très grosse affaire, à très longue échéance, et cela pour une première raison : quelles que soient les divergences d'appréciations sur le chiffre de sa population, celui-ci est, en tout cas, très supérieur à celui de la population de l'Algérie au moment de la conquête. Le Maroc compte, au minimum, 5 ou 6 millions d'habitants. Calculez ce que cela représente comme réserve de guerriers bien armés et résolus, à qui nous n'avons à opposer que 50 000 hommes — ce qui est beaucoup pour la France et trop peu pour le Maroc.

Ce pays, comme les mers les plus périlleuses pour la navigation, est gros de cyclones. Nous venons d'en franchir un, mais nous pouvons en subir un autre demain, car les causes profondes existent toujours : le fanatisme religieux, l'attachement au plus vieil Islam, le culte farouche de l'indépendance, l'habitude de l'anarchie, la xénophobie. Il est très rigoureusement exact [...] que, récemment, tous les symptômes ont fait présager un soulèvement général et national. D'aucuns s'en sont étonnés, connaissant les divisions profondes qui séparent les diverses tribus et ont toujours empêché leur cohésion. Mais ce sont là des divisions locales qui peuvent momentanément disparaître en face de l'étranger. Il peut alors se former une de ces vagues de fond qui emportent tout.

Ce péril, je l'ai réellement craint de juin à août. Il a été conjuré, mais il peut se reproduire demain. C'est notre affaire d'y parer le mieux possible, mais il est certain que la force militaire seule ne suffit pas et que, pour en doubler l'action, il faut hâter le plus possible les œuvres de pénétration économique et civilisatrice. Il est certain que le jour où nous aurons des chemins de fer, là où il faut aujourd'hui huit ou dix jours pour transporter des troupes, leur matériel et leur ravitaillement, la situation militaire se modifiera radicalement. Et, avec les chemins de fer, ce sera l'évolution immédiate du trafic, de la vie économique, de la vie sociale, c'est-à-dire des intérêts matériels. Or, l'intérêt est toujours et partout le plus fort.

J'escompte donc absolument l'éclosion rapide de toutes ces œuvres économiques : ports, routes, chemins de fer et, à côté d'elles, des œuvres civilisatrices, écoles, formations hospitalières, qui ont sur les indigènes une si rapide influence. Tout ce qui développera le commerce, le bien-être, sera l'adjuvant le plus efficace de l'œuvre militaire que nous avons à accomplir.

Ce sont les ressources nécessaires à ces œuvres que je suis venu chercher à Paris. Ma présence n'y a pas d'autres motifs, et je dois dire que j'ai trouvé, auprès des Pouvoirs publics, du Parlement, auprès de tous ceux qui ont à intervenir dans la création de ces ressources, un accueil et une intelligence de la situation qui me permettent d'envisager l'avenir avec confiance.

L. H. Lyautey, conférence donnée le 21 décembre 1912 à l'École libre des sciences politiques, cité in *Paroles d'action*, Paris, Colin, 1927, p. 73-74.

1913. Charles Péguy
et les « hussards noirs »

En janvier 1900, Charles Péguy (1873-1914) fonde une revue,
Les Cahiers de la Quinzaine. *Évoquant — dans un article intitulé « L'argent » — ses maîtres de l'enseignement primaire, il uti-
lise une formule — les hussards noirs — promise à un bel avenir.*

J'essaierai de rendre un jour si je le puis ce que c'était alors
que le personnel de l'enseignement primaire. C'était le civisme
même, le dévouement sans mesure à l'intérêt commun. Notre
jeune *École normale* était le foyer de la vie laïque, de l'invention laïque dans tout le département, et même j'ai comme une
idée qu'elle était un modèle et en cela et en tout pour les autres
départements, au moins pour les départements limitrophes. Sous
la direction de notre directeur particulier, le directeur de l'école
annexe, de jeunes maîtres de l'école normale venaient chaque
semaine nous faire l'école. Parlons bien : ils venaient nous faire
la classe. Ils étaient comme les jeunes Bara [1] de la République.
Ils étaient toujours prêts à crier *Vive la République !* — Vive la
nation, on sentait qu'ils l'eussent crié jusque sous le sabre prus-
sien. Car l'ennemi, pour nous, confusément tout l'ennemi,
l'esprit du mal, c'était les Prussiens. Ce n'était déjà pas si bête.
Ni si éloigné de la vérité. C'était en 1880. C'est en 1913. Trente-
trois ans. Et nous y sommes revenus.

Nos jeunes maîtres étaient beaux comme des hussards noirs.
Svelte ; sévères ; sanglés. Sérieux, et un peu tremblants de leur
précoce, de leur soudaine omnipotence. Un long pantalon noir,
mais, je pense, avec un liseré violet. Le violet n'est pas seulement la couleur des évêques, il est aussi la couleur de l'enseignement primaire. Un gilet noir. Une longue redingote noire, bien
droite, bien tombante, mais deux croisements de palmes violettes aux revers. Une casquette plate, noire, mais un recroisement
de palmes violettes au-dessus du front. Cet uniforme civil était
une sorte d'uniforme militaire encore plus sévère, encore plus
militaire, étant un uniforme civique. Quelque chose, je pense,
comme le fameux *cadre noir* de Saumur. Rien n'est beau comme

un bel uniforme noir parmi les uniformes militaires. C'est la ligne elle-même. Et la sévérité. Porté par ces gamins qui étaient vraiment les enfants de la République. Par ces jeunes hussards de la République. Par ces nourrissons de la République. Par ces hussards noirs de la sévérité. Je crois avoir dit qu'ils étaient très vieux. Ils avaient au moins quinze ans. Toutes les semaines il en remontait un de l'École normale vers l'École annexe ; et c'était toujours un nouveau ; et ainsi cette École normale semblait un régiment inépuisable. Elle était comme un immense dépôt, gouvernemental, de jeunesse et de civisme. Le gouvernement de la République était chargé de nous fournir tant de jeunesse et tant d'enseignement. L'État était chargé de nous fournir tant de sérieux. Cette École normale faisait un réservoir inépuisable. C'était une grande question, parmi les bonnes femmes du faubourg, de savoir si c'était bon pour les enfants, de changer comme ça de maître tous les lundis matins. Mais les partisans répondaient qu'on avait toujours le même maître, qui était le directeur de l'École annexe, qui lui ne changeait pas, et que cette maison-là, puisque c'était l'École normale, était certainement ce qu'il y avait de plus savant dans le département du Loiret et par suite, sans doute, en France. Et dans tous les autres départements. Et il y eut cette fois que le préfet vint *visiter l'école*. Mais ceci m'entraînerait dans des confidences. J'appris alors (comme j'eusse appris un autre morceau de l'histoire de France) qu'il ne fallait pas l'appeler *monsieur* tout court, mais *monsieur le préfet*. D'ailleurs, je dois le dire, il fut très content de nous. Il s'appelait Joli ou Joly. Nous trouvions très naturel (et même, entre nous, un peu nécessaire, un peu séant) qu'un préfet eût un nom aussi gracieux. Je ne serais pas surpris que ce fût le même qui encore aujourd'hui, toujours servi par ce nom gracieux, mais l'ayant légèrement renforcé, sous le nom de M. de Joly ou de Joli, préside aujourd'hui à Nice (ou présidait récemment) aux destinées des Alpes-Maritimes et reçoit ou recevait beaucoup de souverains. Et les premiers vers que j'aie entendus de ma vie et dont on m'ait dit : *On appelle ça des vers*, c'était les *Soldats de l'an II* : *ô soldats de l'an deux, ô guerres, épopées*. On voit que ça m'a servi. Jusque-là je croyais que ça s'appelait des *fables*. Et le premier livre que j'aie reçu en prix, aux vacances de Pâques, c'étaient précisément les fables de La Fontaine. Mais ceci m'entraînerait dans des sentimentalités.

Je voudrais dire quelque jour, et je voudrais être capable de le dire dignement, dans quelle amitié, dans quel beau climat d'honneur et de fidélité vivait alors ce noble enseignement primaire. Je voudrais faire un portrait de tous mes maîtres. Tous m'ont suivi, tous me sont restés obstinément fidèles dans toutes les pauvretés de ma difficile carrière. Ils n'étaient point comme nos beaux maîtres de Sorbonne. Ils ne croyaient point que, parce qu'un homme a été votre élève, on est tenu de le haïr. Et de le combattre ; et de chercher à l'étrangler. Et de l'envier bassement. Ils ne croyaient point que le beau nom d'élève fût un titre suffisant pour tant de vilenie. Et pour venir en butte à tant de basse haine. Au contraire, ils croyaient, et si je puis dire ils pratiquaient que d'être maître et élèves, cela constitue une liaison sacrée, fort apparentée à cette liaison qui de la filiale devient la paternelle. Suivant le beau mot de Lapicque ils pensaient que l'on n'a pas seulement des devoirs envers ses maîtres mais que l'on en a aussi et peut-être surtout envers ses élèves.

Charles Péguy, « L'argent », *Cahiers de la Quin-zaine*, janvier 1913, p. 30-32.

1. Pris dans une embuscade tendue par les Chouans, Joseph Bara (1779-1793), un petit hussard, meurt en criant : « Vive la République ».

1913. Contre les trois ans

L'armée française souffre d'un retard numérique croissant sur les effectifs allemands. L'état-major français envisageant une guerre courte fondée sur l'offensive, ce handicap inquiète. En janvier 1913, en outre, le ministre allemand de la Guerre propose un accroissement des effectifs de l'armée active qui devra ainsi comporter 830 000 hommes contre 675 000 pour la France. Plusieurs hommes politiques, soutenus par des officiers, souhaitent voir le service militaire passer de deux à trois années. Le 6 mars, le gouvernement Briand dépose un projet de loi à la Chambre allant dans ce sens. Les députés commencent à le discuter en séance plénière à partir du 2 juin. Les 17 et 18 juin, Jaurès prend la parole pour s'y opposer. Depuis 1910, le leader socialiste défend l'idée d'une « armée nouvelle » fondée sur la défensive, l'esprit civique et l'emploi des réserves.

M. Jean Jaurès : Je dis qu'à l'heure où l'on proclame dans tous les pays du monde et où vous tous, Français de tous les partis et de toutes les confessions, chrétiens, socialistes, démocrates de la Révolution française, à l'heure où vous tous, malgré vos dissentiments, vous êtes d'accord pour dire que, dans le conflit des nations, la force morale, la force de confiance en soi est un élément décisif, vous inscrivez la France d'office, par vos déclarations et par l'institution militaire qui en est la formule, à un niveau de confiance et de force morale inférieur au niveau de l'adversaire, alors que, si vous mettiez en œuvre vos institutions de démocratie, vous pourriez élever ce peuple à un niveau de confiance supérieur !

[*Vifs applaudissements à l'extrême gauche et sur divers bancs à gauche.*]

Plagiat absurde ! messieurs, plagiat singulièrement inopportun et je dirai inconvenant, à l'heure où ce militarisme allemand, copié par vous, plagié par vous dans ses procédés et dans sa technique, est lui-même aux prises avec des difficultés insolubles.

Oui, messieurs, et je me permets d'appeler sur cet objet votre méditation. Beaucoup d'entre nous sont dupes de la force extérieure de l'Allemagne. Sous l'unité apparente, sous l'autorité apparente de son Gouvernement d'empire, il y a des divisions profondes et de redoutables flottements ; et, sous l'apparente résolution de ses méthodes militaires, il y a des embarras insolubles. J'ose dire, à l'heure où vous, Français, vous abandonnez, vous vous préparez à abandonner l'esprit, la vivante formule de la nation armée pour copier dans son mécanisme de caserne le militarisme allemand, que l'Allemagne est perdue et qu'elle ne pourra faire face aux problèmes qui peuvent l'assaillir, si elle-même n'évolue pas vers la nation armée.

Ah, messieurs, prenez-y garde ! Vous avez souri comme d'une hypothèse ridicule et absurde, lorsqu'on vous a entretenus du plan de l'Allemagne, au cas où elle aurait à lutter à la fois contre la France et contre la Russie, d'écraser d'abord la France, et puis, avec ses troupes victorieuses, laissant là, sur la terre de France piétinée, notre pays gisant, de se retourner contre la Russie à l'autre frontière. Vous avez souri de cette hypothèse !

[*Dénégations au centre.*]

[...]

Mais, messieurs, je vais dire précisément que c'est, en fait, d'après tous les indices que nous en pouvons recueillir, l'hypothèse qui nous préoccupe et qui domine depuis plusieurs années l'état-major allemand.

De même que vous, Français, si vous voulez assurer votre sécurité, vous êtes obligés de raisonner dans l'hypothèse où vous serez seuls aux prises avec l'Allemagne ; l'Allemagne, si elle veut garantir sa sécurité, est obligée de raisonner dans l'hypothèse où, seule, elle aura à faire face, à la fois, à la Russie, d'un côté, et à la France, de l'autre.

[*Très bien ! très bien !*]

Eh bien, dans cette hypothèse, qui domine depuis de longues années l'état-major allemand, toute sa doctrine, tous ses travaux, toutes ses manœuvres, dans cette hypothèse, l'état-major allemand a conclu que la seule ressource, ce serait, pour lui, de porter d'abord toutes ses forces, d'un côté, et, ensuite, après avoir vaincu le premier de ses adversaires, de porter ensuite ses forces de l'autre côté.

Voilà l'hypothèse à laquelle l'état-major allemand est voué.

[...]

Eh bien, messieurs, au risque d'être accusé d'être un stratège si aventureux qu'il se permette de juger à la fois par-dessus les frontières les opérations de l'état-major français et les opérations de l'état-major allemand, j'ose dire que, si le militarisme allemand est acculé à cette hypothèse, il est dans l'état de crise le plus formidable et que, dans la conception qu'il se fait des opérations possibles, il subit ce qui a été le vice, dans l'histoire, de l'esprit allemand, puissant mais lourd, méthodique mais acharné à se répéter lui-même, l'esprit de formalisme routinier qui, aux heures de crise, s'est plus d'une fois substitué, dans l'histoire allemande, à l'esprit vivant de la méthode et de l'action variée.

[*Très bien! très bien!*]

Grandes furent les victoires de Frédéric, admirables les leçons de tactique et de méthode qu'il laissait à ses lieutenants. Mais parce qu'ils vécurent sur ce passé, parce qu'ils s'endormirent sur cet oreiller de gloire, de sagesse et de tradition, parce qu'ils se répétèrent, parce qu'à Valmy ils n'eurent que les souvenirs morts des méthodes frédériciennes, parce qu'à Iéna, au lieu de se réfugier entre l'Oder et l'Elbe, comme le conseillaient les plus avisés, dans cette enceinte de forteresses où, aux heures désespérées, s'était sauvée la monarchie de Brandebourg, ils voulurent, sous les serres de l'aigle qui planait, recommencer les méthodes d'offensive qui avaient réussi à Frédéric avec les armées lentes de l'Autriche et de la Russie ; parce qu'ils se copièrent eux-mêmes, parce qu'ils devinrent leurs plagiaires, ils passèrent des victoires de Frédéric aux défaites frédériciennes de Valmy et d'Iéna.

[*Vifs applaudissements à l'extrême gauche et à gauche.*]

Jean Jaurès, *Contre les trois ans*, Paris, *L'Humanité*, 1913, p. 26-29.

1914. L'assassinat
de Jean Jaurès

Le 31 juillet 1914, Jean Jaurès est assassiné au café du Crois-
sant par Raoul Villain. Directeur de L'Intransigeant — *un quo-*
tidien populaire plutôt à droite —, Léon Bailby, né en 1867,
procède le dimanche 2 août à l'éloge funèbre du député socialiste.

Jean Jaurès a été frappé hier de deux balles à la tête. Il est
mort presque sur le coup. Son assassin a été arrêté. Il subira la
juste rigueur des lois, et il faut croire qu'il ne se trouvera personne pour réclamer son acquittement.

Les Français, à quelque classe qu'ils appartiennent, et quelle
que soit par ailleurs leur opinion politique, seront unanimes à
flétrir ce lâche et stupide attentat. Le revolver, on l'a dit cent
fois, n'est pas un argument. A cette heure de crise nationale,
supprimer le chef du socialisme, déconcerter la grande masse
ouvrière française, c'est faire œuvre détestable et impie. C'était
risquer, en outre, de jeter un trouble irréparable dans l'âme
mobile de la foule, et servir par conséquent les intérêts de
l'étranger !

Fort heureusement, le peuple français a compris que la sagesse
s'imposait. La douleur des amis de Jaurès ne créera point de
diversion dans l'unanimité nationale. L'homme qui disparaît,
c'était la plus grande voix de l'éloquence française. A cette heure
tragique, elle aurait pu se faire entendre d'utile façon. Jaurès,
dont les derniers articles étaient marqués d'une sérieuse préoccupation patriotique, avait compris la dure leçon des événements.
Comme tout récemment il voyageait avec un éminent publiciste
de nos amis et qu'il s'entretenait avec lui des risques que faisait
courir à notre pays la crise austro-slave, Jaurès en vint à dire
ces paroles, où sa bonne foi se montrait entière : « Je crois bien
que je me suis trompé. Sans doute la guerre, dans certaines
conditions, est d'essence divine. »

Certes, il n'entendait point par là renier les idées de toute sa
carrière. Mais éclairée à la lumière des événements récents, sa
haute intelligence avait compris qu'il n'est pas possible, pour un

peuple fier et libre, de subir l'asservissement de l'oppresseur, et
que la guerre est sainte quand elle vise à maintenir l'intégrité de
la patrie.

Ainsi Jaurès s'apprêtait à apporter son concours à la défense
nationale. Sa voix s'est tue. Mais ses dernières paroles dictent
leur devoir à ses amis : et nous ne doutons pas qu'ils écoutent
ces suprêmes conseils du mort.

Léon Bailby, « L'assassinat de Jean Jaurès », *L'Intransigeant*, 2 août 1914.

1914. Le discours de Jouhaux devant le cercueil de Jaurès

Depuis les débuts de l'été, socialistes et syndicalistes unis ne cessent de lutter contre la montée des tensions internationales qui risquent de précipiter l'Europe dans la guerre. Le meurtre de Jaurès, la mobilisation générale le 1er août puis, le 3 août, la déclaration de guerre de l'Allemagne à la France transforment les esprits. La gauche, presque tout entière, rallie les rangs de la défense nationale. Il n'est plus question de grève générale internationale simultanément organisée comme le préconisait encore le congrès extraordinaire du Parti socialiste le 16 juillet. Ce retournement est clairement exprimé par Léon Jouhaux (1879-1954) lors du discours improvisé qu'il prononce aux obsèques de Jaurès le 4 août 1914. Secrétaire confédéral de la CGT depuis le 13 juillet 1909, il incarne la fin de la période du syndicalisme d'action directe en orientant la Confédération sur une voie qui renonce à la culture insurrectionnaliste. La lutte contre les trois ans a en outre rapproché la CGT et la SFIO depuis 1913.

Devant ce cercueil, où gît, froid, insensible désormais, le plus grand des nôtres, nous avons le devoir de dire, de clamer avec force, qu'entre lui et nous, classe ouvrière, il n'y eut jamais de barrière. On a pu croire que nous avions été les adversaires de Jaurès. Ah ! comme on s'est trompé ! Oui, c'est vrai, entre nous et lui, il y eut quelques divergences de tactique. Mais ces divergences n'étaient, pour ainsi dire, qu'à fleur d'âme. Son action et la nôtre se complétaient. Son action intellectuelle engendrait notre action virile. Elle la traduisait lumineusement dans les grands débats oratoires que soulevaient, dans les pays, les problèmes sociaux. C'est avec lui que nous avons toujours communié.

Jaurès était notre pensée, notre doctrine vivante ; c'est dans son image, c'est dans son souvenir que nous puiserons nos forces dans l'avenir.

Passionné pour la lutte qui élève l'humanité et la rend meilleure, il n'a jamais douté. Il a rendu à la classe ouvrière, cet hommage immense, de croire à sa mission rénovatrice. Partisan du travail, il était pour l'activité, estimant que même dans ces outrances l'activité recèle toujours des principes bons.

Penché sur la classe ouvrière, il écoutait monter vers lui ses pulsations, il les analysait, les traduisait intelligiblement pour tous.

Il vivait la lutte de la classe ouvrière, il en partageait ses espoirs.

Jamais de mots durs à l'égard des prolétaires. Il enveloppait ses conseils, ses avertissements du meilleur de lui-même.

Sa critique, aux moments de difficile compréhension, à ces moments où l'action déterminée par les nécessités de la vie rompt brusquement avec les traditions morales et où il faut pour saisir avoir vécu ces nécessités, se faisait tendre, s'entourait de toutes les garanties de tact et de sincérité, pour ne pas froisser ceux qu'ils savaient ardemment épris de leur indépendance.

C'était le grand savant humain qui se penchait plus encore anxieux, hésitant à formuler son jugement, ayant peur, par un mot qui choque, d'arrêter ne fût-ce qu'une minute ce gigantesque travail d'enfantement social.

Jaurès a été notre réconfort dans notre action passionnée pour la paix. Ce n'est pas sa faute, ni la nôtre, si la paix n'a pas triomphé. Avant d'aller vers le grand massacre, au nom des travailleurs qui sont partis, au nom de ceux qui vont partir, dont je suis, je crie devant ce cercueil toute notre haine de l'impérialisme et du militarisme sauvage qui déchaînent l'horrible crime.

Cette guerre, nous ne l'avons pas voulue, ceux qui l'ont déchaînée, despotes aux visées sanguinaires, aux rêves d'hégémonie criminelle, devront en payer le châtiment.

> « A Jean Jaurès », *discours prononcé aux obsèques par L. Jouhaux*, Paris, La Publication sociale, 1915, p. 6-7.

1914. La déclaration de guerre

Le 28 juillet 1914, l'Autriche-Hongrie déclare la guerre à la Serbie. En retour, la Russie procède à une mobilisation partielle puis générale le 30. L'Allemagne réplique alors en déclarant la guerre à l'empire tsariste le 1er août puis en s'attaquant à la France le 3. Dans ses Souvenirs *parus en 1927, Raymond Poincaré (1860-1934), à l'époque président de la République, verse sa contribution à un débat capital et controversé : à qui le déclenchement de la Première Guerre mondiale doit-il être attribué ?*

Le lundi 3 août, à six heures et quart de l'après-midi, notre cher et éminent ami, M. Myron T. Herrick [1], ambassadeur des États-Unis, téléphone au Quai d'Orsay et, la voix mouillée de larmes, fait savoir à M. Viviani [2], que M. de Schœn [3], après avoir demandé aux États-Unis d'accepter la défense des intérêts allemands en France, a exprimé le désir que la bannière étoilée fût hissée sur l'ambassade d'Allemagne. M. Herrick a accepté provisoirement, sous réserve de l'approbation des États-Unis, la mission de défendre les intérêts allemands ; il a refusé de hisser le drapeau américain sur l'ambassade de la rue de Lille.

M. Viviani comprend que c'est la guerre ; il donne l'ordre de me prévenir et il attend la visite que, peu de minutes plus tard, lui fait annoncer M. de Schœn. Il reçoit l'ambassadeur, en présence de M. de Margerie [4]. « Monsieur le Président, lui dit M. de Schœn avec quelque animation, nous venons d'être insultés, mon Empereur et moi. Une dame m'a injurié près de ma voiture. — Vous veniez ici ? — Oui. — Vous ne veniez donc pas vous plaindre de cet incident ? — Non. — Je vous présente mes regrets et mes excuses. » M. de Schœn incline la tête et se tait. Puis, il sort un document de sa poche et le lit. C'est une lettre signée de lui et ainsi conçue : « Monsieur le Président, les autorités administratives et militaires allemandes ont constaté un certain nombre d'actes d'hostilité caractérisée commis sur le territoire allemand par des aviateurs militaires français. Plusieurs de ces derniers ont manifestement violé la neutralité de la Belgique, survolant le territoire de ce pays ; l'un a essayé de détruire des constructions près de Wesel, d'autres ont été aperçus sur la région de l'Eiffel, un autre a jeté des bombes sur le chemin de fer près de Karlsruhe et de Nuremberg [5]. Je suis chargé et j'ai l'honneur de faire connaître à Votre Excellence qu'en présence de ces agressions, l'Empire allemand se considère en état de guerre avec la France, du fait de cette dernière Puissance. » La lettre se termine par la demande des passeports pour M. de Schœn et pour le personnel de l'ambassade.

M. Viviani écoute cette lecture en silence et prend la pièce, que lui remet l'ambassadeur. Alors, il proteste contre l'injustice et l'insanité de la thèse impériale. Il rappelle que, très loin d'avoir permis des incursions sur le territoire allemand, la France a tenu ses troupes à dix kilomètres en deçà de la frontière et que ce sont, au contraire, des patrouilles allemandes qui sont venues, sur notre sol et à cette distance, tuer nos soldats.

M. de Schœn déclare ne rien savoir ; il n'a plus rien à dire ; M. Viviani non plus. Le président du Conseil accompagne l'ambassadeur jusque dans la cour du ministère et attend que M. de Schœn soit monté dans sa voiture. L'ambassadeur salue profondément et s'en va. Le lendemain, il rentrera paisiblement en Allemagne, traité par les autorités françaises avec tous les égards possibles, pendant que M. Jules Cambon [6], obligé par la déclaration de guerre de quitter Berlin, se verra refuser la route choisie par lui, devra payer en or, les chèques n'étant pas acceptés, le transport des agents de l'ambassade, et voyager enfermé dans un wagon, comme une sorte de prisonnier.

M. Viviani vient à l'Élysée me rapporter cette tragique conversation. Il est exaspéré contre la mauvaise foi du gouvernement allemand. Plus tard, lorsqu'il écrira sa *Réponse au Kaiser* [7], il s'exprimera encore avec la même force d'indignation : « Sous le prétexte que des avions français avaient survolé Nuremberg, la guerre fut déclarée, la Belgique fut éventrée, la France envahie... Cette honte retombe, d'abord, sur l'Empereur et puis sur ses collaborateurs immédiats, M. de Bethmann-Hollweg [8] et surtout M. de Jagow [9], qui a osé transmettre sous son nom, au monde entier, ce suprême outrage à la vérité... On dira ce qu'on voudra : la guerre fut déclarée à la France, qui attendait, l'arme au pied, à dix kilomètres de la frontière [...] parce qu'elle avait violé le territoire allemand par les airs et jeté des bombes... »

[...]

En relisant la déclaration de guerre, M. Viviani et tous les ministres appliquent, sous des formes diverses, à Guillaume II et à ses conseillers le *quos vult perdere Jupiter dementat*. Comment le gouvernement impérial peut-il ainsi, dès le début d'un aussi terrible conflit, sacrifier l'honnêteté des moyens au but que lui propose sa mégalomanie ? Devant cette stupéfiante inconscience, nous faisons, en conseil, un retour sur nous-mêmes, et nous gardons tous le sentiment très net que nous n'avons rien à nous reprocher. Pour moi, qui, depuis janvier 1913, n'ai accompli, en dehors du gouvernement, aucun acte personnel, je ne songe pas cependant à invoquer mon irresponsabilité constitutionnelle pour décliner, aujourd'hui plus qu'hier, une responsabilité morale ; je n'entends pas commettre la lâcheté de m'abriter derrière un cabinet, qui n'est pas, en majorité, composé de mes anciens amis politiques. Je me solidarise volontiers avec lui et je dis que, lui et moi, nous avons tout fait pour éviter la guerre. Ce n'est pas assurément la faute de la France, si en annexant la Bosnie et l'Herzégovine, malgré la volonté des populations, l'Autriche a, dès 1908-1909, semé dans les Balkans et dans son propre Empire des germes de révolutions et de troubles ; ce n'est pas la faute de la France, si la Monarchie dualiste ne s'est jamais résignée au traité de Bucarest [10] et, si, en 1913, elle a voulu entraîner l'Italie dans une lutte contre la Serbie ; ce n'est pas la faute de la France, si l'Autriche a vu dans l'attentat de Sarajevo une occasion d'amoindrir définitivement la Serbie, si l'Allemagne, au lieu de montrer à son alliée les dangers de son entreprise, lui a laissé les coudées franches, soit par complaisance, soit par intérêt dynastique, soit par communauté de politique orientale, et si, par suite, l'action combinée des deux Empires centraux a préparé, au cœur de l'Europe, tous les éléments d'une conflagration générale.

Ce n'est pas non plus la faute de la France si la déclaration de guerre de l'Autriche à la Serbie a, comme il fallait s'y attendre, profondément ému les peuples slaves et déterminé la Russie à intervenir ; ce n'est pas la faute de la France, ni celle du gouvernement de la République, si, tout en proclamant son désintéressement territorial, l'Autriche a eu, en fait, le dessein, mûrement délibéré, de partager des morceaux de la Serbie entre la Bulgarie et l'Albanie ; si la Russie, prévoyant sans peine ce programme destructeur, a cru devoir prendre, en réplique, des mesures de mobilisation partielle et si ensuite, par des raisons techniques, et malgré les conseils pressants de M. Viviani, elle a été amenée à décider la mobilisation générale ; ce n'est surtout, ni la faute de la France, ni celle du gouvernement de la République, si l'Autriche s'est d'abord systématiquement dérobée à toutes les propositions d'entente et si, après avoir paru, un instant, plus conciliante, elle est revenue à son intransigeance ; si l'Allemagne elle-même, après avoir contribué à allumer le feu, puis cherché momentanément à l'éteindre, y a jeté de nouveaux sarments ; et si, finalement, elle a, par deux déclarations de guerre qu'elle pouvait, au moins, retarder, rendu la catastrophe inévitable. [...]

Je sais bien qu'à Paris également, il y avait, suivant M. Isvolsky [11], un chef d'État atteint de vanité maladive et que le témoignage de l'ambassadeur russe a suffi pour déterminer des historiens impartiaux à porter le même jugement. Mais, du moins, ce président mégalomane ne pouvait rien faire par lui-même ; il n'avait le droit, ni de signer une décision sans le contreseing d'un ministre, ni de se substituer en rien au gouvernement responsable, ni de dire : « *Je* proclamerai l'état de siège ou *je* mettrai mes adversaires en prison. »

Et ses ministres étaient des hommes de paix, qui avaient conscience de leurs responsabilités, et qui auraient bien su le retenir et le désavouer, s'il s'était avisé de sortir de son rôle.

Non, non, aucun des hommes politiques français n'a rien à se reprocher. Ministres de juillet 1914 ou ministres antérieurs, tous ceux qui ont eu entre les mains le sort de la France, peuvent se présenter la tête haute devant l'histoire. A aucun moment, ils n'ont trahi la cause de la paix ; à aucun moment, ils n'ont pêché contre l'humanité. Les coupables sont le gouvernement autrichien, qui a déclaré la guerre à la Serbie, et le gouvernement allemand, qui l'a déclarée successivement à la Russie et à la France, et qui viole maintenant la neutralité belge. Il n'a aucune excuse, puisque la rapidité de sa mobilisation lui laisse, en tout cas, l'avantage. Jusqu'à la déclaration de guerre, tout pouvait encore être sauvé. Après la déclaration de guerre, tout était perdu.

Mais, devant les épreuves qui nous attendent, il ne suffit pas d'être sans reproche pour être sans tristesse et, le soir de cette cruelle journée du 3 août, je songe, avec douleur, aux massacres qui se préparent et à tant de jeunes hommes qui vont bravement à la rencontre de la mort.

> Raymond Poincaré, *Neuf Années de souvenirs, 1905-1914*, Paris, Plon, 1927, p. 521 *sq.*

1. Myron Timothy Herrick (1854-1929) est l'ambassadeur des États-Unis en France de 1912 à 1914 et de 1921 à 1929.

2. René Viviani (1863-1925) est président du Conseil.

3. Wilhelm von Schœn est ambassadeur d'Allemagne en France.

4. Bruno Jacquin de Margerie (1861-1942) est directeur aux Affaires étrangères.

5. L'Allemagne prétend effectivement que la France a, le 2 août, bombardé ces différentes positions.

6. Jules Cambon (1845-1935) est ambassadeur à Berlin de 1907 à 1914.

7. Ce livre est publié en 1923.

8. Théobald von Bethmann-Hollweg (1856-1921) est le chancelier allemand.

9. Gottlieb von Jagow (1863-1935) est le ministre allemand des Affaires étrangères de 1913 à 1916.

10. Le traité de Bucarest (10 août 1913) marque la défaite de la Bulgarie qui doit céder divers territoires à la Serbie, à la Grèce et à la Roumanie.

11. Ancien ministre des Affaires étrangères, Alexandre Isvolsky est l'ambassadeur de l'Empire russe à Paris.

1914. La déclaration de guerre vue par un paysan français

Dans les entretiens qu'il accorde à l'écrivain Alain Prévost, Ephraïm Grenadou, un paysan né en 1897, raconte le déroulement de la mobilisation dans son village de Saint-Loup, en Eure-et-Loir.

C'était un vendredi. La moisson avait du retard et presque tout le monde était aux champs, sauf nous les jeunes. Nous enterrions Lucien Barbet, un gars de la classe 14, mort subitement au travail. L'enterrement avait eu lieu à dix heures. On disait déjà :

— Il y en a qui sont partis pour garder les lignes, la guerre va venir. Elle va venir.

Comme d'habitude après les enterrements, il y a eu un repas. Nous, les copains de Lucien, on a mangé chez les Barbet. Après le repas, comme il était à peu près deux heures, deux heures et demie, et qu'on discutait sur la place, voilà les gendarmes qui arrivent au grand trot sur leurs chevaux. Ils vont droit à la mairie. Là, ils trouvent le maître d'école, et le maître ressort avec l'affiche dans les mains, l'affiche blanche avec deux drapeaux en croix :

MOBILISATION GÉNÉRALE

Le maître nous crie :

— Allez dire à Achille qu'il sonne la trompette, à Cagé de prendre son tambour. Vous, les gars, sonnez le tocsin.

Alors, moi et Albert Barbet qui a été tué à la guerre, on a sonné le tocsin. Le monde, ils ont laissé leurs faucheuses ; les charretiers ont ramené leurs chevaux. Tout ça arrivait à bride abattue. Tout ça s'en venait de la terre. Tout le monde arrivait devant la mairie. Un attroupement. Ils avaient tout laissé. En pleine moisson, tout est resté là. Des centaines de gens devant la mairie. Pommeret sonnait le clairon. Cagé battait la Générale. On voyait que les hommes étaient prêts.

— Et toi, quand donc que tu pars ?

— Je pars le deuxième jour.

— Moi, le troisième jour.

— Moi, le vingt-cinquième jour.

— Oh, t'iras jamais. On sera revenu.

Le lendemain, le samedi, Achille se promenait avec son clairon :

— Tous ceux qui ont de bons godillots, de bons brodequins, faut les prendre. Ils vous seront payés quinze francs.

Tu aurais vu les gars. C'était quasiment une fête, cette musique-là. C'était la Revanche. On avait la haine des Allemands. Ils étaient venus à Saint-Loup en 70 et ils avaient mis ma mère sur leurs genoux quand elle avait deux, trois ans. Dans l'ensemble, le monde a pris la guerre comme un plaisir.

Ils sont partis le lundi. Ils ont laissé leur travail et leur bonne femme comme rien du tout. Le monde était patriote comme un seul homme. Ils parlaient du 75 et du fusil Lebel :

— A un kilomètre, tu tues un bonhomme.

Achille Pommeret, sa femme était malade d'accoucher ; il a pris le tramway à la Bourdinière ; il a pas voulu savoir si c'était un gars ou une fille.

Voilà les hommes partis. Avec la moisson tardive de cette année-là, il restait beaucoup à faire. Toutes les femmes, les jeunes, les vieux, tout le monde à la moisson. Ceux qui avaient fini leur récolte allaient aider les autres. On a rentré tout ça.

Pour les battages, des soldats sont venus : des vieux, des territoriaux, des gars blessés dans les premiers jours, des auxiliaires, des gens du Nord, du Sud. Là, on a commencé à avoir des contacts avec toutes sortes de monde, toutes ces sortes de soldats. Quand ils venaient manger à la maison, on leur demandait :

— Comment c'est, la guerre ?

Jamais on n'avait vu des étrangers comme ça.

De la guerre, on en parlait tout le temps. Au début les hommes n'écrivaient pas. Il n'y avait que le communiqué affiché chaque jour au mur du jardin du presbytère. Et puis des lettres sont venues. Les gars de l'Eure-et-Loir se trouvaient au 102, presque tous dans le même régiment. Quand ils écrivaient, ils donnaient des nouvelles les uns des autres et les nouvelles allaient de village en village :

— Un tel de Mignières, il est tué. Un tel de Saumeray, blessé.

Des mauvaises nouvelles en permanence. Il y en a qui n'ont jamais écrit.

Ephraïm Grenadou et Alain Prévost, *Grenadou, paysan français*, Paris, Éd. du Seuil, 1978 (1ʳᵉ éd. 1966), p. 63-65.

1915. Le manifeste de Zimmerwald

En septembre 1915, tandis que la quasi-totalité des mouvements ouvrier et socialiste se trouve engagée dans une logique de guerre nationale, 38 délégués pacifistes, membres de l'Internationale socialiste, se rencontrent secrètement à Zimmerwald, en Suisse. Trois tendances se dégagent rapidement. L'une (Merrheim, Bourderon, Ledebour, Martov, Axelrod) souhaite réduire cette réunion à la dimension d'une manifestation en faveur de la paix et exclut toute rupture avec les bellicistes de l'Internationale. L'autre (Lénine, Zinoviev, Radek) exige une dénonciation de l'Union sacrée et la transformation de la « guerre impérialiste » en guerre civile. Entre les deux tendances, un troisième groupe (Grimm, Trotski) temporise. La majorité penche en faveur des plus modérés. Les plus radicaux acceptent néanmoins de signer un texte commun.

Prolétaires d'Europe !

Voici plus d'un an que dure la guerre ! Des millions de cadavres couvrent les champs de bataille. Des millions d'hommes seront, pour le reste de leurs jours, mutilés. *L'Europe est devenue un gigantesque abattoir d'hommes*.

Quels que soient les responsables immédiats du déchaînement de cette guerre, une chose est certaine : *la guerre qui a provoqué tout ce chaos est le produit de l'impérialisme*. Elle est issue de la volonté des classes capitalistes de chaque nation de vivre de l'exploitation du travail humain et des richesses naturelles de l'univers. De telle sorte que les nations économiquement arriérées ou politiquement faibles tombent sous le joug des grandes puissances, lesquelles essaient, dans cette guerre, de remanier la carte du monde par le fer et par le sang, selon leurs intérêts. [...]

Les capitalistes de tous les pays, qui frappent dans le sang des peuples la monnaie rouge des profits de guerre, affirment que la guerre servira à la défense de la patrie, de la démocratie, à la libération des peuples opprimés. Ils mentent. *La vérité est qu'en fait ils ensevelissent, sous les foyers détruits, la liberté de leurs propres peuples en même temps que l'indépendance des autres nations.* De nouvelles chaînes, de nouvelles charges, voilà ce qui résultera de cette guerre, et c'est le prolétariat de tous les pays, vainqueurs et vaincus, qui devra les porter. [...]

Les institutions du régime capitaliste qui disposaient du sort des peuples : les gouvernements — monarchiques ou républicains —, la diplomatie secrète, les puissantes organisations patronales, les partis bourgeois, la presse capitaliste, l'Église : sur elles toutes pèse la responsabilité de cette guerre surgie d'un ordre social qui les nourrit, qu'elles défendent et qui ne sert que leurs intérêts.

PROLÉTAIRES !

Depuis que la guerre est déchaînée, vous avez mis toutes vos forces, tout votre courage, toute votre endurance au service des classes possédantes, pour vous entre-tuer les uns les autres. Aujourd'hui, il faut, restant sur le terrain de la lutte de classes irréductible, agir pour votre propre cause, pour le but sacré du socialisme, pour l'émancipation des peuples opprimés et des classes asservies. [...]

Ouvriers et ouvrières, mères et pères, veuves et orphelins, blessés et mutilés, à vous tous qui souffrez de la guerre et par la guerre, nous vous crions : Par-dessus les frontières, par-dessus les champs de bataille, par-dessus les campagnes et les villes dévastées :

PROLÉTAIRES DE TOUS LES PAYS,
UNISSEZ-VOUS !

Zimmerwald (Suisse), septembre 1915.

Marc Ferro, *La Grande Guerre, 1914-1918*, Paris, © Julliard-Gallimard, « Archives », 1969, p. 288-289.

1915. *Au-dessus de la mêlée*

*Romain Rolland (1866-1944) a déjà derrière lui une œuvre litté-
raire considérable, composée de drames, d'études et de son* Jean-
Christophe, *d'abord publié dans les* Cahiers de la Quinzaine *dirigés par Charles Péguy, lorsqu'il rassemble en un volume une série
d'articles parus l'année précédente dans le* Journal de Genève.
*La guerre avait surpris ce tolstoïen à l'âme lyrique en Suisse. Rol-
land, l'Européen, pétri de culture allemande, en fut accablé. Le
titre de son recueil est celui du premier article publié dans le
numéro des 22-23 septembre 1914. Ce texte lui vaut immédiatement la haine de l'ensemble de la presse française, toutes familles politiques confondues. Ce n'est que très progressivement, et
de façon fort limitée, qu'il parvient à rompre son isolement en
rendant l'espoir à quelques jeunes intellectuels pacifistes souvent
proches du milieu syndicaliste de* La Vie ouvrière.

Osons dire la vérité aux aînés de ces jeunes gens, à leurs guides moraux, aux maîtres de l'opinion, à leurs chefs religieux ou
laïques, aux Églises, aux penseurs, aux tribuns socialistes.

Quoi ! vous aviez, dans les mains, de telles richesses vivantes,
ces trésors d'héroïsme ! A quoi les dépensez-vous ? Cette jeunesse
avide de se sacrifier, quel but avez-vous offert à son dévouement
magnanime ? L'égorgement mutuel de ces jeunes héros ! La
guerre européenne, cette mêlée sacrilège, qui offre le spectacle
d'une Europe démente, montant sur le bûcher et se déchirant
de ses mains, comme Hercule !

Ainsi, les trois plus grands peuples d'Occident, les gardiens
de la civilisation, s'acharnent à leur ruine, et appellent à la res-
cousse les Cosaques, les Turcs, les Japonais, les Cinghalais, les
Soudanais, les Sénégalais, les Marocains, les Égyptiens, les Sikhs
et les Cipayes, les barbares du pôle et ceux de l'équateur, les âmes
et les peaux de toutes les couleurs ! On dirait l'empire romain
au temps de la Tétrarchie, faisant appel, pour s'entre-dévorer,
aux hordes de tout l'univers !... Notre civilisation est-elle donc
si solide que vous ne craigniez pas d'ébranler ses piliers ? Est-ce
que vous ne voyez pas que si une seule colonne est ruinée, tout

s'écroule sur vous ? Était-il impossible d'arriver, entre vous, sinon à vous aimer, du moins à supporter, chacun, les grandes vertus et les grands vices de l'autre ? Et n'auriez-vous pas dû vous appliquer à résoudre dans un esprit de paix (vous ne l'avez même pas, sincèrement, tenté) les questions qui vous divisaient — celle des peuples annexés contre leur volonté — et la répartition équitable entre vous du travail fécond et des richesses du monde ? Faut-il que le plus fort rêve perpétuellement de faire peser sur les autres son ombre orgueilleuse, et que les autres perpétuellement s'unissent pour l'abattre ? A ce jeu puéril et sanglant, où les partenaires changent de place tous les siècles, n'y aura-t-il jamais de fin, jusqu'à l'épuisement total de l'humanité ?

Ces guerres, je le sais, les chefs d'État qui en sont les auteurs criminels n'osent en accepter la responsabilité ; chacun s'efforce sournoisement d'en rejeter la charge sur l'adversaire. Et les peuples qui suivent, dociles, se résignent en disant qu'une puissance plus grande que les hommes a tout conduit. On entend, une fois de plus, le refrain séculaire : « Fatalité de la guerre, plus forte que toute volonté » —, le vieux refrain des troupeaux, qui font de leur faiblesse un dieu, et qui l'adorent. Les hommes ont inventé le destin, afin de lui attribuer les désordres de l'univers, qu'ils ont pour devoir de gouverner. Point de fatalité ! La fatalité, c'est ce que nous voulons. Et c'est aussi, plus souvent, ce que nous ne voulons pas assez. Qu'en ce moment, chacun de nous fasse son *mea culpa* ! Cette élite intellectuelle, ces Églises, ces partis ouvriers, n'ont pas voulu la guerre... Soit !... Qu'ont-ils fait pour l'empêcher ? Que font-ils pour l'atténuer ? Ils attisent l'incendie. Chacun y porte son fagot.

Romain Rolland, *Au-dessus de la mêlée*, Paris, Ollendorff, 1915, p. 24-26.

1916. Verdun

Le 21 février 1916, les Allemands déclenchent la bataille de Ver-
dun. Le 26 février, le général Philippe Pétain (1856-1951) est
nommé commandant en chef pour ce front. Contenant la pres-
sion d'un adversaire qui souhaite, à partir du 9 avril, conquérir
les forts de deuxième ligne, Pétain galvanise le 10 ses troupes
par un ordre du jour resté fameux. Le 18 décembre 1916 s'achè-
vent les combats qui auront causé la perte de 163 000 Français
et de 143 000 Allemands...

Le 9 avril est une journée glorieuse pour nos armes. Les assauts
furieux des soldats du Kronprinz [1] ont été partout brisés. Fan-
tassins, artilleurs, sapeurs, aviateurs de la 11e armée ont rivalisé
d'héroïsme. Honneur à tous ! Les Allemands attaqueront sans
doute encore. Que chacun travaille et veille pour obtenir le même
succès qu'hier... Courage, on les aura !

Général Pétain, ordre du jour du 10 avril 1916, cité
in Maréchal Philippe Pétain, *La Bataille de Verdun*,
Paris, Payot, 1929, p. 71.

1. Frédéric-Guillaume (1882-1951), fils aîné de Guillaume II,
commande un groupe d'armées à Verdun.

1917. Les mutineries

L'année 1917 marque un tournant dans l'histoire de la Première Guerre mondiale. La lassitude se fait grandissante et renforce le courant pacifiste. Des propositions de paix s'esquissent de part et d'autre. En vain. La guerre sous-marine à outrance et les échecs répétés d'offensives, aussi inutiles que meurtrières, accablent le moral de l'armée comme celui de l'arrière où des mouvements de grèves se multiplient. La révolution russe de février affaiblit les alliés alors même que l'entrée en guerre des États-Unis ne peut faire sentir ses effets avant plusieurs mois. Le 4 mai, une compagnie refuse de se rendre à Laffaux où une attaque avait été prévue pour le lendemain. Le mouvement fait vite tache d'huile. L'écrivain pacifiste Joseph Jolinon évoque ces événements vingt ans plus tard alors que des bruits de botte se font de nouveau entendre.

Le mobilisé ne refusait pas de marcher, il refusait d'attaquer dans des conditions que trente mois d'expérience lui montraient vaines. A des massacres de ce genre, il préférait mille fois la paix. C'était le fondement de sa politique. Il en laissa d'ailleurs des preuves décisives que l'histoire impartiale a recueillies :

1° Aucune mutinerie n'eut lieu en première ligne ;

2° Toutes eurent lieu à la veille d'un retour en ligne ; l'heure du départ les déclenchait ;

3° Quatre-vingt-dix mutineries sur cent eurent lieu dans les armées qui venaient de prendre part à l'offensive ;

4° Toutes les mutineries ont pris fin dès que les troupes allemandes sont passées à l'offensive.

Ces rébellions spontanées s'échelonnèrent durant deux mois. Elles troublèrent 16 corps d'armée, le long de l'arrière-front. Elles affectèrent exactement 113 unités combattantes : 75 régiments d'infanterie, 22 bataillons de chasseurs à pied, 12 régiments d'artillerie, 2 régiments d'infanterie coloniale, 1 régiment de dragons, 1 bataillon sénégalais.

Elles ne furent ni concertées d'un régiment à l'autre, ni groupées, au contraire. Il est indéniable qu'elles revêtirent un caractère occasionnel, sans cesser d'être simultanées. Les herbes trop chauffées prennent toujours feu sur divers points au même instant.

Dès la quatrième semaine d'avril, quelques membres des Commissions parlementaires, appelés aux armées par l'exercice de leur mandat, constatent les symptômes d'un grand changement. D'inquiétants conciliabules se tiennent dans les cantonnements. Les soldats évitent les regards des chefs. Leur attitude est hargneuse et coléreuse.

Le 3 mai, la 2ᵉ division d'infanterie coloniale reçoit l'ordre de se préparer, pour le lendemain, à une attaque au nord du Chemin des Dames. Des attroupements se forment. On proteste en masse aux cris de : « A bas la guerre ! Mort aux responsables ! » C'est le désordre des cantonnements. Les officiers parlementent. Leur argument d'apaisement est qu'il faut relever les camarades de première ligne. Il en est de même dans d'autres corps au même instant. Les rapports signalent que, si plusieurs de ces rébellions présentent une certaine gravité, leur multiplicité semble encore beaucoup plus grave.

[...]

N'oublions pas de le répéter, à ce moment critique, les armées russes abandonnaient la partie, les États-Unis venaient à peine de déclarer la guerre aux empires centraux, pas un combattant ne croyait à leur intervention militaire, tous par ailleurs en voulaient aux armées anglaises de leur trop longue passivité, aucun n'espérait plus la victoire.

Que cette opinion arrêtée, unanime, partagée par tous les chefs d'exécution, nous voulons dire ceux de l'avant, sans exception, au moins jusqu'au grade de colonel, soit restée ignorée ou à peu près, cela montre seulement, une fois de plus, le pouvoir de la censure et l'étouffement systématique de la vérité par tous les faiseurs de livres de l'époque. Leurs ouvrages déclassés aujourd'hui ne trouvent plus preneur nulle part.

Donc, les soldats du front criaient :

— Assez de morts inutiles ! Pourquoi refuser les offres de paix de l'Allemagne ? A bas la guerre ! Nous voulons rejoindre nos femmes qui crèvent la faim à l'arrière. Nous irons à la Chambre pour nous plaindre. Si le Grand Quartier refuse de comprendre, nous ferons marcher nos députés.

Joseph Jolinon, *Il y a vingt ans. Les mutineries de mai-juin 1917*, Paris, Les Éditions de la patrie humaine, 1937, p. 15-17.

1917. L'Union sacrée

Depuis août 1914, toutes les familles politiques sont représentées dans les gouvernements successifs d'« Union sacrée ». En mai 1915, Albert Thomas (1878-1932), ancien normalien, agrégé d'histoire et figure importante de la SFIO, est nommé sous-secrétaire d'État à l'Artillerie et aux Munitions auprès du ministre de la Guerre, Alexandre Millerand. Il réorganise avec efficacité les services de fabrication de guerre soucieux de prendre en compte les intérêts ouvriers — il ne cesse de négocier avec les syndicats — et de moraliser les profits de guerre. Il devient ministre de l'Armement en décembre 1915, poste auquel il tente de promouvoir une « politique socialiste ». A son grand regret, en septembre 1917, il ne peut entrer dans le gouvernement Painlevé auquel les socialistes ont décidé de ne pas participer.

Lorsque je parle d'une politique d'Union nationale, ce n'est pas par attachement à une formule usée et vide de sens, ce n'est pas seulement en raison d'une expérience de trois années, que nous voudrions prolonger artificiellement, au milieu de circonstances nouvelles. Pour nous, qui avons été mêlés si intimement à tout l'effort industriel de la Nation pendant la guerre et pour la guerre, la politique d'Union nationale demeure une réalité efficace et vivante.

Plus j'ai cherché à comprendre la situation actuelle, malgré toutes ces difficultés, malgré les interprétations fallacieuses de certains, plus j'acquiers la certitude que c'est par la pratique de l'Union nationale que nous devons conduire notre pays à la Victoire.

L'appel que j'adressais hier dans ce sens à mes camarades ouvriers, je le renouvelle aujourd'hui devant vous. Après les nécessités de Défense nationale auxquelles nous avons dû obéir et satisfaire depuis trois ans, nous devrons, demain, satisfaire aux nécessités non moins impérieuses de production et de prospérité.

A cette Œuvre comme à l'autre, la classe ouvrière devra collaborer et collaborera, j'en ai la certitude, sans hésitation ni réserve. Elle s'associera à l'effort de production nationale et elle nous donnera ainsi l'autorité nécessaire pour vous demander à vous, industriels, je ne dirai pas des sacrifices, je ne dirai pas des concessions, mais les ententes qui lui permettront de travailler en toute confiance et sécurité. Sur ces bases, j'en suis sûr, notre accord sera complet, la classe ouvrière sait, en effet, qu'il n'y a pas de réforme sociale possible, qu'il n'y a pas de progrès social possible, dans un pays vaincu, ni même dans un pays épuisé, fatigué, faible économiquement. C'est par l'activité économique, c'est par les initiatives audacieuses que cette prospérité peut être assurée.

Depuis de longues années déjà, je l'ai soutenu au Parlement et, avec vous et avec moi, de nombreux camarades du mouvement ouvrier.

Ils savent et ils l'ont souvent dit, que c'est par la prospérité économique seule qu'ils réaliseront leur glorieuse et belle devise : Bien-être et Liberté. C'est ainsi par cette ardeur à entreprendre et à travailler qu'après la victoire militaire, nous assurerons, dans un nouvel effort commun, notre victoire économique.

Ce matin, lorsque j'appuyai sur le bouton électrique qui allait permettre d'allumer le Haut Fourneau, c'était toutes ces pensées qui agitaient mon cœur, et je me souvenais des paroles du vieux poète Hésiode inscrites sur le four du verrier : « S'il doit brûler pour les œuvres d'iniquité, qu'il s'écroule ! Mais que l'étincelle jaillisse, que resplendisse la flamme, s'il brûle pour la Justice ! »

Albert Thomas, *Discours prononcé au banquet offert par la chambre de commerce de Caen, le 19 août 1917*, Paris, s.e., 1917, p. 11-13.

1917. La révolution d'Octobre

Dans la nuit du 24 au 25 octobre 1917 (6-7 novembre pour le calendrier occidental), Lénine et Léon Trotski déclenchent l'insurrection à Petrograd et s'emparent des points stratégiques de la capitale. Dans son édition du 9 novembre 1917, le correspondant (A. Giaxome ?) du très conservateur quotidien Le Journal des débats, *présente son analyse de la situation.*

Les maximalistes, bolcheviks, léninistes, c'est-à-dire tous les gens qui forment l'écume de la révolution russe triomphent. Ils viennent de renverser le gouvernement provisoire, de déposer le président Kerenski [1], qui est en fuite, et d'enfermer quelques ministres, dont M. Terestchenko [2]. Le coup semble s'être fait avant-hier, jour prévu pour une grande manifestation maximaliste. Comme les Soviets sont maîtres de Petrograd et des télégraphes, il convient d'accorder une confiance limitée à toutes les dépêches qui vont venir de Russie pendant quelque temps. Aujourd'hui, il faut se borner à quelques constatations. Lénine, qui se cachait depuis les émeutes de juillet afin d'échapper à la prison, s'est remontré, a parlé devant l'assemblée des Soviets, a été acclamé et a fait prévaloir ses doctrines germano-pacifistes. Trotsky — de son vrai nom Bronstein — défaitiste notoire, ancien bagnard, qui avait pris une grande part à ces mêmes émeutes, domine le Soviet de Petrograd et lui fait accepter tout ce qu'il veut. On a toute raison de croire qu'il est aux gages de l'Allemagne. Les journaux maximalistes qui avaient été suspendus ont reparu ; ils publient des articles réclamant la remise de tous les pouvoirs aux Soviets. La flotte de la Baltique est entièrement d'accord avec ceux-ci. La Finlande crie famine, mais suit le même mouvement. En résumé, pour le moment, « la garnison prolétarienne de Petrograd », comme cette bande armée s'intitule, règne à Petrograd.

Elle s'est empressée de lancer une proclamation aux Comités d'armée et à tous les Soviets. Elle y annonce que « en attendant l'intervention d'un gouvernement régulier des Soviets, le Soviet de Petrograd a inscrit dans le programme du nouveau régime les principes suivants : 1° offre d'une paix démocratique : remise immédiate de toute la propriété aux paysans... » Ces deux premiers articles suffisent à caractériser la manœuvre défaitiste. On offre à la grande masse russe les deux objets de ses vœux, la paix et la terre. Et l'on n'attend pas la réunion de la Constitution [3] ni la décision régulière d'un organe investi de pouvoirs légaux, pour réaliser ces promesses. On se propose de conclure une paix rapide, et l'on invite les paysans à se jeter sans plus tarder sur les biens des propriétaires. C'est l'appel cynique aux sentiments les plus bas et aux convoitises les plus âpres. Les Soviets ne perdent pas un instant. Ils prescrivent aux Comités d'armée d'envoyer à Petrograd des délégués chargés de se joindre à la garnison prolétarienne et de délibérer ensemble sur les destinées de la Russie. En même temps ils prennent des précautions. Ils interdisent à tout détachement militaire de quitter le front pour se rendre à Petrograd. L'ordre du jour contenant ces injonctions doit être lu sans retard devant les troupes : « L'omission de cette prescription sera considérée comme un crime contre la Révolution. »

M. Maklakof, le nouvel ambassadeur de Russie, qui vient d'arriver à Paris, a dit à l'un de nos confrères : « C'est l'abcès qui crève ! » L'expression est juste. L'abcès purulent est crevé. Il reste à savoir si le pus, en se répandant, gagnera tout l'organisme, ou si l'organisme, libéré de cette pourriture, reprendra sa vie normale. On serait volontiers de cette dernière opinion si l'abcès avait été percé d'un vigoureux coup de bistouri. Ce n'est malheureusement pas le cas. On attend encore le chirurgien et son instrument. Quoique crevé, l'abcès reste dangereux. Il ne cesse de l'être que s'il est cureté à fond par une main forte et habile.

Certes, les Russes cultivés, d'esprit à peu près sain, sont en immense majorité navrés du succès des défaitistes. Nous ne doutons ni de leurs sentiments, ni de leurs intentions. Seulement possèdent-ils la volonté nécessaire pour organiser une réaction efficace contre les entreprises de trahison ? Sont-ils résolus à se mettre en avant, à lutter, à courir tous les risques, pour essayer de sauver leur pays ? Ils disposent encore d'éléments importants. Les Soviets de Petrograd ne représentent nullement l'opinion du pays. Mais, pour venir à bout des énergumènes cosmopolites et des traîtres qui se sont emparés du pouvoir dans la capitale, il faut que, sans perdre une heure, tous les bons citoyens s'entendent, se concertent, préparent leur revanche et se consacrent sans réserve à l'œuvre libératrice de la patrie. S'ils se contentent de gémir ou s'ils agissent isolément, en ordre dispersé, ils succomberont. La tentative Kornilov [4], qui était digne de tous les encouragements, a échoué par suite des tergiversations et de la présomption de Kerenski. L'ancien dictateur porte la peine de cette lourde faute. Cette tentative doit être reprise sur une plus grande échelle, avec la préparation nécessaire. Le temps des harangueurs est passé. Il faut à la Russie un homme qui agisse.

En ce qui concerne les Alliés, nous répéterons sans nous lasser ce que nous avons déjà dit : Jusqu'à ce que soit rétabli solidement en Russie un gouvernement leur donnant toute garantie, qu'ils n'y envoient pas un canon, pas un obus, pas un centime.

> A. [Giaxome?], «Le triomphe de Lénine», *Le Journal des débats*, 9 novembre 1917.

1. Alexandre F. Kerenski (1881-1970) est le chef du gouvernement.
2. Michel Terestchenko, ministre des Affaires étrangères, proche des K.D. (constitutionnels démocrates).
3. La convocation d'une Assemblée constituante est prévue pour novembre.
4. Le général Lavr Kornilov tente un putsch révolutionnaire qui échoue (17-30 août 1917).

1917. Rien que la guerre

Lorsqu'il est porté au pouvoir, le 17 novembre 1917, le « Tigre » a soixante-seize ans. Depuis 1914, dans son journal L'Homme libre, *devenu* L'Homme enchaîné *à la suite de l'institution de la censure, Clemenceau ne cesse de dénoncer les scandales, de morigéner les gouvernements trop veules à son goût, de dénoncer les pacifistes assimilés à des traîtres. La droite, qui en avait fait l'un de ses principaux ennemis, finit par se plier à son pouvoir personnel. Son gouvernement est composé d'hommes de second plan. Le rôle de ses conseillers est devenu essentiel : Georges Mandel, le général Mordacq ou André Tardieu. Il n'a que mépris pour les parlementaires à qui il définit son programme dans un discours prononcé à la Chambre des députés le 26 novembre 1917. Clemenceau est le quatrième président du Conseil en fonction depuis le 1ᵉʳ janvier. Il succède ainsi à Briand, Ribot et Painlevé.*

Messieurs, nous avons accepté d'être au Gouvernement pour conduire la guerre avec un redoublement d'efforts en vue du meilleur rendement de toutes les énergies.

[*Très bien ! très bien !*]

Nous nous présentons devant vous dans l'unique pensée d'une guerre intégrale. Nous voudrions que la confiance dont nous vous demandons le témoignage fût un acte de confiance en vous-mêmes, un appel aux vertus historiques qui nous ont faits Français.

[*Vifs applaudissements.*]

Jamais la France ne sentit si clairement le besoin de vivre et de grandir dans l'idéal d'une force mise au service de la conscience humaine [*très bien ! très bien !*], dans la résolution de fixer toujours plus de droit entre les citoyens, comme entre les peuples capables de se libérer.

[*Applaudissements.*]

Vaincre pour être justes, voilà le mot d'ordre de tous nos gouvernements depuis le début de la guerre. Ce programme à ciel ouvert, nous le maintiendrons.

[*Vifs applaudissements.*]

Nous avons de grands soldats d'une grande histoire, sous des chefs trempés dans les épreuves, animés aux suprêmes dévouements qui firent le beau renom de leurs aînés.

[*Très bien ! très bien !*]

Par eux, par nous tous, l'immortelle patrie des hommes, maîtresse de l'orgueil des victoires, poursuivra dans les plus nobles ambitions de la paix le cours de ses destinées.

Ces Français que nous fûmes contraints de jeter dans la bataille, ils ont des droits sur nous.

[*Applaudissements prolongés.*]

Ils veulent qu'aucune de nos pensées ne se détourne d'eux, qu'aucun de nos actes ne leur soit étranger. Nous leur devons tout, sans aucune réserve. Tout pour la France saignante dans sa gloire, tout pour l'apothéose du droit triomphant.

[*Applaudissements.*]

Un seul devoir, et simple : demeurer avec le soldat, vivre, souffrir, combattre avec lui. Abdiquer tout ce qui n'est pas de la patrie. L'heure nous est venue d'être uniquement Français, avec la fierté de nous dire que cela suffit.

[*Vifs applaudissements.*]

Droits du front et devoirs de l'arrière, qu'aujourd'hui tout soit donc confondu. Que toute zone soit de l'armée. S'il doit y avoir des hommes pour retrouver dans leurs âmes de vieilles semences de haines, écartons-les.

Toutes les nations civilisées sont engagées dans la même bataille contre les formations modernes des vieilles barbaries. Avec tous nos bons alliés, nous sommes le roc inébranlable d'une barrière qui ne sera pas franchie. Au front de l'Alliance, à toute heure et partout, rien que la solidarité fraternelle, le plus sûr fondement du monde à venir.

[*Applaudissements.*]

Champ clos des idéaux, notre France a souffert pour tout ce qui est de l'homme. Ferme dans les espérances puisées aux sources de l'humanité la plus pure, elle accepte de souffrir encore, pour la défense du sol des grands ancêtres, avec l'espoir d'ouvrir, toujours plus grandes, aux hommes comme aux peuples, toutes les portes de la vie. La force de l'âme française est là. C'est ce qui meut notre peuple au travail comme à l'action de guerre. Ces silencieux soldats de l'usine, sourds aux suggestions mauvaises [*applaudissements*], ces vieux paysans courbés sur leurs terres, ces robustes femmes au labour, ces enfants qui leur apportent l'aide d'une faiblesse grave : voilà de nos poilus.

[*Nouveaux applaudissements.*]

De nos poilus qui, plus tard, songeant à la grande œuvre, pourront dire, comme ceux des tranchées : j'en étais. Avec ceux-là aussi, nous devons demeurer, faire que, pour la patrie, dépouillant nos misères, un jour, nous nous soyons aimés.

S'aimer, ce n'est pas se le dire, c'est se le prouver.

[*Vifs applaudissements.*]

Cette preuve, nous voulons essayer de la faire. Pour cette preuve, nous vous demandons de nous aider. Peut-il être un plus beau programme de Gouvernement ?

Il y a eu des fautes. N'y songeons plus que pour les réparer.

Hélas ! il y a eu aussi des crimes, des crimes contre la France, qui appellent un prompt châtiment.

[*Vifs applaudissements.*]

Nous prenons devant vous, devant le pays qui demande justice, l'engagement que justice sera faite selon la rigueur des lois.

[*Très bien ! très bien !*]

Ni considérations de personnes, ni entraînements de passions politiques [*vifs applaudissements à gauche, au centre et à droite ; interruptions sur les bancs du parti socialiste*] ne nous détourneront du devoir ni ne nous le feront dépasser.

[*Très bien ! très bien !*]

Trop d'attentats se sont déjà soldés sur notre front de bataille, par un surplus de sang français. Faiblesse serait complicité. Nous serons sans faiblesse, comme sans violence. Tous les inculpés en conseil de guerre. Le soldat au prétoire, solidaire du soldat au combat. Plus de campagnes pacifistes, plus de menées allemandes. Ni trahison, ni demi-trahison : la guerre.

[*Applaudissements.*]

Rien que la guerre. Nos armées ne seront pas prises entre deux feux, la justice passe. Le pays connaîtra qu'il est défendu.

[*Nouveaux applaudissements.*]

Laurent Gervereau et Christophe Prochasson (sous la direction de), *Images de 1917*, Nanterre, Éditions de la BDIC, 1987, p. 93-94.

1918. L'armistice

Le 8 novembre 1918, les plénipotentiaires allemands rencontrent pour la première fois les émissaires français afin de discuter des conditions d'armistice. L'armistice, on le sait, est signé le 11 à 5 heures du matin à Rethondes (Oise). Alfred Capus (1857-1922), auteur dramatique mais également directeur politique du Figaro *depuis 1914, commente cet événement capital.*

L'armistice est signé. Les canons et les cloches l'ont annoncé hier matin à toute la France. Le carnage finit par l'éclatante victoire de nos armes et par la défaite irrémédiable de ceux qui l'avaient prémédité, organisé, voulu. Les morts vengés par la victoire, voilà ce qui est digne d'être appelé la justice. Ce sentiment a cela de beau et de fort qu'il n'empêche pas les cœurs de bondir d'allégresse, mais qu'il laisse à l'esprit la gravité que tant de deuils et de ruines n'effaceront pas de longtemps.

Ce beau mélange de gravité et d'allégresse ç'a été le spectacle unique dans l'histoire qu'ont donné le Parlement français et la foule parisienne en cette journée du 11 novembre 1918. Qui, de ceux qui y assistèrent, pourra oublier l'arrivée de Clemenceau dans l'hémicycle, les larmes qu'on vit tomber de ses yeux ? Puis la montée à la tribune au milieu des ovations et des cris patriotiques, et la lecture des conditions de l'armistice que scandait l'éclat des canons ? A chacun de ces articles, où la défaite de l'Allemagne enfin jugulée se traduisait avec une fermeté impitoyable, l'atmosphère semblait traversée comme par des éclairs de gloire, et toutes les âmes étaient dominées par le génie de la France, invisible et présent.

Oui, les morts sont vengés, les crimes seront châtiés durement ! Quel eût été le sort de notre pays, si par manque de persévérance ou bien en écoutant les suggestions perfides, il eût laissé échapper cette vengeance et cette victoire ? Il est difficile de n'y point songer, en ce moment, devant l'enthousiasme populaire. La France fût descendue aux abîmes dans un fracas de malédictions.

Une heure de défaillance contenait ce désastre. Là, l'instinct de
la race a été admirable de puissance et de lucidité. Il a senti le
prodigieux « tout ou rien » de la guerre de 1914 et il a suscité
les hommes et les efforts nécessaires. Malgré les plus tragiques
éclipses de fortune, il n'a jamais fléchi. Non seulement il n'a pas
permis le désespoir, mais il n'a pas même permis le doute. Un
jour, en pleine retraite de Charleroi [1], quand tout paraissait
perdu, quelqu'un, au Quartier général, demandait avec anxiété :
« Que pense Joffre ? » On lui répondit : « Joffre ! Il croit à la
victoire ! » Cette foi en la patrie que le généralissime incarnait
alors, cette foi a rendu l'armée invincible, maintenu le peuple
meurtri, donné à toute la nation l'ordre mystique de ne pas périr.
Au tournant suprême de la guerre, elle a soulevé Clemenceau
et Foch. Hier, elle a fait dire à Clemenceau ramassant toute notre
histoire en une phrase aux profondeurs infinies : « La France
a été le soldat de Dieu ; elle est devenue le soldat de l'humanité ;
elle restera toujours celui de l'idéal. »

Mais la guerre montre encore quelle sombre misère c'est de
vouloir séparer l'idéal humain de l'idéal national. Un peuple
qui ne sait pas les joindre étroitement est un peuple perdu. C'est
ce que la Belgique a compris lorsqu'elle s'est offerte en holo-
causte, sûre de fonder sa grandeur sur son sacrifice ; c'est ce
qui a poussé irrésistiblement à combattre à nos côtés l'Angleterre d'abord, puis l'Italie, puis les États-Unis. Ni le seul
idéalisme n'aurait suffi à cette décision, ni le seul intérêt national. Il a fallu la flamme qu'ils produisent en se combinant.
L'Amérique n'a pas voulu que les barbares puissent briser cette
forme suprême de civilisation qu'est la France ; tel est le sens
secret de son intervention. Elle a mis, comme l'Angleterre, son
idéalisme et son épée au service des patries, et notre reconnaissance envers nos alliés prend à cette pensée plus de largeur
humaine.

La paix y gagnera aussi en durée et en fécondité. Car,
plus les nations ont une personnalité vigoureuse et tranchée,
plus l'union entre elles est solide, à l'abri de l'accident et du
hasard. Elle a pour bases la raison, la loyauté, l'intérêt bien
entendu, et ne dépend plus des sentiments capricieux. Cette fois-
ci, la victoire remportée en commun rendra l'union indestructible.

Quant à l'Allemagne vaincue, les rapports que le monde

civilisé entretiendra désormais avec elle dépendront de la façon dont elle saura accepter la défaite et le châtiment, régler ses comptes, expier.

> Alfred Capus, de l'Académie française, « Jours épiques », *Le Figaro*, 12 novembre 1918.

---

1. La bataille de Charleroi (21-23 août 1914) se solde par l'évacuation de la ville belge et la retraite vers Maubeuge du général Lanrezac.

1919. Le Bloc national

*Les législatives du 16 novembre 1919 mêlent scrutins proportion-
nel et majoritaire, les listes obtenant la majorité absolue des suffrages emportant la totalité des sièges de la circonscription. Ces
élections sont en apparence dominées par un affrontement droite-
gauche mais, dans la pratique, les alliances conclues rendent ce
schéma inopérant. Une exception peut-être : la Seine où le Bloc
national, conçu comme le prolongement de l'Union sacrée, se
réalise effectivement. Outre l'appel aux électeurs sont ici men-
tionnés la liste des candidats et le programme du Bloc dans l'une
des circonscriptions parisiennes.*

BLOC NATIONAL RÉPUBLICAIN
(UNION RÉPUBLIQUE SOCIALE ET NATIONALE)

Après cinq ans de guerre et de silence patriotique, vous allez
voter. Vous avez formé votre jugement à la dure épreuve de la
guerre, et vous avez mesuré, dans le péril, la force du sentiment
sacré qui nous unit tous dans l'amour de la patrie.

Aujourd'hui, vous savez que tout danger n'est pas écarté. La
France qui a dû lutter jusqu'à la limite de ses forces, qui a dépensé
ses hommes, son argent, ses réserves de toute nature, vit au jour
le jour dans l'inquiétude du lendemain ; mais la République qui
l'a conduite à la victoire lui rendra sa prospérité, si les Français
savent rester unis en face de l'ennemi révolutionnaire.

Spéculant sur la misère de la guerre et les difficultés de la paix,
les meneurs bolchevistes, n'écoutant que leurs appétits, prêchent
la violence et préparent le désordre sans se demander s'ils ne creusent pas criminellement le fossé où la France, glorieuse conva-
lescente, tomberait peut-être pour ne plus se relever.

Les hommes qui se présentent à vos suffrages ont pleinement
conscience de ce péril.

Ils s'inclinent devant les tombes des soldats morts pour la
France ; ils expriment leur reconnaissance aux combattants héroïques qui ont sauvé la France ; ils promettent leur absolu dévoue-

ment aux familles désorganisées par la guerre, qui demain succomberaient si l'ordre ne régnait pas, si la prospérité ne renaissait pas ; aux blessés, aux mutilés, ils apportent leur collaboration fraternelle et ils assureront le respect absolu des droits acquis sur les champs de bataille.

Et, maintenant, ils se retournent vers vous, Électeurs, qui recevez de ces héros, la France mutilée, l'Alsace et la Lorraine délivrées et la République triomphante ; ils vous demandent de faire qu'elles vivent et prospèrent. Ce n'est pas la victoire d'un parti qu'il vous faut assurer aujourd'hui, c'est encore la victoire de la France.

Électeurs,

Tous, fermement résolus à servir loyalement la République, nous venons à vous, d'un même cœur et d'une même âme. C'est à Paris que la victoire sur les partis révolutionnaires doit être réelle et claire, pour que leur défaite soit décisive. C'est à l'importance de cette bataille que vous devez mesurer votre devoir ; c'est à sa gravité que nous mesurons les nôtres.

Électeurs,

Rappelez-vous que notre programme ne serait qu'un chiffon de papier, si cette condition primordiale n'était pas remplie : la déroute du bolchevisme.

Si par vos votes, vous la déterminez, alors en hommes de bonne foi et de volonté, nous nous efforcerons de « réaliser » la victoire française que vous aurez assurée une seconde fois.

Forte de son droit et de son autorité incontestés, la République poursuivra dans l'ordre et la liberté son « évolution sociale », humaine et courageuse, secourable toujours aux petits et aux humbles, mais n'oubliant jamais qu'à chaque droit correspond un devoir.

Guidée par un gouvernement énergique, appuyée sur une majorité résolue à la soutenir, elle avancera délibérément dans la voie des grandes traditions de 89, qui demandent que la nation et son armée, confondues dans la même foi et la même volonté patriotiques, ne fassent qu'une seule et grande force morale ; c'est appuyée sur cette force dont notre victoire a magnifiquement illustré la puissance invincible, que résolue à prévenir et à rendre impossible toute nouvelle guerre, elle assurera l'exécution du traité, réparation du passé et gage de l'avenir, et poursuivra son chemin dans le monde, entourée du respect et de l'admiration de tous.

Pour que cet avenir soit réservé à nos fils, pour que les enfants des morts de la guerre soient les héritiers d'une France plus belle et plus forte;

Pour que les hommes qui se sont battus puissent travailler en paix dans l'ordre et la légalité; pour éviter aux travailleurs plus de misères et plus de ruines et pour assurer promptement plus de justice sociale;

Pour que la liberté demeure;

Pour que la fraternité demeure;

Pour que l'égalité demeure;

Pour que la France vive;

Électeurs, restez unis dans la foi patriotique et assurez par votre cohésion et votre volonté, le triomphe de la République.

Vive Paris!

Vive la République!

Vive la France!

Charles **Bernard**, Député sortant, Socialiste patriote. — Maurice **Binder**, Lieutenant-Colonel, Officier de la Légion d'honneur, Croix de guerre, Industriel, Député sortant, Indépendant. — Édouard **Bussat**, Industriel, Ancien Vice-Président du Conseil municipal, Chevalier de la Légion d'honneur, Croix de guerre, Alliance Républicaine Démocratique. — P. **Chassaigne-Goyon**, Ancien Président du Conseil municipal, Vice-Président de l'«Union des pères et des mères dont les fils sont morts pour la Patrie», Chevalier de la Légion d'honneur, Industriel, Union Nationale Républicaine. — Joseph **Denais**, Avocat à la Cour, Conseiller municipal, Membre de la Commission du budget, Député sortant, Républicain libéral. — Paul **Escudier**, Ancien Président du Conseil municipal, Vice-Président de la Commission des affaires extérieures, Député sortant, Fédération Républicaine. — Jean **Fabry**, Lieutenant-Colonel, Mutilé de guerre,

Officier de la Légion d'honneur, Croix de guerre, Républicain de gauche. — Marcel **Habert**, Engagé volontaire, Chevalier de la Légion d'honneur, Croix de guerre, Conseiller municipal du IXe arrondissement, Union Nationale Républicaine. — Louis **Mill**, Ancien Député, Ancien Conseiller municipal de Paris, Vice-Président de l'Alliance Républicaine Démocratique. — André **Payer**, Industriel, Chevalier de la Légion d'honneur, Croix de guerre, Conseiller municipal du Xe arrondissement, Républicain socialiste. — Lucien **Prévost**, Industriel, Ancien Juge au Tribunal de Commerce de la Seine, Membre du Comité de Direction du «Comité Républicain du Commerce, de l'Industrie et de l'Agriculture», Officier de la Légion d'honneur, Républicain radical. — P. **Pugliesi-Conti**, Ancien Conseiller municipal de Paris, Député sortant, Union Nationale Républicaine. — Édouard **Soulier**, Vice-Président de la «Ligue Démocratique d'Action morale et sociale», Membre de l'«Union des pères et mères dont les fils sont morts pour la Patrie», Alliance Républicaine Démocratique. — Henri **Tournade**, Industriel, Lieutenant-Colonel, Officier de la Légion d'honneur, Croix de guerre, Député sortant, Fédération Républicaine.

PROGRAMME
DU BLOC NATIONAL RÉPUBLICAIN

DÉFENSE NATIONALE

La paix extérieure maintenue et le territoire protégé contre toute agression par la stricte exécution du traité de Versailles, le contrôle vigilant de son application, le développement de nos alliances et l'orientation sincère de tous les peuples vers l'idéal de la Société des nations dont il faut faire une réalité.

Réduction du service militaire dans toute la mesure compatible avec la sécurité nationale, qui doit être garantie par l'instruction méthodique des cadres, par l'utilisation des capacités et par le perfectionnement de l'outillage.

Règlement intégral des obligations contractées envers les héroïques combattants et les victimes de la Grande Guerre.

Union des citoyens dans la paix sociale et dans la paix religieuse

Défense de la civilisation contre le bolchevisme qui n'est qu'une des formes du péril allemand et la négation même de tout progrès social.

Respect des libertés d'association, de presse et d'enseignement.

Le fait de la laïcité de l'État doit se concilier avec les droits et les libertés de tous les citoyens, à quelque croyance qu'ils appartiennent. Ainsi sera assurée, en France, la paix religieuse.

Organisation économique et sociale

Liberté du travail, du commerce et de l'industrie.

Collaboration de l'intelligence du travail et du capital pour le développement de la production et la mise en valeur de toutes les richesses nationales et coloniales.

Liberté syndicale et extension de la capacité civile des syndicats professionnels.

Institution de conseils mixtes de conciliation et d'arbitrage.

Propriété commerciale, protection du petit commerce.

Développement de l'enseignement commercial, agricole et industriel.

Lutte contre les fléaux sociaux, alcoolisme, tuberculose, démoralisation, insalubrité des logements.

Protection de l'enfance et encouragements aux familles nombreuses et adoption de toutes les mesures propres à assurer le relèvement de la natalité.

Développement des assurances sociales et des institutions d'hygiène, de prévoyance et de solidarité.

L'acquisition du capital facilitée aux travailleurs.

Reconstitution financière

Assainissement des finances publiques, lutte contre le gaspillage ; équilibre sincère des budgets, limitation de l'initiative parlementaire en matière de dépenses.

Répartition équitable des charges publiques entre tous les citoyens, selon leurs facultés et leurs charges de famille.

Création immédiate de la section financière de la Société des nations pour alléger les charges de la France.

Révision des bénéfices des profiteurs de la guerre ; suppression des taxes entravant le commerce.

Payement régulier et intégral des indemnités dues par l'Allemagne.

Restauration rapide des régions dévastées.

RÉFORMES ADMINISTRATIVES
ET CONSTITUTIONNELLES

Réorganisation des services publics ; simplification des rouages ; suppression des emplois inutiles et décentralisation administrative.

Responsabilité des fonctionnaires rendue effective.

Réforme constitutionnelle assurant la séparation et la responsabilité des trois pouvoirs, exécutif, législatif et judiciaire ; la stabilité ministérielle, le concours des compétences économiques, techniques et administratives dans l'élaboration des lois et règlements.

Achèvement de la réforme électorale.

Inscription dans la charte constitutionnelle des principes essentiels de la Déclaration des Droits des citoyens, et institution d'une cour suprême pour en assurer le respect par les pouvoirs publics.

Élections de 1919, *Barodet*, p. 771.

1920. L'intervention de Blum à Tours

Le 25 décembre 1920 s'ouvre à Tours le 18ᵉ congrès du Parti socialiste unifié pour débattre de l'adhésion à la IIIᵉ Internationale. Lorsque le congrès se sépare le 29 décembre, l'unité n'est plus. Les trois quarts des délégués acceptant les 21 conditions posées par Lénine créent la Section française de l'Internationale communiste. Les minoritaires — regroupés dans un Comité de résistance socialiste à l'adhésion — entendent, comme le député de la Seine Léon Blum (1872-1950), garder « la vieille maison ».

M. *Léon Blum* : [...] Cela dit, je me hâte de conclure et de descendre de la tribune. Sur les questions d'organisation, sur les questions de conception révolutionnaire, sur les rapports de l'organisation politique et de l'organisation corporative, sur la question de la dictature du prolétariat, sur la question de la défense nationale, je pourrais dire aussi sur ce résidu sentimental de la doctrine communiste que nous ne pouvons pas plus accepter que sa forme théorique, sur tous ces points, il y a opposition et contradiction formelles entre ce qui a été jusqu'à présent le socialisme et ce qui sera demain le communisme.

Il ne s'agit plus, comme on l'a dit inexactement, d'une question de discipline. Chacun de nous est mis en face d'un cas de conscience individuel et collectif à la fois. Devant une situation entièrement nouvelle, et que vous avez voulue telle, il faut l'envisager et dire : Je peux ou je ne peux pas. Il faut le dire sans réticence, sans arrière-pensée, sans chicane, sans restriction mentale, sans quoi que ce soit qui serait indigne des uns et des autres.

Je vous pose très simplement une question. Croyez-vous que, s'il m'avait été possible, après votre vote, d'adhérer à l'Internationale communiste, j'aurais attendu jusqu'à votre vote pour le faire ? Si j'avais pu m'imposer cet effort demain, croyez-vous que je ne l'aurais pas fait hier ? Croyez-vous que je n'aurais pas, pour ma part, procuré à mon Parti l'économie de ces semaines et de ces mois de discussions et de controverses ?

Si j'avais eu quelques objections de détail, je les aurais fait taire ; je les aurais refoulées en moi. J'aurais essayé que cet acte, dont nous sentons la solennité, s'accomplît, s'il était possible, avec l'unanimité d'entre nous. Si j'avais pu faire cet effort sur moi-même, je le répète, je l'aurais fait dès le premier jour, au moment où Frossard et Cachin sont revenus de Russie [1], au moment où Frossard me l'a demandé personnellement. Je n'ai pas pu.

Croyez-vous qu'un vote de majorité va changer l'état de ma conscience ? Parce que tant de voix se sont prononcées pour et tant de voix contre, croyez-vous que l'état de ma raison et de mon cœur, vis-à-vis d'un problème comme celui-là, va se transformer ? Croyez-vous que des chiffres aient cette vertu ? Allons donc ! pas un de vous ne peut le croire.

Il n'y a qu'une chose qui pourrait changer notre décision ; c'est que l'Internationale communiste elle-même changeât ; ce serait qu'on nous présentât quelque chose de différent de ce qu'on nous offre, quelque chose qui ne fût pas contraire à ce que nous avons et que nous voulons préserver.

Je sais très bien que certains d'entre vous, qui sont de cœur avec nous, n'entrent dans l'Internationale communiste qu'avec l'arrière-pensée de la modifier du dedans, de la transformer une fois qu'ils y auront pénétré [2]. Mais je crois que c'est là une illusion pure. Vous êtes en face de quelque chose de trop puissant, de trop cohérent, de trop stable pour que vous puissiez songer à le modifier. [*Applaudissements*.] Je crois aussi que c'est une attitude qui n'est pas très noble. On entre ou on n'entre pas. On entre parce qu'on veut ou on n'entre pas parce qu'on ne veut pas. [*Très bien*.]

On entre ou on n'entre pas parce que la raison adhère ou n'adhère pas.

Moi non plus, je peux vous le dire comme Sembat [3], je ne veux pas faire d'émotion. Je ne suis entré qu'à deux reprises dans la vie publique du Parti, à quinze ans de distance. J'y suis entré en 1904-1905 pour travailler à l'unité, et j'y suis revenu en 1917, à un moment où l'unité me paraissait menacée [4]. Je n'y suis rentré que pour cela.

Quand on suppose comme mobiles la rancune, l'entêtement,

l'amour-propre, l'attachement à la tradition, quand on nous attribue de pareils sentiments devant un événement aussi formidable et qui peut avoir des conséquences démesurées, on nous fait injure bien gratuite et bien imméritée.

On a parlé à tout instant dans ce débat des chefs dont il fallait détruire une bonne fois l'autorité usurpée. Je ne sais pas si je suis un chef ou si je ne suis pas un chef dans le Parti socialiste ; je ne m'en rends nullement compte. Je sais que j'y occupe un poste qui comporte une responsabilité.

J'ai souvent pensé à cette vieille plaisanterie : « Je suis leur chef : il faut donc que je les suive. » Dans un parti comme le Parti socialiste, cette plaisanterie contient une grande part de vérité et, pour ma part, je n'en ai jamais disconvenu. Je sais que dans un parti de formation populaire, d'essence populaire, comme le nôtre, les chefs ne sont que des voix pour parler plus fort au nom de la masse, ils ne sont que des bras pour agir plus directement au nom de la foule.

Tout de même, ils ont un devoir. Ils sont les serviteurs de la volonté collective. Mais cette volonté, ils ont le droit d'essayer de la reconnaître et de l'interpréter. Ils ont le droit de se demander si ce qu'ils voient devant eux n'est qu'un remous de tourbillons contraires, s'égarant vers les rives, ou si c'est le vrai courant profond, lent, majestueux, qui descend du fleuve.

Puis ils conservent, malgré tout, une conscience individuelle. Et il y a des moments où ils ont le droit et le devoir de se dire : « Est-ce que je peux ou est-ce que je ne peux pas suivre ? »

C'est là que nous en sommes venus aujourd'hui. Un vote de majorité, je le répète, ne changera rien à ce cri de conscience assez fort chez nous pour étouffer ce souci de l'unité qui nous a toujours guidés.

Nous sommes convaincus, jusqu'au fond de nous-mêmes que, pendant que vous irez courir l'aventure, il faut que quelqu'un reste garder la vieille maison. [*Très bien.*]

Nous sommes convaincus qu'en ce moment il y a une question plus pressante que de savoir si le socialisme sera uni ou ne le sera pas. C'est la question de savoir si le socialisme sera, ou s'il ne sera pas. [*Applaudissements.*]

C'est la vie même du socialisme que nous avons la conscience profonde de préserver en ce moment dans la mesure de toutes nos forces.

Et puisque c'est peut-être pour moi la dernière occasion de vous le dire, je voudrais vous demander quelque chose qui est grave à mes yeux. Pouvons-nous vraiment, les uns et les autres, prendre là-dessus une sorte d'engagement suprême ? Demain, nous serons peut-être divisés comme des hommes qui comprennent différemment l'intérêt du socialisme, le devoir socialiste ? Ou serons-nous divisés comme des ennemis ?

Allons-nous passer notre temps devant la bourgeoisie à nous traiter les uns de traîtres et de renégats, les autres de fous et de criminels ? Ne nous ferons-nous pas, les uns et les autres, crédit de notre bonne foi ? Je le demande : « Y a-t-il quelqu'un ici qui croie que je ne suis pas socialiste ? »

Cartier [5] *:* Tu es confusionniste.

[*Tumulte.*]

Blum : Dans cette heure qui, pour nous tous, est une heure d'anxiété tragique, n'ajoutons pas encore cela à notre douleur et à nos craintes. Sachons nous abstenir des mots qui blessent, qui déchirent, des actes qui lèsent, de tout ce qui serait déchirement fratricide.

Je vous dis cela parce que c'est sans doute la dernière fois que je m'adresse à beaucoup d'entre vous et parce qu'il faut pourtant que cela soit dit. Les uns et les autres, même séparés, restons des socialistes ; malgré tout, restons des frères, des frères qu'aura séparés une querelle cruelle, mais une querelle de famille, et qu'un foyer commun pourra encore réunir.

[*Applaudissements prolongés sur les bancs de droite. Tumulte à gauche.*]

> L. Blum, discours du 27 décembre 1920, recueilli dans *Le Congrès de Tours*, présenté par A. Kriegel, Paris, Gallimard, 1975, p. 132-136.

1. Secrétaire général de la SFIO, L.-O. Frossard se rend en juillet 1920 à Moscou avec Marcel Cachin, directeur de *L'Humanité*, pour examiner les conditions d'adhésion à la IIIᵉ Internationale.

2. C'est notamment l'idée de L.-O. Frossard.

3. Ministre des Travaux publics dans le ministère Viviani, Marcel Sembat, hostile aux 21 conditions, est le premier à intervenir au congrès de Tours.

4. Allusion au conflit opposant en 1917 les adeptes de l'Union sacrée aux partisans d'une paix sans vainqueurs ni vaincus.

5. Joseph Cartier (1867-?), élu à la CAP de la SFIO en 1920, est favorable à l'adhésion.

1920. Une intervention de Marcel Cachin au Congrès de Tours

Marcel Cachin (1869-1958) avait été socialiste, délégué permanent à la propagande. Il appartenait au courant guesdiste. Pendant la guerre, il se rallie naturellement au courant majoritaire hostile au pacifisme. En juillet 1920, il se rend à Moscou, accompagné de Frossard, pour négocier les conditions d'adhésion de la SFIO à la IIIᵉ Internationale. Fraîchement reçus par les bolcheviques, les deux émissaires socialistes peuvent néanmoins assister au deuxième congrès de l'Internationale où ils exposent la ligne du Parti socialiste français. L'un et l'autre reviennent convaincus de la nécessité de l'adhésion à la nouvelle Internationale. Ils défendirent cette position au congrès de Tours où ils présentèrent leur propre résolution.

J'en viens à une querelle d'un tout autre ordre que certains socialistes ont cherché à la Révolution russe et par laquelle l'on cherche de manière inattendue à écarter de la IIIᵉ Internationale la majorité de nos partis.

On a dit : « Comment ! Voilà une révolution communiste qui commence par distribuer la terre à l'ensemble des paysans russes, au lieu de s'en tenir à la doctrine communiste intégrale ! »

Est-ce que cette pratique est, elle aussi, comme celle de la violence, contraire à notre tradition socialiste française ? Je croyais que, sur ce point, tous nos congrès nationaux et internationaux avaient été unanimes. Ils ont toujours déclaré que la révolution réalisée devait tenir compte des moments de l'évolution que nous vivons.

Une voix : C'est de l'opportunisme !

Cachin : Oui, c'est de l'opportunisme et du meilleur.

[*Applaudissements.*]

Les Russes ont donc, après leur révolution faite, appliqué cet opportunisme-là ; mais il ne convient pas de jouer sur les mots et de confondre l'opportunisme d'avant et celui d'après la Révolution.

[...]

Ils ont donc mis la main sur la forteresse centrale d'où, aujourd'hui, la bourgeoisie tire dans tous les pays sur l'ensemble des prolétariats qui ne se sont pas encore saisis du gouvernement. Ils l'ont fait avec une parfaite clarté de vue, dans le but avoué de réaliser le communisme plein et total, avec l'esprit politique le plus haut ; nous avons, nous, à les en féliciter au lieu de multiplier contre leur œuvre les chicanes et les réserves.

[*Très bien !*]

Ce que nous attendons d'eux par-dessus tout, en ce moment, c'est que la grande Commune qu'ils ont instaurée ne tombe pas sous les coups du capitalisme international ; c'est qu'ils résistent à tout prix et qu'ils continuent à maintenir là-bas, debout, la république sociale qu'ils ont édifiée.

S'ils laissent à leurs paysans la possession individuelle de leur sol dans certaines conditions, cela n'empêche pas que, avec une passion dont nous avons eu, Frossard [1] et moi, des exemples multiples, ils tentent dans l'agriculture même de fournir des exemples de travail collectif ; ils occupent, à l'heure actuelle et malgré tout, en Russie, au travail du sol national, près d'un million d'hommes sous les formes de coopératives paysannes, de domaines soviétiques, de communes agricoles, car leurs modes de distribution de la terre furent et demeurent infiniment souples et variés.

Je me souviens d'une réunion à laquelle nous assistâmes dans un Soviet fort éloigné de Moscou, celui de la grande ville industrielle de Saratof. On nous avait conviés à assister à la délibération, et il se trouvait précisément que l'ordre du jour portait la question des communes agraires ; les ouvriers et les ouvrières, l'ensemble des représentants du Soviet local, étudiaient, avec patience et avec un grand souci du réel, le problème des communes agricoles travaillées collectivement. Leur gouvernement en comportait un grand nombre, auxquelles ils faisaient de multiples visites, au sujet desquelles ils formulaient les enquêtes et les statistiques.

Les orateurs apportaient là le résultat de leurs observations, et la directive générale à laquelle ils obéissaient tous était de porter les domaines collectifs à un tel degré de progrès, de perfection et de rendement qu'ils deviendraient des modèles pour les petits propriétaires jusqu'à présent attachés au sol que le bolchevisme vient de leur attribuer.

[*Applaudissements.*]

C'est là une vieille conception ; nous l'avons souvent formulée dans nos programmes et dans nos congrès. Les Russes ont l'avantage sur nous d'avoir essayé de mettre les premiers ces principes en application.

[*Très bien !*]

> *XVIIIᵉ Congrès national*, compte rendu sténographique, Paris, SFIO, 1920, p. 353-355.

1. Ludovic-Oscar Frossard (1889-1946) est secrétaire du Parti socialiste. Instituteur, il rallie la majorité de Tours mais quitte le Parti communiste en 1923.

1921. Les Réparations

En avril 1921, la Commission des réparations fixe à 132 milliards de marks-or l'indemnité due par l'Allemagne à la France. Mais la République de Weimar tarde à s'exécuter. Elle exige avec constance la renégociation de cette somme et en mars comme en juillet 1922 réclame un moratoire. Sous la plume de son rédacteur en chef Stéphane Lauzanne, Le Matin, *quotidien de droite réputé pour sa rubrique diplomatique, juge sévèrement ces atermoiements.*

DEUX CHIFFRES

> Pour M. Mellon,
> Pour l'Amérique,
> Pour la vérité [1].

M. Mellon [2], ministre des Finances des États-Unis, a demandé à M. Parmentier, délégué des Finances de France, de lui faire tenir un certain nombre de documents et de statistiques concernant nos créances, nos dettes, nos dévastations, notre budget, etc. Est-il trop tard pour prier M. Parmentier de ne pas oublier de faire tenir à M. Mellon deux chiffres ?...

Deux chiffres, ce n'est pas énorme, mais c'est quelquefois suffisant. Deux chiffres, ça résume quelquefois mieux une situation que vingt statistiques. Deux chiffres, ça suffit parfois à éclairer une religion et à fixer l'histoire...

Les deux chiffres que nous voudrions bien mettre sous les yeux de M. Mellon et du peuple américain tout entier sont les suivants :

> 1 milliard et quart de dollars
> 7 milliards et demi de dollars

Nous allons nous expliquer...

Un milliard et quart de dollars, c'est à quelques unités près, ce que, à la date du 15 juillet 1922, l'Allemagne a versé à la Commission des réparations, soit en nature, soit en espèces. Le dernier bilan de la Commission accuse, en effet, un

versement total de 4 944 millions de marks-or — ce qui représente (4 marks-or valant un dollar) **un milliard et quart de
dollars**.

Sept milliards et demi de dollars, c'est à quelques unités près,
ce que, à la date du 15 juillet 1922, la France a versé pour les
frais de reconstruction de ses régions dévastées et pour les frais
de ses pensions, frais qui, en vertu du traité de Versailles, incombent exclusivement à l'Allemagne. Il ressort, en effet, d'une déclaration de M. Raymond Poincaré qu'aujourd'hui ces frais
s'élèvent à 92 milliards de francs. Et, si nous prenons le cours
moyen du change de ces trois dernières années, lequel est de
12 francs pour un dollar, nous voyons que ces 92 milliards de
francs représentent environ **sept milliards et demi de dollars**.

Donc, en trois ans, l'Allemagne, qui n'a pas eu un pouce de
son sol ravagé par la guerre, qui n'a pas eu une maison détruite
par la guerre, qui n'a pas eu une usine détériorée par la guerre,
a versé **un milliard et quart de dollars**. Et, pendant ces mêmes
trois années, la France, qui a eu sept de ses plus riches départements dévastés, qui a vu saccager ses plus importantes mines de
charbon, qui a vu ses meilleurs districts industriels réduits en cendres, a néanmoins trouvé la force d'avancer **sept milliards et demi
de dollars** pour le compte des auteurs de la dévastation, du saccage et de la destruction.

Pour l'amour de la vérité, ne sortons pas de ces deux chiffres. Quand on nous dit : « L'Allemagne ploie sous le fardeau
de sa dette de réparations », répondons simplement : « Pardon,
elle n'a payé que **un milliard et quart de dollars** pendant que nous
en payions **sept milliards et demi** ! » Quand on nous dit : « Le
mark allemand est tombé à zéro à cause des payements que l'Allemagne doit faire », répondons : « Non, le mark allemand ne peut
pas tomber à zéro après avoir servi à payer **un milliard et quart
de dollars**, quand le franc ne tombe qu'à quarante centimes, après
avoir servi à payer **sept milliards et demi de dollars**. »

Un milliard et quart de dollars, c'est tout ce que 70 millions
d'Allemands, qui n'ont pas eu un carreau de cassé, ont payé pour
réparer la guerre qu'ils ont déclarée et qu'ils ont perdue. **Sept
milliards et demi de dollars**, c'est ce que 40 millions de Français, qui ont eu sept départements ruinés, ont trouvé en se sai-
gnant et en fouillant leur pauvre bas de laine pour réparer les
horreurs d'une guerre qu'ils ont subie et qu'ils ont gagnée.

Un milliard et quart de dollars ! Sept milliards et demi de dollars ! Voilà, monsieur Mellon, l'effort de l'une et voilà l'effort de l'autre ! Qui a droit au moratoire ? Qui a droit à une réduction de dette ? L'Allemagne intacte au milliard et quart ou la France déchirée aux sept milliards et demi ?

Pesez les deux chiffres dans votre conscience, monsieur Mellon ! L'Histoire les pèsera dans sa balance.

> Stéphane Lauzanne, « Deux chiffres », *Le Matin*, 16 juillet 1922.

1. Les États-Unis comme la Grande-Bretagne sont loin d'appuyer la politique française en matière de réparations.
2. Andrew W. Mellon (1855-1937) est secrétaire d'État au Trésor (1921-1932).

1922. Les anciens combattants

Après une dure bataille, les anciens combattants obtiennent en 1922 que le 11 novembre devienne une fête nationale. Le 29 octobre 1922, La France mutilée, l'hebdomadaire national de l'Union fédérale (l'une des principales organisations d'anciens), reproduit un appel des mutilés et combattants du Loiret qui définit le sens que les associations entendent donner à cette commémoration.

Fête nationale du 11 Novembre

Appel au Peuple

Citoyens !

Les Hommes de la Guerre veulent célébrer le **11 novembre**.
Le 11 novembre 1918 marque la fin de la plus épouvantable tuerie qui ait désolé le monde moderne. Pendant cinquante-deux mois, des peuples entiers se sont affrontés sur d'immenses champs de bataille. **Quarante millions d'hommes se sont battus. Six millions ont été tués. Quinze millions ont été blessés.** Des régions populeuses et riches ont été ravagées ; il faudra un quart de siècle pour les ramener à la vie.

C'est l'**Allemagne** qui portera devant l'histoire la responsabilité du sang versé et des ruines accumulées. C'est l'**Allemagne impérialiste, pangermaniste et militariste qui a voulu cette guerre,** qui l'a déclarée et qui l'a poursuivie par les moyens les plus criminels.

La France républicaine et pacifique s'est battue pour la justice, pour la liberté, pour le droit. **Les Hommes de la guerre** se sont battus contre l'impérialisme, contre le militarisme : ILS ONT FAIT LA GUERRE À LA GUERRE. **Sept millions et demi** de Français ont porté leur vie sur les champs de bataille ! UN MILLION CINQ CENT MILLE SONT MORTS ! **Un million** sont incurablement **mutilés** ! **Huit cent mille enfants** n'ont plus de père ! **Sept cent mille femmes** n'ont plus de mari !

Citoyens !

Les Hommes de la Guerre veulent que LEUR VICTOIRE consacre l'ÉCRASEMENT DE LA GUERRE !

Ils veulent que **l'Allemagne coupable paye la guerre** qu'elle a déchaînée !

Ils veulent que **la France victorieuse demeure la Patrie du Droit et le Soldat de la Paix.**

Ils veulent qu'à l'anarchie entre les peuples soit substitué le règne du droit entre les nations.

Hommes de la Guerre, en mémoire des luttes géantes que nous avons soutenues ; au nom de nos frères morts, **nous sommes les serviteurs pacifiques de la** SOCIÉTÉ DES NATIONS.

Citoyens !

Avec les **Hommes de la Guerre,** soyez les **Hommes de la Paix.**

Le 11 novembre, jour de la **Victoire,** jour de nos souvenirs, jour de nos **deuils,** jour de nos **espoirs,** avec nous sachez vouloir d'un seul cœur :

Liberté, Justice, Paix entre les citoyens !

Justice pour la France !

Paix dans le Monde !

> « Appel des mutilés et des combattants du Loiret »,
> *La France mutilée,* 29 octobre 1922, cité *in* A. Prost,
> *Les Anciens Combattants,* Paris, © Julliard-
> Gallimard, « Archives », 1977, p. 100-101.

1922. *La Garçonne*

Victor Margueritte (1866-1942) avait commencé sa carrière littéraire avant la guerre, souvent associé à son frère Paul, mort en 1918. Son roman, La Garçonne, *lancé à grand renfort de publicité, fait un véritable scandale. Le personnage principal, Monique, est présenté sous les traits d'une femme libérée des contraintes que fait peser sur elle une morale étriquée et dominée par les hommes. Quelques passages crus, en particulier ceux qui traitent de l'homosexualité féminine, ne doivent pas assimiler ce roman au genre érotique. La sexualité n'y occupe qu'une place fort modeste. Ces scènes ont cependant beaucoup contribué à heurter un public qui, l'année suivante, put de nouveau s'émouvoir à la lecture du* Diable au corps, *roman de Raymond Radiguet (1903-1923) promu dans les mêmes conditions éditoriales.*

Un feu brûlait, inextinguible, dans les os de la quinquagénaire, si prodigieusement conservée, par la gymnastique et l'hydrothérapie, qu'elle n'accusait pas, à la ville comme à la scène, plus de trente-cinq ans, sous le secret des fards... Plume et poil, tout était bon à son ardeur célèbre. Elle n'en avait pas moins gardé quinze ans un danseur-chanteur, élevé par elle à la grande vedette, et venait de le quitter, il y avait six mois, pour Monique. Amours en titre, qui n'empêchaient ni les béguins de sexe différent, ni les affaires...

Insoucieuse de l'affichage, Monique se laissait aller aux bras dominateurs... Le bien, le mal ? Mots vides de sens ! Ils tintaient à ses oreilles comme des grelots fêlés. Elle était là parce que son métier et le hasard l'y avaient conduite, et que son insensibilité s'en accommodait. Avec l'apparence de la guérison, elle demeurait comme une malade, anesthésiée encore sous le chloroforme de la table d'opération. C'est ainsi qu'elle savourait, les yeux mi-clos, l'ivresse de tournoyer silencieusement.

Les premières caresses de Niquette, en réveillant en elle une sensualité froissée à l'instant de naître, avaient laissé scellée, au fond de son cœur, la sentimentalité d'autrefois. Bien morte, croyait-elle. Elle aimait, pour cette analogie, les vers du pauvre et profond Seurat, un des jeunes poètes fauchés par la guerre. Ame tendre qu'elle chérissait...

> Cœur de plomb où l'amour pourrit avec l'orgueil
> Sous les raides linceuls de bois jaune et d'ébène...

Mais elle était, en même temps, riche de trop de sève pour que ce qui ne bourgeonnait plus d'une sorte, ne jaillît pas d'une autre. Ainsi le plaisir l'avait amenée, peu à peu, à une demi-révélation de la volupté. Minutes brèves, et au fond décevantes. Pourtant ces baisers, où la tendresse apitoyée se mêlait au trouble attrait d'une découverte, ne lui répugnaient pas. Sous le visage de la consolation, celui de la jouissance était confusément apparu. Monique gardait à Niquette la reconnaissance de ne lui avoir apporté l'une qu'après l'autre, en ne lui découvrant que petit à petit, sous la délicatesse de l'amie, la fougue de l'amoureuse...

Elle tournait, le regard perdu. Elle était si étroitement enlacée que serrant une jambe de Niquette entre les siennes, elle sentait onduler en elle le mouvement de la danse. Un Argentin qui les croisait, narquois, eut un clappement : «Eh bien!»... Niquette éclata de rire :

— On se passe bien d'eux!

Monique approuva, d'un abaissement de cils. Cependant, tout en éprouvant toujours, aux heures de leur abandon, le même agrément, elle commençait à ouvrir sur le monde des sens une pensée moins restreinte. Les hommes!... Après en avoir eu d'abord, et farouchement, le dégoût, puis le dédain, elle commençait à les prendre, de nouveau, en considération. Mais elle les voyait exactement sous le même angle qu'un garçon les filles : sans aucun vague à l'âme. Curiosité qu'elle ne s'avouait pas encore, dans cette inertie d'âme où elle flottait comme une épave — mais qu'elle n'écartait pas, lorsque d'aventure elle levait les yeux sur quelqu'un qui n'était pas, *a priori*, déplaisant.

Victor Margueritte, *La Garçonne*, Paris, Flammarion, 1922, p. 132-133.

1923. L'occupation de la Ruhr

La République de Weimar ne s'empresse guère d'acquitter les réparations dont le traité de Versailles avait imposé le principe. Face à un nouveau manquement de la part des Allemands — une livraison de charbon non acquittée le 9 janvier —, le président du Conseil, Raymond Poincaré (1860-1934), décide d'envahir le 11 janvier 1923 la Ruhr, non pour annexer ce foyer industriel mais pour tout simplement se servir sur place. Réputé pour sa rubrique de politique étrangère, le quotidien Le Matin *donne sa version de l'événement dans un article non signé.*

ESSEN, CAPITALE INDUSTRIELLE
DE L'ALLEMAGNE SERA AUJOURD'HUI
SOUS LE CONTRÔLE ALLIÉ

M. POINCARÉ A AVERTI LE REICH HIER APRÈS-MIDI

La France saura déjouer les manœuvres
de la finance internationale

Aujourd'hui, à 14 heures, la première phase de l'expédition de contrôle dans la Ruhr sera un fait accompli. Essen sera occupé.

Depuis trois ans, les divers gouvernements français ont travaillé à maintenir l'union des alliés pour l'exécution du traité de Versailles. L'expérience a révélé que l'accord était impossible sur le point le plus important de cette exécution, c'est-à-dire les mesures nécessaires pour faire payer l'Allemagne.

Après s'être efforcés, au cours de plus de vingt conférences, de trouver une commune mesure entre les thèses opposées de l'Angleterre et des autres alliés, nos négociateurs en sont venus à décider qu'il fallait désormais faire une politique de réalisation, au besoin sans l'Angleterre.

Aujourd'hui peut-être le cabinet britannique va faire entendre une protestation. Elle ne saurait avoir aucune valeur contre la volonté nettement affirmée de la France, de l'Italie et de la Belgique. L'Angleterre ne va pas secourir l'Allemagne. Tout ce qu'elle pourrait faire en cas d'échec français, c'est de dire qu'elle l'avait prévu.

Mais notre situation est excellente. Avec les méthodes que préconisait le gouvernement de Londres, nous étions sûrs de ne jamais rien toucher, avec celles que nous allons mettre en œuvre, nous avons un grand nombre de chances pour nous. Appuyés sur la Commission des réparations, fidèles au traité, nous pouvons regarder avec sang-froid des manœuvres politiques comme le retrait de troupes ou de délégués, et des manœuvres de banque qui n'auront qu'un temps.

Après avoir épuisé pour persuader l'Allemagne toutes les ressources de l'art oratoire, nous avons recours à une nouvelle argumentation. Nous occupons le centre nerveux de l'organisme germanique. Ce centre est dans la Ruhr et les Allemands ont beau en transporter l'administration et les archives sur un autre point du territoire, ils ne transporteront ni les mines, ni les usines.

Possesseurs de ce centre nerveux, nous réalisons le maximum de nos moyens de pression sur ceux des Allemands qui détiennent la fortune et le crédit.

Nous commencerons avec beaucoup de modération et nous ne demandons pas mieux de ne pas aggraver les sanctions qui seront appliquées ; partout où une tonne de houille, partout où un objet manufacturé sera prêt à être expédié, il y aura un ingénieur allié qui, au début, contrôlera les destinations et, plus tard, si c'est nécessaire, les modifiera.

Il y avait déjà, à Essen, cinquante ingénieurs ressortissants des puissances de l'Entente : depuis deux ans ils s'efforçaient de travailler et l'on se moquait d'eux. A partir d'aujourd'hui midi, les 25 000 hommes du général Degoulte [1] sauront exiger pour eux le respect qui est dû à leur décision.

On n'imposera pas de taxe spéciale ; on ne tirera pas de l'argent des habitants de la Ruhr, pour les mettre dans un état d'infériorité vis-à-vis de leurs compatriotes, mais on se servira des richesses naturelles et de l'outillage formidable de ce bassin industriel pour faire sortir les capitaux allemands des cachettes où ils sont enfouis. Si l'Angleterre, conduite dans une mauvaise voie par un syndicat financier, refuse de s'associer à cette expérience, le gouvernement français prendra néanmoins toutes les dispositions pour que les intérêts britanniques soient sauvegardés et pour que la place réservée aux techniciens britanniques demeure libre.

Tel est l'esprit dans lequel a été rédigée la note remise hier après-midi, à 16 heures, par M. de Margerie [2] à la Wilhelmstrasse, note dont M. Poincaré a eu la courtoisie d'envoyer une réplique à M. Mayer, ambassadeur d'Allemagne à Paris. [...]

Nous avons avec nous toutes les puissances alliées dont le traité de Versailles a consacré la victoire ou fondé l'existence. Une fois maîtresses de la Ruhr, la Belgique, la France et l'Italie sont de taille à supporter sans faiblir les menaces de la Cité et de Wall Street.

> X, « Essen, capitale industrielle de l'Allemagne... »,
> *Le Matin*, 11 janvier 1923.

1. Le général Jean-Marie Degoulte (1866-1938) commande les troupes d'occupation alliées en Rhénanie et dirige l'occupation de la Ruhr.
2. Ambassadeur de France à Berlin.

1923. Le discours d'Évreux

*En voyage officiel à Évreux (14 octobre 1923), le président de
la République, Alexandre Millerand (1859-1943), prend la parole
lors du banquet qui réunit à la préfecture les hôtes de marque.
Dans son discours, le président se livre à une apologie de la politique menée par le Bloc national et réclame un rééquilibrage des
pouvoirs. Parce qu'il contredit la traditionnelle neutralité du chef
de l'État — proximité des élections législatives oblige —, le « discours d'Évreux » provoque, à gauche surtout, un scandale tel
que, dès la victoire du Cartel, Millerand doit abandonner sa
charge (11 juin 1924).*

[...] Si la liberté est l'essence de la République, l'autorité ne
lui est pas moins indispensable qu'à aucune autre forme de gouvernement.

C'est calomnier la France républicaine, ce pays de clair bon
sens et de vues nettes, que la juger rebelle à l'autorité nécessaire.
Elle ne l'écarte pas : elle la demande. On intervertit les rôles en
l'accusant de la repousser, quand, le plus souvent, l'autorité n'a
manqué que par la défaillance des hommes chargés de l'exercer.

Sous le régime parlementaire, auquel on n'a, que je sache, proposé jusqu'à ce jour de substituer rien qui le vaille, il est naturel
que le Parlement incline à la suprématie.

Le respect de la souveraineté du peuple, qui est la loi suprême,
exige qu'il résiste à cet entraînement.

Rigoureuse séparation des pouvoirs ; stricte observance de leurs
attributions : la liberté à ce prix.

Que le pouvoir législatif se contente de légiférer et de contrôler ; que le pouvoir judiciaire rende, en toute indépendance, les
arrêts que lui dictent la loi et sa conscience ; que, soumis au
contrôle de l'un, respectueux de l'indépendance de l'autre, le pouvoir exécutif administre et gouverne : la règle est plus aisée sans
doute à formuler qu'à suivre. On ne la violera pas cependant
sans subir aussitôt les effets de sa transgression.

La Constitution, les lois et les mœurs ont fait au Parlement
une part trop large pour qu'il soit utile d'y rien ajouter. De son

initiative propre, par de simples mesures réglementaires, il pourrait, se persuade-t-on, corriger certains défauts révélés par l'usage : déjà il a su mettre ordre à quelques-uns d'entre eux.

Le jour ne tardera pas où, la fermeté et la ténacité de notre politique extérieure si résolument conduite aux applaudissements du pays par le président du Conseil ayant porté leurs fruits, il nous sera permis d'entreprendre l'œuvre délicate et indispensable de la révision.

Par des retouches mesurées apportées à notre Constitution dans les formes qu'elle-même a prévues, on l'adapterait au besoin généralement ressenti de donner au gouvernement plus de stabilité, aux intérêts économiques plus de garanties ; on en ferait un instrument plus souple et plus sûr d'une politique républicaine, sociale, nationale, exclusivement dévouée à la prospérité et à la grandeur de la patrie.

Cette politique, le Parlement l'a courageusement servie lorsque, à l'appel du gouvernement, il s'est refusé à abaisser la durée du service militaire au-dessous de dix-huit mois. L'opération tutélaire de la Ruhr eût suffi à attester qu'ils furent l'un et l'autre bien inspirés.

L'heure viendra que le temps de séjour à la caserne pourra être réduit sans péril. La France est attachée au maintien de la paix avec trop de sincérité et de ferveur ; elle a un besoin trop pressant du labeur de tous ses enfants pour ne pas souhaiter ardemment que cette heure sonne bientôt.

La plus sûre garantie de la paix est que l'ordre de choses issu de la guerre soit si fortement enraciné que personne ne puisse être tenté de l'ébranler. Les promesses, les discours ne suffisent pas.

Comment déjà aurions-nous oublié la leçon d'août 1914 et le démenti infligé par l'événement aux espoirs de nos pacifistes ? Les socialistes français étaient de bonne foi qui avaient fait confiance aux promesses des socialistes allemands ; ceux-ci mêmes ne s'étaient peut-être pas clairement rendu compte, jusqu'au jour où éclata la foudre, qu'ils étaient Allemands avant que d'être internationalistes.

Si en dépit de l'expérience les mêmes hommes devaient se laisser entraîner par les mêmes chimères, la nation du moins a compris : elle n'est pas près d'oublier.

Non que nous méconnaissions la séduction de l'idéal effort. Un peuple ne se passe point d'une mystique et, pour ne pas dater d'hier, celle qui s'assigne pour but le règne de la fraternité humaine n'en commande que plus fort le respect et la sympathie. C'est la servir que dénoncer le danger mortel que lui ferait courir le dédain de la réalité.

Le spectacle de la Russie n'est-il pas de nature à faire réfléchir ? Eût-on imaginé que jamais seraient offertes au monde une leçon de choses si décisive, une apologie si saisissante de la propriété individuelle ? Instaurer la dictature d'une classe ou plus exactement d'une poignée d'hommes qui s'arrogent le privilège de parler en son nom, ce n'est pas monter aux sommets, c'est retourner aux carrières.

Si nous souhaitons que tous les Français communient dans une large politique sociale, c'est que, telle que nous la concevons, elle se propose d'élever, non d'abaisser ; d'édifier, non de détruire. Ses adhérents ne pensent pas que pour introduire plus de justice dans les rapports entre les hommes et pour améliorer la condition des malheureux la guerre civile soit un prélude indispensable. Ce n'est pas la lutte des classes qui inspire cette politique-là, mais leur solidarité. Son but est de pourchasser l'ignorance, le taudis, la contagion. Son moyen, l'entente entre les Français d'abord.

Représentant de la France, étranger à tous les partis, chargé par la Constitution de veiller à la sauvegarde des grands intérêts permanents du pays, c'est à la nation que je m'adresse, à la nation maîtresse de ses destinées.

Fière à bon droit d'une victoire qu'elle a si chèrement achetée, résolue à n'en laisser échapper aucun des fruits légitimes, elle sait que la paix — la paix civile comme la paix extérieure ; la concorde entre les citoyens comme l'entente avec les autres peuples — est la condition première du labeur fécond et du progrès social.

Les fauteurs de haine et de dissensions ne parviendront ni à obscurcir la clarté de son jugement, ni à ébranler la solidité de son bon sens. Rien ne prévaudra contre sa volonté clairvoyante et avertie.

Je lève mon verre à la France, à la République, à nos hôtes d'aujourd'hui, à la ville d'Évreux, au département de l'Eure, à leurs représentants.

A. Millerand, discours d'Évreux, 14 octobre 1923, *Le Temps*, 15 octobre 1923.

1924. Les exigences du Cartel des gauches

Le Cartel des gauches remporte les élections législatives le 11 mai 1924. Cette consultation, qui s'était faite au scrutin de liste départementale, donne une faible majorité de voix à la droite, mais une majorité de sièges à la gauche. Le Congrès socialiste de 1924 avait choisi le Cartel du bout des lèvres et rechignait à entrer au gouvernement. Le Quotidien *(« le journal honnête pour les honnêtes gens ») avait été lancé par souscription publique afin de soutenir la campagne des socialistes et des radicaux unis. Son rédacteur en chef, Pierre Bertrand, présente dans son article de une les revendications immédiates du Cartel qui viennent en écho du programme radical : hostilité aux décrets-lois, maintien de la loi de huit heures, fidélité à la SDN, laïcité, opposition à Millerand qui avait rapproché socialistes et radicaux.*

Nous l'avons dit, nous le répétons pour le faire entrer dans toutes les têtes, à commencer par les têtes parlementaires. **Cette législature est la dernière expérience à laquelle le peuple veuille se livrer de la délégation de sa souveraineté à une assemblée politique.**

Déçu, il fera une dictature ou il fera des soviets, mais il ne perdra plus son temps à nommer des députés.

On lui a promis, s'il envoyait à la Chambre une majorité républicaine, que l'on se mettrait hardiment à l'œuvre, que l'on voterait l'amnistie, que l'on réintégrerait les cheminots révoqués, que l'on reconnaîtrait et défendrait le droit syndical, que l'on réaliserait les assurances sociales, que l'on réprimerait la spéculation, que l'on établirait le régime de la nationalisation industrielle des monopoles, que l'on rendrait accessible à tous l'enseignement à tous les degrés, que l'on introduirait la justice dans la fiscalité, que l'on réduirait le service militaire, que l'on pratiquerait une politique d'accord et de collaboration avec les autres puissances, que l'on développerait la Société des nations, afin d'assurer la paix, *quelques événements qui se produisent.*

Le pays nous a entendus et suivis.

Il nous a donné une victoire dont tous les vainqueurs eux-mêmes ne semblent pas mesurer l'étendue.

Maintenant, il attend.

Si les hommes qu'il a choisis **et qui peuvent ce qu'ils veulent** n'osaient vouloir; s'ils prêtaient l'oreille aux explications tortueuses que M. Millerand fait donner par les journaux et les agences; s'ils tombaient dans les pièges grossiers qu'on leur tend et, sous prétexte de s'assurer des jours plus faciles, acceptaient des collaborateurs politiquement tarés, l'éclatante victoire du 11 mai ne serait plus, en réalité, qu'une bataille perdue.

Le péril est là. Il n'est que là.

Mais nous croyons pouvoir dire qu'il sera écarté.

M. Herriot [1] qui est le chef incontesté du Parti radical **et le seul parlementaire** — M. Painlevé [2] étant réservé à d'autres fonctions — **à qui l'on puisse confier la mission de constituer le nouveau ministère**, M. Herriot a trop de prudence, de sagesse, de fermeté d'esprit, trop de clairvoyance et de probité, trop de fidélité à sa parole et d'attachement à la démocratie, trop de sincérité républicaine enfin pour ne pas mettre un terme prompt aux perfides manigances des gens qui le veulent enliser.

Demain, il prendra le pouvoir et il le prendra tout entier, sans se dissimuler les difficultés, certes, car le désastreux Bloc national [3] en a laissé beaucoup à vaincre, mais enfin assuré qu'il aura dans son œuvre de redressement, de réparation, de reconstruction, l'entier concours du Parti socialiste.

C'est assez pour aboutir.

Les prisonniers que fait toujours la victoire seront de surcroît.

Pierre Bertrand, « C'est tout de suite qu'il faut agir »,
Le Quotidien, 15 mai 1924.

1. Édouard Herriot (1872-1957) est l'un de ces normaliens à avoir rallié la politique sous le coup de l'affaire Dreyfus. En 1905, il est élu maire radical de Lyon. Adversaire de la politique de Poincaré, il est l'artisan de la formation et de la victoire du Cartel.
2. Paul Painlevé (1863-1933) s'est d'abord distingué comme brillant mathématicien. Il est membre de l'Académie des sciences depuis 1902. En 1917, il est nommé président du Conseil. Venu du socialisme dreyfusard puis inscrit au groupe des Républicains indépendants, il est l'une des grandes figures du Cartel.

3. Le Bloc national, alliance de droite composée d'anciens progressistes, de conservateurs et de républicains de gauche, dominait la Chambre des députés depuis les élections de novembre 1919.

1924. La guerre du Rif

En 1923, Lyautey, le résident général, achève au Maroc la pacification de la zone du protectorat français. Dans le nord, occupé par les Espagnols, le cadi de Melilla, Abd el-Krim (1882-1963), reste maître des montagnes après avoir infligé en 1921 une sévère défaite au général Silvestre. Selon le gouvernement du Cartel, le cadi, fort de ses succès, menace de porter la guerre sainte dans la zone française. Dès le mois de mars 1924, L'Humanité *dénonce les préparatifs d'une expédition militaire contre Abd el-Krim. En mai 1924, Lyautey, estimant nécessaire de protéger la région de Fez, donne l'ordre aux troupes françaises de franchir l'Ouergha. Abd el-Krim peut désormais prendre prétexte de cet acte pour engager une guerre ouverte.*

Camarades soldats !

Fils d'ouvriers et de paysans, comme vos frères au travail, vous protesterez contre la guerre du Maroc. Demain, lorsque vous reviendrez à l'usine et aux champs, vous devrez payer les frais d'une guerre que vous aurez déjà faite.

On vous a dit que les Marocains étaient animés de sentiments d'hostilité à votre égard, que c'étaient de grands criminels ! Rien n'est plus faux. Abd el-Krim, le vainqueur de Primo de Rivera [1], fut, il y a quelques années, un sujet docile de l'Espagne. Ce sont les brutalités des colonisateurs contre le peuple marocain qui l'ont fait se dresser contre la domination des grands mineurs du Rif. Il essuya lui-même les pires injures. Défendant, très poliment, les revendications des indigènes devant les officiers de l'armée espagnole, il fut giflé et cravaché par l'un d'eux. Comment voulez-vous que les Marocains, traités de la sorte, n'aient pas du ressentiment contre la domination étrangère ? Mais leur haine des généraux et des officiers qui vous commandent, et que vous ne portez pas non plus dans votre cœur, ne leur fait pas oublier que vous n'êtes pas de la même catégorie que ces derniers. Entre l'officier et le soldat, le Marocain sait établir la différence. Entre le maître et l'esclave, le Marocain sait juger qu'il n'y a pas d'intérêts communs.

Camarades soldats !

La cause que défendent les Marocains est également la vôtre. Vous êtes les ennemis du capitalisme français et espagnol, tout comme Abd el-Krim et les Kharkas qui le suivent. La défaite de Primo de Rivera est aussi bien accueillie par le soldat de Malaga qui se soulève et le gréviste de Barcelone que par le Marocain qui a vaincu.

Les révolutionnaires de France et d'Espagne, les jeunes communistes qui ont organisé la fraternisation dans la Ruhr vous disent que votre devoir d'ouvrier et de paysan est de fraterniser avec les populations opprimées du Maroc.

En France, en Espagne, notre campagne pour l'évacuation du Maroc se développe chaque jour. A chaque instant, la poussée ouvrière se fait plus forte pour arrêter ce meurtre utile aux intérêts de quelques requins capitalistes.

La force et l'union des ouvriers, des paysans, des soldats, des peuples coloniaux, imposeront aux capitalistes de France et d'Espagne l'évacuation du Maroc et des autres colonies.

Vive l'évacuation du Maroc !

Vive la fraternisation des soldats français et espagnols avec les Arabes !

Vive l'indépendance totale du Maroc !

A bas les guerres coloniales !

**Le Comité d'action des Jeunesses communistes
de France et d'Espagne**

Paris, le 30 septembre 1924

Jacques Doriot, *La Guerre du Rif. Les impérialistes et le Maroc*, Paris, *L'Humanité*, 1924, p. 54.

---

1. A la suite d'une forte agitation anarchiste en Catalogne, le général Miguel Primo de Rivera y Orbaneja (1870-1930) constitue en 1923 un directoire qui prend vite un caractère dictatorial.

1924. Le *Manifeste du surréalisme*

Durant la Première Guerre mondiale, André Breton (1896-1966), mobilisé comme médecin, est affecté aux services neuro-psychiatriques. Il y cultive son intérêt pour les tréfonds de l'âme humaine en même temps que le conflit achève d'ébranler en lui les certitudes littéraires de l'avant-guerre auxquelles s'en était pris Dada dès 1916. De 1922 à 1924, Breton et quelques amis, parmi lesquels se trouvent Philippe Soupault, Antonin Artaud, André Masson, Pierre Naville, publient leurs recherches poétiques dans une revue qu'ils ont fondée : Littérature. *En 1924, l'année même où est publié le* Premier Manifeste du surréalisme, *est créé le « Bureau de recherches surréalistes » et paraît le premier numéro de la* Révolution surréaliste, *une nouvelle revue dirigée par Pierre Naville et Benjamin Péret.*

Tant va la croyance à la vie, à ce que la vie a de plus précaire, la vie *réelle* s'entend, qu'à la fin cette croyance se perd. L'homme, ce rêveur définitif, de jour en jour plus mécontent de son sort, fait avec peine le tour des objets dont il a été amené à faire usage, et que lui a livrés sa nonchalance, ou son effort, son effort presque toujours, car il a consenti à travailler, tout au moins il n'a pas répugné à jouer sa chance (ce qu'il appelle sa chance !). Une grande modestie est à présent son partage : il sait quelles femmes il a eues, dans quelles aventures risibles il a trempé ; sa richesse ou sa pauvreté ne lui est de rien, il reste à cet égard l'enfant qui vient de naître et, quant à l'approbation de sa conscience morale, j'admets qu'il s'en passe aisément. S'il garde quelque lucidité, il ne peut que se retourner alors vers son enfance qui, pour massacrée qu'elle ait été par le soin des dresseurs, ne lui en semble pas moins pleine de charmes. Là, l'absence de toute rigueur connue lui laisse la perspective de plusieurs vies menées à la fois ; il s'enracine dans cette illusion ; il ne veut plus connaître que la facilité momentanée, extrême, de toutes choses. Chaque matin, des enfants partent sans inquiétude. Tout est prêt, les pires conditions matérielles sont excellentes. Les bois sont blancs ou noirs, on ne dormira jamais.

Mais il est vrai qu'on ne saurait aller si loin, il ne s'agit pas seulement de la distance. Les menaces s'accumulent, on cède, on abandonne une part du terrain à conquérir. Cette imagination qui n'admettait pas de bornes, on ne lui permet plus de s'exercer que selon les lois d'une utilité arbitraire ; elle est incapable d'assumer longtemps ce rôle inférieur et, aux environs de la vingtième année, préfère, en général, abandonner l'homme à son destin sans lumière.

Qu'il essaie plus tard, de-ci de-là, de se reprendre, ayant senti lui manquer peu à peu toutes raisons de vivre, incapable qu'il est devenu de se trouver à la hauteur d'une situation exceptionnelle telle que l'amour, il n'y parviendra guère. C'est qu'il appartient désormais corps et âme à une impérieuse nécessité pratique, qui ne souffre pas qu'on la perde de vue. Tous ses gestes manqueront d'ampleur ; toutes ses idées, d'envergure. Il ne se représentera, de ce qui lui arrive et peut lui arriver, que ce qui relie cet événement à une foule d'événements semblables, événements auxquels il n'a pas pris part, événements *manqués*. Que dis-je, il en jugera par rapport à un de ces événements, plus rassurant dans ses conséquences que les autres. Il n'y verra, sous aucun prétexte, son salut.

Chère imagination, ce que j'aime surtout en toi, c'est que tu ne pardonnes pas.

André Breton, *Manifestes du surréalisme*, Paris, J.-J. Pauvert, 1950, p. 37-38.

1925. Les déboires
du Cartel des gauches

Le 15 juin 1924, le radical Édouard Herriot (1872-1957) forme son premier gouvernement, mais il affronte une crise de trésorerie due à la défiance des épargnants. Le Cartel des gauches recourt alors aux avances de la Banque de France, dont la loi fixe le montant. Or, le gouvernement, non content de recourir fréquemment à cette procédure, excède le plafond toléré. En révélant l'ampleur de ce dépassement le 10 avril 1925, la Banque de France condamne Édouard Herriot. Le Sénat, ce même 10 avril, lui refuse dès lors sa confiance et le contraint à démissionner.

M. *Édouard Herriot* : [...] La trésorerie continue à connaître des difficultés. Nous sommes en juin 1924. Le mouvement des fonds fait toujours entendre ses plaintes, car la trésorerie n'a pas cessé, dans ses dernières années, d'être dans une situation souvent angoissante. De nouveau, dans une lettre, ou plutôt dans une note pour son ministre, du 17 juin 1924, le directeur du Mouvement des fonds s'exprime ainsi :

« J'ai eu l'occasion d'informer le ministre, au cours d'un récent entretien, que, depuis le mois de juillet 1923, d'une façon accidentelle, et depuis le début de l'année 1924, à titre permanent et en raison de l'accord officieux conclu, à cette époque, entre MM. de Lasteyrie [1] et Robineau [2], la Banque de France a mis à la disposition de la trésorerie, en sus des avances prévues pour les conventions en vigueur, des ressources provenant de l'emploi de tout ou partie de ses réserves libres. »

Puisque je suis devant mes juges, j'ai bien le droit de leur dire : « Quelle est donc la portée de ce document qui, celui-ci, non seulement ne peut pas être discuté, mais doit être versé au débat ? »

Que prouve ce texte ? Il prouve qu'il y a depuis le mois de juillet 1923, qu'il y a, surtout, depuis le début de l'année 1924, à titre permanent et en raison d'un accord, des avances de la Banque de France en sus des conventions en vigueur [3].

Ici, je fais appel à la loyauté de M. François Marsal [4].

La limite est fixée par la loi, aussi bien pour les avances au Trésor que pour le plafond de la circulation [5]. Il n'y a pas de doute.

Il ne faudrait tout de même pas se plaindre de la violation de la loi, lorsque le plafond général de la circulation, la limite extérieure est franchie, alors que l'on trouve tout à fait naturel que soit franchie la limite inférieure, celle qui concerne directement l'État.

Voyons ! légalité dans un cas, légalité dans l'autre !

[*Vifs applaudissements à gauche. Exclamations à droite et au centre.*]

M. Gaudin de Villaine [6] : La Banque de France est coupable. Jamais encore, elle n'avait consenti à publier des bilans truqués.

[*Rumeurs sur divers bancs.*]

M. le président du Conseil : C'est la justice et c'est le droit. Je m'en réfère à votre impartialité.

Lorsque, dans les textes de loi que vous votez, vous fixez à la fois la limite des avances à l'État et la limite de la circulation, si ces deux limites ont un caractère légal, elles l'ont de la même façon.

Or ce texte établit qu'à partir de 1923 on n'a pas pu maintenir la limite des créances. Ce n'est pas moi qui en fais grief au ministre, il a défendu l'État. Il y a des heures où un ministre, un chef de Gouvernement, doit prendre des responsabilités, quand il s'agit de ces questions. Il doit les prendre quelquefois en silence. Ce n'est pas un chef de Gouvernement, s'il ne sait pas prendre pour lui-même, et quelquefois pour lui seul, cette responsabilité.

Le 27 juin 1924, les observations de M. de Mouy continuent. Écoutez encore ce texte essentiel. Je lis simplement un passage. Vous aurez encore la bienveillance de l'entendre : la lettre tout entière serait bien curieuse à connaître !

« J'ai exposé au ministre que le débit du compte d'avance à l'État ouvert dans les écritures de la Banque de France, et dont les oscillations mesurent le montant des disponibilités immédiates du Trésor, n'a cessé depuis plusieurs mois de se tenir à un niveau si voisin du maximum prévu par les avances de l'espèce, aux termes de la convention du 14 décembre 1923, que s'il n'avait été fait appel d'une façon permanente à des avances occultes de

la Banque et, par intermittence, à diverses opérations de trésorerie d'un caractère exceptionnel, ledit maximum eût été constamment dépassé. »

Est-ce moi qui ait écrit le mot « occulte » ou est-ce le directeur
du Mouvement général des fonds ? Est-il dans un discours politique du chef de Gouvernement ou est-il dans un rapport technique d'un fonctionnaire du mouvement des fonds ?

[*Très bien ! très bien ! et vifs applaudissements à gauche et à
l'extrême gauche.*]

Messieurs, je vous laisse le soin de décider. Je sais trop que
le Sénat, quelle que soit la vivacité des controverses politiques,
entend toujours réserver le droit. Je viens d'essayer de lui exposer ce qu'il était dans la circonstance.

J'arrive aux derniers mots, qui me mettent directement en
cause, et je vais prendre ma responsabilité. Vous avez le droit
de me dire — et c'est ici que la discussion se serre — vous avez
le droit de me dire : « Eh bien ! puisque vous avez vu ces
rapports... »

M. Gaudin de Villaine : Il ne fallait pas continuer ! Et vous
avez continué.

M. le président du Conseil : Mais oui. Je veux m'expliquer
bien franchement, c'est la meilleure des méthodes.

Vous avez le droit de me dire : « Puisque vous avez lu ces rapports, puisque vous savez, puisque vous saviez en juin 1924 qu'il
y avait eu constamment depuis 1923, et qu'il y avait eu surtout
depuis le début de l'année 1924 un régime d'avances occultes et
— employons cette expression — extra-légales, pourquoi n'y
avez-vous pas mis fin ? »

Y mettre fin, c'était bien simple. C'était faire alors ce que je
fais aujourd'hui : demander une augmentation de la limite de
la circulation pour permettre à la Banque de France de consentir des avances supérieures. Vous avez le droit de me demander
cela et j'ai le devoir de vous répondre. Pourquoi je ne l'ai pas
fait ? Je vais vous le dire, et vous apprécierez.

Je ne l'ai pas fait, d'abord, parce que juin 1924, c'est, s'il vous
en souvient, messieurs, le moment où, avec M. le ministre des
Finances, je devais partir pour Londres avec des préoccupations
extérieures angoissantes [7]. C'est aussi parce que je me suis, à ce
moment-là, tracé un plan, que vous allez apprécier, que vous
trouverez juste, honnête, heureux, ou l'inverse. J'ai constaté,

La France du XXᵉ siècle

dès que j'ai pu m'occuper des questions financières, qu'il y avait deux opérations qu'il fallait absolument faire l'une et l'autre : d'abord, rétablir l'équilibre budgétaire, puis assainir la trésorerie.

[*Vifs applaudissements à gauche.*]

Je ne pouvais pas faire ces deux opérations en même temps, car il est impossible de les faire en même temps, et voici pourquoi.

Je soutiens, messieurs, que l'opération essentielle, que l'opération préliminaire, c'était l'établissement de l'équilibre budgétaire.

[*Applaudissements à gauche.*]

Il fallait d'abord essayer de faire payer à l'Allemagne le plus possible.

[*Rumeurs à droite.*]

Mais là encore, veuillez admettre, messieurs, que, si nous sommes très loin d'avoir obtenu de l'Allemagne ce que nous espérions et ce qui, je pense, était à la base de cette politique d'emprunt, veuillez, tout de même, admettre que, dans le budget qui vous est actuellement soumis, c'est la première fois que vous avez une annuité importante inscrite au compte de l'Allemagne [8].

Est-ce la vérité ou n'est-ce point la vérité ?

[*Vifs applaudissements à gauche.*]

Plusieurs sénateurs à gauche : C'est la vérité.

M. le président du Conseil : Il fallait d'abord faire cela, puis, le budget des dépenses recouvrables une fois incorporé dans le budget général équilibré, à ce moment-là seulement il fallait entreprendre l'assainissement de la trésorerie. Je pense que, sur ce point au moins, je rencontrerai peut-être l'assentiment unanime du Sénat.

Le pays veut bien, si on le lui demande d'une certaine façon, faire des efforts qu'il comprendra indispensables et que je vais vous démontrer indispensables. Mais laissons la question de politique, si vous le voulez bien. Admettons même que je vous paraisse, pour cette opération, indésirable.

Ce que veut le pays, dans l'ordre technique où je me place, c'est que les sommes qu'on pourra lui demander aillent non pas dans ce qu'on appelle le gouffre du budget [*vives approbations à l'extrême gauche*] dans un budget mal équilibré pour combler, comme les emprunts, des insuffisances, le pays, le rentier veut bien se sacrifier une fois encore, mais il veut savoir que cet argent ira à une caisse d'amortissement que l'on peut concevoir administrée avec le concours d'autres personnes morales que l'État, et il veut — je serais même d'avis de lui donner satisfaction sur ce point — que, le jour où l'on reprendra des bons, des rentes pour les annuler, on fasse l'opération, pour ainsi dire, sur la place publique, sous ses yeux, sous son contrôle [*nouveaux applaudissements sur les mêmes bancs*], comme on l'a fait en Italie, par un procédé que je trouve heureux.

[*Mouvements divers au centre et à droite.*]

En tous les cas, vous entendez bien, messieurs, que c'est une métaphore, heureuse ou non : je veux dire que le public fera des sacrifices pour revaloriser son franc, pour revaloriser sa rente, pour revaloriser son bien, s'il sait que cet argent ira, dans une intention de rétraction monétaire, à une caisse qui sera séparée du budget de l'État par une cloison étanche.

[*Très bien !*]

J'ai donc pensé — vous devez reconnaître que j'ai fait tout le possible pour accomplir la première partie de cette œuvre — qu'il fallait d'abord équilibrer le budget. Quand je suis revenu de Londres, pendant même la période de la conférence de Genève, c'est jour par jour qu'avec le ministre des Finances nous avons travaillé à cette œuvre. Depuis, nous ne l'avons pas abandonnée.

Ayant pris cette résolution, je devais continuer à pratiquer le plus possible avec la Banque de France ce que j'appellerai la politique de la convention.

Vous voyez, monsieur François Marsal, que, si j'ai cité votre convention, c'était pour des raisons de définition technique et non pas d'autres.

J'ai pratiqué la politique de la convention, la politique de la déflation.

[*Mouvements divers au centre et à droite.*]

Oui, je vais vous en donner une preuve, vous serez convaincus, parce que vous êtes de bonne foi, même quand vous pensez du mal de moi.

Oui, j'ai pratiqué la politique de la déflation, puisque, après avoir demandé au Parlement, ce qui n'était qu'une première mesure, de voter la loi sur les chèques commerciaux, après avoir accepté que la Banque relevât le taux de l'escompte, mesure dangereuse peut-être pour l'industrie, mais utile pour la restriction de la circulation monétaire, j'ai fait deux emprunts, un emprunt extérieur et un emprunt intérieur [9].

Vais-je dire la vérité, messieurs ? On vous rappelait que, lorsque j'ai obtenu les 100 millions de dollars de l'emprunt Morgan, je les ai donnés à la Banque de France : j'ai donc bien pratiqué la politique de la déflation ; et, lorsque j'ai fait l'emprunt intérieur, cet emprunt intérieur, qui a été, en effet, assez difficile, très difficile peut-être, tout l'argent frais que cet emprunt m'a donné, je l'ai porté à la Banque de France et, malgré mes embarras de trésorerie, malgré la doctrine du mouvement général des fonds, qui a, peut-être, dans cette querelle technique, eu raison, monsieur François Marsal, contre vous et contre moi, malgré cela, j'ai demandé au Parlement — vous le savez bien, puisque vous l'avez voté — d'abaisser le plafond des avances de la Banque de France à l'État.

J'ai donc le droit de dire que j'ai pratiqué le plus possible la politique de la déflation, que ce n'est pas vainement, que ce n'est pas mensongèrement que j'ai lutté contre l'inflation, [*applaudissements à gauche, à l'extrême gauche et sur divers bancs au centre*], puisque, embarrassé comme je l'étais, j'ai remboursé la Banque de France...

[*Mouvements divers au centre et à droite.*]

Ce sont les faits, messieurs, on peut les vérifier... et que j'ai abaissé à 22 milliards [*très bien ! très bien ! à gauche*] le plafond, la limite maximum des avances de la Banque de France à l'État, alors qu'en 1920 cette limite supérieure était encore de 27 milliards.

Vous voyez donc que, si nous avons des embarras, un déficit de trésorerie, il n'y a rien là, cependant, d'inquiétant, puisque la limite maximum des avances à l'État se trouve être bien inférieure à ce qu'elle était en 1920.

[*Vifs applaudissements à gauche et à l'extrême gauche.*]

Oui, j'ai pratiqué cette politique de déflation, j'ai eu des embarras de plus en plus graves, c'est vrai, j'ai dû faire appel aux banques, et je serais bien ingrat si je ne disais que, dans ces conversations, ces discussions que j'ai eues, soit avec le gouverneur de la Banque de France, soit avec les régents, j'ai trouvé des hommes qui ont préféré s'exposer à encourir, le cas échéant, la critique...

M. Gaudin de Villaine : Des critiques ? Mais c'est un crime !

M. le président du Conseil : ... pour défendre l'intérêt général du pays.

Je leur rends hommage : même si nous avons discuté ensemble certaines mesures, et même si nous avons ensemble pris certaines décisions, j'entends avoir l'honneur d'en prendre pour moi seul les responsabilités.

[*Très bien ! très bien ! et applaudissements à l'extrême gauche et à gauche.*]

> Sénat, débats du 10 avril 1925, *JO*, 11 avril 1925, p. 847-848.

1. Charles de Lasteyrie (1877-1936) est ministre des Finances de 1922 à 1924.

2. Georges Robineau est gouverneur de la Banque de France.

3. Le plafond des avances consenties par la Banque de France est effectivement fréquemment dépassé avant l'arrivée au pouvoir du Cartel.

4. Frédéric-François Marsal (1874-1958) est ministre des Finances en 1920 et 1924.

5. La loi fixe et le montant des avances, et le montant de la masse monétaire.

6. Adrien Gaudin de Villaine (1852-1930) est sénateur antirépublicain de la Manche.

7. Allusion à la conférence de Londres (16 juillet-15 août) portant sur les réparations.

8. Grâce au plan Dawes, l'Allemagne peut reprendre ses versements.

9. En novembre 1924, le Cartel lance un emprunt intérieur à 5 % (qui rapporte peu) et place, avec succès, un emprunt extérieur auprès de la banque Morgan.

1926. Vers le sauvetage du franc

Le 21 juillet 1926, le gouvernement Édouard Herriot tombe, victime de la crise financière. Le président Doumergue appelle alors au pouvoir l'homme qui, en 1924, a opéré un premier sauvetage du franc : Raymond Poincaré (1860-1934). Le 26 juillet, le président du Conseil présente aux députés son programme.

M. le président : La parole est à M. le président du Conseil pour une communication du Gouvernement.

[*Applaudissements au centre, à droite et sur divers bancs à gauche. Interruptions à l'extrême gauche communiste. Bruit prolongé.*]

M. Marcel Cachin [1] : A bas la guerre !

M. Maurice Gautier : Voilà l'homme de la Ruhr !

M. le président : Je vous prie d'écouter.

M. Raymond Poincaré, président du Conseil, ministre des Finances : Messieurs, le cabinet qui se présente devant vous s'est formé dans un esprit de réconciliation nationale, pour parer au danger qui menace, tout à la fois, la valeur de notre monnaie, la liberté de notre trésorerie et l'équilibre de nos finances.

M. Marcel Cachin : On ne vous voit que dans les temps de malheur !

[*Applaudissements à l'extrême gauche communiste. Exclamations au centre, à droite, et sur divers bancs à gauche.*]

M. Poitou-Duplessy [2] : C'est pour réparer vos fautes qu'il est là !

[*MM. les députés siégeant à l'extrême gauche communiste se lèvent et chantent* L'Internationale. *Vives protestations à gauche, au centre et à droite. Bruit prolongé.*]

M. le président (s'adressant à l'extrême gauche communiste) : Veuillez écouter M. le président du Conseil ; sinon, je serais obligé d'user contre vous des sanctions du règlement.

[*Vifs applaudissements au centre, à droite et sur de nombreux bancs à gauche. MM. les députés siégeant sur ces bancs se lèvent et applaudissent M. le président du Conseil.*]

Sur les bancs de l'extrême gauche communiste : Hou ! hou ! Poincaré !

[*Vives protestations au centre, à droite et sur divers bancs à gauche. Bruit.*]

M. le président : Je vous prie de cesser ces outrages à un homme qui est l'honneur de la République.

[*Applaudissements au centre, à droite et sur divers bancs à gauche.*]

Sur les bancs de l'extrême gauche communiste : Hou ! hou ! Poincaré !

M. le président : Si vous persistez à interrompre, je vais suspendre la séance.

Sur divers bancs à gauche, au centre et à droite : Non ! non !

M. le président : Je vous prie d'écouter en silence la déclaration du Gouvernement.

M. le président du Conseil : La Chambre sait que je n'ai pas le droit d'interrompre la lecture de la déclaration. Je ne l'interromprai donc pas et je ne répéterai même pas ce que j'ai dit.

[*Applaudissements.*]

Chacun des hommes qui se sont ainsi rapprochés...

[*Vives interruptions à l'extrême gauche communiste.*]

M. Garchery [3] *:* 11 mai !

[*Exclamations. Bruit.*]

M. le président : Monsieur Garchery, je vous rappelle à l'ordre.

M. le président du Conseil : Chacun des hommes qui se sont ainsi rapprochés pour travailler, d'un même cœur, à cette œuvre de salut public a considéré qu'il avait le devoir d'y consacrer en ce moment toute sa pensée et toutes ses forces.

Il pourra se poser plus tard d'autres questions sur lesquelles ces hommes différeraient d'opinion, mais, aujourd'hui, ils sont entièrement d'accord sur la nécessité, sur l'urgence et sur les moyens du sauvetage financier.

[*Interruptions à l'extrême gauche communiste.*]

M. Renaud Jean [4] *:* 11 mai ! [5]

M. le président : Monsieur Renaud Jean, je vous rappelle à l'ordre.

M. Renaud Jean : La France a retrouvé sa véritable figure !

M. le président : Je vous rappelle à l'ordre avec inscription au procès-verbal.

[*Applaudissements au centre et à droite.*]

M. le président du Conseil : Ils vous demandent donc de leur faire confiance et de leur permettre d'accomplir, avec votre concours, la mission dont M. le président de la République a bien voulu les investir.

Après un examen attentif et consciencieux de la situation, nous avons, messieurs, la profonde conviction qu'il est possible d'améliorer rapidement l'état des finances françaises et de relever le cours de notre devise. Ce résultat dépend entièrement d'une collaboration immédiate et résolue entre le Gouvernement et les Chambres.

[*Applaudissements au centre, à droite et sur divers bancs à gauche. Interruptions à l'extrême gauche communiste.*]

M. *Renaud Jean :* Et le Cartel des gauches !

M. *le président du Conseil :* Nous vous soumettons, dès maintenant, un projet de loi qui a pour objet de couvrir l'insuffisance actuelle de nos ressources par rapport à nos charges.

Pour conjurer à tout jamais de nouveaux risques d'inflation, nous vous proposons de voter, avec le principe d'économies importantes, les suppléments de recettes indispensables.

Si l'impérieuse obligation de les recouvrer sans aucun retard nous force à accroître, comme l'ont suggéré les experts, certaines contributions indirectes...

[*Interruptions à l'extrême gauche communiste et sur divers bancs à l'extrême gauche.*]

M. *Clamamus* [6] *:* C'est cela !

M. *le président :* Écoutez, vous discuterez tout à l'heure.

M. *le président du Conseil :* ... nous demanderons en même temps, par des taxes directes, à la fortune acquise, l'équitable participation qu'elle est prête à fournir [*exclamations à l'extrême gauche communiste et sur divers bancs à l'extrême gauche. Applaudissements au centre et à droite*] et dont une partie servira à doter annuellement une caisse d'amortissement des bons de la défense.

Nous ferons appel à votre clairvoyance et à votre patriotisme pour écourter, par une discipline volontaire, des débats qui, en se prolongeant, aggraveraient le mal au lieu de le guérir.

[*Applaudissements au centre, à droite et sur plusieurs bancs à gauche. Interruptions à l'extrême gauche communiste.*]

M. *Cornavin* [7] *:* Vous auriez toujours la ressource d'aller à Bordeaux une fois de plus.

M. *le président du Conseil :* L'application de ce premier remède ne nous dispensera pas de veiller continuellement sur l'état de nos finances et de compléter notre effort initial par des mesures destinées à maintenir la confiance publique...

M. Henriet [8] *:* Et le pain à 3 francs !

M. le président du Conseil : ... à nous permettre de remplir avec ponctualité tous les engagements de l'État, à stimuler la production métropolitaine et coloniale et à développer la vitalité du pays.

[*Applaudissements au centre et à droite.*]

Nous n'avons pas la prétention de résoudre en quelques semaines, ni même en quelques mois, l'ensemble des problèmes économiques et financiers qu'un malaise à peu près universel a fait surgir devant nous. L'essentiel est d'aller d'abord au plus pressé, sans détours et sans tergiversations.

Autant que nous-mêmes, les nations qui sont nos créancières et envers qui la France a la ferme volonté de s'acquitter, dans toute la mesure de ses facultés, ont intérêt à ce qu'avant tout nous mettions fin à une crise monétaire qui tient à des causes multiples, mais dont il n'est nullement impossible de calmer la violence et d'annihiler les efforts périlleux.

M. Désoblin [9] *:* Vous avez ruiné les petits épargnants.

M. le président du Conseil : La France a connu des heures plus graves et plus douloureuses que celles-ci. Elle s'est sauvée alors par l'union et par l'énergie. Aujourd'hui encore, c'est aux mêmes conditions qu'est subordonnée la victoire.

Messieurs, abordons immédiatement notre lourde tâche, pour la République et pour la patrie.

[*Vifs applaudissements au centre et à droite et sur plusieurs bancs à gauche. Vives interruptions à l'extrême gauche communiste.*]

Chambre des députés, séance du 27 juillet 1926, *JO*, 27 juillet 1926.

1. Marcel Cachin (1869-1958), député communiste de la Seine.
2. Jacques Poitou-Duplessy (1885-1967), député des Charentes appartenant à la Fédération républicaine.
3. Jean Garchery (1872-1957), député — à l'époque communiste — de la Seine.
4. Renaud Jean (1887-1961), député communiste du Lot-et-Garonne.
5. En augmentant les impôts pour résoudre la crise financière, Raymond Poincaré facilite la victoire électorale du Cartel des gauches (11 mai 1924) qui le contraint à la démission.

6. Jean-Marie Clamamus (1879-1973) est député communiste de la Seine.

7. Gaston Cornavin (1894-1945) est député communiste du Cher.

8. Paul Henriet (1866-1954) est député communiste de la Seine.

9. Augustin Désoblin (1873-1956) est député communiste du Nord.

1926. Le briandisme

Ministre des Affaires étrangères de 1925 à 1931, Aristide Briand (1862-1932) tente avec son homologue Gustav Stresemann (1878-1929) de réconcilier la France et l'Allemagne. Après la signature du pacte de Locarno (16 octobre 1925), Briand enregistre un nouveau succès puisque la SDN admet l'Allemagne en son sein (8 septembre 1926). Par le discours qu'il prononce le 10 septembre 1926 à Genève, Briand entend marquer la portée historique de cet événement.

[...] Ah! messieurs, les ironistes, les détracteurs de la Société des nations, ceux qui se plaisent journellement à mettre en doute sa solidité et qui périodiquement annoncent sa disparition, que pensent-ils s'ils assistent à cette séance? N'est-ce pas un spectacle émouvant, particulièrement édifiant et réconfortant, que, quelques années à peine après la plus effroyable guerre qui ait jamais bouleversé le monde, alors que les champs de bataille sont encore presque humides de sang, les peuples, les mêmes peuples qui se sont heurtés si rudement se rencontrent dans cette assemblée pacifique et s'affirment mutuellement leur volonté commune de collaborer à l'œuvre de la paix universelle.

Quelle espérance pour les peuples! Et comme je connais des mères qui, après cette journée, reposeront leurs yeux sur leurs enfants sans sentir leur cœur se serrer d'angoisse.

Messieurs, la paix, pour l'Allemagne et pour la France, cela veut dire : c'est fini de la série des rencontres douloureuses et sanglantes dont toutes les pages de l'Histoire sont tachées ; c'en est fini de longs voiles de deuil sur des souffrances qui ne s'apaiseront jamais ; plus de guerres, plus de solutions brutales et sanglantes à nos différends! Certes, ils n'ont pas disparu, mais, désormais, c'est le juge qui dira le droit. Comme les individus, qui s'en vont régler leurs difficultés devant le magistrat, nous aussi nous réglerons les nôtres par des procédures pacifiques. Arrière les fusils, les mitrailleuses, les canons! Place à la conciliation, à l'arbitrage, à la paix!

Un pays ne se grandit pas seulement devant l'Histoire par l'héroïsme de ses enfants sur les champs de bataille et par les

succès qu'ils y remportent. Il se grandit davantage si, au travers
d'événements difficiles, dans les heures d'irritation, où la raison a souvent beaucoup de peine à faire entendre sa voix, il sait
résister aux entraînements, patienter, demander au droit la
consécration de ses justes intérêts.

Nos peuples, messieurs les représentants de l'Allemagne, au
point de vue de la vigueur, au point de vue de l'héroïsme, n'ont
plus de démonstration à faire. Tous deux ont su faire montre
d'héroïsme sur les champs de bataille, tous deux ont fait dans
les combats une ample moisson de gloire. Ils peuvent désormais
chercher d'autres succès sur d'autres champs.

Nous avons, M. Stresemann et moi, pendant de longs mois,
travaillé à une œuvre commune. Il a eu confiance. J'ai eu
confiance. Je ne m'en plains pas et j'espère qu'il n'aura pas non
plus l'occasion de s'en plaindre. Avec l'aide d'un homme dont
vous connaissez tous la noblesse, la générosité, la loyauté, je veux
parler de mon collègue et ami M. le Premier ministre, délégué
de l'Empire britannique, sir Austen Chamberlain, nous avons
travaillé. Il fallait que les uns et les autres nous apportions quelque courage dans la poursuite d'un but alors si lointain. A vol
d'oiseau, Locarno et Genève ne sont pas très éloignés, mais les
routes qui les relient ne sont pas des plus faciles ; elles doivent
contourner bien des obstacles, et s'il est vrai qu'il faut admirer
que la foi puisse transporter des montagnes, nous devons nous
féliciter qu'elle ait pu amener le lac de Locarno à voisiner de
si près avec le lac de Genève.

Messieurs, si, dès l'abord, nous nous étions rebutés, si subis-
sant l'influence de certaines manifestations de doute, d'incertitude, de méfiance qui se produisaient dans nos pays, nous nous
étions arrêtés dans notre effort, c'était fini. Bien loin qu'un pas
nouveau eût été fait vers la paix, au contraire, entre des pays
déjà divisés, de nouveaux germes de méfiance eussent été semés.
[...]

Il y a deux manières de venir ici, on y vient avec un esprit
d'objectivité ou dans un esprit de combativité. Si la Société des
nations apparaît comme un champ clos ; si, sous l'impulsion des
polémiques, des amours-propres nationaux surexcités, nous arrivons ici comme des champions qui vont se battre, avec la volonté
d'emporter le terrible succès, le prestige, alors tout est gâté. Le
succès de prestige, c'est l'apparence d'un résultat. Que de rava-

ges n'a-t-il pas fait dans le passé ! Il excite les imaginations, il exaspère les intérêts égoïstes, il pousse les nations à des manifestations fiévreuses d'amour-propre, il les dresse contre les hommes d'État, qui ne sont plus dès ce moment les maîtres de la raison, les maîtres des solutions mesurées ; incapables désormais de travailler dans un esprit de conciliation, ils sont dressés l'un contre l'autre, leurs peuples les regardant avidement, se demandant quel est celui qui aura le dessus. Cela c'est l'esprit de guerre ; il ne doit pas exister ici, ici moins que partout ailleurs.

[...]

A nous de faire ce qu'il faut. Condamner les peuples, c'est facile ; la plupart du temps, ce sont leurs dirigeants qui méritent surtout cette condamnation, parce qu'ils ont le devoir de faire effort sur eux-mêmes, de comprendre les événements, de les interpréter toujours dans un sens favorable aux tentatives de conciliation.

L'arbitrage ! Ce mot a maintenant tout son prestige et toute sa force ; les traités d'arbitrage se multiplient ; de peuple à peuple, on se promet de ne plus se battre, de recourir à des juges. La paix chemine à travers toutes ces entreprises, et c'est l'esprit de la Société des nations qui les anime ; c'est elle, par conséquent, que tous les peuples doivent défendre du plus profond de leur amour, du plus profond de leur cœur, la mettant à l'abri des attaques, la dressant au-dessus de tout.

Avec elle, la paix ! Sans elle, tous les risques de guerre et de sang dont les peuples n'ont que trop pâti.

A. Briand, discours du 10 septembre 1926, cité *in* Achille Elisha, *A. Briand, discours et écrits de politique étrangère*, Paris, Plon, 1965, p. 177 *sq.*

1927. Les valeurs
de la Jeune République

Marc Sangnier (1873-1950) avait fondé la Jeune République en 1912. Ce petit parti, qui défendait un catholicisme social, aux origines de la démocratie chrétienne, était bâti sur les bases du Sillon, mouvement qu'avait conduit Sangnier avant 1912 et que le pape Pie X avait condamné en août 1910, l'accusant de convoyer le socialisme en donnant la priorité à la démocratie sur l'autorité, « produit vital de l'Église ». Sangnier avait été l'un des élus du Bloc national en 1919 mais avait fini par rompre avec celui-ci en se rapprochant de la gauche. Dans ce discours prononcé le 29 mai 1927, Sangnier définit les valeurs de son parti face aux grandes forces politiques des années 1920.

Le communisme, c'est une religion. Le fascisme, le racisme aussi en Allemagne, c'est une religion. Vous savez que Mussolini lui-même avait composé un catéchisme fasciste et qu'il voulait adorer la déesse Rome, de même que les communistes font, de leur doctrine, non pas seulement un instrument de politique, mais je ne sais quel culte, avec des actes de foi, des pratiques, et quelque chose comme une étroite et rigide orthodoxie qui consiste, d'abord, à baptiser dans le sang ceux qui ne veulent pas adhérer à la doctrine et au culte.

Mais, camarades, nous à la Jeune République, nous sommes, sans doute, un parti non confessionnel — vous savez comme moi qu'il y a des jeunes républicains de toutes confessions religieuses, qu'il y a des libres penseurs à côté de croyants —, mais, je ne crains pas cependant de le dire, il y a entre nous tous plus qu'un programme commun de politique pratique ; un sentiment commun de la justice, de la fraternité et de l'amour nous unit, si bien que — nous avons raison de le dire et d'en être fiers — il y a, dans la Jeune République, un parti pris moral et un magnifique élan de spiritualité.

[*Applaudissements.*]

Et c'est là justement ce qui arrête encore un certain nombre de républicains laïques et libres penseurs. En face de nous, ils se sentent inquiets, et ils disent : ces hommes-là sont trop religieux pour nous ; ces hommes-là sont trop préoccupés de vie morale et d'idéal spirituel. Ils sont inquiétants.

Eh bien ! je leur répondrai, camarades, que ce qu'ils ont observé en nous est vrai, mais c'est justement parce que nous sommes capables de rendre à la république et à la démocratie une âme vivante et d'opposer quelque chose aux communistes et aux fascistes de véritablement plus fort qu'eux. Autrement, nous sommes vaincus à l'avance.

Regardez le problème des transformations économiques et sociales, transformations qui, selon nous, mettront le capital au service du travail alors que, pendant trop longtemps, le travail a été l'esclave du capital. Ce n'est pas, à notre sens, la raison qui peut entraîner les hommes dans cette voie courageuse et hardie de rénovation. Il y faut un élan profond de toute l'âme et, encore une fois, une mystique véritable. Si bien que je ne crains pas d'affirmer que, tôt ou tard, le parti qui triomphera, c'est le parti dont la mystique sera la plus forte. Or, camarades, comment ne pas voir, à l'heure actuelle, le christianisme apparaître comme une grande et indispensable force de rénovation sociale.

Et je voudrais que tous les libres penseurs — et il y en a, certes, un nombre fort grand dans cette assemblée — se réjouissent avec moi chaque fois que le masque de paganisme dont on voulait affubler le christianisme est jeté bas et qu'apparaît enfin, devant les hommes, la véritable figure du Dieu d'amour et de fraternité.

[*Vifs applaudissements.*]

Marc Sangnier, *Que choisira la France ?*, Paris, Éd. de la Démocratie, 1929, p. 41-42.

1928. L'expérience Poincaré vue par Pierre Mendès France

Le simple retour de Raymond Poincaré aux affaires (23 juillet 1926) suffit à inverser les tendances spéculatives qui s'attaquent au franc. Dans sa thèse de droit soutenue le 3 mars 1928, Pierre Mendès France (1907-1982) analyse cette crise financière et la politique suivie par le gouvernement Poincaré en insistant longuement sur ses composantes psychologiques.

[...] Le bruit se répandit sur les marchés cambistes internationaux, vers octobre 1926, que le gouvernement français avait les moyens de faire monter vivement le franc, qu'on allait assister à une hausse impressionnante de notre devise, que le projet, secret (!) encore, prendrait forme cependant à brève échéance, etc.

D'où venaient ces bruits, on ne le savait pas exactement. Des personnes «bien informées» les avaient, paraît-il, confirmés. D'ailleurs, le projet de budget déposé par le gouvernement était basé sur une estimation de 150 francs pour une livre. C'était, disait-on, la preuve des intentions du gouvernement. Et la presse ne faisait-elle pas écho à ces rumeurs avec une persistance, une unanimité et une bonne volonté... dignes d'attirer l'attention?

Enfin, lorsqu'on apprit que M. Francqui, ministre belge des Finances, qui préparait une stabilisation au cours de 175 francs belges pour une livre, n'avait pu s'entendre avec M. Poincaré pour l'instauration d'une politique commune, on en conclut que notre ministre des Finances préparait une revalorisation.

Le gouvernement français, d'ailleurs, paraissait sûr de lui; sa situation parlementaire, discutée précédemment, venait d'être renforcée à la suite du congrès radical-socialiste de Bordeaux.

Dans ces conditions, de nombreux commerçants français ou étrangers qui avaient besoin de devises pour effectuer des paiements différèrent leurs achats, se réservant de se fournir lors de la baisse éventuelle. Le marché des changes fut pendant quelques jours morne et vide.

On attendait avec anxiété le grand événement. Allait-il se réaliser ? On n'osait pas encore acheter des francs, mais on s'y préparait.

C'est dans cette atmosphère riche de doute et d'hésitations et sur ce marché étroit et anémié, que le Trésor et un consortium allié intervinrent brusquement et, par des ventes relativement peu abondantes de devises, déterminèrent une hausse du franc qui entraîna rapidement les hésitants.

En quelques jours, des millions de devises étaient jetés sur le marché et un appel, une aspiration considérable de francs se faisaient jour ; il en résultait une débâcle des changes appréciés et une hausse considérable du franc ; cela détermina une nouvelle vague de spéculateurs encore hésitants jusque-là et qui s'empressèrent de se débarrasser de leurs livres, de leurs dollars, de leurs florins, de leurs pesetas, etc. C'était la boule de neige.

Un léger effort, l'élan donné au départ et toute la finance internationale angoissée, affolée, exaspérée par des semaines de rumeurs inquiétantes tout d'un coup réalisées, convaincue qu'elle allait, en jouant sur le franc, faire fortune, suivait avec autant de docilité que de frénésie. Chaque jour, de nouveaux cours étaient marqués, de nouveaux minimums enfoncés. De loin en loin, une tentative de résistance était écrasée, chemin faisant, après une bataille de quelques jours. Le marché mort et vide d'octobre était remplacé par une cohue échevelée de boursiers, de banquiers, de joueurs, de spéculateurs, d'industriels, tous misant sur le franc.

On appréciera le caractère strictement spéculatif du mouvement et on verra combien les contingences économiques lui furent étrangères et indifférentes, si l'on se souvient qu'au moment même où le franc commençait à monter, l'équilibre de nos changes commerciaux, favorable en juillet et août, se trouvait brusquement compromis par l'annonce que la récolte de blé déficitaire nous obligerait à importer pour près de 3 milliards de froment et que des achats de sucre pour 1,5 milliard environ s'y ajouteraient.

La spéculation poursuivait, malgré tout, son mouvement. Les Français marchaient comme les étrangers, rapatriant leurs devises exilées, réalisant leurs avoirs en monnaies étrangères ; ils se mêlaient au mouvement général... pour le franc.

Le 23 octobre, la livre cotait encore 161 francs, le 4 novembre, elle cotait 143 francs, puis, après une échauffourée ardente autour des cours 145, 146, 150, 147, chute nouvelle à 133 (le 19 novembre), à 123 (le 3 décembre), et plus bas encore.

Le gouvernement, à l'origine élément moteur, était sans action réelle ; il assistait satisfait, mais vaguement inquiet, à la panique déchaînée. Dans le pays, après la joie patriotique et désintéressée d'un redressement soudain et inespéré, une crainte s'était peu à peu manifestée : comment les industries françaises supporteraient-elles les cours nouveaux ? Notre exportation n'allait-elle pas être frappée à mort, notre production, elle-même, resterait-elle possible dans les conditions économiques nouvelles ? N'allait-on pas aboutir à un effroyable cataclysme si la hausse du franc se poursuivait ? Et rien ne permettait de croire qu'elle ne s'accentuerait pas, au contraire ! La spéculation appelant la spéculation en vertu d'un rythme connu.

Poursuivant cependant leur mouvement déréglé, dévalant sans frein la pente presque verticale, les devises continuaient à tomber.

La livre emportait les cours de 122, 121, 120..., jusque-là non encore atteints.

C'était le 20 décembre[1] : « Ce jour-là, le représentant d'une grande banque parisienne était à la Bourse, chargé de vendre du sterling ; il offrait la livre à 120, à 119,50, à 119, à 118,50 et plus bas, et ne trouvait pas de contrepartie. » Qui aurait songé à acheter de la livre dans ces heures paradoxales ?

« La livre baissait sans cesse, déchaînant une véritable panique. La Banque de France n'intervenait pas : il n'y avait plus de francs pour acheter des devises, tout le disponible avait été absorbé. La spéculation pouvait s'en donner à cœur joie et écraser les cours. Le jour même, le Conseil de régence de la Banque de France fut réuni en toute hâte chez le baron Édouard de Rothschild. Un compte rendu de la situation fut rédigé à l'usage de M. Poincaré et dans la nuit une conférence eut lieu au ministère des Finances. Sur les vives instances des régents qui ne dissimulaient pas la gravité du péril, le président du Conseil consentit enfin à autoriser la mise en vigueur de la convention du 16 septembre entre l'État et la Banque, relative aux modalités d'achats de devises... Le lendemain, le représentant de la Banque de France put déclarer en Bourse qu'elle était vendeur et acheteur à un cours fixe de n'importe quelle quantité de devises. La situation était sauvée, les manipulateurs de change durent abandonner la partie. » [...]

> Pierre Mendès France, *L'Œuvre financière du gouvernement Poincaré*, Paris, LGDJ, 1928, in *Œuvres complètes*, Paris, Gallimard, 1984, t. 1, p. 64-66.

1. M. Marcel Chaminade raconte ainsi, dans son livre sur *L'Expérience financière de M. Poincaré*, la journée du 20 décembre.

1928. Classe contre classe

Suivant les analyses de l'Internationale — en 1927-1928, ses diri-
geants sont persuadés que le monde entre dans une ère de radicalisa-
tion des masses —, le Parti communiste français décide d'appliquer
la tactique « classe contre classe » pour les élections législatives
d'avril 1928. Renonçant au système hybride retenu pour les élections
de 1919 et 1924, la majorité parlementaire avait voté, en juin 1927,
un retour au scrutin d'arrondissement à deux tours, convaincue
qu'elle était, non sans raison, que les candidats communistes en
seraient les premières victimes. Dès avril 1927, le Présidium de
l'Internationale communiste avait édicté la ligne à respecter en
matière d'élections : sauf en cas (très improbable) de programme
commun, les communistes ne se désisteraient pas au second tour.
André Ferrat (1902-1988), qui dirigeait les Jeunesses communistes,
était passé dans la clandestinité en janvier 1928, à la suite d'une
condamnation de cinq ans de prison pour provocation des militaires
à la désobéissance. Devenu membre du Bureau politique en février
1928, il défend dans les Cahiers du bolchevisme, *l'organe théori-*
que du Parti communiste français, la ligne « classe contre classe ».

La campagne électorale est close. Le devoir de tous les membres du Parti est de réfléchir sérieusement sur le travail qui vient
d'être accompli afin de pouvoir se livrer à une autocritique
sérieuse. Ceci est d'autant plus important que la campagne électorale a été menée avec une tactique entièrement nouvelle qui
rompait de la façon la plus brutale avec les anciennes traditions
de lutte électorale, une tactique qui est le signal d'une attitude
nouvelle de tout le Parti dans tous les domaines de son activité
envers la petite bourgeoisie et envers le Parti socialiste.

RETOUR EN ARRIÈRE

Avant d'analyser les conditions d'application et les résultats
de notre tactique électorale, il est bon de rappeler quelles furent
les conditions de son élaboration.

Dans une large discussion de plusieurs mois, avant notre conférence nationale de février, l'ensemble du Parti élabora la nouvelle tactique électorale : le maintien au deuxième tour de scrutin contre l'Union nationale [1] et contre les socialistes n'ayant pas accepté le front unique.

Quelles en étaient les bases ? C'était tout d'abord l'accroissement des antagonismes de classe se manifestant en particulier dans des mouvements ouvriers plus nombreux, une répression intense patronale et gouvernementale et une certaine radicalisation de la classe ouvrière. C'était aussi le fait que la petite bourgeoisie a perdu désormais jusqu'à l'apparence de son indépendance, et que la bourgeoisie trouve son instrument d'unification politique dans l'Union nationale. C'était enfin et surtout le fait que le Parti socialiste est devenu en tant que parti un parti de gauche de la bourgeoisie, soutenant l'Union nationale, les chefs réformistes allant de plus en plus à droite alors que les éléments ouvriers s'orientent de plus en plus à gauche. Ces faits qui constituent la base de la tactique nouvelle de notre Parti montrent clairement qu'il ne peut s'agir seulement d'une modification de la tactique électorale, mais aussi de l'ensemble de la tactique du Parti.

Quels étaient les buts de cette nouvelle tactique ? L'application électorale de la nouvelle tactique était le signal montrant aux membres du Parti et aux ouvriers les tâches nouvelles du Parti et les conditions nouvelles de lutte. La tactique classe contre classe avait pour but d'opérer une rupture démonstrative avec les partis de gauche de la bourgeoisie, avec les préjugés démocratiques, avec la vieille classification politique désormais vide de tout contenu social « les rouges contre les blancs », avec toutes les déviations opportunistes et électoralistes.

Elle avait pour but de montrer à la large masse que les communistes considèrent le Parti socialiste comme l'aile gauche de la bourgeoisie et qu'ils agissent en conséquence contre lui. Elle avait pour but de montrer le Parti communiste comme l'unique parti prolétarien.

Elle avait enfin pour but de *mettre le Parti sur de nouveaux rails*, c'est-à-dire rompre définitivement et sans retour possible avec les vestiges de la politique des accords circonstanciels et des compromissions de toutes sortes avec la bourgeoisie. Détourner le Parti des pratiques opportunistes et le tourner vers la lutte de masse directe. Remplacer le système et l'esprit des combinaisons électorales des ententes entre leaders de partis de gauche, de lutte indirecte par l'intermédiaire des élus, par un travail de front unique de la base du Parti avec la masse des ouvriers socialistes, socialisants et sans-parti.

Certes, aucun militant sérieux du Parti n'a jamais méconnu que cette tactique en général et en particulier son application pendant les élections ne présentât certains dangers, surtout pour un Parti encore faible. Ces dangers peuvent se résumer en une phrase : danger de séparer les masses sympathisantes désorientées par une tactique nouvelle présentée par les adversaires comme faisant « le jeu de la réaction ». De cet argument fondamental certains faisaient découler d'autres arguments, par exemple le danger d'avoir une Chambre de droite, danger de supprimer complètement la représentation communiste à la Chambre.

La discussion dans le Parti démontra la fausseté de ces derniers arguments, mais il restait clair que notre tactique classe contre classe comportait des dangers. On ne peut pas vaincre ces dangers par un simple travail de propagande à l'intérieur du Parti. Ces dangers ne peuvent être écartés que par un travail acharné de l'ensemble du Parti et par une application unanime de la tactique définie par la majorité du Parti, par sa Direction et par l'Internationale communiste.

> André Ferrat, « Notre tactique classe contre classe justifiée par les faits », *Cahiers du bolchevisme*, mai 1928, p. 272-274.

1. Coalition des partis de droite.

1929. La crise de 1929

Dès le 22 octobre 1929, la Bourse de New York enregistre une forte baisse qui s'amplifie le jeudi 24 et se poursuit les jours suivants. Au terme de cette « décade noire », les titres se sont dépréciés de 20 % en moyenne, enclenchant une crise sans précédent dans l'histoire du monde. Les contemporains sont toutefois loin de mesurer l'importance de l'événement, comme le démontre le regard que pose l'austère Temps *sur cette tempête boursière.*

27 octobre 1929. — Le marché financier s'est trouvé cette semaine en présence de deux événements importants : la chute inopinée du cabinet Briand [1] et l'effondrement des bourses américaines. Or, sa tenue s'est caractérisée par une résistance des plus vigoureuses, qui contrastait singulièrement avec la faiblesse dont il avait fait preuve auparavant, alors qu'aucun élément défavorable ne semblait justifier son découragement.

Sans doute, la nouvelle de la crise ministérielle provoqua tout d'abord, mercredi dernier, un recul sensible des cours de nos valeurs, en particulier des rentes françaises. Mais dès le lendemain une reprise s'esquissa, qui s'accentua vivement au cours de la dernière séance de la semaine.

Pour ce qui concerne le revirement des tendances de Wall Street, nous avions fait remarquer depuis longtemps que, le jour où il se produirait, les places européennes en général, et la nôtre en particulier, devraient s'en féliciter plutôt que s'en plaindre.

Car l'effervescence de la spéculation à New York a été, ces derniers temps, un élément de trouble très grave pour les autres marchés. L'argent disponible dans le monde entier était attiré à New York, soit par la perspective d'importants profits à réaliser sur les valeurs, soit par la cherté du *call money*, qui permettait des placements exceptionnellement avantageux à très court terme.

Il en est résulté une gêne monétaire, à laquelle nous avons échappé grâce à la situation privilégiée de notre institut d'émission, mais dont les effets ont été néfastes à Londres aussi bien que sur les marchés de l'Allemagne et de l'Europe centrale, effets dont nous avons subi les répercussions indirectes du fait des réalisations de titres français pour compte étranger, que le resserrement monétaire international avait entraînées.

Dès que la spéculation américaine s'est apaisée, la situation s'est améliorée en Europe. Le change britannique sur New York s'est vivement relevé, à telles enseignes que la livre sterling fait actuellement prime sur le dollar et que des envois d'or d'Amérique en Grande-Bretagne deviendront sans doute possibles avant peu. Libérées des inquiétudes monétaires, les banques anglaises ont pu se montrer plus larges envers leurs débiteurs, d'où détente de l'argent en Allemagne et dans les pays voisins. Tout cela parce que les capitaux européens jusque-là employés à New York — où ni la tenue de Bourse, ni les taux de l'argent au jour le jour ne les retiennent désormais — commencent à être rapatriés en masse, y compris les capitaux français dont le retour ne peut que donner plus d'aisance à notre propre marché monétaire.

Que la Bourse de Paris, se rendant compte de cette évolution logique, en ait tiré des conclusions favorables, on ne saurait s'en étonner, encore qu'on eût pu craindre que la débâcle des marchés américains ne produisît, au début, une impression déprimante.

Ce qui est plus surprenant, c'est que la crise ministérielle l'ait laissée à peu près indifférente, et que l'incertitude de la situation politique n'ait pas mis obstacle à l'amélioration progressive des cours qu'on a notée pendant les deux dernières séances.

Évidemment, le sentiment de sécurité relative que donne le rétablissement d'une monnaie stable, appuyée sur des réserves d'or et de devises extrêmement fortes, peut expliquer, dans une certaine mesure, le calme avec lequel le marché a accueilli la démission du cabinet. Mais ce calme n'en contraste pas moins avec l'inquiétude que suscitait, il y a encore peu de mois, la moindre intrigue politique. D'autres éléments ont donc contribué à affermir la résistance de la Bourse.

Ces éléments sont d'ordre essentiellement technique. Ils paraissent résider surtout dans la position même de notre place. Depuis plusieurs semaines, d'importantes liquidations n'avaient cessé de peser sur le marché. Elles s'effectuaient en grande partie pour compte étranger, mais des dégagements de la spéculation locale s'en étaient suivis en raison du fléchissement des cours, qui avait fini par ébranler la solidité des rares positions à la bourse qui subsistaient encore. Or, les ventes d'origine extérieure se ralentirent au moment même où la situation intérieure de la Bourse était redevenue saine. En outre, de larges ventes à découvert avaient été effectuées par la spéculation professionnelle.

Dans ces conditions, il n'y avait à peu près plus rien à vendre lorsque la crise éclata, et l'existence d'une position à la baisse relativement importante provoqua des rachats, dès que l'élément vendeur eut constaté la pénurie des offres.

On a pu ainsi observer, une fois de plus, que la situation technique de la place a sur l'évolution du marché une influence décisive, influence souvent plus forte que ne l'est celle des événements les plus importants qui se produisent en dehors de la Bourse.

Il ne faut toutefois pas se dissimuler que ce facteur n'exerce qu'une action temporaire. La position du marché se renverse rapidement, et à mesure qu'elle se modifie, les influences extérieures, psychologiques ou autres, redeviennent prépondérantes. On s'abuserait, par conséquent, en s'imaginant que la Bourse se désintéressera complètement de l'évolution politique. Ses perspectives ultérieures dépendront, dans une large mesure, de l'impression de satisfaction ou d'inquiétude que lui donneront la composition et le programme du futur gouvernement.

« La semaine boursière », *Le Temps*, 28 octobre 1929.

1. Le onzième ministère Briand chute le 22 octobre.

1930. Le plan d'outillage national

En 1930, le gouvernement d'André Tardieu (1876-1945) propose un « plan d'outillage national » destiné à améliorer les infrastructures économiques de la nation. Lors d'une séance consacrée à ce projet, le député radical-socialiste du Vaucluse, Édouard Daladier (1884-1970), apporte un soutien très critique à une entreprise destiné en partie à limiter l'emprise du radicalisme sur les campagnes françaises.

M. *Édouard Daladier :* Je vais examiner le projet du Gouvernement, non seulement en le replaçant dans son cadre national, mais, à une époque où tous les grands problèmes de la vie des peuples sont interdépendants, en le replaçant en quelque sorte, comme préface à mes explications, dans un cadre international.

[*Applaudissements à gauche et à l'extrême gauche.*]

C'est un fait extrêmement important de la vie présente de l'Europe et du monde, en effet, que l'importance considérable qui est donnée dans tous les pays aux programmes d'outillage économique.

On nous dit que l'Europe traverse une grave crise, dont je ne rappellerai pas les raisons : crise de surproduction, crise plus encore de sous-consommation, crise aggravée par les obstacles, artificiels ou naturels, qui s'opposent à la circulation des produits.

Mais ce qui me frappe, c'est qu'au cours même de cette période de crise toutes les grandes nations du monde font un effort considérable et, permettez-moi de le dire, sans rapport avec l'effort timide que le Gouvernement nous propose aujourd'hui, pour la construction ou le renouvellement de l'outillage économique, dont l'importance est primordiale.

En Allemagne, où des millions de chômeurs ont été jetés hors des usines, on n'a pas ralenti l'exécution de ces travaux. Nous assistons, dans ce pays, à un spectacle impressionnant, à un effort prodigieux qui s'accomplit dans tous les domaines : d'abord, à l'intérieur même de l'industrie allemande par une rationalisation impitoyable, par une compression obstinée, farouche des prix de revient, et aussi hors de l'usine, dans tout le pays, par la construction d'un véritable réseau de moyens de production et d'échange, sur lequel, d'ailleurs, on a quelquefois appelé votre attention au point de vue de notre sécurité, mais qui me paraît avoir une importance encore plus considérable en ce sens qu'il révèle tout un plan de stratégie économique devant lequel nous ne pouvons rester indifférents.

[*Applaudissements.*]

Prenons un problème, celui du réseau des voies navigables.

C'est mon ami M. Bedouce [1] qui, dans un discours remarquable à tous égards, disait que nous avions des voies navigables françaises, mais pas de réseau de voies navigables. Critique extrêmement juste et féconde, si l'on voulait bien en tenir le plus grand compte.

En Allemagne, c'est un réseau que l'on construit, un réseau de circulation fluviale intérieure qui permettra à tous les bateaux, jusqu'à 1 200 tonnes, de circuler à travers le pays. C'est l'extension des grands projets qui, avant la guerre, ont été réalisés sur le Rhin et en ont fait la grande artère commerciale de l'Europe occidentale.

Nous assistons à un effort prodigieux qui demande, non pas des sommes ridicules, permettez-moi ce mot, comme celles inscrites dans le projet du Gouvernement ou dans le texte de la commission, non pas une poussière de quelques centaines de millions, mais 15 milliards exclusivement consacrés aux canaux et aux fleuves.

Et nous voyons ce spectacle, qui en France ne s'est jamais produit, du chef de l'État, le maréchal Hindenburg en personne, ne jugeant pas indigne de ses fonctions d'aller inaugurer une écluse, la grande écluse d'Anderten, la plus grande du monde, construite récemment sur ce Mittelland Kanal qui aura pour la vie économique de l'Europe centrale une importance primordiale.

[*Applaudissements.*]

Messieurs, pourquoi ce plan ? A quoi répond-il ? A des considérations économiques.

Je crois que l'Allemagne, dans les cercles qui dirigent et contrôlent la production, s'oriente de plus en plus vers ces batailles économiques qui, malgré l'effort qui peut être fait à Genève et auquel nous nous associons de tout cœur, risquent de faire s'affronter les peuples en tant que producteurs, après que dans le passé ils se sont affrontés par leurs armées.

[*Applaudissements à gauche.*]

Il y a toute une série d'autres canaux, que je ne citerai pas, tout un plan d'organisation de la navigation fluviale.

Alors que nous marchandons des crédits ridicules, exigus, dans un pays comme le nôtre que la nature a favorisé à cet égard, nous voyons, en Allemagne, 15 milliards consacrés à ce réseau de voies navigables, une inauguration d'écluse par le président de la République lui-même.

Il y a là tout un plan de stratégie économique. Il s'agit de prendre, sur le terrain économique, la revanche de la guerre perdue ; il s'agit, par cet ensemble de canaux et de fleuves, de dériver, de drainer vers les ports du Nord et de la Baltique tout le commerce de cette Europe centrale et orientale que la victoire commune des alliés avait affranchie de la sujétion germanique et qui retombera ainsi sous la domination économique de l'Allemagne.

[*Applaudissements.*]

Si j'en avais le temps, je citerais également l'exemple d'autres peuples plus petits, plus modestes. Mais je passe, me permettant toutefois de vous dire quelques mots de deux pays dont la conjonction politique, à l'heure actuelle, nous inquiète quelque peu : je veux parler de l'Italie sous le régime fasciste et de la Russie sous le régime soviétique.

En Italie, M. Mussolini prononce beaucoup de discours sur les canons, les munitions, les bataillons armés. Il en prononce aussi, que nous devrions écouter avec attention, sur la mise en valeur économique de l'Italie moderne.

Il a repris à son compte la grande tradition historique de la Rome antique, qui considérait qu'un des moyens essentiels de fortifier le pouvoir politique et la domination était d'incorporer au sol d'un pays toute une série d'efforts constructeurs.

C'est ainsi que vous trouvez en Italie d'immenses projets pour lesquels des milliards ont déjà été votés par le Parlement et qui ont pour but la réalisation de grands travaux d'irrigation, de drainage, la modernisation des voies ferrées, bref la construction d'un véritable outillage dont M. Mussolini espère qu'il sera à notre époque l'héritier des grands travaux dont les ruines sont encore si impressionnantes dans la campagne romaine.

[*Applaudissements.*]

Quant à la Russie soviétique, il est de mode dans notre pays, dans notre presse notamment, de tourner en dérision le plan quinquennal auquel Staline paraît avoir attaché sa propre fortune.

Pour ma part, lorsque j'écoute les voyageurs qui reviennent de la Russie soviétique, lorsque je m'efforce de faire, grâce à leurs témoignages oraux, la critique des publications plus ou moins officielles ou officieuses que multiplie le gouvernement des soviets, je ne puis m'empêcher d'être frappé par ce fait, que je crois être une vérité indiscutable, qu'il y a là tout un immense peuple qui s'est mis au travail, qui s'efforce par des moyens parfois brutaux, quelquefois même avec une rigueur dans la direction qu'aucun peuple occidental ne tolérerait, de transformer ce pays si longtemps endormi et de lui permettre, par la construction d'un outillage formidable, de tirer parti des immenses ressources naturelles qui dorment dans les profondeurs de son sol et de ses forêts.

Messieurs, lorsque je fais ce tour d'horizon, lorsque, suivant la méthode de M. Lorin [2], je place en effet le projet dans son cadre, lorsque j'examine, en le confrontant avec ce qui se passe au-delà de nos frontières, le programme soumis à nos délibérations, je ne puis m'empêcher d'un certain sentiment de tristesse et d'inquiétude.

[*Très bien ! très bien ! à gauche et à l'extrême gauche.*]

Je le répète, une ère nouvelle s'ouvre dans l'histoire économique du monde, une époque nouvelle commence, où tous les peuples affronteront leurs moyens de production, où celui qui triomphera sera celui qui aura témoigné de la plus grande faculté d'invention, qui aura fait porter son effort sur l'amélioration de la qualité de ses produits et qui aura exercé une compression farouche sur ses prix de revient [*applaudissements*], car nous arrivons à un moment de la vie économique où pour des différences insignifiantes dans les prix de revient d'une marchandise, on perdra ou on gagnera un débouché.

[*Applaudissements.*]

> Chambre des députés, débats du 28 novembre 1930,
> *JO*, 29 novembre 1930, p. 3639.

---

1. Albert Bedouce (1869-1947), député socialiste de la Haute-Garonne, sera chargé des Travaux publics dans le premier ministère Blum.
2. Député de droite, Louis Lorin (1866-1932) représente la Gironde.

1930. Le néo-socialisme

Jusqu'en 1930, la pensée socialiste reste atone. La SFIO ne s'appuie toujours que sur les textes de Jaurès et de Guesde ou sur le discours prononcé par Blum à Tours. La publication en 1927 du livre décapant du socialiste belge Henri De Man, Au-delà du marxisme, *passe à peu près inaperçue. Georges Valois offre bientôt à quelques intellectuels, insatisfaits de ce vide théorique, l'occasion d'y remédier. En 1929, l'ingénieur Barthélemy Montagnon publie* Grandeur et Servitude du socialisme *à la Librairie Valois. En décembre 1930, Marcel Déat (1894-1955) y édite, à son tour,* Perspectives socialistes. *Ce normalien, ancien député de la Marne, battu en 1928, devenu secrétaire administratif du groupe parlementaire socialiste, est alors considéré comme le dauphin de Léon Blum. Son ouvrage, hétérodoxe, irrite plus d'un socialiste et place Blum dans une position délicate.*

Mais revenons à l'utilisation de l'État : tel qu'il est, il permet de faire beaucoup. Et ne réussirait-on à amorcer qu'une construction informe, ne ferait-on rien, que ce serait déjà un résultat immense que d'empêcher l'adversaire de faire librement sa politique, dedans et dehors. C'est ce résultat négatif, mais considérable, que nous pourrions appeler *la séparation du capitalisme et de l'État.* On refoule le capitalisme hors des avenues du pouvoir, on le renvoie à sa seule fonction économique, on lui tient la dragée haute, on le freine, on le musèle. Quelque chose comme l'antithèse entre l'hôtel de ville, aux mains des ouvriers, et l'usine. Deux forteresses, deux positions retranchées. Inégales, certes. Mais pas un ouvrier ne jugera indifférente la possession du pouvoir municipal. Et il n'y a presque pas de commune mesure avec le pouvoir gouvernemental, nous croyons l'avoir montré.

Cette organisation sur le terrain ne nous satisfait pas, bien entendu. Il ne s'agit pas de moisir dans des tranchées, mais de faire la guerre de mouvement. Bref, d'entamer *la socialisation de la puissance capitaliste.*

Il ne s'agit pas seulement d'appuyer de toutes les forces gouvernementales le développement des institutions ouvrières. Cela va de soi, et, loin de penser, comme certains socialistes, qu'il faille attendre que leur puissance, à elles aussi, émerge au niveau du pouvoir, avant de risquer l'effort décisif, nous avons la conviction qu'en France la croissance du syndicalisme et de la coopération ne seront victorieuses qu'en liaison avec la grande bataille gouvernementale, et en y participant. Il ne s'agit pas non plus de mettre la légalité en vacances, selon un contresens pieusement entretenu. Car Léon Blum n'a jamais dit cela : il a simplement constaté qu'au XIXe siècle les changements de régime s'étaient produits à la faveur d'une vacance de la légalité, et il a supposé que cette circonstance pourrait un jour se reproduire. Nous n'en savons rien. En tout cas elle ne doit pas être notre fait. Nous n'allons pas commettre la sottise de faciliter le jeu adverse, permettre au capitalisme d'ameuter toute la partie indécise de l'opinion, nous n'allons pas amener d'eau au moulin fasciste. Bien au contraire, il faut que l'opinion sache où l'on entend aller, qu'elle connaisse le programme, qu'elle l'ait discuté, sanctionné de son vote, qu'elle ait choisi les hommes destinés à l'exécuter, que l'éducation, en somme, du pays, soit faite.

Marcel Déat, *Perspectives socialistes*, Paris, Librairie Valois, 1930, p. 180-181.

1931. L'Exposition coloniale

L'Exposition coloniale internationale ouvre ses portes à Vincennes en juillet 1931. Elle s'achève en février 1932. Son succès est considérable. Plus de 33 millions d'entrées sont enregistrées, notamment grâce à l'ouverture du parc zoologique. Tout est fait pour provoquer chez le visiteur l'illusion d'un voyage dans le monde colonial : autour du lac Daumesnil, il peut passer d'une colonie à l'autre. Des reconstitutions architecturales ou paysagères (le bois de Vincennes est planté de palmiers dattiers), des animations folkloriques, des présentations d'«arts primitifs» créent un imaginaire exotique qui doit forger une conscience coloniale. Le commissaire général de l'Exposition, le maréchal Lyautey, avait aussi souhaité voir représentées les réalisations de la politique coloniale. La manifestation doit défendre l'œuvre d'une nation. Le ministre des Colonies, Paul Reynaud (1878-1966), insiste sur ce caractère pédagogique dans la préface qu'il donne au Livre d'or *de l'Exposition.*

Le Français a la vocation coloniale. Cette vérité était obscurcie. Les échecs passagers du XVIIIe siècle avaient fait oublier deux siècles d'entreprise et de réussite. En vain, depuis cent ans, nous avions retrouvé la tradition, remporté des succès magnifiques et ininterrompus : Algérie, Indochine, Tunisie, Madagascar, Afrique occidentale, Congo, Maroc. Malgré tout, le préjugé subsistait : le français, répétait-on, n'est pas colonial. Il a fallu l'exposition actuelle et son triomphe inouï pour dissiper les nuées. Aujourd'hui la conscience coloniale est en pleine ascension. Des millions et des millions de Français ont visité les splendeurs de Vincennes. Nos colonies ne sont plus pour eux des noms mal connus, dont on a surchargé leur mémoire d'écoliers. Ils en savent la grandeur, la beauté, les ressources : ils les ont vues vivre sous leurs yeux. Chacun d'eux se sent citoyen de la grande France, celle des cinq parties du monde.

Cette révélation vient à son heure. Alors que la lutte économique est plus sévère que jamais, les colonies enseignent aux Français le courage et la confiance. Elles n'accueillent point les faibles, il faut avoir l'âme bien trempée pour y prospérer et seulement pour y vivre. L'élite qu'elles exigent et qu'elles forment aura le corps robuste et le cœur sans défaillance : ceux à qui manqueraient ces qualités s'élimineront d'eux-mêmes : la rudesse de la tâche à accomplir fera les solides ouvriers.

Si le nombre est restreint de ceux qui doivent travailler de leurs mains à l'œuvre coloniale, tous en France en profiteront. Déjà la France extérieure est le plus gros client de la France d'Europe et le premier de ses fournisseurs ; le quart de la production totale de nos tissus de coton est absorbé par nos colonies. Que de chômeurs si ce débouché se fermait brusquement !

Et ce n'est qu'un début : maintenant que nous avons pris une conscience impériale, nous avons le droit d'espérer d'immenses résultats de la politique que cette conscience va nous imposer. Mise au service de la France d'Outre-Mer, l'étonnante ressource financière de la France d'Europe lui apportera une merveilleuse fécondité. Les emprunts que le Parlement a votés en faveur des colonies vont permettre à l'État d'y répandre les disciplines de la production moderne en subordonnant à leur adoption son aide financière.

La mise en valeur de la France extérieure fournira pour longtemps à notre ambition collective un idéal sans cesse renouvelé.

Là, ne s'arrête pas l'élan imprimé à notre pensée et à notre activité par nos colonies. Elles ne nous donnent pas seulement une leçon de solidarité impériale, elles élargissent encore nos vues. Elles nous montrent toutes les puissances occidentales associées dans cette œuvre magnifique qui est la colonisation. C'est pour cela que notre Exposition coloniale devait être internationale. Elle nous a apporté comme une réduction de la Société des nations qui a fait de Vincennes une concurrente de Genève.

Le Livre d'or de l'Exposition coloniale, Paris, Fédération française des anciens coloniaux, 1931, p. 9.

1932. Une revue des années 1930 : *Esprit*

Esprit *est né des propos échangés au cours de l'année 1930 entre un jeune avocat, Georges Izard, et un bibliothécaire-adjoint à la Sorbonne, André Déléage. Tous deux catholiques, ils rallient à leur entreprise un jeune philosophe, Emmanuel Mounier (1905-1950), qui prend bientôt le projet en main. Un groupe d'études doctrinales, comprenant croyants et incroyants, est réuni à l'automne 1931 afin de préparer la naissance conjointe d'une revue et d'un mouvement. Il est décidé que Mounier dirigerait la première et Izard le second. La fondation solennelle d'*Esprit *a lieu lors d'un congrès qui se tient à Font-Romeu du 16 au 23 août 1932. Le premier numéro de la revue est publié au début d'octobre 1932. Mounier y rédige un long article affirmant la « primauté du spirituel » et le nécessaire désengagement des intellectuels des compromissions politiques de droite comme de gauche. Il rejette idéalisme et matérialisme, individualisme et collectivisme pour mettre en avant l'idée de *personne.*

AVERTISSEMENT

Nous ne formons en aucune manière une concentration. Mais chacun de nous apporte avec un tempérament une manière propre d'entendre et de continuer les paroles qui nous sont communes. Rien, par ailleurs, ne peut mieux nous garder des facilités que d'écouter des paroles inhabituelles ou étrangères, et, parfois, de nous y chercher une parenté. Il faudra donc attacher quelques coefficients aux divers plans de travail qui se projetteront ici.

Les « Chroniques » expriment nos tendances les plus communes.

Les « Œuvres » s'y apparentent, mais dans la liberté de la recherche.

Les notes sur *Les événements et les hommes* les éprouvent de toutes parts au contact de la vie. Elles ne sont pas des impressions : l'impression est une faiblesse, une complaisance ou un jeu de surface. Elles ne sont pas des documents objectifs ou exhaustifs : le document, qui prétend ne pas juger, est un mensonge ; et les trois quarts du monde ne méritent pas la mémoire. Elles sont notre volte-face constante devant le mensonge et le préjugé, notre commentaire à ce qui se passe, le tir de barrage auxiliaire des vastes attaques, plus profondément notre service quotidien de la vérité. Bien écrites, mal écrites, les qualités propres à l'imprimé sont ici secondaires, et seule compte la richesse spirituelle. Tous peuvent participer à ce dossier de notre temps. Des équipes centraliseront les envois, de manière à présenter aussi souvent que possible des ensembles. Il faut faire confiance à nos premiers numéros, qui ne réaliseront que progressivement ce que nous désirons faire.

Dans « Confrontations » nous groupons deux séries d'œuvres. Les unes tiennent à nous par leurs bases ; mais elles prolongent ou intègrent des idées que nous servons tous dans une vision propre à l'auteur, métaphysique, spiritualité où tous ceux qui adhèrent à notre effort ne sauraient le suivre. Les autres sont fort éloignées de nous, mais nous y avons reconnu quelque correspondance spirituelle et nous ouvrons entre elles et nous une conversation qui, parfois, sera explicite. Les unes et les autres n'engagent que la responsabilité de leurs auteurs.

Esprit est une revue internationale. Elle mettra progressivement la part de la collaboration étrangère en harmonie avec son titre.

Esprit, n° 1, octobre 1932.

1933. L'avènement d'Adolf Hitler

*Le 30 janvier 1933, Adolf Hitler (1889-1945) devient chancelier.
Le correspondant à Berlin du* Petit Journal, *un quotidien populaire, rend compte de cet événement capital.*

Les flambeaux portés triomphalement, cette nuit, au son des fifres à travers la capitale, en l'honneur d'Adolf Hitler sont éteints. La fête est terminée, et la politique reprend ses droits.

En voyant défiler, pendant quatre heures de temps, les légions hitlériennes, je me demandais : « Et maintenant, qu'est-ce que leur chef, devenu chancelier, va faire d'elles ? »

Telle est, en effet, une des premières questions que le nouveau gouvernement va avoir à résoudre. Les sections d'assaut seront, a déclaré M. Frick [1], le nouveau ministre de l'Intérieur, « la garde du gouvernement ». Le même problème se pose qui s'est posé, il y a dix ans, en Italie, quand le fascisme vint au pouvoir : Mussolini conserva naturellement ses milices, mais les fit entrer, à côté de l'armée régulière, dans les cadres de l'État. Ici, il est probable que Hitler va faire de ses sections d'assaut une police auxiliaire — en attendant que de nouvelles conventions internationales permettent de leur donner un autre nom. Peut-être aussi une partie sera-t-elle versée dans l'*Arbeitsdient* (milice volontaire du travail). Ainsi Hitler, remettant à l'État le soin d'entretenir ses troupes, se débarrassera d'un très gros souci financier.

Par contre, cette opération comporte pour lui un certain risque politique : à la longue, ses légions, ainsi transformées en police ou en milice d'État, peuvent perdre le caractère particulier, strictement national-socialiste, qu'elles ont aujourd'hui. Incorporer les troupes hitlériennes dans l'État, c'était là, hier encore, le plan de von Schleicher [2] et cela reste, sans doute, aujourd'hui, celui de von Papen [3] et de Hugenberg [4]. On peut donc prévoir que, sur le statut des troupes hitlériennes, des débats auront lieu à brève échéance au sein du gouvernement. Le fait que Seldte [5], chef des Casques d'acier, ait été appelé par von Papen à faire aussi partie du cabinet, montre le souci d'équilibre : on donnera sans doute aux légions monarchistes les mêmes droits, les mêmes avantages qu'aux légions fascistes, avec l'idée de les incorporer les unes et les autres, lorsque les circonstances seront propices, dans l'armée nationale reconstituée.

Mais, avant toute chose, le souci de Hitler paraît être d'apaiser, à l'intérieur et à l'extérieur, les craintes que son accession au pouvoir pouvaient susciter. Il semble avoir d'emblée abandonné les revendications sociales de son parti en confiant le ministère de l'Économie nationale au plus conservateur des hommes politiques allemands, à Hugenberg, que, il y a seulement quelques jours, les hitlériens, dans leurs journaux et leurs meetings, appelaient encore le « renard argenté » et dénonçaient comme un cauteleux capitaliste.

La Bourse de Berlin a, aujourd'hui, été ferme, parce qu'elle a confiance dans Adolf Hitler assagi.

Les israélites allemands, de leur côté, ont des raisons d'espérer que le tribun devenu chancelier les ménagera dans ses actes plus qu'il ne les a ménagés dans ses discours. Il ne les expulsera pas, ne les mettra plus hors la loi, mais se bornera sans doute à un certain antisémitisme fiscal consistant à surtaxer les grands magasins.

Envers le Reichstag, c'est sans doute aussi une politique de calme qu'il voudra pratiquer. Certes, de nouvelles élections survenant aussitôt après l'événement d'hier, seraient, selon toute vraisemblance, favorables à Hitler. Son prestige personnel est, pour le moment, accru. J'ai moi-même entendu un certain nombre de gens, qui ne sont pas nationaux-socialistes, dire aujourd'hui : « Après tout, pourquoi pas ? Pourquoi ne pas tenter cette expérience ? » Mais, d'autre part, une agitation électorale prématurée risquerait de compromettre dans son germe la légère reprise économique qui commence à se faire sentir en Allemagne. Les milieux conservateurs estiment que l'été prochain, quand le chômage sera moins grand et la vie quotidienne un peu plus facile, les partis de gauche se trouveront alors privés d'une bonne partie de leurs arguments électoraux actuels : tel est assurément le point de vue de von Papen et de Hugenberg. Ils ne manqueront pas de le faire valoir dans les prochaines délibérations du gouvernement.

Si cette politique l'emporte, le Reichstag ne sera pas dissous. Ce n'est d'ailleurs plus une nécessité pour le cabinet, puisque, assurément, il sera toléré par le centre catholique avec lequel les conversations se poursuivent aujourd'hui. N'ayant pu s'opposer à la formation d'un gouvernement dont il est exclu, le centre évitera, du moins en fait, de le combattre, ce qui donnera à Hitler une majorité et sauvera, à défaut de mieux, tout au moins, les apparences du régime parlementaire.

> André Waltz, « Hitler assagi veut apaiser les craintes intérieures et extérieures », *Le Petit Journal*, 1er février 1933.

1. Wilhelm Frick (1877-1946), membre du Parti national socialiste, reste ministre de l'Intérieur de 1933 à 1943.

2. Né en 1882, Kurt von Schleicher, nommé chancelier le 2 décembre 1932, espère détacher les SA de Hitler. Il meurt assassiné par les nazis le 30 juin 1934.

3. Franz von Papen (1879-1969), conservateur, est nommé vice-chancelier le 30 janvier 1933.

4. Alfred Hugenberg (1861-1951), chef du Parti nationaliste DNVP, est nommé ministre de l'Économie pour six mois.

5. Chef des Casques d'acier, Franz Seldte (1882-1947) est ministre du Travail et commissaire du Reich pour le Service du travail (1933-1934).

1934. L'affaire Stavisky

Alexandre Stavisky (1886-1934), surnommé M. Sacha dans les milieux mondains dont il était l'une des coqueluches, vient de prendre la fuite après la découverte en décembre 1933 d'une escroquerie à laquelle il se trouve une nouvelle fois lié : le Crédit municipal de Bayonne avait été fondé par l'escroc et avait émis plus de 200 millions de francs de faux bons de caisse. Toutes les enquêtes précédentes avaient épargné cet ami des ministres, des députés et même de quelques membres de la haute administration policière. Mais, cette fois-ci, le scandale éclate. Au plus grand profit de l'extrême droite. Ses complices sont arrêtés, parmi lesquels le député-maire de Bayonne ainsi que quelques directeurs de journaux. Le 9 janvier, la police déclare avoir retrouvé le corps de Stavisky qui, affirme-t-elle, venait de se suicider. L'incrédulité est générale.

Toute la police, paraît-il, recherche M. Sacha Stavisky. M. Sacha Stavisky n'aurait pas raflé moins de deux cents millions à de braves bougres, sous le couvert du Crédit municipal de Bayonne, qu'il avait fondé avec la bénédiction de M. Garat, député-maire et d'autres personnalités politiques, mondaines ou religieuses.

On nous permettra de sourire doucement de cette information.

Car, si on recherche aussi activement qu'on le dit M. Sacha Stavisky, c'est qu'on l'a laissé partir et nous sommes obligés de dire que si on l'a laissé partir, c'est qu'on l'a bien voulu.

En effet, M. Sacha Stavisky était une personnalité trop parisienne, aussi bien connue des milieux financiers et parlementaires que des services de la rue des Saussaies figurant trop régulièrement en bonne place dans la rubrique des déplacements et villégiatures, en même temps que dans les fiches des renseignements généraux, pour pouvoir faire un pas sans que cela fût connu de tout le monde ou, au moins, des milieux intéressés.

Les journaux d'informations nous révèlent, en même temps, avec des grandes marques d'étonnement et en ponctuant leurs textes d'exclamations que M. Sacha Stavisky aurait débuté très jeune dans l'escroquerie, qu'il se serait révélé virtuose dans l'abus de confiance de façon aussi précoce que Mozart dans la musique, qu'il aurait été pincé une première fois dans un bar à cause d'un chèque mal lavé, qu'il aurait, cette fois, échappé à la prison parce que la pièce à conviction aurait fort à propos disparu ; qu'il aurait continué ses exploits sur une plus grande échelle, ramassant millions sur millions, qu'il aurait été de nouveau arrêté au cours d'une fête de nuit dans sa villa de Marly-le-Roi, qu'il aurait été condamné en première instance, mais qu'une fois de plus son dossier aurait disparu dans le trajet qui sépare le Tribunal de la Cour, que sa peine se serait en même temps évanouie et qu'il aurait pu, ainsi, reprendre la suite de ses travaux qui devaient le mener jusqu'au Crédit municipal de Bayonne.

Ce coup-ci, nous demanderons très sérieusement si on ne se moque pas du monde. En effet, tous ces faits qui motivent aujourd'hui cette surprise insolite ont été relatés au fur et à mesure de leur déroulement, avec photos et documents à l'appui, par tous les quotidiens.

Leurs directeurs seraient-ils les seuls à ne jamais lire les journaux ?

Nous ne voulons pas le croire.

Nous préférons penser que toutes ces informations se sont révélées comme un tissu de commérages, de mensonges et de calomnies et que M. Sacha Stavisky est victime d'une regrettable erreur.

S'il était vraiment ce qu'on dit aujourd'hui : un individu sans scrupule, un redoutable aigrefin, un escroc de haut vol, nous ne pouvons pas croire que M. Donat-Guigue, procureur général, et M. Pressard, procureur de la République, ne se seraient pas étonnés de la disparition successive de ses dossiers, qu'ils n'auraient pas lancé contre lui les mandats d'arrêt nécessaires, au lieu de lui serrer la main au hasard des rencontres mondaines et, au besoin, de s'asseoir à la même table que lui.

S'il était vraiment un coquin repéré, nous ne voulons pas croire que la police l'aurait laissé en toute tranquillité faire de nouvelles dupes au lieu de le mettre sous clef, alors qu'elle arrête si facilement un fonctionnaire, un commerçant ou un employé si, place de l'Opéra, il réclame simplement le droit à une vie honnête.

S'il était réellement un malfaiteur fieffé, nous ne voulons pas croire qu'il aurait pu être accueilli dans le meilleur monde, devenir le familier des ministres et le conseiller du gouvernement.

Pierre Bénard, « M. Sacha Stavisky », *Le Canard enchaîné*, 3-10 janvier 1934.

1934. Le 6 février

En décembre 1933, les escroqueries commises par Alexandre Sta-
visky (1886-1934) sont découvertes, provoquant dès janvier de
nombreuses manifestations. Les mesures prises par le radical
Édouard Daladier — nommé président du Conseil le 29 —
accroissent la tension. Le renvoi de Jean Chiappe, préfet de police
lié aux milieux d'extrême droite, provoque ainsi l'exaspération
des ligues qui appellent à manifester le 6 février 1934. Dans un
appel, l'Union nationale des combattants, une association
d'anciens plutôt marquée à droite, explique le sens de son action.

Il y a quarante-huit heures, le Gouvernement obtenait que nous ajournions notre manifestation prévue pour aujourd'hui dimanche, en nous promettant de sévir contre les voleurs et les receleurs [1]. Il transmettait lui-même à la presse notre ordre du jour et en assurait l'insertion. Vingt-quatre heures plus tard, il trahissait les engagements pris à notre égard et, pour mendier des voix, il prenait des décisions qui révoltent la conscience populaire.

Il y a quarante-huit heures, en présence de nos dirigeants, M. Frot serrait avec effusion les mains de M. Chiappe et le remerciait avec chaleur ; vingt-quatre heures plus tard, il le livrait à la vengeance du Parti socialiste.

Si le préfet de police était coupable, qu'est-ce que c'était que ce baiser de Judas, et pourquoi avoir tenté de lui donner le Maroc [2].

Si rien ne peut lui être reproché, pourquoi ce trafic honteux qui consiste à sacrifier un homme, pour acheter une majorité ?

Opération sans gloire qui disqualifie ceux qui l'ont pratiquée.

C'est cela la justice de M. Daladier : « Vite et fort. » Elle écœure l'opinion et dresse les anciens combattants. Nous nous refusons à considérer comme un acte de justice le déplacement de quelques hauts fonctionnaires. S'ils étaient coupables, il fallait les casser aux gages et non chercher pour eux des compensations. S'ils étaient innocents, il fallait les conserver à leur poste. Qu'est-ce que c'est que cette sinistre parodie qui consiste à chasser M. Fabre parce qu'il fait jouer *Coriolan* pour le remplacer par M. Thomé qui s'est laissé jouer par Stavisky [3] ?

Est-ce pour aboutir à cela que pendant quatre ans nous avons tout sacrifié à la patrie et que pendant quinze ans nous sommes restés modestement dans le rang. En sauvant le pays, nous défendions le régime de liberté auquel nous étions profondément attachés. Est-ce pour le voir accaparer aujourd'hui par un clan de partisans qui le vend à des courtiers politiques.

Anciens combattants, membres de l'UNC ou non, si vous ne voulez pas être complices des marchands de bulletins, vous manifesterez votre indignation mardi soir dans Paris.

Réunion à 20 heures au Grand Palais, au Cours-la-Reine, pour les sections de Paris, et avenue Victor-Emmanuel-III pour les sections de banlieue.

Tout contre-ordre qui pourrait être donné n'émanera pas de nous et vous le considérerez comme une manœuvre.

Vous manifesterez dans l'ordre et la dignité et nous verrons bien si on tentera pour l'éviter de nous acheter par des rosettes.

Nous verrons bien si on se servira de la police composée en majorité de nos camarades pour bâillonner les interprètes fidèles de ceux qui reposent à l'ombre des croix de bois pour avoir voulu que la France reste libre, propre et généreuse.

Le Conseil d'administration
du Groupement de la région parisienne (72 000 membres) de l'Union nationale des combattants

Appel de l'UNC affiché et publié dans la presse le 5 février 1934, cité in M. Catalan, *Rapport général fait au nom de la Commission d'enquête chargée de rechercher les causes et origines des événements du 6 février 1934*, Paris, Imprimerie de la Chambre des députés, 1934, p. 121-122.

1. Grâce à ses relations avec les ligues, Jean Chiappe (1878-1940) obtient l'annulation d'une manifestation prévue pour le 4 février.

2. Socialiste dissident, Eugène Frot, ministre de l'Intérieur, nomme Jean Chiappe résident au Maroc le 3 février, un poste que l'intéressé refuse aussitôt.

3. Compte tenu des allusions au régime parlementaire de *Coriolan*, pièce qui tous les soirs fait salle comble, Émile Fabre (1869-1955), administrateur du Français, est remplacé par Georges Thomé, directeur de la Sûreté générale. Devant le tollé et l'hilarité soulevés par cette décision, Émile Fabre est rapidement renommé à son poste.

1934. Aux origines du CVIA

*Les scandales qui éclaboussent la classe politique française (affai-
res Oustric, Marthe Hanau, Stavisky) nourrissent un antiparle-
mentarisme qui bénéficie de l'une de ses manifestations les plus
retentissantes le 6 février 1934. La gauche y décèle le signe d'une
menace fasciste. Le 5 mars, trois intellectuels, représentant les trois
grandes familles de la gauche française, signent ensemble un texte
qui fonde un Comité d'action antifasciste et de vigilance dont l'initiative revient conjointement à François Walter (Pierre Gérôme),
un auditeur à la Cour des comptes, ainsi qu'au Syndicat national
des instituteurs représenté par ses dirigeants André Delmas et
Georges Lapierre. Cette organisation unitaire se transforme bientôt en Comité de vigilance des intellectuels antifascistes (CVIA).*

AUX TRAVAILLEURS

Unis, par-dessus toute divergence, devant le spectacle des émeutes fascistes de Paris et de la résistance populaire qui seule leur a fait
face, nous venons déclarer à tous les travailleurs, nos camarades,
notre résolution de lutter avec eux pour sauver contre une dictature
fasciste ce que le peuple a conquis de droits et libertés publiques. Nous
sommes prêts à tout sacrifier pour empêcher que la France ne soit
soumise à un régime d'oppression et de misère belliqueuses.

Nous flétrissons l'ignoble corruption qu'ont étalée les scandales récents.

Nous lutterons contre la corruption; nous lutterons aussi
contre l'imposture.

Nous ne laisserons pas invoquer la vertu par les corrompus
et les corrupteurs. La colère que soulèvent les scandales de
l'argent, nous ne la laisserons pas détourner par les banques,
les trusts, les marchands de canons, contre la République —
contre la vraie République qui est le peuple travaillant, souffrant,
pensant et agissant pour son émancipation.

Nous ne laisserons pas l'oligarchie financière exploiter comme
en Allemagne le mécontentement des foules gênées ou ruinées
par elle.

Camarades, sous couleur de révolution nationale on nous prépare un nouveau Moyen Age. Nous, nous n'avons pas à conserver le monde présent, nous avons à le transformer, à délivrer l'État de la tutelle du grand capital — en liaison intime avec les travailleurs.

Notre premier acte sera de former un comité de vigilance qui se tiendra à la disposition des organisations ouvrières.

Que ceux qui souscrivent à nos idées se fassent connaître.

Le bureau provisoire :

Alain [1]   **Paul Langevin** [2]   **Paul Rivet** [3]
                Professeur au Collège   *Professeur au Muséum*
                     de France

Jean-François Sirinelli, *Intellectuels et Passions françaises. Manifestes et pétitions au XXᵉ siècle*, Paris, © Librairie Arthème Fayard, 1990, p. 88-89.

1. Émile Chartier (1868-1951), qui a adopté le pseudonyme d'Alain, avait été l'influent professeur de philosophie de la khâgne du lycée Henri-IV. Pacifiste, il passe aussi pour être le théoricien du Parti radical.

2. Paul Langevin (1872-1946) détient la chaire de physique générale et expérimentale au Collège de France. Sans être membre du PCF, il en est pourtant un fidèle compagnon de route.

3. Paul Rivet (1876-1958) est un anthropologue, professeur au Muséum. Il est membre de la SFIO.

1935. La main tendue

Maurice Thorez (1900-1964) est secrétaire général du PCF depuis 1930. Il soutient la politique de rapprochement avec les catholiques depuis le Comité central d'octobre 1935. En décembre, une affiche rédigée par Jacques Duclos déclarait que les jeunes communistes n'éprouvaient aucun « ressentiment envers les jeunes ouvriers chrétiens qui veulent que ça change ». Sur le terrain, les communistes font grand cas de l'aide apportée dans la banlieue sud par les amis et les sœurs du Secours aux chômeurs. Les progrès de la Jeunesse ouvrière chrétienne posent en outre la question des rapports à entretenir entre communistes et jocistes. Ce n'est pourtant que le 17 avril 1936 que Thorez fait une déclaration radiodiffusée popularisant la « politique de la main tendue ». Le thème est déjà annoncé dans un discours de 1935.

La Charité

« L'entente dans l'ordre de la charité » est possible, a écrit quelque part un prêtre catholique. C'est le but essentiel de notre politique de la main tendue, préciserons-nous. Nous entendons même le terme de « Charité » au moins dans le sens large « d'amour du prochain ».

La charité, pour nous, n'est pas une philanthropie hypocrite qui fait de la misère humaine, obligée de recourir à l'aumône, l'amusement des aristocrates de l'argent, procurant ainsi des satisfactions à leur amour-propre et à leur arrogance. La charité pour les communistes, c'est la vieille règle de solidarité humaine : « Un pour tous, tous pour un. »

[*Applaudissements.*]

Et comme il n'y a pas chez les communistes la croyance qu'il pourrait leur être tenu compte dans une autre vie de leurs mérites et de leurs œuvres, de leur « renoncement temporel », la charité, l'esprit de solidarité, le dévouement au bien commun de nos militants sont le témoignage du désintéressement le plus pur, à l'exemple du bon Samaritain.

[*Applaudissements.*]

D'ailleurs, pourrait-on se refuser de collaborer entre croyants et athées, lorsqu'il s'agit de sauver tant de pauvres innocents, des enfants, des femmes, des malades, des déshérités. Lorsque montent les flammes de l'incendie, s'inquiète-t-on de l'opinion de celui qui fait la chaîne?

Dans nos villes de la banlieue parisienne, communistes et catholiques, laïcs et croyants, ont ensemble réalisé de fructueuses collectes au profit des sans-travail. Le maire communiste et le curé de la paroisse ont ensemble stimulé le zèle de tous les hommes de cœur ; les représentants des syndicats, les anciens combattants de toutes tendances, les jeunes et les femmes ont ainsi recueilli de quoi soulager la détresse des chômeurs et de leurs familles.

[...]

LA DÉFENSE DES LIBERTÉS

Il en est de même, pensons-nous, en ce qui concerne la défense, contre la menace fasciste, des libertés démocratiques, au premier rang desquelles figure la liberté de conscience. Et la liberté de conscience suppose le libre exercice du culte, le libre choix de l'enseignement.

Les communistes sont contre toute législation d'exception visant une catégorie de citoyens à raison de leurs opinions, de leurs croyances lorsqu'elles sont professées dans le respect de la liberté républicaine.

L'article 124 de la Constitution de l'Union des républiques socialistes soviétiques déclare expressément :

« Afin d'assurer aux citoyens la liberté de conscience, l'Église en URSS est séparée de l'État, et l'école de l'Église. La liberté de pratiquer les cultes religieux et la liberté de propagande anti-religieuse sont reconnues à tous les citoyens. »

L'article 136 prescrit :

« Les élections des députés se font au suffrage égal : tout citoyen a le droit d'élire et d'être élu, indépendamment de la race ou de la nationalité à laquelle il appartient, de sa religion, du degré de son instruction. »

« La coexistence de communistes et de catholiques, la collaboration entre eux est possible dans un régime de démocratie, et, il va de soi, dans cette forme supérieure de la démocratie qu'est le régime soviétique.

Mais il apparaît bien de plus en plus clairement que le fascisme dans les pays soumis à sa brutale et sanglante dictature ne peut tolérer la moindre liberté politique ou religieuse, qu'il ne supporte pas plus les catholiques fidèles à leur foi que les communistes attachés à leur idéal.

L'idéologie totalitaire du fascisme lui fait craindre et combattre toute manifestation de non-conformisme, même si elle se présente sous les aspects de la religion.

Maurice Thorez, *Communistes et Catholiques, la main tendue*, Paris, S.C., 1935, p. 78-80.

1935. La déflation Laval

Président du Conseil depuis le 7 juin 1935, Pierre Laval (1883-1945) inaugure en juillet une politique de déflation qui lui vaut d'être interpellé à la Chambre le 29 novembre 1935.

M. le président : La parole est à M. le président du Conseil. [*Applaudissements au centre, à droite et sur divers bancs à gauche.*]

M. Pierre Laval, président du Conseil, ministre des Affaires étrangères : Il y a bientôt six mois, vers cette même heure, j'étais à cette tribune et je demandais à la Chambre de voter le texte que je vais replacer sous ses yeux :

« *Article unique.* — En vue d'éviter la dévaluation de la monnaie, le Sénat et la Chambre des députés autorisent le Gouvernement à prendre par décrets, jusqu'au 31 octobre 1935, toutes dispositions ayant force de loi pour lutter contre la spéculation et défendre le franc.

» Ces décrets, pris en Conseil des ministres, seront soumis à la ratification des Chambres avant le 1er janvier 1936. »

7 juin ! Nous étions à un moment où le pouvoir n'était guère recherché.

Le 1er juin, le ministère Flandin avait été renversé. Le 4, le ministère Bouisson [1] avait subi le même sort et le chef de l'État faisait appel à des hommes politiques éminents qui se récusaient.

J'ai accepté le pouvoir. Je savais que mes responsabilités seraient lourdes. Aujourd'hui, j'ai le même sentiment. Je sais que le pouvoir n'est guère attrayant. Les critiques n'ont pas manqué, les réquisitoires ont été nombreux et éloquents.

Pourtant, nous n'avons trompé personne. Quand vous nous avez donné ces pouvoirs exceptionnels, vous saviez bien l'usage que nous en devions faire. Il y avait un déficit budgétaire d'environ 10 milliards. L'État avait un besoin d'emprunt d'environ 20 milliards. Il fallait trouver, par des mesures d'économie substantielles, massives et immédiates le moyen de parer à des difficultés pressantes. Nous ne pouvions pas, nous, nous contenter d'exposer un programme électoral, si séduisant qu'il pût être.

[*Applaudissements au centre, à droite et sur divers bancs à gauche.*]

Ainsi, nous avons pris des mesures qui, avons-nous déclaré, avaient un caractère exceptionnel et devaient être temporaires.

Tout à l'heure, M. Léon Blum, s'adressant à la Chambre, disait que, sans doute, personne ne pourrait croire à la sincérité d'une pareille affirmation.

Il y a quelqu'un, monsieur Léon Blum, qui y a cru, c'est celui qui vous parle, et je vais dire pourquoi.

En Angleterre — j'ai le droit de rappeler cet exemple — un gouvernement s'est trouvé placé en face des mêmes difficultés. Il a employé les mêmes moyens pour mettre fin à la crise. Au bout de quatre ans, il a pu revenir sur les mesures de sévérité que les circonstances l'avaient obligé de prendre[2].

En France, j'avais la certitude qu'il faudrait beaucoup moins de temps pour supprimer, en tout cas, les prélèvements qui frappaient les plus humbles.

J'ai cru et je crois encore qu'il était possible de voir notre rente atteindre le pair, que certaines opérations de conversion n'étaient pas absolument exclues, et nous avions le souci, la volonté d'en faire bénéficier d'abord les plus modestes parmi ceux que nos mesures avaient dû frapper.

Nous pensions aussi que la baisse du taux de l'intérêt permettrait et faciliterait la reprise des affaires.

Rien n'est compromis si la Chambre veut faire preuve de sagesse et de courage.

Il faut bien qu'elle choisisse.

Je n'ai pas l'éloquence de M. Paul Reynaud. Je n'ai pas la fougue de M. Déat. J'ai peut-être, pour reprendre une expression qu'employait M. Déat dans l'appel qu'il adressait tout à l'heure à la Chambre, eu moins d'intelligence que de courage. Mais j'attends encore que ces grands tribuns viennent ici proposer un programme et demander aux représentants du pays de choisir entre leur politique et la nôtre.

[*Applaudissements au centre, à droite et sur divers bancs à gauche.*]

Oui, sans doute, il est facile de parler des « décrets de misère[3] ». Les ministres et moi, nous n'avons pas moins de sensibilité que ceux qui nous attaquent et si nous avons été conduits à réduire de 10, de 5 ou de 3 p. 100 les traitements, les émoluments, c'est parce que nous avons pensé que cela valait mieux que d'exposer ces créanciers de l'État à la faillite du Trésor.

Il vaut mieux recevoir neuf francs en monnaie saine que dix francs en monnaie frelatée.

[*Vifs applaudissements au centre, à droite et sur divers bancs à gauche.*]

C'est une vérité de bon sens que les plus humbles ont comprise.

En tout cas, je le répète : peut-être est-ce par indigence de pensée, mais nous n'avons pas trouvé mieux. Alors, avez-vous le choix ? Le choix ne vous est même pas proposé.

Des dévaluateurs, il y en a sur ces bancs. Il m'a bien semblé même qu'il devait y en avoir beaucoup, si j'en juge par les applaudissements qui ne saluaient pas seulement l'éloquence, mais les thèses qui étaient exposées à cette tribune.

Messieurs, le moment est venu de choisir. Faites preuve du même courage que celui que j'ai eu en acceptant, en des heures difficiles, le pouvoir que d'autres ne veulent pas assumer parce qu'ils le savent trop lourd.

[*Vifs applaudissements au centre, à droite et sur divers bancs à gauche.*]

J'ai conscience de servir mon pays et de le faire à un de ces moments où le Gouvernement qui agit a besoin de toute son autorité.

Aussi, croyez-moi, ce ne sont point des paroles de défi que je veux prononcer, elles n'exprimeraient pas la nature de mon caractère, mais ce sont des paroles nécessaires à l'heure où je parle. Je ne compte pas solliciter la pitié de vos suffrages. Il faut que vous me disiez si le Gouvernement mérite votre approbation pour sa politique financière. Il faut que vous le disiez nettement. [...]

Chambre des députés, séance du 29 novembre 1935,
JO, 30 novembre 1935, p. 2 257.

1. Le gouvernement de Fernand Bouisson est renversé le jour même de sa présentation devant la Chambre.
2. Allusions aux mesures déflationnistes prises par le gouvernement de Ramsay Macdonald.
3. Cette formule est fréquemment employée par la gauche pour critiquer la politique de Pierre Laval.

1935. Socialisme et liberté

Georges Valois (1878-1945), de son véritable nom Alfred-Georges Gressent, avait fréquenté les cercles anarchistes de la fin du siècle. En 1903, il se convertit au catholicisme et tente une synthèse entre le nationalisme intégral de Maurras et le syndicalisme révolutionnaire de Sorel. Il est l'un des principaux fondateurs du Cercle Proudhon. Candidat de l'Action française aux élections législatives de 1924, il se détache de l'organisation royaliste pour créer le premier mouvement fasciste français, le Faisceau, le 11 novembre 1925. Éditeur (il dirige la Librairie Valois) et animateur des Cahiers bleus, *Valois cherche à promouvoir une nouvelle culture au-delà des clivages habituels. Au début des années 1930, il se rapproche de plus en plus de la gauche sur une base coopérativiste et syndicaliste. En 1935, sa demande d'adhésion à la SFIO est pourtant refusée à cause de son passé.*

Vous pensez bien que je ne m'associe pas un instant à ceux qui accusent fascistes et communistes d'employer les mêmes méthodes à l'égard de la liberté. Il n'y a rien de commun entre fascisme et communisme : le premier regarde la liberté comme un mal en soi ; le second en redoute l'usage chez des hommes encore mal informés et pouvant se laisser séduire ou tromper par les artifices intellectuels de leurs ennemis. C'est donc une grande sottise que d'assimiler fascisme et communisme en raison de la censure qu'ils exercent sur la vie intellectuelle.

Je ne retiens donc que le fait d'une censure en URSS, l'existence d'une orthodoxie idéologique qui limite la liberté intellectuelle. Je sais bien qu'il y a un bouillonnement intellectuel considérable en URSS tandis que c'est l'anémie en Italie et en Allemagne. Mais il reste que, au-dessus de toute la vie intellectuelle, il y a une orthodoxie idéologique, et que, dans un certain nombre de cas, il est dangereux de ne pas s'y conformer. Il reste également que, dans la vie civique de l'Union soviétique, il est extrêmement difficile d'exprimer une pensée, une tendance qui soient contraires à la pensée officielle, au système imposé par le Parti.

Je ne veux pas opposer à cette limitation la liberté dont nous jouissons en France. Je suis de ceux qui savent mieux que quiconque par quel ingénieux système le capitalisme, sans toucher aux apparences de la liberté, a établi un contrôle rigoureux pour étouffer la liberté intellectuelle et la liberté politique. Tout de même, il reste un domaine assez étendu où ces deux libertés peuvent être exercées, et c'est de ce domaine que l'on peut menacer et parfois atteindre le capitalisme dans ses œuvres vives.

Enfin, j'ajoute que je me rends parfaitement compte des nécessités rigoureuses qui se sont imposées au gouvernement soviétique menant contre l'Europe capitaliste une lutte gigantesque, où il était obligé de défendre des populations encore incultes, illettrées, contre la perfidie de tous les « services d'intelligences » de la coalition.

Tout ceci considéré (et bien d'autres choses encore), il reste une chose grave : qu'il y a en URSS une idéologie orthodoxe, au nom de laquelle l'État gouverne, et que, dans tout le socialisme politique, de la IIᵉ et de la IIIᵉ Internationale, il y a la même tendance à la création d'une idéologie orthodoxe.

C'est ici que je vous dis, camarades, que nous sommes nombreux, dans quelques pays d'Europe, à vouloir, en même temps, réaliser le socialisme, par le plus court chemin, et à nous opposer totalement au gouvernement d'une orthodoxie socialiste.

Nous sommes convaincus qu'il est possible d'édifier le socialisme dans la liberté, par la liberté et pour la liberté. Nous le disons en philosophes, en techniciens et en citoyens. Nous ajoutons que cette édification d'un socialisme libertaire n'est possible que si, premièrement, nous sortons des habitudes d'esprit que nous tenons tous des religions dont nous avons bu le lait, et si nous résolvons un problème d'organisation économique où, jusqu'ici, faute de solution, le socialisme a agi par décision autoritaire.

Georges Valois, *Technique de la révolution syndicale*,
Paris, Éd. Liberté, 1935, p. 72-74.

1936. La remilitarisation
de la Rhénanie

Le samedi 7 mars 1936, l'Allemagne remilitarise la Rhénanie.
Mais la France réagit mollement à cette violation flagrante des
accords de Locarno, le Conseil des ministres des 8 et 9 mars déci-
dant seulement de saisir la SDN et les pays signataires du pacte
locarnien. Après avoir proclamé, lors d'un discours radiodiffusé,
que « nous ne laisserons pas Strasbourg exposé au feu des canons
allemands » (8 mars), le président du Conseil, Albert Sarraut
(1872-1962), précise sa politique devant les députés.

M. Albert Sarraut [...] : Si l'on nous impute des torts, et toutes les fois que l'on nous imputerait des torts, la France sera toujours prête à se soumettre à l'arbitrage de la loi internationale.
[*Vifs applaudissements.*]
Mais c'en serait fait du droit des peuples et, par là même, de
la paix commune, si chacun prétendait se faire justice soi-même,
déterminer ses droits en fonction de ses ambitions et, pour tout
dire, substituer la violence du fait accompli à la loi internationale des parties.
[*Vifs applaudissements.*]
Aussi, messieurs, la France ne se place pas, dans le conflit
actuel, sur la position d'un égoïsme blessé ou de garanties perdues de sa propre sécurité.
[*Applaudissements.*]
Non. Elle pose le problème de la valeur réelle des traités, de
la garantie générale du pacte de la Société des nations pour ses
adhérents, de la fidélité des sociétaires à leurs engagements ; elle
pose le problème angoissant de la force du droit devant les droits
que s'arroge la force.
[*Nouveaux applaudissements.*]
Sans doute, la violation de la zone démilitarisée atteint notre
sécurité propre ; mais, à notre avis, elle met en cause beaucoup
plus gravement l'avenir de la paix européenne, les destinées de
l'organisation de la sécurité collective et ceux de la Société des
nations.

Personne en Europe, sans doute, ne s'y trompe. Mais, en le rappelant, nous éclairons la position que nous avons prise.

Nous nous sommes placés dans le cadre de la Société des nations parce que c'est son sort qui va se jouer dans un futur proche.

[*Applaudissements.*]

Nous avons sollicité les signataires et garants du traité de Locarno [1] parce que c'est la valeur même des traités dans les rapports internationaux qui se joue.

Qui donc conserverait, en effet, la moindre foi dans les effets d'un traité, s'il suffisait pour les détruire de la volonté du plus fort ?

Alors, il faudrait en revenir résolument aux alliances militaires, au surarmement, et, reconnaissons-le, à la guerre, déclenchée par le ou les plus forts au moment le plus favorable.

Si certains s'y résignent, qu'ils le disent clairement et nous en tirerons les conclusions utiles. Pour nous, nous mettrons toutes nos forces matérielles et morales à la disposition de la Société des nations afin d'éviter ce malheur irréparable pour la civilisation européenne, sous la seule condition que nous soyons accompagnés, par ceux qui s'y sont formellement engagés par le pacte rhénan et avec le ferme espoir que tous les signataires du pacte de la Société des nations, selon leurs moyens et conformément à leurs obligations, lutteront à nos côtés pour un idéal dont ils se sont déclarés solidaires.

[*Applaudissements.*]

Le chancelier Hitler, en prétendant parler au peuple français par-dessus la tête de son Gouvernement, comme si un Gouvernement français, issu de la représentation populaire et qui gouverne sans contrainte, pouvait ne pas incarner la souveraineté populaire [*applaudissements à gauche et à l'extrême gauche*], nous a, par là même, ouvert la voie pour nous adresser, à notre tour, au peuple allemand [2].

Nous lui demandons, au nom de sa culture et des vertus de sa race, de réfléchir aux responsabilités nouvelles que certains veulent lui faire assumer devant l'Histoire.

Nous lui déclarons solennellement que nous n'avons jamais voulu et que nous ne voudrons jamais attenter à sa liberté ni à son honneur. Nous n'avons pas davantage pensé, ni ne voulons penser qu'il puisse être traité d'une façon plus défavorable que les autres peuples.

[*Très bien ! très bien !*]

Nous sommes d'accord, avec le Gouvernement allemand, pour proclamer que le peuple français n'a aucun avantage à tirer de la misère du peuple allemand.

[*Applaudissements.*]

Nous acceptons parfaitement de collaborer à la recherche des moyens d'assurer l'existence, sur un sol pauvre, comme l'a dit le chancelier Hitler, de 66 millions d'habitants.

Nous lui demandons en quoi la réoccupation de la zone démilitarisée pourra aider à la solution de ces problèmes.

[*Nouveaux applaudissements.*]

Nous lui demandons comment la confiance, qui est à la base de toute collaboration, peut être maintenue, ou surtout même développée comme cela serait souhaitable, s'il est admis que non seulement un traité solennel comme celui de Locarno puisse être dénoncé par la seule volonté d'une des parties, mais que, sans attendre aucun accord nouveau, des actes militaires soient commis que l'on s'était formellement engagé à éviter.

Le peuple allemand aurait-il confiance dans le Gouvernement français pour discuter et signer de nouveaux traités si celui-ci venait de déchirer lui-même les traités anciens ?

[*Très bien ! très bien !*]

Comment voudrait-il donc que le peuple français ait confiance pour entamer les nouvelles négociations auxquelles le convie le Gouvernement allemand ?

Négocier maintenant, dans la situation présente ? Sur quoi faire fond, messieurs, je vous le demande ? Sur quoi construire ? Avec les ruines écroulées et sur quel fondement ? Les fondations mêmes de l'édifice seraient à reprendre.

Le Gouvernement français ne repousse pas les négociations qui pourraient consolider la paix future et améliorer les relations franco-allemandes dans le cadre d'une Europe tranquille et pacifique ; mais la France ne peut pas négocier sous l'empire de la violence et du reniement des signatures librement échangées.

[*Vifs applaudissements sur tous les bancs.*]

Il a saisi le Conseil de la Société des nations dans les termes que vous connaissez. Il a consulté les puissances signataires et garantes du traité de Locarno.

Il est résolu, en ce qui le concerne, je le répète, à joindre, dans le cadre de la Société des nations, toutes ses forces à celles des autres sociétaires pour répondre à un véritable attentat à la confiance internationale, à la foi des traités, à la sécurité collective, à l'organisation de la paix.

Il reste prêt à négocier avec l'Allemagne, une fois que le respect de la loi internationale aura été de nouveau assuré.

[*Applaudissements.*]

Il veut garder sa foi dans la valeur réelle des engagements internationaux, du traité de Locarno comme du pacte de la Société des nations.

Il luttera pour défendre l'ordre nouveau dans les relations internationales qu'avait apporté l'organisation collective de la sécurité et de la paix dans le cadre de la Société des nations.

Pour lui permettre de mener à bien cette tâche, le Gouvernement s'adresse à la représentation nationale qui exprime la souveraineté populaire.

Il compte sur son dévouement aux intérêts sacrés de la nation, sur son amour de la patrie, d'une patrie qui n'exclut aucun parti, aucune religion, aucune race [*applaudissements*], pour lui apporter, aujourd'hui et demain, au-dessus des polémiques partisanes, un concours aussi ferme qu'est résolue sa propre volonté.

L'avenir de la paix européenne va se jouer. La France, fidèle à ses traditions et à son idéal, doit rester unanime dans son action pour la sauvegarde de cette paix.

[*Vifs applaudissements répétés sur un très grand nombre de bancs. A gauche, à l'extrême gauche, au centre et sur divers bancs à droite, MM. les députés se lèvent et applaudissent.*]

> Chambre des députés, débats du 10 mars 1936, *JO*, 11 mars 1936, p. 855-856.

1. Engageant France, Belgique, Allemagne, Italie et Grande-Bretagne, les accords de Locarno (1925) reconnaissent les frontières, belges, françaises et allemandes. Ils prévoient entre autres le recours aux armes en cas de remilitarisation de la Rhénanie.

2. Le 29 février 1936, *Paris-Midi* publie une interview accordée par Adolf Hitler à Bertrand de Jouvenel le 21.

1936. La fin du libéralisme ?

Avec la crise de 1929 se multiplient les cercles avant-gardistes. Fondé en 1931, X-Crise — rebaptisé Centre polytechnicien d'études économiques en 1933 — constitue l'archétype de ces clubs qui tentent, en rassemblant des individus issus d'horizons fort divers, de dégager des solutions à la crise. Le 1er mai 1936, Auguste Detœuf (1883-1947), dirigeant d'Alsthom et patron modernisateur, prononce devant ce cercle une conférence retentissante intitulée « La fin du libéralisme ».

Je me propose, une fois de plus, de rechercher devant vous les causes du marasme actuel. Elles ont été assez étudiées jusqu'ici pour que je ne vous apporte rien de nouveau. Tout au plus puis-je essayer de faire un classement nouveau des causes déjà connues. Mais je le crois tel qu'on puisse en tirer des conclusions.

Je n'essaierai pas de vous y conduire insidieusement. Il me semble plus honnête de vous dire tout de suite ce à quoi je dois aboutir et de vous exposer ensuite mes raisons. Les faiblesses vous en apparaîtront mieux, et peut-être aussi leur force.

Cette conclusion, c'est la suivante : le libéralisme est mort ; il a été tué, non par la volonté des hommes ou à cause d'une libre action des gouvernements, mais par une inéluctable évolution interne.

Le libéralisme, tel qu'il a joué au XIXᵉ siècle, est mort. Il est inutile de tenter de le faire revivre. Il faut s'adapter à l'état nouveau. Puisqu'il a été bienfaisant, puisqu'il recèle des ferments utiles nécessaires, il faut tâcher de sauver du libéralisme tout ce qui peut être sauvé. Mais comme on ne peut tout sauver, il faut rechercher ce qui doit être sacrifié en lui. Il faut choisir. Il ne s'agit pas, comme on le pense souvent, de lest à jeter : c'est une partie de la cargaison qu'il faut abandonner pour ne pas faire naufrage avec le reste.

Je crois que la fausse mystique libérale, les déclarations libérales sans sincérité, toute cette démagogie à l'intention des classes dites dirigeantes et d'un peuple qui confond la liberté économique avec la liberté tout court, sont des dangers publics ;

car, empêchant de voir, elles empêchent aussi de se défendre. Je crois qu'il ne faut pas s'aveugler, qu'il faut regarder les choses en face ; si ceux qui souffrent le moins dans l'économie moderne pensent avoir individuellement intérêt à la liberté économique totale, ils se trompent. En tant qu'individus, non plus qu'en tant que collectivité dans la collectivité, ils n'y ont intérêt. Ils n'ont intérêt à sauver que ce qui est bon, et une part du libéralisme est aujourd'hui malfaisante. Tel est le théorème que je voudrais démontrer. [...]

J'ai essayé de montrer que le libéralisme ancien ne peut plus fonctionner, même en l'absence de toute intervention. Je voudrais montrer maintenant qu'il oblige à *l'intervention*, qu'il ne laisse pas d'espoir d'échapper à l'intervention.

C'est qu'un autre aspect de l'évolution économique dans le libéralisme, c'est le développement de la démocratie, l'importance croissante de l'opinion publique.

Pourquoi le libéralisme mène-t-il à la démocratie ? Parce que le jeu de la loi de l'offre et de la demande donne la suprématie aux entreprises concentrées, à celles dont les séries sont énormes, dont les prix de revient sont particulièrement bas, dont les facultés de crédit sont singulièrement larges. Le libéralisme mène à *la concentration des entreprises* ; il mène aussi à *la spécialisation territoriale*. Autour d'un port, d'un carrefour de routes, d'une ville déjà grande et qui déjà offre un marché, se concentreront les industries : ainsi les travailleurs seront rapprochés les uns des autres ; leurs existences seront mêlées ; leur puissance s'accroîtra du fait de la concentration de leurs masses. En menant à la concentration et à la spécialisation des régions, le libéralisme a créé l'État d'opinion.

Or, les peuples ne sont pas révolutionnaires, ils ne sont pas non plus tout à fait conservateurs. Ils sont interventionnistes. Ils désirent seulement déplacer la propriété vers la masse.

Et ainsi le libéralisme conduit à *l'intervention de l'État*.

Nous nous plaignons de l'intervention de l'État ; nous avons tort. Elle est inéluctable. Nous ferions mieux d'essayer de l'orienter. De tous les pays on n'en peut citer qu'un seul, l'Angleterre, où cette intervention ne soit pas éclatante. Mais si elle n'est pas aussi claironnante qu'ailleurs, elle n'en est pas moins profonde.

L'Angleterre est le pays où, depuis quinze ans, on paie deux à trois millions d'hommes à ne rien faire : est-ce du libéralisme ?

L'Angleterre est le pays qui a dévalué sa monnaie alors que la situation de sa Banque d'État ne l'exigeait pas ; est-ce du libéralisme ?

[...]

Tenons compte de l'état réel des choses, abandonnons ce qui doit être abandonné et tâchons de nous tirer le mieux que nous pouvons, dans notre intérêt, du drame que nous jouons malgré nous.

Nous cramponner au libéralisme, nous, bourgeois, possédants ou profiteurs — selon qu'on préfère nous nommer, ou élite, comme nous aimons mieux qu'on nous nomme —, n'est-ce pas pratiquer une politique qui ressemble fort à celle de la France vis-à-vis de l'Allemagne depuis la guerre ? N'est-ce pas s'acharner sur de vieilles formules, sur des vieux textes, sur de vieux papiers, et se laisser arracher année par année, tantôt les Réparations, tantôt la Sarre, tantôt la démilitarisation, sans profit, sans mérite, sans contrepartie, au lieu de chercher la solution humaine, celle qui satisfait à peu près le voisin en nous donnant des garanties efficaces ? [...]

Demandons donc à la raison, non à la passion, ce qu'elle conseille.

La raison dit :

Une partie du libéralisme est désuète, celle qui se rapporte à la production concentrée, fortement immobilisée, à la société anonyme telle qu'elle est aujourd'hui conçue : il faut renoncer dans ce domaine à la liberté totale, à la part de la liberté qui consiste à mal faire, tout en croyant qu'on fait bien. Il ne faut pas attendre que l'État nous l'impose ; car il saura mal ce qu'il faut faire, et il sera mené par une démagogie dangereuse.

La recherche doit tendre à résoudre par l'esprit collectif, par l'entente, dans tous les domaines, les problèmes avant que l'État ne s'en saisisse. Jusqu'ici l'entente s'est développée, mais elle n'a été conçue que comme une défense contre tout l'extérieur, comme une association sans sacrifices sensibles, destinée seulement à accroître les bénéfices ou à réduire les pertes. Elle n'a guère été essayée entre employeurs et employés. Elle n'a pas été dirigée vers la solution de certains problèmes qu'il faut nécessairement résoudre comme celui du chômage. Elle a résolu un certain nombre de problèmes personnels ; elle laisse en suspens les problèmes généraux. Elle laisse donc à l'État le soin de les résoudre au hasard. Ce qui est nécessaire, c'est l'entente pour l'intérêt public.

Seulement, si les groupements de volontés peuvent résoudre certains problèmes, on ne sera jamais certain ni d'obtenir l'unanimité aujourd'hui nécessaire pour le libre règlement des questions, ni certain de concevoir l'intérêt public comme d'autres le conçoivent. Il faut donc admettre un arbitrage. A mon avis, cet arbitrage doit être demandé à l'État, non pour qu'il l'exerce lui-même, mais pour qu'il désigne des experts indépendants et qu'il mette la force de l'État à leur disposition pour l'exécution de leurs décisions.

Dans une Économie qui se sera organisée, l'intervention de l'État sera ainsi réduite au minimum. Ce ne veut pas dire qu'elle ne se développera pas ; tout conduit inéluctablement à ce développement, mais elle se développera sur des plans bien délimités, tels que le commerce extérieur, où elle est dès maintenant considérable et désordonnée ; tels aussi que le plan social, j'entends le plan de toutes les dépenses non directement rémunératrices ; celles qu'il faut faire pour assurer le bien-être social et maintenir la paix, parce que personne, parce qu'aucun groupe ne pourrait les entreprendre.

Une autre partie du libéralisme n'est point touchée : l'artisanat, le petit commerce, les métiers libéraux, la culture, du moins si l'on isole la culture française de l'étranger : dans ces domaines, la liberté conserve tous ses attraits. Et à côté de la liberté économique, il est une autre liberté, bien plus précieuse, qui n'a rien à faire avec elle, la liberté de penser, de parler et d'écrire, la liberté d'agir, en dehors de l'Économie, comme il vous plaît : celle-là, il faut la sauver à tout prix.

La raison dit aussi : Ne supprimons pas les mobiles d'activité des hommes comme en Russie pour les rétablir ensuite, ne leur substituons pas comme en Allemagne des mobiles de prestige et d'honneur qui préparent l'explosion et l'anéantissement de la civilisation.

La raison dit encore : La destruction de l'ordre, la fin de la discipline anéantissent toute la civilisation matérielle. On ne produit que dans l'organisation, lorsque chacun a sa tâche, et lorsque la qualité de cette tâche est surveillée, lorsqu'on est assuré qu'elle est bonne, avant de l'incorporer à une tâche plus large. Il faut donc maintenir l'ordre et la discipline.

Si l'ordre doit être changé, il faut donc que ce soit nous, tous ceux qui, à des degrés divers, sommes des chefs, qui en prenions l'initiative.

Et pour que cette initiative soit efficace, il faut que le peuple ait confiance en nous. Il faut qu'il croie que nous poursuivons uniquement l'intérêt public, et il ne le croira que si nous le croyons nous-mêmes, et si nous faisons ce qu'il faut pour qu'il le croie. Il faut qu'en particulier nous remédiions au *chômage généralisé*, cette monstruosité de l'Économie moderne, que nous fassions disparaître peu à peu l'idée et la réalité des classes sociales, par l'éducation et par les facilités d'accès de tous aux postes les meilleurs. Il faut que nous pensions tous comme si nous étions le peuple.

> Auguste Detœuf, « La fin du libéralisme », cité *in* X-Crise, *De la récurrence des crises économiques*, Paris, Économica, 1981, p. 71 *sq.*

1936. L'accord Matignon

Les élections des 26 avril et 3 mai 1936 portent au pouvoir le Front populaire. Le 4 juin, le président de la République, Albert Lebrun, appelle à la présidence du Conseil Léon Blum dont le parti dispose du plus fort groupe parlementaire. La constitution de ce nouveau gouvernement se fait sur fond de grèves. C'est aux usines Breguet du Havre, le 11 mai, qu'un vaste mouvement de grèves « sur le tas » a pris naissance. Les occupations d'usines poussent certains patrons à souhaiter l'arbitrage rapide du gouvernement. Après avoir rencontré les délégués d'une CGT réunifiée depuis le 25 mars 1936 et ceux du patronat, Blum les rassemble à l'hôtel Matignon où est signé, dans la nuit du 7 au 8 juin, l'accord du même nom.

Article premier - La délégation patronale admet l'établissement immédiat de contrats collectifs de travail.

Art. 2 - Ces contrats devront comprendre notamment les articles 3 à 5 ci-après :

Art. 3 - L'observation des lois s'imposant à tous les citoyens, les employeurs reconnaissent la liberté d'opinion ainsi que les droits pour les travailleurs d'adhérer librement et d'appartenir à un syndicat professionnel constitué en vertu du livre III du Code du Travail.

Les employeurs s'engagent à ne pas prendre en considération le fait d'appartenir ou de ne pas appartenir à un syndicat pour arrêter leurs décisions en ce qui concerne l'embauchage, la conduite ou la répartition du travail, les mesures de discipline ou de congédiement.

Si une des parties contractantes conteste le motif de congédiement d'un travailleur comme ayant été effectué en violation du droit syndical ci-dessus rappelé, les deux parties s'emploieront à reconnaître les faits et à apporter au cas litigieux une solution équitable.

Cette intervention ne fait pas obstacle au droit pour les parties d'obtenir judiciairement réparation du préjudice causé.

L'exercice du droit syndical ne doit pas avoir pour conséquences des actes contraires aux lois.

Art. 4 - Les salaires réels pratiqués pour tous les ouvriers, à la date du 25 mai 1936, seront, du jour de la reprise du travail, réajustés suivant une échelle décroissante commençant à 15 % pour les salaires les moins élevés pour arriver à 7 % pour les salaires les plus élevés. Le total des salaires de chaque établissement ne devant en aucun cas être augmenté de plus de 12 %. Les augmentations de salaires consenties depuis la date précitée seront imputées sur les réajustements ci-dessus définis. Toutefois, ces augmentations resteront acquises pour leur partie excédant lesdits réajustements.

Les négociations pour la fixation par contrat collectif de salaires minima par région et par catégorie qui vont s'engager immédiatement devront concerner en particulier le réajustement nécessaire des salaires anormalement bas.

La délégation patronale s'engage à procéder au réajustement nécessaire pour maintenir une relation normale entre les appointements des employés et les salaires.

Art. 5 - En dehors des cas particuliers déjà réglés par la loi, dans chaque établissement employant plus de 10 ouvriers, après accord entre organisations syndicales ou, à défaut, entre les intéressés, il sera institué deux titulaires ou plusieurs délégués ouvriers (titulaires et suppléants) suivant l'importance de l'établissement. Ces délégués ont qualité pour présenter à la direction les réclamations individuelles qui n'auraient pas été directement satisfaites visant l'application des lois, décrets, règlements ou code du Travail, des tarifs de salaires et des mesures d'hygiène et de sécurité.

Seront électeurs tous les ouvriers et ouvrières âgés de dix-huit ans, à condition d'avoir au moins trois mois de présence à l'établissement au moment de l'élection et de ne pas avoir été privés de leurs droits civiques.

Seront éligibles les électeurs définis ci-dessus, de nationalité française, âgés d'au moins vingt-cinq ans, travaillant dans l'établissement sans interruption depuis un an, sous réserve que cette durée de présence devra être abaissée si elle réduit à moins de cinq le nombre des éligibles.

Les ouvriers tenant commerce de détail, de quelque nature que ce soit, soit par eux-mêmes, soit par leur conjoint, ne sont pas éligibles.

Art. 6 - La délégation patronale s'engage à ce qu'il ne soit pris aucune sanction pour fait de grève.

Art. 7 - La délégation confédérale ouvrière demandera aux travailleurs en grève de décider la reprise du travail dès que les directeurs des établissements auront accepté l'accord général intervenu, et dès que les pourparlers relatifs à son application auront été engagés entre les directions et le personnel des établissements.

Paris, le 7 juin 1936.

L'Humanité, 8 juin 1936.

1936. Il faut savoir terminer une grève

En dépit de la signature de l'accord Matignon et du vote des lois sociales dans les jours qui suivent (conventions collectives, congés payés et semaine de 40 heures), la reprise du travail est très lente. Le 11 juin, on compte deux millions de grévistes. Les organisations de gauche s'inquiètent de voir se développer un mouvement social incontrôlé. Dès le 6 juin, Blum avait condamné les occupations d'usines. Léon Jouhaux, le secrétaire général de la CGT, avait célébré l'accord comme « la plus grande victoire du mouvement ouvrier ». Le 12 juin, L'Humanité donne quelques extraits du rapport présenté la veille par Maurice Thorez devant l'assemblée des communistes de la région parisienne. L'idée qui en ressort devient un véritable mot d'ordre dans les jours qui suivent.

Si le but maintenant est d'obtenir satisfaction pour les revendications de caractère économique tout en élevant progressivement le mouvement des masses dans sa conscience et son organisation, alors il faut savoir terminer dès que satisfaction a été obtenue. Il faut même savoir consentir au compromis si toutes les revendications n'ont pas encore été acceptées, mais si l'on a obtenu la victoire sur les plus essentielles et les plus importantes des revendications.

Il faut savoir organiser, préparer l'avenir, il faut savoir reprendre cette riposte que nous avons faite à Pivert [1] quand il a écrit un article dans *Le Populaire* : « Tout est maintenant possible. »

Nous, et nous seuls, nous avons ainsi répondu : « Non, tout n'est pas possible maintenant. » Et *Le Journal des débats* [2], qui comprend parfois la politique de notre Parti, a dit : « Dans l'esprit des communistes cela veut dire : tout n'est pas encore possible. » C'est vrai.

Nous ne devons pas risquer que se disloque la cohésion des masses, la cohésion du Front populaire. Nous ne devons pas permettre que l'on puisse isoler la classe ouvrière.

Nous ne jouons pas, nous, avec la classe ouvrière, nous ne sommes pas une poignée d'irresponsables, nous sommes un grand Parti, le premier Parti de France, le Parti vers lequel convergent tous les espoirs du peuple de notre pays, et nous sommes comptables du présent et de l'avenir de notre pays.

Les militants du Parti doivent être en mesure de réagir contre les tendances gauchistes dans le mouvement. La lutte sur les deux fronts, ce n'est pas seulement une lutte intérieure, cela doit être, et souvent, une lutte portant sur toute la politique du Parti, là où s'exprime une tendance gauchiste. Je veux prendre un exemple. Si toutes les revendications essentielles des camarades métallurgistes sont satisfaites, si les salaires les plus bas ont été augmentés dans des proportions suffisantes de l'avis des couches salariées qui étaient jusqu'alors les plus frappées, si les catégories qui étaient les mieux payées sont augmentées dans la norme prévue, si le congé payé est inclus dans le contrat, on peut et on doit signer l'accord qui met fin au mouvement actuel et préparer des améliorations ultérieures.

[...]

Il faut attirer l'attention sur ces deux tendances gauchistes. Il faut aussi tenir compte des répercussions de certaines grèves. Il y a eu la grève des camionneurs. Immédiatement, nos camarades se sont efforcés de faire obtenir satisfaction le plus rapidement possible aux grévistes. Supposez, en effet, camarades, que les camionneurs soient en grève pendant plusieurs jours : c'est le ravitaillement de Paris qui serait compromis.

Il y a un autre aspect. Les camionneurs ont fait la grève, et les marchandises sont restées plusieurs heures dans les gares ; et nous avons reçu un télégramme de petits paysans de localités du Midi disant : « Attention, nos cerises vont se gâter. »

C'est-à-dire que là encore une couche de gens pouvait voir sa confiance dans la classe ouvrière et le Front populaire plus ou moins atteinte.

Bien sûr que la grève peut, pour certaines couches sociales, présenter des inconvénients, mais puisqu'en l'occurrence il s'agit d'alliés de la classe ouvrière, dans la mesure où nous pouvons atténuer ou faire disparaître ces inconvénients, nous devons le faire.

Il ne faut pas, non plus, que nous laissions s'accréditer

l'idée que le Front populaire, c'est le désordre, c'est la désorga-
nisation.

On ne peut pas dire, non plus, que maintenant les questions
revendicatives passent au second plan et qu'il s'agit de prendre
possession des usines et de placer la production sous le contrôle
direct des ouvriers.

> Maurice Thorez, *Œuvres complètes*, Paris, Éditions
> sociales, 1954, t. 12, p. 48-51.

1. Marceau Pivert (1895-1954) est membre de la SFIO depuis 1924.
Tout en manifestant son hostilité radicale à Staline, il est favorable à
l'unité d'action avec les communistes. Secrétaire de la Fédération de la
Seine, il publie, le 27 avril 1936, dans le quotidien socialiste *Le Populaire*, un article intitulé « Tout est possible », qui reflète la ligne de sa
tendance, la Gauche révolutionnaire.

2. Ce grand journal conservateur avait été fondé en 1789. Il cesse de
paraître en 1938.

1936. Le discours de Luna-Park

*Le 19 juillet 1936, le gouvernement Giral, issu de la victoire élec-
torale du Frente popular, appelle la France à l'aide, deux jours
après le pronunciamiento du général Franco. La gauche de la
SFIO et les communistes pressent Léon Blum d'y répondre favo-
rablement. Pacifistes et radicaux s'y opposent. Sur le plan international, la Grande-Bretagne fait savoir qu'elle est hostile à tout
engagement aux côtés du gouvernement républicain. Le 1er août,
Blum propose un accord international de non-intervention puis
fait accepter un contrôle maritime auquel participent l'Allemagne et l'Italie. C'est cette politique de non-intervention directe
dans le conflit que le président du Conseil défend le 6 septembre
1936 dans le discours qu'il prononce à Luna-Park devant des
militants socialistes.*

Camarades, je vous parle gravement, je le sais, je suis venu
ici pour cela. Je sais bien ce que chacun de vous souhaite au fond
de lui-même. Je le sais très bien. Je le comprends très bien. Vous
voudriez qu'on arrivât à une situation telle que les livraisons
d'armes puissent être faites au profit du gouvernement régulier
et ne puissent pas l'être au profit des forces rebelles. Naturellement, vous désirez cela. Dans d'autres pays, on désire exactement l'inverse.

Je vous le répète, c'est bien ce que vous pensez, j'ai traduit
votre pensée ! Mais, vous comprenez également qu'ailleurs on
veuille agir de telle sorte que les rebelles soient munis sans que
le gouvernement régulier reçoive quelque chose.

Alors, à moins de faire triompher la rigueur du droit international par la force et à moins aussi que l'égalité même sur le plan
du droit international ne soit rétablie par la reconnaissance de
fait, alors ? Devant quelle situation se trouve-t-on ? N'espérez
dans la possibilité d'aucune combinaison qui, sur le plan européen, permette d'assister les uns, sans qu'on assiste par contre
les autres.

Demandez-vous aussi qui peut fournir dans le secret, par la
concentration des pouvoirs dans la même main, par l'intensité

des armements, par le potentiel industriel, comme on dit ; demandez-vous aussi qui peut s'assurer l'avantage dans une telle concurrence. Demandez-vous cela ! Une fois la concurrence des armements installés, car elle est fatale dans cette hypothèse, elle ne restera jamais unilatérale. **Une fois la concurrence des armements installée sur le sol espagnol, quelles peuvent être les conséquences pour l'Europe entière, cela dans la situation d'aujourd'hui ?**

Et alors, si ces pensées sont maintenant suffisamment claires et suffisamment présentes devant votre esprit, ne vous étonnez pas trop, mes amis, si le gouvernement a agi ainsi. Je dis le gouvernement, mais je pourrais aussi bien parler à la première personne, car j'assume toutes les responsabilités.

[*Vifs applaudissements.*]

Au nom du gouvernement que je préside, je n'accepte pas d'exception de personne ou d'exception de partis. Si nous avons mal agi aujourd'hui, je serais aussi coupable, en ayant laissé faire qu'en le faisant moi-même ; je n'accepte pas ces distinctions...

Ne vous étonnez pas si nous sommes venus à cette idée. La solution, ce qui permettrait peut-être à la fois d'assurer le salut de l'Espagne et le salut de la paix, c'est la conclusion d'une convention internationale par laquelle toutes les puissances s'engageraient, non pas à la neutralité — il ne s'agit pas de ce mot qui n'a rien à faire en l'espèce — mais à l'abstention, en ce qui concerne les livraisons d'armes, et s'engageraient à interdire l'exportation en Espagne du matériel de guerre.

Nous sommes donc arrivés à cette idée par le chemin que je vous trace, chemin sur lequel nous avons connu, je vous l'assure, nous aussi, quelques stations assez cruelles. Je ne dis pas que nous n'ayons pas commis d'erreurs, je ne veux pas nous laver de toute faute possible. Qui n'en commet pas ?

Le Populaire, 7 septembre 1936.

1937. La pause

Le gouvernement du Front populaire doit affronter de lourdes difficultés économiques et sociales. En septembre 1936, il doit renoncer à la politique de défense du franc. La spéculation le contraint à la dévaluation en octobre. L'inflation, les dépenses sociales et celles du réarmement, conjuguées à la fuite des capitaux, poussent Léon Blum à une «pause» dans les réformes sociales. Celle-ci est annoncée par le chef du gouvernement dans une allocution radiodiffusée le 13 février 1937. S'adressant aux fonctionnaires, alors en cours de négociations salariales, Blum demande un temps d'arrêt dans les avancées sociales.

Nous n'avons aucun motif pour abjurer des idées auxquelles l'*expérience* a jusqu'à présent donné raison, puisque le *dégel* est maintenant un fait acquis, puisque les signes de la reprise deviennent de plus en plus *évidents* et de plus en plus sensibles. En réadaptant vos traitements et vos salaires au coût de la vie, nous n'obéirions pas seulement à un esprit de justice ; nous appliquerions nos principes.

Mais le devoir impérieux d'un gouvernement est d'établir des ordres d'urgence et de fixer des mesures selon la mesure et l'urgence des difficultés complexes auxquelles il doit parer, et vous n'ignorez pas qu'elles sont en ce moment les plus sérieuses et les plus pressantes.

Le Gouvernement se gardera bien de les exagérer devant vous ni devant personne. Mais il ne peut pas les laisser s'aggraver davantage sans mettre en péril l'ensemble de l'œuvre qu'il construit hardiment depuis huit mois sur le mandat et avec l'assentiment de la majorité du pays.

Il n'a jamais pensé qu'en période de crise, ou même durant les premières étapes du redressement, un équilibre budgétaire *réel* fût possible. Mais il ne peut laisser s'accroître démesurément le déficit sans compromettre le crédit public, et il a besoin de ce crédit pour suffire à des charges extraordinaires dont vous connaissez l'origine et la nature.

Le problème du crédit public est encore compliqué, à l'heure présente, par le problème du crédit privé. A la différence de ce qui s'est passé dans d'autres pays, la reprise économique en France précède et doit logiquement entraîner la reprise financière.

Mais elle se manifeste aujourd'hui par des besoins *privés* de capitaux pour la reconstitution des stocks de matières premières et de marchandises, par l'accroissement de la production, pour la remise en marche de nouveaux outillages ou de nouvelles entreprises.

L'économie privée et l'État se font ainsi concurrence sur un marché raréfié, et par conséquent inquiet, que trouble la moindre secousse.

L'économie privée se trouve elle-même dans un état de convalescence encore fragile parce que la coïncidence de grandes réformes sociales, introduites en peu de mois, avec l'alignement monétaire, l'a placée dans des conditions toutes nouvelles dont l'équilibre n'est pas encore consolidé.

Voilà pourquoi un temps de pause est nécessaire. Voilà pourquoi l'État doit demander aujourd'hui à ses collaborateurs la *modération* et la *patience*.

Le Populaire, 14 février 1937.

1938. Le lâche soulagement

Le 12 septembre 1938, à Nuremberg, Hitler déclare ne plus pouvoir tolérer les « tortures » que subissent, selon lui, les Sudètes, populations allemandes de Tchécoslovaquie qui demandent leur rattachement à l'Allemagne. Neville Chamberlain, Premier ministre britannique depuis 1937, est convaincu du bon droit de cette requête. Il rencontre Hitler à Berchtesgaden, qui l'informe de son intention d'annexer les Sudètes. De retour à Londres, Chamberlain convainc avec succès son cabinet ainsi que le gouvernement français d'Édouard Daladier. Dans Le Populaire *du 20 septembre, Léon Blum réagit à cette diplomatie qui démembre la Tchécoslovaquie sous la pression de Hitler.*

Je résume la situation en quelques phrases sèches, mais dont chacune pourra être développée et justifiée.

M. Neville Chamberlain, parti pour négocier un arrangement « honorable et équitable », est revenu de Berchtesgaden porteur d'un ultimatum du Führer-chancelier.

Le gouvernement britannique a cédé devant cet ultimatum.

Le gouvernement français, si l'on s'en rapporte à son communiqué officiel, a donné son acquiescement pur et simple. Si l'on se fie à certaines rumeurs, il a fait réserve mentale de son assentiment définitif jusqu'à ce que la réponse de Prague fût connue.

Le gouvernement français s'est donc jugé hors d'état d'obtenir un changement de la position anglaise. Cette impuissance est le résultat des divisions intérieures et des pressions qui se traduisaient sourdement depuis plusieurs semaines, qui depuis huit jours sont patentes à Berlin comme à Londres et qu'au surplus leurs auteurs ont pris à tâche de rendre publiques.

Il n'est pas exclu que le fléchissement du cabinet britannique soit imputable dans une certaine mesure à cet état du cabinet français et d'une fraction des milieux politiques français.

Le gouvernement de Prague, saisi au début de l'après-midi, après les séances des Conseils des ministres anglais et français, a délibéré à son tour. M. Neville Chamberlain était allé à Berchtesgaden ; personne n'a invité M. Benès [1] ou M. Hodza [2] à venir à Londres. On leur a notifié, débattu en dehors d'eux, arrêté sans eux, un plan qui mutile le territoire de l'État tchécoslovaque, ampute sa souveraineté et qui par voie de conséquence rompt et désavoue ses alliances.

Je ne connais pas, à l'heure où j'écris, la réponse de la Tchécoslovaquie. Mais, quelle qu'elle soit, la partie de Hitler est gagnée contre l'Angleterre et la France. Son plan est devenu le leur. C'est elles qui l'ont présenté à la Tchécoslovaquie. Rien ne manque à son succès, puisqu'il serait même parvenu à leur faire accepter le rejet de l'URSS en dehors du système des puissances qui garantiraient le territoire tchécoslovaque mutilé, et sans doute aussi la rupture du Pacte tchéco-soviétique.

Quoi qu'il advienne, les conséquences iront loin, en Europe et en France. La guerre est probablement écartée. Mais dans des conditions telles que moi, qui n'ai cessé de lutter pour la paix, qui depuis bien des années lui avais fait d'avance le sacrifice de ma vie, je n'en puis éprouver de joie et que je me sens partagé entre un lâche soulagement et la honte.

Le Populaire, 20 septembre 1938.

1. Édouard Benès (1884-1948) est président de la République tchécoslovaque depuis 1935.
2. Milan Hodja (ou Hodza) est le président du Parti agrarien tchécoslovaque, partisan du compromis à tout prix. Il rencontre des représentants du gouvernement français dans la nuit du 20 septembre.

1938. Les anti-munichois

Après le voyage de Neville Chamberlain (1869-1940) à Berchtesgaden (15 septembre) et sa rencontre avec Hitler à Godesberg (22 septembre), la tension monte brutalement, les gouvernements tchèque, français et britannique rejetant l'ultimatum du Reich. La crise, on le sait, se dénouera à Munich les 29 et 30 septembre. Célèbre pour ses positions clairvoyantes, Henri de Kerillis (1889-1958), député nationaliste qui s'opposera aux accords de Munich, appelle la France à ne pas baisser sa garde face à l'Allemagne dans son quotidien L'Époque.

A la fin de la matinée d'hier, la présidence du Conseil faisait savoir que le chef du gouvernement avait résolu de réunir ses ministres en conseil de cabinet avant de partir à Londres. La délibération commençait à 14 heures 30 et se poursuivait pendant tout l'après-midi de dimanche. Les ministres ont été mis au courant du contenu du mémorandum allemand et des intentions du cabinet britannique. L'unanimité s'est faite sur la nécessité d'arrêter une ligne de conduite de fermeté à l'égard des exigences allemandes.

A l'égard de ces dernières, les informations qui ont filtré à Paris, ainsi que de milieux généralement bien informés d'Angleterre et de l'étranger, se recoupent sur un certain nombre de points précis et permettent de les situer à peu près ainsi :

1° La Tchécoslovaquie devrait retirer, avant le 1er octobre, les troupes et la police tchèques des régions sudètes et laisserait la place aux troupes et à la police allemandes. Des plébiscites auraient lieu dans les districts où la minorité est égale ou inférieure à 30 %. Des échanges de population sont prévus ;

2° L'Allemagne refuserait sa garantie à la Tchécoslovaquie ainsi amputée, sauf le cas où la Pologne, la Hongrie et l'Italie se déclareraient également garantes. Et l'on conçoit ce que ceci signifie ;

3° La ville tchèque de Pilsen irait à l'Allemagne ainsi que les mines dont dépendent les usines Skoda.

Il va de soi que ces conditions dépassent de loin les bases de Berchtesgaden [1]. On demande aux Tchèques de livrer toutes

leurs forteresses, toute leur ligne Maginot, sans aucune contrepartie, sans aucune garantie. On démantèle leur pays. On les
désarme. On détruit pratiquement leur grande usine de fabrication de matériel de guerre, on leur arrache leurs minerais, après
quoi ils ne sont pas certains que les Hongrois et les Polonais ne
seront pas autorisés, et même encouragés, à se jeter sur eux. On
eût voulu les acculer au désespoir qu'on ne s'y serait pas pris
autrement.

C'est ce qui explique le pessimisme qui soufflait hier soir dans
certains cercles diplomatiques, surtout lorsque courut le bruit
que la réponse de Prague [2] parvenue à Londres vers 16 heures,
bien que rédigée en termes très modérés et très conciliants, constituait un refus, et lorsque fut annoncé à la radio allemande un
grand discours de Hitler pour aujourd'hui [3]. Mais ce pessimisme
doit être tempéré par d'autres nouvelles importantes. D'abord,
l'impression très nette d'une détente entre la Pologne et la Tchécoslovaquie, conséquence de la vigoureuse intervention russe et
d'une initiative de conciliation prise par le gouvernement de Prague. Ensuite, évolution marquée de la Roumanie et de la You-
goslavie, laissant connaître leur volonté d'intervenir en faveur
de la Tchécoslovaquie si la Hongrie s'associait à l'Allemagne dans
une guerre. Enfin, situation stationnaire en Italie où Mussolini
refuse jusqu'ici de mobiliser, malgré la pression très vive de
Berlin.

Cet ensemble de faits, complété par l'évolution de l'opinion
publique à Londres, crée un climat favorable à la défense des
intérêts français devant les exigences outrancières de Hitler. Les
forteresses que les Tchèques devraient livrer en bloc ont été cons-
truites en vingt années de collaboration étroite entre les états-
majors tchèque et français et, en grande partie, avec des capitaux français. En cas de guerre, elles constituaient un élément
vital de la défense nationale française, en ceci que, d'après les
évaluations de nos militaires, elles « fixaient » au minimum trente
divisions sur le front de l'Est, trente divisions qui soulageaient
d'autant l'armée française.

D'après l'accord de Berchtesgaden, imposé aux malheureux
Tchèques dans des conditions indignes et qui font monter le rouge
au front à tout Français digne de ce nom, ces forteresses devaient
être, pour la plupart, livrées aux Allemands. Mais la question
des délais n'était pas tranchée. Une commission internationale

était prévue pour fixer le détail de l'opération. Or l'Allemagne témoigne d'une impatience extravagante. Elle ne veut pas attendre. Elle veut tout et tout de suite. Elle agit comme s'il importait pour elle de ne pas donner le temps aux autorités militaires françaises de se retourner et, comme si, ayant obtenu sans combat, sans perdre un seul homme la capitulation tchèque, elle méditait de se retourner immédiatement après, avec ses divisions de l'Est libérées, contre la France réduite à ses seules forces.

Chose ahurissante, invraisemblable, la plupart des journaux de la grande presse de Paris et de province ne veulent même pas prendre en considération cet élément essentiel du problème qui étreint au cœur notre état-major. Ils continuent à professer que les soi-disant petites histoires entre Tchèques et Sudètes n'intéressent en rien les Français, et ils masquent systématiquement l'aspect militaire, l'aspect stratégique, les conséquences incalculables pour la sécurité française de la destruction de la Tchécoslovaquie, et de sa destruction dans des délais qui ne permettent même pas à la France de prendre des mesures nouvelles et indispensables pour sa protection.

M. Stéphane Lauzanne écrivait hier, dans *Le Matin*, à propos de la mobilisation française :

« Les hommes sont partis sans un mot de plainte… Et, pour ceux qui lisaient au fond de leur âme, le sentiment qui dominait était celui de la stupéfaction. Eh quoi ! C'est pour une affaire où la France n'est qu'indirectement mêlée et qui, en principe, est aux trois quarts réglée. C'est pour une querelle de races au centre de l'Europe qu'il leur fallait quitter leur foyer, leur femme, leur travail ! [4] »

Notre confrère a-t-il réfléchi au trouble que de pareils propos peuvent jeter dans les consciences ? Ne voit-il pas que la mobilisation militaire ne signifie rien si elle ne s'accompagne pas de la mobilisation morale ? Peut-il dire que la France n'est qu'« indirectement mêlée » à l'affaire qui se décide quand son honneur et quand la défense de ses propres frontières sont immédiatement en cause ? Ne voit-il pas que l'Allemagne tire parti de pareils commentaires qui, d'ailleurs, sont l'écho direct de la propagande hitlérienne ? Me souvenant d'avoir rencontré autrefois en Amérique M. Stéphane Lauzanne et apprécié à la fois sa haute courtoisie et la finesse de son intelligence, je le supplie de réfléchir aux conséquences de pareils écrits, et je me permets de lui opposer l'opinion d'un journal, réputé pour sa modération, *Le Temps*, qui riposte avec raison :

« Le nécessaire appel de plusieurs catégories de mobilisables s'est effectué dans le calme, l'ordre et la belle humeur. La résolution est évidente. Mais aussi l'absence de jactance et la volonté de comprendre. »

La volonté de comprendre ? Hélas ! elle se heurte dans cette situation dramatique à la difficulté de comprendre. Il s'agit en fait, si l'on regarde dans la profondeur des choses, du même problème qu'en 1914. Le germanisme se lance à la conquête de l'hégémonie européenne. Il choisit pour victime un petit pays slave, le Tchèque à la place du Serbe. Il lui adresse un ultimatum rappelant exactement celui de l'empereur François-Joseph au vieux roi Pierre de Serbie, qui aboutissait à anéantir sa personnalité nationale et, en même temps, à bouleverser l'équilibre des forces en Europe. Seulement, cette fois, l'habileté suprême du germanisme, voyant accourir les pays intéressés au maintien de cet équilibre (la France, l'Angleterre et la Russie), consiste à essayer de les diviser, à éviter de se donner vis-à-vis d'eux la posture d'agresseur, et même à essayer de la leur faire prendre. Qu'il soit difficile d'expliquer ces choses aux masses, c'est l'évidence même. Notre devoir à nous, journalistes, meneurs d'opinion publique, n'en est que plus noble et plus grand. Tant pis pour les colères et pour les haines aveugles que nous soulevons. Les articles de certains journaux me valent un flot d'injures et des menaces. On a distribué sur les boulevards un papier immonde où je suis désigné parmi ceux qui devront être abattus si la guerre éclate. Mais être abattu pour avoir montré aux Français la voie de l'honneur, la voie de l'intérêt national, la voie de la paix, c'est la plus belle des morts. Personne ne me fera m'écarter de ma route. J'ai d'ailleurs la joie très douce de me sentir en complète communion d'idées avec l'admirable élite des lecteurs de ce journal, avec le grand état-major militaire, avec tous ceux qui restent fidèles au vieux nationalisme traditionnel et qui sont prêts à tout pour que la France reste la France. Le reste m'indiffère...

Henri de Kerillis, *L'Époque*, 26 septembre 1938.

1. Lors de cette rencontre (15 septembre), la cession des Sudètes — sur la base de l'autodétermination — est évoquée.

2. Le 25 septembre, les Tchèques refusent les exigences posées par Hitler à Godesberg et qui imposent un retrait immédiat de la région des Sudètes.

3. Le discours prononcé au Sportpalast le 26 septembre sera d'une violence extrême.

4. Ces conceptions conduiront *Le Matin* et son rédacteur en chef, Stéphane Lauzanne, à prendre fermement position pour Munich.

1938. Un socialiste munichois

Paul Faure (1878-1960) est secrétaire général de la SFIO. Pacifiste intransigeant, il refuse la guerre à tout prix. S'opposant à Blum, qui a fini par préconiser une politique de fermeté à l'égard de Hitler et dont l'influence pèse surtout sur le groupe parlementaire socialiste, Paul Faure peut s'appuyer sur une bonne partie de l'appareil du Parti sensible à son éloquence et à sa pratique militante. Il dispose également d'une audience non négligeable chez les postiers et les instituteurs. Ses articles du Populaire, *qui s'inscrivent dans la tradition pacifiste du socialisme français, rencontrent un fort écho dans les rangs socialistes parfois heurtés par les inévitables conséquences de la politique défendue par les blumistes. Un rapprochement avec l'URSS va à l'encontre de la conscience de nombreux socialistes farouchement anticommunistes.*

— Alors, vous « flandinisez », m'a demandé avant-hier un député d'un groupe du centre.

J'avoue n'avoir pas très bien compris sur le moment le sens de la question. Depuis, j'ai appris qu'un journal l'avait dit — ce qui n'est rien — et qu'un autre l'avait insinué — ce qui est moins que rien.

Je ne sais pas s'il y a une doctrine Flandin [1] sur la guerre et la paix. Autant que j'ai pu m'en rendre compte, j'ai le sentiment qu'il y en a eu plusieurs, depuis le traité de Versailles et l'occupation de la Ruhr, jusqu'aux accords de Munich.

J'ai, moi — et je m'excuse de ce ton personnel que je suis bien obligé de prendre pour une fois puisqu'on s'est beaucoup occupé de mes articles et de mes déclarations ces derniers temps —, j'ai, moi, une opinion ancienne sur la guerre et la paix, qui date d'avant 1914, et qui est devenue plus forte avec la réflexion, l'expérience, les événements.

J'ai approuvé Jaurès de n'avoir jamais désespéré de la paix jusqu'à sa dernière pensée ; jusqu'à son dernier souffle, d'avoir avec passion préconisé les pourparlers, les négociations, les médiations, les concessions pour arrêter le conflit.

Quand le drame éclata, je pris place dès les premiers mois parmi ceux — ils n'étaient pas très nombreux au départ — qui demandaient qu'aucune occasion sur le plan diplomatique ne fût négligée pour en finir.

Un peu confusément, une opinion se développait en nous que la France et l'Europe, en plus des souffrances, des massacres, des destructions de chaque jour, se préparaient des lendemains difficiles.

La paix définitive, la dernière des guerres étaient des formules auxquelles nous refusions de souscrire quand on nous disait qu'elles devaient couronner une victoire militaire.

Nous avons, par la suite, dénoncé le traité de Versailles dont il était aisé de prévoir ce qu'il portait d'erreurs et de menaces.

Nous avons depuis protesté sans arrêt et sans défaillance contre la politique des Poincaré [2], des Tardieu [3], de toute la droite nationaliste vis-à-vis d'une Allemagne désarmée, démilitarisée, où il fallait encourager la République et la Démocratie, ce qu'on ne fit à aucun moment.

C'est l'incompréhension des Alliés, et particulièrement de nos nationalistes, qui a créé le climat où l'hitlérisme a pu naître et grandir. Voilà ce que rien n'effacera.

Les États se mirent à réarmer, à se menacer, à se défier pour aboutir, après les échecs de Genève [4], après l'Éthiopie [5], après l'Anschluss [6], après l'Espagne, à l'affaire tchécoslovaque qui, durant des semaines, a failli mettre le feu aux poudres et incendier le monde.

Comme avant-hier et comme hier, j'ai pensé, nous avons pensé au Parti socialiste, qu'il fallait temporiser, négocier, faire appel à toutes les forces morales et spirituelles du monde pour éviter le recours aux armes. Nous avons été aux côtés du gouvernement français pour toutes les tentatives en cette direction. Nous avons applaudi M. Chamberlain. Comme Jaurès tournait son regard vers le président Wilson, Léon Blum a adressé de pathétiques appels au président Roosevelt, appels qui ne sont pas demeurés sans réponse, ni sans doute sans effet bienfaisant sur la marche des événements. Nous avons applaudi le pape. Nous aurions applaudi le Diable...

Tout n'est sans doute pas clair dans l'horizon. Il reste à asseoir la paix sur des bases solides et, pour cela, mille obstacles nous attendent à toutes les étapes de la route. Par la paix, dans la paix, nous conservons l'espoir de les vaincre.

Par la guerre, tout s'écroulait, jusqu'à l'espérance.

> Paul Faure, « La victoire de la Paix », *Le Populaire*, 2 octobre 1938.

1. Pierre-Étienne Flandin (1889-1958), ancien président du Conseil de droite, était à l'origine d'une déclaration très hostile à la guerre, qui fut affichée et diffusée le 28 septembre 1938.

2. Le ministère de Raymond Poincaré (15 janvier 1922-26 mars 1924) se caractérise par une politique étrangère très agressive, notamment à l'encontre de l'Allemagne : il prend la décision de l'occupation de la Ruhr le 11 janvier 1923.

3. André Tardieu (1876-1945) domine la période 1929-1932, soit comme titulaire de différents portefeuilles, soit comme président du Conseil. Homme d'une droite dure, cet ancien négociateur du traité de Versailles est détesté par la gauche qui l'accuse de faire le lit du fascisme.

4. Le 24 février 1932, la conférence de Genève sur le désarmement s'acheva sur un échec.

5. Le 4 octobre 1935, l'Italie agresse l'Éthiopie qu'elle veut s'approprier.

6. Le 12 mars 1938, Hitler annexe l'Autriche (*Anschluss*).

1938. Les décrets-lois Reynaud

Le 1er novembre 1938, Paul Reynaud (1878-1966) devient ministre des Finances dans le cabinet Daladier. Voulant laisser jouer les mécanismes libéraux, il s'affirme hostile au contrôle des changes et des prix. Surtout, il revient sur la loi des 40 heures, ce qui provoque le 30 novembre 1938 une grève générale trop peu suivie pour réussir. Le 8 décembre 1938, le ministre est amené à justifier sa politique devant les députés.

Paul Reynaud : [...] Je viens, pour ma part, m'expliquer sur l'effort de redressement économique, financier et monétaire que nous avons entrepris. Je viens répondre aux critiques qui m'ont été adressées, hier et ce matin, en d'excellents discours.

[...]

La pensée qui a guidé mon action est celle-ci : rendre la France forte. Le redressement financier est la condition préalable du redressement national. En vérité, la Chambre délibère aujourd'hui sur la force française, et c'est là un sujet sur lequel nous devons être tous d'accord.

[*Applaudissements au centre et à droite.*]

Mon premier devoir était de dresser un bilan. Je l'ai fait. Certains m'ont reproché de ne pas avoir fait de ce bilan une arme de guerre contre mes prédécesseurs. C'est vrai. Je n'ai pas voulu d'un bilan de controverse. J'ai fait un bilan en regardant l'avenir et j'ai étudié la situation économique, la situation financière et la situation monétaire de ce pays.

Situation économique, d'abord. Comment nous apparaît la France ? Si nous regardons l'ensemble de sa situation économique, elle nous apparaît comme une maison à trois étages. L'étage du dessous, c'est celui de la production des richesses consommables ; au-dessus, pesant sur ce soubassement, deux étages s'accroissent constamment : d'abord celui des grands travaux publics et enfin, dans l'étage supérieur, que l'on agrandit chaque jour, il y a les dépenses colossales de l'armement, qui s'élèveront pour l'année prochaine, hélas ! à la somme vertigineuse de 25 milliards.

Ces travaux d'armement sont le type même du travail improductif ou, plus exactement, du travail destructeur de richesses, puisque, dans ce cas, le travail humain a pour effet de détruire des matières premières, du charbon, du fer, de l'acier ; des centaines de milliers d'ouvriers travaillent en pure perte pour le bien-être de la collectivité. Ils doivent être entretenus par ceux de leurs camarades qui produisent de vraies richesses. Voilà pour l'étage supérieur, celui de l'armement.

A l'étage au-dessous, les grands travaux civils, vous le savez, ne produisent pas de richesses consommables ; certains sont rentables, mais seulement à longue échéance.

Et au rez-de-chaussée, servant de soubassement à tout l'édifice, le secteur de la production des richesses consommables : les maisons que l'on habite, les vêtements qu'on porte, la nourriture que l'on mange.

Ce secteur, sur lequel repose tout l'édifice, l'avons-nous renforcé pour le mettre à même de supporter un poids toujours croissant ? Non, messieurs. Ce secteur, ce rez-de-chaussée de la maison France, s'affaiblit constamment depuis sept ans.

Depuis sept ans, la production industrielle française a baissé d'un quart ; le trafic des marchandises par chemin de fer a baissé d'un tiers ; la vente à l'étranger des objets fabriqués a baissé de moitié. Est-ce un phénomène universel ? Pas du tout, puisque pendant le même temps, en Allemagne, l'augmentation de la production industrielle était de 30 p. 100 et, en Angleterre, de 20 p. 100.

Et ce qui est grave dans notre pays, c'est que cette diminution de 25 p. 100 porte sur la partie inférieure, sur le soubassement de notre économie, sur celle qui supporte tout, sur le secteur richesses consommables. Ce qui est particulièrement désastreux, c'est que les deux étages supérieurs de la maison aspirent à eux les capitaux et les hommes.

Allons-nous du moins vers le redressement économique ? En aucune manière. Depuis deux ans et demi, la situation s'est encore aggravée. La production industrielle a baissé de 6 p. 100 ; la production du fer et de l'acier, de 11 p. 100 ; l'activité de la construction, de 19 p. 100. Quant au chômage, il est vrai qu'il a diminué depuis deux ans de 40 000 hommes, mais veuillez garder présente dans votre esprit cette notion que 250 000 hommes ont été embauchés, dans l'intervalle, par les services publics et sont montés, comme les capitaux, dans les étages supérieurs de l'édifice, pour peser de tout leur poids sur le consommateur.

[*Applaudissements au centre et à droite.*]

Nous avons 35 000 chômeurs de plus qu'il y a un an.

Voilà, messieurs, dans ses grandes lignes, et je m'excuse de la rapidité avec laquelle j'ai esquissé cette fresque, la situation de notre économie.

Je m'adresse à la Chambre et lui pose cette question : cela pouvait-il durer ?

Ceci posé, quelle est la situation financière.

La vérité est que nous sommes un pays qui vit sur son capital. Je le disais récemment à un homme d'État anglais : ce qui fait la difficulté de notre redressement, c'est que le peuple français ne réalise pas qu'il vit depuis longtemps sur son capital et que, ne le réalisant pas, il est beaucoup moins prêt à l'effort que s'il avait supporté directement, sans consommer ses réserves, les conséquences d'une longue crise économique.

Ces sept ans de crise économique ont naturellement eu leur répercussion sur la situation financière : réduction des ressources de l'État, augmentation des dépenses publiques, puisque l'État a toujours tendance, dans une période de crise comme celle-là, à devenir l'infirmier de tous les malades de l'économie nationale.

Recevant, chaque année, moins qu'il ne dépensait, l'État a emprunté, d'abord à un taux normal ; ensuite, à un taux usuraire ; puis il a voyagé, il est allé à l'étranger, il a donné en gage une partie du stock-or de sa banque d'émission.

Et puis, quand il n'a plus pu emprunter nulle part, il s'est adressé à la banque d'émission elle-même. Il lui a dit : c'est plus simple de fabriquer des billets pour mes besoins.

Nous avons emprunté en tout 30 milliards en 1936 ; 40 milliards en 1937 et, pour 1938 — permettez-moi d'évoquer un souvenir — exactement le chiffre que j'avais eu l'honneur d'apporter il y a un an à cette tribune : 45 milliards.

Qu'allait-il se passer en 1939 ? Nous étions en face de la somme colossale de 55 milliards à emprunter en 1939, si la vapeur n'était pas renversée.

55 milliards ! On finit par ne plus être sensible à l'énormité de ces chiffres, mais permettez-moi de vous poser cette question :

avez-vous réfléchi que l'annuité nécessaire au service de 55 milliards — si nous avions pu emprunter une telle somme — nous aurait coûté plus de 3 milliards d'une façon permanente, pour plus d'une génération, à partir de 1939 : c'est-à-dire une somme égale au rendement total de la taxe de 2 p. 100, dont on a beaucoup parlé et dont je vous parlerai moi-même tout à l'heure ?

Cela pouvait-il durer ? Nous étions réduits à l'inflation et à une inflation provoquant des phénomènes extrêmement rapides chez le patient. Car il est des maladies qui couvent lentement et qui, brusquement, explosent. Nous aurions eu une inflation formidable, une hausse verticale des prix.

On a beaucoup parlé de misère dans ce débat. Qu'il me soit permis d'évoquer les conséquences de l'inflation monétaire à laquelle nous allions d'une façon certaine et inéluctable, si nous n'avions pas brusquement changé de politique. La hausse verticale des prix, n'est-ce pas de l'inflation de misère ?

[*Applaudissements au centre et à droite.*]

On dit parfois : « Mais il faut des abattements à la base. » L'inflation de misère ne connaît pas d'abattement à la base.

[*Applaudissements au centre et à droite.*]

Depuis juin 1936, le prix du pain a été élevé de plus de 80 p. 100. Y a-t-il eu un abattement à la base pour cet enchérissement du pain ?

Si la Chambre veut bien se placer comme moi en face de la situation devant laquelle je me suis placé moi-même pendant les cinq jours où j'ai établi le bilan de la France, elle constatera que les mesures que nous avons prises étaient incluses dans les faits que nous regardions.

> Chambre des députés, débats du 9 décembre 1939, *JO*, 10 décembre 1938, p. 1692.

1939. Mourir pour Dantzig?

*Le 4 mai 1939, Marcel Déat (1894-1955), élu député dans la cir-
conscription d'Angoulême lors d'une élection partielle (9 avril),
définit ses positions en matière de politique extérieure. Cette intervention se situe dans un contexte diplomatique particulièrement
tendu. Les 15 et 16 mars, les Allemands soumettent l'ensemble
de la Tchécoslovaquie. Par la voix de Joachim von Ribbentrop,
le Reich revendique le même mois Dantzig, une exigence que la
Pologne rejette le 29 mars. Mais si la France et la Grande-
Bretagne accordent leur garantie à Varsovie le 31, leur « grande
alliance » avec l'URSS semble loin d'aboutir. A l'heure où de
grands choix se présentent, l'article de Déat revêt donc une importance exceptionnelle.*

Les remous de l'opinion européenne sont entièrement désor-
donnés, à moins qu'ils ne soient trop dirigés, ce qui revient au
même. En tout cas, les changements de décors diplomatiques se
font à une telle vitesse que le fantassin moyen n'y comprend
goutte, sinon qu'après lui avoir fait espérer la détente, on le promet de nouveau aux gloires mouillées des champs de betteraves.

Cette fois la perspective est dantzicoise : il paraît que tout à
coup le problème de ce damné territoire est devenu actuel, aigu,
lancinant, intolérable. Notez qu'il se pose depuis vingt ans, et
qu'il n'y a aucune raison pour ne pas attendre encore un peu.
J'ai entendu il y a une quinzaine d'années un spécialiste des choses d'Allemagne expliquer que la question du corridor était
métaphysique, et qu'en conséquence tout exploserait bientôt.

Or les courants d'air du couloir n'ont nullement soufflé en
tempête. Il est vrai que ce calme s'est instauré par ordre du Führer, lequel sait fort bien, à l'heure choisie, déchaîner ses orages
diplomatico-militaires, avec accompagnement de tonnerres oratoires. Et s'il prend aujourd'hui fantaisie au maître de toutes
les Allemagnes de mettre la main sur Dantzig, qui l'en
empêchera ?

De là à conclure à la mauvaise volonté unilatérale du Reich
et à la nécessité évidente de se battre pour la ville dite libre, il

n'y a qu'un pas, allégrement franchi par beaucoup de braves gens, et d'abord par nos amis Polonais. Mais ici je demande la permission de faire quelques réflexions et de poser quelques questions.

Il y a peu de semaines, avant que l'Angleterre n'ait mis en train sa tentative de grande coalition, et énoncé solennellement sa promesse de garantie, les Polonais avaient tout l'air de considérer l'affaire de Dantzig comme réglée. On nous expliquait d'ailleurs très bien la chose : le port de Gdynia, construit de toutes pièces, et avec une belle audace, en face de Dantzig, drainait tout le trafic polonais, et de ce fait le port de Dantzig n'intéressait plus nos amis. D'ailleurs les nazis étaient depuis longtemps les maîtres de la ville où le malheureux représentant de la SDN ne jouait plus qu'un rôle fantomatique [1].

Dans ces conditions, le rattachement au Reich n'était guère qu'une formalité, assurément désagréable, mais nullement catastrophique. Et surtout il ne pouvait être question d'en faire un *casus belli*. Aussi bien la promesse de garantie anglaise semblait-elle rédigée pour que le sort de Dantzig fût mis hors série : du moment que les Polonais devaient eux-mêmes juger des atteintes portées à leurs conditions de vie et à leur souveraineté, et qu'ils n'attachaient pas davantage d'importance à Dantzig, il paraissait acquis que rien de grave ne se produirait de ce chef.

Mais voilà : depuis quinze jours, la Pologne a durci. Un frémissement patriotique a parcouru ce peuple émotif et sympathique au possible. Les voilà maintenant tout prêts à considérer Dantzig comme un « espace vital ». Et non seulement ils refusent toute conversation, toute discussion, avec l'Allemagne, à propos du « couloir dans le couloir » et du régime de la ville et de son territoire, mais à leur tour ils réclament un protectorat.

Que signifie cette vague d'opinion — est-elle vraiment si profonde ? Mystère. En tout cas, si on engage la conversation sur ce ton, on ne tardera pas à se hausser jusqu'à l'ultimatum, et les incidents de frontière vont se multiplier. Il ne s'agit pas du tout de fléchir devant les fantaisies conquérantes de M. Hitler, mais je le dis tout net : flanquer la guerre en Europe à cause de Dantzig, c'est y aller un peu fort, et les paysans français n'ont aucune envie de « mourir pour les Poldèves ».

J'entends que nos amis Polonais sont remplis d'optimisme. A les en croire, la résistance allemande est à bout dans le domaine économique et psychologique. Le Führer ne sait plus à quel diable se vouer. La puissance militaire germanique est surfaite, les divisions blindées et motorisées ne sont pas tellement redoutables. Bref, pour un peu les Polonais se chargeraient à eux seuls de l'Allemagne, nous laissant le soin de régler éventuellement son compte à l'Italie, si elle se permettait de bouger. Je n'exagère pas, je répète des propos authentiques. Et je dis que cela n'est pas du tout sérieux.

Les cavaliers polonais sont pleins d'allant et ils conduisent leurs montures avec une habileté déconcertante. Mais les lances de ces brillants soldats arrêteront-elles les tanks, même si le lubrifiant fait défaut dans les rouages ? Et où sont les matériels lourds de l'armée polonaise ? Et depuis quand les poitrines remplacent-elles les canons ? Et les usines de guerre polonaises ne sont-elles pas en Haute-Silésie, c'est-à-dire à la frontière, en une région où les nationalités s'entrecroisent, donc où les concours ne sauraient faire défaut à l'armée du Reich ?

Et où en sont les relations avec la Russie ? Depuis quand les Polonais sont-ils résignés à ouvrir passage aux régiments rouges ? Depuis quand Staline est-il résolu à exporter ses soldats ? Et même s'il ne s'agit que de matériel, où en est-on, et que prévoit-on, et dans quel délai ? Allons, allons, revenons à une plus saine vision des choses. Il est toujours beau de voir un peuple se dresser et affirmer sa volonté de grandeur. Mais il ne faut pas qu'une certaine jactance prétende suppléer aux organisations nécessaires.

Surtout, il n'est pas possible d'admettre, sous le méridien de Paris, que la question de Dantzig soit posée et réglée à l'Est de l'Europe, uniquement par la volonté de quelques hommes d'État polonais et allemands, avec la certitude que les automatismes diplomatiques et guerriers joueront, et que nous serons entraînés dans la catastrophe sans avoir pu dire notre sentiment. Amitié tant qu'on voudra, alliance tant qu'on voudra, mais les Français n'admettront pas que leur vie et celle de leurs enfants dépendent soudain d'un geste ou d'un mot, dans l'effervescence plus ou moins spontanée de quelque manifestation populaire, à Varsovie ou ailleurs. C'est Paris et c'est Londres qui doivent avoir la parole, d'abord.

Ces choses sont peut-être sévères, mais elles devaient être dites. Combattre aux côtés de nos amis polonais, pour la défense commune de nos territoires, de nos biens, de nos libertés, c'est une perspective qu'on peut courageusement envisager, si elle doit contribuer au maintien de la paix. Mais mourir pour Dantzig, non !

> Marcel Déat, « Mourir pour Dantzig ? », *L'Œuvre*, 4 mai 1939.

1. Les nazis dominent le Sénat de Dantzig que Hermann Rauschning préside de 1933 à 1934.

1940. Vers les pleins pouvoirs

Le 9 juillet 1940, Albert Lebrun présente au nom du maréchal Pétain, président du Conseil, un projet de révision des lois constitutionnelles. Inspirée par Pierre Laval, cette procédure est adoptée, à 4 voix près, par les deux Assemblées. Votés le 10 juillet, les pleins pouvoirs, acceptés par 570 parlementaires contre 80 (20 représentants s'abstenant), constituent la suite logique de cette première étape.

EXPOSÉ DES MOTIFS

Messieurs, il faut que nous tirions la leçon des batailles perdues. Revenir sur les erreurs commises, déterminer les responsabilités, rechercher les causes de nos faiblesses, cette œuvre nécessaire sera accomplie. Mais elle ne servirait de rien si elle n'était la condition première de notre relèvement. Car il s'agit d'abord de refaire la France.

Ayant mesuré l'étendue de sa défaite, un pays comme le nôtre, quelle que soit sa douleur, quelles que soient ses souffrances, ne s'attardera pas à des regrets inutiles.

Il ne se lamentera pas sur le passé et il n'entreprendra pas non plus de le faire revivre tel quel.

C'est dans la défaite militaire et dans le désordre intérieur que d'autres pays ont puisé la force de revivre et de se transformer. Au moment le plus cruel de son histoire, la France doit comprendre et accepter la nécessité d'une révolution nationale. Elle doit y voir la condition de son salut dans l'immédiat et le gage de son avenir.

Cette reconstruction hardie, audacieuse, cet effort total de rajeunissement requièrent de tous les Français mieux qu'un consentement résigné, mieux même qu'une discipline acceptée par amour de la patrie : il y faut un entier don de soi, une confiance sans arrière-pensée, une foi ardente, cet élan collectif qui donne seul son sens à la vie individuelle.

C'est dans cet esprit que le Gouvernement s'est tourné vers les Chambres, en leur demandant de rendre possible, par un acte solennel, dans l'ordre et dans la légalité républicaine, cet immense effort. Sénateurs et députés ont l'expérience, mieux que quiconque, des faiblesses et des lacunes de nos institutions législatives. Un grand nombre d'entre eux n'ont cessé d'appeler de leurs vœux une réforme profonde des mœurs politiques. De récentes et émouvantes déclarations émanant d'hommes de tous les anciens partis ont témoigné d'une conscience aiguë des grands devoirs qui incombent à la représentation nationale. On a senti que, toutes les barrières factices étant tombées, les Français se reconnaissaient, se retrouvaient dans un grand élan fraternel.

Le Parlement s'honorera devant l'Histoire et méritera la reconnaissance de la Nation en ouvrant, le premier, les portes de l'avenir. Il faut que le Gouvernement ait tout pouvoir pour décider, entreprendre et négocier, tout pouvoir pour sauver ce qui doit être sauvé, pour détruire ce qui doit être détruit, pour construire ce qui doit être construit. Le Gouvernement demande donc au Parlement, réuni en Assemblée nationale, de faire confiance au maréchal Pétain, président du Conseil, pour promulguer sous sa signature et sa responsabilité, les lois fondamentales de l'État français.

Il importe, en premier lieu, de restaurer l'État dans sa souveraineté et le pouvoir gouvernemental dans son indépendance. L'autorité légitime sera affranchie de la pression des oligarchies. Le Gouvernement présidera aux destinées du pays avec continuité et ordonnera au bien commun l'ensemble des activités françaises. Ce Gouvernement aura la collaboration d'une représentation nationale qui jouera auprès de lui son rôle normal.

La fermeté sera sa loi ; mais il s'appliquera à concilier l'autorité avec le respect des libertés nécessaires.

C'est dans cet esprit que, rompant avec les abus et la routine, il reconstruira sur des bases modernes et simples les institutions administratives et judiciaires du pays désorganisées par l'invasion. Arbitre impartial des intérêts de tous les Français, il s'efforcera dans cette œuvre d'atténuer par la plus stricte économie le fardeau des dépenses publiques qu'une guerre malheureuse a rendu écrasant.

L'éducation nationale et la formation de la jeunesse seront au premier rang de ses soucis. Conscient des dangers mortels que la perversion intellectuelle et morale de certains ont fait courir au pays à une heure décisive, il favorisera de tout son pouvoir les institutions propres à développer la natalité et à protéger la famille.

Le Gouvernement sait bien, d'ailleurs, que les groupes sociaux : famille, profession, communes, régions, existent avant l'État. Celui-ci n'est que l'organe politique de rassemblement national et d'unité. Il ne doit donc pas empiéter sur les activités légitimes de ces groupes, mais il les subordonnera à l'intérêt général et au bien commun ; il les contrôlera et il les arbitrera.

Certes, la vie économique de notre pays va connaître une orientation nouvelle. Intégrée au système continental de la production et des échanges, la France redeviendra, d'ailleurs à son avantage, agricole et paysanne au premier chef et son industrie devra retrouver ses traditions de qualité. Il sera donc nécessaire de mettre fin au désordre économique actuel par une organisation rationnelle de la production et des institutions corporatives.

La transformation des cadres professionnels conduira tout naturellement le Gouvernement à instaurer, dans la justice, un ordre social nouveau.

Employeurs et salariés ont un droit égal à trouver, dans l'entreprise qui les réunit, le moyen d'assurer dignement leur vie et celle de leur famille. L'organisation professionnelle réalisée sous le contrôle de l'État, d'après ce principe de collaboration, assurera une plus juste répartition du profit, en écartant, d'une part, la dictature de l'argent et la ploutocratie, d'autre part, la misère et le chômage.

La restauration de la hiérarchie des valeurs restera, dans tous les domaines, la tâche la plus urgente. Chaque Français de la métropole ou de l'Empire doit être mis à la place où il servira le mieux notre pays. Une seule aristocratie sera reconnue : celle de l'intelligence ; un seul mérite, le travail. Ils dirigeront le pays vers son nouveau destin, celui de la France éternelle pour continuer l'œuvre sacrée des millénaires.

Ainsi notre pays, au lieu de se laisser abattre par l'épreuve, retrouvera, par son effort et dans ses traditions, la fierté de notre race.

PROJET DE RÉSOLUTION

Article unique. — Le projet de résolution dont la teneur suit sera présenté à la Chambre des députés par le maréchal de France, président du Conseil, qui est chargé d'en soutenir la discussion :

« La Chambre des députés déclare qu'il y a lieu de réviser les lois constitutionnelles. »

> Projet de résolution tendant à réviser les lois constitutionnelles, *JO, Documents parlementaires*, 16ᵉ législature, 1940, annexe n° 7205.

1940. L'appel du 18 juin

Le 17 juin 1940, le sous-secrétaire d'État à la guerre, Charles de Gaulle (1890-1970) arrive à Londres. Décidé à poursuivre la lutte alors que Philippe Pétain demande le 17 juin aux Français de cesser le combat, il lance le 18 son premier appel radiodiffusé invitant à la résistance.

Les chefs qui, depuis de nombreuses années, sont à la tête des armées françaises, ont formé un gouvernement.

Ce gouvernement, alléguant la défaite de nos armées, s'est mis en rapport avec l'ennemi pour cesser le combat.

Certes, nous avons été, nous sommes, submergés par la force mécanique, terrestre et aérienne, de l'ennemi.

Infiniment plus que leur nombre, ce sont les chars, les avions, la tactique des Allemands qui nous font reculer. Ce sont les chars, les avions, la tactique des Allemands qui ont surpris nos chefs au point de les amener là où ils en sont aujourd'hui.

Mais le dernier mot est-il dit ? L'espérance doit-elle disparaître ? La défaite est-elle définitive ? Non !

Croyez-moi, moi qui vous parle en connaissance de cause et vous dis que rien n'est perdu pour la France. Les mêmes moyens qui nous ont vaincus peuvent faire venir un jour la victoire.

Car la France n'est pas seule ! Elle n'est pas seule ! Elle n'est pas seule ! Elle a un vaste Empire derrière elle. Elle peut faire bloc avec l'Empire britannique qui tient la mer et continue la lutte. Elle peut, comme l'Angleterre, utiliser sans limites l'immense industrie des États-Unis.

Cette guerre n'est pas limitée au territoire malheureux de notre pays. Cette guerre n'est pas tranchée par la bataille de France. Cette guerre est une guerre mondiale. Toutes les fautes, tous les retards, toutes les souffrances, n'empêchent pas qu'il y a, dans l'univers, tous les moyens nécessaires pour écraser un jour nos ennemis. Foudroyés aujourd'hui par la force mécanique, nous pourrons vaincre dans l'avenir par une force mécanique supérieure. Le destin du monde est là.

Moi, Général de Gaulle, actuellement à Londres, j'invite les officiers et les soldats français qui se trouvent en territoire britannique ou qui viendraient à s'y trouver, avec leurs armes ou sans leurs armes, j'invite les ingénieurs et les ouvriers spécialistes des industries d'armement qui se trouvent en territoire britannique ou qui viendraient à s'y trouver, à se mettre en rapport avec moi.

Quoi qu'il arrive, la flamme de la résistance française ne doit pas s'éteindre et ne s'éteindra pas.

Demain, comme aujourd'hui, je parlerai à la Radio de Londres.

> C. de Gaulle, Appel du 18 juin 1940, *Discours et Messages*, *DM*, tome 1, *1940-1946*, Paris, Plon, 1970, p. 3.

1940. De l'armistice
à la Révolution nationale

Le 22 juin 1940, la délégation française signe dans la clairière de Rethondes l'armistice avec l'Allemagne. Dans un discours radiodiffusé prononcé depuis Bordeaux, le président du Conseil, Philippe Pétain (1856-1951) résume les clauses de l'armistice et définit par quelques formules sentencieuses la morale qu'il entend imposer aux Français.

Je m'adresse aujourd'hui à vous, Français de la métropole et Français d'outre-mer, pour vous expliquer les motifs des deux armistices conclus, le premier, avec l'Allemagne, il y a trois jours, le second avec l'Italie [1].

Ce qu'il faut d'abord souligner, c'est l'illusion profonde que la France et ses alliés se sont faite sur leur véritable force militaire et sur l'efficacité de l'arme économique : liberté des mers, blocus, ressources dont elle pourrait disposer. Pas plus aujourd'hui qu'hier, on ne gagne une guerre uniquement avec de l'or et des matières premières. La victoire dépend des effectifs, du matériel et des conditions de leur emploi. Les événements ont prouvé que l'Allemagne possédait, dans ce domaine, en mai 1940, une écrasante supériorité à laquelle nous ne pouvions plus opposer, quand la bataille s'est engagée, que des mots d'encouragement et d'espoir.

La bataille des Flandres s'est terminée par la capitulation de l'armée belge en rase campagne et l'encerclement des divisions anglaises et françaises. Ces dernières se sont battues bravement. Elles formaient l'élite de notre armée ; malgré leur valeur, elles n'ont pu sauver une partie de leurs effectifs qu'en abandonnant leur matériel [2].

Une deuxième bataille s'est livrée sur l'Aisne et sur la Somme. Pour tenir cette ligne, soixante divisions françaises, sans fortifications, presque sans chars, ont lutté contre cent cinquante divisions d'infanterie et onze divisions cuirassées allemandes. L'ennemi, en quelques jours, a rompu notre dispositif, divisé nos troupes en quatre tronçons et envahi la majeure partie du sol français [3].

La guerre était déjà gagnée virtuellement par l'Allemagne lorsque l'Italie est entrée en campagne, créant contre la France un nouveau front en face duquel notre armée des Alpes a résisté [4].

L'exode des réfugiés a pris, dès lors, des proportions inouïes : dix millions de Français, rejoignant un million et demi de Belges, se sont précipités vers l'arrière de notre front, dans des conditions de désordre et de misère indescriptibles.

A partir du 15 juin, l'ennemi, franchissant la Loire, se répandait à son tour sur le reste de la France.

Devant une telle épreuve, la résistance armée devait cesser. Le gouvernement était acculé à l'une de ces deux décisions : soit demeurer sur place, soit prendre la mer. Il en a délibéré et s'est résolu à rester en France, pour maintenir l'unité de notre peuple et le représenter en face de l'adversaire. Il a estimé que, dans de telles circonstances, son devoir était d'obtenir un armistice acceptable, en faisant appel chez l'adversaire au sens de l'honneur et de la raison.

L'armistice est conclu.

Le combat a pris fin.

En ce jour de deuil national, ma pensée va à tous les morts, à tous ceux que la guerre a meurtris dans leur chair et dans leurs affections. Leur sacrifice a maintenu haut et pur le drapeau de la France. Ils demeurent dans nos mémoires et dans nos cœurs.

Les conditions auxquelles nous avons dû souscrire sont sévères.

Une grande partie de notre territoire va être temporairement occupée. Dans tout le Nord, et dans l'Ouest de notre pays, depuis le lac de Genève jusqu'à Tours, puis le long de la côte, de Tours aux Pyrénées, l'Allemagne tiendra garnison. Nos armées devront être démobilisées, notre matériel remis à l'adversaire, nos fortifications rasées, notre flotte désarmée dans nos ports. En Méditerranée, des bases navales seront démilitarisées. Du moins l'honneur est-il sauf. Nul ne fera usage de nos avions et de notre flotte. Nous gardons les unités terrestres et navales nécessaires au maintien de l'ordre dans la métropole et dans nos colonies. Le gouvernement reste libre, la France ne sera administrée que par des Français.

Vous étiez prêts à continuer la lutte. Je le savais. La guerre était perdue dans la métropole. Fallait-il la prolonger dans les colonies ?

Je ne serais pas digne de rester à votre tête si j'avais accepté de répandre le sang des Français pour prolonger le rêve de quelques Français mal instruits des conditions de la lutte.

Je n'ai placé hors du sol de France, ni ma personne, ni mon espoir.

Je n'ai jamais été moins soucieux de nos colonies que de la métropole. L'armistice sauvegarde le lien qui l'unit à elle ; la France a le droit de compter sur leur loyauté.

C'est vers l'avenir, que désormais nous devons tourner nos efforts. Un ordre nouveau commence.

Vous serez bientôt rendus à vos foyers. Certains auront à les reconstruire.

Vous avez souffert, vous souffrirez encore. Beaucoup d'entre vous ne retrouveront pas leur métier ou leur maison. Votre vie sera dure.

Ce n'est pas moi qui vous bernerai par des paroles trompeuses. Je hais les mensonges qui vous ont fait tant de mal.

La terre, elle, ne ment pas. Elle demeure votre recours. Elle est la patrie elle-même. Un champ qui tombe en friche, c'est une portion de France qui meurt. Une jachère à nouveau emblavée, c'est une portion de France qui renaît.

N'espérez pas trop de l'État. Il ne peut donner que ce qu'il reçoit. Comptez, pour le présent, sur vous-mêmes et, pour l'avenir, sur les enfants que vous aurez élevés dans le sentiment du devoir.

Nous avons à restaurer la France. Montrez-la au monde qui l'observe, à l'adversaire qui l'occupe, dans tout son calme, tout son labeur et toute sa dignité.

Notre défaite est venue de nos relâchements. L'esprit de jouissance détruit ce que l'esprit de sacrifice a édifié.

C'est à un redressement intellectuel et moral que, d'abord, je vous convie.

Français, vous l'accomplirez et vous verrez, je vous le jure, une France neuve surgir de votre ferveur.

Philippe Pétain, « Appel du 25 juin 1940 », cité *in* P. Pétain, *Discours aux Français*, édition établie par J.-C. Barbas, Paris, Albin Michel, 1989, p. 63-66.

1. L'armistice est signé avec l'Allemagne le 22 juin, avec l'Italie le 24.
2. La Belgique capitule le 28 mai, l'évacuation des troupes franco-britanniques débute à Dunkerque le même jour.
3. L'offensive sur l'Aisne et la Somme commence le 5 juin. Elle oppose aux 49 divisions françaises 140 divisions allemandes (dont 10 blindées).
4. L'Italie entre en guerre le 10 juin.

1940. La résistance intérieure en ses débuts

En règle générale, les mouvements de Résistance naissent de l'initiative spontanée de pionniers inconnus. Fondé en zone libre le 24 novembre 1940 par Alban Vistel (1905-1994) — futur responsable régional des MUR — (Mouvements unis de résistance qui regroupent Combat, Franc-Tireur et Libération-Sud) —, le mouvement La Reconquête dont l'un des manifestes est ici présenté n'échappe pas à cette règle.

FRANÇAIS

L'Allemagne d'Hitler reprenant les rêves les plus monstrueux du vieux pangermanisme, ajoutant aux armes du combat les armes les plus viles : espionnage, corruption, trahison, a pu nous infliger une défaite dont on chercherait en vain une semblable au cours de plus de dix siècles d'histoire.

Dès après 1933, l'Allemagne vivait comme une immense armée, toute son activité de Nation n'était tendue que vers un seul but, la guerre, la guerre contre la France. Elle ne s'en cachait point, bien au contraire elle le proclamait à la face du monde. Seuls, nos politiciens et nos classes dirigeantes semblaient l'ignorer ou faisaient métier de l'ignorer.

Nous lui jetterons quelques os à ronger, disaient les esprits forts. Les os furent l'Espagne, l'Autriche, la Tchécoslovaquie, la Pologne, le Danemark, la Norvège, la Hollande, la Belgique, puis... la France.

D'autres proclamaient : Hitler est nécessaire à l'Europe, il est le gardien de l'ordre contre le chaos bolchevique. On sait ce qu'il en est advenu depuis le voyage de M. Ribbentrop à Moscou.

Le mal principal qui nous a conduits à l'abîme, c'est la persévérance avec laquelle chaque parti politique, chaque classe sociale a poursuivi une politique extérieure guidée uniquement par des intérêts de parti ou de classe. On ne fait pas de politique extérieure en fonction des rancunes, des appétits, des revanches contre les membres de la famille France.

Les classes bourgeoises ont jeté un regard, combien superficiel, hélas ! sur les régimes totalitaires ; elles ont cru voir en eux des gardiens de l'Ordre, ordre signifiant conservatisme social périmé.

Les classes populaires ont eu l'intuition fugace de ce qu'étaient en réalité les régimes totalitaires, mais trompées par des chefs incapables et corrompus, elles ont cru voir une différence entre le totalitarisme stalinien et les autres, alors qu'ils sont identiques dans leur mépris des droits sacrés de la personne humaine. Lors de la volte-face stalinienne qui conduisit à la guerre, elles ont perdu pied, elles n'ont plus compris.

Cependant, depuis longtemps, sous couleur d'idéalisme révolutionnaire, la IIIᵉ Internationale poursuivait les buts de l'impérialisme stalinien. Il ne s'agit point là de tactique, ou s'il y a tactique, c'est une tactique grossière et criminelle qui conduit le monde aux ruines, aux deuils, aux catastrophes.

La IIᵉ Internationale nous donna le spectacle de l'incohérence, de la division, de la stérilité.

Que dire des autres partis ? Dans ce jeu où la bêtise le disputait au crime, que devenait la France ? Qui s'en souciait ? C'est ainsi que la France connut son agonie. Maintenant, que trouvons-nous ? Les premières conséquences de cet écrasement honteux. Et dans cet écrasement, les égoïstes d'hier commencent à réfléchir, leurs estomacs inquiets vont leur enseigner à penser. Puissent-ils vaincre en eux cette caricature d'homme qu'est l'égoïste et retrouver un peu de dignité et de sens de l'honneur.

Et dans cet écrasement, ceux-là mêmes qui ont refusé au cours des années qui suivirent le traité de Versailles tout accord loyal avec l'Allemagne vaincue, ceux-là mêmes qui dénonçaient comme traîtres les quelques hommes clairvoyants qui tentaient d'atténuer la rigueur d'une défaite pour que l'ennemi d'hier devînt un bon voisin, ceux-là même qui acculèrent au désespoir une Allemagne qui s'essayait à la Démocratie, ceux-là prônent la collaboration avec le Nazisme.

Une presse à leurs gages n'ayant d'autre inspiration que la peur veut nous démontrer que nous avons été des fous, de grands coupables en irritant M. Hitler, en lui faisant une guerre dont il ne voulait pas.

Allons-nous les croire encore ? Allons-nous croire ces benêts ou ces maquignons qui n'ont su choisir, alors que la France pouvait dicter sa loi à l'Europe, entre les deux seules voies qui s'offraient : celle de la destruction de la puissance allemande ou celle d'un rapprochement équitable avec une Allemagne républicaine ?

Allons-nous croire qu'Hitler sera aussi bête qu'ils l'ont été ? N'ont-ils pas entendu parler de *Mein Kampf* et de *Hitler m'a dit* [1] ?

Ce tract ne vient pas du ciel, mais du sol de France. Il est l'expression d'âmes françaises, attention aux tracts provocateurs ; notre salut ne peut venir maintenant et plus tard que de nous seuls. Il est lié, certes, à une victoire de l'Angleterre, mais aurions-nous le courage de l'accueillir comme une charité, sans avoir eu l'énergie d'y participer, de la préparer, sans nous en être rendus dignes ?

Notre effort, notre sacrifice sont les seules garanties de notre liberté future, de cette liberté qui est l'air même du sol de France.

Hommes humiliés, mais hommes de cœur, groupez-vous, retrouvez en vous ce sens de la grandeur et de la liberté qui, de Saint Louis à sainte Jeanne d'Arc, des purs héros des guerres de la grande Révolution, à ceux de la Marne et de Verdun, est l'honneur de notre race et notre raison de vivre.

Français, debout ! Pour la France Libre, pour la Reconquête, contre toutes les lâchetés, au-dessus de tous les partis, au combat pour une France fraternelle, dans l'Honneur et dans la Liberté.

La Reconquête, « Manifeste », 1941 (?), cité *in* A. Vistel, *La Nuit sans ombre*, Paris, © Librairie Arthème Fayard, 1970, p. 41-43.

1. Président du Sénat de Dantzig de 1933 à 1934, Hermann Rauschning (1887-1982), après sa rupture avec le nazisme (1935), publie en Suisse ses *Gespräche mit Hitler* en 1939.

1941. Le corporatisme vichyste

En octobre 1941, le gouvernement vichyssois fixe sa doctrine sociale dans la Charte du travail. Fruit de laborieux compromis, ce texte — dont le rapport préliminaire est ici reproduit — s'inspire des théories corporatistes. Ambiguë, contradictoire, artificielle, la Charte ne connaîtra aucune application concrète, hormis la création, parfois théorique, de quelques comités sociaux d'entreprise.

Monsieur le Maréchal,

L'élaboration d'une « Charte du travail », la détermination de rapports harmonieux et justes entre les patrons, les ouvriers, les techniciens, les artisans ont été, depuis quinze mois, l'une de vos plus constantes préoccupations.

A tout instant — dans vos audiences, au sein des conseils du gouvernement, dans vos messages et dans vos discours — vous avez rappelé votre désir d'imprégner d'un esprit social et novateur les grandes règles de l'organisation française du travail.

Le projet que nous avons l'honneur de vous soumettre est le résultat d'un travail considérable. Il s'appuie sur les vœux émis dans les cahiers nombreux que vous ont adressés, le 1er mai dernier, les provinces françaises. Il tient compte de l'abondante documentation que vous avez recueillie et que vous avez bien voulu nous transmettre. Il s'inspire, enfin, largement des avis qui vous ont été soumis au cours des trois sessions du comité d'organisation professionnelle créé le 28 février dernier [1].

Ce comité a pleinement compris l'orientation qu'il convenait de donner au monde du travail. Il l'a montré, en soulignant, par une déclaration solennelle, sa volonté de rompre définitivement avec le vieux système de la lutte des classes.

C'est dans cet esprit qu'il a travaillé. C'est dans cet esprit que nous avons rédigé le projet de charte.

La charte précise les grandes règles qui régiront désormais les rapports des travailleurs, aussi bien dans l'exercice de leur métier que dans le développement de leur vie matérielle et morale. Elle s'adresse à l'industrie et au commerce, aux petites, aux moyennes et aux grandes entreprises.

Elle n'a pas la prétention d'apporter par elle-même des satis-factions directes, mais elle crée des institutions aptes à engen-drer une atmosphère plus propice à la justice pour tous et à la prospérité pour chacun.

Nous tenons cependant à souligner deux réalisations concrè-tes, dont les grandes lignes sont édictées par la charte.

Elle fixe, tout d'abord, les principes du mode de détermina-tion des salaires, mettant ainsi un terme à la plus grande source d'injustices et de discordes intestines du passé dans le monde du travail.

S'inspirant des directions, que vous avez données récemment encore [2], tendant à instituer une participation au bénéfice des collaborateurs des entreprises, elle décide ensuite que des prélè-vements effectués sur ces bénéfices serviront à la création d'un fonds commun destiné à améliorer la sécurité et le bien-être de ces collaborateurs.

La charte renforce ainsi davantage encore la solidarité déjà si réelle entre les travailleurs et leurs industries.

Il est vain de penser que des ouvriers puissent être heureux au sein d'une industrie en détresse ; la prospérité des entreprises conditionne le bien-être de leurs membres.

La pierre angulaire de la charte réside dans la création des *comités mixtes sociaux*, au sein desquels se trouveront réunis tous les membres d'une même profession.

Le comité social sera, pour la profession d'aujourd'hui — pour la corporation de demain —, le véritable animateur de la vie pro-fessionnelle.

Lien de tous ceux qui concourent à une même production, il recevra, de surcroît, la mission d'assurer la gestion sociale de la profession.

Il aura sa maison commune, où tout homme appartenant à une entreprise de la profession sera sûr, quel que soit son rang, de trouver encouragement, aide et protection.

L'expérience a montré que partout où des hommes de bonne foi se réunissent pour une explication loyale et franche, les oppo-sitions s'atténuent, les malentendus se dissipent, l'accord s'éta-blit, dans l'estime d'abord, dans l'amitié ensuite.

C'est en utilisant les bases de l'organisation professionnelle existante que sera réalisée — dans un esprit nouveau — la jonc-tion de tous ceux que la vie sociale appelle à collaborer.

Les syndicats ont donc leur place dans cet ordre nouveau. Ils auront la double mission de discipliner les libres réactions de leurs adhérents et de participer à la formation des comités sociaux.

Mais ces syndicats ne seront plus les syndicats de tendance du passé. S'ils demeurent voués dans chaque profession à la représentation d'une même catégorie sociale (patrons, ouvriers, cadres), ils seront désormais obligatoires pour être forts, uniques pour être francs. Leur activité sera désormais strictement limitée au domaine de leur profession. Ils vivront et fonctionneront sous l'autorité des comités sociaux et en s'inspirant de leurs doctrines qui ne sauraient être elles-mêmes que celles du Gouvernement.

Dotée de sa charte sociale, la famille professionnelle apparaîtra comme un corps vivant. Elle respectera les lois de l'État. L'État la respectera.

Elle servira ainsi de base à la création des futures corporations qui restent le grand espoir de l'avenir français. Seul, le souci de ménager les étapes et de construire avec fruit n'a permis jusqu'ici de réaliser les corporations que partiellement.

Ces corporations ne se réaliseront que dans une heureuse articulation des liens sociaux et des intérêts économiques d'un même groupe de professions. L'interpénétration de l'économique et du social est une œuvre de longue haleine. Mais la charte du travail définit déjà les liens sociaux. Elle repose, de surcroît, sur une division de notre activité économique en grandes familles professionnelles, au sein desquelles se créeront les sections nécessaires — notamment les sections artisanales — dont l'ensemble fournira une première et utile ébauche de l'œuvre corporative.

La charte du travail ne peut, par elle-même, atteindre les buts qu'elle se propose, sans définir en tête de ses articles l'élément spirituel qu'elle contient.

Cet élément spirituel, monsieur le Maréchal, c'est le vôtre. C'est celui que vous avez communiqué à la France et dont l'œuvre de révolution nationale tire sa justification la plus sûre.

Cet élément spirituel, c'est l'aspiration vers un ordre nouveau où seront assurés :

La primauté de la nation et du bien commun professionnel sur les intérêts particuliers.

La collaboration confiante, loyale et permanente de tous les membres de la profession en vue de réaliser la paix sociale et la prospérité des entreprises.

Le respect d'une hiérarchie fondée sur le travail, le talent et le mérite.

Le développement progressif des réalisations sociales destinées à satisfaire les intérêts et les aspirations légitimes des travailleurs.

La paix sociale est le but suprême. Les institutions du passé ne peuvent être maintenues que dans la mesure où elles expriment le génie libre et divers de la nation. L'avenir est encore riche, chez nous, d'idées, d'efforts, de sacrifices. C'est vers cet avenir que nous nous tournons résolument, sûrs de l'assentiment des patrons, des ouvriers, des techniciens, des artisans, désormais convaincus que l'intérêt personnel ne trouvera sa sauvegarde que dans l'intérêt collectif.

C'est dans cet esprit que nous avons l'honneur de vous soumettre cette charte, que le pays attend, que le monde du travail a longuement souhaitée et qui, par son ampleur comme par sa nouveauté, prendra logiquement sa place dans la série des textes constitutionnels de la France nouvelle.

L'amiral de la Flotte	*Le ministre d'État*
ministre vice-président du Conseil	**Henry MOYSSET**
Amiral DARLAN	

Le ministre d'État

Lucien ROMIER

Loi du 4 octobre 1941 relative à l'organisation sociale des professions. Rapport au maréchal de France, chef de l'État français, cité *in* coll., *Le Gouvernement de Vichy*, Paris, PFNSP, 1972, p. 337.

1. Créée le 28 février 1941, cette commission consultative de 27 membres associe représentants syndicaux et patronaux.
2. Dans son message du 21 septembre 1941, Philippe Pétain précise que les bénéfices disponibles, après rémunération du capital investi, seront équitablement répartis entre patrons et salariés.

1942. La collaboration vue par Pierre Laval

Le Reich exigeant des pays occupés d'importants quotas de main-d'œuvre, Pierre Laval, chef du gouvernement depuis le 18 avril 1942, instaure la Relève : des prisonniers de guerre seraient échangés contre l'envoi d'ouvriers en Allemagne. Lors d'une allocution radiodiffusée le 22 juin 1942, Laval expose ce système aux Français, mais le symbolisme de la date l'incite à développer ses conceptions sur l'Europe nouvelle.

[...] Je veux vous parler, aujourd'hui, avec simplicité et avec une grande franchise. Nous vivons des moments difficiles, nous aurons encore à subir des privations. Ce moment durera autant que durera la guerre et quelque temps après. Mais pour moi, comme chef du gouvernement, ce n'est pas cela qui est grave, ce moment nous le passerons dans la peine et dans la difficulté, mais il y a un moment plus redoutable et pour moi plus angoissant : c'est celui où l'on fixera pour une longue durée le sort de la France.

Notre génération ne peut pas se résigner à être une génération de vaincus. Je voudrais que les Français sachent monter assez haut pour se mettre au niveau des événements que nous vivons. C'est peut-être une des heures les plus émouvantes qui se soient inscrites dans l'histoire de notre pays. Nous avons eu tort, en 1939, de faire la guerre. Nous avons eu tort, en 1918, au lendemain de la victoire, de ne pas organiser une paix d'entente avec l'Allemagne. Aujourd'hui, nous devons essayer de le faire. Nous devons épuiser tous les moyens pour trouver la base d'une réconciliation définitive. Je ne me résous pas, pour ma part, à voir tous les vingt-cinq ou trente ans la jeunesse de nos pays fauchée sur les champs de bataille. Pour qui et pourquoi ?

Ma présence au gouvernement a une signification qui n'échappe à personne, ni en France ni à l'étranger. J'ai la volonté de rétablir avec l'Allemagne et avec l'Italie des relations normales et confiantes.

De cette guerre surgira inévitablement une nouvelle Europe.

On parle souvent d'Europe, c'est un mot auquel, en France, on n'est pas encore très habitué. On aime son pays parce qu'on aime son village. Pour moi, Français, je voudrais que demain nous puissions aimer une Europe dans laquelle la France aura une place qui sera digne d'elle. Pour construire cette Europe, l'Allemagne est en train de livrer des combats gigantesques. Elle doit, avec d'autres, consentir d'immenses sacrifices. Et elle ne ménage pas le sang de sa jeunesse. Pour la jeter dans la bataille, elle va la chercher à l'usine et aux champs. Je souhaite la victoire de l'Allemagne, parce que, sans elle, le bolchevisme, demain, s'installerait partout.

Ainsi donc, comme je vous le disais le 20 avril dernier, nous voilà placés devant cette alternative : ou bien nous intégrer, notre honneur et nos intérêts vitaux étant respectés, dans une Europe nouvelle et pacifiée, ou bien nous résigner à voir disparaître notre civilisation.

Je veux être toujours vrai. Je ne peux rien faire pour vous sans vous. Nul ne saurait sauver une nation inerte ou rétive. Seule, l'adhésion du pays peut faire d'une politique sensée une politique féconde. Je sais l'effort que certains d'entre vous doivent faire pour admettre cette politique. L'éducation que nous avons généralement reçue dans le passé ne nous préparait guère à cette entente indispensable.

J'ai toujours trop aimé mon pays pour me soucier d'être populaire. J'ai à remplir mon rôle de chef. Quand je vous dis que cette politique est la seule qui puisse assurer le salut de la France et garantir son développement dans la paix future, vous devez me croire et me suivre.

[...]

> P. Laval, discours du 22 juin 1942, cité in *Les Nouveaux Temps*, 24 juin 1942.

1942. *Les Décombres*

Collaborateur de L'Action française *et de* Je suis partout, *Lucien Rebatet (1903-1972), après avoir été mobilisé de janvier à juillet 1940, prend du service dans la presse collaborationniste et surtout publie en juillet 1942* Les Décombres. *Retraçant la drôle de guerre, la débâcle et la naissance du régime vichyste, ce livre de 664 pages connaît un immense succès de librairie.*

[...] Chez les gens du monde et chez leurs singes, on gaullisait parce qu'en face des modes anglaises, la rudesse et l'austérité du IIIe Reich n'offraient matière à aucun snobisme. On croyait en Churchill à cause du golf, du turf et du tweed d'Écosse. Être pour les Anglais, c'était être du côté des «gentlemen». On jugeait de mauvais ton de toujours évoquer Dunkerque et Mers el-Kébir quand il y avait Oxford et Piccadilly.

La jeune génération attendait le salut de l'Amérique à cause d'Hollywood et du «swing», des Marx Brothers et de Duke Ellington. On se faisait des âmes de petits héros en criant «bye! bye!».

Pour le clergé politicien, il se retrouvait plus que jamais fidèle aux enseignements de dix-sept années de pontificat démocratique. A sa tête, le primat des Gaules, l'hyperjudaïsant cardinal Gerlier, faisait un digne pendant à l'archevêque de Canterbury. Ce clergé soupirait après la benoîte république laïque et maçonnique, qui avait si saintement rendu l'âme en invoquant Saint Louis, Notre-Dame de France et le Sacré-Cœur de Jésus.

Les appels innombrables à la spiritualité devenaient autant d'invitations à la ferveur gaulliste. Tous les patronages égrenaient des neuvaines pour le triomphe du grand connétable français de Londres. Et les patronages étaient en train de devenir une institution d'État.

L'armée n'avait pas tiré de l'énorme leçon de mai le plus petit enseignement. Elle en comprenait seulement que désormais étaient possibles des choses singulières, dont les manuels et les instructions tactiques n'avaient jamais parlé, et qui repoussaient dans la préhistoire la guerre de tranchées, le grignotage, les boucheries réglementaires dans les fils de fer barbelés. Du coup, elle passait de sa routine à une sorte de surréalisme militaire. Les brevetés qui pendant dix mois n'avaient pas été fichus de faire proprement le métier de cabot-rata s'ébrouaient maintenant avec désinvolture au milieu d'un *Kriegspiel* à la Wells, manœuvraient leurs cinquante bataillons du Transvaal à la Norvège

Les Juifs, cela va de soi, fournissaient un appui enthousiaste. Après quelques semaines d'une bien réjouissante épouvante, devant la mansuétude officielle ils avaient repris une assurance décuplée. Le violent passage de l'effroi à l'espoir avait mis en ébullition leur frénésie séculaire. L'Angleterre livrait leur dernière bataille. Ils s'accrochaient à elle fiévreusement, de toutes leurs griffes. Leur messianisme débordait. Ils savaient leurs plus puissants frères de Londres et de New York acharnés à prolonger cette guerre qu'ils avaient follement et férocement voulue, à écarter cette paix qui annoncerait la destruction fatale du Temple. Avec leur mépris de la force armée et du courage viril, leur religion de l'or, ils ne pouvaient qu'attendre la victoire anglaise, en y mettant cette fureur dans l'illusion par où Israël s'est toujours perdu.

L'espoir anglais donnait la clef de la plupart des énigmes vichyssoises.

Un nouvel État avait peut-être vu le jour. Mais le cordon ombilical qui le liait au vieux régime démocratique n'était pas coupé.

Cela tenait sans doute au faible caractère de la plupart des ministres, à leur jeannoterie congénitale de libéraux, aptes à faire une révolution comme M. Maurice Chevalier à jouer *Hamlet*, et qui n'auraient pas signé une condamnation à mort sans prendre l'avis de vingt-quatre confesseurs.

Mais la raison essentielle était ailleurs. Puisqu'on croyait communément que les démocraties anglo-saxonnes finiraient par l'emporter, il n'avait pas été si absurde et criminel de nous embarquer en septembre 1939 dans une guerre qui se terminerait par une victoire. Pourquoi eût-on sincèrement regretté de l'avoir déclarée ? Comme pour Churchill et Roosevelt, cette guerre demeurait, pour les purs vichyssois, *leur* guerre, une croisade et la défense suprême de leurs intérêts. Du reste, on aurait pu rechercher longtemps ce qu'ils avaient fait l'année précédente pour l'empêcher, tandis qu'on voyait trop bien tous les encouragements qu'ils lui avaient prodigués, ne concevant point lors de la crise de Dantzig d'autre issue, de même qu'ils n'imaginaient rien aujourd'hui hors d'une continuation à outrance de cette guerre par Londres et par New York.

Dès lors, Reynaud, Daladier, Mandel n'étaient plus d'affreux coupables, mais d'avisés politiques, des martyrs du patriotisme, qui triompheraient au bout d'une cruelle épreuve. D'où la répugnance extrême que l'on mettait à les inquiéter, puis les égards dont on les entoura après qu'on eut été contraint de s'assurer de leurs précieuses personnes [1]. [...]

Il devenait logique que les vichyssois épargnassent les Juifs, qui formaient les mêmes souhaits qu'eux, qui leur offraient une alliance naturelle et constituaient pour le gaullisme officieux une armée de prosélytes sans pareils. Les brillants et riches inspecteurs des finances sacrifieraient à la rigueur quelques fripiers émigrés de Pologne ou de Roumanie. Mais ils se récriaient, très offusqués, à l'idée que l'on pût leur assimiler d'éminents hommes d'affaires, considérés dans le monde, apparentés aux plus beaux blasons, et qu'on avait rencontrés autour de toutes les tables des conseils d'administration. C'était manquer aux convenances les plus élémentaires que de rappeler leur judaïsme. On le fit bien voir à propos du haut et puissant banquier David-Weill, déchu par inadvertance de la nationalité française, et qu'on se hâta de réintégrer, avec un flot d'excuses pour une aussi regrettable erreur [2].

En s'instituant les protecteurs des Juifs, on trouvait également un moyen excellent d'affirmer cette ombrageuse dignité dont Vichy avait un tel souci. On marquait ainsi avec hauteur que la France n'imitait personne et restait maîtresse chez elle. Singulier point d'honneur qui consiste à garder sur soi sa vermine parce que votre voisin s'en est débarrassé ! La judéophilie était en somme la preuve majeure que la France sauvegardait les « valeurs spirituelles ».

Toutes les foudres et tous les soupçons étaient réservés pour la poignée d'audacieux qui osaient à mi-voix suggérer la possibilité d'une collaboration franco-allemande. On leur répliquait avec d'amers sarcasmes que rien de cet ordre ne nous était demandé — comme si la France battue à plate couture pouvait encore faire la coquette et attendre des propositions! — qu'il importait de nous en tenir *mordicus* et juridiquement aux clauses de l'armistice, et de ne point engager l'avenir du pays sur des fantaisies, alors que la guerre se poursuivait sans que personne sût dire quel serait son dénouement.

> Lucien Rebatet, *Les Décombres*, Paris, © Société nouvelle des éditions Pauvert, 1976 (1re éd. 1942), p. 576-578.

1. Édouard Daladier (1884-1970), interné en septembre 1940, est déporté en Allemagne en 1943. Arrêté dès 1940, Georges Mandel (1855-1944) est remis aux Allemands, puis livré à la Milice qui l'assassine en 1944. Paul Reynaud (1878-1966), incarcéré dès septembre 1940, est déporté en 1942.

2. David David-Weill (1871-1953), banquier et collectionneur avisé de peinture, se réfugie au Portugal en mai 1940, mais revient en France après l'armistice. Les premières déchéances de nationalités ne s'appliquant qu'aux individus définitivement exilés, David David-Weill peut, devant les tribunaux, plaider sa bonne foi et être réintégré dans ses droits — ce qui ne l'empêche pas d'achever la guerre dans la clandestinité.

1943. Le giraudisme

*Évadé en avril 1942 de la forteresse de Königstein, le général
Henri Giraud (1879-1949) gagne l'Afrique du Nord et s'empare
après l'assassinat de Darlan du commandement civil et militaire.
Fort du soutien américain, il s'oppose au général de Gaulle et
maintient en Afrique du Nord la législation vichyste. L'allure
réactionnaire de cette politique desservant son prestige, Giraud,
conseillé par Jean Monnet, se résout à prononcer « le premier
discours démocratique de sa vie » le 14 mars 1943 devant un
public d'Alsaciens-Lorrains.*

[...] Ce sera la France tout entière qui partagera avec ses alliés
la victoire de la cause pour laquelle elle a tant souffert. La France
reprendra ainsi sa place parmi les nations victorieuses, le peuple
de France redeviendra alors maître de ses destinées. Les conditions essentielles de la libre expression de sa souveraineté seront
restaurées en France. Le peuple de France formera alors son gouvernement provisoire d'après les lois constitutionnelles de la
République. L'expression de la souveraineté du peuple français
a été interrompue par l'occupation allemande, elle ne sera reprise
que lorsque la France sera libérée. Je donne au peuple de France
l'assurance la plus solennelle que son droit sacré de déterminer
par lui-même, le choix de son gouvernement provisoire sera entièrement sauvegardé. Je l'assure que les conditions qui lui permettront de faire ce choix dans l'ordre et dans le cadre de ses libertés
rétablies seront assurées. Je l'assure que cette situation sera créée
dès que la France sera libérée. Je suis le serviteur du peuple français, je ne suis pas son chef : tous les Français groupés autour
de moi, tous, de moi au dernier soldat de l'armée de la victoire,
nous sommes les serviteurs du peuple de France. Nous serons,
demain, les serviteurs du gouvernement provisoire qu'il se sera
librement donné.

Depuis cette date du 22 juin 1940, la volonté du peuple français a cessé de s'exprimer librement et publiquement. En occupant les deux tiers de la France et sa capitale, en contrôlant le
gouvernement et tous les services publics, en dirigeant l'écono-

mie ouvertement et secrètement, en limitant ou en déformant la vie intellectuelle, en agissant sur la vie sociale, en imposant les législations d'exception, intolérables à la conscience française, le Reich a interdit au peuple français de faire connaître son opinion. La volonté du peuple, seule, peut fonder la loi ; en dehors d'elle, les textes sont frappés du vice de nullité : ou ce sont des constructions doctrinaires sans signification collective, ou ce sont des ordres de la puissance occupante sous l'apparence de lois nationales.

En l'absence du fondement légitime, que seule peut donner la volonté du peuple français, la législation postérieure au 22 juin 1940, ou spontanée mais bureaucratique, ou dictée et étrangère, est dénuée de valeur légale : elle ne peut être considérée que comme nulle, élaborée et promulguée sans le peuple français ou contre lui. De cette situation nous devons tirer les conséquences et dans les textes et pour les hommes. Nous répudions l'arbitraire, imposé au peuple français. [...]

Français mes frères, je souhaite de tout mon cœur l'union de tous. Cette union doit être effective, généreuse, elle rassemblera non seulement les Français de France actuellement courbés sous le joug de l'ennemi, mais également les Français qui comme nous se trouvent hors de France. Cette union est indispensable, c'est une question de vie ou de mort pour notre pays ; la désunion est le signe de la défaite, l'union, la marque de la victoire.

Je suis prêt pour ma part à coopérer avec tous ceux qui, acceptant les principes fondamentaux et traditionnels dont j'ai parlé plus haut, se joignant aux engagements solennels que je prends vis-à-vis du peuple de France, participent à la lutte contre l'ennemi.

Permettez-moi de demander au Seigneur que la victoire soit prochaine, qu'elle empêche le retour des horreurs que nous avons vécues, que nous vivons encore, et qu'elle donne aux hommes de bonne volonté le moyen de vivre en paix, en se comprenant, en s'aidant, je n'ose pas dire en s'aimant. N'est-ce pas cependant l'ordre qui nous est tombé du ciel que nous avons si souvent méconnu ? Tâchons après cette tragique épreuve de moins l'oublier et de mieux l'appliquer, cela n'exclut pas l'énergie, croyez-en l'évadé de Königstein.

> H. Giraud, discours du 14 mars 1943, in *Discours et Messages du général Giraud*, Alger, Commissariat à l'Information, 1943, p. 31-35.

1944. La conférence de Brazzaville

A l'initiative de René Pleven (1901-1993), commissaire aux Colonies, se tient du 30 janvier au 8 février 1944 la conférence de Brazzaville. Destinée à définir les orientations futures de l'Empire, cette conférence qui réunit gouverneurs, membres de l'Assemblée consultative et personnalités qualifiées adopte une série de recommandations censées redéfinir les règles qui unissent la France et ses possessions d'outre-mer.

PREMIÈRE PARTIE
ORGANISATION POLITIQUE DE L'EMPIRE FRANÇAIS
ORGANISATION POLITIQUE INTÉRIEURE DES COLONIES

La Conférence africaine française de Brazzaville, avant d'aborder cette partie du programme général qui était proposé à son examen, a cru devoir poser le principe ci-après :

« Les fins de l'œuvre de civilisation accomplie par la France dans les Colonies **écartent toute idée d'autonomie, toute possibilité d'évolution hors du bloc français de l'Empire ; la constitution éventuelle, même lointaine, de self-governments dans les colonies est à écarter.** »

A. ORGANISATION POLITIQUE DE L'EMPIRE FRANÇAIS

Le programme général de la conférence de Brazzaville résumait ainsi les données du problème :

« On veut que le pouvoir politique de la France s'exerce avec précision et rigueur sur toutes les terres de son Empire. On veut aussi que les colonies jouissent d'une grande liberté administrative et économique. On veut également que les peuples coloniaux éprouvent par eux-mêmes cette liberté et que leur responsabilité soit peu à peu formée et élevée, afin qu'ils se trouvent associés à la gestion de la chose publique dans leur pays. »

La conférence de Brazzaville, après en avoir délibéré dans sa séance du 6 février 1944, a adopté la recommandation ci-après :

RECOMMANDATION

La représentation des colonies dans une nouvelle Constitution française, en raison de la complexité des problèmes soulevés, ne peut être étudiée utilement que par une Commission d'experts, désignés par le Gouvernement.

Il apparaît toutefois que ces experts devraient retenir, pour guider et orienter leurs travaux, les principes ci-après :

1. **Il est désirable et même indispensable que les colonies soient représentées au sein de la future Assemblée qui recevra mission de rédiger la nouvelle Constitution française.**

Cette représentation devra être adéquate à l'importance des colonies dans la communauté française, importance qui ne saurait plus être discutée après les services qu'elles ont rendus à la nation au cours de cette guerre.

2. Il est indispensable que la représentation des colonies auprès du pouvoir central dans la Métropole **soit assurée d'une manière beaucoup plus large et beaucoup plus efficace que par le passé.**

3. *A priori*, **tout projet de réforme qui tendrait seulement à améliorer le système de représentation existant au 1er septembre 1939** : députés et sénateurs coloniaux au Parlement métropolitain, Conseil supérieur de la France d'Outre-Mer, **paraît inadéquat et condamné à la stérilité.**

Il en est ainsi notamment de l'augmentation qui pourrait être envisagée du nombre des députés et sénateurs coloniaux au sein du Parlement métropolitain et de l'octroi de nouveaux sièges aux colonies qui, actuellement, ne sont pas représentées.

En tout état de cause, l'organisme nouveau à créer, Parlement colonial ou, préférablement, Assemblée fédérale, devra répondre aux préoccupations suivantes : **affirmer et garantir l'unité politique infrangible du monde français — respecter la vie et la liberté locale de chacun des territoires constituant le bloc France-colonies,** ou, si l'on veut bien admettre ce terme malgré les objections qu'il peut soulever, la Fédération française. A cette fin, il conviendra de définir avec beaucoup de précision et de rigueur les attributions qui seront réservées au pouvoir central ou organe fédérateur d'une part, celles qui seront reconnues aux colonies, d'autre part.

5. Le régime législatif des colonies, ou pour parler un langage plus concret, le domaine respectif de la loi, du décret et de

l'arrêté, ne pourra être déterminé utilement que lorsque seront intervenues les décisions fixant, sur de nouvelles bases, le départ des attributions entre le pouvoir central ou organe fédérateur et les divers territoires **dont on marquera avec force qu'on désire les voir s'acheminer, par étapes, de la décentralisation administrative à la personnalité politique.**

B. Organisation politique intérieure des colonies

Le programme général de la Conférence africaine française de Brazzaville posait, ainsi qu'il suit, le problème des institutions représentatives :

« Le problème actuel consiste, pour les Gouverneurs, à rechercher tout ce qui, dans leur colonie, est déjà capable de donner un avis compétent et de susciter dans ce qui existe, ou dans ce qui pourrait exister, l'extension de cette juste consultation politique...

En un mot, la conférence de Brazzaville est interrogée sur les points suivants :

1° La représentation intérieure des colonies doit-elle être considérée comme une matière en état d'évolution ?

2° Si tel est le cas, quels sont actuellement les organismes qui pourraient valablement être déjà consultés sur ce point ?

3° De quelle façon pourra-t-on assurer le progrès d'une représentation intérieure ainsi envisagée, aussi bien du côté indigène que du côté européen ?

4° Peut-on, dès à présent, concevoir dans certains cas une représentation commune des Européens et des Indigènes ? »

La Conférence, après en avoir délibéré dans ses séances des 4 et 5 février 1944, a adopté la recommandation ci-après :

Recommandation

Il est indispensable de créer les moyens d'expression politique qui permettront aux chefs de colonie, auxquels on veut assurer dans leur administration intérieure une initiative aussi large que possible, **de s'appuyer, aussi bien du côté européen que du côté indigène, sur un système représentatif parfaitement équilibré et légitime.**

Il est recommandé, en conséquence, la suppression des organismes consultatifs actuels et leur remplacement :

— En premier lieu, par des Conseils de subdivision et des Conseils régionaux composés de notables indigènes et utilisant, chaque fois que cela apparaîtra possible, le support des institutions traditionnelles existantes ;

— En second lieu, par des Assemblées représentatives composées en partie d'Européens et en partie d'Indigènes.

Le mode de désignation devrait être celui de l'élection, et le moyen, celui du suffrage universel, partout et dans tous les cas où la possibilité en serait reconnue. A défaut, la désignation serait faite par voie de cooptation. Exceptionnellement, un petit nombre de membres européens et indigènes, connus pour leur compétence ou les services rendus, serait désigné par le Gouverneur.

Les attributions des Conseils de subdivision et de région seraient consultatives ; celles des Assemblées seraient **délibératives pour le vote du budget et l'établissement des programmes de travaux neufs, consultatives dans toutes les matières ressortissant aux pouvoirs de législation et de réglementation reconnus au gouverneur.** Des conseils d'administration, composés exclusivement de fonctionnaires, assisteraient, en outre, le Gouverneur pour l'application des règlements seulement.

> « Recommandations adoptées par la Conférence », citées in *La Conférence africaine française*, Alger, Commissariat aux Colonies, 1944, p. 35-38.

1944. Les collaborationnistes

Élu député en 1932, Philippe Henriot (1889-1944), conservateur et catholique, se rallie immédiatement au régime vichyste. Initialement germanophobe, il bascule après juin 1941 dans le camp collaborationniste par antibolchevisme. Adhérent à la Milice, nommé secrétaire d'État à l'Information et à la Propagande le 6 janvier 1944, cet ultra anime à partir de janvier 1944 deux chroniques radiophoniques fort écoutées, ce qui incite la Résistance à l'exécuter le 28 juin.

Je voudrais bien m'expliquer un peu avec mes auditeurs de bonne foi sur un point qui est évidemment la source de malentendus graves entre les Français. Bon nombre d'entre ceux-ci ne conçoivent pas qu'on puisse servir l'intérêt français si l'on ne commence par prendre position contre l'Allemagne. Pour eux, tenir compte dans les rapports entre nos deux pays du fait guerre, du fait défaite, du fait occupation, c'est une manière de trahison. Si vous leur dites qu'en l'an 1944, au milieu d'une guerre qui déferle autour de nous, au lendemain d'un douloureux écrasement militaire, occupés par l'ennemi d'hier, bombardés par les libérateurs de demain, nous ne pouvons raisonner comme si tout cela n'avait point existé, ils ne l'admettent point. Si vous leur demandez d'inscrire ce facteur, pourtant impossible à méconnaître, dans le calcul de leurs prévisions, cela les hérisse. Et quand vous les invitez à se souvenir que la défaite nous a laissé un lourd héritage, ils vous déclarent vendus, puisqu'ils ont décidé, en ce qui les concerne, de nier la défaite. Car, pour eux, le patriotisme ne peut se réfugier que dans une résistance qui est d'abord une négation des faits passés et ensuite une prédiction audacieuse d'un avenir incertain. Pour obtenir leur audience, il faut leur dire que l'Allemagne est dès maintenant vaincue — chose que d'ailleurs nient quotidiennement aussi bien les hommes d'État que les généraux anglais et américains, qui n'écoutent peut-être ni la BBC, ni Alger. Il faut leur annoncer que le départ des Allemands sonnera l'heure des ripailles et des festins en même temps que le retour à la démocratie. Il faut leur promettre que l'aisance et la prospérité renaîtront immédiatement sur les pas des troupes de débarquement, et que l'épuration sera la grande volupté de la libération.

Cette façon d'arranger les choses me paraît aussi méprisable que puérile. Certes, l'occupation est obligatoirement pesante à un peuple vaincu. Je ne pense pas qu'il se soit jamais trouvé dans l'histoire une nation au cœur fier pour ne pas souhaiter, après l'épreuve d'une guerre malheureuse, voir le dernier soldat étranger quitter son territoire. Je sais combien il est pénible, pour un pays occupé dont les ressources sont réduites à une portion dérisoire, de se voir contraint d'en céder la meilleure part à l'occupant. Et je ne parle pas d'autres rigueurs que cet occupant peut être amené à imposer en face des rébellions sourdes ou brutales pour garantir sa propre sécurité. [...]

Je sais bien que la seule idée d'un rapprochement entre la France et l'Allemagne jette ces gens dans une sorte de fureur. Ils y voient un sacrilège auquel seuls peuvent, à leurs yeux, consentir des individus pour lesquels le peloton d'exécution est encore trop doux et qu'ils livrent délibérément à la mitraillette des assassins. Ils ne peuvent, en effet, supporter l'idée de s'entendre avec un peuple qui vient de leur infliger une défaite militaire et pour qui la guerre continue. Que les Allemands retournent chez eux, disent-ils. Et nous verrons alors s'il est possible de causer. Malheureusement, ceux qui nous tiennent ce raisonnement ne nous ont pas encore fourni aucun moyen d'obliger les Allemands à rentrer chez eux. Nous avons là-dessus une abondante littérature, des indignations véhémentes, des injures variées, et même des invitations à comprendre que c'est leur seule chance d'éviter le pire. Mais, depuis qu'elles durent, elles n'ont pas encore réussi à persuader les Allemands de s'en aller. Ceux-ci s'obstinent malgré M. Bénazet, M. Oberlé, M. Jean Marin et tous les Weisskopf de Radio-Londres [1]. Il faut donc, en dépit de ces messieurs qui nous crient : « Sus aux Allemands ! » mais qui ne mobilisent pour cela que leur stylo et leur salive, s'accommoder d'une situation que nous ne pouvons empêcher. L'intérêt français n'est dépendant ni d'une idéologie, ni d'une contingence. Il peut et doit être servi, quelles que soient les circonstances, et le devoir de tous ceux qui prétendent le servir est précisément de tirer le meilleur parti de toutes les circonstances, si défavorables qu'elles puissent paraître dans un moment donné. C'est ce qu'avaient compris le Maréchal et le président Laval quand ils sont allés à Montoire. Pour accepter ou repousser les propositions qui leur étaient adressées, ils ne se sont pas interrogés sur leurs sentiments personnels. Ils leur ont, au contraire, imposé silence pour ne penser qu'à la Patrie. On peut croire que le soldat de Verdun n'a éprouvé aucun plaisir à aller solliciter les conditions de l'adversaire qu'il avait lui-même vaincu un quart de siècle plus tôt. Pas plus d'ailleurs que le chancelier du Reich ne s'est demandé ce que penserait l'Allemand moyen d'une tentative de rapprochement avec celui qu'il venait d'écraser.

Les Français qui se sentent alors capables de surmonter leur défaite, comme les y avait invités le Maréchal, eurent le sentiment que, bien loin de trahir, ils servaient bien leur pays en acceptant la nouvelle chance que leur offrait, à une heure inespérée, le destin. Ils n'avaient pas été moins meurtris que les autres par l'affreuse épreuve. Ils n'avaient pas ressenti moins que les autres l'humiliation et la souffrance. Ils avaient, comme les autres, donné leurs fils et vu s'écrouler leurs maisons sous les bombardements. Ils avaient, comme les autres, dû se joindre aux pèlerinages affolés et sans but d'un exode sans cesse recommencé. Ils étaient, comme les autres, tentés de tout subordonner à leurs rancunes, à leur soif instinctive d'une revanche imprévisible, mais toujours espérée. Et pourtant, ils ont loyalement immolé ces sentiments où ils pouvaient trouver leur compte, mais où ils comprenaient que la Patrie ne pourrait trouver le sien. Si tous les Français avaient fait preuve du même esprit de discipline et de renoncement, bien des maux nous eussent sans doute été évités. Mais ceux qui refusèrent cette discipline sont précisément ceux qui invectivent aujourd'hui contre nous. Or je continue à croire que certaines causes se jugent par les avocats qui les défendent. Ceux qui nous injurient et nous menacent pour avoir sacrifié notre sensibilité à notre patriotisme, et nos réflexes momentanés à l'intérêt général et permanent de la France portent des noms trop connus, qui vont de Vincent Auriol à Jules Moch, de Fernand Grenier à André Marty, de Pierre Bloch à Mendès France [2]. Il faudrait un singulier hasard pour que ces gens-là apparussent comme les sauveurs d'une France qu'ils prétendent trahie par le Maréchal ! [...]

> P. Henriot, « Surmonter sa défaite », chronique du 10 février 1944, 12 h 40.

1. Journalistes français réfugiés à Londres. Weisskopf est le nom d'origine de Georges et Charles Gombault, animateurs du journal *France*.

2. Députés socialistes, Vincent Auriol (en 1943), Pierre Bloch et Jules Moch (en 1942) rejoignent le général de Gaulle, tout comme le député communiste Fernand Grenier en 1943. Responsable du PCF, André Marty gagne Alger en 1943 et siège à l'Assemblée consultative. Radical, Pierre Mendès France rallie pour sa part Londres en 1942.

1944. Le programme du CNR

En février 1943, Charles de Gaulle décide la création d'un Conseil national de la Résistance que Jean Moulin (1899-1943), son premier président, met en place le 27 mai. Regroupant mouvements de résistance, partis politiques et forces syndicales, le CNR élabore un « programme d'action ». Publié le 15 mars 1944, ce programme distingue le « plan d'action immédiate », valable pour le très court terme, des « mesures à appliquer dès la libération du territoire », destinées à préparer le futur politique du pays.

II. MESURES À APPLIQUER
DÈS LA LIBÉRATION
DU TERRITOIRE

Unis quant au but à atteindre, unis quant aux moyens à mettre en œuvre pour atteindre ce but qui est la libération rapide du territoire, les représentants des mouvements, groupements, partis ou tendances politiques, groupés au sein du CNR, proclament qu'ils sont décidés à rester unis après la Libération :

1° Afin d'établir le gouvernement provisoire de la République formé par le général de Gaulle pour défendre l'indépendance politique et économique de la nation, rétablir la France dans sa puissance, dans sa grandeur et dans sa mission universelle ;

2° Afin de veiller au châtiment des traîtres et à l'éviction dans le domaine de l'administration et de la vie professionnelle de tous ceux qui auront pactisé avec l'ennemi ou qui seront associés activement à la politique des gouvernements de collaboration ;

3° Afin d'exiger la confiscation des biens des traîtres et des trafiquants de marché noir, l'établissement d'un impôt progressif sur les bénéfices de guerre et plus généralement sur les gains réalisés au détriment du peuple et de la nation pendant la période d'occupation, ainsi que la confiscation de tous les biens ennemis y compris les participations acquises depuis l'armistice par le gouvernement de l'Axe et par leurs ressortissants dans les entreprises françaises et coloniales de tout ordre, avec constitution de ces participations en patrimoine national inaliénable ;

4° Afin d'assurer :

— l'établissement de la démocratie la plus large en rendant la parole au peuple français par le rétablissement du suffrage universel ;

— la pleine liberté de pensée, de conscience et d'expression ;

— la liberté de la presse, son honneur et son indépendance à l'égard de l'État, des puissances d'argent et des influences étrangères ;

— la liberté d'association, de réunion et de manifestation ;

— l'inviolabilité du domicile et le secret de la correspondance ;

— le respect de la personne humaine ;

— l'égalité absolue de tous les citoyens devant la loi ;

5° Afin de promouvoir les réformes indispensables :

a) *Sur le plan économique :*

— l'instauration d'une véritable démocratie économique et sociale, impliquant l'éviction des grandes féodalités économiques et financières de la direction de l'économie ;

— une organisation rationnelle de l'économie assurant la subordination des intérêts particuliers à l'intérêt général et affranchie de la dictature professionnelle instaurée à l'image des États fascistes ;

— l'intensification de la production nationale selon les lignes d'un plan arrêté par l'État après consultation des représentants de tous les éléments de cette production ;

— le retour à la nation des grands moyens de production monopolisés, fruits du travail commun, des sources d'énergie, des richesses du sous-sol, des compagnies d'assurances et des grandes banques ;

— le développement et le soutien des coopératives de production, d'achats et de ventes, agricoles et artisanales ;

— le droit d'accès, dans le cadre de l'entreprise, aux fonctions de direction et d'administration, pour les ouvriers possédant les qualifications nécessaires, et la participation des travailleurs à la direction de l'économie.

b) *Sur le plan social :*

— le droit au travail et le droit au repos, notamment par le rétablissement et l'amélioration du régime contractuel du travail ;

— un rajustement important des salaires et la garantie d'un niveau de salaire et de traitement qui assure à chaque travailleur et à sa famille la sécurité, la dignité et la possibilité d'une vie pleinement humaine ;

— la garantie du pouvoir d'achat national par une politique tendant à la stabilité de la monnaie ;

— la reconstitution, dans ses libertés traditionnelles, d'un syndicalisme indépendant, doté de larges pouvoirs dans l'organisation de la vie économique et sociale ;

— un plan complet de sécurité sociale, visant à assurer à tous les citoyens des moyens d'existence, dans tous les cas où ils sont incapables de se les procurer par le travail, avec gestion appartenant aux représentants des intéressés et de l'État ;

— la sécurité de l'emploi, la réglementation des conditions d'embauchage et de licenciement, le rétablissement des délégués d'atelier ;

— l'élévation et la sécurité du niveau de vie des travailleurs de la terre par une politique de prix agricoles rémunérateurs, améliorant et généralisant l'expérience de l'Office du blé, par une législation sociale accordant aux salariés agricoles les mêmes droits qu'aux salariés de l'industrie, par un système d'assurance contre les calamités agricoles, par l'établissement d'un juste statut du fermage et du métayage, par des facilités d'accession à la propriété pour les jeunes familles paysannes et par la réalisation d'un plan d'équipement rural ;

— une retraite permettant aux vieux travailleurs de finir dignement leurs jours ;

— le dédommagement des sinistrés et des allocations et pensions pour les victimes de la terreur fasciste.

c) *Une extension des droits* politiques, sociaux et économiques des populations indigènes et coloniales.

d) La possibilité effective pour tous les enfants français de bénéficier de l'*instruction* et d'accéder à la culture la plus développée quelle que soit la situation de fortune de leurs parents, afin que les fonctions les plus hautes soient réellement accessibles à tous ceux qui auront les capacités requises pour les exercer et que soit ainsi promue une élite véritable, non de naissance mais de mérite, et constamment renouvelée par les apports populaires.

Ainsi sera fondée une République nouvelle qui balaiera le régime de basse réaction instauré par Vichy et qui rendra aux institutions démocratiques et populaires l'efficacité que leur avaient fait perdre les entreprises de corruption et de trahison qui ont précédé la capitulation. Ainsi sera rendue possible une démocratie qui unisse au contrôle effectif par les élus du peuple la continuité de l'action gouvernementale.

L'union des représentants de la République pour l'action dans le présent et dans l'avenir, dans l'intérêt supérieur de la patrie, doit être pour tous les Français un gage de confiance et un stimulant. Elle doit les inciter à éliminer tout esprit de particularisme, tout ferment de division qui pourraient freiner leur action et ne servir que l'ennemi.

En avant donc, dans l'union de tous les Français rassemblés autour du CFLN et de son président, le Général de GAULLE !

En avant pour le combat, en avant pour la Victoire, afin que Vive la France !

Programme du CNR, 15 mars 1944.

1944. Les communistes et la libération de Paris

Le 18 août 1944, les Francs-Tireurs et Partisans (FTP communistes), les Forces françaises de l'Intérieur (FFI), les élus communistes et les syndicalistes de l'Union parisienne lancent un appel à la mobilisation générale de la population parisienne. L'effet de surprise joue d'abord en faveur de la Résistance. La riposte allemande est relativement faible. La préfecture de police, l'Hôtel de Ville et les mairies d'arrondissement sont prises. Les succès sont tels que l'idée d'une trêve fait son chemin. Elle est obtenue avec les Allemands sur la base d'un partage territorial laissant aux troupes d'occupation une zone de repli. Pour une partie de la Résistance, notamment les communistes, il s'agit là d'une demi-trahison. C'est la raison pour laquelle l'éditorial de L'Humanité *du 21 août, dont un extrait suit, appelle au renforcement de la lutte. Les communistes obtiennent gain de cause dans la journée : la trêve est rompue à la suite d'une décision prise par les dirigeants de la Résistance.*

Au cours des dernières 48 heures d'insurrection des **succès** ont été obtenus qu'il importe de **consolider et d'étendre**.

Les organisations de la Résistance, les FFI, ont lancé naguère le mot d'ordre de ne pas laisser les Allemands se replier librement, de les harceler sans arrêt.

Cela implique que le devoir des forces de l'insurrection nationale est de s'accrocher aux positions conquises — si c'est nécessaire à certains moments, se replier, mais pour *étendre et intensifier* la guérilla.

Toujours disperser l'ennemi. Ne pas le laisser se concentrer autour des bâtiments et positions occupés. Attaquer sans relâche ses arrières. Agir de façon tactique afin d'exterminer le plus d'ennemis avec le moins de pertes possibles pour la Résistance.

Pas de répit pour l'ennemi !

Pour aider dans ce but les FFI, il faut que les millions de Parisiens participent au combat. Il faut aider, informer, soutenir les groupes qui combattent. Il faut grossir leurs rangs en entrant en masse, hommes et femmes, dans les francs-tireurs, groupes francs, milices patriotiques. Tout doit être armé pour qui veut se battre.

La victoire se gagne dans le combat, par le combat acharné, sans compromission. C'est cela qui a permis aux combattants et partisans soviétiques de remporter, sous la direction du maréchal Staline, les victoires retentissantes qui nous ont permis, à nous, d'entrevoir le jour de la libération définitive.

Le général de Gaulle a proclamé : «Français ! Debout. Au combat !» Il a précisé : «Il faut se battre sur les arrières de l'ennemi et les arrières de l'ennemi, c'est toute la France.»

Paris n'est pas encore libéré.

La France n'est pas encore libérée.

Tous les points de résistance allemands, tous les groupements allemands doivent être détruits pour que l'on puisse parler de libération.

En Normandie, en Bretagne, en Beauce, dans le Midi, les forces alliées et françaises repoussent l'ennemi. Vichy est aux mains des patriotes.

Il ne faut pas laisser aux Allemands la possibilité d'organiser leur départ à leur gré. Ils doivent payer sur le sol de France les souffrances et le sang de la France.

La France soulevée se libère en combattant. Elle gagne aussi sa place d'honneur dans la victoire définitive sur l'Allemagne hitlérienne.

Il faut **redoubler** d'action intensive pour écraser la tête fasciste.

Tous les Français aptes à porter les armes doivent s'enrôler dans les milices patriotiques pour le combat jusqu'au bout.

L'Humanité, 21 août 1944.

1944. Paris libéré

Le 19 août 1944 commence l'insurrection parisienne. Le 25, Charles de Gaulle, chef du Gouvernement provisoire de la République française, pénètre dans la capitale. Suivant un itinéraire mûrement médité, il se rend d'abord à la gare Montparnasse, poste de commandement du général Leclerc dont la 2e DB a largement contribué au succès de l'insurrection parisienne. Puis il gagne le ministère de la Guerre avant de visiter la préfecture de police. Il rejoint donc tardivement l'Hôtel de Ville où le CNR, le Comité parisien de Libération, des combattants et la foule des Parisiens l'attendent. Il prononce alors devant ce public une brève allocution.

Pourquoi voulez-vous que nous dissimulions l'émotion qui nous étreint tous, hommes et femmes, qui sommes ici, chez nous, dans Paris debout pour se libérer et qui a su le faire de ses mains. Non ! nous ne dissimulerons pas cette émotion profonde et sacrée. Il y a là des minutes qui dépassent chacune de nos pauvres vies.

Paris ! Paris outragé ! Paris brisé ! Paris martyrisé ! mais Paris libéré ! libéré par lui-même, libéré par son peuple avec le concours des armées de la France, avec l'appui et le concours de la France tout entière, de la France qui se bat, de la seule France, de la vraie France, de la France éternelle.

Eh bien ! puisque l'ennemi qui tenait Paris a capitulé dans nos mains, la France rentre à Paris, chez elle. Elle y rentre sanglante, mais bien résolue. Elle y rentre, éclairée par l'immense leçon, mais plus certaine que jamais, de ses devoirs et de ses droits.

Je dis d'abord de ses devoirs, et je les résumerai tous en disant que, pour le moment, il s'agit de devoirs de guerre. L'ennemi chancelle mais il n'est pas encore battu. Il reste sur notre sol. Il ne suffira même pas que nous l'ayons, avec le concours de nos chers et admirables alliés, chassé de chez nous pour que nous nous tenions pour satisfaits après ce qui s'est passé. Nous voulons entrer sur son territoire comme il se doit, en vainqueurs. C'est pour cela que l'avant-garde française est entrée à Paris à coups de canon. C'est pour cela que la grande armée française d'Italie a débarqué dans le Midi et remonte rapidement la vallée du Rhône. C'est pour cela que nos braves et chères forces de l'intérieur vont s'armer d'armes modernes. C'est pour cette revanche, cette vengeance et cette justice que nous continuerons de nous battre jusqu'au dernier jour, jusqu'au jour de la victoire totale et complète. Ce devoir de guerre, tous les hommes qui sont ici et tous ceux qui nous entendent en France savent qu'il exige l'unité nationale. Nous autres, qui aurons vécu les plus grandes heures de notre Histoire, nous n'avons pas à vouloir autre chose que de nous montrer, jusqu'à la fin, dignes de la France.

Vive la France !

> Charles de Gaulle, discours prononcé à l'Hôtel de Ville de Paris, 25 août 1944, *DM*, tome 1, *1940-1946*, Paris, Plon, 1970, p. 439-440.

1945. La pétition Brasillach

L'écrivain Robert Brasillach (1909-1945) est condamné à mort le 19 janvier 1945 pour intelligence avec l'ennemi. Cette condamnation émeut de nombreux intellectuels, y compris dans les milieux de la Résistance. Claude Mauriac rédige un premier projet de pétition dans lequel il réclame l'indulgence pour une « tête pensante, même si elle pense mal ». L'avocat de Brasillach, Jacques Isorni, préfère présenter un autre texte, beaucoup plus succinct. François Mauriac se charge de rassembler les signatures des académiciens. Thierry Maulnier et Jean Anouilh sont également d'actifs recruteurs. Brasillach est fusillé le 6 février 1945.

Les soussignés, se rappelant que le lieutenant Brasillach, père de Robert Brasillach, est mort pour la Patrie le 13 novembre 1914, demandent respectueusement au général de Gaulle, chef du gouvernement, de considérer avec faveur le recours en grâce que lui a adressé Robert Brasillach, condamné à mort le 19 janvier 1945.

Paul Valéry, François Mauriac, Georges Duhamel, Henry Bordeaux, Jérôme Tharaud, Louis Madelin, Paul Claudel, Émile Henriot, André Chevrillon, prince de Broglie, duc de La Force, Georges Lecomte, Jean Tharaud, amiral Lacaze.

Duc de Broglie, Patrice de La Tour du Pin, Paul-Henri Michel, Jean Paulhan, Jacques Copeau, Thierry Maulnier.

Monseigneur Bressolles.

Firmin Roz, Dard, Marcel Bouteron, Germain-Martin, Émile Bréhier, Pichat, Janet, Jordan, Lalande, Bardoux, Rueff, Rist, Émile Buisson.

Henri Pollès, Jean Schlumberger, Roland Dorgelès, Simone Ratel, Jean Anouilh, Jean-Louis Barrault, Claude Farrère, Jean-Jacques Bernard, Desvallières, Jean Cocteau, Jean Effel, Max Favalelli, André Billy, Wladimir d'Ormesson, Marcel Achard, Albert Camus, André Obey, Gustave Cohen, Honegger, Daniel-Rops, Vlaminck, Marcel Aymé, Colette, André Barsacq, Gabriel Marcel, André Derain, Louis Lapatie, Jean Loisy, Charles Dullin.

Jean-François Sirinelli, *Intellectuels et Passions françaises. Manifestes et pétitions au XXᵉ siècle*, Paris, © Librairie Arthème Fayard, 1990, p. 151.

1946. L'accord
Sainteny-Hô Chi Minh

*Le 9 mars 1945, les Japonais éliminent en quelques heures l'admi-
nistration française maintenue en Indochine depuis 1940 et laissent Bao Dai et Sihanouk proclamer l'indépendance du Vietnam
et du Cambodge. Derrière ces princes se trouvent d'importantes forces nationalistes rassemblées en un Front de l'indépendance
(Viêt-minh) au sein duquel les communistes de Hô Chi Minh
jouent un rôle majeur. En août, ces maquisards deviennent
l'Armée de libération nationale et déclenchent une insurrection
générale. Bao Dai doit abdiquer. Le général Leclerc et l'amiral
Thierry d'Argenlieu sont dépêchés sur place par le général de
Gaulle pour rétablir la présence française, face aux troupes chinoises, au nord, et anglaises, au sud. Le premier se charge plus
spécialement des actions militaires, tout en négociant avec le Viêt-
minh, tandis que le second lance une politique de collaboration
avec les indigènes en s'en prenant aux colons et à l'administration vichyste. Le 6 mars 1946, un accord peut être signé entre
la France et le Vietnam.*

Le gouvernement de la République française, représenté par
M. Sainteny [1], délégué du haut-commissaire de France, régulièrement mandaté par le vice-amiral d'escadre Thierry d'Argenlieu [2], haut-commissaire de France, dépositaire des pouvoirs de
la République française, d'une part, et le gouvernement du Vietnam, représenté par son président, M. Hô Chi Minh [3], et le
délégué du Conseil des ministres, d'autre part, sont convenus
de ce qui suit :
    1° Le gouvernement français reconnaît la République du Viet-
nam comme un État libre, ayant son gouvernement, son Parlement, son armée et ses finances, faisant partie de la Fédération
indochinoise [4] et de l'Union française [5], et s'engage à entériner
les décisions prises par les populations consultées par référendum.
    2° Le gouvernement du Vietnam se déclare prêt à accueillir
amicalement l'armée française lorsque, conformément aux
accords internationaux, elle relèvera les troupes chinoises. Un

accord annexe, joint à la présente convention préliminaire, fixera les modalités suivant lesquelles s'effectueront les opérations de la relève.

3° Les stipulations ci-dessus formulées entreront immédiatement en vigueur aussitôt après l'échange des signatures.

Chacune des parties contractantes prendra toutes mesures nécessaires pour faire cesser sur-le-champ les hostilités, maintenir ses troupes sur leurs positions respectives et créer un climat favorable à l'ouverture immédiate de relations amicales avec la France. Ces négociations porteront notamment sur les relations diplomatiques du Vietnam avec les États étrangers, le statut futur de l'Indochine, les intérêts économiques et culturels.

Hanoi, Saigon ou Paris pourront être prévus comme siège de la conférence.

Le Monde, 9 mars 1946.

1. Jean Sainteny avait été commissaire de la République au Tonkin. Il négocie tôt avec le Viêt-minh à qui il laisse vite entendre qu'une indépendance est possible.

2. Georges Thierry d'Argenlieu (1889-1964), religieux entré dans la marine, compagnon du général de Gaulle, est haut-commissaire en Indochine de 1945 à 1947.

3. Nguyên Ai Quôc, dit Hô Chi Minh (1890-1969), avait fondé le Parti communiste indochinois en 1930 et le Viêt-minh en 1941. En 1946 il est président de la République du Vietnam.

4. L'Indochine française comprend la Cochinchine, le Cambodge, l'Annam, le Tonkin et le territoire de Kouang-tcheou wan.

5. L'Union française a été instaurée par la Constitution de 1946. Elle est la nouvelle forme juridique et politique qui regroupe les territoires français non métropolitains.

1946. Le programme communiste

Le premier projet constitutionnel ayant été rejeté le 5 mai 1946, les électeurs sont invités, le 2 juin, à désigner leurs représentants à l'Assemblée consultative. Dans un appel radiodiffusé — retranscrit par le quotidien L'Humanité —, Maurice Thorez (1900-1964), secrétaire général du PCF et vice-président du Conseil dans le ministère Gouin, appelle à voter communiste.

Françaises, Français

Notre pays — grâce au labeur de ses fils, ouvriers, paysans, techniciens, savants —, notre pays remonte peu à peu de l'abîme de souffrances et d'humiliations où l'avaient précipité les barbares hitlériens et leurs complices munichois et vichyssois.

C'est là ce que ne peuvent supporter les hommes de la réaction qui disaient avant la guerre : « **Plutôt Hitler que le Front populaire** » et qui disent aujourd'hui : « **Périsse la France plutôt que de laisser toucher à nos privilèges.** »

Recourant au mensonge et à la calomnie, semant la panique, ils sont parvenus à nous maintenir dans le provisoire, dans cette atmosphère d'incertitude et d'inquiétude propice aux aventures et aux coups de force des ennemis du peuple.

Ils ont dit que nous voulions porter atteinte à la propriété, fruit du travail et de l'épargne, alors que par les nationalisations nous avons protégé la petite propriété contre les trusts expropriateurs, contre ceux qui, depuis moins d'un demi-siècle, ont chassé des terres familiales deux millions de paysans français.

Ils ont dit, eux les hommes des décrets-lois et de la terreur vichyste, que nous allions à la dictature, parce qu'une majorité républicaine, s'appuyant sur la classe ouvrière, s'est efforcée de réaliser honnêtement le programme du Conseil national de la Résistance.

Les hommes de la réaction sont parvenus à faire repousser une Constitution où s'inscrivaient de généreux principes répondant aux aspirations populaires vers toujours plus de liberté, de progrès et de justice sociale : droits égaux à la femme et à l'homme ; intégrité et dignité de la personne humaine ; protection de la famille, de la mère et de l'enfant ; droit à l'instruction pour tous, droit au travail et au repos ; droit à la sécurité sociale ; participation des salariés à la gestion des grandes entreprises.

La réaction veut revenir sur les avantages accordés au monde du travail : la semaine de quarante heures et les majorations de salaires pour les heures supplémentaires ; la retraite des vieux ; le statut du fonctionnaire ; le statut du fermage et du métayage ; la propriété commerciale.

Le plus grave, c'est que la réaction est parvenue à diviser les Français en deux blocs. Si une telle division persistait, tous les espoirs de renaissance française s'évanouiraient.

Aussi les communistes, tenant compte loyalement des indications du suffrage universel, rechercheront-ils, avec tous les républicains, les formules d'accord quant à l'aménagement des pouvoirs publics.

Toutefois, nous croyons nécessaire de maintenir dans la future Constitution :

— les droits économiques et sociaux,
— la souveraineté sans partage de l'Assemblée élue par le suffrage universel,
— la laïcité de l'État et de l'École.

Et nous demeurerons fidèles à la représentation proportionnelle, au scrutin juste et loyal que réclamaient Guesde et Jaurès.

FRANÇAISES, FRANÇAIS,

Si vous voulez que soit élaborée une Constitution démocratique, laïque et sociale : **votez communiste**.

Si vous voulez que soit poursuivie l'œuvre de redressement national, à laquelle notre Parti s'honore de contribuer efficacement, comme il avait contribué, plus qu'aucun autre, à la bataille de la résistance et de la libération : **votez communiste**.

Si vous voulez que soit pratiquée une politique française de paix, une politique fondée sur l'entente avec **tous** nos alliés, et sur la reconnaissance des droits de la France à la sécurité et aux réparations : **votez communiste**.

FRANÇAISES, FRANÇAIS,

Si vous voulez le bonheur de vos foyers et l'indépendance de la patrie, votez pour le parti des travailleurs, qui s'est affirmé un grand parti de gouvernement.

Méprisez les calomnies et les outrages dont nous abreuvent les ennemis du peuple.

Rappelez-vous la réponse du hibou, persécuté par les corbeaux, au philosophe qui l'interroge : « Mon crime est d'y voir clair la nuit. » Votez pour le parti qui a su voir clair et combattre dans la nuit de l'occupation et de l'oppression. Votez pour le Parti des fusillés, morts pour que vive la France, morts pour préparer à nos enfants des lendemains qui chantent.

Pour la République et pour la France :

Votez communiste.

M. Thorez, « Appel du 1ᵉʳ juin 1946 », *L'Humanité*, 2 juin 1946.

1946. Le programme du MRP

Les Français ayant, le 5 mai 1946, rejeté le premier projet cons-
titutionnel, les élections à la seconde Assemblée constituante se
déroulent le 2 juin. Créé le 26 novembre 1944, le Mouvement
républicain populaire, une formation de sensibilité démocrate-
chrétienne qui affirme volontiers sa fidélité au général de Gaulle,
présente en Mayenne une liste conduite par Robert Buron
(1910-1973) dont deux proclamations de foi définissent le pro-
gramme.

ÉLECTIONS GÉNÉRALES DU 2 JUIN 1946

DÉPARTEMENT DE LA MAYENNE

Électrices, Électeurs,

A 2 reprises notre pays a fait connaître de la façon la plus nette
sa volonté :

Le 21 octobre, répondant à la 1re question du référendum, il
a repoussé le rétablissement pur et simple des Institutions de la
IIIe République par une écrasante majorité, condamnant ainsi
et sans appel toute forme de conservatisme social. Le 5 mai, il
a refusé la Constitution que lui proposait la majorité socialo-
communiste parce qu'elle tendait à instaurer en France le régime
du gouvernement d'Assemblée et, par là, il a marqué son attachement profond au respect de toutes les libertés.

La preuve est donc faite que, comme l'affirmait le général de
Gaulle, la France veut à la fois « du neuf et du raisonnable ».

Ce qu'elle veut en définitive c'est la IVe République, fondée
sur la notion d'autorité, approuvée par le pays lorsqu'il a répondu
oui à la deuxième question du référendum d'octobre et sur les
notions de liberté et d'équilibre des pouvoirs qu'il a défendues
en répondant **non** le 5 mai dernier, cette IVe République dont n'a
cessé de se recommander le **Mouvement républicain populaire**.

Si vous voulez une Constitution qui protège les droits des minorités, qui assure la stabilité du pouvoir exécutif, qui garantisse l'indépendance de la magistrature,

Si vous voulez un président de la République doté de pouvoirs réels, ayant à sa disposition le droit de dissolution, gardien des principes constitutionnels,

Si vous voulez qu'à côté de l'Assemblée politique élue au suffrage universel direct une Assemblée représentative des intérêts locaux, familiaux, économiques et sociaux participe à l'élaboration des lois,

Si vous voulez que toutes les libertés de tous les citoyens soient protégées, grâce à la possibilité de faire contrôler par un tribunal suprême la conformité des lois avec les principes constitutionnels et grâce à une complète indépendance des magistrats,

Vous voterez pour la liste du **Mouvement républicain populaire**.

Proclamation du MRP, 1946, *Barodet*.

[...] LE MOUVEMENT RÉPUBLICAIN POPULAIRE, qui a envoyé à la dernière Assemblée 33 paysans authentiques, qui, utilisant les possibilités du scrutin de liste avec représentation proportionnelle, présente dans presque tous les départements un vrai paysan en deuxième position, est plus qualifié qu'un autre pour appuyer et faire triompher les vœux d'organisation professionnelle agricole.

Sur le plan économique, si le MRP s'est associé aux nationalisations qui ont été réalisées pour mettre au service du reste de la Nation la gestion des services publics et pour donner à l'État les moyens de poursuivre une politique efficace de défense du franc, c'est en demandant qu'en contrepartie soit hâté le *retour à la liberté économique* de l'industrie, de l'artisanat, du commerce, afin que le mécanisme de la libre concurrence facilite la reprise de la production.

Vous connaissez les interventions de Robert Buron comme rapporteur du budget de la Production industrielle en faveur des artisans et des petits commerçants, et le soutien qu'il a apporté aux revendications des chambres de métiers. Dans ce domaine les difficultés d'approvisionnement en charbon de cet hiver et la nécessité d'exporter la plus grande part de nos produits pour payer les importations indispensables ont retardé la reprise tant attendue.

Le MRP demande que soit accéléré le rythme de cette reprise pour en faire bénéficier l'activité de vos bourgs et de vos communes grâce à l'indispensable réforme de notre système fiscal par la transformation des méthodes de travail de notre administration, par un effort efficace de coordination des diverses activités économiques.

Sur le plan social, le MRP, qui a tant lutté pour la réparation intégrale des dommages de guerre — pour l'aide aux victimes de la guerre : veuves trop souvent oubliées, prisonniers, déportés —, pour l'extension de la sécurité sociale à tous les Français décidée par l'Assemblée au dernier jour de sa session, veut que maintenant soient élaborés des textes d'application précis et cohérents.

Les principes ont été reconnus pendant ces 6 derniers mois. Il faut maintenant que la loi vienne aider, de façon véritablement effective, sous une forme véritablement humaine, toutes les victimes de la guerre et de l'injustice sociale.

Mais le MRP sait que la charge financière qui en résultera ne pourra être supportée par les générations futures qu'à condition qu'une *politique résolument familiale* permettant le développement de la natalité et favorisant la formation morale des jeunes soit largement poursuivie.

C'est au MRP qu'on doit la création d'un ministère de la Population et la conception d'un plan de protection de la famille. Il *exigera* que l'œuvre entreprise soit menée à bien.

Électrices, électeurs de la Mayenne,

Le moment du choix est arrivé.

— Si vous voulez que soit réalisé dans un climat d'union et d'apaisement l'immense effort de *redressement économique* mais aussi *moral* nécessaire au salut de la France ;

— Si vous voulez l'amélioration progressive des conditions de vie et de travail et que soit appliquée sans cesse plus de justice sociale ;

— Si vous voulez que la France soit à même de faire entendre avec sans cesse plus d'autorité sa voix dans les conférences internationales et de jouer dans l'*intérêt de la paix* un rôle de conciliateur auprès des puissances dominantes ;

— Si vous voulez que soient défendues et garanties les libertés essentielles :

liberté de conscience et d'expression et leur complément naturel, liberté d'enseignement,

libertés économiques,

libertés familiales.

Tous, le 2 juin, vous voterez pour :

Robert Buron	**Pierre Élain**
François Pinçon	**B. de Colombel** [1]

Proclamation du MRP, 1946, *Barodet*.

---

1. Ancien résistant, Robert Buron, député sortant, est juriste de formation. Pierre Élain, chef d'atelier et père de famille nombreuse, est conseiller général. François Pinçon, cultivateur et distillateur, est maire et conseiller général. Mme B. de Colombel, professeur, est ancien membre du Comité départemental de libération de la Seine-Inférieure.

1946. Les conceptions constitutionnelles du général de Gaulle

Le 5 mai 1946, les Français rejettent la Constitution élaborée par la première Constituante. Le 2 juin, les électeurs sont appelés à désigner les membres de l'Assemblée destinée à élaborer un nouveau projet. Le général de Gaulle, invité à célébrer le deuxième anniversaire de la première ville française libérée, saisit cette occasion pour présenter ses conceptions en matière constitutionnelle à Bayeux.

[...] Certes, il est de l'essence même de la démocratie que les opinions s'expriment et qu'elles s'efforcent, par le suffrage, d'orienter suivant leurs conceptions l'action publique et la législation. Mais aussi tous les principes et toutes les expériences exigent que les pouvoirs publics : législatif, exécutif, judiciaire, soient nettement séparés et fortement équilibrés, et qu'au-dessus des contingences politiques soit établi un arbitrage national qui fasse valoir la continuité au milieu des combinaisons.

Il est clair et il est entendu que le vote définitif des lois et des budgets revient à une Assemblée élue au suffrage universel et direct. Mais le premier mouvement d'une telle Assemblée ne comporte pas nécessairement une clairvoyance et une sérénité entières. Il faut donc attribuer à une deuxième Assemblée, élue et composée d'une autre manière, la fonction d'examiner publiquement ce que la première a pris en considération, de formuler des amendements, de proposer des projets. Or, si les grands courants de politique générale sont naturellement reproduits dans le sein de la Chambre des députés, la vie locale, elle aussi, a ses tendances et ses droits. Elle les a dans la Métropole. Elle les a, au premier chef, dans les territoires d'outre-mer, qui se rattachent à l'Union française par des liens très divers. Elle les a dans cette Sarre à qui la nature des choses, découverte par notre victoire, désigne une fois de plus sa place auprès de nous, les fils des Francs. L'avenir des 110 millions d'hommes et de femmes qui vivent sous notre drapeau est dans une organisation de forme fédérative, que le temps précisera peu à peu, mais dont notre Constitution nouvelle doit marquer le début et ménager le développement.

Tout nous conduit donc à instituer une deuxième Chambre dont, pour l'essentiel, nos conseils généraux et municipaux éliront les membres. Cette Chambre complétera la première en l'amenant, s'il y a lieu, soit à réviser ses propres projets, soit à en examiner d'autres, et en faisant valoir dans la confection des lois ce facteur d'ordre administratif qu'un collège purement politique a forcément tendance à négliger. Il sera normal d'y introduire, d'autre part, des représentants des organisations économiques, familiales, intellectuelles, pour que se fasse entendre, au-dedans même de l'État, la voix des grandes activités du pays. Réunis aux élus des assemblées locales des territoires d'outre-mer, les membres de cette Assemblée formeront le grand Conseil de l'Union française, qualifié pour délibérer des lois et des problèmes intéressant l'Union, budgets, relations extérieures, rapports intérieurs, défense nationale, économie, communications.

Du Parlement, composé de deux Chambres et exerçant le pouvoir législatif, il va de soi que le pouvoir exécutif ne saurait procéder, sous peine d'aboutir à cette confusion des pouvoirs dans laquelle le Gouvernement ne serait bientôt plus rien qu'un assemblage de délégations. Sans doute aura-t-il fallu, pendant la période transitoire où nous sommes, faire élire par l'Assemblée nationale constituante le président du Gouvernement provisoire, puisque, sur la table rase, il n'y avait aucun autre procédé acceptable de désignation. Mais il ne peut y avoir là qu'une disposition du moment. En vérité, l'unité, la cohésion, la discipline intérieure du Gouvernement de la France doivent être des choses sacrées, sous peine de voir rapidement la direction même du pays impuissante et disqualifiée. Or, comment cette unité, cette cohésion, cette discipline, seraient-elles maintenues à la longue si le pouvoir exécutif émanait de l'autre pouvoir auquel il doit faire équilibre, et si chacun des membres du Gouvernement, lequel est collectivement responsable devant la représentation nationale tout entière n'était, à son poste, que le mandataire d'un parti ?

C'est donc du chef de l'État, placé au-dessus des partis, élu par un collège qui englobe le Parlement mais beaucoup plus large

et composé de manière à faire de lui le président de l'Union française en même temps que celui de la République, que doit procéder le pouvoir exécutif. Au chef de l'État la charge d'accorder
l'intérêt général quant au choix des hommes avec l'orientation
qui se dégage du Parlement. A lui la mission de nommer les ministres et, d'abord, bien entendu, le Premier, qui devra diriger la
politique et le travail du Gouvernement. Au chef de l'État la fonction de promulguer les lois et de prendre les décrets, car c'est
envers l'État tout entier que ceux-ci et celles-là engagent les
citoyens. A lui la tâche de présider les Conseils du Gouvernement et d'y exercer cette influence de la continuité dont une
nation ne se passe pas. A lui l'attribution de servir d'arbitre au-
dessus des contingences politiques, soit normalement par le
Conseil, soit, dans les moments de grave confusion, en invitant
le pays à faire connaître par des élections sa décision souveraine.
A lui, s'il devait arriver que la patrie fût en péril, le devoir d'être
le garant de l'indépendance nationale et des traités conclus par
la France. [...]

> Charles de Gaulle, discours de Bayeux, 16 juin 1946,
> *DM*, tome 2, *1946-1958*, Paris, Plon, 1970, p. 8-10.

1947. Un discours de Benoît Frachon

La France se relève difficilement de cinq années d'occupation allemande. En 1947, la pénurie fait encore sentir ses effets. En mai, les boulangers parisiens sont contraints de fermer le dimanche. Dans le même temps, des revendications sociales se font jour. Dès avril, une minorité de dirigeants trotskistes ont déclenché une grève aux usines Renault, vite reprise en main par la CGT. Cette dégradation du climat social explique les cortèges imposants du 1er mai 1947. Place de la Concorde, Maurice Thorez et Benoît Frachon laissent la foule huer le ministre socialiste du Travail Daniel Mayer. Le lendemain, L'Humanité donne un compte rendu du discours de Frachon (1893-1975), membre du Bureau politique du Parti communiste qui partage avec Jouhaux le Secrétariat général de la CGT depuis septembre 1945.

A l'intérieur même de notre pays, d'immenses tâches nous attendent mais nous avons aussi un moyen puissant : c'est notre Confédération générale du travail. C'est l'unité de la classe ouvrière que nous avons préservée et que nous préserverons contre tous ses ennemis.

Notre unité, l'unité de la classe ouvrière, c'est le gage du succès, c'est la meilleure garantie contre les apprentis dictateurs.

Vous comprendrez que, dans de telles conditions, nous n'y laisserons pas porter atteinte.

Il en est qui croient habile d'utiliser le légitime mécontentement de la classe ouvrière pour tenter leur besogne de division.

Vous l'avez vu chez Renault : jusqu'à *L'Époque*, les journaux réactionnaires ont fait cause commune avec les provocateurs ennemis de la CGT.

Ce sont ces mêmes provocations et ces mêmes ennemis des travailleurs qui se livrent à la démagogie verbale alors que dans les actes ils combattent nos revendications. Ils poussent à la grève quand ils pensent pouvoir l'utiliser contre la CGT, mais ils menacent la CGT lorsqu'elle organise l'action unie de la classe ouvrière.

Ce jeu hypocrite, nous ne le subirons pas sans le démasquer.

Notre arme à nous, ce n'est pas la dissimulation, la manœuvre subalterne ; c'est la franchise, l'honnêteté, la loyauté. Quand les métallos parisiens demandent une prime à la production, nous les soutenons pour eux et non par esprit de manœuvres.

Tant pis pour ceux qui emploient d'autres méthodes à l'égard de la CGT. En tentant de diviser les classes ouvrières, ils servent les intérêts des factieux et des trusts. Nous, nous combattons ces derniers.

Nous avons connu d'autres diviseurs, c'étaient les Belin [1], les Dumoulin [2], les Froideval [3]. Ils furent les plats valets de l'envahisseur. La réaction essaie d'utiliser à nouveau des hommes de leur trempe, mais la classe ouvrière n'a pas oublié les leçons de sa douloureuse expérience et elle leur réservera l'accueil qu'ils méritent.

Enfin Benoît Frachon, au nom des travailleurs parisiens, adresse un salut à tous les travailleurs du monde qui manifestent en ce même 1ᵉʳ Mai pour la liberté, la Paix et le bien-être, et pour faire disparaître de la surface du globe les vestiges de la réaction fasciste.

Une nouvelle fois, très longuement, les applaudissements se font entendre.

L'Humanité, 2 mai 1947.

1. René Belin (1898-1977) était entré en 1933 au Bureau confédéral de la CGT. Très proche de Léon Jouhaux, il apparaît longtemps comme son dauphin. Il est opposé à la réunification syndicale et en désaccord avec les réformes du Front populaire. A l'automne 1936, il lance l'hebdomadaire *Syndicats* contre *La Vie ouvrière* contrôlée par les communistes. Il est ministre de la Production industrielle et du Travail du 14 juillet 1940 au 23 février 1941.
2. Georges Dumoulin (1877-1963) est l'une des grandes figures du syndicalisme mineur. Socialiste anticommuniste, il se rapproche de Belin. Il accepte des responsabilités à Vichy et au Rassemblement national populaire. En décembre 1940, il fonde le périodique *L'Atelier*.
3. Raymond Froideval (1897-1978) devient membre de la Commission administrative de la CGT en septembre 1931. Il suit la tendance « Syndicats » et affirme ses convictions munichoises. En octobre 1939, il entre au cabinet du ministre de l'Armement, Raoul Dautry, puis devient chef du cabinet de René Belin à la fin de juillet 1940.

1947. Le départ
des ministres communistes

Le PCF refusant le 4 mai 1947 de voter la confiance au gouvernement sur sa politique économique et sociale, Paul Ramadier (1888-1961), président SFIO du Conseil, renvoie les ministres communistes le 5. Dans son Journal, le président de la République, Vincent Auriol (1884-1966), socialiste, décrit en détail cette crise.

15 heures : Blum et Ramadier à Marly

A 15 heures, Léon Blum et Ramadier [1] sont venus me voir à Marly. Le président du Conseil me dit avoir vu Thorez [2] après la séance et reçu de lui cette déclaration : « Nous n'entrerons pas dans l'opposition, nous ne démissionnerons pas, nous soutiendrons le gouvernement, d'ailleurs nous aurons des rapports avec lui sur les questions essentielles. »

Ramadier lui a répondu : « J'espère bien que vous n'entrerez pas dans une opposition systématique et je suis d'ailleurs moi-même décidé à ne faire ni anticommunisme ni bloc quelconque contre vous, mais à continuer la politique que vous aviez vous-même adoptée. »

Il me dit que Duclos et Thorez ont soutenu le vote de l'ordre du jour de confiance au sein de leur parti, mais qu'ils ont été battus. Selon Ramadier Togliatti, qui a la direction générale du communisme dans l'Occident [3], insisterait pour qu'on fît en France ce qu'ils ont fait en Italie, c'est-à-dire un gouvernement à direction MRP. Il savait en effet, comme moi, que les communistes désirent Bidault, car ils pensent qu'ils pourraient ainsi empêcher les MRP d'aller chez de Gaulle, et faire échec à ce dernier. De toute façon, Léon Blum déclare que Ramadier doit rester à la tête du gouvernement. La démission serait une erreur fatale qui ferait le jeu de De Gaulle. Ils vont partir d'ailleurs tous les deux au Comité directeur du Parti socialiste qui est réuni pour examiner la situation. Ils vont soutenir la thèse du maintien.

Groupe parlementaire contre Comité directeur du Parti socialiste

A 17 heures, je rentre à Paris. J'apprends que le Comité directeur du Parti socialiste a décidé par 12 voix contre 9 la démission de Ramadier, mais que sur l'intervention de Léon Blum le groupe socialiste du Parlement a décidé, lui, le maintien par 70 contre 9 et, revenant sur sa décision, le Comité directeur s'est rangé à l'avis du groupe parlementaire[4].

Le décret « démissionnant » les ministres communistes

A 21 heures se tient un conseil de cabinet. Les ministres communistes décident de ne pas démissionner. Dans ces conditions et d'accord avec le secrétaire général de la Présidence et Ramadier, un décret est préparé d'après lequel, invoquant les articles 45, 46 et 47 de la Constitution d'après lesquels le président du Conseil choisit ses ministres et par voie de conséquence peut se séparer d'eux s'il est en désaccord, les fonctions des ministres communistes ont pris fin en raison de leur vote hostile au gouvernement dont ils font partie.

Ramadier me dit que les ministres communistes viendront me voir après la séance. Il est en effet 10 heures du soir, le conseil de cabinet, me dit Ramadier, s'est tenu dans une parfaite cordialité. Thorez très ému ; il paraît même qu'il aurait pleuré à la séance du matin au groupe communiste, car il se rend compte de la situation difficile où va se trouver son parti. Les ministres communistes finalement n'ont fait aucune opposition au décret envisagé concernant la fin de leur fonction.

22 heures : visite des ministres communistes

Un quart d'heure après, Thorez, accompagné de Croizat, Tillon, Marrane[5], vient me voir. Je leur dis combien je suis désolé de la crise. Lorsque l'autre jour au Conseil des ministres j'ai déploré que le débat fût placé sur le terrain politique, j'ai prié le président du Conseil de convoquer la direction Renault[6] et d'essayer de ramener l'affaire sur le plan professionnel, de se mettre en rapport avec la CGT pour envisager la procédure par laquelle on examinerait la situation au 1ᵉʳ juillet prochain. Ramadier, tout à fait d'accord, avait pensé également et pris cette initiative. *L'Humanité* de ce matin paraissait confirmer cette impression et je regrette que Duclos à la Chambre, et sans attendre, ait rompu définitivement alors que le vote de confiance permettait d'attendre puisqu'il ne faisait que rappeler les déclarations de janvier que vous dites vous-mêmes vouloir respecter et qu'on était d'accord sur le paiement de primes à la production à la condition que la production soit réellement en augmentation.

Je ne comprends pas ce qui s'est passé, je crois qu'il s'agit d'une question de politique générale si j'en crois Tillon, qui ne paraissait d'accord sur rien. En tout cas, me considérant comme une permanence républicaine, je prends note des paroles de Duclos au sujet de l'attitude des communistes qui ne sera pas d'opposition permanente mais de collaboration avec le gouvernement sur les points essentiels. Vous savez que l'heure est grave. L'opinion publique proteste contre le ravitaillement, je le sais, mais il faut sauvegarder aussi la liberté républicaine.

De Gaulle aurait été applaudi dans les salles de certains cinémas, alors qu'il ne l'était pas il y a quinze jours. C'est pour ces raisons que vous devez être raisonnables. Pour ma part, je continuerai, si vous le désirez, à vous recevoir pour maintenir une politique de redressement national et de préservation républicaine. Je vous remercie d'ailleurs de votre collaboration pendant laquelle j'ai apprécié votre bonne volonté et votre désir de travailler à l'œuvre commune.

Thorez, très ému, me remercie. Il me confirme qu'ils ne feront rien qui puisse créer un fossé entre les partis républicains. Il me remercie de la façon dont j'ai conduit les débats, l'attitude bienveillante que j'ai toujours eu à son égard. Marrane, conseiller de la République, n'a pas voté contre le gouvernement, donc il n'a pas rompu la solidarité ministérielle, mais il n'a pas démissionné : doit-il rester ? Je lui ai dit : « Je crois qu'il y a une solidarité de parti. » Il me répond en riant : « Je ne sais vraiment comment je vais m'en sortir[7]. »

> Vincent Auriol, journée du 4 mai 1947, *Journal du septennat*, établi par Pierre Nora, Paris, Colin, 1970, p. 215 *sq*.

1. Le 28 janvier 1947, Paul Ramadier remplace Léon Blum à la présidence du Conseil.
2. Maurice Thorez est ministre d'État et vice-président du Conseil.
3. Communiste italien, Palmiro Togliatti (1893-1964), dirigeant his-

torique de l'Internationale communiste et secrétaire général du PCI, jouit de la confiance de Staline. Rien, toutefois, ne lui confère la direction du communisme à l'Ouest.

4. Paul Ramadier peut démissionner (hypothèse que préfère le Comité directeur de la SFIO) ou remanier son gouvernement (option du groupe parlementaire qui finit par l'emporter).

5. Ambroise Croizat, Georges Marrane et Charles Tillon sont respectivement ministres du Travail, de la Santé et de la Reconstruction.

6. Réclamant des hausses salariales, les ouvriers de chez Renault se mettent en grève le 25 avril. Pris de court, les communistes finissent par soutenir le mouvement — désavouant par conséquent le gouvernement.

7. Conseiller de la République — et non député —, Georges Marrane attend 24 heures pour démissionner.

1947. L'aide Marshall

Le 5 juin 1947, le général George Marshall (1880-1959), secrétaire d'État américain, annonce dans un discours prononcé à Harvard qu'il propose aux nations ayant souffert de la guerre une « aide fraternelle » destinée à rétablir « cette santé économique normale sans laquelle il n'est pas de paix sûre ». Cette aide n'est tournée contre « aucun pays ni aucune doctrine ». Elle n'exclut nulle nation. L'Ouest, qui manque de moyens de paiement pour se procurer vivres, matières premières et équipements, réagit très positivement à cet European Recovery Program *(« plan Marshall ») malgré le contrôle des économies bénéficiaires que les États-Unis imposent en contrepartie. L'Europe de l'Est et l'URSS sont beaucoup plus méfiantes. L'éditorial du journal* Le Monde *livre son commentaire.*

En Amérique comme en Europe, la proposition Marshall a eu de nombreux échos, généralement favorables. Cependant sa mise à exécution pose un certain nombre de questions. La plus délicate paraît être celle-ci : quels pays d'Europe participeraient au groupement que suggère le secrétaire d'État américain afin de totaliser les demandes de crédits en dollars ?

Le discours de M. Marshall, qui ne contient pas de précisions à ce sujet, a donné lieu à des interprétations diverses. Les uns ont souligné qu'il ne voulait pas faire de distinction entre les tendances politiques, d'autres qu'il ne viendrait pas en aide à des gouvernements qui bloqueraient la reprise économique des autres pays. Ces deux passages peuvent être jugés contradictoires. Le second contient une allusion assez claire. Il s'agit de savoir si l'URSS et les pays de l'Europe orientale seraient inclus dans le programme de secours envisagé par les États-Unis.

L'opinion et le gouvernement britanniques semblent s'en préoccuper. Lord Inverchapel, ambassadeur d'Angleterre à Washington, aurait été chargé de poser la question au secrétaire d'État. Il lui demanderait en même temps, d'après certaines informations, s'il existe un projet américain de réduction des tarifs douaniers. C'est là un autre problème, étroitement connexe à celui de l'aide américaine, et que l'on ne perd pas de vue à Londres. Si les pays d'Europe se voient obligés de solliciter des marchandises américaines à crédit, ils voudraient être en mesure le plus tôt possible de rétablir leur balance commerciale avec les États-Unis : but difficile à atteindre si ceux-ci maintiennent des tarifs prohibitifs.

Quelle procédure pourrait être employée pour amener les pays européens à se concerter, conformément à la demande américaine ? Certains sont d'avis que la Grande-Bretagne, ou la Grande-Bretagne et la France devraient prendre l'initiative et s'adresser à toutes les nations européennes que cette demande intéresse. Celles qui répondraient par un refus s'excluraient elles-mêmes, et n'auraient plus à se plaindre si une association se formait sans elles. On parle aussi d'une conférence internationale, à laquelle participeraient les États-Unis, et qui serait la suite naturelle d'une telle association.

M. Léon Blum proposait récemment de faire intervenir la section européenne du Conseil économique et social de l'ONU. Le *Manchester Guardian* prône également cette idée. Le Conseil économique européen paraît être en effet l'organe désigné pour une telle tâche. Il comprend tous les peuples d'Europe membres des Nations unies, l'URSS incluse. On sait qu'il s'est réuni dernièrement à Genève.

On a remarqué toutefois qu'il se perdait dans d'interminables discussions de procédure, caractéristiques des débats de l'ONU. Pour être utilisé en l'occurrence, il faudrait que le Conseil renonçât à cette méthode de travail, qu'il fût en état de présenter dans le plus bref délai une réponse à la proposition américaine. Les Américains aiment les décisions rapides, et considéreraient des atermoiements sans fin comme un refus.

Les avantages d'un groupement européen face à l'Amérique ne sont plus à démontrer. Sans doute serait-il excessif de prétendre, avec le député travailliste Zilliacus, que les peuples d'Europe unis dicteraient leurs conditions au gouvernement américain. Mais ils auraient certainement plus de force pour faire valoir leur point de vue. Cette force résultant de l'union deviendrait-elle un fait définitif, qui pourrait se manifester non seulement à l'égard de la grande puissance de l'Ouest mais à l'égard de l'Est ? Faut-il croire que ce serait là la raison qui rend cette union indésirable aux yeux de certains ?

On ne tardera pas à le savoir. Les hésitations, les pusillanimi-tés qui ont empêché jusqu'à présent tout rapprochement euro-péen devront faire place à une crise de parti, ceux qui veulent se grouper devront le faire, s'il est vrai que la proposition de M. Marshall exige une réponse et que nous ne sommes pas prêts, nous ni beaucoup d'autres, à renoncer à l'aide américaine.

Le Monde, 12 juin 1947.

1947. La scission syndicale

Le climat social extrêmement tendu, la violence des manifesta-tions parfois accompagnées de morts, la révocation des minis-tres communistes le 5 mai 1947, ont mis à nu la fragilité de l'unité syndicale. Au début de l'automne 1947, la scission de la CGT semble être devenue inévitable. Les militants du groupe Force ouvrière emmenés par Léon Jouhaux sont favorables à une reprise du travail. Réunis en conférence nationale, salle des Hor-ticulteurs, les 18 et 19 décembre, ils se mettent d'accord sur le texte suivant qui conduit à la création d'un nouveau syndicat en avril 1948 : la CGT-FO.

Confirmant son précédent manifeste des 3 et 9 novembre, renouvelle son attachement à l'indépendance du mouvement syndical à l'égard de tous les partis politiques et de tous les gou-vernements quels qu'ils soient, ainsi que son souci d'une vérita-ble démocratie à tous les échelons de la Centrale syndicale.

Constate que son appel en vue de maintenir l'unité ouvrière n'a pas été entendu par la majorité qui a violé elle-même ses pro-pres décisions du Comité confédéral des 12 et 13 novembre.

Ces décisions prévoyaient en effet la consultation jusqu'au 15 décembre des travailleurs organisés et des inorganisés sur les moyens d'action à adopter pour faire aboutir les revendications posées, le CCN du 19 décembre devant seul prendre les mesures conformes à l'opinion des travailleurs démocratiquement consultés.

Les ordres de grève, lancés immédiatement après le CCN par certains syndicats, fédérations ou unions départementales, l'ont été dans le mépris le plus total de la démocratie syndicale et sou-vent contre la volonté de la majorité des travailleurs.

En conséquence :

La Confédération approuve pleinement l'action de la mino-rité du Bureau confédéral, agissant en plein accord avec le groupe central **Force ouvrière**, et les démarches effectuées pour obtenir une solution conforme aux véritables intérêts des travailleurs et mettre ainsi fin à des conflits préjudiciables au redressement éco-nomique du pays.

Elle fait siennes les différentes déclarations du groupe central **Force ouvrière**, qui ont permis, à un moment décisif, de redonner confiance à de nombreux salariés.

La Conférence rejette les accusations calomnieuses lancées par les dirigeants majoritaires de la CGT contre les militants qui se réclament de **Force ouvrière**.

Elle constate, au contraire, que, malgré le solennel avertissement adressé au CCN par la minorité, la majorité confédérale, pour des fins étrangères au syndicalisme, n'a pas hésité à lancer la classe ouvrière dans une aventure qui ne pouvait que rompre l'unité syndicale.

La Conférence s'incline devant les manifestants tués au cours des récentes grèves. Mais elle dénonce et condamne les sévices et les actes de violence graves commis envers des ouvriers qui, usant de leur droit le plus strict de travailleurs, s'étaient prononcés contre la grève politique.

De telles exactions risquent de déshonorer le mouvement syndical si elles étaient passées sous silence.

La Conférence portera devant l'opinion publique le dossier qu'elle a constitué sur ces faits.

Elle salue la combativité et le courage des travailleurs qui, même trompés par certains de leurs chefs, se sont admirablement comportés dans une bataille malencontreusement engagée.

Consciente de la valeur qui s'attache à l'unité syndicale, mais constatant que cette unité est d'ores et déjà brisée par des départs massifs dus à la politique pratiquée par les éléments majoritaires :

Constatant également que les éléments minoritaires du Bureau confédéral risquent, dès maintenant, de n'être plus que des otages au sein de l'organisation :

La Conférence considère que la véritable Confédération générale des travailleurs continue en dehors de l'organisation existante, qui n'a plus de la CGT que le nom, puisqu'elle a violé délibérément ses propres statuts et bafoué les véritables principes du syndicalisme traditionnel ;

Tirant les conséquences logiques de cette situation, qu'elle n'a pas voulue et qu'elle a tout fait pour éviter, la Conférence **Force ouvrière** :

Demande à tous les militants responsables de constituer sans délai l'organisation sur le plan des syndicats, des unions départementales et des fédérations, afin de préparer, dès que possible, un congrès constitutif de la véritable Centrale confédérée de tous les travailleurs ;

Demande à ses camarades du Bureau confédéral de démissionner de leur poste ;

Charge le groupe central **Force ouvrière** d'assurer provisoirement la direction du Mouvement et de prendre tous les contacts nécessaires en vue de réaliser le rassemblement le plus large.

L'organisation **Force ouvrière** affirme sa volonté de conserver à son compte, pour le faire triompher et appliquer intégralement, le programme constitutif qui fut celui de la vieille Confédération générale du travail, dont elle se déclare la véritable continuatrice.

L'organisation Force ouvrière affirme son inébranlable hostilité à toute instauration du pouvoir personnel ; par sa puissance et ses réalisations, elle saura faire échec à toute tentative de cet ordre.

Consciente des dangers qui menacent la paix internationale, l'organisation **Force ouvrière** exprime son opposition à la politique de blocs antagonistes dont la France constitue l'un des enjeux ; elle estime que tout doit être mis en œuvre pour opérer un rapprochement économique entre toutes les nations, condition indispensable à la paix mondiale.

L'organisation Force ouvrière lance solennellement un appel à tous les travailleurs de France et d'outre-mer pour adhérer au Mouvement et réaliser ainsi l'unité véritable et féconde de tous les ouvriers, employés, agents de maîtrise, techniciens, fonctionnaires, agents des services publics, travailleurs agricoles, ingénieurs et cadres, dans une grande et puissante Confédération syndicale qui sera LA VÉRITABLE CONFÉDÉRATION GÉNÉRALE DU TRAVAIL, déterminant elle-même, et elle seule, son action, librement et démocratiquement, sur les plans revendicatif et gestionnaire, pour l'émancipation totale des travailleurs.

En libérant le Mouvement syndical français de toute emprise politique **Force ouvrière**, fidèle à l'idéal de fraternité humaine, salue tous les travailleurs du monde qui luttent également pour leur affranchissement.

Office universitaire de recherches socialistes.

1948. Le ministère Queuille

*Président du Conseil du 11 septembre 1948 au 6 octobre 1949,
le radical Henri Queuille (1884-1970) est volontiers taxé d'immobilisme. Le jugement de la classe politique ne ratifie pourtant
pas ce constat. Dans un message adressé pour ses quatre-vingts
ans, Vincent Auriol dresse ainsi l'éloge de son ancien président
du Conseil.*

Cependant l'Europe se désagrégeait.

Dans une pensée généreuse les États-Unis, dont le territoire
et l'économie n'avaient pas souffert de la guerre et dont la
richesse s'était accrue, avaient décidé de participer au redressement de l'économie de tous les pays européens et, après avoir
contribué à les sauver, d'aider à leur relèvement et à leur coopération. L'Union soviétique, qui pourtant avait été invitée à cette
coopération, l'a au contraire compromise par sa domination sur
ses alliés de l'Est. Elle commit l'erreur désastreuse de couper
l'Europe en deux. Sur son initiative, les partis communistes entre-
prirent de faire échouer par tous les moyens le plan de coopération européenne et de l'aide américaine.

Alors commencent à travers la France des manifestations d'une
ampleur et d'une violence jusqu'alors inconnues. La CGT avouant
que les grèves ont un caractère politique tente l'épreuve de force.

Pendant ce temps, le général de Gaulle organisait le Rassemblement du peuple français et parcourait le pays pour abattre
cette République malheureuse qu'il qualifiait de « planche pourrie
nageant dans les eaux sales ».

Effrayés par les violences insurrectionnelles, les capitaux se
réfugiaient en Suisse et au Maroc. La République était menacée
de toutes parts et la reconstruction de la France était compromise.

A qui confier en cette heure critique la charge du gouvernement ? A un républicain, à un homme de caractère, et aussi à
un ami ! En cet été finissant de 1948 je te désignais, et l'Assemblée nationale t'accordait l'investiture à une forte majorité.

Tu charges alors du ministère de l'Intérieur Jules Moch, énergique, compétent, courageux. Tu demandes à Paul Devinat et

à François Mitterrand d'être tes collaborateurs à la présidence du Conseil, à Antoine Pinay et à Maurice Petsche de t'assister au ministère des Finances dont tu te réservais la gestion.

Mais le mouvement insurrectionnel s'amplifiait dangereusement dans les bassins miniers [1]. Je n'ai pas oublié ces heures d'inquiétude, ces batailles rangées et sanglantes dans les rues d'Alès, de Saint-Étienne, de Béthune, les incendies de maisons dans les corons, les sabotages des voies ferrées et les déraillements des trains ouvriers, les morts et les blessés, les assauts contre les gendarmeries, les préfectures, les palais de justice, la séquestration de sous-préfets, le dynamitage des câbles de haute-tension, mais non plus ton calme, ta résolution ferme de défendre la République sans faire couler le sang.

Pourquoi rappeler ces heures dures, difficiles et dangereuses ?... Parce qu'il est trop facile de les oublier pour mieux critiquer cette République qui a pourtant su faire face à ses lourdes responsabilités. Et aussi parce qu'au cours de cette première présidence du Conseil tu as donné la pleine mesure de tes qualités et de tes vertus et qu'il est juste aujourd'hui de t'en rendre hommage.

Je te vois encore, alors que tu étais menacé, quittant l'Élysée d'un pas tranquille pour regagner ton appartement particulier que gardait un seul agent débonnaire.

En organisant avec Jules Moch une véritable stratégie de défense, en faisant appel au calme du pays, au bon sens de la classe ouvrière, mais en menaçant de répondre par la force aux manœuvres insurrectionnelles [2], tu fis prendre conscience aux travailleurs du crime qui se commettait contre la Patrie. Peu à peu l'insurrection recula et le travail reprit.

Cette démonstration tranquille d'autorité transforma le climat politique.

Et le grand écrivain André Siegfried a pu écrire : « Gaullisme et communisme se mirent en sourdine et la France put se moderniser. »

Et c'est à toi en grande partie qu'elle le doit.

Le premier plan de modernisation et d'équipement put s'exécuter normalement [3]. Les crédits américains aidèrent à son financement dans un vaste système de coopération européenne où chaque État maintint jalousement son indépendance nationale et où l'union et la solidarité de tous assuraient leur sécurité et leur redressement économique. Tu préparas le second plan dans l'ordre de ces plans dont la IVe République a défini le rôle et organisé le fonctionnement.

Pour réussir, il fallait exiger de tous de lourds sacrifices. Tu le fis en imposant à l'État un train de vie réduit, en répartissant mieux des impôts accrus, en combattant l'inflation, en maintenant la *stabilité monétaire* en écartant toutes mesures imprudentes. On te railla en qualifiant ton programme « d'immobilisme ».

Beaucoup de ces mesures n'étaient guère populaires. Il fallait faire des efforts constants pour maintenir l'unité d'une majorité incertaine. J'entends encore ton adjuration du 10 juillet 1949 aux ministres réunis en Conseil : « Il faut faire ce que le devoir exige. Il n'y a pas d'autre majorité possible. Vous êtes condamnés à vivre et à servir ensemble. » Paroles sages et de bon sens qu'il serait souhaitable d'entendre encore aujourd'hui, comme mot d'ordre aux républicains divisés. Elles ne furent pas toujours écoutées alors : on en a vu les conséquences. [...]

Mais à ton départ tu pouvais te réjouir de ce témoignage de la presse étrangère : « Inclinons-nous devant cet étonnant redressement de la France. » Dans l'ensemble des domaines de notre économie, la production nationale avait dépassé le niveau de 1929, la meilleure année d'avant-guerre ; la monnaie avait gagné sur les marchés étrangers près de 50 % de ce qu'elle avait perdu ; la balance des comptes était équilibrée, le programme d'expansion fixé par le plan largement atteint. Sans doute ce résultat n'est-il pas dû à ton seul effort. Je ne commettrai pas l'injustice d'oublier tes prédécesseurs, car toi tu as eu des prédécesseurs, ni tes principaux collaborateurs, mais aux heures les plus dangereuses tu as été le centre de l'effort national et tu as donné l'exemple des qualités nécessaires à l'action.

On peut railler la IVe République, mais, s'ils étaient de bonne foi, ses censeurs ne devraient pas oublier qu'ils ont hérité du fruit de plus de dix années d'efforts et qu'ils ont trouvé une France reconstruite, ranimée et en ordre.

Vieux croyant en la République je m'incline devant toi. Puissent aussi les républicains être fidèles à tes enseignements et ne pas rougir de leur œuvre.

Je me suis très étendu sur cette période cruciale de 1948-1949. Mais ton action a de beaucoup dépassé le cadre de cette année. Tu as participé avec Robert Schuman à la création de l'Europe, cette grande œuvre de la IVe République.

Sur le problème de l'Indochine, cet autre drame de conscience de la France d'après-guerre tu fis toujours preuve d'une clairvoyance qui aurait tout sauvé si on t'avait suivi. Tu n'hésitas jamais à donner au général de Lattre [4] les renforts demandés. Mais tu déclarais en même temps nécessaire « de donner au conflit une solution négociée qui reconnaîtrait l'indépendance d'un État vietnamien et l'associerait à la France dans l'Union française ». C'était aussi, tu le sais, ma volonté de créer une Fédération — sorte de commonwealth français — auquel auraient pu adhérer la Tunisie, le Maroc, l'Algérie et qui, dans une association librement consentie, aurait tout à la fois donné à ces États entière satisfaction, aux Français y résidant le respect de leurs intérêts et de leurs droits et à la France un rayonnement et une puissance inégalés.

Dans le domaine intérieur, comme en politique étrangère, jamais nos conceptions ne se sont trouvées opposées, notre collaboration, qui n'excluait pas les discussions loyales, a toujours été totale, sans équivoque, sans arrière-pensée. C'est pourquoi je t'ai toujours donné — dans le cadre de mes pouvoirs constitutionnels — mon appui total.

Dans son livre *Quai d'Orsay* Jacques Dumaine a eu raison de révéler la confidence que je lui fis le 1er août 1950 : « Si je venais à disparaître brusquement, mon successeur serait M. Queuille. »

Aujourd'hui je suis heureux de te dire combien je garde de fierté de ta présidence et de ton œuvre.

On célèbre, dit-on, tes quatre-vingts ans. Mais n'es-tu pas né le 31 mars 1884 ? Tu as donc quatre-vingt-un ans. Ainsi, comme au temps des nuits budgétaires de décembre tu as « *immobilisé* » les pendules [5]. Puisse encore, pendant des années, « le temps suspendre son vol » afin de montrer que les « vieux » persistent à vouloir veiller au salut de la République.

C'est dans cet espoir des futurs anniversaires que je t'adresse mes vœux personnels, pour toi, pour cette douce et vaillante Mme Henri Queuille qui t'a soutenu dans tes combats, pour vos enfants.

Et c'est d'un cœur fidèle que je t'embrasse affectueusement.

V. Auriol, message adressé à Henri Queuille, 8 mai 1965, cité *in* colloque *Henri Queuille et la République*, Limoges, Trames, 1987, p. 316 *sq*. Ouvrage disponible aux Presses universitaires de Limoges (PULIM).

1. Entamée le 7 octobre 1948, la grève des mineurs est jugée « insurrectionnelle » par Queuille le 9.

2. Ce sont les troupes qui, le 2 novembre, dégagent les mines.

3. Le premier Plan s'étend de 1947 à 1953.

4. De Lattre commande en chef en Indochine de 1950 à 1952.

5. Le budget devant être impérativement voté le 31 décembre de l'année, il arrive que l'on retarde les pendules du Palais-Bourbon pour procéder au vote dans les délais requis.

1949. *Le Deuxième Sexe*

*Simone de Beauvoir (1908-1986), agrégée de philosophie en 1929,
finit par abandonner l'Université en 1943, l'année même de la
publication de son premier roman,* L'Invitée. *Elle accompagne
Sartre dans nombre de ses entreprises. A la Libération, elle fait
partie du premier comité de rédaction de la revue* Les Temps
modernes. *Elle publie aussi plusieurs essais dans lesquels elle
défend une morale de la liberté qu'accompagne nécessairement,
selon elle, une morale de l'égalité. En 1949,* Le Deuxième Sexe,
*où elle défend celle qui doit exister entre hommes et femmes,
connaît un très fort retentissement. Cette peinture de la condition féminine marque, et pour longtemps, l'histoire du féminisme.*

Le mariage s'est toujours présenté de manière radicalement
différente pour l'homme et pour la femme. Les deux sont nécessaires l'un à l'autre, mais cette nécessité n'a jamais engendré entre
eux de réciprocité ; jamais les femmes n'ont constitué une caste
établissant avant la caste mâle sur un pied d'égalité des échanges et des contrats. Socialement l'homme est un individu autonome et complet ; il est envisagé avant tout comme producteur
et son existence est justifiée par le travail qu'il fournit à la collectivité ; on a vu [1] pour quelles raisons le rôle reproducteur et
domestique dans lequel est cantonnée la femme ne lui a pas
garanti une égale dignité. Certes le mâle a besoin d'elle ; chez
certains peuples primitifs, il arrive que le célibataire, incapable
d'assurer seul sa subsistance, soit une sorte de paria ; dans les
communautés agricoles une collaboratrice est indispensable au
paysan ; et pour la majorité des hommes il est avantageux de se
décharger sur une compagne de certaines corvées ; l'individu souhaite une vie sexuelle stable, il désire une postérité et la société
réclame de lui qu'il contribue à la perpétuer. Mais ce n'est pas
à la femme elle-même que l'homme adresse un appel : c'est la
société des hommes qui permet à chacun de ses membres de
s'accomplir comme époux et comme père ; intégrée en tant
qu'esclave ou vassale aux groupes familiaux que dominent pères

et frères, la femme a toujours été donnée en mariage à certains mâles par d'autres mâles. Primitivement, le clan, la gens paternelle disposent d'elle à peu près comme d'une chose : elle fait partie des prestations que deux groupes se consentent mutuellement ; sa condition n'a pas été profondément modifiée quand le mariage a revêtu au cours de son évolution [2] une forme contractuelle ; dotée ou touchant sa part d'héritage, la femme apparaît comme une personne civile : mais dot et héritage l'asservissent encore à sa famille ; pendant longtemps les contrats ont été signés entre le beau-père et le gendre, non entre femme et mari ; seule la veuve jouit alors d'une autonomie économique [3]. La liberté de choix de la jeune fille a toujours été très restreinte ; et le célibat — sauf aux cas exceptionnels où il revêt un caractère sacré — la ravale au rang de parasite et de paria ; le mariage est son seul gagne-pain et la seule justification sociale de son existence. Il lui est imposé à un double titre : elle doit donner des enfants à la communauté ; mais rares sont les cas où — comme à Sparte et quelque peu sous le régime nazi — l'État la prend directement en tutelle et ne lui demande que d'être une mère. Même les civilisations qui ignorent le rôle générateur du père exigent qu'elle soit sous la protection d'un mari ; elle a aussi pour fonction de satisfaire les besoins sexuels d'un mâle et de prendre soin de son foyer. La charge que lui impose la société est considérée comme un *service* rendu à l'époux : aussi doit-il à son épouse des cadeaux, ou un douaire, et il s'engage à l'entretenir ; c'est par son truchement que la communauté s'acquitte à l'égard de la femme qu'elle lui dévoue.

Simone de Beauvoir, *Le Deuxième Sexe*, Paris, Gallimard, 1949, tome 2, p. 214.

1. Voir vol. Iᵉʳ.
2. Cette évolution s'est produite de manière discontinue. Elle s'est répétée en Égypte, à Rome, dans la civilisation moderne ; voir vol. Iᵉʳ, « Histoire ».
3. D'où le caractère singulier de la jeune veuve dans la littérature érotique.

1950. Vers la CECA

S'inspirant d'un projet élaboré par Jean Monnet en avril 1950, Robert Schuman (1886-1963), ministre des Affaires étrangères, propose le 9 mai 1950 de placer la production franco-allemande d'acier et de charbon sous la houlette d'une Haute Autorité. Ouverte aux pays européens qui le désirent, cette organisation — la CECA — amorce la constitution postérieure du Marché commun. C'est dire le retentissement d'une « déclaration » élaborée dans le plus grand secret puisque ni le Parlement ni le Quai d'Orsay ne sont consultés, l'aval du Conseil des ministres n'étant obtenu qu'à la dernière heure.

La paix mondiale ne saurait être sauvegardée sans des efforts créateurs à la mesure des dangers qui la menacent.

La contribution qu'une Europe organisée et vivante peut apporter à la civilisation est indispensable au maintien des relations pacifiques. En se faisant depuis plus de vingt ans le champion d'une Europe unie, la France a toujours eu pour objet essentiel de servir la paix. L'Europe n'a pas été faite, nous avons eu la guerre.

L'Europe ne se fera pas d'un coup, ni dans une construction d'ensemble : elle se fera par des réalisations concrètes, créant d'abord une solidarité de fait. Le rassemblement des nations européennes exige que l'opposition séculaire de la France et de l'Allemagne soit éliminée ; l'action entreprise doit toucher au premier chef la France et l'Allemagne.

Dans ce but, le gouvernement français propose de porter immédiatement l'action sur un point limité, mais décisif :

Le gouvernement français propose de placer l'ensemble de la production franco-allemande de charbon et d'acier sous une Haute Autorité commune, dans une organisation ouverte à la participation des autres pays d'Europe.

La mise en commun des productions de charbon et d'acier assurera immédiatement l'établissement de bases communes de développement économique, première étape de la Fédération européenne, et changera le destin des régions longtemps vouées à la fabrication des armes de guerre dont elles ont été les plus constantes victimes.

La solidarité de production qui sera ainsi nouée manifestera que toute guerre entre la France et l'Allemagne devient non seulement impensable, mais matériellement impossible. L'établissement de cette unité puissante de production ouverte à tous les pays qui voudront y participer, aboutissant à fournir à tous les pays qu'elle rassemblera les éléments fondamentaux de la production industrielle aux mêmes conditions, jettera les fondements réels de leur unification économique.

Cette production sera offerte à l'ensemble du monde, sans distinction ni exclusion, pour contribuer au relèvement du niveau de vie et au progrès des œuvres de paix. L'Europe pourra, avec des moyens accrus, poursuivre la réalisation de l'une de ses tâches essentielles : le développement du continent africain.

Ainsi sera réalisée simplement et rapidement la fusion d'intérêts indispensable à l'établissement d'une communauté économique et introduit le ferment d'une communauté plus large et plus profonde entre des pays longtemps opposés par des divisions sanglantes.

Par la mise en commun de productions de base et l'institution d'une Haute Autorité nouvelle, dont les décisions lieront la France, l'Allemagne et les pays qui y adhéreront, cette proposition réalisera les premières assises concrètes d'une Fédération européenne indispensable à la préservation de la paix.

Pour poursuivre la réalisation des objectifs ainsi définis, le gouvernement français est prêt à ouvrir des négociations sur les bases suivantes :

La mission impartie à la Haute Autorité commune sera d'assurer dans les délais les plus rapides : la modernisation de la production et l'amélioration de sa qualité ; la fourniture à des conditions identiques du charbon et de l'acier sur le marché français et sur le marché allemand, ainsi que sur ceux des pays adhérents ; le développement de l'exportation commune vers les autres pays ; l'égalisation dans le progrès des conditions de vie de la main-d'œuvre de ces industries.

Pour atteindre ces objectifs à partir des conditions très disparates dans lesquelles sont placées actuellement les productions des pays adhérents, à titre transitoire, certaines dispositions devront être mises en œuvre, comportant l'application d'un plan de production et d'investissements, l'institution de mécanismes de péréquation des prix, la création d'un fonds de reconversion facilitant la rationalisation de la production. La circulation du charbon et de l'acier entre les pays adhérents sera immédiatement affranchie de tout droit de douane et ne pourra être affectée par des tarifs de transport différentiels. Progressivement se dégageront les conditions assurant spontanément la répartition la plus rationnelle de la production au niveau de productivité le plus élevé.

A l'opposé d'un cartel international tendant à la répartition et à l'exploitation des marchés nationaux par des pratiques restrictives et le maintien de profits élevés, l'organisation projetée assurera la fusion des marchés et l'expansion de la production.

Robert Schuman, « Déclaration du 9 mai 1950 », *in* Robert Schuman, *Pour l'Europe*, Paris, Nagel, 1963, p. 201-203.

1951. La révolte
selon Albert Camus

En 1951, Albert Camus (1913-1960) publie L'Homme révolté.
*Dans cet essai qui porte sur la révolte au travers des siècles,
l'auteur définit, vu l'absurdité du monde, les conditions — et
les valeurs — qui doivent inspirer la révolte.*

On sait que l'évolution économique du monde contemporain
dément d'abord un certain nombre de postulats de Marx. Si la
révolution doit se produire à l'extrémité de deux mouvements
parallèles, la concentration indéfinie du capital et l'extension
indéfinie du prolétariat, elle ne se produira pas ou n'aurait pas
dû se produire. Capital et prolétariat ont été également infidè-
les à Marx. La tendance observée dans l'Angleterre industrielle
du XIXe siècle est, dans certains cas, renversée, compliquée dans
d'autres. Les crises économiques qui devaient se précipiter se sont
au contraire espacées : le capitalisme a appris les secrets de la
planification et contribué de son côté à la croissance de l'État
Moloch. D'un autre côté, avec la constitution des sociétés par
actions, le capital, au lieu de se concentrer, a fait naître une nouvelle catégorie de petits possédants dont le dernier souci est certainement d'encourager les grèves. Les petites entreprises ont été,
dans beaucoup de cas, détruites par la concurrence comme le
prévoyait Marx. Mais la complexité de la production a fait pro-
liférer, autour des grandes entreprises, une multitude de petites
manufactures. En 1938, Ford pouvait annoncer que 5 200 ateliers indépendants travaillaient pour lui. La tendance s'est accen-
tuée. Il est entendu que, par la force des choses, Ford coiffe ces
entreprises. Mais l'essentiel est que ces petits industriels forment
une couche sociale intermédiaire qui complique le schéma imaginé par Marx. Enfin la loi de concentration s'est révélée absolument fausse pour l'économie agricole, traitée avec légèreté par
Marx. La lacune est ici d'importance. Sous l'un de ses aspects,
l'histoire du socialisme dans notre siècle peut être considérée
comme la lutte du mouvement prolétarien contre la classe paysanne. Cette lutte continue, sur le plan de l'histoire, la lutte idéo-

logique, au XIXᵉ siècle, entre le socialisme autoritaire et le socialisme libertaire dont les origines paysannes et artisanales sont évidentes. Marx avait donc, dans le matériel idéologique de son temps, les éléments d'une réflexion sur le problème paysan. Mais la volonté de système a tout simplifié. Cette simplification devait coûter cher aux koulaks qui constituaient plus de cinq millions d'exceptions historiques, ramenées aussitôt, par la mort et la déportation, dans la règle.

La même simplification a détourné Marx du phénomène national, au siècle même des nationalités. Il a cru que par le commerce et l'échange, par la prolétarisation elle-même, les barrières tomberaient. Ce sont les barrières nationales qui ont fait tomber l'idéal prolétarien. La lutte des nationalités s'est révélée au moins aussi importante, pour expliquer l'histoire, que la lutte des classes. Mais la nation ne peut s'expliquer tout entière par l'économie ; le système l'a donc ignorée.

Le prolétariat, de son côté, ne s'est pas placé dans la ligne. La crainte de Marx s'est d'abord vérifiée ; le réformisme et l'action syndicale ont obtenu une hausse des niveaux de vie et une amélioration des conditions de travail. Ces avantages sont très loin de constituer un règlement équitable du problème social. Mais la misérable condition des ouvriers anglais du textile, à l'époque de Marx, loin de se généraliser et de s'aggraver, comme il le voulait, s'est au contraire résorbée. Marx ne s'en plaindrait d'ailleurs pas aujourd'hui, l'équilibre se trouvant rétabli par une autre erreur dans ses prédictions. On a pu constater en effet que l'action révolutionnaire ou syndicale la plus efficace a toujours été le fait d'élites ouvrières que la faim ne stérilisait pas. La misère et la dégénérescence n'ont pas cessé d'être ce qu'elles étaient avant Marx, et qu'il ne voulait pas, contre toute observation, qu'elles fussent : des facteurs de servitude, non de révolution. Le tiers de l'Allemagne laborieuse était en 1933 au chômage. La société bourgeoise était alors obligée de faire vivre ses chômeurs, réalisant ainsi la condition exigée par Marx pour la révolution. Mais il n'est pas bon que de futurs révolutionnaires soient mis dans le cas d'attendre leur pain de l'État. Cette habitude forcée en amène d'autres, qui le sont moins, et que Hitler a mises en doctrine.

Enfin, la classe prolétarienne ne s'est pas accrue indéfiniment. Les conditions mêmes de la production industrielle, que chaque marxiste devait encourager, ont augmenté de façon considérable la classe moyenne [1] et créé même une nouvelle couche sociale, celle des techniciens. L'idéal, cher à Lénine, d'une société où l'ingénieur serait en même temps manœuvre, s'est en tout cas heurté aux faits. Le fait capital est que la technique comme la science s'est à tel point compliquée qu'il n'est pas possible qu'un seul homme embrasse la totalité de ses principes et de ses applications. Il est presque impossible, par exemple, qu'un physicien d'aujourd'hui ait une vue complète de la science biologique de son temps. A l'intérieur même de la physique, il ne peut prétendre à dominer également tous les secteurs de cette discipline. Il en est de même pour la technique. A partir du moment où la productivité, envisagée par les bourgeois et les marxistes comme un bien en elle-même, a été développée dans des proportions démesurées, la division du travail, dont Marx pensait qu'elle pourrait être évitée, est devenue inéluctable. Chaque ouvrier a été amené à effectuer un travail particulier sans connaître le plan général où s'insérait son ouvrage. Ceux qui coordonnaient les travaux de chacun ont constitué, par leur fonction même, une couche dont l'importance sociale est décisive.

Albert Camus, *L'Homme révolté*, Paris, © Éditions Gallimard, 1977, p. 255-257 (1re éd. 1951).

1. De 1920 à 1930, dans une période d'intense productivité, les U.S.A. ont vu le nombre de leurs ouvriers métallurgistes diminuer, dans le temps où le nombre des vendeurs, dépendant de la même industrie, doublait presque.

1952. Le programme économique d'Antoine Pinay

Après la guerre, le redressement économique de la France est rapide. Dès 1948, l'indice de la production dépasse celui de 1938 même si, après le boom lié à la guerre de Corée, la production devient étale, les échanges se ralentissent tandis que les prix des matières premières chutent. Cette croissance accélérée a eu pour prix une très forte inflation qui ronge les salaires. Les élections législatives de 1951 traduisent un glissement vers la droite libérale, partisane de la déflation, et un tassement de la gauche. L'investiture d'Antoine Pinay à la présidence du Conseil le 6 mars 1952 reflète cette évolution. Ce patron tanneur de Saint-Chamond (1891-1994), ancien membre du Conseil national de Vichy, est un libéral, admirateur de Raymond Poincaré. Il définit sa politique dans ce discours du 3 mai 1952.

Comment un pays comme le nôtre en est-il arrivé là? C'est que ce grand pays a subi de cruelles épreuves. Et notre génération a assumé de lourdes charges.

En trente ans, par deux fois, la France a dû relever ses ruines et reconstituer ses richesses. Aujourd'hui encore, elle doit défendre la liberté en Asie et s'armer pour sa défense en Europe.

Elle a le devoir de rattraper dans ses équipements fondamentaux le retard des années sombres de la guerre et de l'Occupation. Elle tient à honneur d'avoir plus d'enfants et plus de vieillards. Mais c'est notre génération d'adultes qui supporte ces charges. Ce doit être sa fierté. Le motif de sa fierté ne doit pas être la cause de son écrasement.

Ces charges ont été trop souvent réglées dans les voies de la facilité et de l'illusion. Mais on ne les règle pas vraiment quand on se préoccupe seulement, dans le budget public comme dans la vie privée, de rechercher ce qui est souhaitable, sans se soucier de savoir ce qui est possible. On les règle mal quand une génération paye la part des générations à venir, quand elle paye dans l'immédiat, par l'impôt et dans les prix, le coût d'investissements qui devraient être couverts par d'autres modes de financement.

Les lois économiques n'acceptent pas d'être violées et les lois arithmétiques sont inflexibles. Mais alors, comment le pays peut-il sortir de l'impasse ? Quels remèdes ?

Les remèdes ne sont ni de droite ni de gauche. Ils n'ont pas d'étiquette parlementaire. Ce sont des mesures techniques à prendre dans un climat de trêve politique. Avant tout, l'État doit tenir ses engagements essentiels. Parce que l'État est le gardien de la monnaie au même titre que de l'ordre public, le gouvernement, face au prix, a un devoir impérieux de vigilance.

Il faut mettre un terme aux amertumes quotidiennes, aux inquiétudes familiales, aux déceptions incessantes. Les prix doivent être contenus par tous les moyens que l'expérience révèle comme les plus efficaces dans la conjoncture actuelle. L'exigence sociale rejoint ici l'intérêt économique.

A une époque où les cours mondiaux s'orientent à la baisse, ce serait une faute sans pardon que de laisser passer, par principe ou par paresse, l'occasion qui s'offre.

On peut tenir les prix dans les grands secteurs nationalisés qui dépendent de l'autorité de l'État. On peut les tenir dans la distribution des commandes administratives, civiles et militaires, qui ne doivent pas se faire dans le désordre et la surenchère. Des aménagements des taxes et des dégrèvements doivent être opérés sur les denrées essentielles. Les marges commerciales doivent rémunérer le service rendu et couvrir le risque couru ; elles ne doivent point spéculer sur l'incrédulité monétaire.

Si les prix suivent la course de leurs éléments constitutifs quand ils montent, le même mécanisme doit jouer quand ils baissent. Le cliquet qui les bloque dans ce sens doit sauter. Cette action sur les prix est une nécessité impérieuse pour rechercher, dans l'exportation, les devises qui servent à payer les matières premières indispensables à notre économie.

Le dirigisme privé ne doit pas relayer à son profit le dirigisme d'État.

Et s'il existe de bonnes ententes professionnelles, celles qui n'ont pour objet que d'anéantir la liberté, sous le drapeau de la liberté, doivent être et seront réprimées.

Si tous les partis ne sont pas d'accord pour que l'État administre, ils sont tous d'accord pour que l'État gouverne. Je suis, en effet, attaché au libéralisme, mais à un libéralisme loyal qui, dans un climat de concurrence saine, doit rechercher sans cesse le progrès technique et la paix sociale, non pas au libéralisme aveugle de la jungle ou au libéralisme égoïste des coalitions d'intérêt.

C'est dans le cadre d'une politique de stabilité des prix que doit s'affirmer la politique sociale du gouvernement. Quand les prix sont instables, la course entre les salaires et les prix est toujours gagnée par les prix. Les salariés le savent bien, eux qui sont toujours les victimes de cette défaite.

Antoine Pinay, *Un Français comme les autres*, Paris, Belfond, 1984, p. 177-179.

1953. La fin des prêtres-ouvriers

A la suite de l'autorisation de la création d'un corps de mission-naires spécialisés par le cardinal Suhard, la Mission de Paris commence, en janvier 1944, son travail évangélique en terre ouvrière. En 1953, on dénombre une centaine de prêtres-ouvriers dans la région parisienne et les grandes villes. Ce succès inquiète d'autant plus les autorités romaines que ces prêtres entrent à la CGT et défendent des positions idéologiques avancées. En 1950, ils font campagne en faveur de la signature de l'appel de Stock-holm aux côtés du Mouvement de la Paix, proche du Parti communiste. Le Saint-Office met brutalement fin à l'expérience le 15 septembre 1953. Une longue polémique est ouverte. Le directeur de la revue Esprit, *Albert Béguin, prend position en mars 1954 dans les colonnes de sa revue.*

Les prêtres-ouvriers sont en ceci exemplaires qu'ils ne se sont pas dérobés devant ces risques. Je dirai, en y insistant, que je suis très frappé par l'unanimité dont fait foi leur dernier communiqué collectif du début de février ; même si les termes pour le moins insuffisants de ce texte nous heurtent et nous déconcertent, il apparaît que l'expérience *sacerdotale* de la mission ouvrière a mené tous ceux qui y ont participé aux mêmes conclusions pratiques et doctrinales. Leur « naturalisation » en milieu ouvrier a été effective, sans réserve, totalement généreuse. Elle ne saurait, en fait, être abolie, et pas davantage cet assenti-ment que, du dehors, nous avons tous donné à la spiritualité implicite de cet apostolat. J'oserai dire que je ne puis concevoir son désaveu, que je me sens humainement lié à ces prêtres désor-mais, quelle que soit leur option dans la conjoncture présente. Qu'ils se soumettent parce qu'ils savent mieux que personne le sens de l'universalité et de l'unité de l'Église, ce sera dans la droite ligne de tout ce qu'ils ont entrepris et que l'on méconnaît main-tenant. Et si quelques-uns d'entre eux estiment que l'obéissance est impossible, ce ne peut être à nous de leur en faire reproche. Leur déchirement nous impose ce silence et nous persuade qu'ils auront agi par fidélité à ce déchirement même.

Personne, il y a dix ans, ne pouvait prévoir l'issue actuelle, ni davantage les développements qui l'ont précédée. La signification de ce qu'ont tenté les prêtres-ouvriers échappe encore en partie, je ne dis pas seulement à notre conscience d'amis du dehors, je ne dis pas à la capacité des bureaux romains, je dis à la conscience des missionnaires eux-mêmes. Ils ont inscrit une expérience sacerdotale dans le corps d'une humanité en gestation de ses formes et de ses institutions futures. Ces formes seront ce qu'elles seront, humaines, imparfaites, sûrement meilleures que nos structures chancelantes ou pétrifiées. Peu importe, elles seront. Elles naissent peu à peu, désirées, appelées, imaginées par d'innombrables vivants qui y situent tous leurs espoirs. Nous ne pouvons consentir d'avance à ce que le message chrétien, les sacrements, la parole, en soient exclus, pour avoir été refusés à l'heure des naissances et négligés déjà au temps de l'oppression. Une Église sera nécessaire à la civilisation encore inconnue qui se dégage peu à peu de la crise : une Église gardant intact le dépôt surnaturel mais capable de le faire vivre dans des structures temporelles renouvelées qui, sans en être bien entendu la condition préalable, recevront le message inaltérable et lui donneront des inflexions particulières. Ce sera la même Église éternelle, dans une incarnation neuve qu'appelle dès maintenant une large part de l'humanité souffrante et espérante. Peut-être comprenons-nous très mal encore la leçon des prêtres-ouvriers, qui ont osé admettre que, dans le monde tel qu'il est, en pleine transformation politique et sociale, en pleine décomposition des structures anciennes, le destin des pauvres, et même le mystère de la Pauvreté sont de quelque façon liés à une métamorphose sans autre alternative, à vues humaines, que le chaos, l'injustice prolongée, la mort des cités de la terre et du même coup l'abdication du christianisme dans le monde temporel.

Albert Béguin, « Les prêtres-ouvriers et l'espérance des pauvres », *Esprit*, 212, mars 1954, p. 241-243.

1954. L'investiture
de Pierre Mendès France

Le traumatisme provoqué par la défaite de Diên Biên Phu (7 mai 1954) facilite l'intronisation de Pierre Mendès France qui, après l'investiture manquée du 4 juin 1953, est à nouveau désigné président du Conseil le 14 juin 1954. Le 17 juin, Pierre Mendès France se présente devant l'Assemblée nationale pour lui soumettre son programme et lui demander sa confiance.

M. le président : La parole est à M. le président du Conseil désigné pour soumettre à l'Assemblée nationale, conformément à l'article 45 de la Constitution, le programme et la politique du cabinet qu'il se propose de constituer.

M. Pierre Mendès France, président du Conseil désigné : Mesdames, messieurs, je me présente devant vous, investi par M. le président de la République de la même mission qu'il y a un an, presque exactement.

Je vous proposais alors une politique de redressement et de rénovation nationale et je vous disais qu'elle constituait un bloc dont on ne pouvait accepter une partie et refuser l'autre sans rendre le tout inefficace. 301 d'entre vous ont approuvé cette politique dans son ensemble, mais 205 se sont abstenus, signifiant par là, me semble-t-il, que s'ils étaient d'accord avec moi sur un grand nombre de points, en revanche ils ne pouvaient me donner leur pleine adhésion sur d'autres.

Si leurs voix m'ont manqué, ce n'est pas en raison de la sévérité d'un programme économique qui assignait à la nation de grands objectifs, sans dissimuler les difficultés du chemin qui y conduit, ce n'est point parce qu'ils répugnaient à choisir une voie ardue. C'est parce qu'un problème nous divisait alors : celui de l'Indochine.

Je m'adresse à ceux qui se sont abstenus voici un an. Les événements qui sont survenus depuis ont dû rapprocher nos points de vue. Et aujourd'hui, il me semble que nous pouvons être réunis dans une volonté de paix qui traduit l'aspiration du pays.

C'est solidairement aussi que nous sommes engagés dans une négociation. Mon devoir est de vous dire dans quel état d'esprit je l'aborderai, si vous m'en chargez.

Depuis plusieurs années déjà, une paix de compromis, une paix négociée avec l'adversaire me semblait commandée par les faits, tandis qu'elle commandait, à son tour, la remise en ordre de nos finances, le redressement de notre économie et son expansion. Car cette guerre plaçait sur notre pays un insupportable fardeau.

Et voici qu'apparaît aujourd'hui une nouvelle et redoutable menace : si le conflit d'Indochine n'est pas réglé — et réglé très vite —, c'est le risque de la guerre, de la guerre internationale et peut-être atomique, qu'il faut envisager.

C'est parce que je voulais une paix meilleure, que je la voulais plus tôt, quand nous disposions de plus d'atouts. Mais, maintenant encore, il y a des renoncements ou des abandons que la situation ne comporte pas. La France n'a pas à accepter et elle n'acceptera pas des conditions de règlement qui seraient incompatibles avec ses intérêts les plus vitaux.

[*Applaudissements sur certains bancs à gauche et à l'extrême droite.*]

La France restera présente en Extrême-Orient. Ni nos alliés, ni nos adversaires ne doivent conserver le moindre doute sur le sens de notre détermination.

Une négociation est engagée à Genève [1], en liaison avec nos alliés et avec les États associés. Le Gouvernement que je constituerai, si vous en décidez ainsi, la poursuivra, animé par une volonté constante de paix, mais également décidé, pour sauvegarder nos intérêts et parvenir à une conclusion honorable, à faire sentir le poids des atouts que la France possède toujours : l'implantation de nos forces matérielles et morales dans des territoires étendus ; l'intérêt de nos alliés et leur appui ; et enfin la valeur et l'héroïsme de nos soldats qui sont l'élément essentiel sur lequel la France compte avant tout ; je le dis bien haut en leur rendant un hommage solennel par l'évocation de la gloire douloureuse de Diên Biên Phu et de tant de sacrifices consentis dans d'obscurs comme dans d'illustres combats.

[*Applaudissements à gauche, au centre, à droite et à l'extrême droite.*]

C'est pourquoi la sécurité du corps expéditionnaire ainsi que le maintien de sa force est un devoir impérieux auquel ni le Gouvernement ni le Parlement ne failliront.

C'est pourquoi aucune mesure ne sera négligée qui s'avérerait nécessaire à cette fin.

C'est pourquoi enfin celui qui est devant vous, et dont le sentiment sur le problème de l'Indochine n'a pas varié, fait appel, pour le soutenir, à une majorité constituée par des hommes qui n'ont jamais directement ou indirectement épousé la cause de ceux qui nous combattent, d'hommes qui, en conséquence, peuvent revendiquer la confiance de nos soldats et négocier en toute indépendance avec l'adversaire.

[*Applaudissements sur de nombreux bancs à gauche et sur quelques bancs au centre, à droite et à l'extrême droite.*]

J'ai étudié le dossier longuement et avec gravité. J'ai consulté les experts militaires et diplomatiques les plus qualifiés. Ma conviction en a été confirmée qu'un règlement pacifique du conflit est possible.

Il faut donc que le « cessez-le-feu » intervienne rapidement. Le gouvernement que je constituerai se fixera — et il fixera à nos adversaires — un délai de quatre semaines pour y parvenir. Nous sommes aujourd'hui le 17 juin. Je me présenterai devant vous avant le 20 juillet et je vous rendrai compte des résultats obtenus. Si aucune solution satisfaisante n'a pu aboutir à cette date, vous serez libérés du contrat qui nous aura liés, et mon gouvernement remettra sa démission à M. le président de la République.

[*Applaudissements sur de nombreux bancs à gauche et à l'extrême droite et sur quelques bancs à droite.*]

Il va de soi que, dans l'intervalle — je veux dire dès demain — seront prises toutes les mesures militaires nécessaires aussi bien pour faire face aux besoins immédiats que pour mettre le gouvernement qui succéderait au mien en état de poursuivre le combat si, par malheur, il avait à le faire. Au cas où certaines de ces mesures exigeraient une décision parlementaire, elles vous seraient proposées.

Mon objectif est donc la paix.

Sur le plan international, c'est en toute clarté que la France recherchera la paix.

Et je sollicite votre confiance, dans ce seul but, pour une mission sacrée qui nous est dictée par le vœu ardent de la nation tout entière.

Mesdames, messieurs, c'est dans cette perspective, ce but une fois atteint dans le délai prévu, que je me place maintenant afin de vous indiquer succinctement les étapes suivantes que mon gouvernement fixera pour son action.

Action sur l'économie d'abord. Le 20 juillet au plus tard, je vous soumettrai un programme cohérent de redressement et d'expansion destiné à assurer progressivement le relèvement des conditions de vie et l'indépendance économique du pays, le développement de notre agriculture par une politique coordonnée de la production et des débouchés, un effort accru et dynamique dans l'ordre du logement et des habitations à loyer modéré. Ce plan élargira et amplifiera tout à la fois les objectifs du plan de 18 mois amorcé par le précédent gouvernement et les moyens destinés à assurer son succès [2].

Les propositions détaillées qui vous seront alors soumises constitueront la base d'un nouveau contrat en vertu duquel mon gouvernement disposera des pouvoirs nécessaires pour réaliser ses objectifs économiques dans le minimum de temps.

Les grandes lignes et les principes directeurs dont nous nous inspirerons, vous les connaissez d'ailleurs déjà ; je les ai décrits à cette tribune, voici un an. Qu'il me suffise de rappeler qu'une politique active de progrès économique et social est inséparable d'une politique de rigueur financière, comme le prouve l'exemple des pays d'Europe qui ont relevé au rythme le plus rapide le niveau de vie de leur peuple. C'est dans le respect de ce principe que seront appliqués les moyens de l'expansion, c'est-à-dire l'utilisation maximum, aux fins les plus productives, des ressources nationales, le plein emploi qui écarte des travailleurs la menace du chômage, qui leur assure la sécurité dans le présent et le mieux-être dans l'avenir, la large réforme fiscale dont le Parlement a déjà voté le principe et que le gouvernement pourrait être chargé de parachever par décrets.

Notre but est de refaire de la France une nation forte et prospère dont le progrès soit une promesse de justice et de bonheur à sa jeunesse impatiente.

Ce que je viens de dire s'applique, cela va de soi, aussi bien à la France métropolitaine qu'aux départements et aux territoires d'outre-mer ; dans nos deuils et nos douleurs leurs populations n'ont jamais marchandé leur fidélité ; elles sont en droit aujourd'hui de prétendre à un effort accru de solidarité de la part de la métropole.

[*Applaudissements sur certains bancs à gauche et sur quelques bancs à l'extrême droite.*]

Telle est, mesdames, messieurs, la seconde partie du plan d'action que se fixera le gouvernement que je me propose de constituer.

La paix en Indochine étant rétablie et les décisions essentielles pour le redressement de notre économie étant prises, la France devra se prononcer avec clarté sur la politique qu'elle entend suivre à l'égard d'un problème capital et longtemps différé : celui de l'Europe. Vis-à-vis de ses amis comme vis-à-vis d'elle-même, la France ne peut plus prolonger une équivoque qui porte atteinte à l'alliance occidentale.

[*Applaudissements sur certains bancs à gauche et sur quelques bancs au centre.*]

Or, cette alliance à laquelle la France appartient en vertu d'une vocation découlant de la géographie et de l'histoire, il suffit qu'elle semble compromise pour que les pires dangers se profilent à l'horizon.

Pour lui conserver sa pleine efficacité, c'est notre devoir de la pratiquer dans un esprit de réalisme qui est aussi un esprit de loyauté. Notre règle sera de ne jamais faire de promesses que nous ne sachions pouvoir tenir, mais de tenir coûte que coûte celles que nous ferons.

La Communauté européenne de défense [3] nous met en présence d'un des plus graves cas de conscience qui ait jamais troublé le pays. C'est un spectacle affligeant — et auquel nous ne pouvons pas nous résigner — de voir les Français profondément divisés sur une question aussi intimement liée à la sensibilité nationale. Mais n'est-il pas possible de poser avec objectivité un problème dont des facteurs affectifs obscurcissent trop souvent les données réelles ?

L'une de ces données est la nécessité d'un réarmement occidental imposé par la situation internationale et qui a conduit à envisager — perspective cruelle pour tous les Français — les conditions de la participation de l'Allemagne à une organisation commune de défense.

Que la nation soit déchirée, dans un pareil moment, par la controverse passionnée qui s'est élevée sur les formes, les modalités et les institutions de cette communauté défensive, que, depuis des mois, notre pays retentisse d'une grande et douloureuse querelle et que cette querelle risque de se prolonger pendant des années encore, voilà ce à quoi un patriote ne peut consentir, voilà ce à quoi nous avons tous le devoir de mettre un terme, au nom de l'unité nationale elle-même.

[*Applaudissements sur certains bancs à gauche.*]

Je m'adresse aux adversaires comme aux partisans de la Communauté européenne de défense pour qu'ils renoncent aux intransigeances qui, en fin de compte, ne peuvent avoir d'autre effet que d'affaiblir durablement le moral du pays et l'armature de sa défense.

Je ne peux pas croire que des hommes d'égale bonne foi, entre lesquels existe sur l'essentiel un accord assez large, ne puissent se rapprocher, se réconcilier, même s'il leur est demandé, de part et d'autre, des efforts qui leur paraissent, aujourd'hui encore, difficiles.

Le gouvernement que je voudrais constituer organisera cette confrontation nécessaire, ce rapprochement que veut le pays. Il mettra en présence des hommes, des patriotes de bonne volonté et il leur demandera, pendant le bref délai durant lequel notre action sera consacrée en priorité au règlement du conflit d'Indochine, de jeter les bases d'un accord qui sera aussitôt soumis au Parlement. Et si ces consultations devaient se révéler infructueuses, c'est le gouvernement lui-même qui prendrait ses responsabilités.

Il s'agit, je l'ai dit, de définir les conditions qui, tenant compte des aspirations et des scrupules du pays, nous permettent de créer le large assentiment national qui est indispensable à tout projet de défense européenne.

De toute manière, l'Assemblée sera saisie, avant les vacances parlementaires, de propositions précises dans ce but.

Nos alliés sauront ainsi, et dès maintenant que, dans un délai rapproché, ils auront, de la part de la France, la réponse claire et constructive qu'ils sont, depuis longtemps, en droit d'attendre d'elle.

Et le pays, aujourd'hui divisé, vous sera reconnaissant de lui avoir donné un exemple de sagesse et d'union, et d'avoir su dominer, dans une heure grave, des divergences, même profondes, dans un haut esprit de patriotisme et dans le but de sauvegarder l'intérêt suprême de la nation.

L'accomplissement des tâches qui viennent d'être énumérées doit aller de pair avec le rétablissement de la concorde et de la sécurité dans ces deux pays d'Afrique du Nord qu'endeuillent, en ce moment même, le fanatisme et le terrorisme. Le Maroc et la Tunisie auxquels la France a ouvert les voies du progrès économique, social et politique, ne doivent pas devenir, sur les flancs de nos départements algériens, des foyers d'insécurité et d'agitation ; cela, je ne l'admettrai jamais.

Mais j'ajoute avec la même netteté que je ne tolérerai pas non plus d'hésitations ou de réticences dans la réalisation des promesses que nous avons faites à des populations qui ont eu foi en nous.

Nous leur avons promis de les mettre en état de gérer elles-mêmes leurs propres affaires. Nous tiendrons cette promesse et nous sommes prêts dans cette perspective à reprendre des dialogues, malheureusement interrompus [4].

Je suis sûr, en effet, qu'il est possible de concilier l'existence de structures communes au sein de l'Union française avec l'exercice constamment perfectionné des institutions propres à chacun de ces deux pays.

Mesdames, messieurs, je me résume.

Le plan d'action de mon gouvernement comportera trois étapes :

1° Avant le 20 juillet, il s'efforcera d'obtenir un règlement du conflit d'Indochine.

2° A ce moment au plus tard, il vous soumettra un programme cohérent et détaillé de redressement économique et demandera des pouvoirs nécessaires pour le réaliser.

3° Enfin, et toujours avant les vacances parlementaires, il vous soumettra des propositions qui vous mettront en état de prendre vos décisions, sans nouveaux délais, sur notre politique européenne.

Il est entendu — encore une fois — que si, à l'une de ces étapes successives, je n'ai pas réussi à atteindre l'objectif fixé, mon gouvernement remettra sa démission à M. le président de la République.

Aujourd'hui, je ne demande donc la confiance de l'Assemblée que pour un premier délai de quatre semaines qui seront consacrées à mon premier objectif : le « cessez-le-feu » indochinois.

Je vous demande une réponse claire.

Si elle est affirmative, elle implique que, durant une période qui sera brève, mais combien chargée pour le chef du gouvernement, l'Assemblée s'efforcera de ne pas alourdir sa tâche et qu'elle renoncera volontairement, pendant ce court délai, à détourner son attention, qui sera concentrée sur ses responsabilités dans une négociation décisive.

Mesdames, messieurs, je vous offre un contrat. Chacun de vous pèsera en conscience les sacrifices que je lui demande, mais ausi les chances que je peux apporter au pays. Si vous estimez — après des débats au cours desquels je comprendrai vos scrupules — que je puis être utile, que je puis contribuer au rétablissement de la paix à laquelle tout le pays aspire, si vous croyez que mon programme est conforme à l'intérêt national, vous devrez m'accorder votre appui et, plus encore, m'aider dans l'accomplissement de ma tâche. Comment refuseriez-vous de contribuer activement à la réalisation d'objectifs que, par votre vote, vous auriez reconnus vitaux et urgents ?

Mais le gouvernement sera ce que seront ses membres. Je ferai appel, si vous me chargez de le constituer, à des hommes capables de servir, à des hommes de caractère, de volonté et de foi. Je le ferai sans aucune préoccupation de dosage. Je ne m'interdis même pas — tant est vif mon désir de constituer la plus large union nationale — de demander éventuellement leur concours à des députés qui, pour des raisons respectables, n'auraient pas cru pouvoir, en première instance, m'accorder leur suffrage.

[*Mouvements divers. Applaudissements sur certains bancs à gauche et sur quelques bancs au centre, à droite et à l'extrême droite.*]

Il n'y aura pas de ces négociations interminables que nous avons connues ; je n'admettrai ni exigences ni vetos. Le choix des ministres, en vertu de la Constitution [5], appartient au président du Conseil investi, et à lui seul. Je ne suis pas disposé à transiger sur les droits que vous m'auriez donnés par votre vote d'investiture.

[*Applaudissements sur de nombreux bancs à gauche, à droite et à l'extrême droite et sur plusieurs bancs au centre.*]

Mesdames, messieurs, on m'a accusé parfois de pessimisme comme si je goûtais quelque sombre plaisir à prédire les catastrophes et à prêcher les pénitences [6]. La sévérité de mes jugements ne reposait, en réalité, que sur un profond optimisme à l'égard des moyens de la France et des chances qui lui sont offertes. C'est parce que nous pouvons nous redresser en prenant appui sur les réalités que j'ai dénoncé les illusions.

Les difficultés et les périls ont rendu aujourd'hui chacun plus conscient des efforts à fournir ; c'est pourquoi, plus encore qu'hier, je crois à la renaissance nationale, vigoureuse et rapide.

Elle exige avant tout le rétablissement de la paix.

J'ai pleinement le sentiment des responsabilités qui m'incomberont dans une négociation, sans aucun doute difficile et ingrate. Mais je serai soutenu par la conscience des grands intérêts dont vous m'aurez chargé. Et j'aurai aussi présents à l'esprit le sacrifice des combattants, la souffrance et l'angoisse des familles, le sort des prisonniers.

Pour l'homme qui est devant vous, ce sera un émouvant honneur d'avoir contribué à tirer le pays d'une ornière sanglante ; et, pour vous, représentants du peuple, ce sera le plus beau titre d'avoir rendu à la France l'inappréciable bienfait de la paix.

[*Applaudissements à gauche, sur de nombreux bancs à l'extrême droite et sur divers bancs à droite.*]

> Assemblée nationale, séance du 17 juin 1954, *JO*, 18 juin 1954, p. 2992-2994.

1. Ouverte le 26 avril 1954, la conférence de Genève vise à régler les problèmes coréens et indochinois.

2. Préparé par Edgar Faure, ministre de l'Économie et des Finances du gouvernement Laniel, le plan de 18 mois, adopté le 4 février 1954, favorise la croissance par une baisse des taux d'intérêt, une détaxation des investissements et la relance du logement.

3. Signé le 27 mai 1952, le traité constituant la CED n'est toujours pas ratifié.

4. En Afrique du Nord, les politiques de force se substituent au dialogue (boycottage des élections tunisiennes du 3 mai 1953, déposition du sultan du Maroc le 20 août 1953...).

5. En vertu de l'article 77.

6. Pierre Mendès France est fréquemment surnommé Cassandre.

1954. Le crime du 30 août

Le 27 mai 1952, le gouvernement présidé par Antoine Pinay signe le traité constituant la Communauté européenne de défense, mais cet accord tarde à être ratifié, l'opinion publique — et parfois les partis — étant profondément divisés sur cette question. Pierre Mendès France décide toutefois d'en finir. Le 29 août 1954, les députés sont invités à se prononcer sur la question préalable déposée par un député modéré, le général Aumeran, et contresignée par Édouard Herriot (1872-1957). Le débat ne porte donc pas sur le fond puisque, si la majorité vote la question préalable, le projet est définitivement rejeté. 319 députés suivant Herriot, la CED est définitivement enterrée le 30 août.

M. *Édouard Herriot* : Mes chers collègues, je crois que je n'aurai pas de peine à vous démontrer que le traité de Communauté européenne de défense fait faire à l'Allemagne un bond vers sa souveraineté.

[*Interruptions au centre.*]

M. *Gaston Defferre* [1] : Elle le fait de toute façon !

M. *Édouard Herriot* : ... et, en même temps, il fait faire à la France un saut en arrière, en ce qui concerne sa propre indépendance, sa propre souveraineté.

[*Mouvements divers.*]

Qu'il reste dans l'Europe même un grand nombre de pays souverains, comme ils l'étaient hier, qui le sont encore aujourd'hui, cela n'est pas douteux. C'est le cas de l'Angleterre — je n'y reviens pas —, c'est le cas de pays comme les États-Unis, qui n'ont pas voulu s'engager, comme l'URSS, comme la Chine, la Suisse, la Norvège, l'Espagne, la Turquie, la Grèce, d'autres encore.

Je comprends très bien que, pour réaliser un progrès européen, c'est-à-dire un progrès humain, on demande à l'ensemble des nations de consentir un sacrifice. Ceux qui ont quelque habitude de l'histoire du droit savent que le droit a évolué suivant les siècles.

Pour ma part, je concevrais très bien, je comprendrais très volontiers qu'à l'heure actuelle il soit jugé nécessaire de faire un nouvel effort. Mais, attention ! à la condition que cet effort soit fait par l'ensemble des nations d'Europe et qu'il ne soit pas fait seulement par deux ou trois nations, dont la nôtre.

[*Très bien ! très bien ! sur divers bancs à gauche et à l'extrême droite.*]

En effet, si je relis le traité de communauté et le discours si noble, si sérieux qu'a prononcé hier M. le président du Conseil, voici les conclusions auxquelles j'arrive.

Quelles sont pour la France les diminutions de souveraineté ? Pour ne citer que les principales, les voici, je crois :

Premièrement, son armée est coupée en deux. Cela, personne ne peut le nier.

Deuxièmement, la durée du service militaire n'est pas fixée par le parlement national...

[*Exclamations au centre.*]

Sur divers bancs au centre : C'est inexact !

M. Édouard Herriot : Troisièmement, le budget général des armées est arrêté par le conseil unanime, puis réparti. Un quart des dépenses françaises est soustrait au contrôle du Parlement.

[*Nouvelles interruptions au centre.*]

Je crois que ce que je dis est exact ?

M. Maurice-René Simonnet [2] *:* Cela n'est pas exact.

[*Exclamations à l'extrême gauche et sur divers bancs à gauche et à l'extrême droite.*]

M. Édouard Herriot : Quatrièmement, les soldes seront fixées par la commission.

Cinquièmement, les généraux ne seront plus nommés par le président de la République.

[*Mouvements divers.*]

D'autre part, la mobilisation nous échappe en partie.

Je pose enfin une question : quand un peuple n'a plus la direction de son armée, a-t-il encore la direction de sa diplomatie ?

Je réponds : Non, il ne l'a plus. Et — je vous livre cette réflexion — ceci est spécialement grave dans une époque comme la nôtre, où les questions diplomatiques ont un caractère si aigu. Car, si idéaliste qu'on soit, on ne peut pas ignorer que la force d'un pays est un élément d'action, sinon de solution, dans tous les pays où la diplomatie est en jeu.

Voilà donc les restrictions de la France.

Et si l'on doutait de ces restrictions, si l'on voulait nier ce qu'elles ont pour notre pays d'humiliant d'abord, et de grave ensuite, je vous prie de vous reporter à l'article 20 du traité de Paris qui consacre tous ces renoncements, toutes ces restrictions puisqu'il dispose :

« Dans l'accomplissement de leurs devoirs, les membres du Commissariat ne sollicitent ni n'acceptent d'instructions d'aucun gouvernement. Ils s'abstiennent de tout acte incompatible avec le caractère supranational de leurs fonctions. »

Voilà donc des commissaires complètement coupés — le texte est très net — de toutes relations avec leur pays.

M. Fernand Bouxom [3] : C'est ce qu'on appelle l'Europe.

M. Édouard Herriot : Eh bien ! je dis que c'est un texte à la fois monstrueux et ridicule.

[*Applaudissements à l'extrême gauche, à l'extrême droite, sur de nombreux bancs à gauche et sur quelques bancs à droite.*]

Quel Français de cœur accepterait ainsi de représenter son pays ?

[*Applaudissements sur les mêmes bancs.*]

Cela est monstrueux et ridicule, parce que c'est accorder une prime à ceux qui ne seront pas loyaux. Nous pensons bien qu'au sein de la communauté atlantique il se trouvera certains représentants qui, malgré tous les textes, comme ils l'ont fait dans le passé, placeront avant tout la défense de leur pays, la défense de leur patrie, peut-être même aux dépens du droit.

[*Applaudissements sur divers bancs à gauche.*]

Voilà ce que je pense. Voilà ce que je soumets à votre réflexion.

S'il n'en était pas ainsi, si vraiment on ne pouvait pas espérer obtenir des hommes qu'ils renoncent à leur origine nationale — pour ma part, cela m'apparaît tellement monstrueux que je ne peux pas en accepter l'idée —, alors que seraient ces commissaires ? Des êtres abstraits, des êtres surhumains ou des espèces de robots par lesquels nous serions commandés, gouvernés, dirigés.

[*Mouvements divers au centre.*]

Je dis que cet article 20 est encore la consécration d'un abaissement de la France et, pour ma part, je ne l'accepte pas.

[*Applaudissements à l'extrême gauche, sur de nombreux bancs à gauche, à l'extrême droite et sur quelques bancs à droite.*]

Mais, mesdames, messieurs, en regard de cet abaissement national, dont jamais jadis une assemblée révolutionnaire, une assemblée républicaine n'aurait accepté l'idée [*applaudissements à l'extrême gauche, à l'extrême droite et sur de nombreux bancs à gauche*], que deviendrait l'Allemagne?

Je vous ai dit que, dans le même temps où nous subissions ces diminutions, elle allait accroître son potentiel et faire un bond vers sa souveraineté. [...]

Mesdames, messieurs, j'ajouterai quelques arguments que je crois essentiels.

L'un est tiré de l'article 11 du traité, où il est dit que l'Allemagne sera autorisée à se constituer une police et une gendarmerie.

J'ai signalé plusieurs fois le danger de cet article. Je n'ai jamais été écouté. Cependant, qui ne voit, je ne dis pas l'inconvénient, mais le péril qu'il peut y avoir, le cas échéant, à permettre à l'Allemagne de se créer une armée supplémentaire de 100 000 ou de 200 000 hommes?

Je dis cela avec une forte conviction, parce que c'est un problème qui s'est posé sous le ministère Doumergue, au moment où Hitler nous offrait de consentir certains avantages à la France si on lui accordait cette armée de remplacement.

Lisez cet article, il prévoit que cette obligation est, pour l'Allemagne, de caractère inférieur, qu'elle ne souffre pas l'intervention des puissances cosignataires. Par conséquent, si vous voyez demain se reconstituer la Gestapo ou les SS, ne soyez pas étonnés.

Pour moi je n'oublie pas que, s'il était resté dans l'armée allemande certains éléments d'honneur, au moins d'honneur professionnel, cette armée a été, dans son occupation de la France, escortée par de véritables bourreaux qui ont massacré mes frères, ce que je ne veux pas oublier.

[*Applaudissements à l'extrême gauche, sur de nombreux bancs à gauche, à l'extrême droite et sur plusieurs bancs à droite.*]

Je voudrais, après que le général Kœnig l'a fait dans son rapport, dire, moins bien que lui, que cette armée de la communauté n'aurait aucune espèce de valeur, d'abord parce qu'une armée n'est pas une collection de numéros matricules. Une armée doit avoir une âme. [...]

Qu'est-ce que l'armée d'un pays? Ce n'est pas l'addition mathématique de ses conscrits, c'est ce pays dressé autour de son drapeau pour la défense de ses trésors matériels et intellectuels, pour la défense de sa liberté, de son indépendance. Et c'est parce que ces sentiments, développés par la Révolution française, on ne peut pas le nier, avaient dans notre pays tant de profondeur qu'ils ont donné aux hommes de la Marne le courage de mourir dans des conditions que nous ne devons pas oublier.

[*Applaudissements sur de nombreux bancs à gauche. Applaudissements à l'extrême gauche, à l'extrême droite et sur plusieurs bancs à droite.*]

L'armée, c'est l'âme de la patrie, et je voudrais bien savoir où cette armée de la Communauté européenne prendra la sienne.

Assurément, on essaiera de la préparer par des formulaires. Mais que seront ces formulaires, comparés à l'influence profonde des vieilles idées patriotiques et nationales qui ont mis tant de siècles, il faut bien le reconnaître, à s'instituer dans notre pays ?

Si vous avez une guerre — et vous savez bien contre qui ce serait —, je vous prie de vous demander quelle sera, sur nos soldats, l'influence de ces formulaires comparée à l'attraction d'autres doctrines, qui s'exercera tout près d'eux, doctrines que, je le crois bien, la propagande allemande aura de la peine à contredire ?

Enfin, je voudrais m'adresser à nos amis américains.

Je voudrais leur parler comme un homme qui leur a, je crois, prouvé son indépendance.

Voyez-vous, mes chers collègues, je suis très frappé de la similitude qui existe entre l'époque que nous vivons et celle que nous avons connue entre les deux guerres.

Au lendemain de la guerre mondiale, les Américains ont refusé d'appliquer un traité pour lequel, cependant, Clemenceau et Foch leur avaient fait beaucoup de concessions. En même temps que ce traité, nous avions été saisis de traités annexes, les uns franco-anglais, d'autres franco-américains. Ils n'ont eu aucune suite.

Puis est arrivée la conférence de Londres. Là, bien que non partie au traité, les Américains sont venus et ont fait sur nous la pression qu'il fallait faire pour obtenir le vote du plan Dawes et l'évacuation de la Ruhr [4].

Ces réformes — si c'était là des réformes ! — ont agi relativement bien pendant un certain nombre d'années ; puis les Américains sont revenus à la charge. Ils nous ont imposé le plan Young pour redonner à l'Allemagne la liberté de sa signature. Puis, comme si ce n'était pas assez, ils nous ont imposé le moratoire Hoover [5], si bien que, quand nous sommes arrivés — et j'en étais — à la conférence de Lausanne, nous n'avions plus rien dans les mains. Et la première fois que, dans une visite qui était d'ailleurs de courtoisie, j'ai rencontré le chancelier von Papen, savez-vous ce qu'il m'a proposé comme étant la seule chose digne de notre conversation ? Un plan d'attaque en commun contre les Russes, Français et Allemands dirigés contre les Slaves ! Naturellement, je n'ai pas accepté.

[*Interruptions à droite.*]

A gauche : Les Russes ont accepté l'offre allemande en 1939.

M. Édouard Herriot : Et voilà où nous en étions arrivés !

D'ailleurs, les Américains, à l'amitié de qui je rends hommage et que je sais, eux aussi, capables de désintéressement, d'élévation d'esprit, de sentiments humanitaires, ont été obligés, en fin de compte, d'entrer dans la deuxième guerre comme ils étaient entrés dans la première.

Pour ma part, j'aime mieux la situation actuelle garantie par les accords quadripartites, que cette combinaison, ce compromis entre la France et l'Allemagne, plus exactement, le compromis de l'Europe des Six, dont je suis convaincu qu'il nous mènera aux pires complications et que les Français regretteront amèrement d'avoir signé, car il est valable pour cinquante ans. C'est pour cinquante ans que vous allez engager la France, votre patrie ; que vous allez fixer son destin, malgré toutes les réserves que l'on peut faire sur tel ou tel article du traité.

Je dis que ce n'est pas possible ! J'aime mieux, je le répète, la situation actuelle qui nous ramène aux accords quadripartites en attendant que l'on puisse, là-dessus, construire quelque chose de mieux, je préfère cela à la Communauté européenne de défense.

Je me rappelle et je vous rappelle une phrase que Clemenceau a prononcée peu de temps avant de mourir :

« N'oubliez pas, Français, qu'un grand pays lui-même peut disparaître. »

Avec la situation actuelle, nous savons ce que nous avons et ce que nous n'avons pas.

Ce que je souhaite, c'est que le peuple français se ressaisisse, que cesse cette terrible division qui a été créée chez nous par la Communauté européenne de défense, que nous nous rapprochions les uns des autres d'un même cœur pour essayer de trouver une solution qui soit sans danger pour notre pays.

Voilà des années que j'ai réfléchi à ce sujet. C'est peut-être moi qui, le premier, ai poussé un cri d'alarme. C'est ce qui m'autorise sans doute aujourd'hui à solliciter votre bienveillance pour mon intervention.

Je ne veux pas, pour ma part, la Communauté européenne de défense. Je veux un rapprochement avec l'Allemagne, avec tous les pays d'Europe fondé sur d'autres principes, fondé sur d'autres intentions.

Pour l'instant, je déclare qu'en aucune façon je ne consentirai à associer, par mon vote, mon pays à toute une période d'incertitudes, de troubles sans doute peut-être de mensonges — j'ai, moi aussi, le droit de prononcer ce mot —, de mensonges et de trahison.

C'est une aventure ; ne vous y lancez pas. Un grand pays comme la France doit être au-dessus. Travaillons à lui donner sa vigueur morale, sa cohésion, sa force, mais ne le divisons pas et n'allons pas croire que la France, dans son statut actuel, soit plus exposée que la France qu'on veut renvoyer à Bruxelles [6] pour qu'elle y joue son rôle dans le concert international, alors que nous venons de voir de quelle façon notre vieux pays, notre République est traitée quand elle a l'air de céder sur ses droits [*mouvements au centre*], sur sa souveraineté, sur son indépendance.

[*Vifs applaudissements sur de nombreux bancs à gauche, à l'extrême gauche, à l'extrême droite et sur quelques bancs à droite.*]

> Assemblée nationale, séance du 30 août 1954, *JO*,
> 31 août 1954, p. 4464-4465 et 4467-4468.

1. Gaston Defferre (1910-1986) est député SFIO des Bouches-du-Rhône.
2. Maurice René Simonnet (1919-1988) est député MRP de la Drôme.
3. Fernand Bouxom (1909-1991) est député MRP de la Seine.
4. La France accepte le plan Dawes le 18 avril 1924.
5. Le plan Young date du 31 mai 1929, le moratoire Hoover du 30 juin 1931. La conférence de Lausanne s'achève le 9 juillet 1932.
6. S'achevant sur un échec, la conférence de Bruxelles (19-23 août 1954) vise à modifier le traité de Paris. Pourtant, certains parlementaires espèrent encore renégocier ces accords.

1955. *L'Opium des intellectuels*

C'est en pleine guerre froide des intellectuels et à l'heure où le marxisme et le Parti communiste séduisent les intellectuels français que Raymond Aron (1905-1983) publie avec retentissement un essai au vitriol où se trouve dénoncé l'aveuglement idéologique dont les intellectuels de son temps seraient les victimes. Collaborateur du Figaro *depuis 1947, cet universitaire, tout à la fois philosophe et sociologue, appartient à la famille des intellectuels libéraux. Inlassable chroniqueur, il collabore à de nombreux périodiques parmi lesquels* Preuves, Liberté de l'esprit *ou* La Table ronde.

Gauche, *révolution*, *prolétariat*, ces concepts à la mode sont les répliques tardives des grands mythes qui animaient naguère l'optimisme politique, *progrès*, *raison*, *peuple*.

La gauche, qui englobe tous les partis situés d'un côté de l'hémicycle, à qui l'on prête des objectifs constants ou une vocation éternelle, existe à condition que l'avenir vaille mieux que le présent et que la direction du devenir des sociétés soit, une fois pour toutes, fixée. Le mythe de la gauche suppose celui du progrès, il en retient la vision historique sans marquer la même confiance : la gauche ne cessera pas de trouver en face d'elle, lui barrant le chemin, une droite, jamais vaincue ni convertie.

De cette lutte, à l'issue incertaine, le mythe de la Révolution prend acte comme d'une fatalité. On ne brisera que par la force la résistance des intérêts ou des classes, hostiles aux « lendemains qui chantent ». En apparence, Révolution et Raison s'opposent exactement : celle-ci évoque le dialogue et celle-là la violence. Ou bien l'on discute, et l'on finit par convaincre l'*autre*, ou bien l'on renonce à convaincre et l'on s'en remet aux armes. Mais la violence a été et continue d'être le dernier recours d'une certaine impatience rationaliste. Ceux qui savent la forme que devraient revêtir les institutions s'irritent contre l'aveuglement de leurs semblables, ils désespèrent de la parole et oublient que les mêmes obstacles qu'élève aujourd'hui la nature des indivi-

dus et des collectivités surgiraient demain, acculant les révolutionnaires, maîtres de l'État, à l'alternative des compromis ou
du despotisme.

La mission, prêtée au prolétariat, témoigne de moins de foi
que la vertu, naguère prêtée au peuple. Croire au peuple, c'était
croire à l'humanité. Croire au prolétariat, c'est croire à l'élection par le malheur. La condition inhumaine désignerait pour
le salut de tous. Peuple et prolétariat symbolisent, tous deux,
la vérité des simples, mais le peuple demeure, en droit, universel — on conçoit, à la limite, que les privilégiés eux-mêmes soient
inclus dans la communion —, le prolétariat est une classe, entre
d'autres, il triomphe en liquidant d'autres classes et ne se
confondra avec le tout social qu'au terme de luttes sanglantes.
Qui parle au nom du prolétariat retrouve, à travers les siècles,
les esclaves aux prises avec les maîtres, il n'attend plus l'avènement progressif d'un ordre naturel, mais il compte sur la suprême
révolte des esclaves pour éliminer l'esclavage.

Ces trois notions comportent une interprétation sensée. La gauche est le parti qui ne se résigne pas à l'injustice et qui maintient, contre les justifications du Pouvoir, les droits de la
conscience. Une révolution est un événement lyrique ou fasci-
nant (surtout dans le souvenir), souvent inévitable, qu'il serait
aussi déplorable de souhaiter pour lui-même que de toujours
condamner : rien n'annonce que les classes dirigeantes aient
appris leur leçon ni que l'on puisse écarter les gouvernants indignes sans violer les lois ni faire appel aux grenadiers. Le prolétariat, au sens précis de la masse ouvrière créée par la grande
industrie, n'a reçu de personne, sinon d'un intellectuel, originaire d'Allemagne et réfugié en Grande-Bretagne au milieu du
siècle dernier, la mission de « convertir l'Histoire », mais il représente, au XXe siècle, moins la classe immense des victimes que
la cohorte des travailleurs qu'organisent les managers et qu'enca-
drent les démagogues.

Raymond Aron, *L'Opium des intellectuels*, Paris,
© Calmann-Lévy, 1955, p. 106-107.

1956. La formation
du gouvernement Guy Mollet

Les élections du 2 janvier 1956 ont donné la victoire au Front républicain. Cette alliance électorale, composée sous la houlette de Pierre Mendès France, réunit la SFIO, une partie de l'UDSR, conduite par François Mitterrand, et des gaullistes qui suivent Jacques Chaban-Delmas. L'Express soutient la formule. Guy Mollet (1905-1975) forme laborieusement un gouvernement qui est triomphalement investi le 5 février 1956. Ardemment européen, le secrétaire général de la SFIO incarne une ligne politique « néo-guesdiste », très attachée au marxisme. Enlisé dans le problème algérien, son gouvernement tombe le 21 mai 1957. Il rend compte quelques mois plus tard de son expérience gouvernementale dans un ouvrage publié en 1958.

Le Gouvernement que j'ai formé le 1ᵉʳ février 1956 ne pouvait pas être un Gouvernement socialiste appuyé sur une majorité socialiste, et donc capable de mettre en œuvre le programme socialiste. Il n'y a qu'une centaine de députés socialistes à l'Assemblée nationale, sur six cents, une soixantaine de sénateurs au Conseil de la République, sur trois cent vingt. Même unis avec les groupes les plus proches de nous dans le Front républicain, nous ne disposions pas d'une majorité.

Mon gouvernement a donc simplement été un gouvernement à *direction socialiste*. Si, je crois pouvoir le dire, toutes ses mesures ont été conformes à l'idéal socialiste, il a dû borner son action à ce qui était politiquement à la limite du possible. Nécessairement partielles, ses réalisations n'en constituent pas moins un progrès véritable dans la voie de la démocratie sociale.

Devions-nous prendre, dans ces conditions, la direction du Gouvernement ?

Au lendemain des élections, une forte tendance s'est manifestée dans le Parti socialiste pour revendiquer la présidence du Conseil. J'étais, je l'avoue, dans la minorité. Nous avions gagné le plus de voix et de sièges, mais nous ne pouvions pas espérer appliquer une politique purement socialiste — je viens de vous l'expliquer —, et l'effort de propagande avait porté sur le nom de M. Mendès France. J'aurais donc préféré qu'il assumât la charge. Je l'ai dit à M. le président de la République [1], je l'ai dit également à M. Mendès France.

Celui-ci m'a répondu que c'était politiquement impossible — il le regrettait d'ailleurs. « Pour faire la politique que nous jugeons nécessaire, m'a-t-il expliqué, le Gouvernement ne peut pas devoir son existence au Parti communiste, qui a tant de fois marqué à nos adversaires non seulement sa sympathie, mais aussi sa solidarité. Or, vous, Guy Mollet, vous avez sur moi un avantage, vous êtes un Européen, vous pouvez obtenir des appuis que je n'aurai pas ! »

C'est ainsi que j'ai été désigné par M. le président de la République. J'ai demandé alors à Mendès France d'accepter des responsabilités importantes dans mon Gouvernement, et d'abord la responsabilité essentielle : l'Algérie. Pour des motifs personnels, il a refusé catégoriquement. Il a refusé également le portefeuille des Affaires économiques et financières, ce grand ministère qui devait coiffer toutes les activités économiques. Ce qu'il voulait, c'était les Affaires étrangères.

La revendication n'était pas raisonnable à mes yeux, et je le lui ai dit. Comment, je devais être président du Conseil parce que j'étais « Européen », et il demandait les Affaires étrangères, alors que lui-même reconnaissait sa réputation « antieuropéenne ».

Vous connaissez la conclusion [2]. Vous comprenez aussi que je me sente à l'aise lorsque l'on oppose le jugement de M. Mendès France à ma politique algérienne. Il n'aurait tenu qu'à lui de mettre à l'épreuve d'autres méthodes pour appliquer une politique qu'il approuvait, et qui n'a pas varié.

Guy Mollet, *Bilan et Perspectives socialistes*, Paris, Plon, *Tribune libre*, n° 18, 1ᵉʳ trim. 1958, p. 68-70.

---

1. René Coty (1882-1962) est président de la République depuis décembre 1953.
2. Pierre Mendès France est ministre d'État sans portefeuille jusqu'à sa démission le 23 mai, qui manifeste son désaccord avec la politique algérienne de Guy Mollet.

1956. La loi-cadre Defferre

Le gouvernement de Guy Mollet doit affronter une situation difficile dans la France non métropolitaine, notamment en Algérie où une guerre s'esquisse depuis l'insurrection de la Toussaint 1954. Gaston Defferre (1910-1986), actif maire de Marseille, qui s'est illustré par son désir de négociation en Indochine, est nommé ministre de la France d'Outre-Mer. Il prépare, avec célérité, pour l'Afrique noire, une loi-cadre instaurant partout le suffrage universel direct et le collège unique qu'on hésite au même moment à établir en Algérie. Le pouvoir fédéral doit appartenir au haut-commissaire français et à une assemblée, ou Grand Conseil, désignée par les assemblées locales, et souveraine en matière budgétaire, économique et sociale. Les indigènes doivent avoir accès à tous les emplois. Le 21 mars 1956, Gaston Defferre présente son projet devant les députés qui le votent le 23 mars.

Le plan de réformes que nous propose le gouvernement constitue incontestablement un grand pas en avant dans la voie tracée par la Constitution qui rappelle — c'est une citation qui a été souvent faite à cette tribune, mais j'espère qu'aujourd'hui elle va être enfin suivie d'effet — que, « fidèle à sa mission traditionnelle, la France entend conduire les peuples dont elle a pris la charge à la liberté de s'administrer eux-mêmes et de gérer démocratiquement leurs propres affaires ».

Ce pas est-il trop grand et le projet du gouvernement est-il prématuré, est-il imprudent, est-il dangereux ? C'est la première question à laquelle je dois répondre, car si tout le monde dans cette assemblée est, je crois, d'accord pour reconnaître qu'il faut faire quelque chose nous ne le sommes pas tous sur ce qui doit être fait. Certains, en effet, estiment que les réformes proposées devront être un jour réalisées, mais qu'il est encore trop tôt et qu'il est imprudent de ne pas ménager davantage de transition.

Écoutez à ce propos, mesdames, messieurs, le rappel de déclarations qui prennent aujourd'hui un relief particulier :

« En Afrique française comme dans tous les territoires où des hommes vivent sous notre drapeau, il n'y aurait aucun progrès qui soit un progrès si les hommes, sur leur terre natale, n'en profitaient pas moralement et matériellement, s'ils ne pouvaient pas s'élever peu à peu jusqu'au niveau où ils seront capables de participer chez eux à la gestion de leurs propres affaires. »

Ces déclarations ont été faites il y a plus de douze ans, le 20 janvier 1944, par le général de Gaulle dans un discours d'ouverture de la conférence de Brazzaville, qui avait d'ailleurs commencé par ces mots : « Attendez, nous conseillerait sans doute la fausse prudence d'autrefois. »

Depuis, les populations d'outre-mer ont obtenu le droit d'élire des députés, des conseillers de la République, des délégués à l'Assemblée de l'Union française. Puis les assemblées territoriales ont été constituées, des communes de plein exercice seront en place avant la fin de l'année.

Ces réformes, contrairement à ce qu'avaient annoncé certains, n'ont pas provoqué de trouble, n'ont pas rompu les liens qui unissaient ces territoires à la métropole. Elles ont permis aux populations d'outre-mer de s'exprimer librement, elles ont commencé à leur apprendre le fonctionnement des institutions démocratiques.

Je suis convaincu que c'est en grande partie parce que nous avons su accorder à ces populations les libertés qu'elles nous demandaient qu'elles sont restées calmes et fidèles à la France [*applaudissements à gauche et au centre*] alors qu'en Indochine et en Afrique du Nord le sang a coulé et coule encore.

D'autres réformes ont été promises, sont attendues, sont nécessaires au point d'évolution où en sont arrivées les populations des territoires d'outre-mer. Ne donnons pas l'impression de n'agir qu'à demi, qu'à regret, de reprendre d'une main ce que nous accordons de l'autre. Rappelons-nous que rien n'est plus imprudent qu'une certaine forme de prudence ; sachons faire confiance à ceux dont la fidélité ne nous a jamais fait défaut et qui attendent, certes avec impatience, mais dans la paix, que le gouvernement et le Parlement français, dont leurs représentants font partie, leur accordent ce qu'ils espèrent maintenant de nous.

Ne lassons pas encore une fois la confiance de ceux qui croient encore en nous.

Journal officiel, 21 mars 1956 (1ʳᵉ séance).

1956. Le cartiérisme

Directeur de l'hebdomadaire Paris-Match *depuis 1945, le journaliste Raymond Cartier (1904-1975) publie en 1956 une série d'articles sur la colonisation française dont le coût est jugé exorbitant.*

Le pont est là. Mais la route manque. La route ne verra jamais le jour, sa construction ayant été abandonnée quand on eut pris conscience de l'énormité de son coût et de sa faible valeur économique. Le pont avait devancé la route, si bien qu'il reste là, sans voie d'accès, sans véhicules et sans passants, comme l'arc de triomphe de la mégalomanie et de la légèreté qui se sont emparées de l'Afrique noire après la Libération. C'est dans le Nord-Cameroun, quelque part entre Maroua et Garoua.

Dieu sait qu'on l'avait délaissée, la pauvre Afrique noire, dans les années de possession paisible qui se sont écoulées entre la conquête et 1945 ! Dieu sait qu'on la dédommage aujourd'hui !

Vous arrivez à Niamey, bourgade de quelques milliers d'âmes, chef-lieu du territoire quasi désertique du Niger : vous avez la fierté d'apprendre qu'il y existe un bloc chirurgical « comme aucune ville de province française n'en possède ». Vous arrivez à Douala, capitale du Cameroun, dont l'indépendance chauffe à grand feu : on y achève un hôtel des postes « que Lyon ou Marseille peuvent envier », après avoir inauguré sur le Wouri un pont comme il n'en existe pas sur le Rhône. Sans parler de l'excellent ruban d'asphalte de la route Razel (100 kilomètres, deux milliards) dont on vous avoue qu'elle ne sert à rien, faute de desservir quoi que ce soit. Raison pour laquelle il est question de reconstruire et d'asphalter un vieux chemin parallèle à la route Razel et qui, lui, traverse des villages et des plantations.

A Lomé, capitale du Togo, on vous montre un super-hôpital de quarante-trois pavillons dont chacun ressemble à une villa fleurie. A Bobo Dioulasso, Haute-Volta, on a fait un lycée d'un quart de milliard pour quatre cents élèves qu'il est impossible de trouver dans tout le territoire. A Abidjan, on a construit un pont de deux milliards sur la lagune, pour surplomber celui qui existe déjà, et un palais de justice de dimensions romaines, succédant à une mairie verticale que — suivant la formule à répétition — toutes les villes de France peuvent envier. Ainsi de suite, en grand, en moyen, en petit. Des écoles, des hôpitaux, des routes, des édifices publics, des quartiers d'habitation, des résidences de fonctionnaires. Sans parler des cadavres d'entreprises comme la route camerounaise et l'usine à papier de la Côte-d'Ivoire, qu'il fallut abandonner précipitamment, tant elles étaient absurdes et démesurées.

[...]

En Afrique noire, la France paie. Elle assume sur le budget métropolitain la solde des gouverneurs, des administrateurs, des magistrats, des gendarmes. Elle fait les frais de la météorologie, du service géographique, des stations de radio, de l'infrastructure aérienne et des principaux aéroports. Elle pourvoit à la totalité des dépenses militaires, lesquelles s'élèvent à 50 milliards pour l'ensemble des territoires d'outre-mer. Elle couvre le déficit des devises, étanche les déficits budgétaires, subventionne dans des proportions croissantes la plupart des produits coloniaux. Le coton qu'on s'obstine à faire pousser au Tchad, dans les conditions les plus antiéconomiques, coûte à la métropole une surcharge de deux milliards, sans compter le mécontentement des indigènes qui détestent cette culture et ne s'y astreignent que sous la pression administrative. Il n'est pas facile de faire l'addition de ces charges multiples dissimulées dans de nombreuses écritures différentes. Les estimations concordent à peu près sur 70 à 80 milliards, dont plus de la moitié pour l'AOF. C'est, dit un rapport du Haut-Commissariat, le «don annuel» de la France à ses enfants africains.

J'ai voulu savoir ce que les enfants africains pensent de cette largesse. Un médecin nationaliste togolais m'a reproché le superhôpital de Lomé en me disant que la France multiplie des réalisations coûteuses pour maintenir dans la sujétion des territoires dont elles excéderont les forces. Un sénateur du Dahomey m'a dit que les investissements français ne sont pas très intéressants, puisque 18 % seulement des sommes dépensées restent en Afrique. Il a paru surpris quand je lui ai fait remarquer que les constructions y restent aussi, mais il s'est bien rattrapé en rétorquant qu'elles ne correspondent pas aux besoins africains, qu'elles sont dictées par des considérations politiques et qu'elles

servent surtout aux Européens. La réponse générale est la suivante : « Vous n'avez rien fait aussi longtemps que vous vous croyiez sûrs de rester en Afrique, et, maintenant que vous craignez d'en être chassés, vous faites à toute allure du tape-à-l'œil. »
[...]

A plusieurs reprises, des groupes d'évolués ont exprimé le désir de me recevoir. Je garde un grand souvenir de ces conversations collectives avec des hommes intelligents, éloquents, faussement simples, probablement astucieux, sentimentaux et réalistes, des hommes d'un super-Midi politiciens et rhéteurs d'instinct. Ils m'exposaient leurs convictions et leurs griefs : leur désir de se gouverner eux-mêmes, leurs sentiments de solidarité avec les peuples de Bandoeng, leur irritation devant des promesses faites et non tenues, leur impatience devant une évolution trop lente, et comment leur sens de la justice était froissé devant les différences de soldes entre les Blancs et les Noirs, et comment leur sens de la dignité était blessé par des stigmates du temps colonial tels que le tutoiement ou la priorité de la peau blanche devant un guichet ou un comptoir. La plupart de leurs plaintes étaient fondées, la plupart de leurs demandes étaient mesurées. Toutefois, sous une forme courtoise et même fleurie, la pointe, l'aiguillon de la menace se faisait sentir : « Hâtez-vous de vous amender. Ne vous accrochez pas à vos privilèges. Ne nous faites plus attendre. N'abusez plus de notre fidélité. Donnez-nous plus de mandats politiques, plus de bourses d'études, plus de postes mieux rétribués, plus d'allocations familiales, plus de chantiers productifs de salaires, plus d'égalité morale et matérielle avec les Français métropolitains. Ou redoutez que la contagion de l'Indochine et de l'Afrique du Nord ne se propage jusqu'ici. Que ferez-vous, que deviendrez-vous si, à notre tour, vous nous perdez ? » Sur quoi, je provoquais un sursaut en posant à mon tour une question sous une forme volontairement brutale que la liberté de nos entretiens autorisait : « Êtes-vous absolument sûrs que l'intérêt *égoïste* de la France soit de vous garder à tout prix ? »

Les temps ont changé. Il y a peu d'années — dix ans, cinq ans même —, l'homme blanc luttait (ou aurait dû lutter) pour défendre, sur toute la terre, la situation privilégiée que quatre siècles d'expansion glorieuse lui avaient donnée. Mais l'Angleterre a lâché l'Inde sans avoir épuisé toutes ses possibilités de s'y accrocher. L'Amérique n'a eu ni la clairvoyance d'empêcher la conquête de la Chine par le nationalisme rouge, ni le courage de faire appel de sa déroute en gagnant la guerre providentielle de Corée. La France, de son côté, n'a pas su faire l'Europe unie qui eût remplacé dans ses dépendances d'outre-mer de vieilles souverainetés affaiblies par une souveraineté nouvelle et puissante. Les raisons de résister et de combattre pour un statut général du monde, pour la domination collective de l'homme européen, même pour le maintien global d'un Empire français, ont disparu. Il ne reste que des cas d'espèce auxquels on a le droit d'appliquer la discrimination de l'intérêt.

Les épopées coloniales, aucun homme de cœur ne les regrettera jamais, pas plus qu'on ne regrette les campagnes napoléoniennes ou les Croisades. Mais, pour les nations qui les ont faites, leur bilan est ouvert à la discussion. Le pays le plus riche et le plus stable d'Europe, la Suisse, n'a jamais eu un mètre carré d'outre-mer. La Suède, autre phénomène de prospérité, est dans le même cas depuis deux siècles. L'Allemagne a perdu, en 1918, le peu de colonies que Guillaume II lui avait acquises et elle a réussi à deux reprises une éclatante résurrection industrielle. Le cas de la Hollande est plus frappant encore. Il était admis comme un axiome que son existence était basée sur les Indes orientales, bouquet de trésors, pétrole, caoutchouc, riz, thé, café, étain, coprah, épices, quinine. Or, la Hollande a perdu ses Indes orientales dans les pires conditions — au moment où elle était dévastée, noyée, privée de ses marchés allemands, anéantie par les bombes, et il a suffi de quelques années pour qu'elle connaisse plus d'activité et de bien-être qu'autrefois. Elle ne serait peut-être pas dans la même situation si, au lieu d'assécher son Zuyderzee et de moderniser ses usines, elle avait dû construire des chemins de fer à Java, couvrir Sumatra de barrages, subventionner les clous de girofle des Moluques et payer des allocations familiales aux polygames de Bornéo. Le colonialisme a toujours été une charge en même temps qu'un profit, souvent une charge plus qu'un profit. Dans les conditions et sous les servitudes politiques actuelles, c'est plus vrai que jamais.

Je l'ai dit franchement aux évolués africains qui insistaient pour connaître mon point de vue. Je leur ai dit aussi qu'il existe un élément qui complique le problème et interdit de conclure comme on peut le faire devant un compte de profits et pertes : eux, les Noirs. Ils sont énormément, dangereusement sympathiques. La plupart disent qu'ils sont attachés à la France, qu'ils veulent rester avec la France, qu'ils sont français. Si c'est vrai, s'il s'agit de l'exception rarissime d'un peuple conquis optant sans retour pour son conquérant, alors on peut concevoir une association volontaire et durable, une cohabitation et une coopération pour plusieurs générations, une union profonde qui justifierait de sérieux sacrifices, et, le temps aidant, pourrait même porter des fruits. Mais est-ce vrai? Ou plutôt, est-ce possible, à une époque où le nationalisme le plus radical emporte comme une soif de revanche tous les peuples qui furent soumis au joug colonial?

C'est la réponse que j'ai cherchée à travers tout mon voyage d'Afrique. Anxieusement.

«En France noire avec Raymond Cartier», *Paris-Match*, 18 août 1956.

1957. La signature du traité de Rome

En avril 1951, avait été créée la Communauté européenne du charbon et de l'acier (CECA) réunissant six États d'Europe occidentale (Allemagne fédérale, France, Italie, États du Benelux). La création de la Communauté économique européenne (CEE), à partir d'avril 1957, prolonge l'entreprise d'intégration politique et économique européenne. Elle vise à étendre à tous les autres produits la liberté dont la CECA faisait bénéficier le charbon et l'acier ainsi qu'à unifier les tarifs douaniers envers les pays tiers. La Grande-Bretagne reste en dehors de ce nouveau système européen.

Rome, 25 mars (de notre envoyé spécial permanent, Paul Chaize).

C'est M. Paul-Henri Spaak, ministre des Affaires étrangères de Belgique, qui, le premier, a signé ce soir au Capitole les traités d'Euratom et de Marché commun européen.

Cette préséance lui était bien due. Tous les plénipotentiaires avaient rendu hommage à celui qui, selon la paraphrase de circonstance employée par le Dr. Adenauer [1], « a bien mérité de l'Europe ».

Après le ministre belge ont signé le chancelier allemand et les ministres de Affaires étrangères de France, d'Italie, du Luxembourg et des Pays-Bas [2].

Ce qui frappait le plus dans cette cérémonie, c'était l'alternance assez remarquable d'hommes d'État socialistes et démocrates-chrétiens.

Le gouvernement italien, pour sa part, en donnant à cette journée un éclat particulier, l'avait en quelque sorte placée sous le patronage posthume de M. De Gasperi [3], devant le mausolée duquel les chefs de délégations étaient allés s'incliner, dans l'après-midi, à la basilique Saint-Laurent-hors-les-murs.

Toutes les écoles de la Péninsule étaient en vacances. Un lancer de papillons multicolores, organisé par la jeunesse démochrétienne, aurait eu un meilleur effet de propagande s'il n'était tombé sur la ville, à la même heure, une pluie torrentielle. On voyait à peine des petits avions de tourisme passer au ras des toits.

La cérémonie eut lieu au premier étage du palais des conservateurs où le maire de Rome, avec son majordome en bicorne, vêtu de pourpre et d'or, tout chamarré, et de ses gonfaloniers portant les étendards des quartiers de la ville, recevait les représentants des « Six ». Les façades admirables de la place du Capitole était richement décorées de tapisseries anciennes, sous la lueur des projecteurs. Au centre, la statue équestre de Marc Aurèle sortait de la nuit.

C'est M. Martino qui prononça le premier discours, et, après lui, le Dr. Adenauer et M. Spaak. Tout comme ce dernier, M. Bech et, pour la première partie de son discours, M. Luns s'exprimèrent en français.

Mais c'est l'allocution de M. Christian Pineau qui retint le plus l'attention [4]. Il fut, en effet, le seul à faire allusion précise aux difficultés réelles qui restent à résoudre. Il traita, d'une part, du régime des produits agricoles et de la participation des territoires d'outre-mer ; d'autre part, de la nécessité d'associer à l'édification européenne la Grande-Bretagne, sans laquelle l'Europe serait incomplète.

Sur ce dernier thème, le Dr. Adenauer s'était montré assez froid.

M. Pineau, enfin, rappela le projet d'origine britannique qui consiste à inclure les assemblées spécialisées existant en Europe dans le cadre plus vaste de l'Assemblée générale du Conseil de l'Europe.

La ratification des traités sera la prochaine étape. On s'attend à certaines difficultés devant les Parlements de ceux des pays signataires qui sont les plus sensibles à l'influence de la Grande-Bretagne contre la participation des territoires d'outre-mer à la Communauté européenne. Le gouvernement français, en ce qui le concerne, est décidé à procéder de toute urgence. Les textes signés ce soir seront déposés dès demain devant l'Assemblée nationale.

L'Italie, pour sa part, reste très préoccupée d'obtenir des solutions équitables aux deux problèmes essentiels de son économie : celui des échanges de produits agricoles dans le cadre de la communauté des Six, surtout dans le cadre plus large de la zone européenne de libre-échange (on loue à cet égard l'action diplomatique vigoureuse de M. Spaak à Londres); celui surtout de la libre circulation de la main-d'œuvre.

Le Figaro, 26 mars 1957. (© *Le Figaro*, 1993.)

1. Konrad Adenauer (1876-1967) est chancelier de la République fédérale d'Allemagne depuis 1949. Président du Parti démocrate-chrétien, il est un Européen convaincu.

2. Respectivement : Christian Pineau, Eduardo Martino, Joseph Bech et Joseph Luns.

3. Alcide De Gasperi (1881-1954), leader de la démocratie-chrétienne italienne, est président du Conseil de 1945 à 1953. Il contribue activement à la construction européenne.

4. Christian Pineau, socialiste et très européen, est nommé au Quai d'Orsay par Guy Mollet à la place de Pierre Mendès France qui souhaitait ce portefeuille. Il est à l'origine, avec Paul-Henri Spaak, de la coopérative nucléaire européenne EURATOM.

1957. Poujade
et les intellectuels

C'est en 1957 que Roland Barthes (1915-1980) rassemble en un livre 54 textes publiés, à l'exception de deux d'entre eux, dans la revue de Maurice Nadeau Les Lettres nouvelles. *Barthes, qui ne dispose encore d'aucune stature universitaire d'importance (il ne bénéficie que d'un statut précaire au CNRS), est cependant l'une des figures les plus en vue du courant structuraliste. Depuis 1952, il se livre dans chacune de ses «petites mythologies du mois» à un décryptage du quotidien français. Le volume,* Mythologies, *publié aux éditions du Seuil, rencontre un grand écho. Le chapitre qu'il consacre à Pierre Poujade avait répondu à la montée de la vague poujadiste à proximité des élections législatives de janvier 1956.*

Qui sont les intellectuels, pour Poujade ? Essentiellement les « professeurs » (« sorbonnards, vaillants pédagogues, intellectuels de chef-lieu-de-canton ») et les techniciens (« technocrates, polytechniciens, polyvalents ou polyvoleurs »). Il se peut qu'à l'origine la sévérité de Poujade à l'égard des intellectuels soit fondée sur une simple rancœur fiscale : le « professeur » est un profiteur ; d'abord parce que c'est un salarié (« Mon pauvre Pierrot, tu ne connaissais pas ton bonheur quand tu étais salarié [1] ») ; et puis parce qu'il ne déclare pas ses leçons particulières. Quant au technicien, c'est un sadique : sous la forme haïe du contrôleur, il torture le contribuable. Mais comme le poujadisme a cherché tout de suite à construire ses grands archétypes, l'intellectuel a bien vite été transporté de la catégorie fiscale dans celle des mythes.

Comme tout être mythique, l'intellectuel participe d'un thème général, d'une substance : l'*air*, c'est-à-dire (bien que ce soit là une identité peu scientifique) le *vide*. Supérieur, l'intellectuel plane, il ne « colle » pas à la réalité (la réalité, c'est évidemment la terre, mythe ambigu qui signifie à la fois la race, la ruralité, la province, le bon sens, l'obscur innombrable, etc.). Un restaurateur, qui reçoit régulièrement des intellectuels, les appelle des « hélicoptères », image dépréciative qui retire au survol la puissance virile de l'avion : l'intellectuel se détache du réel, mais reste en l'air, sur place, à tourner en rond ; son ascension est pusillanime, également éloignée du grand ciel religieux et de la terre solide du sens commun. Ce qui lui manque, ce sont des « racines » au cœur de la nation. Les intellectuels ne sont ni des idéalistes, ni des réalistes, ce sont des êtres embrumés, « abrutis ». Leur altitude exacte est celle de la *nuée*, vieille rengaine aristophanesque (l'intellectuel, alors, c'était Socrate). Suspendus dans le vide supérieur, les intellectuels en sont tout emplis, ils sont « le tambour qui résonne avec du vent » : on voit ici apparaître le fondement inévitable de tout anti-intellectualisme : la suspicion du langage, la réduction de toute parole adverse à un bruit, conformément au procédé constant des polémiques petites-bourgeoises, qui consiste à démasquer chez autrui une infirmité complémentaire à celle que l'on ne voit pas en soi, à charger l'adversaire des effets de ses propres fautes, à appeler obscurité son propre aveuglement et dérèglement verbal sa propre surdité.

Roland Barthes, *Mythologies*, Paris, Éd. du Seuil, « Points », 1970, p. 182-183.

---

1. La plupart des citations proviennent du livre de Poujade : *J'ai choisi le combat.*

1958. Le retour de De Gaulle

Le 13 mai 1958, une manifestation à Alger conduit à la prise du Gouvernement général ainsi qu'à la constitution d'un Comité de salut public. Le 15 mai, Raoul Salan, s'adressant aux Algérois, lance un « vive de Gaulle ». Si le gouvernement Pflimlin est investi le 13 mai, le Général se déclare pour sa part « prêt à assumer les pouvoirs de la République » dès le 13 mai. Le 19, il convoque au Palais d'Orsay une conférence de presse dans laquelle il précise ses intentions.

[...]

Q. — Vous avez dit que vous seriez prêt à assumer les pouvoirs de la République. Qu'entendez-vous par là ?

R. — Les pouvoirs de la République, quand on les assume, ce ne peut être que ceux qu'elle-même aura délégués.

Voilà pour les termes, qui sont parfaitement clairs. Et puis, il y a l'homme qui les a prononcés. La République ! Il fut un temps où elle était reniée, trahie, par les partis eux-mêmes. Alors, moi, j'ai redressé ses armes, ses lois, son nom. J'ai fait la guerre pour obtenir la victoire de la France et je me suis arrangé de telle sorte que ce soit aussi la victoire de la République. Je l'ai fait avec tous ceux, sans aucune exception, qui ont voulu se joindre à moi. A leur tête, j'ai rétabli la République chez elle.

En son nom, pour son compte, conformément à son génie, mon gouvernement a accompli une immense tâche de rénovation. Rénovation politique : droit de vote donné aux femmes, citoyenneté reconnue aux musulmans d'Algérie, début d'association dans l'Union française des peuples qui étaient naguère sous notre dépendance. Rénovation économique et sociale : nationalisation des mines, du gaz, de l'électricité, de la Banque de France, des principaux établissements de crédit ; Régie Renault ; comités d'entreprise ; organisation des Assurances sociales sur une telle échelle et de telle façon que les travailleurs soient couverts contre les fléaux séculaires ; Allocations familiales, de manière que les familles soient aidées et aussi que la natalité renaisse, ce qu'elle a bien voulu faire ; institution de certains organismes destinés au développement, à la modernisation, à la prospérité du pays : par exemple, le Plan, pour investir, en prélevant sur les ressources du présent, de quoi assurer les richesses de l'avenir ; le Bureau de recherche des pétroles, afin de découvrir méthodiquement, dans la Métropole et dans les Territoires d'Outre-Mer, cette source d'énergie dont nous avons absolument besoin, et qu'en effet, nous avons découverte ; début du développement de l'énergie atomique et création du Haut-Commissariat qui y est destiné.

Quand tout cela a été fait, j'ai passé la parole au peuple, comme je l'avais promis. Il a élu ses représentants. Je leur ai remis sans aucune réserve, sans aucune condition, les pouvoirs dont je portais la charge.

Et puis, quand j'ai vu que les partis avaient reparu, comme les émigrés d'autrefois qui n'avaient rien oublié ni rien appris, et que, par conséquent, il m'était devenu impossible de gouverner comme il faut, eh bien ! je me suis retiré, sans aucunement chercher à leur forcer la main. Par la suite, ils ont fait une Constitution mauvaise, malgré moi et contre moi. Je n'ai, pas un instant, cherché à la violer. Pour tâcher de mettre un terme à la confusion et de créer un État juste et fort, j'ai institué le Rassemblement du peuple français, en y appelant tout le monde, sans souci des origines, des idées, des sentiments, ni même des étiquettes des uns et des autres. Il s'est trouvé que le régime a réussi à absorber, peu à peu, les élus du Rassemblement, de telle sorte que je n'avais plus de moyen d'action à l'intérieur de la légalité. Alors, je suis rentré chez moi.

Voilà comment j'ai servi et, paraît-il, menacé la République. Aussi quand j'entends — voilà dix-huit ans que cela dure ! — les sauveurs professionnels de la République — lesquels, d'ailleurs, auraient été bien en peine de la rétablir tout seuls —, les sauveurs professionnels qui m'imputent de vouloir attenter aux libertés publiques, détruire les droits syndicaux, démolir l'institution républicaine, je laisse tomber et je passe outre. Ce qui ne m'empêche pas, avec beaucoup d'autres d'ailleurs, de demander à ces sauveurs ce qu'ils ont fait, eux, de la France libérée et de la République restaurée ? [...]

Q. — Certains craignent que, si vous reveniez au pouvoir, vous attentiez aux libertés publiques.

R. — L'ai-je jamais fait ? Au contraire, je les ai rétablies quand elles avaient disparu. Croit-on, qu'à soixante-sept ans, je vais commencer une carrière de dictateur ?

Nous sommes affaiblis, aux prises dans un monde terrible avec d'extrêmes difficultés et de grandes menaces. Mais, dans le jeu de la France, il y a de bonnes cartes pour l'avenir : la natalité, l'économie qui a dépassé le cap de la routine, la technique française qui va se développant, le pétrole qu'on a découvert au Sahara. Ces données de notre jeu peuvent permettre demain un vrai renouveau français, une grande prospérité française. Il s'agira que tous les Français en aient leur part et qu'y soient associés des peuples qui en ont besoin et qui demandent notre concours. Mais il est bien vrai que, pour le moment, la passe est mauvaise. Si la tâche devait m'incomber de tirer de la crise l'État et la Nation, je l'aborderais sans outrecuidance, car elle serait dure et redoutable. Comme j'aurais, alors, besoin des Françaises et des Français ! J'ai dit ce que j'avais à dire. A présent, je vais rentrer dans mon village et m'y tiendrai à la disposition du pays.

C. de Gaulle, conférence de presse du 19 mai 1958, *DM*, tome 3, *1958-1965*, Paris, Plon, 1970, p. 5-7 et 10.

1958. La naissance du Parti socialiste autonome (PSA)

C'est au cours du congrès extraordinaire de la SFIO, qui se tient à Issy-les-Moulineaux du 11 au 13 septembre 1958, qu'une minorité de militants socialistes, emmenée par le député de la Seine Édouard Depreux, décide de faire scission pour créer le Parti socialiste autonome. L'hostilité à la politique algérienne de Guy Mollet et le ralliement de celui-ci au général de Gaulle conduisent Depreux et ses amis à refuser de suivre la direction du Parti favorable au vote « oui » pour le référendum sur la nouvelle constitution. Le 13 septembre, Depreux lit la déclaration suivante devant les congressistes socialistes.

Malgré le vote que va émettre le Congrès [1], nous tenons à affirmer notre ferme résolution de poursuivre publiquement notre action contre la constitution autoritaire et le référendum plébiscitaire.

En adoptant cette position, nous ne faisons que rester fidèles à ce que fut l'attitude constante, et que l'on pouvait croire définitive, du Parti socialiste, depuis le 16 juin 1946, date du discours de Bayeux, jusqu'au 27 mai dernier.

Dès le lendemain du discours de Bayeux, dans lequel le général de Gaulle prenait position contre les institutions républicaines, le Parti, notamment par la plume de Léon Blum, dénonçait les dangers du néo-boulangisme et du pouvoir personnel.

Le 27 mai 1958, il y a trois mois, le Comité directeur et le Groupe parlementaire étaient unanimes (à quatre voix près) pour s'insurger contre le retour au pouvoir du général de Gaulle appuyé sur l'émeute algérienne et la sédition militaire. « Les socialistes, disait en substance le texte voté, ne pourront en aucun cas accorder leurs suffrages à une candidature qui, en toute hypothèse, serait un défi à la légalité républicaine. »

Les textes constitutionnels soumis au référendum du 28 septembre constituent un très grave danger pour la démocratie. L'avènement du pouvoir personnel, la concentration des pouvoirs dans les mains du président de la République et la mise en tutelle des élus du suffrage universel en sont les caractéristiques.

Il y a douze ans, Léon Blum a mis en garde le Parti et l'opinion républicaine : « Qu'on le veuille ou non, qu'on en convienne ou non, écrivait-il en 1946, c'est bien la réalité de la République qui est en cause, c'est bien la question du pouvoir personnel qui est posée devant le pays. »

La menace de guerre civile n'a pas fait reculer le Parti socialiste après le 6 février 1934 et la réaction a été vaincue. Croire qu'en se rangeant aujourd'hui aux côtés des vainqueurs du 13 mai on évitera le pire, c'est au contraire provoquer le pire pour le lendemain. La démocratie ne peut coexister avec les comités de salut public, avec un système d'information à sens unique, avec une armée transformée en force politique, avec la volonté d'un seul s'imposant à tous.

La République menacée dans ses principes essentiels, c'est le socialisme atteint, du même coup, dans sa raison d'être et dans les espérances qu'il porte.

Certains de rester fidèles à l'idéal du Socialisme de Jean Jaurès et de Léon Blum, nous défendrons la République et ses libertés.

Certains que le nouveau « système » qu'on nous propose les met en péril, nous mènerons notre combat pour alerter tous les républicains et pour leur demander de répondre au référendum du 28 septembre :

NON !!!

1. Le Congrès doit se prononcer sur la directive de vote au référendum du 28 septembre. La majorité des congressistes se prononce pour le « oui ».

1958. *Chronique algérienne*

La guerre d'Algérie déchire Albert Camus (1913-1960), né à Mondovi, et contraint, selon ses propres termes, de choisir entre la «justice» et sa «mère». Après avoir lancé en janvier 1956 un appel pour une «trêve civile», il s'enferme dans le silence. La pratique du terrorisme lui interdit de choisir son camp. Après avoir été la cible des ultras de l'Algérie française qui lui reprochaient notamment quelques éditoriaux en appelant à plus de justice, il devient celle des intellectuels engagés en faveur de l'indépendance de l'Algérie. Prix Nobel de littérature en décembre 1957, il rassemble, en un ouvrage paru en 1958, les textes consacrés à sa terre natale qu'il a publiés dans différents journaux parmi lesquels Combat *ou, à partir de sa création en 1953, l'hebdomadaire* L'Express.

Le fossé qui sépare l'Algérie de la métropole, j'ai dit que celle-ci pouvait aider à le combler en renonçant aux simplifications démagogiques. Mais les Français d'Algérie peuvent y aider aussi en surmontant leurs amertumes en même temps que leurs préjugés.

Les accusations mutuelles ou les procès haineux ne changent rien à la réalité qui nous étreint tous. Qu'ils le veuillent ou non, les Français d'Algérie sont devant un choix. Ils doivent choisir entre la politique de reconquête et la politique de réformes. La première signifie la guerre et la répression généralisée. Mais la seconde, selon certains Français d'Algérie, serait une démission : cette opinion n'est pas seulement une simplification, elle est une erreur et qui peut devenir mortelle.

Pour une nation comme la France, il est d'abord une forme suprême de démission qui s'appelle l'injustice. En Algérie, cette démission a précédé la révolte arabe et explique sa naissance si elle ne justifie pas ses excès.

Approuver les réformes, d'autre part, ce n'est pas, comme on le dit odieusement, approuver le massacre des populations civiles, qui reste un crime. C'est au contraire s'employer à épargner le sang innocent, qu'il soit arabe ou français. Car il est certainement répugnant d'escamoter les massacres des Français pour ne mettre l'accent que sur les excès de la répression. Mais on n'a le droit de condamner les premiers que si l'on refuse, sans une concession, les seconds. Sur ce point du moins, et justement parce qu'il est le plus douloureux, il me semble que l'accord devrait se faire.

Enfin, et nous sommes là au cœur du problème, le refus des réformes constitue la vraie démission. Réflexe de peur autant que d'indignation, il marque seulement un recul devant la réalité. Les Français d'Algérie savent mieux que personne, en effet, que la politique d'assimilation a échoué. D'abord parce qu'elle n'a jamais été vraiment entreprise, et ensuite parce que le peuple arabe a gardé sa personnalité qui n'est pas réductible à la nôtre.

Ces deux personnalités, liées l'une à l'autre par la force des choses, peuvent choisir de s'associer, ou de se détruire. Et le choix en Algérie n'est pas entre la démission ou la reconquête, mais entre le mariage de convenances ou le mariage à mort de deux xénophobies.

En refusant de reconnaître la personnalité arabe, l'Algérie française irait alors contre ses propres intérêts. Car le refus des réformes reviendrait seulement à favoriser contre le peuple arabe, qui a des droits, et contre ses militants clairvoyants, qui ne nient pas les nôtres, l'Égypte féodale et l'Espagne franquiste qui n'ont que des appétits. Ceci serait la vraie démission et je ne puis croire que les Français d'Algérie, dont je connais le réalisme, n'aperçoivent pas la gravité de l'enjeu.

Plutôt que d'accuser sans trêve la métropole et ses faiblesses, mieux vaudrait alors lui venir en aide pour définir une solution qui tienne compte des réalités algériennes. Ces réalités sont d'une part la misère et le déracinement arabes, et de l'autre le droit à la sécurité des Français d'Algérie. Si ces derniers veulent attendre qu'un plan bâti, entre deux visites électorales, par quatre politiciens bâillant d'ennui, devienne la charte de leur malheur, ils peuvent choisir la sécession morale.

Mais s'ils veulent préserver l'essentiel, bâtir une communauté algérienne qui, dans une Algérie pacifique et juste, fasse avancer Français et Arabes sur la route de l'avenir, alors qu'ils nous rejoignent, qu'ils parlent et proposent, avec la confiance que donne la vraie force ! Qu'ils sachent enfin, on voudrait le leur crier ici, que ce n'est pas la France qui tient leur destin en main, mais l'Algérie française qui décide aujourd'hui de son propre destin et de celui de la France.

Albert Camus, *Actuelles. Chroniques algériennes, 1939-1958*, Paris, Gallimard, 1958, p. 144-147.

1959. Le droit des Algériens
à l'autodétermination

Malgré les succès militaires dus au plan Challe et l'amorce d'une politique économique novatrice esquissée par le plan de Constantine (3 octobre 1958), le problème algérien reste dans l'impasse sur le plan politique tandis que le prestige de la France se dégrade aux yeux de l'étranger. Le 16 septembre 1959, le général de Gaulle franchit donc une étape décisive en reconnaissant dans une allocution radiotélévisée le droit des Algériens à l'autodétermination.

[...] Grâce au progrès de la pacification, au progrès démocratique, au progrès social, on peut maintenant envisager le jour où les hommes et les femmes qui habitent l'Algérie seront en mesure de décider de leur destin, une fois pour toutes, librement, en connaissance de cause. Compte tenu de toutes les données, algériennes, nationales et internationales, je considère comme nécessaire que ce recours à l'autodétermination soit, dès aujourd'hui, proclamé. Au nom de la France et de la République, en vertu du pouvoir que m'attribue la Constitution de consulter les citoyens, pourvu que Dieu me prête vie et que le peuple m'écoute, je m'engage à demander, d'une part aux Algériens, dans leurs douze départements, ce qu'ils veulent être en définitive et, d'autre part, à tous les Français d'entériner ce que sera ce choix.

Naturellement, la question sera posée aux Algériens en tant qu'individus. Car, depuis que le monde est le monde, il n'y a jamais eu d'unité, ni, à plus forte raison, de souveraineté algérienne. Carthaginois, Romains, Vandales, Byzantins, Arabes syriens, Arabes de Cordoue, Turcs, Français ont tour à tour pénétré le pays, sans qu'il y ait eu, à aucun moment, sous aucune forme, un État algérien. Quant à la date du vote, je la fixerai le moment venu, au plus tard quatre années après le retour effectif de la paix : c'est-à-dire, une fois acquise une situation telle qu'embuscades et attentats n'auront pas coûté la vie à 200 personnes en un an. Le délai qui suivra étant destiné à reprendre la vie normale, à vider les camps et les prisons, à laisser revenir les exilés, à rétablir l'exercice des libertés individuelles et publiques et à permettre à la population de prendre conscience complète de l'enjeu. J'invite d'avance les informateurs du monde entier à assister, sans entraves, à cet aboutissement décisif.

Mais le destin politique qu'Algériennes et Algériens auront à choisir dans la paix, quel peut-il être ? Chacun sait que, théoriquement, il est possible d'en imaginer trois. Comme l'intérêt de tout le monde, et d'abord celui de la France, est que l'affaire soit tranchée sans aucune ambiguïté, les trois solutions concevables feront l'objet de la consultation.

Ou bien : la Sécession, où certains croient trouver l'indépendance. La France quitterait alors les Algériens qui exprimeraient la volonté de se séparer d'elle. Ceux-ci organiseraient, sans elle, le territoire où ils vivent, les ressources dont ils peuvent disposer, le gouvernement qu'ils souhaitent. Je suis, pour ma part, convaincu qu'un tel aboutissement serait invraisemblable et désastreux. L'Algérie étant actuellement ce qu'elle est, et le monde ce que nous savons, la sécession entraînerait une misère épouvantable, un affreux chaos politique, l'égorgement généralisé et, bientôt, la dictature belliqueuse des communistes. Mais il faut que ce démon soit exorcisé et qu'il le soit par les Algériens. Car, s'il devait apparaître, par extraordinaire malheur, que telle est bien leur volonté, la France cesserait, à coup sûr, de consacrer tant de valeurs et de milliards à servir une cause sans espérance. Il va de soi que, dans cette hypothèse, ceux des Algériens de toutes origines qui voudraient rester Français le resteraient de toute façon et que la France réaliserait, si cela était nécessaire, leur regroupement et leur établissement. D'autre part, toutes dispositions seraient prises, pour que l'exploitation, l'acheminement, l'embarquement du pétrole saharien, qui sont l'œuvre de la France et intéressent tout l'Occident, soient assurés quoi qu'il arrive.

Ou bien : la Francisation complète, telle qu'elle est impliquée dans l'égalité des droits ; les Algériens pouvant accéder à toutes les fonctions politiques, administratives et judiciaires de l'État et entrer dans tous les services publics : bénéficiant, en matière de traitements, de salaires, de sécurité sociale, d'instruction, de formation professionnelle, de toutes les dispositions prévues pour la métropole ; résidant et travaillant où bon leur semble sur toute l'étendue du territoire de la République ; bref, vivant à tous les égards, quelles que soient leur religion et leur communauté, en moyenne sur le même pied et au même niveau que les autres citoyens et devenant partie intégrante du peuple français, qui s'étendrait, dès lors, effectivement, de Dunkerque à Tamanrasset.

Ou bien : le Gouvernement des Algériens par les Algériens, appuyé sur l'aide de la France et en union étroite avec elle, pour l'économie, l'enseignement, la défense, les relations extérieures. Dans ce cas, le régime intérieur de l'Algérie devrait être de type fédéral, afin que les communautés diverses, française, arabe, kabyle, mozabite, etc., qui cohabitent dans le pays, y trouvent des garanties quant à leur vie propre et un cadre pour leur coopération.

Mais, puisqu'il est acquis depuis un an, par l'institution du suffrage égal, du Collège unique, de la représentation musulmane majoritaire [1], que l'avenir politique des Algériens dépend des Algériens ; puisqu'il est précisé formellement et solennellement, qu'une fois la paix revenue, les Algériens feront connaître le destin qu'ils veulent adopter, qu'ils n'en auront point d'autre et que tous, quel que soit leur programme, quoi qu'ils aient fait, d'où qu'ils viennent, prendront part, s'ils le veulent, à cette consultation, quel peut être le sens de l'insurrection ?

Si ceux qui la dirigent revendiquent pour les Algériens le droit de disposer d'eux-mêmes, eh bien ! toutes les voies sont ouvertes. Si les insurgés craignent qu'en cessant la lutte ils soient livrés à la justice, il ne tient qu'à eux de régler avec les autorités les conditions de leur libre retour, comme je l'ai proposé en offrant la paix des braves [2]. Si les hommes qui constituent l'organisation politique du soulèvement entendent n'être pas exclus des débats, puis des scrutins, enfin des institutions, qui régleront le sort de l'Algérie et assureront sa vie politique, j'affirme qu'ils auront, comme tous autres et ni plus ni moins, l'audience, la part, la place, que leur accorderont les suffrages des citoyens. Pourquoi donc les combats odieux et les attentats fratricides, qui ensanglantent encore l'Algérie, continueraient-ils désormais ?

A moins que ne soit à l'œuvre un groupe de meneurs ambitieux, résolus à établir par la force et par la terreur leur dictature totalitaire et croyant pouvoir obtenir, qu'un jour la République leur accorde le privilège de traiter avec eux du destin de l'Algérie, les bâtissant par là même comme gouvernement algérien. Il n'y a aucune chance que la France se prête à un pareil arbitraire. Le sort des Algériens appartient aux Algériens, non point comme le leur imposeraient le couteau et la mitraillette, mais suivant la volonté qu'ils exprimeront légitimement par le suffrage universel. Avec eux et pour eux, la France assurera la liberté de leur choix.

Au cours des quelques années qui s'écouleront avant l'échéance, il y aura beaucoup à faire pour que l'Algérie pacifiée mesure ce que sont, au juste, les tenants et les aboutissants de sa propre détermination. Je compte moi-même m'y employer. D'autre part, les modalités de la future consultation devront être, en temps voulu, élaborées et précisées. Mais la route est tracée. La décision est prise. La partie est digne de la France.

> C. de Gaulle, allocution du 16 septembre 1959, *DM*,
> tome 3, *1958-1965*, Paris, Plon, 1970, p. 120-122.

1. Ces mesures sont annoncées dans le discours d'Alger (4 juin 1958) et entrent en vigueur pour les consultations électorales postérieures à cette date.

2. De Gaulle propose la paix des braves aux indépendantistes algériens dans sa conférence de presse du 23 octobre 1958.

1959. La loi Debré

*Les lois Marie et Barangé, votées en 1951, assuraient l'exten-
sion du système des bourses d'enseignement secondaire aux établissements privés et prévoyaient une subvention annuelle aux
familles ayant des enfants à l'école primaire, quelle qu'elle soit.
La nouvelle loi va plus loin. Michel Debré, qui est nommé Premier ministre le 9 janvier 1959 et dirige un nouveau gouvernement ne comprenant plus de socialistes, fermes partisans de
l'école laïque et hostiles à toute subvention aux écoles confessionnelles, en fait la proposition. Le 13 décembre 1959, le chef
du gouvernement vient défendre devant les députés un projet
autorisant l'État à passer des contrats avec l'enseignement privé.*

Certes, je le répète, si le gouvernement vous proposait la création d'une grande université confessionnelle — ce qu'on a
demandé parfois — établissant face à l'État, avec sa hiérarchie,
sa puissance propre, ses possibilités continues de croissance, ou
si le gouvernement vous proposait d'aider sous contrôle pédagogique, sous contrôle financier, sans possibilité ni volonté de
conduire à la coopération entre les divers enseignements, alors
oui, créant une nouvelle puissance, créant un danger pour l'État,
nous travaillerions contre l'unité nationale. Mais examinez le
texte qui vous est proposé. Il ne s'agit pas de cela. Il s'agit des
rapports entre l'État et les établissements, suivant des contrats
qui sont librement discutés, dans le respect total de la personnalité de ces établissements et dans le droit éminent de l'État,
notamment en ce qui concerne le contrôle pédagogique.

Certes nous pouvons échouer ; il peut ne pas y avoir de contrat,
il peut ne pas y avoir de volonté de coopération. Il peut y avoir
de la part d'une certaine partie de l'opinion cette idée que la nationalisation est une menace qu'il faut brandir à chaque instant.
Nous pourrions également échouer si nous n'éprouvions pas de
considération pour l'enseignement public ; et si M. Guy Mollet
a eu raison de s'élever contre certains abus politiques à l'intérieur du personnel enseignant, il a surtout eu raison de dire à
l'Assemblée qu'il ne fallait pas généraliser, ce que je n'ai pas

fait et ce que personne, ici, n'a fait. L'enseignement public est, en effet, une œuvre admirable, une pépinière, non seulement de savants, mais aussi de formateurs. Mais, cet enseignement — je l'ai dit et je le répète —, nul ne songe à nier sa priorité et à diminuer l'effort à faire pour son développement.

[*Applaudissements à gauche, au centre, à droite.*]

Dès lors, où est le danger pour l'unité nationale ? Il me semble qu'en vérité le danger pour l'unité nationale, c'est le refus d'accepter la solution que dictent, à la fois, les exigences du temps présent et, j'ose le dire, le bon sens, une conception fondée sur la priorité de l'État républicain, sur la tolérance, sur la volonté de coopération et aussi sur le caractère en quelque sorte expérimental de ce que nous allons tenter dans la liberté.

J'ai suffisamment, depuis un an, pesé mes responsabilités pour vous dire, pour dire à tous ceux qui voteront ce texte, que les principes de la République, y compris celui de la laïcité de l'État, ne sont pas en danger — bien au contraire, ils continueront à être respectés, car il n'est pas interdit à un État laïque de collaborer avec des établissements privés, même religieux — et, par ailleurs, pour vous déclarer que l'Unité nationale doit sortir renforcée de l'application de la loi, si elle correspond à l'esprit qui l'a inspirée.

[*Applaudissements à gauche, au centre, à droite.*]

Journal officiel, séance du 13 décembre 1959.

1960. Le manifeste des 121

A partir de 1959, la protestation contre la guerre d'Algérie s'amplifie bien que certains Français aient accepté d'aider directement le FLN avant cette date. Collaborateur de Sartre aux Temps modernes, *Francis Jeanson monte ainsi un réseau opérationnel dès 1957. Le 24 février 1960, plusieurs de ses membres sont arrêtés, et leur procès s'ouvre le 5 septembre. Le 6, 121 personnalités signent une « Déclaration sur le droit à l'insoumission dans la guerre d'Algérie ». Cet appel vaudra à certains signataires de sévères sanctions (révocation...).*

Un mouvement très important se développe en France, et il est nécessaire que l'opinion française et internationale en soit mieux informée, au moment où le nouveau tournant de la guerre d'Algérie doit nous conduire à voir, non à oublier, la profondeur de la crise qui s'est ouverte il y a six ans.

De plus en plus nombreux, des Français sont poursuivis, emprisonnés, condamnés, pour s'être refusés à participer à cette guerre ou pour être venus en aide aux combattants algériens. Dénaturées par leurs adversaires, mais aussi édulcorées par ceux-là mêmes qui auraient le devoir de les défendre, leurs raisons restent généralement incomprises. Il est pourtant insuffisant de dire que cette résistance aux pouvoirs publics est respectable. Protestation d'hommes atteints dans leur honneur et dans la juste idée qu'ils se font de la vérité, elle a une signification qui dépasse les circonstances dans lesquelles elle s'est affirmée et qu'il importe de ressaisir, quelle que soit l'issue des événements.

Pour les Algériens, la lutte, poursuivie, soit par des moyens militaires, soit par des moyens diplomatiques, ne comporte aucune équivoque. C'est une guerre d'indépendance nationale. Mais, pour les Français, quelle en est la nature ? Ce n'est pas une guerre étrangère. Jamais le territoire de la France n'a été menacée. Il y a plus : elle est menée contre des hommes que l'État affecte de considérer comme français, mais qui, eux, luttent précisément pour cesser de l'être. Il ne suffirait même pas de dire qu'il s'agit d'une guerre de conquête, guerre impérialiste, accompagnée par surcroît de racisme. Il y a de cela dans toute guerre, et l'équivoque persiste.

En fait, par une décision qui constituait un abus fondamental, l'État a d'abord mobilisé des classes entières de citoyens à seule fin d'accomplir ce qu'il désignait lui-même comme une besogne de police contre une population opprimée, laquelle ne s'est révoltée que par un souci de dignité élémentaire, puisqu'elle exige d'être enfin reconnue comme communauté indépendante.

Ni guerre de conquête, ni guerre de « défense nationale », ni guerre civile, la guerre d'Algérie est peu à peu devenue une action propre à l'armée et à une caste qui refusent de céder devant un soulèvement dont même le pouvoir civil, se rendant compte de l'effondrement général des empires coloniaux, semble prêt à reconnaître le sens.

C'est, aujourd'hui, principalement la volonté de l'armée qui entretient ce combat criminel et absurde, et cette armée, par le rôle politique que plusieurs de ses hauts représentants lui font jouer, agissant parfois ouvertement et violemment en dehors de toute légalité, trahissant les fins que l'ensemble du pays lui confie, compromet et risque de pervertir la nation même, en forçant les citoyens sous ses ordres à se faire les complices d'une action factieuse et avilissante. Faut-il rappeler que, quinze ans après la destruction de l'ordre hitlérien, le militarisme français, par suite des exigences d'une telle guerre, est parvenu à restaurer la torture et à en faire à nouveau comme une institution en Europe ?

C'est dans ces conditions que beaucoup de Français en sont venus à remettre en cause le sens de valeurs et d'obligations traditionnelles. Qu'est-ce que le civisme, lorsque, dans certaines circonstances, il devient soumission honteuse ? N'y a-t-il pas de cas où le refus est un devoir sacré, où la « trahison » signifie le respect courageux du vrai ? Et lorsque, par la volonté de ceux qui l'utilisent comme instrument de domination raciste ou idéologique, l'armée s'affirme en état de révolte ouverte ou latente contre les institutions démocratiques, la révolte contre l'armée ne prend-elle pas un sens nouveau ?

Le cas de conscience s'est trouvé posé dès le début de la guerre. Celle-ci se prolongeant, il est normal que ce cas de conscience se soit résolu concrètement par des actes toujours plus nombreux d'insoumission, de désertion, aussi bien que de protection et d'aide aux combattants algériens. Mouvements libres qui se sont développés en marge de tous les partis officiels, sans leur aide et, à la fin, malgré leur désaveu. Encore une fois, en dehors des cadres et des mots d'ordre préétablis, une résistance est née, par une prise de conscience spontanée, cherchant et inventant des formes d'action et des moyens de lutte en rapport avec une situation nouvelle dont les groupements politiques et les journaux d'opinion se sont entendus, soit par inertie ou timidité doctrinale, soit par préjugés nationalistes ou moraux, à ne pas reconnaître le sens et les exigences véritables.

Les soussignés, considérant que chacun doit se prononcer sur des actes qu'il est désormais impossible de présenter comme des faits divers de l'aventure individuelle, considérant qu'eux-mêmes, à leur place et selon leurs moyens, ont le devoir d'intervenir, non pas pour donner des conseils aux hommes qui ont à se décider personnellement face à des problèmes aussi graves, mais pour demander à ceux qui les jugent de ne pas se laisser prendre à l'équivoque des mots et des valeurs, déclarent :

— Nous respectons et jugeons justifié le refus de prendre les armes contre le peuple algérien.

— Nous respectons et jugeons justifiée la conduite des Français qui estiment de leur devoir d'apporter aide et protection aux Algériens opprimés au nom du peuple français.

— La cause du peuple algérien, qui contribue de façon décisive à ruiner le système colonial, est la cause de tous les hommes libres.

Arthur Adamov, Robert Antelme, Georges Auclair, Jean Baby, Hélène Balfet, Marc Barbut, Robert Barrat, Simone de Beauvoir, Jean-Louis Bedouin, Marc Begbeider, Robert Benayoun, Maurice Blanchot, Roger Blin, Arsène Bonnefous-Murat, Geneviève Bonnefoi, Raymonde Borde, Jean-Louis Bory, Jacques-Laurent Bost, Pierre Boulez, Vincent Bounoure, André Breton, Guy Cabanel, Georges Condominas, Alain Cuny, Dr Jean Dalsace, Jean Czarnecki, Adrien Dax, Hubert Damisch, Bernard Dort, Jean Douassot, Simone Dreyfus, Marguerite Duras, Yves Elleouet, Dominique Éluard, Charles Estienne, Louis-René des Forêts, Dr Théodore Fraenkel, André Frénaud, Jacques Gernet, Louis Gernet, Édouard Glissant, Anne Guérin, Daniel Guérin, Jacques Howlett, Édouard Jaguer, Pierre Jaouen, Gérard Jarlot, Robert Jaulin, Alain Joubert, Henri Krea, Robert

Lagarde, Monique Lange, Claude Lanzmann, Robert Lapoujade, Henri Lefebvre, Gérard Legrand, Michel Leiris, Paul Lévy, Jérôme Lindon, Éric Losfeld, Robert Louzon, Olivier de Magny, Florence Malraux, André Mandouze, Maud Mannoni, Jean Martin, Renée Marcel-Martinet, Jean-Daniel Martinet, Andrée Marty-Capgras, Dionys Mascolo, François Maspero, André Masson, Pierre de Massot, Jean-Jacques Mayoux, Jehan Mayoux, Théodore Monod, Marie Moscovici, Georges Mounin, Maurice Nadeau, Georges Navel, Claude Ollier, Hélène Parmelin, José Pierre, Marcel Péju, André Pieyre de Mandiargues, Édouard Pignon, Bernard Pingaud, Maurice Pons, J.-B. Pontalis, Jean Pouillon, Denise René, Alain Resnais, Jean-François Revel, Paul Revel, Alain Robbe-Grillet, Christiane Rochefort, Jacques-Francis Rolland, Alfred Rosmer, Gilbert Rouget, Claude Roy, Marc Saint-Saens, Nathalie Sarraute, Jean-Paul Sartre, Renée Saurel, Claude Sautet, Jean Schuster, Robert Scipion, Louis Seguin, Geneviève Serreau, Simone Signoret, Jean-Claude Silbermann, Claude Simon, René de Solier, D. de La Souchère, Jean Thiercelin, Dʳ René Tzanck, Vercors, J.-P. Vernant, Pierre Vidal-Naquet, J.-P. Vielfaure, Claude Viseux, Ylipe, René Zazzo.

> Déclaration sur le droit à l'insoumission dans la guerre d'Algérie, 6 septembre 1960.

1961. Le putsch des généraux

Le général de Gaulle s'orientant vers l'indépendance algérienne (allocution du 4 novembre 1960, référendum du 8 janvier 1961), quatre généraux (Challe, Jouhaud, Salan, Zeller) s'instituent le 22 avril 1961 en « haut commandement ». Désireux de maintenir l'Algérie française et de chasser le général de Gaulle, ces putschistes échouent à rallier les militaires et l'opinion publique métropolitaine. Le 23 avril, apparaissant à la télévision en uniforme, le général de Gaulle annonce, respectant la Constitution, qu'il recourt à l'article 16 et condamne avec la plus ferme énergie ce pronunciamiento.

Un pouvoir insurrectionnel s'est établi en Algérie par un *pronunciamiento* militaire.

Les coupables de l'usurpation ont exploité la passion des cadres de certaines unités spécialisées, l'adhésion enflammée d'une partie de la population de souche européenne qu'égarent les craintes et les mythes, l'impuissance des responsables submergés par la conjuration militaire.

Ce pouvoir a une apparence : un quarteron de généraux en retraite [1]. Il a une réalité : un groupe d'officiers, partisans, ambitieux et fanatiques [2]. Ce groupe et ce quarteron possèdent un savoir-faire expéditif et limité. Mais ils ne voient et ne comprennent la nation et le monde que déformés à travers leur frénésie. Leur entreprise conduit tout droit à un désastre national.

Car l'immense effort de redressement de la France, entamé depuis le fond de l'abîme, le 18 juin 1940, mené ensuite jusqu'à ce qu'en dépit de tout la victoire fût remportée, l'indépendance assurée, la République restaurée ; repris depuis trois ans, afin de refaire l'État, de maintenir l'unité nationale, de reconstituer notre puissance, de rétablir notre rang au-dehors, de poursuivre notre œuvre outre-mer à travers une nécessaire décolonisation, tout cela risque d'être rendu vain, à la veille même de la réussite, par l'aventure odieuse et stupide des insurgés en Algérie. Voici l'État bafoué, la nation défiée, notre puissance ébranlée, notre prestige international abaissé, notre place et notre rôle en Afrique compromis. Et par qui ? Hélas ! hélas ! par des hommes dont c'était le devoir, l'honneur, la raison d'être, de servir et d'obéir.

Au nom de la France, j'ordonne que tous les moyens, je dis tous les moyens, soient employés pour barrer partout la route à ces hommes-là, en attendant de les réduire. J'interdis à tout Français et, d'abord, à tout soldat d'exécuter aucun de leurs ordres. L'argument suivant lequel il pourrait être localement nécessaire d'accepter leur commandement sous prétexte d'obligations opérationnelles ou administratives ne saurait tromper personne. Les seuls chefs, civils et militaires, qui aient le droit d'assumer les responsabilités sont ceux qui ont été régulièrement nommés pour cela et que, précisément, les insurgés empêchent de le faire. L'avenir des usurpateurs ne doit être que celui que leur destine la rigueur des lois.

Devant le malheur qui plane sur la patrie et la menace qui pèse sur la République, ayant pris l'avis officiel du Conseil constitutionnel, du Premier ministre, du président du Sénat, du président de l'Assemblée nationale, j'ai décidé de mettre en œuvre l'article 16 de notre Constitution. A partir d'aujourd'hui, je prendrai, au besoin directement, les mesures qui me paraîtront exigées par les circonstances [3]. Par là même, je m'affirme, pour aujourd'hui et pour demain, en la légitimité française et républicaine que la nation m'a conférée, que je maintiendrai, quoi qu'il arrive, jusqu'au terme de mon mandat ou jusqu'à ce que me manquent, soit les forces, soit la vie, et dont je prendrai les moyens d'assurer qu'elle demeure après moi.

Françaises, Français ! Voyez où risque d'aller la France, par rapport à ce qu'elle était en train de redevenir.

Françaises, Français ! Aidez-moi !

> Charles de Gaulle, message du 23 avril 1961, *DM*, tome 3, *1958-1965*, Paris, Plon, 1970, p. 306-308.

1. Challe, Salan et Zeller sont à la retraite, Jouhaud vient de démissionner.
2. Les colonels activistes Argoud, Godart et Lacheroy.
3. Citation littérale de l'article 16 de la Constitution.

1962. Pour Vatican II

Le 25 janvier 1959, le nouveau pape Jean XXIII annonce l'ouver-
ture d'un concile œcuménique dont l'objectif est de pousser
l'Église à une réflexion sur elle-même et de l'engager à conduire
une « mise à jour » (aggiornamento) de son enseignement, de ses
structures et de l'ensemble des rapports qu'elle entretient avec
le monde. Le concile réunit à Rome 2 500 pères conciliaires
d'octobre 1962 à décembre 1965. Les conservateurs, pour la plu-
part membres de la Curie romaine, sont inquiets face à cette
volonté réformatrice. L'écrivain catholique François Mauriac
(1885-1970), qui s'est engagé par sa collaboration à L'Express
aux côtés d'une partie de la gauche pour combattre la guerre
d'Algérie et dénoncer les tortures, défend les réformateurs.

Ce concile est le signe visible d'une grâce invisible que j'ai cru
d'abord ne concerner que le petit nombre, et puis, au hasard de
conversations et de lectures, j'ai découvert que beaucoup d'âmes
aujourd'hui en sont touchées. Certes, nous avons toujours su
qu'il n'y aurait plus un jour qu'un pasteur et qu'un troupeau
— mais à la fin des temps. Existait-il, avant le règne de
Jean XXIII [1], beaucoup de chrétiens pour croire que cette grâce
les concernait eux-mêmes et que nos enfants, nos petits-enfants
verraient peut-être luire l'aube de la réconciliation ?

Maintenant nous croyons que ce bonheur est en route, qu'il
s'accomplit sous nos yeux, même si son achèvement devait durer
des siècles ; qu'en dépit des définitions qui séparent, la foi au
Fils de Dieu a d'ores et déjà réuni en un seul troupeau, face au
monde matérialiste et athée, les brebis de toutes les bergeries.

Le communisme marxiste n'existe plus en tant qu'espérance,
il est devenu une réalité ; il règne sur une grande part de l'espèce
humaine et se heurte à cette masse irréductible : ce troupeau dont
les brebis appartiennent à des bergeries différentes et qui en
rejoint un autre plus vaste encore, fait des millions d'hommes
au visage sombre, fils d'Ismaël, qui croient comme nous à la promesse que reçut Abraham, leur père et notre père. Les chrétiens,
clercs et laïcs, qui gardent la nostalgie de l'Empire et de l'Algé-

rie française, que ne considèrent-ils ce qui vient de s'accomplir en Afrique dans la lumière du Concile ! Ces évêques de toutes races, de toutes couleurs, accourus à Rome annoncent que les temps de la conquête et de la domination sont révolus et que nous sommes devenus des frères partout où nous étions des maîtres.

Qu'on m'entende bien : catholique, je crois de tout mon cœur et de tout mon esprit que la vieille Église mère dont les autres se sont détachés est celle de Pierre et qu'elle a reçu une promesse imprescriptible ; mais cette rupture visible ne nous détourne plus de discerner une vérité que des partis pris passionnés avaient cachée aux chrétiens dressés les uns contre les autres : c'est qu'ils forment dès maintenant un seul troupeau.

Le Concile œcuménique qui s'ouvre à Rome se réunit dans une chrétienté qui ne croit plus ses divisions irréductibles, qui se sait appelée à l'unité dès maintenant, dans ce monde où un homme sur quatre (je crois) appartient à la race jaune, où un tiers peut-être relève du communisme athée. Voilà ce qui éclaire ce Concile d'un jour nouveau et admirable ; voilà ce qui illustrera à jamais ce pontificat, que certains disaient être de « transition ».

Mon propos n'est certes pas de minimiser les abîmes qu'ont creusés les hérésies et les schismes au cours de l'histoire. Mais si ces abîmes n'étaient pas des abîmes ? Cette question, que de frères séparés se la posent aujourd'hui ! Voilà pourquoi, tout ignorant que je suis de ce qui sera débattu au Concile, je salue avec une tremblante espérance ces frères venus à Saint-Pierre en observateurs : anglicans, luthériens, presbytériens, calvinistes de France, quakers, méthodistes, coptes d'Égypte, jacobites, vieux-catholiques. Au moment où j'écris, le patriarche de Constantinople et celui de Moscou n'ont pas encore donné leur réponse. Mais elle sera celle de l'Esprit, j'en jurerais.

Toutes ces présences témoignent d'un miracle : l'accélération de la grâce. Le Saint-Père lui-même le rappelait récemment : lorsque Pie IX[2], pour le concile de Vatican de 1869, invita les chrétiens des autres confessions, les réponses qu'il reçut furent si blessantes qu'on le vit pleurer. Aujourd'hui, la courtoisie qu'on lui manifeste, dit le Saint-Père, est elle-même signe de fraternité.

Ce signe nous a été donné et il demeurera, quoi que le Concile décide. Je ne crois pas que nous puissions être déçus même si ses aboutissements ne paraissaient pas nous rapprocher du but. Rien ne peut faire qu'il n'y ait pas eu, dans un monde fou de technique, mais mourant de soif et de peur, ce premier resserrement du troupeau autour de la vieille Église, mère de toutes les autres, autour du tombeau de Simon-Pierre. « Il est des heures où le temps a stagné », dit un poète. Mais il en est d'autres où le temps s'accélère et se précipite. Et le temps, c'est la grâce.

> François Mauriac, « L'accélération de la grâce », *Le Figaro*, 14-15 octobre 1962. (© *Le Figaro*, 1993.)

1. C'est au douzième tour de scrutin que, le 28 octobre 1958, le cardinal Angelo Roncalli, archevêque de Venise, est élu pape en remplacement de Pie XII. Agé de soixante-dix-sept ans, ce pontife surprend par la rapidité et le nombre de ses décisions réformatrices. Il meurt le 3 juin 1963 avant l'achèvement du concile.

2. Pie IX est pape de 1846 à 1878. Il proclame le dogme de l'Immaculée Conception et est l'auteur du *Syllabus* (1864) qui s'en prend aux « erreurs du monde moderne ».

1963. La grève des mineurs

Après le refus de la direction des Charbonnages de France d'accepter une augmentation des salaires de 11 % demandée par les syndicats, les mineurs déclenchent une grève le 1ᵉʳ mars 1963. Ce mouvement social provoque une vague de solidarité qui se manifeste notamment par des débrayages chez d'autres catégories socioprofessionnelles. L'épiscopat lui-même appuie les revendications des mineurs parmi lesquels la Confédération française des travailleurs chrétiens (CFTC) est fort bien représentée, surtout dans les mines de Lorraine. Dans le rapport qu'il prononce au nom du Bureau confédéral, lors du 34ᵉ congrès de la CGT, le 12 mai 1963, le secrétaire général, Benoît Frachon (1893-1975), tire les leçons du mouvement.

Pour poursuivre notre action générale, nous pouvons tirer des enseignements extrêmement importants de la grève des mineurs. Elle a traduit, non seulement le mécontentement et la colère des mineurs, mais elle est une expression typique du mécontentement général de la classe ouvrière et de sa volonté d'obtenir des changements.

En dépit de toutes les tentatives du pouvoir pour discréditer le mouvement, pendant toute sa durée les mineurs ont été l'objet de la sympathie et de la solidarité de très larges couches de la population.

Il ne faut pas voir dans ce fait seulement un soutien sentimental, qui existait évidemment, mais aussi l'expression plus ou moins claire d'un mécontentement de gens qui trouvaient l'occasion de l'exprimer en prenant position pour les grévistes contre le pouvoir.

Les mineurs ont lutté d'une façon exemplaire. Ils ont fait preuve d'une fermeté et d'une résistance qui ont eu des répercussions profondes parmi la classe ouvrière et qui auront inévitablement des suites dans le déroulement des luttes ultérieures.

Le grand mérite des mineurs est d'avoir porté un coup très dur à la pratique de la réquisition, qu'essayait d'implanter le pouvoir en s'orientant vers la liquidation de fait du droit de grève par son usage systématique[1].

La grève et le succès par lequel elle s'est terminée ont aidé considérablement les autres travailleurs de l'État à faire admettre quelques-unes de leurs revendications urgentes.

On lui doit le succès rapide et à une grande échelle de la quatrième semaine de congés payés [2].

Elle a eu de grands retentissements à l'échelle internationale où la solidarité s'est affirmée très largement, a fait avancer l'internationalisme prolétarien et donné plus de valeur au courant vers l'unité ouvrière internationale.

Mais la chose la plus importante est qu'elle a révélé au grand jour le profond désir d'unité qui existe chez tous les travailleurs de notre pays.

L'union, fermement maintenue durant tout le conflit, entre les travailleurs et les organisations syndicales est un exemple remarquable qui aura des suites heureuses.

Nous avons, au Bureau confédéral, suivi cette grève au jour le jour et je puis vous dire que les dirigeants de notre Fédération qui, dans des conditions parfois difficiles et mouvantes, ont su rester fermes et lucides ont mérité les félicitations que je leur adresse.

Je veux aussi, en votre nom à tous et au nom de tous les travailleurs de France, adresser à tous les mineurs, le témoignage de notre admiration et nos remerciements pour le service immense qu'ils ont rendu à la classe ouvrière.

Je remercie également les travailleurs de tous les pays qui ont apporté aux mineurs leur solidarité matérielle et morale. Je m'adresse plus particulièrement aux représentants des syndicats de l'URSS et de la Pologne, qui sont ici présents et les prie de transmettre aux travailleurs et syndicats de leur pays nos remerciements et notre reconnaissance pour avoir porté leur solidarité à un niveau élevé en arrêtant tout envoi de charbon vers la France. Nous leur demandons de remercier les gouvernements de leurs pays qui ont approuvé et soutenu cette décision.

> Achille Blondeau, *1963, quand toute la mine se lève*, Paris, Messidor, 1991, p. 136-137.

---

1. Le 2 mars 1963, le général de Gaulle réquisitionne le personnel des Houillères. Les mineurs refusent d'obéir.
2. En décembre 1962, la Régie Renault accorde une quatrième semaine de congés payés à ses salariés. Les mineurs l'obtiennent, à leur tour, à l'issue de leur grève.

1964. La mort de Maurice Thorez

C'est en allant passer ses vacances à Yalta que Maurice Thorez s'éteint brutalement le 11 juillet 1964 sur le paquebot soviétique Litva. *Membre du Comité central depuis trente ans, secrétaire général durant près de trois décennies, Thorez est devenu l'objet d'un véritable culte de la personnalité. La mort de « Maurice » laisse le PCF orphelin. L'article que rédige pour* L'Humanité *l'écrivain André Wurmser en fait foi. La relève est cependant déjà assurée. Le XVII*e *Congrès désigne Waldeck Rochet, secrétaire général adjoint depuis 1961, pour le Secrétariat général. Georges Marchais, responsable de l'organisation, fait figure de numéro deux. Une équipe d'hommes nouveaux entre au Bureau politique.*

Certains s'imaginent qu'un intellectuel de type nouveau, originaire de la classe ouvrière, est un brave homme qui a tant bien que mal ingurgité les ouvrages de vulgarisation utiles à son combat politique. Mais Maurice Thorez parlant philosophie ou littérature... hé là, communiste, pas plus haut que le syndicat !

Cette vue simpliste explique que beaucoup, quand l'ouvrier mineur Maurice Thorez leur parlait de Descartes ou de Fernand Léger, étaient stupéfaits par l'étendue de son savoir. Il leur révélait que la critique marxiste ne remplace pas la connaissance, mais la vivifie.

Je connais l'auteur d'un petit livre sur l'histoire de la musique que Maurice Thorez remercia, à sa façon, refusant de se prononcer sur des jugements qu'il disait n'être pas qualifié pour discuter. Mais aussi, remerciant ce très jeune homme de lui avoir appris quelque chose encore, Maurice Thorez soulignait, en quelques phrases, ce qui était bien, aux yeux de ce spécialiste, l'essentiel.

Quel autre esprit aura jamais aussi intimement uni la patience et la passion ? Il était l'intellectuel communiste par excellence parce qu'il ne limitait pas son jugement aux rapports du monde et de l'artiste, de la réalité et de l'art. Les moins avertis en concluaient qu'il subordonnait ses jugements esthétiques à son jugement politique. Mais toute subordination d'un domaine de la pensée à un autre était contraire à sa propre pensée, lui qui louait Descartes pour avoir fondé l'esprit encyclopédique, pour « l'affirmation de l'unité des diverses sciences » sans qu'il y ait « de domaines étrangers les uns aux autres ».

Aussi ceux qui parlaient d'enrégimentement le connaissaient-ils bien mal. C'est aux plus durs moments de la guerre froide, quand l'anticommunisme battait son plein qu'il accusa : « Ce sont les capitalistes qui embrigadent les écrivains, leur donnent des consignes, leur imposent des tâches... Quant à nous, nous demandons seulement aux hommes de la pensée, aux hommes de l'art de renouer avec les grandes traditions qui ont triomphé aux époques d'épanouissement littéraire et artistique. »

De ces grandes traditions, il proclamait que nous étions, nous communistes, les continuateurs. « Nous seuls, disait-il, apparaissons comme les gardiens de l'héritage moral et intellectuel de la France. » Il parlait sans cesse de « la grande tradition française », de « frayer la voie à un nouveau classicisme » ; il évoquait (« et comment pourrait-ce être sans émotion ? », demandait-il) les bâtisseurs de cathédrales... L'an dernier, je sus qu'un responsable local d'un parti frère avait froncé les sourcils parce que, dans un ouvrage de linguistique, des citations étaient tirées de Bossuet, évêque de Meaux... Un évêque ! Je m'amusai à employer l'argument d'autorité : « Dites donc à ce camarade, suggérai-je, que l'un de mes amis a longtemps lu, chaque soir, quelques pages de Bossuet et qu'il s'appelle Maurice Thorez. »
[...]

Je montais la garde. Devant moi défilaient celles qui discrètement se signaient, ceux qui saluaient du poing fermé, celle qui sanglotait soutenue par un tout jeune garçon ; des ouvriers et entre deux ouvriers un professeur, et parmi ces camarades de tous les métiers, des intellectuels de toutes les disciplines. Le Parti que forgea Maurice Thorez nous a donné notre place, la place qui nous revient et qui n'est ni la dernière, ni la première, ni en tête, ni sur le bas-côté.

Le peuple passait devant le catafalque. Chacun de nous avait perdu son ami le plus haut placé dans son esprit. Cela était vrai du professeur Orcel, membre de l'Académie des sciences, et de Benoît Frachon, de Jean Lurçat, membre de l'Académie des beaux-arts, et du secrétaire de l'Union locale des syndicats de la moindre localité. Et ce faisceau d'amitiés de tant de Français, si différents, par l'origine, la formation, la culture, les occupations quotidiennes, cela s'appelle le Parti — le Parti des ouvriers, des paysans et des intellectuels, le Parti qui sera toujours son Parti.

André Wurmser, « Maurice Thorez, l'ouvrier intellectuel », *L'Humanité*, 16 juillet 1964.

1964. *Le Coup d'État permanent*

Avocat de formation, François Mitterrand (1916-1996), ancien ministre (1950-1951) de la France d'Outre-Mer et député de la Nièvre, publie en 1964 Le Coup d'État permanent, *charge violente contre le général de Gaulle et les institutions de la Ve République.*

Les temps du malheur sécrètent une race d'hommes singulière qui ne s'épanouit que dans l'orage et la tourmente. Ainsi de Gaulle, réduit à briller aux dîners mondains et à se pousser dans les cabinets ministériels de la IIIe République, étouffait-il à respirer l'air confiné d'une époque figée dans sa décadence. Mais le désastre où s'abîma la France ouvrit d'un coup ses fenêtres et il put se saouler à son aise au grand vent de l'Histoire. Ce fut pour lui comme une délivrance. A la souffrance qui le poignit au spectacle de sa patrie pantelante se mêla l'exaltante certitude d'avoir enfin reçu le signe du destin et d'être prêt à l'assumer. Pour ces deux compagnons, ces inséparables amis-ennemis, de Gaulle et le malheur, commença, avec le solstice de juin 40, une saison qui dure encore. Lequel fut le plus nécessaire à l'autre ? La guerre et la défaite permirent à de Gaulle de déployer son envergure, de dominer de la voix la clameur des tempêtes, de faire de sa volonté le roc sur lequel courants et ressacs se brisèrent. Au fort de ce rude corps à corps dont il gagna le premier round il apprit de son partenaire la gamme des coups sans lesquels tout candidat à la direction des sociétés humaines reste un novice. Il s'en fallut pourtant de peu que, muni de ce bagage et la guerre finie, il ne rencontrât point l'occasion d'en user. En effet, quand, la France libérée, il détint, et pleinement, le pouvoir, mais un pouvoir dolent après tant de fatigues, un pouvoir monotone après une telle fête d'événements, un pouvoir ennuyeux avec les vacances de la tragédie, il s'en lassa tout aussitôt. Comme l'alun qui manque à l'apprêt pour fixer la couleur du tissu, le malheur manquait à de Gaulle pour mordre sur la trame de la politique française. Aussi laissa-t-il le métier en plan et Gouin [1] sur le tas. Et partit un peu plus loin méditer sur les inconvénients des mers calmes, du vent qui tombe et du goût insipide qu'ont les hommes pour le bonheur à la petite semaine. Le malheur durant ce temps cherchait fortune ailleurs. Où le quérir ? L'oreille du charmeur de serpents tressaille au moindre bruit qui ressemble au sifflement familier. A l'autre bout du monde lorsque les obus du général Valluy [2] répondirent aux vêpres tonkinoises, de Gaulle, attentif à ce fracas annonciateur, perçut une musique dont il reconnut aussitôt les premières notes. Le malheur se mettait en route. Et de Gaulle, cette fois encore, devina que le voyageur venait à sa rencontre. A cet instant nul doute qu'il frémît, lui, le patriote, en songeant aux épreuves qui allaient derechef fondre sur son pays, qu'il redoutât, lui, le soldat, la fin d'un monde, celui de la France impériale. Mais nul doute en revanche que l'homme né avec la passion de sauver la France ait, dans sa retraite champenoise, langui faute d'ouvrage. Vérité de La Palisse, vérité gaulliste : pas de France à sauver si la France d'abord ne se perd ! Ah ! la tentation du coup de pouce à donner qui hâtera le terme de l'échéance ! A vrai dire le chemin fut long d'Hanoi à Paris, *via* Alger. Le malheur musarda, fit quelques détours, quelques haltes. A Colombey, on se surprit à éprouver de l'impatience. Le malheur arriverait-il à temps pour offrir à qui vivait dans la secrète attente de cet ultime rendez-vous l'occasion de se mesurer avec lui ? Désormais il n'y eut pas trop de faux prétextes pour contraindre le destin à dire ce qu'il avait à dire et à se dépêcher de le dire. Avec un rare et méthodique acharnement le gaullisme se fit une spécialité de la politique du pire. Pour de Gaulle, le mal absolu ce n'était pas la guerre, l'abandon de l'Indochine, de l'Algérie, le repli sur le vieil hexagone, mais la IVᵉ République, la faiblesse de l'État et cet État tenu par des mains abhorrées. Il savait que le processus de décolonisation était engagé sans retour, qu'aucune force au monde n'arrêterait l'inexorable. Mais il savait aussi que si la IVᵉ République s'obstinait à maintenir à l'identique de la IIIᵉ les positions françaises outre-mer, ce que personne, et elle moins que personne, n'était capable de réussir, elle y brûlerait ses réserves, elle s'y épuiserait, elle y succomberait. La pousser à tenir des positions intenables conduirait donc l'opinion à se détacher d'elle, impuissante à remplir des objectifs qu'elle n'avait pas le courage de récuser. En rendant responsable de la dislocation de l'Empire un système politique qui n'en pouvait mais, en laissant supposer que d'autres institutions animées par d'autres hommes renverseraient la tendance, bref que tout était encore à sauver, que tout pouvait être sauvé, que le salut dépendait de ce postulat, son retour aux affaires, il alimenta les rancœurs du nationalisme, il ancra l'armée dans l'espoir d'un impossible rétablissement, il se concilia les faveurs du colonialisme. L'harmonieuse coalition ! De Gaulle flanqué de ses trois alliés se mit dès lors en devoir d'attendre le malheur qui, un jour, se lasserait bien de son vagabondage.

Le calcul se révéla juste. Malgré la guerre notre empire d'Asie s'écroula. A cause de la guerre notre empire africain se corrompit et s'effondra. Ajouterai-je que grâce à la guerre quelqu'un gagna, le 13 mai 1958, une victoire et ramassa un prisonnier, la République ?

> François Mitterrand, *Le Coup d'État permanent*, Paris, Plon, 1964, p. 35-38.

1. Félix Gouin remplace de Gaulle à la tête du Gouvernement provisoire en 1946.
2. Après le départ de Leclerc, Jean Valluy dirige le corps expéditionnaire français en Indochine (1946).

1965. La candidature
de Jean Lecanuet

*Président du MRP puis animateur du Comité des démocrates,
Jean Lecanuet (1920-1993) annonce le 19 octobre 1965 qu'il se
présente aux élections présidentielles, la candidature Defferre
ayant échoué. Lors d'une conférence de presse tenue le 26 octobre
1965 au Palais d'Orsay, le sénateur de la Seine-Maritime énonce
les grandes lignes de son programme.*

La crise du Marché commun [1] est un drame pour l'agriculture, poursuit l'orateur. Il déclare encore sur ce point : « Hors d'une organisation européenne, il n'y a pas de solution de rechange. Il n'y a que la crise d'une agriculture abandonnée aux incertitudes des accords commerciaux, livrée sans défense à la concurrence des prix anormalement bas du marché mondial, condamnée à solliciter malgré elle un soutien des prix, générateur d'une charge rapidement intolérable pour le Trésor public.

» [...] Ces périls peuvent encore être conjurés et les agriculteurs utilisent la dernière arme qui leur reste pour être compris : leur bulletin de vote. »

Mais la fin du Marché commun ne serait pas grave que pour les agriculteurs. « Notre économie, ajoute M. Lecanuet, n'aurait plus le choix qu'entre le libre-échange, sans garantie ni harmonisation, dans un monde où la France n'est pas au rang des plus forts, ou le retour au protectionnisme, au malthusianisme, c'est-à-dire à la vie chère, à la stagnation des niveaux de vie et au chômage. »

L'orateur déclare :

« Les réalités de l'avenir sont sacrifiées à des mythes abusifs ; aux illusions archaïques de la souveraineté absolue d'une France seule.

» La propagande invoque l'indépendance, la grandeur et le prestige. Mais la France aux mains libres, c'est la France aux bras coupés. Derrière les mots, il y a les faits. Dans un monde dominé par les géants — les USA, l'URSS et demain la Chine — au siècle des continents organisés, il n'y a de salut pour la patrie qu'en l'intégrant à l'Europe libre. L'indépendance n'est réelle, la liberté n'est effective qu'à partir de la puissance, et il n'y a de puissance possible pour nous que dans et par l'Europe unie. »

M. Lecanuet estime que la Vᵉ République refuse les moyens d'atteindre ses objectifs, «dont certains sont justes».

L'orateur fait état de «l'étroitesse des résultats obtenus par le traité franco-allemand [2]».

«Bien plus, ajoute-t-il, le nationalisme doctrinaire de la diplomatie française réveille dangereusement le nationalisme allemand. Le tête-à-tête d'États retranchés sur leurs égoïsmes tend fatalement tôt ou tard à la discorde et à la lutte pour la prépondérance. »

Où irait une Allemagne tourmentée par sa réunification, déjà plus puissante que la France, si elle retournait aux passions du nationalisme? demande-t-il.

L'orateur affirme ensuite que l'Europe unie est le moyen de ne pas tomber sous «l'hégémonie américaine».

«C'est aussi, poursuit-il, le seul moyen d'établir un véritable équilibre militaire, y compris s'il le faut nucléaire, à l'intérieur de l'alliance atlantique et de permettre ainsi une coopération de partenaires, égaux entre l'Europe unie et les États-Unis d'Amérique. » [...]

L'orateur traite ensuite des institutions. S'il devait être élu, il appliquerait scrupuleusement, dans sa lettre et dans son esprit, la Constitution. Méconnaître ou modifier la Constitution porterait atteinte à la stabilité, explique-t-il. Le président de la République retrouvera tous ses pouvoirs, mais rien que ses pouvoirs. Bref, le président doit arbitrer, le gouvernement gouverner, le Parlement contrôler. «Un démocrate sera un leader, ajoute-t-il, jamais un guide cherchant à confondre en sa personne tous les pouvoirs, l'exécutif, le législatif et le judiciaire.

» Ce qui protégera des abus, c'est aussi l'existence d'une majorité parlementaire, liée certes à la vie du gouvernement, mais qui, en cessant d'être inconditionnelle, exercera son contrôle. C'est enfin l'existence d'une opinion publique qui cessera d'être déformée par la propagande pour devenir loyalement informée. Un statut d'autonomie, libéral et pluraliste, de l'ORTF s'impose. »

Dans la dernière partie de son exposé, M. Lecanuet part de cette constatation : «Le problème de la succession est posé.

L'échec du gaullisme est de ne pas pouvoir le régler. [...] Puisque, poursuit-il, le 5 décembre [3] ou un peu plus tard la succession sera ouverte, le moment est venu de le préparer. » A cet effet, l'orateur souligne la nécessité de simplifier les courants politiques et de créer, au centre de la vie politique, un grand mouvement démocrate, social et européen. Il déclare :

« Ma candidature est la seule à ouvrir cette voie. Elle fait aux Français une double proposition. Elle propose une politique nouvelle et elle propose de mettre à son service une force politique neuve. Il appartiendra au pays de dire le 5 décembre s'il approuve cette rénovation. Les voix qui se porteront sur ma candidature auront la valeur d'une incitation à la naissance du mouvement démocrate [...].

» Nous voulons une création neuve. Il ne peut être question de juxtaposer des partis ou de camoufler leurs risques dans un cartel électoral, destiné à vivre l'espace d'un scrutin. C'est la solution choisie par la gauche. Cette coalition de commodité ne conduit à aucune majorité de gouvernement. Aucun contrat durable ne peut s'établir entre le parti communiste et le reste de la gauche. Le front populaire n'existe pas. Il a peut-être une tête, mais ni corps ni âme.

» Nous ne perdons pas de vue cette situation. Elle nous conseille de regarder au-delà de l'instant. Nombreux d'ailleurs sont dans les rangs de la gauche non communiste ceux qui se résignent mal à une cohabitation, même provisoire, avec le Parti communiste et gardent l'espoir de retrouver les démocrates. Nous ferons tout de notre côté pour favoriser cette possibilité, car rien ne serait plus néfaste pour la France que sa coupure en deux blocs hostiles, l'un dominé par une droite autoritaire et conservatrice, l'autre par le Parti communiste. » [...]

> Jean Lecanuet, conférence de presse du 26 octobre 1965, *Le Monde*, 28 octobre 1965.

1. A partir du 1ᵉʳ juillet 1965, la France pratique à Bruxelles la politique de la chaise vide, ses partenaires européens contestant les modalités de la politique agricole commune.

2. Le « traité fondamental » franco-allemand date du 22 janvier 1963. Il prévoit des consultations régulières entre les deux pays et crée l'Office franco-allemand de la jeunesse.

3. Le premier tour des élections est fixé au 5 décembre.

1965. La première candidature de François Mitterrand

Le 9 septembre 1965, François Mitterrand, député de la Nièvre, mendésiste farouchement hostile au gaullisme, décide de se porter candidat à la présidence de la République au nom de « l'incompatibilité d'humeur » entre le général de Gaulle et la démocratie. Il obtient le soutien de la Convention des institutions républicaines, de la SFIO, du Parti communiste, du Parti radical, de Pierre Mendès France et même celui du PSU qui finit par se rallier en octobre. Contrairement à Gaston Defferre, également candidat à la candidature, Mitterrand apparaît comme le représentant de la gauche unie. Cette première campagne électorale de la Ve République pour une élection présidentielle au suffrage universel, dont le premier tour doit avoir lieu le 5 décembre, prend un caractère inédit : l'apparition des candidats à la télévision introduit dans la vie politique une nouvelle dimension. En décembre 1965, François Mitterrand s'adresse aux téléspectateurs dans les termes suivants.

Françaises, Français : non, ce n'est pas vrai, vous n'aurez pas à choisir dimanche entre la IVe et la Ve République. Pas plus que vous n'aurez à choisir entre le ministre de la IVe que je fus à trente ans et le ministre de la IIIe République que fut le général de Gaulle dans le gouvernement de la débâcle [1].

Non ! Ce n'est pas vrai, vous n'aurez pas à choisir dimanche entre le soldat qui incarna l'honneur de la patrie le 18 juin 1940 et une génération qui aurait manqué à ses devoirs.

Dans les camps de prisonniers de guerre, dans les rangs de la résistance intérieure, tout un peuple de Français s'est levé comme de Gaulle et avec lui pour conquérir le droit d'être libres.

Non ! Ce n'est pas vrai, vous n'aurez pas à choisir dimanche entre le désordre et la stabilité. Le désordre, vous l'avez condamné et personne n'osera y revenir. Quant à la stabilité, qui donc la remet en question sinon celui qui proclame qu'il n'y a plus en France que lui qui serait tout et les autres qui ne seraient rien.

Non ! Ce n'est pas vrai, vous n'aurez pas à choisir dimanche entre le régime actuel et celui des partis. Le régime actuel, c'est celui d'un homme seul et, quand viendra pour lui l'heure de partir, il vous livrera au successeur inconnu que vous désignera un clan, une faction pire qu'un parti, cet entourage, syndicat anonyme d'intérêts et d'intrigues.

Je ne suis pas l'homme d'un parti. Je ne suis pas l'homme d'une coalition de partis. Je suis le candidat de toute la gauche, de la gauche généreuse, de la gauche fraternelle qui avant moi, qui après moi, a été et sera la valeur permanente de notre peuple. Dans la circonstance solennelle où nous sommes, il faut que tout soit clair entre nous. Il est des arguments que je n'emploierai pas et vous me permettrez d'exprimer ma surprise lorsque j'entends ces ministres du gouvernement qui vont se répandant partout depuis quelques jours, avec les sarcasmes et l'injure à la bouche.

Au niveau où nous sommes, sous le regard du peuple, il convient que le débat conserve sa noblesse et que le choix soit clair. J'ai engagé toute la gauche française sur des options fondamentales et sur tous les domaines. Je lui ai demandé de combattre afin de proposer une politique nouvelle. Le choix que vous ferez pour le candidat de la gauche signifiera en politique intérieure et en politique extérieure, en politique économique et en politique sociale, un renversement de tendance, un changement d'habitudes, une volonté de créer et non pas de demeurer le regard tourné vers le passé des rêves morts.

Je vous dirai peut-être de vieux mots, mais pour moi, pour nous tous, hommes et femmes de la gauche, femmes et hommes du progrès, ils ont gardé toute leur valeur. Ils s'appellent Justice, Progrès, Liberté, Paix. Quand j'avais vingt-cinq ans, je me suis évadé d'Allemagne [2]. J'aime la liberté. J'ai rejoint le général de Gaulle à Londres et à Alger. J'aime la liberté. Je suis revenu dans la France occupée pour reprendre ma place au combat. J'aime la liberté.

Mais qu'est-ce que la gauche, sinon le parti de la liberté ? Encore et toujours, rappelez-vous. Ce sont les mots de *La Marseillaise* : Liberté, liberté chérie, combats avec tes défenseurs.

Eh bien ! Je vous demande de choisir : l'indépendance de la justice contre l'arbitraire ; la liberté de l'information contre l'abus de la propagande ; la liberté syndicale contre la revanche des privilèges ; les libertés communales, ces vieilles libertés héritées du Moyen Age, contre les empiètements de l'État.

Et puis, qu'est-ce que nous allons faire de la France ? Une petite nation étouffée entre les deux grandes puissances avec des amis de rencontre et qu'on change selon l'humeur du jour alors qu'il y a tant et tant à faire avec le génie de notre peuple dans les communautés nouvelles ?

Je vous demande de choisir l'Europe unie, structurée, rassemblée, contre le repli sur soi, contre l'isolement. Je vous demande de choisir l'arbitrage international et le désarmement contre la course folle à la bombe atomique qui détruira le monde.

Et puis qu'allons-nous faire de la jeunesse de notre peuple ? Pariera-t-on sur l'avenir, c'est-à-dire sur une économie d'expansion et de mouvement, sur le plein emploi, sur notre capacité de production, sur la création de richesses nouvelles ? Pariera-t-on sur la promotion de ceux qui souffrent, de ceux qui travaillent et de ceux qui espèrent ? Pariera-t-on sur les chances de notre école qui formera les filles et les garçons à posséder et à connaître et donc à maîtriser les données de la science et donc de posséder les secrets de la terre et les itinéraires de l'espace ?

Depuis le premier jour, j'ai demandé aux femmes et aux hommes de notre pays de prendre en main eux-mêmes notre destin, et de se reconnaître en toute circonstance et à jamais comme des citoyens responsables.

Nous avons entendu mardi soir les paroles du chef de l'État. Elles appelaient au drame et invoquaient la catastrophe. Mais cela non plus ce n'est pas vrai ! Il y a dans notre décision de dimanche toutes les promesses de l'espérance.

Croire en la justice et croire au bonheur, c'est cela le message de la gauche.

François Mitterrand, *Politique*, Paris, © Librairie Arthème Fayard, 1977, p. 429-431.

1. Le 5 juin 1940, Paul Reynaud remanie pour la dernière fois son cabinet et y fait entrer Charles de Gaulle comme sous-secrétaire d'État à la Défense nationale et à la Guerre.

2. François Mitterrand réussit à s'évader après deux tentatives infructueuses et fonde un mouvement de résistance recrutant en France parmi les prisonniers libérés ou évadés.

1965. La campagne
du général de Gaulle

Le 5 décembre 1965, Charles de Gaulle est mis en ballottage aux élections présidentielles. Entre le premier et le second tour, il s'emploie à conforter son avance en s'entretenant, au cours de trois entretiens télévisés, avec le journaliste Michel Droit. Lors du deuxième entretien, le Général précise ses conceptions européennes — à une époque où la construction de l'Europe affronte de sérieuses difficultés.

M. Michel Droit : Alors, je vous pose très nettement la question : « Mon Général, est-ce que vous êtes européen ou non ? »

Général de Gaulle : Du moment que je suis français, je suis européen. Étant donné que nous sommes en Europe — et je dirai même que la France a toujours été une partie essentielle, sinon capitale, de l'Europe —, par conséquent, bien sûr, je suis européen. Alors, vous me demandez si je suis pour une organisation de l'Europe et, si je vous entends bien, vous voulez parler d'une organisation de l'Europe occidentale. A cet égard, je ne sais pas s'il vous arrive de relire les déclarations que j'ai pu faire depuis des années et des années. Si cela vous arrive, vous vous apercevrez que j'ai parlé de l'Europe, et en particulier de la conjonction, du groupement, de l'Europe occidentale, avant que personne n'en parle, et même en pleine guerre, parce que je crois que c'est en effet indispensable. Dès lors que nous ne nous battons plus entre Européens occidentaux, dès lors qu'il n'y a plus de rivalités immédiates et qu'il n'y a pas de guerre, ni même de guerre imaginable, entre la France et l'Allemagne, entre la France et l'Italie et, bien entendu, entre la France, l'Allemagne, l'Italie et l'Angleterre, eh bien ! il est absolument normal que s'établisse entre ces pays occidentaux une solidarité. C'est cela l'Europe, et je crois que cette solidarité doit être organisée. Il s'agit de savoir comment et sous quelle forme. Alors, il faut prendre les choses comme elles sont, car on ne fait pas de politique autrement que sur les réalités. Bien entendu, on peut sauter sur sa chaise comme un cabri en disant « l'Europe ! », « l'Europe ! », « l'Europe ! », mais cela n'aboutit à rien et cela ne signifie rien. Je répète : il faut prendre les choses comme elles sont. Comment sont-elles ? Vous avez un pays français, on ne peut pas le discuter, il y en a un. Vous avez un pays allemand, on ne peut pas le discuter, il y en a un. Vous avez un pays italien, vous avez un pays belge, vous avez un pays hollandais, vous avez un pays luxembourgeois et vous avez, un peu plus loin, un pays anglais et vous avez un pays espagnol, etc. Ce sont des pays, ils ont leur histoire, ils ont leur langue, ils ont leur manière de vivre et ils sont des Français, des Allemands, des Italiens, des Anglais, des Hollandais, des Belges, des Espagnols, des Luxembourgeois. Ce sont ces pays-là qu'il faut mettre ensemble et ce sont ces pays-là qu'il faut habituer progressivement à vivre ensemble et à agir ensemble. A cet égard, je suis le premier à reconnaître et à penser que le Marché commun est essentiel, car si on arrive à l'organiser et, par conséquent, à établir une réelle solidarité économique entre ces pays européens, on aura fait beaucoup pour le rapprochement fondamental et pour la vie commune.

Alors, il y a le domaine politique ! Que peuvent-ils faire, en commun, politiquement ? Il y a deux choses à considérer : Quand on parle de politique, de tout temps, et notamment par les temps qui courent, il y a à considérer la défense — dans le cas où l'on serait obligé de se défendre — et puis il y a à considérer l'action, c'est-à-dire ce que l'on fait au-dehors. Du point de vue de la défense, si cette Europe occidentale devait être attaquée — et par qui pourrait-elle l'être ? jusqu'à présent ou plutôt jusqu'à ces derniers temps, on pouvait imaginer qu'elle risquait de l'être à partir de l'Est et ce n'est pas encore absolument impossible —, dans ce cas-là, il y a une solidarité de défense entre les Six et cette solidarité, je le crois, peut et doit être organisée. Et puis, il y a l'action, c'est-à-dire, ce que cet ensemble devrait faire dans le monde. Alors, à cet égard, c'est beaucoup plus difficile, car il faut bien convenir que les uns et les autres ne font pas tous la même chose et ne voient pas tous les choses de la même façon. Les Allemands, que voulez-vous ! ils se voient comme ils sont, c'est-à-dire coupés en deux et même en trois si l'on tient compte du statut de Berlin et ils se retrouvent avec une puissance économique renaissante qui est déjà considérable. Forcément ils ont des ambitions. Est-il nécessaire que les ambitions de l'Allemagne soient automatiquement les nôtres ? Les Anglais ont à faire un peu partout et, on le voit bien, ils ont des embarras, actuellement en Afrique, avec la Rhodésie [1] ; ils en ont dans les pays arabes, avec Aden [2], ils en ont en Extrême-Orient, avec la Malaisie [3], et ainsi de suite. Est-ce que ces ennuis, ces inconvénients, doivent être nécessairement les nôtres, en même temps ? Vous voyez ce que je veux dire, il n'est pas si facile que cela d'ajuster les politiques. Alors j'ai fait, peut-être vous en souvenez-vous, c'était en 1961, la première de toutes les propositions qui aient été faites de réunir périodiquement ensemble les chefs d'État et de gouvernement et puis les différentes sortes de ministres, et notamment les ministres des Affaires étrangères, pour confronter la situation de chacun, les vues de chacun et les accorder [4].

M. Michel Droit : Oui, c'est ce que l'on avait appelé, bien que vous n'ayez pas, je crois, prononcé la formule, ce que l'on avait appelé « l'Europe des patries ».

Général de Gaulle : Je n'ai jamais parlé de « l'Europe des patries », c'est comme « L'intendance suit ». Chacun a sa patrie. Nous avons la nôtre, les Allemands ont la leur, les Anglais ont la leur, et c'est ainsi. J'ai parlé de la coopération des États, alors cela oui, j'en ai parlé, et je crois que c'est indispensable. Nous avons tâché de l'organiser à cette époque mais cela n'a pas réussi et, depuis, on n'a plus rien fait, excepté nous, qui avons fait quelque chose avec l'Allemagne, car nous avons solennellement, et c'était incroyable après tout ce qui nous était arrivé, nous avons solennellement fait avec l'Allemagne un Traité de réconciliation et de coopération [5]. Cela n'a pas non plus jusqu'à présent donné grand-chose. Pourquoi ? Parce que les politiques sont les politiques des États, et qu'on ne peut pas empêcher cela.

Alors, vous en avez qui crient : « Mais l'Europe, l'Europe supranationale ! il n'y a qu'à mettre tout cela ensemble, il n'y a qu'à fondre tout cela ensemble, les Français avec les Allemands, les Italiens avec les Anglais », etc. Oui, vous savez, c'est commode et quelquefois c'est assez séduisant, on va sur des chimères, on va sur des mythes, mais ce ne sont que des chimères et des mythes. Mais il y a les réalités et les réalités ne se traitent pas comme cela. Les réalités se traitent à partir d'elles-mêmes. C'est ce que nous nous efforçons de faire, et c'est ce que nous proposons de continuer de faire. Si nous arrivons à surmonter l'épreuve du Marché commun [6] — j'espère bien que nous le ferons —, il faudra reprendre ce que la France a proposé en 1961 et qui n'avait pas réussi du premier coup, c'est-à-dire l'organisation d'une coopération politique naissante entre les États de l'Europe occidentale. A ce moment-là, il est fort probable qu'un peu plus tôt, un peu plus tard, l'Angleterre viendra se joindre à nous et ce sera tout naturel. Bien entendu, cette Europe-là ne sera pas comme on dit supranationale. Elle sera comme elle est. Elle commencera par être une coopération, peut-être qu'après, à force de vivre ensemble, elle deviendra une confédération. Eh bien ! je l'envisage très volontiers, ce n'est pas du tout impossible.

> C. de Gaulle, entretien du 14 décembre 1965 avec Michel Droit, *DM*, tome 3, *1958-1965*, Paris, Plon, 1970, p. 425-427.

1. La Rhodésie proclame unilatéralement son indépendance le 11 novembre 1965.

2. Bien que le Yémen du Sud doive accéder à l'indépendance en 1968, certains nationalistes, hostiles à la domination des cheiks, pratiquent un terrorisme qui conduit Londres à suspendre la Constitution le 25 septembre 1965.

3. Refusant de reconnaître la Malaisie, l'Indonésie l'attaque, ce qui oblige la Grande-Bretagne à intervenir militairement (1964-1966).

4. Il s'agit du plan Fouchet, refusé par les partenaires de la France le 17 avril 1962.

5. Allusion au traité fondamental du 22 janvier 1963.

6. En désaccord avec ses partenaires sur le problème de la politique agricole, la France pratique depuis le 1ᵉʳ juillet 1965 « la politique de la chaise vide ».

1966. Le retrait de l'OTAN

La décision du général de Gaulle de retirer la France de l'OTAN est le terme final d'une politique d'indépendance nationale qui s'est déjà manifestée par plusieurs mesures. En mars 1959, la flotte française de Méditerranée (en juin 1963, il en est de même pour les flottes de la Manche et de l'Atlantique) quitte le commandement intégré. Dans le même temps, interdiction est faite aux Américains d'introduire des bombes atomiques sur le territoire national. En février 1966, de Gaulle annonce le retrait de toutes les unités françaises hors du commandement intégré de l'OTAN et demande le départ de toutes les bases étrangères installées sur le territoire français. Il rend compte de cette décision dans sa conférence de presse du 21 février.

Eh bien ! Si la France considère qu'encore aujourd'hui il est utile à sa sécurité et à celle de l'Occident qu'elle soit alliée à un certain nombre d'États, notamment à l'Amérique, pour leur défense et pour la sienne dans le cas d'une agression commise contre l'un d'eux, si la déclaration faite en commun, à ce sujet, sous forme du traité de l'alliance Atlantique [1] signé à Washington le 4 avril 1949, reste à ses yeux toujours valable, elle reconnaît, en même temps, que les mesures d'application qui ont été prises par la suite ne répondent plus à ce qu'elle juge satisfaisant, pour ce qui la concerne, dans les conditions nouvelles.

Je dis : les conditions nouvelles. Il est bien clair, en effet, qu'en raison de l'évolution intérieure et extérieure des pays de l'Est le monde occidental n'est plus aujourd'hui menacé comme il l'était à l'époque où le protectorat américain fut organisé en Europe sous le couvert de l'OTAN [2]. Mais en même temps que s'estompaient les alarmes, se réduisait la garantie de sécurité, autant vaut dire absolue, que donnaient à l'ancien Continent la possession par la seule Amérique de l'armement atomique et la certitude qu'elle l'emploierait sans restriction dans le cas d'une agression. Car, la Russie soviétique s'est, depuis lors, dotée d'une puissance nucléaire capable de frapper directement les États-Unis, ce qui a rendu, pour le moins, indéterminées les décisions des

Américains quant à l'emploi éventuel de leurs bombes et a, du coup, privé de justification — je parle pour la France — non certes l'alliance, mais bien l'intégration.

D'autre part, tandis que se dissipent les perspectives d'une guerre mondiale éclatant à cause de l'Europe, voici que des conflits où l'Amérique s'engage dans d'autres parties du monde, comme avant-hier en Corée [3], hier à Cuba [4], aujourd'hui au Vietnam [5] risquent de prendre, en vertu de la fameuse escalade, une extension telle qu'il pourrait en sortir une conflagration générale. Dans ce cas, l'Europe, dont la stratégie est, dans l'OTAN, celle de l'Amérique, serait automatiquement impliquée dans la lutte lors même qu'elle ne l'aurait pas voulu. Il en serait ainsi pour la France, si l'imbrication de son territoire, de ses communications, de certaines de ses forces, de plusieurs de ses bases aériennes, de tels ou tels de ses ports, dans le système militaire sous commandement américain devait subsister plus longtemps. Au surplus, notre pays, devenant de son côté et par ses propres moyens une puissance atomique, est amené à assumer lui-même les responsabilités politiques et stratégiques très étendues que comporte cette capacité et que leur nature et leurs dimensions rendent évidemment inaliénables.

Par conséquent, sans revenir sur son adhésion à l'alliance Atlantique, la France va d'ici au terme ultime prévu pour ses obligations, et qui est le 4 avril 1969, continuer à modifier successivement les dispositions actuellement pratiquées, pour autant qu'elles la concernent.

> Charles de Gaulle, conférence de presse, 21 février 1966.

1. Le traité de l'Atlantique-Nord est surtout un pacte militaire visant à défendre les territoires métropolitains des pays signataires.
2. L'OTAN (Organisation du traité de l'Atlantique-Nord) est issue du traité signé le 4 avril 1949. Elle comprend : États-Unis, Grande-Bretagne, France, pays du Benelux, Canada, Norvège, Danemark, Islande, Italie et Portugal. En 1952, la Grèce et la Turquie sont admises, puis, en 1954, l'Allemagne fédérale.
3. La guerre de Corée (juin 1950-juillet 1953) avait vu les États-Unis intervenir militairement par le biais de la force unifiée des Nations unies confiée au général MacArthur et surtout composée de soldats américains.
4. Le 14 avril 1961, après un bombardement de Cuba par des B26

américains, une petite force de réfugiés cubains, équipés et entraînés par les Américains, débarquent à Cuba dans la « baie des Cochons » avec l'espoir de renverser Fidel Castro grâce à l'appui escompté de la population. L'équipée tourne au fiasco.

5. Le président Lyndon Johnson se résout à l'engagement armé des États-Unis au Vietnam en 1965.

1967. « Oui, mais... »

Le premier tour des élections législatives de 1967 doit avoir lieu le 5 mars. L'ancien ministre de l'Économie et des Finances, Valéry Giscard d'Estaing, continue de marquer sa différence. En janvier, il ouvre la campagne électorale avec un discours où il prend sensiblement ses distances à l'égard de la politique conduite par le général de Gaulle. Il n'en affirme pas moins que son mouvement entend être une force de proposition et non de contestation.

Que signifie notre « oui » ? Sur quoi porte notre « mais » ? Nous disons « oui » au président de la République, « oui » à la stabilité, « oui » à la politique internationale de la France.

Les républicains indépendants [1] disent « oui » au président de la République, le général de Gaulle. Ils ont voté pour lui lors de son élection. Nous demandons aux électeurs français de rester en 1967 logiques et cohérents avec leur choix de 1965, bref, aux électrices d'être fidèles et aux électeurs d'être cartésiens.

Oui à la stabilité, condition de toute action politique et nécessaire à la préparation de l'avenir. La stabilité suppose en France, comme partout ailleurs, l'existence d'une majorité stable. Nous respecterons le contrat de majorité de la prochaine législature, auquel nous souscrivons librement. Nous pouvons parler de majorité non comme d'une hypothèse, mais comme d'une expérience. Pendant les quatre ans et demi de la législature qui s'achève et malgré deux crises, la crise agricole [2] et le remaniement gouvernemental du 9 janvier 1966 [3], qui en tout autre temps aurait disloqué la majorité, nous avons toujours maintenu la cohésion de celle-ci, à laquelle notre appoint était, on le sait, nécessaire.

Oui à la politique internationale de la France, c'est-à-dire à l'action conduite avec ténacité dans deux directions : le rétablissement de l'indépendance de notre pays et la recherche de la paix dans le monde qui conduit aujourd'hui [la France] à demander un arrêt rapide de la guerre du Vietnam.

[...]

Lorsque notre pays exprime aux États-Unis son jugement moral sur cette guerre et l'intérêt qu'il y aurait pour la paix du monde, et sans doute pour eux-mêmes, à ce que les États-Unis s'en retirent, nous souhaitons qu'il soit tenu compte des sentiments explicables de nos alliés de toujours. Le peuple français a mesuré lui-même, pendant qu'il était livré à des conflits éprouvants, en Indochine puis en Algérie, combien il était sensibilisé aux attitudes et aux jugements extérieurs, qui l'ont parfois déçu ; lorsque la France juge à son tour, elle doit éviter de blesser.

[...]

Sur quoi porte maintenant notre « mais » ?

Soyons clairs : notre « mais » n'est pas une contradiction, mais une addition. Il s'agit de compléter la politique actuelle dans trois directions : celle d'un fonctionnement plus libéral des institutions, celle de la mise en œuvre d'une véritable politique économique et sociale moderne, celle de la construction de l'Europe.

La France a trop souffert de l'instabilité politique pour ne pas écarter systématiquement, et presque méticuleusement, tout risque d'y retomber. Mais les institutions de la Vᵉ République, complétées par l'élection du président de la République au suffrage universel et par l'existence d'un contrat de majorité, assurent la stabilité de l'exécutif. Le risque serait plutôt de voir se creuser la distance qui sépare l'opinion publique de ceux qui élaborent les décisions essentielles. La Vᵉ République doit faire une large place au dialogue.

Il y aurait d'ailleurs contradiction à rechercher l'association dans le domaine économique et social, et à ne pas la développer dans le domaine, plus vital encore, de l'action politique. Comment y parvenir ? En établissant dans leur plénitude les deux fonctions du Parlement, c'est-à-dire la fonction législative et la fonction de contrôle, dès lors que leur exercice ne risque plus de conduire à une crise gouvernementale.

Le Monde, 12 janvier 1967, p. 8.

1. Le 1ᵉʳ juin 1966, Valéry Giscard d'Estaing crée la Fédération nationale des républicains indépendants qui se déclare « libérale, centriste et européenne ».

2. Un malaise paysan s'est fait particulièrement ressentir au cours des grandes manifestations des années 1960-1961. Entre 1963 et 1970, le nombre d'exploitations agricoles passe de 1,9 million à 1,6 million.

3. Jugé responsable de l'échec relatif du général de Gaulle, mis en ballottage par François Mitterrand lors de l'élection présidentielle de 1965, Valéry Giscard d'Estaing perd son portefeuille et préfère quitter le gouvernement plutôt que d'accepter celui de l'Équipement.

1967. La légalisation
de la contraception

*Le 1ᵉʳ juillet 1967, les députés discutent la proposition de loi for-
mulée par Lucien Neuwirth (1924) visant à autoriser la contraception. Dans son discours, le député UDR de la Loire, rapporteur
de la Commission des affaires culturelles, familiales et sociales, développe les motifs qui l'incitent à modifier la loi du 31 juillet 1920,
une analyse que Jacques Hébert (1920), médecin et député UDR
de la Manche, conteste avec vigueur. Votée le 19 décembre 1967,
la loi Neuwirth n'entre que progressivement en vigueur, les décrets
d'application n'étant pris qu'en 1969 et 1972.*

    M. Lucien Neuwirth, rapporteur : [...] Pour nous, il ne s'agit
point de permettre aux Français de ne pas mettre au monde les
enfants qu'ils ne désirent pas, mais au contraire de les aider à
créer une famille dont il leur appartiendra en propre de fixer
l'importance et le rythme d'accroissement en fonction de leurs
possibilités.
    M. le ministre de l'Économie et des Finances souhaite une jeu-
nesse nombreuse. Moi aussi. Mais qui veut la fin, veut les
moyens.
    Il est établi que le pouvoir d'achat des familles de plusieurs
enfants augmente moins vite que celui des familles sans enfant.
    Il est établi qu'il est très difficile aux familles de condition
modeste d'accéder à de grands appartements, plus spécialement
dans les HLM qui en comptent trop peu.
    Il est établi que, sans appliquer les principes du quotient fami-
lial, le montant des bourses d'études est insuffisant.
    Il est établi enfin que l'allocation de salaire unique aujourd'hui
est une dérision alors qu'elle constitue la clé de voûte d'une politique véritable de la natalité.
    L'incertitude du lendemain, l'insuffisance de l'aide aux familles
sont des facteurs primordiaux qui influent sur la courbe démographique.
    La contraception diffère les naissances plus qu'elle ne les
empêche.

Une politique de la natalité est autre chose qu'un investissement à long terme. Et sa seule forme possible est une politique de la famille et de l'accueil de l'enfant. [...]

Nous estimons que l'heure est désormais venue de passer de la maternité accidentelle et due souvent au seul hasard, à une maternité consciente et pleinement responsable.

Ce n'est pas par le seul moyen d'une législation répressive — la preuve en est faite — que nous augmenterons le rythme des naissances.

C'est, au contraire, en offrant à chacun la possibilité d'avoir des enfants quand il le désire, mais aussi la certitude de pouvoir les élever dignement. [...]

C'est un pas considérable vers une nécessaire amélioration des conditions d'existence de la femme, laquelle a supporté seule, jusqu'à présent, tout le poids de la fécondité. [...]

Combien de millions de nos infortunées compagnes ont vécu et vivent encore avec la hantise de certaine période du mois. Certains exaltent, d'ailleurs avec raison, la nécessaire maîtrise de soi de l'homme ; mais il est hélas ! bien établi que, lorsque cette maîtrise est défaillante — à supposer que chacun en fasse preuve —, c'est la femme qui, seule, en supporte les conséquences, depuis la grossesse jusqu'après l'adolescence de l'enfant, en admettant que tout cela ne se termine pas par l'avortement.

Au cours de ce long et minutieux travail d'études des propositions de loi que j'ai l'honneur de rapporter, j'ai entendu de nombreuses femmes et j'ai reçu de nombreuses lettres de femmes retraçant leurs drames lamentables, la recherche d'un médecin « compréhensif », puis, au fils des jours, l'affolement, les demandes pour obtenir une « bonne adresse » et finalement l'avortement clandestin chez une matrone qui faisait payer cher ses « services » ou, pour les moins fortunées, le fonds du désespoir.

Cependant, toutes étaient terriblement traumatisées car beaucoup de ces avortées ont le sentiment d'être les victimes d'une impardonnable injustice qui les marque physiquement et moralement.

D'autre part, combien de couples sont déséquilibrés pour ne pas connaître une vie intime complète et confiante ! Et pourtant, quoi de plus merveilleux que deux êtres qui affrontent ensemble les combats de la vie et dont le plus bel achèvement est la maternité voulue, attendue, préparée, une maternité qui n'est pas redoutée, refusée ?

Par le vote de la proposition de loi que j'ai l'honneur de vous soumettre, les conditions d'existence de millions de couples seront transformées.

La crainte, en ce qui concerne la contraception, vient aussi du fait que beaucoup de parents redoutent un relâchement des mœurs ; ils redoutent en particulier que la peur de la grossesse qui maintenait bon gré mal gré certaines jeunes filles dans la voie de la vertu ayant disparu, celles-ci se laissent aller à des expériences répréhensibles et que le mariage ne devienne qu'une expérience après d'autres expériences.

C'est une des raisons pour lesquelles le texte qui vous a été présenté pose des verrous qui demeurent encore une exigence sans négliger ce facteur, indispensable à nos yeux, qu'est l'éducation familiale et la responsabilité directe des parents.

Cela posé, il est bien évident que, dans toute collectivité humaine, se trouvent un certain nombre d'éléments perturbés, affligés d'une sexualité déréglée, et dont aucune loi au monde ne pourra prévenir les débordements. Cela est vrai pour les garçons comme pour les filles.

Il reste que le problème fondamental est celui d'information, problème d'autant plus difficile qu'il sera nécessaire de toucher pratiquement tous les groupes de la population, et d'abord les enfants, pour lesquels il conviendra d'introduire dans les cours de sciences naturelles les explications relatives à la naissance. L'enfant trouvera alors tout à fait normal d'étudier aussi bien le processus de reproduction des hommes que ceux des poussins ou des poissons. [...]

Une autre crainte est celle qu'éprouvent les femmes devant les dangers que peuvent présenter la pilule ou les autres contraceptifs.

Cette crainte est d'abord due au fait que n'importe qui a pu raconter n'importe quoi, sans qu'un organisme spécialisé et ayant vocation pour le faire fournisse des informations sérieuses et contrôlées en la matière. C'est, là aussi, une raison du développement nécessaire de la recherche médicale sur les conséquences de l'utilisation de telle ou telle méthode contraceptive.

On ne peut assimiler la régulation à la limitation des naissances. Il en va différemment dans les pays en voie de développement où l'explosion démographique due pour une grande part à la misère est, de plus, facilitée par la baisse de la mortalité infantile, la disparition des épidémies et des grandes famines qui servaient auparavant d'impitoyables régulateurs.

Un effort colossal est en cours sous les auspices de l'ONU et de l'Organisation mondiale de la santé pour limiter les naissances dans ces pays, car, dans l'état actuel des choses, il faut savoir qu'un enfant sur quatre qui vient au monde mourra de faim.

Chez nous, il est impossible de continuer à contraindre des malheureuses à l'avortement, à la mutilation, au désespoir ou à la névrose. Il apparaît aberrant de laisser les couples se désagréger, se déchirer, alors que la science, sous le contrôle des médecins, met à notre portée les possibilités, non seulement d'éviter des drames, mais aussi d'assurer l'équilibre et le bonheur de millions de couples.

Cette situation ne peut se prolonger dans notre France de 1967, dans cette nation qui a donné la liberté au monde et dont la tolérance est la règle d'or. Se pourrait-il que les tenants de l'état de choses actuel interdisent au peuple, réputé intelligent, de ce pays de devenir responsable de sa destinée et de celles qui dépendent de la sienne ? Nous ne le croyons pas. Désormais, il existe une prise de conscience indéniable et collective de l'absurdité d'une telle situation.

Le respect de la liberté des consciences est profondément incrusté en nous. C'est pourquoi il est parfaitement admissible que, par conviction morale ou religieuse, on se refuse à utiliser certains moyens contraceptifs. C'est un principe fondamental de la liberté individuelle. Mais, en vertu même de ce principe, cette possibilité d'utilisation ne doit pas être interdite par la loi, comme c'est le cas actuellement, pour tous ceux qui la souhaitent.

En vertu de quel critère démocratique pourrait-on imposer à tous, dans un domaine aussi intime, la volonté de quelques-uns ? [...]

Assemblée nationale, séance du 1ᵉʳ juillet 1967, *JO*, 2 juillet 1967, p. 2557-2558.

M. Jacques Hébert : [...] Mes chers collègues, environ 3 ou 4 p. 100 des enfants naissent actuellement avec des malformations congénitales qui proviennent soit d'une embryopathie ou d'une fœtopathie, soit d'une maladie génique héréditaire, soit d'une aberration chromosomique. [...]

Des travaux récents ont établi que tous les caractères héréditaires sont déterminés par des gènes répartis linéairement sur les chromosomes, que chaque caractère héréditaire est sous la dépendance de deux gènes, l'un provenant du père, l'autre de la mère, et que ce sont les chromosomes qui transportent en quelque sorte le message héréditaire. [...]

Inutile de vous dire, mes chers collègues, que de nombreux médecins se sont demandé quelle était l'étiologie, c'est-à-dire les causes de ces aberrations chromosomiques. Celles-ci semblent d'ailleurs presque aussi indéterminées qu'aux premières heures de leur étude.

Une chose est cependant certaine : l'âge de la mère accroît la fréquence du mongolisme et du syndrome de Klinefelter. Je me dois de vous rappeler qu'à partir du quatrième mois de la vie intra-utérine la petite fille dispose de tout son capital ovulaire, qu'à partir du septième mois de la vie fœtale jusqu'à la puberté l'oogénèse est interrompue, l'oocyte, c'est-à-dire pratiquement l'ovule, ne reprenant son évolution qu'avec les cycles menstruels. [...]

Personne ne peut affirmer actuellement que le blocage de l'ovulation n'entraînera aucune modification de l'oocyte et, plus particulièrement, du message héréditaire. L'inverse est vraisemblable puisque le but de cette médication est de retarder le moment de l'ovulation et que, plus le matériel ovulaire est vieilli, plus le risque est grand.

La médecine moderne semble bien le démontrer. Les traitements de la stérilité par blocage ovulaire momentané, entrepris avec des produits hormonaux en Suède, aux États-Unis et en Allemagne ont entraîné un nombre relativement important de grossesses à cinq ou six fœtus dont beaucoup étaient porteurs de malformations importantes.

Enfin, nous connaissons, assez mal d'ailleurs, les expériences de médecine vétérinaire soviétique et sud-américaine effectuées dans le but d'obtenir par blocage ovulatoire momentané, chez les bovidés, des grossesses gémellaires. Il semble que ces recherches aient été abandonnées par suite du nombre trop grand de produits anormaux.

Et je pourrais citer également les expériences de Lyssenko sur les séries végétales.

Vous me direz, bien sûr, que des dizaines de milliers de femmes utilisent la pilule, c'est-à-dire un contraceptif oral. Je suis d'accord avec vous. Mais s'il ne semble pas y avoir d'effets immédiats, qui peut dire ce qui se passera dans deux, trois ou quatre générations ?

Je vous répondrai encore que l'expérience de chaque jour nous apprend, à nous médecins, que la transmission des tares, comme des qualités d'ailleurs, chez l'homme, saute pratiquement une génération, et que l'on retrouve chez les petits-enfants les caractères somatiques des grands-parents bien plus que ceux des parents. Or, aucun des enfants nés après pilule n'a encore eu la possibilité de se reproduire. [...]

Mes chers collègues, nous avons le devoir, nous qui sommes, en tant que législateurs, responsables devant les générations futures du patrimoine biologique des Français, de ne pas autoriser la diffusion de procédés ou de produits dont les conséquences lointaines sont encore très mal connues.

Le risque d'une modification légalement autorisée des gamètes dépositaires du patrimoine héréditaire de l'espèce est d'une extrême gravité pour cette espèce.

Des intérêts matériels considérables ont sans doute motivé certaines prises de position stupéfiantes. Une flambée inouïe d'érotisme entretenue et attisée par la propagande politique — aussi bien d'ailleurs de la majorité que de l'opposition — en faveur des techniques anticonceptionnelles hormonales menace notre pays.

Pour nos pères, la stérilité était une tare ; elle est en train de devenir une vertu. Laissez-moi vous dire que je ris de toutes les discussions byzantines et casuistiques qui s'instaurent au nom du respect de la vie, dans le but de savoir à partir de quand elle existe et quand il sera licite ou non de la supprimer. Nulle part, la vie n'est aussi intense, aussi concentrée, autant rassemblée que dans les gamètes, spermatozoïdes et ovules qui sont le véhicule de tout le potentiel évolutif de l'espèce.

Détruire la vie avant la fécondation, après la fécondation, avant la nidation, après la nidation, revient au même sur le plan de l'éthique.

Soyons logiques — et c'est un médecin qui vous parle —, autorisons toutes les méthodes, toutes les pratiques qui sont susceptibles d'empêcher la fécondation, d'interdire la nidation et même — ne soyons pas hypocrites — autorisons, si nous l'estimons nécessaire et si un couple ou une femme ne veut pas avoir d'enfant, l'avortement chirurgical, pratiquement sans danger ; mais ne prenons pas le risque de modifier en quoi que ce soit le message héréditaire, sinon nous nous retrouverons d'ici à quelques années avec non plus 4 p. 100 d'enfants anormaux, mais bien davantage.

Faut-il en appeler à tous les malheureux parents d'enfants anormaux ?

Est-il, pour un couple, une épreuve plus pénible, une croix plus lourde à supporter ?

Quel homme, quelle femme avertis seront assez égoïstes pour exposer sciemment leurs enfants à venir, leurs petits-enfants et tous ceux qui pourront naître d'eux — car ces maladies sont transmissibles — à ce risque horrible, même s'il paraît minime à d'aucuns ?

Non, la vente des hormones anticonceptionnelles ne doit pas être autorisée dans les conditions d'information actuelles, sauf pour raisons thérapeutiques.

C'est pourquoi, monsieur le Ministre, je vous supplie de renvoyer ce texte pour qu'une nouvelle proposition soit déposée et que l'opinion publique soit informée des dangers des contraceptifs oraux, comme elle l'est aux États-Unis ou en Scandinavie où 9 à 20 p. 100 de femmes seulement, suivant les statistiques, utilisent la pilule, les autres préférant recourir à des procédés aussi efficaces mais beaucoup moins dangereux pour elles-mêmes et, surtout, pour leur descendance.

[*Applaudissements sur les bancs de l'Union démocratique pour la Vᵉ République.*]

> Assemblée nationale, séance du 1ᵉʳ juillet 1967, *JO*, 2 juillet 1967, p. 2564-2565.

1968. Mai 68, côté gaulliste

Durant les événements de mai 68, le pouvoir gaullien semble quelque peu pris de court, un flottement dont la gauche entend profiter. Le 27 mai, un meeting réunit stade Charléty les organisations proches des gauchistes. Et le 28, François Mitterrand, invoquant la vacance du pouvoir, suggère la création d'un gouvernement provisoire et la tenue d'élections présidentielles anticipées auxquelles il entend se présenter. La réplique gaullienne ne tarde pas. Le 29 mai, le Général disparaît une journée durant pour se rendre à Baden-Baden auprès du général Massu. Le 30 mai enfin, il s'adresse aux Français lors d'une allocution radiodiffusée.

Françaises, Français,

Étant le détenteur de la légitimité nationale et républicaine, j'ai envisagé, depuis vingt-quatre heures, toutes les éventualités, sans exception, qui me permettraient de la maintenir. J'ai pris mes résolutions.

Dans les circonstances présentes, je ne me retirerai pas. J'ai un mandat du peuple, je le remplirai.

Je ne changerai pas le Premier ministre, dont la valeur, la solidité, la capacité, méritent l'hommage de tous. Il me proposera les changements qui lui paraîtront utiles dans la composition du Gouvernement.

Je dissous aujourd'hui l'Assemblée nationale [1].

J'ai proposé au pays un référendum qui donnait aux citoyens l'occasion de prescrire une réforme profonde de notre économie et de notre Université et, en même temps, de dire s'ils me gardaient leur confiance, ou non, par la seule voie acceptable, celle de la démocratie [2]. Je constate que la situation actuelle empêche matériellement qu'il y soit procédé. C'est pourquoi j'en diffère la date. Quant aux élections législatives, elles auront lieu dans les délais prévus par la Constitution, à moins qu'on entende bâillonner le peuple français tout entier, en l'empêchant de s'exprimer en même temps qu'on l'empêche de vivre, par les mêmes moyens qu'on empêche les étudiants d'étudier, les enseignants d'enseigner, les travailleurs de travailler. Ces moyens, ce sont l'intimidation, l'intoxication et la tyrannie exercées par des groupes organisés de longue main en conséquence et par un parti qui est une entreprise totalitaire, même s'il a déjà des rivaux à cet égard.

Si donc cette situation de force se maintient, je devrai pour maintenir la République prendre, conformément à la Constitution, d'autres voies que le scrutin immédiat du pays[3]. En tout cas, partout et tout de suite, il faut que s'organise l'action civique. Cela doit se faire pour aider le Gouvernement d'abord, puis localement les préfets, devenus ou redevenus commissaires de la République, dans leur tâche qui consiste à assurer autant que possible l'existence de la population et à empêcher la subversion à tout moment et en tous lieux.

La France, en effet, est menacée de dictature. On veut la contraindre à se résigner à un pouvoir qui s'imposerait dans le désespoir national, lequel pouvoir serait alors évidemment et essentiellement celui du vainqueur, c'est-à-dire celui du communisme totalitaire. Naturellement, on le colorerait, pour commencer, d'une apparence trompeuse en utilisant l'ambition et la haine de politiciens au rancart. Après quoi, ces personnages ne pèseraient pas plus que leur poids qui ne serait pas lourd.

Eh bien ! Non ! La République n'abdiquera pas. Le peuple se ressaisira. Le progrès, l'indépendance et la paix l'emporteront avec la liberté.

Vive la République !

Vive la France !

C. de Gaulle, allocution du 30 mai 1968, *DM*, tome 4, *1966-1969*, Paris, Plon, 1970, p. 292-293.

---

1. Les élections législatives sont fixées au 23 et au 30 juin.
2. Le général de Gaulle propose un référendum le 24 mai.
3. Allusion à la possible utilisation de l'article 16.

1968. Mai 68, côté gauchiste

Le 22 mars 1968, les étudiants gauchistes, conduits par Daniel Cohn-Bendit, occupent la salle du Conseil de faculté de l'université de Nanterre. Ils se fédèrent par la suite dans le Mouvement du 22 mars qui joue un rôle déterminant dans les événements de mai. Dans un tract daté du 18 juin 1968, ce mouvement s'amuse à plagier l'appel du général de Gaulle.

Les chefs qui depuis le 13 mai 1958 sont à la tête des armées françaises ont formé un gouvernement. Ce gouvernement alléguant notre défaite s'est mis en rapport avec les chefs de l'OAS pour nous faire cesser le combat.

Certes, nous avons été submergés par les forces mécaniques, terrestres, aériennes et hertziennes de l'ennemi. Infiniment plus que leur nombre et leur matériel, c'est le martèlement des bottes sur les écrans de télévision et l'intoxication massive de la presse et des radios qui nous font reculer.

Ce sont les complicités manifestes et la rapidité des recours à l'illégalité qui nous ont surpris au point de nous amener où nous sommes aujourd'hui. Mais le dernier mot est-dit ? L'espérance doit-elle disparaître ? Le recul est-il définitif ? Non.

Nous qui vous parlons en connaissance de cause, nous vous disons que rien n'est perdu pour la révolution.

Nous avons encore de nombreux moyens de faire venir un jour la victoire car les étudiants ne sont pas seuls, ils ont l'ensemble de la classe ouvrière avec eux. Ils peuvent faire bloc avec elle pour tenir et continuer la lutte. Ensemble, étudiants et ouvriers, nous pourrons libérer et utiliser l'immense industrie des usines et des facultés.

Cette révolution n'est pas limitée à notre pays. Cette révolution n'est pas tranchée par les journées de mai. Cette révolution est une révolution mondiale. Toutes les fautes, tous les retards n'empêchent pas qu'il y ait dans l'univers tous les moyens pour écraser notre ennemi.

Atteint [*sic*] aujourd'hui par notre faiblesse mécanique, nous pourrons vaincre dans l'avenir par une force révolutionnaire supérieure. Le destin du monde est là.

Le Mouvement du 22 mars invite tous les révolutionnaires qui se trouvent en territoire français ou qui viendraient à s'y trouver avec leurs armes ou sans leurs armes, travailleurs et étudiants, à s'organiser.

Quoi qu'il arrive, la flamme de la révolution populaire ne doit s'éteindre et ne s'éteindra pas.

Demain comme aujourd'hui nous parlerons.

Mouvement du 22 mars, « Appel du 18 juin 1968 », cité *in* Claude Fohlen, *Mai 68, révolution ou psychodrame*, Paris, PUF, 1973, p. 59.

1968. La CGT face au gauchisme

Les organisations gauchistes, des trotskistes aux maoïstes, très implantées dans les milieux étudiants et parmi les intellectuels, suscitent la méfiance du Parti communiste et celle de la CGT. Le syndicat s'inquiète du discours radical déployé par quelques leaders du mouvement de mai et préfère s'en tenir aux revendications classiques : augmentation des salaires, durée du travail, droits syndicaux. Cette position est encore défendue, quelques jours avant le premier tour des élections législatives qui doit avoir lieu le 23 juin, dans un rapport présenté par Georges Séguy (né en 1927), secrétaire général de la CGT depuis l'année précédente, lors du Comité confédéral national des 13 et 14 juin.

Ce qui s'est passé, parmi les étudiants, et plus généralement dans le monde universitaire, nous a révélé à quel point était profonde, dans ces milieux, l'opposition à la politique gaulliste envers l'Université et vive l'exigence de réforme démocratique et moderne de l'enseignement qui figure dans le programme de la CGT avec les questions de formation professionnelle comme l'un de nos objectifs fondamentaux.

Ainsi, là aussi, les effets de la domination des monopoles, le sombre avenir qu'elle offre aux travailleurs manuels et intellectuels, à la jeunesse travailleuse et estudiantine ont engendré leur réaction contre le pouvoir gaulliste.

De ce point de vue et compte tenu de notre propre action en faveur de la réforme de l'enseignement et de la formation professionnelle, il y a entre les étudiants, les enseignants et les travailleurs une solidarité objective non dépourvue de signification de classe dans la mesure où elle intervient comme un stimulant d'une action commune contre le pouvoir avilissant du grand capital.

Cependant, alors que, dans la plupart des villes universitaires de province, le plus souvent tout s'est bien passé entre travailleurs et étudiants, l'expression commune de cette solidarité n'a pas été ce qu'elle aurait dû être à Paris où les entreprises du gauchisme ont réussi à influencer la direction de l'UNEF[1] et du SNE-Sup[2] au point que certains de leurs représentants n'ont cessé de prétendre nous imposer leur théorie anarchiste, leur ligne aventuriste et leurs mots d'ordre provocateurs dans le but évident de monopoliser la direction du mouvement pour le fourvoyer dans une aventure.

En ayant toujours eu soin de distinguer ces éléments troubles de la masse des étudiants, en faisant tout ce qui pouvait dépendre de nous pour maintenir les rapports d'organisations, malgré la volonté de certains de nos partenaires de les rompre, nous avons dû combattre avec la plus grande fermeté contre les agissements de ces groupes gauchistes qui se sont révélés ouvertement au moment de l'issue victorieuse de l'action comme les principaux supports des manœuvres patronales et gouvernementales.

Nous regrettons sincèrement que les dirigeants de l'UNEF, plus exactement certains d'entre eux, aient en quelque sorte offert l'hospitalité et une tribune au sein de l'organisation syndicale des étudiants à tout ce que notre pays comptait de gauchistes, d'anarchistes, de trotskistes, de pro-chinois et autres fauteurs de troubles, qu'il était absolument indispensable de combattre.

Le mal qu'ils ont fait dans le milieu étudiant est sérieux, mais nous savons que le ressaisissement est en cours et que le moment approche où la CGT et l'UNEF pourront poursuivre, dans les meilleures conditions et dans le respect mutuel de l'indépendance respective des deux organisations et des engagements pris, leur coopération féconde au service des travailleurs, des étudiants et, plus généralement, de la démocratie.

> « La CGT et les étudiants », *La Vie ouvrière*, 19 juin 1968, p. 11 (supplément).

1. L'Union nationale des étudiants de France est le puissant syndicat étudiant qui avait acquis une large audience durant son combat contre la guerre d'Algérie. Il est désormais divisé en de multiples groupes qui se disputent le pouvoir.
2. Syndicat des enseignants de l'enseignement supérieur.

1969. Le référendum de 1969, une erreur ?

Le référendum portant sur la régionalisation et la réforme du Sénat est rejeté le 27 avril 1969 par 53,18 % des votants et se solde par le départ du général de Gaulle. Avec le recul, nombre de gaullistes jugent le thème de la consultation inadéquat et déplorent sa mauvaise préparation. Ancien des Forces françaises libres, chef de cabinet du Général puis conseiller à la Présidence de la République, président du Comité national des Comités pour la défense de la République depuis 1966, Pierre Lefranc (1922) ne partage pas cet avis.

Pour ma part, je suis certain que cette défection [1] tient une large place dans la décision du Général de procéder au référendum malgré les mauvaises conditions dans lesquelles il se présentait.

De Gaulle veut effacer et le mauvais souvenir du changement de cap du mois de mai et l'impression, née de la déclaration de Rome [2], que sa succession est ouverte.

Un succès en avril 1969 eût fait table rase de ce désagréable passé, de l'infidélité passagère des Français ; les paroles de Pompidou se fussent envolées et une nouvelle étape aurait pu être franchie jusqu'au moment où, choisissant les circonstances et le jour — pourquoi pas la date de son quatre-vingtième anniversaire —, de Gaulle eût décidé lui-même de se retirer.

Si le succès ne se présente pas ou si le résultat est insuffisant, il quittera ses fonctions et cela en une période où aucune crise ne menace le pays.

Ce n'est pas un « référendum suicide » mais c'est un « référendum minute de vérité ». Si le peuple, une fois de plus, le suit, les barricades et le prétendant seront balayés.

Malheureusement, pour une épreuve de cette nature, le sujet de la consultation est bien austère et abstrait, mais le Général ne pouvait poser la seule question qui l'intéressât vraiment : « Me faites-vous toujours confiance ? » Il lui fallait un prétexte et celui-là, dans la ligne de la participation, lui paraissait de nature à intéresser la province.

Certes, la construction des régions n'avait de véritable portée que si celles-ci disposaient de la possibilité d'intervenir au niveau des décisions, c'est-à-dire si elles se trouvaient en mesure de discuter les grandes options budgétaires et ceci au sein d'un Sénat profondément modifié. Mais s'attaquer ainsi au Sénat rendait l'entreprise encore plus hasardeuse.

La réforme du Sénat, qui en fît une chambre de collectivités locales et aussi de professions et de groupements sociaux, n'était pas une idée nouvelle. Cette idée datait de la Libération et l'on en trouve les bases dans les discours constitutionnels de Bayeux et d'Épinal [3]. Cependant, le moment était-il bien choisi pour bouleverser une aussi vieille institution ? Dans le mouvement de 1958 cette réforme fût passée presque inaperçue, et, en 1962 également, il eût certainement été possible de la faire adopter par l'opinion, mais après les graves secousses de l'été précédent il se révélait sans doute superfétatoire d'inquiéter les sénateurs, les conseillers généraux, les maires et leur clientèle, par ce qui apparaissait comme une sérieuse modification de la Constitution.

Beaucoup déplorent que de Gaulle se soit lancé dans ce référendum ; je crois pour ma part qu'il était indispensable pour le chef de l'État, si celui-ci voulait ensuite aller de l'avant. Vis-à-vis des oppositions et des clans — dont celui de Pompidou puisqu'il en représentait un maintenant —, un vote national de confiance s'imposait ; toutefois, ce que je regrette, c'est qu'il ne se soit pas limité à quelque disposition favorable à la participation dans le cadre des régions, de l'éducation et, par exemple, des entreprises nationales. Sans plus. Le problème du Sénat, puisqu'il n'avait été résolu ni en 1958 ni en 1962, pouvait être abordé en une autre occasion. Dans ces conditions, il me semble que le résultat du référendum du 27 avril 1969 eût été différent. Que l'on n'oublie pas l'immense campagne lancée dans le pays dès l'automne 1968 par le président du Sénat [4] et la plupart des sénateurs contre toute modification de l'Assemblée du Luxembourg. Quel prétexte idéal pour la coalition dite centriste condamnée jusqu'alors à suivre de Gaulle pour participer au pouvoir et si impatiente de lui succéder ! Menée avec l'énergie du désespoir, cette campagne tendant à présenter de Gaulle comme un destructeur des collectivités locales — alors qu'il s'agissait justement du contraire — eut les conséquences que ses meneurs en espéraient.

Ce référendum, à la différence des précédents, fut directement organisé par le Premier ministre [5] et ses collaborateurs. Ce fut, je crois, une erreur, mais sans grandes conséquences. L'Association nationale [6] y fut associée en participant aux innombrables réunions de travail présidées par le directeur de cabinet du Premier ministre ; ses délégations dans les départements, si elles ne disposèrent que de peu de moyens, redoublèrent d'efforts. Nous constituâmes avec Jean Runel [7] un Comité national pour le oui au référendum, et publiâmes un bulletin de presse.

Il nous fut, comme à tout le monde, facile de constater que l'UDR et ses cadres ne faisaient pas preuve d'une grande ardeur. Les élus et responsables locaux ne comprirent pas ou ne voulurent pas comprendre l'importance de l'affaire. Ils ne se sentirent pas mobilisés et Couve de Murville n'était sans doute pas le type d'homme à les faire sauter de leur lit de plumes pour parcourir les campagnes. Il faut rappeler aussi qu'un an ne s'était pas écoulé depuis les élections législatives. Les députés, frais émoulus, répugnaient à s'engager ; ne sentant pas l'opinion très intéressée, ils ne souhaitaient pas être pris dans un naufrage, si naufrage il y avait.

De Gaulle déclara bien que si le résultat se révélait négatif, il quitterait ses fonctions, mais une réalité majeure supprimait l'inconnue de la consultation. La position de successeur prise par Pompidou apportait, en effet, aux Français une solution de rechange. La crainte d'une grande confusion n'occupait plus l'esprit des électeurs et tout le monde ne décelait pas la part qui revenait à de Gaulle et celle qui revenait à Pompidou dans l'heureuse issue des désordres de mai. Curieusement, et malgré un différend étalé sur la place publique, l'opinion croyait toujours en la connivence du chef de l'État et de son ancien Premier ministre ; elle était persuadée que Pompidou demeurait le dépositaire de la volonté du Général. L'ancien Premier ministre laissait d'ailleurs planer un doute en demeurant, après ses coups d'éclat, étrangement silencieux. Trop silencieux même, puisqu'il ne participa pour ainsi dire pas à la campagne en faveur du « oui » au référendum. Il assista à une grande réunion à la porte de Versailles le 23 avril et réussit à n'y point prendre la parole. [...]

Pierre Lefranc, *Avec qui vous savez...*, Paris, Plon, 1979, p. 289-291.

1. L'auteur vise la défection de Georges Pompidou.

2. Le 17 janvier 1969, Georges Pompidou déclare à Rome qu'il sera candidat à la présidence de la République après le départ du général de Gaulle.

3. Le discours de Bayeux date du 16 juin 1946, celui d'Épinal du 29 septembre 1946.

4. Alain Poher prend la tête de l'opposition au projet du général de Gaulle.

5. Il s'agit de Maurice Couve de Murville.

6. Il s'agit de l'Association nationale pour le soutien de l'action du général de Gaulle que Pierre Lefranc préside depuis janvier 1966.

7. Secrétaire général de l'Association pour la Vᵉ République que préside André Malraux, Jean Runel (1922), ancien des FFL, préside le Comité national pour le « oui » qui coordonne l'action des différents mouvements gaullistes.

1969. Le départ
du général de Gaulle

Après la victoire du « non » au référendum du 27 avril 1969, le général de Gaulle, comme il l'avait annoncé, abandonne ses fonctions. Un communiqué laconique annonce sa décision.

Je cesse d'exercer mes fonctions de Président de la République. Cette décision prend effet aujourd'hui à midi.

Présidence de la République, communiqué du 28 avril 1969.

1969. La candidature Poher

*Le 17 avril 1969, les Français repoussent le référendum portant
sur la régionalisation et la réforme du Sénat. Tirant la conséquence de cet échec, de Gaulle démissionne le 28. Conformément
à la Constitution, le président du Sénat, Alain Poher (1909-
1996) assure l'intérim. Hostile à la suppression de la Chambre
haute, actif dans la campagne du « non », de sensibilité démo-
crate-chrétienne, Alain Poher semble tout désigné pour se présenter à l'élection présidentielle. Il attend pourtant le 13 mai
pour annoncer sa candidature, et le 14 il dévoile, devant les sénateurs centristes et socialistes, les points forts de son programme.*

[...] Après onze années d'épopée et de fortunes diverses, la
France veut savoir où elle en est. Il importe de faire le point de
la situation du pays dans tous les domaines, tant au plan de la
politique, de l'économique que du social. Nos concitoyens doivent connaître les éléments favorables et ceux qui ne le sont pas.
Alors les responsables de l'avenir pourront, en pleine connaissance de cause, envisager les perspectives et arrêter les options
qui conviennent.

La propagande quotidienne et insidieuse ne suffit pas pour
faire apparaître la vérité objective et rassurer les citoyens. L'État
n'appartient à personne, il ne peut devenir la propriété d'un parti
ou d'un clan au pouvoir. Aussi bien une période de réflexion,
ce qui ne veut pas dire une période d'inaction, est nécessaire à
la France pour lui permettre de reprendre son essor. Voilà pourquoi j'insiste sur la nécessité de l'union des républicains et de
la réconciliation des Français.

Les événements de 1968 ont prouvé que des questions fondamentales étaient posées, que certaines structures vieillies étaient
contestées : il faudra bien un jour donner une réponse à toutes
ces interrogations. La France doit remettre de l'ordre dans ses
finances, animer son économie, préserver sa monnaie, développer ses investissements. Elle doit avant tout être un facteur de
paix dans le monde et favoriser la détente entre les blocs hostiles. L'Europe reste notre meilleure chance pour promouvoir le

rajeunissement de nos structures économiques et l'heureux aboutissement de nos espérances sociales. Nous avons mieux à faire dans ce pays que de nous opposer par « oui » ou par « non » sur des problèmes après tout assez mineurs. Nous n'avons pas le droit de casser arbitrairement la France en deux blocs hostiles, séparant les bons des mauvais, les élus des réprouvés. Pour faire face à son destin, pour donner à sa jeunesse si nombreuse et si vibrante la chance de participer au prodigieux essor technique du monde moderne, la France a besoin de tous ses enfants.

Aujourd'hui, je voudrais devant vous, mes collègues du Sénat, préciser mes conceptions sur les questions institutionnelles, notamment sur le rôle du président de la République et sur celui que le Parlement doit jouer dans le régime démocratique qui a été institué par la Constitution de 1958, que j'entends servir et honorer tout à la fois dans son texte et dans son esprit.

La Constitution de 1958 a été adoptée par le peuple français. On ne peut la remettre perpétuellement en cause. L'instabilité constitutionnelle est aussi néfaste que l'instabilité ministérielle. La Constitution doit être appliquée fidèlement, sans interprétation personnelle comme sans déviation implicite.

Elle fait du président de la République un garant, un arbitre et animateur.

Un garant. — L'article 5 de la Constitution prévoit que le président de la République est le garant de l'indépendance nationale, de l'intégrité du territoire, du respect des accords et des traités.

Il dispose à cet effet de pouvoirs importants en matière de politique étrangère. Il est le chef des armées et peut, seul, prendre certaines décisions essentielles pour la défense du territoire.

De même, le président de la République veille au respect de la Constitution et des libertés que proclame son Préambule. En particulier, il assure l'indépendance de la magistrature.

Un arbitre. — Il assure, par son arbitrage, le fonctionnement régulier des pouvoirs publics, ainsi que la continuité de l'État. Il lui appartient de faire en sorte que le gouvernement et les deux assemblées du Parlement puissent faire face à leurs tâches respectives et, en cas de besoin, définir les voies permettant de résoudre des oppositions.

Cette fonction doit s'exercer dans le souci premier de la stabilité gouvernementale, l'idéal pour l'avenir étant « un gouvernement par législature ».

Enfin et peut-être surtout un *animateur*. Comment pourrait-il en être autrement dès lors que le président de la République est élu au suffrage universel ?

Certes, il ne lui appartient pas d'établir un programme détaillé de gouvernement, mais son élection engage nécessairement quelques grandes orientations et repose sur des aspirations populaires auxquelles il se doit d'être fidèle.

Le gouvernement qu'il nommera doit donc être en communauté de pensée avec lui et traduire ce courant d'inspiration populaire.

C'est en ce sens, et en ce sens seulement, que le président de la République est un animateur.

Ainsi se trouve clairement déterminé le rôle du gouvernement : c'est dans l'esprit que je viens de définir qu'il détermine et conduit la politique de la nation.

Le président de la République, en présidant les délibérations du Conseil des ministres, en signant les décrets, garantit que ces grandes orientations sont bien présentes dans l'action gouvernementale quotidienne.

Ainsi donc, il n'y a pas deux gouvernements, l'un à Matignon, l'autre à l'Élysée, mais un seul, celui du Premier ministre, qui a pleine initiative pour appliquer la politique souhaitée par la nation.

Il n'y a pas, ni ne saurait y avoir de domaine réservé, l'action gouvernementale doit couvrir l'ensemble des affaires nationales.

Si cette politique prend sa racine dans l'élection présidentielle, elle ne peut se développer que par l'accord constant du Parlement.

Telle est la condition fondamentale posée par la Constitution.

La loi et le plan sont les cadres juridique et économique sur lesquels cette politique doit s'appuyer et qu'elle doit respecter.

La définition de ce cadre doit être l'objet d'un dialogue permanent entre le gouvernement et les deux Assemblées, auxquelles doit être très étroitement associé le Conseil économique et social.

Ce dialogue, cette volonté d'échanges, suppose de la part du gouvernement la renonciation aux méthodes rigides, au procédé du « tout ou rien » jusqu'ici employés.

C'est vraiment au sein des deux assemblées du Parlement que doivent s'établir les dialogues ou les confrontations toujours enrichissantes qui permettent de valoriser, face à l'opinion, l'action législative.

Il faut que les Assemblées et le Conseil économique et social puissent suggérer, modifier, amender, sans être, dès le début, corsetés par les votes bloqués et autres procédures d'urgence, prévues, certes, par la Constitution, mais dont l'emploi ne doit être ni systématique ni brutal. En d'autres termes, le gouvernement doit accepter la contradiction sans en prendre ombrage. Il en tirera plus de profit que des éloges systématiques de ses partisans et, surtout, il s'ouvrira de façon plus large aux vœux et aux désirs quotidiens du peuple français.

En cas de conflit insoluble, bien entendu, la dissolution de l'Assemblée nationale est de dernier recours. Lorsque le peuple s'est prononcé sur ce conflit, le président de la République a l'obligation absolue d'aider à dégager la solution que le peuple a indiquée.

Pourquoi ne pas ajouter qu'en ce qui concerne le travail parlementaire il y a sans doute des réformes à prévoir ? Le Sénat pour sa part en a retenu le principe, et il importe qu'il persévère dans ses intentions.

La valorisation de ses travaux pourrait être recherchée — c'est là une vieille idée, et je la sais partagée par nombre d'entre vous — par une coordination plus étroite avec le Conseil économique et social, dont les avis souvent remarquables ont été, ces dernières années, négligés tout autant par l'exécutif que par le législatif.

Le refus récent d'un projet mal conçu, mal construit et mal présenté ne signifie pas que le pays repousse toute réforme. Il y aura lieu, après l'élection présidentielle, d'en prendre l'élaboration dans la sérénité et dans le respect des procédures constitutionnelles.

A. Poher, déclaration du 14 mai 1969.

1969. La Nouvelle Société

Nommé Premier ministre le 21 juin 1969, Jacques Chaban-Delmas (1915-2000) présente le 26 juin son programme à l'Assemblée nationale. Fort d'une majorité élargie au Centre Démocratie et Progrès, il se propose de substituer à la « société bloquée » une Nouvelle Société, un thème qui s'inspire des travaux menés par Michel Crozier et Stanley Hoffmann.

[...] Si une expansion forte et régulière est nécessaire, elle ne peut suffire à satisfaire nos ambitions. Si indispensable qu'il soit, à lui seul, un taux de croissance élevé ne fait pas le bonheur.

C'est bien un style, un modèle de développement qui est en cause dans la profonde mutation où nous sommes engagés. Il dépend de nous que ce modèle soit le plus humain. Il dépend de nous de bâtir, patiemment et progressivement, une nouvelle société.

Certes, je n'ai pas l'illusion que mon Gouvernement pourra, par je ne sais quel décret, réaliser par lui-même une telle tâche. Je sais trop bien qu'elle sera l'œuvre du temps et des forces conjuguées de toute la nation. Mais ma fierté sera immense si, dans toute la mesure où une œuvre pareille dépend de lui, il y apporte sa contribution.

Notre nouvelle société doit être fondée, en premier lieu, sur l'élargissement des libertés publiques. C'est dans le domaine si controversé de l'information que j'entends traduire, par priorité, la volonté du Gouvernement d'atteindre un tel objectif.

Comme vous le savez, le secrétariat d'État à l'Information est supprimé. Désormais, c'est un porte-parole qui fera connaître aux journalistes et à l'opinion les travaux réalisés, les orientations choisies et les décisions prises par le Gouvernement. Je fais mettre à l'étude la réforme du statut de l'ORTF [1] et ferai en sorte que cette réforme soit élaborée avec l'avis et le concours de tous. En attendant, je me porte personnellement garant de l'indépendance de l'ORTF.

[*Murmures sur les bancs de la fédération de la gauche démocrate et socialiste.*]

L'essentiel est, en définitive, qu'une solution valable soit mise en place et que des règles du jeu claires et respectées par tous garantissent définitivement le fonctionnement libre et démocratique de notre radio et de notre télévision.

Par ailleurs, il est essentiel également que la magistrature continue d'exercer ses fonctions comme elle l'a toujours fait, dans la sérénité et dans l'indépendance.

[*Applaudissements sur les bancs de l'Union des démocrates pour la République, du groupe des républicains indépendants et sur de nombreux bancs du groupe Progrès et Démocratie moderne.*]

Pour qu'elle remplisse pleinement son rôle, il importe que ses décisions soient acceptées par l'opinion comme elles doivent l'être, c'est-à-dire sans que se manifestent ni le trouble ni le doute.

Dans cet esprit, le Gouvernement a le souci de veiller à ce qu'en aucun cas le moindre soupçon ne puisse naître sur les conditions dans lesquelles sont rendues les décisions judiciaires.

Soucieux de maintenir et de renforcer les libertés publiques, le Gouvernement a également la volonté de promouvoir la participation, en réponse au malaise des sociétés contemporaines.

Mais la participation ne se décrète pas, ne s'octroie pas, elle s'élabore progressivement avec la contribution de tous les intéressés, et puis elle se vit dans le respect mutuel des partenaires. C'est à cette tâche immense que le Gouvernement convie tous les Français. Les formules les meilleures se dégagent de la confrontation et de l'expérience. Je ne peux, pour l'instant, que préciser les domaines à couvrir et les directives que j'entends suivre pour ma part.

Déjà, à l'école et à l'Université, des structures se mettent en place, de nouveaux comportements apparaissent, fondés sur le sens des responsabilités et l'exercice du dialogue [2].

Certes, cela ne va pas, ne peut aller sans quelques péripéties fâcheuses, voire scandaleuses, sans des incompréhensions que j'espère passagères ou même des obstructions qui, dans l'intérêt même des professeurs et des étudiants qui veulent la réforme, ne peuvent être admises.

[*Applaudissements sur les bancs de l'Union des démocrates pour la République, du groupe des républicains indépendants et sur plusieurs bancs du groupe Progrès et Démocratie moderne.*]

[...]

Cette œuvre doit être poursuivie et le sera. Ainsi l'évolution convaincra peu à peu ceux qui, par conservatisme figé ou par obsession révolutionnaire, entendraient s'y opposer et rompre les saines règles du jeu qui se mettent en place.

Il ne saurait être question, bien entendu, de tolérer que des désordres viennent compromettre la réussite d'une entreprise à l'évidence indispensable, comme le pense d'ailleurs la très grande majorité des parents, des professeurs, des étudiants et des élèves. Le Gouvernement y veillera avec fermeté.

[*Applaudissements sur les mêmes bancs.*]

Mais le développement de la participation, dans notre pays, se heurte à un centralisme excessif, legs de notre histoire et produit de nos habitudes. Le rejet du projet proposé au pays par voie de référendum ne doit pas nous plonger dans l'immobilisme, à cet égard. L'idée devrait être reprise, car elle correspond à une des aspirations les plus nettement exprimées ces dernières années, et vous permettrez à un président de Commission de développement économique régional [3] de s'en faire l'écho.

Comme l'a annoncé le président de la République, dans la mesure où les représentants de la nation comme ceux des collectivités locales ou des groupes socioprofessionnels en manifesteront le souhait, la question sera posée à nouveau par les voies parlementaires.

[*Applaudissements sur quelques bancs de l'Union des démocrates pour la République.*] [...]

Ainsi, dans l'université comme dans nos régions, dans nos villes comme dans nos campagnes, la participation doit devenir une réalité vivante grâce au concours de tous.

Comment, enfin, ne pas chercher à l'étendre au domaine de l'entreprise, tout en évitant de céder, là plus encore qu'ailleurs, au vertige de la formule magique et aux délices de l'affrontement théorique ? Une construction patiente est seule possible. Elle sera fondée, au départ, sur le développement des dispositions déjà prises, qu'il s'agisse de l'intéressement des travailleurs aux résultats de l'entreprise ou bien de la création des sections syndicales d'entreprise. Je veux ici souligner combien j'attache de prix à ces deux réformes.

Enfin, au-delà de ce texte, d'autres pas en avant peuvent être faits. En multipliant les expériences, en s'attachant à en tirer les enseignements, les patrons et les salariés forgeront eux-mêmes la réforme progressive de l'entreprise et la transformation des rapports humains dont dépend largement notre efficacité économique ; car une société industrielle ne peut prospérer que si les travailleurs comprennent le sens de leur tâche et sont pleinement associés à l'élaboration des décisions qui les concernent.

[*Très bien ! très bien ! sur divers bancs.*]

Ces diverses évolutions sont cependant conditionnées par le climat général des relations sociales en France : d'une part, les relations entre les organisations patronales et les syndicats de salariés ; d'autre part, les relations entre l'État et l'ensemble des organisations professionnelles, syndicales et sociales.

Là aussi, une orientation positive a été amorcée par les récents accords entre le patronat et les syndicats [4]. Il faut aller plus loin et renouveler profondément le cadre, les règles et les modalités de la concertation. Sans demander à aucune organisation de renoncer à ses convictions, il doit être possible de tracer un cadre permanent de consultations et de confrontations.

Pour mieux préciser ma pensée, j'indiquerai que je songe, notamment, mais non exclusivement, à l'exemple suédois, qui a fait ses preuves dans le domaine des relations professionnelles. Bien entendu, il s'agit, non de copier, mais de tirer des enseignements d'expériences étrangères, de les adapter à notre tempérament national, d'y ajouter le meilleur de notre actif, comme, par exemple, notre Conseil économique et social et nos commissions du Plan. [...]

La nouvelle société que nous devons construire doit être aussi — faut-il le dire — une société solidaire. Solidaire à l'égard des faibles et des malchanceux, tout d'abord. Et, à cet égard, figurent au premier rang de nos préoccupations les mal-logés, les personnes âgées, les handicapés, les veuves.

[*Applaudissements sur les bancs de l'Union des démocrates pour la République, des républicains indépendants et sur plusieurs bancs du groupe Progrès et Démocratie moderne.*]

Mais je n'aurais garde d'oublier ces travailleurs étrangers qui assument dans notre économie les travaux les plus pénibles et dont les conditions d'accueil et de vie doivent être améliorées.

[*Nouveaux applaudissements sur les mêmes bancs.*] [...]

Voilà, mesdames et messieurs, définies les lignes essentielles de l'action gouvernementale pour les mois à venir. J'aurai certes à y revenir. Mais, en attendant, je crois que les Français et vous-mêmes avez le droit de savoir ce que voudrait être pour eux le premier gouvernement de ce nouveau septennat.

Ce gouvernement veut être celui de la réconciliation et de l'action.

Depuis des siècles, notre vieux pays a connu toutes les gloires et toutes les misères : triomphes et défaites se sont succédé ; les régimes ont passé et des hommes dont l'amour pour la France ne pouvait être suspecté se sont déchirés au nom de cet amour. Bien des blessures, des rancœurs et peut-être des haines subsistent encore.

Assurer à l'homme sa dignité, lutter contre toutes les injustices, tel est le sens du grand combat que nous devons mener ; il s'agit là d'un immense effort qui ne peut se réaliser que dans l'union de tous. C'est pourquoi il nous faut clore les vieilles querelles, panser les blessures anciennes et toujours douloureuses. Ce serait ma fierté de contribuer à effacer dans les esprits et dans les cœurs nos déchirements passés. Pour moi, toutes les guerres sont terminées. La guerre des Républiques est terminée, et c'est à la République une et indivisible que je convie à se rallier tous les hommes de bonne volonté. Est-il besoin de souligner que la composition et les intentions du Gouvernement sont explicites à cet égard ?

Si le Gouvernement trouve dans la majorité son appui naturel, il n'en reconnaît pas moins les droits, l'utilité et la nécessité de l'opposition. Mais il ne faut pas que règne entre majorité et opposition un climat de guerre civile. Toutes les opinions peuvent être avancées mais elles doivent s'exprimer dignement et surtout dans le respect profond que chacun doit à l'opinion d'autrui.

De nos jours, la direction d'un grand État est devenue infiniment complexe. Elle nécessite le concours de toutes les forces vives du pays. S'informer et informer, écouter et expliquer sont devenus d'impérieuses nécessités.

Mon gouvernement sera donc attentif aux aspirations qui s'expriment dans le pays, soucieux de s'en inspirer ou d'expliquer pourquoi il ne peut les satisfaire tout de suite.

La nécessité s'impose donc d'un travail en équipe, où chacun émet ses idées, son opinion, et où la décision n'est prise par l'homme qui détient la responsabilité qu'après une réflexion commune. C'est ce que Goethe appelait : « Soumettre l'action à l'épreuve de la pensée et la pensée à l'épreuve de l'action. »

Est-ce facile ? Je ne le sais pas encore, mais j'ai la conviction profonde qu'agir c'est à la fois continuer et créer. Ce qui continue, c'est l'esprit qui a animé l'œuvre du général de Gaulle, c'est le maintien de nos institutions, c'est la vieille lutte de l'homme pour l'humanité, c'est la France au rang qui doit être le sien pour accomplir sa mission. Ce qui est à créer, c'est un style de pensée et d'action qui doit permettre à notre pays de s'avancer hardiment, sans regret et sans crainte, dans le monde moderne.

Voilà, mesdames, messieurs, ce que je vous propose d'entreprendre. Mais la prospérité, le progrès, la paix se méritent au prix de grands efforts, d'immenses efforts. Je ne serai pas avare des miens, ne soyez pas ménagers des vôtres. Accordez-nous l'aide et la confiance dont le Gouvernement a besoin pour assurer l'avenir de la France et — pourquoi pas ? — le bonheur des Français.

[*Vifs applaudissements sur les bancs de l'Union des démocrates pour la République, du groupe des républicains indépendants et sur de nombreux bancs du groupe Progrès et Démocratie moderne.*]

Jacques Chaban-Delmas, déclaration du 26 juin 1969, *JO*, 27 juin 1969, p. 1 731-1 734.

1. Cette réforme de la radio et de la télévision est effective en novembre 1969.
2. Œuvre d'Edgar Faure, la loi d'orientation de l'enseignement universitaire, adoptée le 12 novembre 1968, prévoit l'autonomie des établissements, désormais gérés par les personnels qui y travaillent.
3. Jacques Chaban-Delmas préside la Commission de développement économique régional d'Aquitaine depuis 1964.
4. Le 10 février 1969, les centrales syndicales et le CNPF concluent un important accord sur l'emploi.

1969. Industrialiser la France

Le 15 juin 1969, Georges Pompidou (1911-1974) accède à la présidence de la République. Dans une conférence de presse tenue à l'Élysée le 22 septembre, le nouveau président précise les objectifs qu'il s'assigne sur le plan économique, l'industrialisation du pays constituant à ses yeux une ardente obligation.

[...]

Jacques Rozner (Les Échos) : Monsieur le Président de la République, vous venez de répondre à des questions qui concernent déjà le passé et d'autres l'actualité. Je voudrais vous en poser une concernant l'avenir. Vous avez assigné à votre septennat, et vous l'avez refait tout à l'heure, un objectif majeur : faire de la France une nation industrielle moderne et votre Premier ministre, M. Chaban-Delmas, l'autre jour, en termes élevés, a défini la « nouvelle société [1] » qui en sera l'expression. C'est là assurément une perspective exaltante. Ma préoccupation concerne les données de base qui sont à votre disposition pour cette grande entreprise, et cette préoccupation, je la résume dans la question suivante : L'économie française, telle qu'elle est aujourd'hui avec ses scléroses, ses insuffisances, ses tares et ses retards, vous paraît-elle une rampe de lancement valable en elle-même, suffisante par elle-même pour projeter la France d'aujourd'hui dans le grand dessein que vous avez formé pour la France de demain ?

Le président : La question est évidemment immense. En ce qui concerne les perspectives immédiates, je pourrais vous dire que le ministre de l'Économie et des Finances a déjà répondu. En ce qui concerne les perspectives plus lointaines, le Premier ministre, dans l'excellente déclaration qu'il a faite à l'Assemblée nationale, et que vous rappeliez, y a aussi répondu en très grande partie. Néanmoins, votre question m'incite à essayer de cerner le problème d'une façon un peu différente, c'est ce que je vais essayer de faire, et d'une manière qui ne soit pas trop ingrate, encore que, lorsqu'on regarde une économie et qu'on veut en quelque sorte faire son autopsie, on se heurte à des données chiffrées, données contre lesquelles on ne peut rien mais qui sont ingrates à énumérer et quelquefois pas très encourageantes.

Je crois qu'une première constatation qu'on a déjà faite (mais dont je ne crois pas qu'on mesure toute l'importance), c'est l'extraordinaire décadence de la France économique entre les deux guerres. [...]

Deuxième constatation, plus réconfortante : Depuis la guerre, nous avons fait d'immenses progrès à partir d'une situation déplorable, car la défaite de 1940, qui n'était que la traduction militaire de cette maladie de langueur, avait été suivie par l'occupation, les destructions, et la situation de départ était donc aussi mauvaise que possible. Nous avons fait d'immenses progrès. Le revenu national — par tête, toujours — de 5 500 francs en 1938 passe en 1958 à 8 700 francs et en 1968 à 12 450 francs. C'est une croissance très importante.

Je n'ai pas trouvé d'autres statistiques internationales que celles de 1960 à 1968, mais dans cette période, pour les pays dits d'économie libérale, la France arrive au second rang avec une augmentation annuelle de 5,5 %, loin derrière le Japon qui dépasse 10 %, mais devant les États-Unis, l'Italie (5,1 %), l'Allemagne (4,2 %), etc.

Troisième constatation — elle aussi réconfortante —, c'est que, dans l'ensemble de ce revenu national, la part de l'industrie a crû considérablement. Non pas que notre agriculture soit restée stagnante : de 1958 à 1968 sa production en volume, en marchandises, augmente de 40 %, et comme, dans le même temps, le nombre des agriculteurs actifs diminue de près de 30 %, en fin de compte la productivité de l'agriculteur actif augmente de près de 8 % par an, plus que la moyenne nationale. Je n'oublie pas bien sûr qu'il y a des différences importantes par région. Mais l'industrie croît de façon très rapide. Je parlais tout à l'heure de ce coefficient 100 en 1938. On devait être en 1958 à quelque chose comme le coefficient 212, et en 1968 à 352.

C'est dire l'importance des progrès réalisés, progrès qui se retrouvent d'ailleurs dans nos exportations qui ont augmenté en moyenne dans les dix dernières années d'un peu plus de 9 % par an ; et, ce qui est beau aussi, les exportations de produits industriels transformés ont crû de 10 % par an, soit un peu plus que la moyenne. Mais, et c'est ici que je vais commencer à nuancer l'optimisme, c'est tout à fait insuffisant. C'est insuffisant parce que nos voisins font mieux, et parce que, d'ailleurs, dans les dernières années, cela s'est un peu dégradé, et la part des produits industriels transformés a commencé à diminuer. [...]

Et puis, quand on regarde notre industrie elle-même, elle a de très nombreuses faiblesses, d'ailleurs le Premier ministre sur ce point a longuement parlé de l'insuffisance de nos grandes entreprises : trois entreprises françaises seulement parmi les trente entreprises européennes de taille mondiale. Insuffisance plus grave peut-être de nos entreprises moyennes qui sont partout, notamment en Allemagne et aux États-Unis, le support, l'accompagnement de la grande entreprise et le ferment souvent du progrès et, en revanche, nombre excessif de toutes petites entreprises. Insuffisance des structures internes de notre industrie.

Les charges salariales, contrairement à ce que l'on dit, ne sont pas plus fortes en France qu'ailleurs, elles sont même plus faibles qu'en Allemagne par exemple, mais elles sont mal réparties ; il y a dans nos affaires une part de charges administratives trop lourdes, trop grandes, et en conséquence ces charges salariales qui collectivement, qui globablement, ne sont pas trop lourdes, s'appliquent finalement à un nombre de travailleurs réellement productifs plus faible qu'ailleurs.

C'est dire que nous avons énormément de progrès à accomplir même si nous en avons déjà fait. Je n'ai pas le temps, et ce n'est pas le lieu, de développer ce que pourrait être l'action des gouvernements en ce domaine dans les années qui viennent. Je m'en tiendrai à quelques données générales.

Il faut d'abord naturellement poursuivre la modernisation de notre agriculture et le regroupement des toutes petites exploitations agricoles. Il faut faire la même chose dans le domaine du commerce, permettre l'accroissement modéré, mais régulier, du grand commerce moderne, et le regroupement, la spécialisation du petit commerce, de façon à ce qu'il devienne non seulement rentable pour ceux qui l'exercent mais utile à l'économie, et non pas qu'il pèse sur les prix.

Il faut surtout aider l'industrie, ce qui signifie lui donner les moyens matériels, financiers, de se développer, ce qui suppose une politique fiscale, une politique de crédit, une politique de l'épargne qui favorise l'investissement. Il faut ensuite lui donner les moyens humains, ce qui suppose depuis le collège technique jusqu'aux grandes écoles en passant par les instituts universitaires de technologie, d'orienter le plus possible notre jeunesse vers l'industrie, de lui donner une formation professionnelle adaptée, de faire que cette formation professionnelle puisse sans cesse être reprise par un contact permanent et souple entre notre Éducation nationale et le monde économique et social. Il faut ensuite donner à cette industrie les moyens, je dirais psychologiques, de son développement, en la libérant des contraintes excessives des contrôles *a priori*, aussi bien dans le secteur privé que dans le secteur public, et instaurer et favoriser l'esprit d'initiative et l'imagination, à condition qu'à tous les échelons de ces entreprises on soit pénétré de l'indispensable notion de rentabilité et non pas simplement de rentabilité immédiate, financière, matérielle, mais aussi de rentabilité à terme, technique, intellectuelle, par la recherche notamment. Je sais bien que certains trouvent que la rentabilité est une notion basse, honteuse. Eh bien ! elle s'impose partout, c'est évident ; le nier, c'est puéril. La preuve, c'est que les pays d'économie socialiste, pour l'avoir méconnue trop longtemps, ont ces dernières années pris un retard considérable par rapport aux pays d'économie libérale de taille comparable, qu'ils en supportent à l'heure actuelle les effets et les conséquences, que leurs gouvernements en sont parfaitement conscients et font à l'heure actuelle de grands efforts pour introduire cette notion de rentabilité à tous les échelons de leur appareil productif.

Enfin, il faut que notre appareil économique, industrie, commerce, agriculture, prenne une mentalité, j'ose le dire, agressive, qu'il se porte à l'attaque, qu'il se porte à la conquête des marchés extérieurs, qu'il ait le goût d'aller se battre sur le terrain des autres exactement comme les autres dès maintenant viennent se battre sur notre terrain. Il y a là une très grande entreprise, et dont dépend non seulement la prospérité des Français mais la grandeur et le rôle de la France dans le monde.

Bien entendu, tout cela suppose, je le sais, un climat social rénové et la participation de tous à cet effort et aux résultats de cet effort.

Georges Pompidou, conférence de presse du 22 septembre 1969, cité *in* G. Pompidou, *Entretiens et Discours*, Paris, Plon, 1975, p. 240-243.

1. Allusion à la déclaration de Jacques Chaban-Delmas à l'Assemblée nationale du 16 septembre 1969.

1970. Le gauchisme

Après mai 68, tout un ensemble de groupuscules gauchistes entre-
tiennent « l'agitation », pour reprendre l'intitulé de la rubrique
du Monde *consacrée à l'effervescence étudiante. Mais le pou-*
voir pompidolien entend énergiquement réprimer ces désordres,
une tâche confiée au ministre de l'Intérieur (1968-1974), Ray-
mond Marcellin (1914). Certains leaders gauchistes sont inter-
pellés et condamnés à des peines de prison. A la veille du procès
intenté contre les directeurs de La Cause du Peuple — *organe*
de la Gauche prolétarienne —, Jean-Paul Sartre (1905-1980), pro-
che du gauchisme, s'élève dans une libre opinion contre la poli-
tique répressive du pouvoir.

Le général Ovando [1] avait promis que les « politiques »
seraient amnistiés. Le jour venu, pas d'amnistie : c'est, expliqua-
t-il, qu'on n'a pas pu trouver un seul prisonnier politique en Boli-
vie. En vertu de quoi, Debray [2], célèbre apolitique, restera sous
les verrous.

« Pas de prisonniers politiques en France », dirait certainement
M. Pompidou. Et il aurait raison — comme le général Ovando :
feuilletez les registres à la Santé, à Fresnes, dans les maisons centrales de province, vous n'en trouverez pas un. Comment
pourrait-il en être autrement dans le pays de la liberté ? Pourtant les interpellations, les perquisitions, les arrestations, se multiplient depuis quelques mois ; le pays de la liberté a la police
la plus voyante du monde ; il n'est pas de jour où l'on ne lise
dans la presse que des jeunes gens — *toujours* des jeunes — ont
été condamnés pour des violences dont le sens nous demeure obscur. Il faut donc que la France soit submergée par une vague
de délinquance : le gouvernement forge des lois pour nous défendre contre la nouvelle génération ; les tribunaux rendent des sen-
tences de plus en plus sévères ; on saisit des journaux avant même
de les avoir lus, ce qui correspond au rétablissement de la censure préalable. N'importe : le pouvoir s'étonnerait fort si on lui
reprochait de s'être engagé dans la voie dangereuse de la répression politique.

Treize mois à Frédérique Delange[3], qui a participé à l'expédition contre Fauchon ? Eh bien ! c'est une voleuse : le tribunal l'a condamnée pour vol, voilà tout. Cette sentence inique trahit pourtant un léger embarras : si Frédérique Delange avait volé *pour son compte* une robe dans un grand magasin — les clientes ont souvent la main leste —, elle aurait fait l'objet d'une condamnation beaucoup moins lourde. Ah ! dira-t-on, c'est qu'elle n'est pas venue seule. Fort bien. Alors elle fait partie d'une « association de malfaiteurs » ; ce délit est prévu par la loi et il est puni avec plus de rigueur. Pourquoi ne l'en avoir pas accusée ? C'est justement que le souvenir du FLN est encore trop frais : avant de le reconnaître, à Évian, comme interlocuteur valable et *politique* on ne voulait voir en ses membres que des malfaiteurs associés. Une voleuse solitaire, donc, mais multiple ; en sa personne, ses associés fantômes paient 3 000 francs à la maison Fauchon : le prix de *toutes* les marchandises dérobées. Dans la liste que j'ai sous les yeux, je prends des noms au hasard : Marc Labaye, violences contre des agents, deux mois ; deux mois à André Dauyssert pour bris de vitrine ! si vivement interrogé que son tympan est crevé, il a été inculpé de bris de clôture. Il y en a d'autres, beaucoup d'autres, une centaine. Qui sont ces gens ? Des furieux ? Des ivrognes ? Et pourquoi s'obstinent-ils à battre les agents et à casser des carreaux ? Cela n'est point dit. Ni non plus pourquoi.

MM. Le Dantec et Le Bris[4] ont incité leurs concitoyens au meurtre et sont en détention préventive, alors que le troisième directeur de *La Cause du Peuple* est en liberté : il faut supposer que ce dernier est considéré comme « politique » et que, s'il est inculpé, il comparaîtra en prévenu libre — ce qui est d'ailleurs l'usage pour les délits de presse depuis plus de cent ans — au lieu que les deux précédents directeurs sont des délinquants de droit commun au même titre, d'ailleurs, que les 70 « droit commun » inculpés au cours de ces derniers mois et qui sont en vérité des militants révolutionnaires arrêtés pour des motifs politiques. Le gouvernement, en effet, a un but précis : désorganiser les groupes gauchistes en emprisonnant le plus grand nombre possible de leurs militants et étouffer leur voix en saisissant systématiquement leurs journaux. C'est cette tactique qu'il veut couvrir en refusant aux détenus la possibilité de s'expliquer sur la signification réelle de leurs actes. En d'autres termes, il s'agit d'éviter à tout prix que se produise ce cauchemar des gouvernements autoritaires : un progrès politique.

Quand on a jugé Roland Castro, un de ceux qui, après la mort de cinq travailleurs immigrés, avaient décidé d'occuper le siège du CNPF [5], j'étais présent et j'ai pu voir par quel mécanisme fruste mais efficace le tribunal évitait que le prévenu, ses avocats et ses témoins en viennent à débattre au fond. De l'occupation du CNPF, motif véritable mais secret de l'inculpation, il ne fut *jamais* question. Un seul problème : Castro — qui avait tenté de s'enfuir du car où la police avait entassé les manifestants — était-il ou non coupable de violences contre les agents ? En conséquence tous les témoignages portant sur les motifs de l'occupation et sur les violences policières — matraquages des manifestants qui n'avaient pas d'armes et ne résistaient pas — ont été systématiquement refusés. Tous ceux qui concernaient l'activité politique de Castro ont été travestis en témoignages de moralité. A un travailleur africain qui tentait de montrer comment Castro et ses camarades s'étaient voués à l'alphabétisation des ouvriers illettrés, il fut répondu : «En somme, vous avez témoigné de l'honorabilité de l'accusé. »

Nous avons tous été sensibles à l'humour noir qui caractérisait ce procès. On nous demandait de dire *toute* la vérité. Nous jurions. Et nous nous apercevions aussitôt du malentendu : pour le tribunal, il fallait dire toute la vérité sur *un instant* sans avant ni après : celui-là même où Castro, en fuite, avait été rattrapé. Avait-il ou non résisté ? Ce qu'il faisait dans le car, les motifs de sa fuite, la raison de sa présence *illégale* dans les locaux du CNPF, le tribunal n'a pas voulu en connaître. Le procureur, lui-même, semble n'avoir pas été insensible à l'ironie de la situation : «S'agissant, a-t-il dit, d'un événement qui s'est déroulé avec une telle rapidité, il est normal que les témoignages soient contradictoires. » En d'autres termes, une vérité comprimée en un instant n'est plus vérifiable. Il en conclut comme de juste qu'il fallait condamner l'accusé.

Pour nous, *toute* la vérité, c'est la vérité tout entière. Et d'abord la faillite d'un ordre social qui impose une vie abjecte et parfois une mort atroce aux travailleurs recrutés à l'étranger, rejette les travailleurs vieillis et les condamne à une ignoble misère, contraint des millions de salariés à vendre leur force de travail pour le salaire minimum, oblige les ouvriers à maintenir des cadences arbitraires et souvent insupportables sous peine d'être licenciés, fait de l'usine un bagne, emprisonne les militants qui manifestent contre les accidents de travail, n'inquiète jamais ceux qui en sont responsables pour n'avoir pas voulu prendre les mesures de sécurité indispensables et, favorisant la croissance des monopoles, n'hésite pas à liquider la classe tout entière des artisans et des petits commerçants.

Toute la vérité : cette oppression permanente suscite, par choc en retour, la violence populaire. Mai 1968 n'a pas été une flambée sans lendemain, cette insurrection, trahie mais non vaincue, a laissé des traces profondes chez les travailleurs, et, particulièrement chez les jeunes. Ce que le pouvoir veut cacher, c'est que les militants qu'il condamne ne sont pas des trublions isolés et que, choisissant délibérément l'illégalité — ce qui est tout simplement refuser la légalité bourgeoise —, ils expriment par leurs actes la violence du peuple.

Toute la vérité : le pouvoir, en s'attaquant à ces jeunes gens, vise à les couper des masses. Il pense en avoir le temps, car les classes laborieuses sont bien loin d'être tout entières conscientes de la violence qui couve en elles. Quand il prétend défendre la liberté des citoyens — *quelle* liberté ? de *quels* citoyens ? — contre les folies de quelques énergumènes que la droite nomme fascistes et que la gauche respectueuse, ou, comme on dit aujourd'hui, avec un humour involontaire : gauche classique — appelle gauchistes-Marcellin, c'est, en vérité, à l'ensemble des travailleurs que sa répression s'étend. Il ne sert à rien de s'indigner : la bourgeoisie est en danger, elle se défend ; mais ceux qui veulent *toute* la vérité doivent exiger qu'elle éclate au tribunal même et que le procès intenté aux militants devienne le procès du régime. Le 27 mai, Le Bris et Le Dantec comparaîtront devant les juges : il faut que ce soit en accusateurs et non en défendeurs, pour dénoncer, *en politiques*, la politique répressive du pouvoir.

> Jean-Paul Sartre, « Toute la vérité », *Le Monde*,
> 27 mai 1970.

1. Président bolivien (1964-1970) responsable de l'arrestation de Régis Debray.

2. Compagnon de Che Guevara, Régis Debray (1940), capturé en 1967 et condamné à 30 ans de prison, est finalement libéré des geôles boliviennes le 24 décembre 1970.

3. Le 8 mai 1970, un commando gauchiste attaque l'épicerie Fauchon et distribue les vivres dans les bidonvilles de la région parisienne. Pour cette action, Frédérique Delange est condamnée le 19 mai 1970 à 13 mois de prison.

4. Directeurs de *La Cause du Peuple*, Jean-Pierre Le Dantec (1943) et Michel Le Bris, arrêtés en mars 1970, sont condamnés le 28 mai à 20 mois de prison. Nommé le 27 avril 1970 directeur de cet organe, Jean-Paul Sartre n'est en revanche pas inquiété — bien qu'il soit interpellé le 26 juin 1970 par la police.

5. Pour protester contre le sort fait aux immigrés, certains gauchistes occupent le siège du CNPF le 10 janvier 1970. Pour cette action, Roland Castro (1940) est condamné à un mois de prison avec sursis.

1970. Les établis

*Dès 1967, certains jeunes militants, fréquemment issus des groupuscules maoïstes ou trotskistes décident de partir « s'établir » en usine. Ils espèrent, au contact des masses ouvrières, mobiliser le prolétariat en l'émancipant de la tutelle des organisations communistes. Les événements de mai 68 ne font qu'amplifier un mouvement qui compte, dans les années soixante-dix, quelque mille individus. Proche des maoïstes, cinéaste avant son établissement, Jean-Pierre Thorn retrace son itinéraire à Valérie Linhart, la fille de Robert Linhart, un militant rendu célèbre par le récit de son expérience aux usines Citroën (*L'Établi, 1978).*

La première fois que j'ai mis le nez dans le hall d'atelier d'Alsthom, j'ai été fasciné : une atmosphère verdâtre, quelques lignes jaunes, des fumées, des lumières filtrées par les verrières, un bruit assourdissant et une odeur si caractéristique... Je travaillais dans ces ateliers avec un réel plaisir esthétique, j'étais enfin heureux. Quelques années plus tard, lors d'un repérage, j'ai ressenti un véritable coup de foudre. J'ai ouvert la porte et j'ai su qu'on tournerait là : c'était l'odeur. J'avais trouvé l'usine de mon film.

Jusqu'en 1968 je ne connaissais ni l'usine ni la classe ouvrière. A ce moment-là, je me suis aperçu qu'un monde impressionnant existait autour de nous, avec le pouvoir de bloquer le pays en cessant de travailler. Les drapeaux rouges flottaient aux portes des usines. J'avais vingt ans, c'était le choc.

Je m'étais méfié du mouvement étudiant, je ne l'avais pas suivi sur les barricades, certain, sans me le formuler, que la vie réelle ne pouvait être au quartier Latin. Les gens du cinéma s'étaient mis en grève et j'avais été proposer à la CGT mes services pour filmer les usines. Sans succès. Un jour, des copains d'Ulm m'ont emmené à Flins. J'ai découvert l'intelligence, la chaleur des militants ouvriers, les risques qu'ils prenaient. Mon désir d'établissement est directement lié au film *Oser lutter, oser vaincre*, que j'ai tourné à ce moment-là. Parfois, je cessais de filmer tant ce qui se passait autour de moi me paraissait la vraie vie. Entre deux prises, je lisais Mao, *Le Petit Livre rouge*, *De la pratique* : « Si on veut connaître le goût d'une poire, il faut la transformer : en la goûtant... Si l'on veut connaître la théorie et la révolution, il faut prendre part à la révolution. »

Je suis parti m'établir sans organisation derrière moi. J'ai vécu ces premières années à l'usine dans une joie immense. La découverte d'un autre univers culturel, la remise en question de tous mes comportements, même les plus intimes, me bousculaient comme si j'étais dans un western. J'ai épousé une femme, secrétaire, qui avait deux enfants. Nous nous sommes installés à Gennevilliers, au milieu des usines Chausson. Devenus des disciples de la pauvreté, nous appliquions au quotidien la pensée de Mao, remettant en cause nos privilèges d'intellectuels et diffusant *La Chine en construction* [1].

A l'usine, je faisais un boulot très ennuyeux. Il fallait couper des barres de cuivre en ronds plus ou moins grands et arroser les dents de la machine d'un liquide laiteux pour qu'elles refroidissent. Le seul avantage était ensuite de transporter ces ronds dans toute l'usine, là où on en aurait besoin. Je traversais les ateliers, fasciné ; j'étais comme au cinéma. A l'époque de Noël, des ouvriers mijotaient le couscous dans le dos des chefs ! Très vite, j'ai connu beaucoup de gens, j'écoutais leur histoire, ils m'invitaient chez eux.

J'avais décidé avec deux amis, l'un maghrébin, l'autre italien, d'organiser les immigrés sur l'amélioration de leurs conditions de travail. La CGT ne s'intéressait pas alors aux OS, difficilement organisables, tournant sans cesse sur les postes de travail. J'aurais aimé constituer un comité de base pour que les ouvriers se regroupent en dehors des organisations syndicales. Mais les ouvriers ont besoin de légalité, ils n'acceptaient que de se rendre aux réunions officielles, celles annoncées par des affichettes, après le casse-croûte. On a donc fondé une section CFDT, moyen pratique pour aller discuter avec les gens pendant les heures de boulot. On s'est d'abord battu pour les caristes, qui pelaient de froid en hiver sur leurs chariots. Le mot d'ordre était simple : « Des vestes matelassées pour tous ! » On allait s'installer dans les bureaux des chefs, eux-mêmes transis. Ils ont vite cédé.

J'ai passé sept ans dans cette usine ; j'y suis resté de 1971 à 1978. Progressivement, j'ai acquis de l'assurance. J'adorais prendre la parole, convaincre les travailleurs de se mettre en grève à partir de slogans évidents, arriver dans le bureau du directeur et dire : « Ça suffit, vos conneries... » Pour éviter le licenciement des têtes de défilé, ensuite fichées, j'ai lancé l'idée de manifester en cagoule. Un copain en a rajouté en arrivant à la manifestation déguisé en singe. Il en reste des photos extraordinaires.

C'était grisant, je vivais un rêve d'adolescent, refusant la vraie vie. Je me pensais ouvrier syndicaliste, pur et dur, *ad vitam aeternam*. Je suis passé à côté de mes enfants, que je n'ai pas vus grandir. Je vivais pour l'usine. Mon seul problème était la fatigue terrible, écrasante, surtout après les réunions politiques du soir.

J'ai commencé à craquer après les grandes grèves de 1977. Je ne comprenais plus la finalité de mon action. La mort de Lin Piao [2], le procès de Quian Xin, la fin de la « bande des quatre [3] » m'avaient mis le moral à zéro. Toutes les organisations révolutionnaires avaient établi leurs intellos, si bien qu'à la CFDT il n'y avait plus un ouvrier pour prendre la parole : nous nous retrouvions entre militants politiques, tous élus sous étiquette syndicale ! J'ai fini par être accusé de révisionnisme parce que je m'opposais à l'occupation de l'usine, que je jugeais trop risquée pour les ouvriers.

En 1978, j'ai abandonné mon mandat syndical. Redevenu simple ouvrier, je m'interrogeais : qu'est-ce que je fais là ? Je ne supportais plus les relations que j'entretenais avec les ouvriers, des rapports de domination et de dépendance que j'avais moi-même instaurés et qui m'avaient tant grisé. Dès qu'il se passait quelque chose, ils me disaient : « Jean-Pierre, prends la parole, tu parles mieux que nous ! » J'étais devenu le « sauveur », ce qui leur permettait de ne pas se prendre en charge. Je me rendais compte que le pouvoir appartient toujours à ceux qui possèdent la culture. Moi qui avais tant souhaité que les ouvriers prennent en main leur histoire, lancent des actions de façon autonome, je m'apercevais que je les avais entraînés plus loin qu'ils ne seraient allés naturellement. Plus grave encore, je commençais à avoir de l'estime pour mes adversaires de toujours, les directeurs, qui voulaient concilier le social et l'économique. Ils me convoquaient : « Alors Thorn, comment s'en sortir ? Il faut faire rouler la baraque, il y a cinq cents gars qui attendent dehors pour du boulot. On décide une mise à pied de trois jours pour votre camarade et vous faites reprendre le boulot aux autres... » J'ai compris que je devenais dangereux, qu'en me battant pour les conditions de travail je contribuais aussi à moderniser l'entreprise. Il me fallait partir...

Durant toutes ces années, j'ai souffert de la dissimulation. J'ai caché que j'étais un intellectuel sans duper personne. Pourtant, je vivais aux côtés de gens tellement divers, qui avaient traversé des histoires si fortes que rien n'aurait pu les surprendre. Je côtoyais des Portugais, déserteurs de la guerre d'Angola, qui travaillaient à l'usine pour bouffer et lisaient *Le Monde* pendant les pauses, tandis que je le jetais dans une poubelle avant de passer les portes. Quelle bêtise de ne pas leur avoir dit qui j'étais ! Lorsque j'ai quitté l'usine, les ouvriers qualifiés, finalement les plus actifs politiquement, m'ont dit : « Enfin, tu te décides ! Avec le ticket de retour que tu as dans la poche, il était temps de l'utiliser... » Par contre, mes compagnons immigrés n'ont jamais compris mon départ, persuadés que je les abandonnais après avoir retourné ma veste.

Mon regret, par rapport à l'établissement, c'est de l'avoir vécu à travers cette dimension de renonciation, de mortification. Je venais d'un milieu petit-bourgeois, je ne connaissais rien du travail manuel, ça m'a fait un bien fou d'être confronté à la réalité, de rencontrer des mecs qui ne sont pas toujours tendres. Pourquoi a-t-il fallu que je vive cette expérience sur ce mode-là ? C'est la grande question.

En quittant l'usine, j'ai rompu avec tout ce qui constituait mon univers d'alors. Je me suis séparé de la femme avec laquelle je vivais, je suis retourné m'installer à Paris, que j'adore. Je voulais vivre comme j'en avais envie, refaire du cinéma, ne plus jouer au père de famille, aimer la femme que je voudrais rencontrer. J'avais passé toutes ces années avec un surmoi extraordinaire, collé à l'image de l'ouvrier révolutionnaire modèle. En fait, l'image ne me correspondait pas, pour la maintenir en place il m'avait fallu une tonne d'énergie. L'édifice s'est effondré par trop de lézardes. Juste après ma démission, je suis tombé très gravement malade, j'ai eu une méningite. J'ai passé des semaines à l'hôpital, je subissais l'échec de dix années de ma vie.

Six mois après mon départ, les copains ont occupé l'usine. Ils sont venus me chercher pour que je filme. J'ai réalisé *Le Dos au mur*, dans le bonheur le plus complet. Enfin, j'assumais d'être cinéaste, parmi mes camarades ouvriers et à l'usine ! Depuis lors, je rêve de pouvoir filmer les ateliers, toutes les petites histoires qui s'y passent, les conflits au quotidien...

Il m'arrive encore de me demander pourquoi j'ai quitté l'usine. Le soir, je n'ai rien à raconter de mes longues journées creuses, à l'exception d'un film que je tourne tous les cinq ans. Lorsque je sortais de ma journée de chaîne, j'avais tous les jours des films fantastiques à raconter. Aujourd'hui, c'est plus difficile de trouver un sens à ma vie.

Jean-Pierre Thorn, « Témoignage », *in* Virginie Linhart, *Volontaires pour l'usine*, Paris, Éd. du Seuil, 1994, p. 190-195.

1. *La Chine en construction* est un mensuel chinois publié en français et voué au culte de l'expérience maoïste.
2. Dauphin de Mao Zedong, Lin Piao meurt en 1971 dans un mystérieux accident d'avion.
3. Après la mort de Mao Zedong (1976), sa femme Quian Xin [ou Jiang qin], Wang Hongwen, vice-président du PCC, Zang Chunqiao, vice-Premier ministre, et Mao Wenyuan, désignés comme « la bande des quatre », sont arrêtés pour complot contre le régime (9 octobre). Ils sont — avec les maréchaux complices de Lin Piao — condamnés le 25 janvier 1981 à de fort lourdes peines.

1971. Le manifeste des 343

L'avortement est interdit en France par la loi de 1920. La vague libératrice de 1968 rend caduque la morale sur laquelle s'appuie cette législation. Le féminisme fait de son abrogation l'un de ses principaux objectifs. Le 5 avril 1971, Le Nouvel Observateur *publie dans ses colonnes un manifeste qui rencontre immédiatement un écho retentissant.*

Un million de femmes se font avorter chaque année en France. Elles le font dans des conditions dangereuses en raison de la clandestinité à laquelle elles sont condamnées alors que cette opération, pratiquée sous contrôle médical, est des plus simples. On fait le silence sur ces millions de femmes. Je déclare que je suis l'une d'elles. Je déclare avoir avorté. De même que nous réclamons le libre accès aux moyens anticonceptionnels, nous réclamons l'avortement libre.

J. Abba Sidick	E. Bardis
J. Abdalleh	Anne de Bascher
Monique Anfredon	C. Batini
Catherine Arditi	Chantal Baulier
Maryse Arditi	Hélène de Beauvoir
Hélène Argellies	Simone de Beauvoir
Françoise Arnoul	Colette Biec
Florence Asie	M. Bediou
Isabelle Atlan	Michèle Bedos
Brigitte Auber	Anne Bellec
Stéphane Audran	Loleh Bellon
Colette Aubry	Édith Benoist
Tina Aumont	Anita Benoit
L. Azan	Aude Bergier
Jacqueline Azim	Dominique Bernabe
Micheline Baby	Jocelyne Bernard
Geneviève Bachelier	Catherine Bernheim
Cécile Ballif	Nicole Bernheim
Néna Baratier	Tania Bescomd
D. Bard	Jeannine Beylot

Monique Bigot
Fabienne Biguet
Nicole Bize
Nicole de Boisanger
Valérie Boisgel
Y. Boissaire
Séverine Boissonnade
Martine Bonzon
Françoise Borel
Ginette Bossavit
Olga Bost
Anne-Marie Bouge
Pierrette Bourdin
Monique Bourroux
Bénédicte Boysson-Bardies
M. Braconnier-Leclerc
M. Braun
Andrée Brumeaux
Dominique Brumeaux
Marie-Françoise Brumeaux
Jacqueline Busset
Françoise de Camas
Anne Camus
Ginette Cano
Betty Cenel
Jacqueline Chambord
Josiane Chanel
Danièle Chinsky
Claudine Chonez
Martine Chosson
Catherine Claude
M.-Louise Clave
Françoise Clavel
Iris Clert
Geneviève Cluny
Annie Cohen
Florence Collin
Anne Cordonnier
Anne Cornaly
Chantal Cornier
J. Corvisier
Michèle Cristofari

Lydia Cruse
Christiane Dancourt
Hélène Darakis
Françoise Dardy
Anne-Marie Daumont
Anne Dauzon
Martine Dayen
Catherine Dechezelle
Marie Dedieu
Lise Deharme
Claire Delpech
Christine Delphy
Catherine Deneuve
Dominique Desanti
Geneviève Deschamps
Claire Deshayes
Nicole Despiney
Catherine Deudon
Sylvie Diarte
Christine Diaz
Arlette Donati
Gilberte Doppler
Danièle Drevet
Évelyne Droux
Dominique Dubois
Muguette Durois
Dolorès Dubrana
C. Dufour
Élyane Dugny
Simone Dumont
Christiane Duparc
Pierrette Duperrey
Annie Dupuis
Marguerite Duras
Françoise Duras
Françoise d'Eaubonne
Nicole Echard
Isabelle Ehni
Myrtho Elfort
Danièle El-Gharbaoui
Françoise Élie
Arlette Elkaïm

Barbara Enu
Jacqueline d'Estrée
Françoise Fabian
Anne Fabre-Luce
Annie Fargue
J. Foliot
Brigitte Fontaine
Antoinette Fouque-Grugnardi
Éléonore Friedmann
Françoise Fromentin
J. Fruhling
Danièle Fulgent
Madeleine Gabula
Yamina Gacon
Luce Garcia-Ville
Monique Garnier
Micha Garrigue
Geneviève Gasseau
Geneviève Gaubert
Claude Genia
Élyane Germain-Horelle
Dora Gerschenfeld
Michèle Girard
F. Gogan
Hélène Gonin
Claude Gorodesky
Marie-Luce Gorse
Deborah Gorvier
Martine Gottlib
Rosine Grange
Rosemonde Gros
Valérie Groussard
Lise Grundman
A. Guerrand-Hermes
Françoise de Gruson
Catherine Guyot
Gisèle Halimi
Herta Hansmann
Noëlle Henry
M. Hery
Nicole Higelin
Dorinne Horst

Raymonde Hubschmid
Y. Imbert
L. Jalin
Catherine Joly
Colette Joly
Yvette Joly
Hermine Karagheuz
Ugne Karvelis
Katia Kaupp
Nanda Kerien
F. Korn
Hélène Kostoff
Marie-Claire Labie
Myriam Laborde
Anne-Marie Lafaurie
Bernadette Lafont
Michèle Lambert
Monique Lange
Maryse Lapergue
Catherine Larnicol
Sophie Larnicol
Monique Lascaux
M.-T. Latreille
Christiane Laurent
Françoise Lavallard
G. Le Bonniec
Danièle Lebrun
Annie Leclerc
M.-France Le Dantec
Colette Le Digol
Violette Leduc
Martine Leduc-Amel
Françoise Le Forestier
Michèle Leglise-Vian
M.-Claude Lejaille
Mireille Lelièvre
Michèle Lemonnier
Françoise Lentin
Joëlle Lequeux
Emmanuelle de Lesseps
Anne Levaillant
Dona Levy

Irène Lhomme
Christine Llinas
Sabine Lods
Marceline Loridan
Édith Loser
Françoise Lupagne
M. Lyleire
Judith Magre
C. Maillard
Michèle Manceaux
Bona de Mandiargues
Michèle Marquais
Anne Martelle
Monique Martens
Jacqueline Martin
Milka Martin
Renée Marzuk
Colette Masbou
Celia Maulin
Liliane Maury
Édith Mayeur
Jeanne Maynial
Odile du Mazaubrun
Marie-Thérèse Mazel
Gaby Memmi
Michèle Meritz
Marie-Claude Mestral
Maryvonne Meuraud
Jolaine Meyer
Pascale Meynier
Charlotte Millau
M. de Miroschodji
Geneviève Mnich
Ariane Mnouchkine
Colette Moreau
Jeanne Moreau
Nelly Moreno
Michèle Moretti
Lydia Morin
Mariane Moulergues
Liane Mozere
Nicole Muchnik

C. Muffong
Véronique Nahoum
Éliane Navarro
Henriette Nizan
Lila de Nobili
Bulle Ogier
J. Olena
Janine Olivier
Wanda Olivier
Yvette Orengo
Iro Oshier
Gege Pardo
Élisabeth Pargny
Jeanne Pasquier
M. Pelletier
Jacqueline Perez
M. Perez
Nicole Perrottet
Sophie Pianko
Odette Picquet
Marie Pillet
Élisabeth Pimar
Marie-France Pisier
Olga Poliakoff
Danièle Poux
Micheline Presle
Anne-Marie Quazza
Marie-Christine Questerbert
Susy Rambaud
Gisèle Rebillion
Gisèle Riboul
Arlette Reinert
Arlette Repart
Christiane Rebeiro
M. Ribeyrol
Delye Ribes
Marie-Françoise Richard
Suzanne Rigail Blaise
Marcelle Rigaud
Laurence Rigault
Danièle Rigaut
Danièle Riva

M. Riva
Claude Rivière
Marthe Robert
Christiane Rochefort
J. Rogaldi
Chantal Rogeon
Francine Rolland
Christiane Rorato
Germaine Rossignol
Hélène Rostoff
G. Roth-Bernstein
C. Rousseau
Françoise Routhier
Danièle Roy
Yvette Rudy
Françoise Sagan
Rachel Salik
Renée Saurel
Marie-Ange Schiltz
Lucie Schmidt
Scania de Schonen
Monique Selim
Liliane Sendyke
Claudine Serre
Colette Sert
Jeanine Sert
Catherine de Seyne
Delphine Seyrig
Sylvie Sfez
Liliane Siegel
Annie Sinturel
Michèle Sirot
Michèle Stemer

Cécile Stern
Alexandra Stewart
Gaby Sylvia
Francine Tabet
Danièle Tardrew
Anana Terramorsi
Arlette Tethany
Joëlle Thevenet
Marie-Christine Theurkauff
Constance Thibaud
Josy Thibaut
Rose Thierry
Suzanne Thivier
Sophie Thomas
Nadine Trintignant
Irène Tunc
Tyc Dumont
Marie-Pia Vallet
Agnès Van-Parys
Agnès Varda
Catherine Varlin
Patricia Varod
Cleuza Vernier
Ursula Vian-Kubler
Louise Villareal
Marina Vlady
A. Wajntal
Jeannine Weil
Anne Wiazemsky
Monique Wittig
Josée Yanne
Catherine Yovanovitch
Annie Zelensky

Jean-François Sirinelli, *Intellectuels et Passions françaises. Manifestes et pétitions au XXe siècle*, Paris, © Librairie Arthème Fayard, 1990, p. 264 et 290-292.

1971. Le Congrès d'Épinay

Le 11 juin 1971, à Épinay, s'ouvre le Congrès pour l'unité des socialistes. Environ 950 délégués sont réunis et représentent de nombreuses sensibilités de la gauche non communiste : des vieilles fédérations « réformistes » de la SFIO emmenées par Pierre Mauroy et Gaston Defferre, aux socialistes, de tempérament plus radical, groupés dans le Centre d'études, de recherches et d'éducation socialiste (CÉRÉS) animé par Jean-Pierre Chevènement, en passant par les nombreux clubs résultant du déclin de la SFIO. François Mitterrand, qui est l'un des 97 délégués de la Convention des institutions républicaines, prononce un discours dans lequel il défend notamment une alliance électorale rapide avec le Parti communiste et la création d'un grand parti moderne, ancré dans des valeurs de gauche et à vocation majoritaire.

Notre terrain, il est celui-ci : à compter du moment où nous adoptons une stratégie de rupture, il importe de savoir quelle est la définition hors de laquelle il n'y a pas de marche possible vers le socialisme.

Eh bien je dis, aussi clairement que je le pense après quelque réflexion et quelque temps mis à cette réflexion, que notre terrain est celui-là : il n'y a pas, il n'y aura jamais de société socialiste sans propriété collective des grands moyens de production, d'échange et de recherche.

Notre terrain, s'il est celui-là, nous fera passer à une autre fraction du territoire. Cette autre fraction du territoire nous fera accéder à cette notion moderne, à l'époque de l'audiovisuel et des « mass media » : si l'on ne va pas aux sources de la culture, on a échoué l'entreprise !

Notre terrain, c'est une analyse économique, ce n'est pas une doctrine, ce n'est pas une idéologie, c'est une science... qui épouse le fait économique et social. Il s'agit simplement d'être honnêtes et d'abord, d'apprendre la science.

Et quand on a bien assis notre premier terrain, quel est notre adversaire ?

Je voudrais balayer vraiment tout de suite — d'abord parce que le temps passe et il ne faut pas que je reste trop longtemps à cette tribune —, il faudrait donc que je balaie tout de suite disons les adversaires fantomatiques, les fantasmes... Il y a un certain nombre de décennies, l'adversaire, qui était-ce?... Eh bien, une certaine classe dirigeante, assurément... d'autres auraient ajouté l'Église, qui apportait le sceau du spirituel aux moyens de l'injustice sociale... d'autres auraient ajouté : l'Armée... mais ça fait déjà longtemps qu'elle ne fait plus de coups d'État ! D'autres auraient ajouté : les notables.

Le véritable ennemi, j'allais dire le seul, parce que tout passe par chez lui, le véritable ennemi si l'on est bien sur le terrain de la rupture initiale, des structures économiques, c'est celui qui tient les clefs... c'est celui qui est installé sur ce terrain-là, c'est celui qu'il faut déloger... c'est le monopole ! terme extensif... pour signifier toutes les puissances de l'argent, l'argent qui corrompt, l'argent qui achète, l'argent qui écrase, l'argent qui tue, l'argent qui ruine, et l'argent qui pourrit jusqu'à la conscience des hommes !

François Mitterrand, *Politique*, Paris, © Librairie Arthème Fayard, 1977, p. 213-214.

1972. Le Programme commun

Conformément aux engagements pris lors du congrès d'Épinay et en dépit des divisions provoquées par le référendum d'avril 1972 sur l'entrée de la Grande-Bretagne dans le Marché commun, socialistes et communistes, auxquels s'adjoignent bientôt les radicaux de gauche conduits par Robert Fabre, élaborent un texte programmatique commun valable pour la durée d'une législature. Ce « programme commun de gouvernement » est paraphé le 27 juin 1972. Il est le fruit de concessions réciproques, mais les socialistes français, en signant ce contrat, s'éloignent du modèle social-démocrate dominant alors en Europe.

CHAPITRE VII

LES LOISIRS

Le temps de loisirs sera augmenté pour tous les travailleurs à la fois par la réduction du temps de travail et par la diminution de la durée du temps contraint (transports, etc.).

Les divers systèmes possibles d'organisation de l'éducation permanente dans l'emploi du temps des travailleurs seront expérimentés, combinés entre eux, adaptés à la diversité des conditions et des besoins.

Dans le strict respect des libertés individuelles, familiales et collectives, les pouvoirs publics donneront les moyens d'une promotion culturelle du temps de loisirs de tous les Français, qu'il s'agisse des vacances ou des loisirs en période de travail. Ainsi le temps de loisirs ne sera pas réduit à la reconstitution de la force de travail.

Dans le cadre d'une extension générale de leurs attributions, les comités d'entreprise joueront un rôle important d'animation et de relais en matière culturelle, en liaison avec les collectivités locales et les associations d'éducation populaire. La subvention patronale, actuellement fixée selon des normes périmées, sera redéfinie en fonction des besoins et de la masse salariale des entreprises.

Dès la première législature, une loi-programme pluriannuelle déterminera le montant global de l'aide de l'État en vue de permettre aux collectivités locales l'implantation systématique, à leur initiative et sous leur responsabilité, des infrastructures culturelles les plus modernes.

Les universités formeront des animateurs. Pourront y accéder soit des étudiants, soit des membres des mouvements, syndicats, associations qui consacrent leurs efforts à l'éducation permanente, à l'essor culturel, aux loisirs. En même temps, les organismes de formation existants qui sont l'émanation d'associations populaires poursuivront leur tâche avec des moyens accrus. Les écrivains, artistes, sportifs, scientifiques, pourront, s'ils le désirent, participer à des activités d'animation culturelle.

Le gouvernement donnera tous ses soins à une politique de préservation de la nature, d'organisation du repos, de loisirs, de la culture et du tourisme qui correspond à un immense besoin social. Ainsi sera protégé, aménagé, rendu accessible et, le cas échéant, reconstitué dans l'intérêt de tous le patrimoine que constituent nos campagnes, nos rivages marins, nos fleuves, nos forêts, nos montagnes, nettoyés des pollutions qui les souillent et défendus contre les appétits du grand capital qui veut en confisquer la plus belle part.

Le tourisme ne sera pas un alibi face au sous-développement de certaines régions, mais il ira de pair avec leur développement industriel et agricole.

Une réorganisation d'ensemble au niveau gouvernemental répondra à la double nécessité de rompre avec les pratiques autoritaires, comme celle de l'actuel secrétariat à la Jeunesse et aux Sports, et de coordonner les efforts dans les domaines du sport, des loisirs et de la protection du cadre de vie.

Bulletin socialiste, juin 1972.

1973. Le programme de Provins

Premier ministre depuis juillet 1972, Pierre Messmer (né en 1916) a pour première mission de mener la majorité à la victoire lors des élections législatives de mars 1973. La tâche n'apparaît pas aisée, car la gauche unie menace de les remporter. Le 7 janvier 1973, à Provins, le chef du gouvernement ouvre la campagne en présentant le programme de la majorité devant ses candidats réunis sous l'étiquette URP (Union des républicains de progrès).

L'EMPLOI

BILAN — *La progression rapide des offres d'emploi manifeste le dynamisme de notre économie.*

PERSPECTIVES — L'inadaptation des demandes et des offres sera progressivement réduite par le succès du programme de formation professionnelle et de formation permanente qui est en cours. Cet effort, nous aurons à le continuer : le plein emploi et le meilleur emploi constituent la priorité essentielle du gouvernement. Nous nous sommes donné les moyens d'y parvenir.

L'Agence nationale de l'emploi, qui rend tant de services aux travailleurs, sera, en 1973, implantée dans tous les départements. Il faut savoir que le Fonds national de l'emploi, en facilitant les transitions, en permettant les reconversions, en aidant directement les travailleurs à acquérir de nouvelles qualifications, s'attaque au fond du problème qui est presque toujours l'inadaptation entre les demandeurs d'emplois et les emplois qui leur sont offerts. Une grande partie des demandeurs d'emplois étant des jeunes qui n'ont pas encore travaillé, le gouvernement vient d'instituer une prime qui leur permet de se déplacer pour trouver leur premier emploi.

L'accès libre et égal de toutes les femmes à tous les emplois sera non seulement un principe mais une réalité aussi étendue que possible. Le travail à temps partiel si utile pour beaucoup de Françaises a déjà été encouragé et réglementé. Le mi-temps ou la formule des horaires libres seront généralisés au profit de toutes les mères qui le souhaitent.

LES PRIX

BILAN — *Le Premier ministre rappelle le plan anti-hausse du gouvernement. Il ajoute :*

Je déclare que l'ampleur de ces mesures témoigne de la volonté du gouvernement de tout faire pour que, en 1973, le rythme des hausses de prix se rapproche autant que possible de l'objectif que nous nous sommes fixé, en accord avec nos partenaires du Marché commun. Nous avons pris des contacts avec les organisations professionnelles pour que les diminutions des taxes soient intégralement répercutées au profit des consommateurs. Je me suis engagé personnellement à ce qu'il en soit ainsi et je répète que c'est personnellement que je veillerai au respect des engagements pris.

PERSPECTIVES — Il faut que chaque Français, en tant que producteur, en tant que consommateur, soit conscient de l'importance de l'enjeu et de la discipline qu'il doit s'imposer [...]. Si nous avons engagé une action qui doit, dans un délai rapide, casser le rythme de la hausse des prix, nous ne devons pas relâcher l'effort. L'année 1973 sera, à cet égard, cruciale, et si nous devons, pour résoudre ce problème fondamental, prolonger notre action en renonçant, par exemple, pour une période plus longue que prévu, à toute augmentation des tarifs publics, nous le ferons. La lutte contre l'inflation est un objectif essentiel. Il faut extirper la racine du mal et faire en sorte que certaines causes de l'inflation soient supprimées. C'est une action que la France ne peut pas mener seule. Elle le fera en liaison avec ses partenaires de la Communauté économique européenne et sur le plan mondial, dans le cadre des négociations monétaires internationales. Mais il faut également que dans notre économie nous fassions en sorte qu'aucun mécanisme ne constitue un accélérateur de hausse de prix [...]. Il nous faudra seuls, ou dans le cadre de la Communauté européenne, aménager les règles de la concurrence pour permettre le fonctionnement normal du marché, dans l'intérêt des consommateurs.

Le Monde, 9 janvier 1973.

1974. La candidature
de Valéry Giscard d'Estaing

Dès le début des années 1970, nombreux sont les commentateurs à envisager pour Valéry Giscard d'Estaing (né en 1926) une carrière présidentielle. Ce polytechnicien, ancien élève de l'ÉNA, député du Puy-de-Dôme et secrétaire d'État à l'âge de trente-huit ans, a été ministre des Finances durant huit années sans pour autant devenir impopulaire. Son aisance et sa distinction sont légendaires, et se manifestent dans sa première conférence de presse de candidat à l'Élysée qu'il donne le 11 avril 1974. La mort de Georges Pompidou, le 2 avril, laisse ouverte sa succession au sein même de la majorité. Face aux journalistes, Valéry Giscard d'Estaing a soin de placer auprès de lui un portrait de l'ancien président de la République et quelques branches de myosotis.

A l'heure actuelle, je crois que les Français, en réalité, veulent deux choses : la continuité et la nouveauté. Ils veulent la continuité pour maintenir ce que leur a apporté la Ve République, c'est-à-dire la dignité de la France, la stabilité des institutions et le progrès économique et social. Ayant travaillé pendant cinq ans aux côtés du président Pompidou pour ce progrès économique et social, les Français peuvent compter sur moi pour garantir la sécurité de la continuité. Mais aussi la nouveauté, c'est-à-dire un pays plus ouvert, plus détendu, qui soit un modèle de démocratie, de liberté, de justice, un pays en quelque sorte rajeuni qui oublie la morosité, qui ait confiance en lui-même et qui soit prêt à découvrir son propre bonheur. La nouvelle majorité présidentielle doit répondre à ce vœu des Français.

La continuité d'abord en regroupant tous ceux qui ont apporté avec loyauté leur soutien à l'action du président Pompidou, et aussi la nouveauté en associant, à la délibération et à l'action, tous ceux qui feront partie de cette majorité nouvelle.

Si je suis élu, j'exercerai pleinement, à l'intérieur et à l'extérieur, les responsabilités du président. Je serai fier de représenter la France à l'extérieur et de parler en son nom dans le monde moderne. Je le ferai avec la conscience que c'est un pays très ancien et très respectable. Si je suis élu, à l'intérieur, je serai un président qui informerait, comme j'ai commencé à le faire. Je serai aussi un président qui aura, pour chaque Française et pour chaque Français, de toute condition et de toute activité, la considération qu'il mérite. Concernant l'économie française, je m'efforcerai de la protéger des crises présentes ou futures, et je considère comme une priorité absolue le maintien de l'activité économique et de l'emploi.

La croissance doit rester humaine pour éviter de briser, sous le poids de changements trop brusques, les habitudes ou les situations de ceux qui travaillent. Les fruits de la croissance doivent être répartis en faveur des plus faibles ou des plus démunis, c'est-à-dire en particulier les personnes âgées et les travailleurs qui disposent des salaires les plus bas. A cet égard, la politique du SMIC et l'effort pour resserrer en France l'éventail des revenus seront poursuivis. Concernant les équipements collectifs, une priorité doit être donnée à l'équipement hospitalier pour le moderniser et l'humaniser, et aux transports en commun.

Je terminerai en vous disant que je ne souhaite pas organiser autour de moi le rassemblement de la peur. Naturellement, il faut battre, et nous battrons, comme en mars dernier, le candidat du Programme commun [1]. Nous le ferons tout simplement parce que la majorité des Français ne veut pas de ce programme. Mais je préfère exprimer et conduire un mouvement qui soit un mouvement d'enthousiasme et de progrès. L'élection présidentielle sera un commencement.

Le Monde, 13 avril 1974.

---

1. François Mitterrand sera le candidat unique de la gauche.

1974. La légalisation
de l'avortement

*Le 26 novembre 1974, Simone Veil (1927), ministre de la Santé
(1974-1979), présente devant les députés un projet de loi destiné
à autoriser sous certaines conditions l'avortement. Cette loi, votée
le 17 janvier 1975 grâce au concours de la gauche, ne s'applique
que pour une période transitoire de 5 ans, le texte définitif n'étant
adopté qu'en 1980.*

Mme *S. Veil :* [...] Je le dis avec toute ma conviction : l'avortement doit rester l'exception, l'ultime recours pour des situations sans issue. Mais comment le tolérer sans qu'il perde ce
caractère d'exception, sans que la société paraisse l'encourager ?

Je voudrais tout d'abord vous faire partager une conviction
de femme — je m'excuse de le faire devant cette Assemblée presque exclusivement composée d'hommes : aucune femme ne
recourt de gaieté de cœur à l'avortement. Il suffit d'écouter les
femmes.

[*Applaudissements sur divers bancs de l'Union des démocrates pour la République, des républicains indépendants, des réformateurs, des centristes et des démocrates sociaux et sur quelques
bancs des socialistes et radicaux de gauche.*]

C'est toujours un drame et cela restera toujours un drame.

C'est pourquoi, si le projet qui vous est présenté tient compte
de la situation de fait existante, s'il admet la possibilité d'une
interruption de grossesse, c'est pour la contrôler et, autant que
possible, en dissuader la femme. [...]

Certains penseront sans doute que notre seule préoccupation
a été l'intérêt de la femme, que c'est un texte qui a été élaboré
dans cette seule perspective. Il n'y est guère question ni de la
société ou plutôt de la nation, ni du père de l'enfant à naître
et moins encore de cet enfant.

Je me garde bien de croire qu'il s'agit d'une affaire individuelle
ne concernant que la femme et que la nation n'est pas en cause.
Ce problème la concerne au premier chef, mais sous des angles différents et qui ne requièrent pas nécessairement les mêmes solutions.

L'intérêt de la nation, c'est assurément que la France soit jeune, que sa population soit en pleine croissance. Un tel projet, adopté après une loi libéralisant la contraception, ne risque-t-il pas d'entraîner une chute importante de notre taux de natalité qui amorce déjà une baisse inquiétante ?

Ce n'est là ni un fait nouveau, ni une évolution propre à la France : un mouvement de baisse assez régulier des taux de natalité et de fécondité est apparu depuis 1965 dans tous les pays européens, quelle que soit leur législation en matière d'avortement ou même de contraception.

Il serait hasardeux de chercher des causes simples à un phénomène aussi général. Aucune explication ne peut y être apportée au niveau national. Il s'agit d'un fait de civilisation révélateur de l'époque que nous vivons et qui obéit à des règles complexes que d'ailleurs nous connaissons mal.

Les observations faites dans de nombreux pays étrangers par les démographes ne permettent pas d'affirmer qu'il existe une corrélation démontrée entre une modification de la législation de l'avortement et l'évolution des taux de natalité et surtout de fécondité. [...]

Tout laisse à penser que l'adoption du projet de loi n'aura que peu d'effets sur le niveau de la natalité en France, les avortements légaux remplaçant en fait les avortements clandestins, une fois passée une période d'éventuelles oscillations à court terme. [...]

En préparant le projet qu'il vous soumet aujourd'hui, le Gouvernement s'est fixé un triple objectif : faire une loi réellement applicable ; faire une loi dissuasive ; faire une loi protectrice.

Ce triple objectif explique l'économie du projet.

Une loi applicable d'abord.

Un examen rigoureux des modalités et des conséquences de la définition de cas dans lesquels serait autorisée l'interruption de grossesse révèle d'insurmontables contradictions.

Si ces conditions sont définies en termes précis — par exemple, l'existence de graves menaces pour la santé physique ou mentale de la femme, ou encore, par exemple, les cas de viol ou d'inceste vérifiés par un magistrat —, il est clair que la modification de la législation n'atteindra pas son but quand ces critères seront réellement respectés, puisque la proportion d'interruptions de grossesse pour de tels motifs est faible. Au surplus, l'appréciation de cas éventuels de viol ou d'inceste soulèverait des problèmes de preuve pratiquement insolubles dans un délai adapté à la situation.

Si, au contraire, c'est une définition large qui est donnée — par exemple, le risque pour la santé psychique ou l'équilibre psychologique ou la difficulté des conditions matérielles ou morales d'existence —, il est clair que les médecins ou les commissions qui seraient chargés de décider si ces conditions sont réunies auraient à prendre leur décision sur la base de critères insuffisamment précis pour être objectifs. [...]

C'est pourquoi, renonçant à une formule plus ou moins ambiguë ou plus ou moins vague, le Gouvernement a estimé préférable d'affronter la réalité et de reconnaître qu'en définitive la décision ultime ne peut être prise que par la femme.

Remettre la décision à la femme, n'est-ce pas contradictoire avec l'objectif de dissuasion, le second des deux que s'assigne ce projet ?

Ce n'est pas un paradoxe que de soutenir qu'une femme sur laquelle pèse l'entière responsabilité de son geste hésitera davantage à l'accomplir que celle qui aurait le sentiment que la décision a été prise à sa place par d'autres.

Le Gouvernement a choisi une solution marquant clairement la responsabilité de la femme parce qu'elle est plus dissuasive au fond qu'une autorisation émanant d'un tiers qui ne serait ou ne deviendrait vite qu'un faux-semblant.

Ce qu'il faut, c'est que cette responsabilité, la femme ne l'exerce pas dans la solitude ou dans l'angoisse.

Tout en évitant d'instituer une procédure qui puisse la détourner d'y avoir recours, le projet prévoit donc diverses consultations qui doivent la conduire à mesurer toute la gravité de la décision qu'elle se propose de prendre. [...]

Il va sans dire que nous souhaitons que ces consultations soient les plus diversifiées possible et que, notamment, les organismes qui se sont spécialisés pour aider les jeunes femmes en difficulté puissent continuer à les accueillir et à leur apporter l'aide qui les incite à renoncer à leur projet. Tous ces entretiens auront naturellement lieu seule à seule, et il est bien évident que l'expérience et la psychologie des personnes appelées à accueillir les femmes en détresse pourront contribuer de façon non négligeable à leur apporter un soutien de nature à les faire changer d'avis. Ce sera,

en outre, une nouvelle occasion d'évoquer avec la femme le problème de la contraception et la nécessité, dans l'avenir, d'utiliser des moyens contraceptifs pour ne plus jamais avoir à prendre
la décision d'interrompre une grossesse pour les cas où la femme
ne désirerait pas avoir d'enfant. Cette information en matière
de régulation des naissances — qui est la meilleure des dissua-
sions à l'avortement — nous paraît si essentielle que nous avons
prévu d'en faire une obligation, sous peine de fermeture administrative, à la charge des établissements où se feraient les interruptions de grossesse.

Les deux entretiens qu'elle aura eus, ainsi que le délai de
réflexion de huit jours qui lui sera imposé, ont paru indispensables pour faire prendre conscience à la femme de ce qu'il ne s'agit
pas d'un acte normal ou banal, mais d'une décision grave qui
ne peut être prise sans en avoir pesé les conséquences et qu'il
convient d'éviter à tout prix. Ce n'est qu'après cette prise de
conscience, et dans le cas où la femme n'aurait pas renoncé à
sa décision, que l'interruption de grossesse pourrait avoir lieu.
Cette intervention ne doit toutefois pas être pratiquée sans de
strictes garanties médicales pour la femme elle-même et c'est le
troisième objectif du projet de loi : protéger la femme.

Tout d'abord, l'interruption de grossesse ne peut être que précoce, parce que ses risques physiques et psychiques, qui ne sont
jamais nuls, deviennent trop sérieux après la fin de la dixième
semaine qui suit la conception pour que l'on permette aux femmes de s'y exposer.

Ensuite, l'interruption de grossesse ne peut être pratiquée que
par un médecin, comme c'est la règle dans tous les pays qui ont
modifié leur législation dans ce domaine. Mais il va de soi
qu'aucun médecin ou auxiliaire médical ne sera jamais tenu d'y
participer.

Enfin, pour donner plus de sécurité à la femme, l'intervention ne sera permise qu'en milieu hospitalier, public ou privé. [...]

Assemblée nationale, séance du 26 novembre 1974,
JO, 27 novembre 1974, p. 6999-7001.

1975. La dénonciation du Goulag

En 1973, Alexandre Soljenitsyne publie L'Archipel du Goulag. *Dès 1974, l'ouvrage est traduit en français et connaît un immense succès, amenant la gauche à s'interroger sur son aveuglement à l'égard du système concentrationnaire soviétique. Philosophe de formation, André Glucksmann (1937) amorce une réflexion pionnière sur ce thème. Publié en 1975,* La Cuisinière et le Mangeur d'hommes *provoque un profond débat qui incite d'autres intellectuels à suivre le mouvement initié par le premier penseur de sa génération à récuser « le ronron marxiste agonisant » (Maurice Clavel).*

Ou bien nous en restons aux premières évidences : russe ou nazi, un camp est un camp. Dans ce cas, le marxisme du dirigeant russe offre un supplément de cynisme ou de tartufferie. Et du coup tombent nos autres évidences. Est-ce au nom des « *mêmes valeurs* » que le paysan chinois se libère, que l'ouvrier français espère la révolution et qu'on enferme l'ouvrier et le paysan russes ? Les antifascistes qui refusent les camps ont-ils les mêmes valeurs, quoi qu'il y paraisse, que les communistes qui les approuvent ? Et ces valeurs mêmes, affichées aux portes des camps, ne deviennent-elles pas intrinsèquement douteuses ?

Ou bien nous prétendons soustraire le marxisme et ses valeurs à cette remise en cause, et nous sauvons alors notre deuxième train d'évidences. Il faudra cultiver la métaphore d'un Beria révolutionnaire « *malgré lui* », d'un Staline qui, faisant le mal, sert le bien. Il faudra expliquer que les camps, les déportations contribuent « malgré eux » à la reconnaissance de l'homme par l'homme, à l'édification de la société sans classe. Il faudra trouver le moyen de suggérer qu'un camp n'est *plus* un camp, le travail forcé *plus* le travail forcé, l'extermination *plus* l'extermination, du moment qu'ils tuent au nom du socialisme. De telles « explications » pouvant se parer de la plus subtile dévotion, on finira bien par « lire » dans la ruse de Beria une ruse de la raison et par découvrir, dans le comble de la tartufferie, la plus mystérieuse sagesse de l'Histoire : opération-sauvetage que les marxistes ont apprise chez Hegel, et Hegel à la fois dans l'économie politique bourgeoise (main invisible grâce à qui la poursuite de l'intérêt égoïste passe pour tourner au bénéfice de tous) et dans la théologie classique (Providence divine qui agence les maux terrestres en vue du Bien suprême).

Bien entendu, pareille discussion ébranle les idées reçues, on ne s'est pas privé d'en commenter indéfiniment la formulation avec l'espoir discret d'en faire oublier le fond : oui ou non la valeur, la vertu s'est-elle « changée en poison » ?

Un althussérien [1] viendra nous dire : ne parlons pas de « valeurs », là est l'erreur, le marxisme est une science, non une morale. Un « garaudysiaque » [2] opposera les fausses valeurs de Staline et les vraies valeurs du marxisme à visage humain. Brejnev mangera aux deux râteliers. La jeune génération des théoriciens marxistes à un troisième. Ainsi va la tête.

Qu'est-ce que cela change ? Le mot d'ordre marxiste qui surplombe l'entrée du camp [3], vous pouvez le prendre pour une « valeur », pour le résidu d'une lecture du *Capital* — lecture dont vous pourrez toujours démontrer qu'elle est erronée —, vous n'éviterez pas ce fait redoutable : dès sa porte d'entrée, le camp s'affiche marxiste. Rusez à votre tour, dites qu'il s'agit là d'un marxisme-malgré-lui : vous vous installez dans le discours d'un Khrouchtchev condamnant Staline, le récupérant et maintenant des camps. Couverts par ce discours, les dirigeants actuels innovent, ajoutant l'usage des asiles psychiatriques — « chambres à gaz psychiques » — où ils enferment les opposants. Toutes les justifications subtiles de la ruse de Beria par la ruse de la Raison, toutes les argumentations qui font la part des « erreurs », celles qui passent sur les camps pour mieux parler des Spoutniks et des « progrès économiques » de l'URSS — nous les avons entendues. Elles sont dans la bouche des maîtres de la Russie depuis cinquante ans, elles sont arrachées par tous les moyens aux lèvres des opposants jugés, elles traînent même sur celles des victimes à qui l'on a imposé le parler des bourreaux. La ruse de Staline, c'est d'être précisément la ruse de la Raison. Inutile d'imaginer d'un côté son cynisme, de l'autre son marxisme. Son marxisme est cynique et n'est efficacement cynique qu'en affirmant son marxisme. [...]

Si une gauche antifasciste, non dogmatique, affranchie de la discipline de parti, a cru posséder « les mêmes valeurs » que les

bâtisseurs de camps, il faut bien que, sous l'étiquette
« marxisme », quelque chose noue l'histoire de l'univers concentrationnaire à la nôtre. Ce nœud se resserre et nous ficelle du
mauvais côté, celui des bourreaux.

Nous serions bien vains de nous croire plus malins que ceux-
là ne le furent à l'époque. Les données du problème ont d'ailleurs changé. Une « évidence » bouchait l'horizon de ces années-
là : l'Unité du mouvement communiste et de la révolte des peuples. Cette « évidence » a aujourd'hui volé en éclats. Les révolutions du « Tiers-Monde », la Révolution culturelle de Chine, les
contestations en Occident, le soulèvement des capitaines portugais font soupçonner que, dans leur critique de la société
moderne, les « valeurs » marxistes étaient loin d'être toujours claires, univoques et dépourvues d'une sourde complicité avec l'ordre
existant.

La question n'est pas réglée. Nos universités poursuivent, avec
une ferveur accrue, le commentaire d'un marxisme retapé
commun à Brejnev, Mao, Trotski, etc. Professeurs et organisations se donnent pour tâche de relever des erreurs chez les uns
ou les autres. Le marxisme essaime en groupuscules, chacun à
sa façon repérant une « erreur » comme clé des problèmes, et tous
se le disputent. Voilà pourquoi *L'Archipel du Goulag* ne satisfait personne, lui qui n'isole pas le marxisme des camps.
Marxisme et camps ne sont pas extérieurs l'un à l'autre, à la
manière dont le moraliste classique pense que l'erreur est une
chose, la vérité une autre, ou le théologien que les malheurs du
monde laissent immaculée la toute-puissance divine.

A. Glucksmann, *La Cuisinière et le Mangeur d'hommes*, Paris, Éd. du Seuil, 1975, p. 37-40.

1. Philosophe de formation, Louis Althusser (1918-1990) est un spécialiste du marxisme.

2. Roger Garaudy (1913), intellectuel communiste, s'écarte du PCF
après le Printemps de Prague. Exclu en 1970 du Bureau politique et du
Comité central, il se convertit en 1982 à l'islam.

3. A la porte des camps est placardé le slogan suivant : « Le travail
est affaire d'honneur, affaire de courage et d'héroïsme. »

1976. L'abandon de la dictature du prolétariat

Sensibles à la poussée du Parti socialiste, qui profite davantage de l'Union de la gauche que leur parti, les dirigeants du PCF hésitent entre une intégration accrue à la société française et au jeu politique démocratique, et la conservation d'une identité révolutionnaire appuyée sur la seule classe ouvrière. En février 1976, lors du XXIIe Congrès, le Comité central propose un rapport qui veut tenir compte des nouvelles données sociales. Le 19 janvier 1976, le secrétaire général du Parti communiste français, Georges Marchais (1920-1997), s'en était expliqué à l'émission « Dix questions, dix réponses pour convaincre » sur les ondes de France-Inter.

Comme vous le savez, nous préparons notre Congrès sur la base d'un projet de document intitulé *Ce que veulent les communistes pour la France*.

La « dictature du prolétariat » ne figure pas dans ce projet de document pour désigner le pouvoir politique de la France socialiste pour laquelle nous luttons. Elle n'y figure pas parce que « la dictature du prolétariat » ne recouvre pas la réalité de notre politique et ce que nous proposons au pays aujourd'hui.

Nous sommes en 1976. Nous vivons et nous luttons dans une France, dans un monde totalement différents de la situation d'il y a un demi, voire un quart de siècle. Nous en tenons le plus grand compte. Agir autrement, ce serait remplacer l'étude précise et vivante d'une situation réelle par la citation ou encore l'exemple érigés en dogme. Le Parti communiste français a été formé à une autre école.

Nous estimons, comme le dit clairement notre projet de document, que le pouvoir qui sera chargé de réaliser la transformation socialiste de la société sera — la classe ouvrière y exerçant son rôle d'avant-garde — représentatif de l'ensemble des travailleurs manuels et intellectuels donc de la grande majorité du peuple dans **la France d'aujourd'hui.**

Ce pouvoir réalisera la démocratisation la plus poussée de toute la vie économique, sociale et politique du pays en prenant appui sur la lutte de la classe ouvrière et des masses populaires.

Enfin, à chaque étape, nous respecterons et ferons respecter les choix de notre peuple librement exprimés par le suffrage universel.

Très brièvement résumée, c'est la voie démocratique et révolutionnaire que nous proposons à notre peuple pour aller au socialisme tenant compte des conditions de notre époque en faveur des forces de progrès, de liberté, de paix. Eh bien, il est évident qu'on ne peut qualifier de « dictature du prolétariat » ce que nous proposons de la sorte aujourd'hui aux travailleurs, à notre peuple. C'est pourquoi elle ne figure pas dans notre projet de document. Un demi-million de communistes en discutent démocratiquement depuis déjà plus de deux mois. Si leurs représentants au Congrès l'approuvent — comme c'est probable au vu des réunions déjà tenues dans les cellules, sections et fédérations —, alors effectivement se pose le problème de procéder à la modification du préambule des statuts du Parti. Le Congrès aura à décider de la procédure à adopter.

L'Humanité, 20 janvier 1976.

1977. Le gouvernement Barre II

Économiste de formation, Raymond Barre (1924) remplace Jacques Chirac à Matignon le 23 août 1976. Après les élections municipales de mars 1977, le Premier ministre, ministre de l'Économie et des Finances démissionne, mais il est immédiatement chargé de former un nouveau gouvernement. Le 26 avril 1977, Raymond Barre présente donc aux députés son programme d'action — avant les législatives de mars 1978 —, alors que la crise économique reste dramatique.

M. le Premier ministre, ministre de l'Économie et des Finances : Aujourd'hui, les facteurs clés de l'inflation sont contrôlés, même s'ils ne sont pas complètement maîtrisés.

La progression de la masse monétaire a été ramenée de 20 p. 100, à la fin de 1975, à 12 p. 100 à la fin de 1976.

Depuis octobre dernier, la baisse du franc a été arrêtée et son cours a été stabilisé par rapport au dollar, monnaie dans laquelle nous payons nos importations de pétrole et de matières premières. La bonne tenue de notre monnaie a permis, depuis deux mois, une diminution progressive des taux d'intérêt favorables aux investissements.

Ce résultat a été obtenu tout en augmentant le niveau de nos réserves de change. Certes, la France a dû recourir, depuis 1974, à l'endettement extérieur pour financer le déficit de sa balance des paiements. Mais, je le rappelle à ceux qui critiquent cet endettement, il n'y avait pas d'autre moyen d'éviter une baisse profonde de notre taux de change ou une réduction draconienne de notre activité économique et de notre niveau de vie. Cet endettement n'est pas excessif si on le rapporte à nos réserves et aux capacités de notre économie. Le crédit international de la France demeure intact.

Enfin, la progression des revenus commence, depuis le dernier trimestre de 1976, à s'infléchir de façon sensible, sans que le pouvoir d'achat des rémunérations soit amputé, comme dans des pays européens voisins.

Déjà apparaissent les premiers fruits de l'effort.

Notre commerce extérieur s'améliore progressivement, mais régulièrement. Nous pouvons espérer que notre balance commerciale sera équilibrée à la fin de l'année.

La hausse des prix en 1976 a été contenue en deçà de 10 p. 100. Pour 1977, le taux d'inflation sera de nouveau réduit.

Si les indices de prix des mois de mars et avril seront élevés, c'est parce qu'ils subiront l'incidence de trois facteurs considérables qui ne pouvaient être éludés :

— la hausse des prix des matières premières, qui a été de 95 p. 100 au cours des douze derniers mois ;

— la hausse des rémunérations qui a été l'année dernière de l'ordre de 15 p. 100, hausse la plus élevée de tous les pays industrialisés, à l'exception de l'Italie ;

— enfin, l'augmentation au 1ᵉʳ avril des tarifs publics qu'imposait le déficit de certaines entreprises nationales.

Il y aura, bien entendu, de bons esprits pour conclure à l'inefficacité de l'action gouvernementale. Mais il est vrai qu'en ce domaine, lorsque les résultats sont bons, les détracteurs affectent de suspecter les statistiques et, lorsque les indices sont élevés, ils trouvent dans ces mêmes statistiques la preuve de l'échec.

[*Applaudissements sur les bancs du Rassemblement pour la République, des républicains indépendants et des réformateurs, des centristes et des démocrates sociaux.*]

Les mêmes bons esprits annonçaient une récession de l'économie. Ils ne peuvent cependant observer depuis septembre dernier aucune baisse de la production industrielle...

M. André Labarrère [1] *:* Et les chômeurs ?

M. le Premier ministre, ministre de l'Économie et des Finances : ... qui, au contraire, continue de croître, même si le rythme de progression est modéré. On s'attend, maintenant, à une augmentation de 4 p. 100 du volume de l'investissement industriel privé. Le taux de progression de nos exportations est très satisfaisant : 11,3 p. 100 depuis septembre 1976. La croissance économique atteindra, sur l'ensemble de l'année 1977, un rythme que ne permettaient pas d'escompter la gravité des déséquilibres initiaux et les multiples contraintes qui pèsent sur notre économie.

Le point noir de la situation économique française reste cependant l'évolution de l'emploi.

Faut-il, pour y remédier, renoncer à l'orientation actuelle de la politique économique et, comme certains le suggèrent, prendre sans délai des mesures de relance globale ? Le Gouvernement ne le pense pas puisqu'il s'agit là d'une question fondamentale — l'emploi — et d'un choix politique essentiel sur lesquels je dois à l'Assemblée une explication.

Le Gouvernement est décidé à maintenir le cap de sa politique économique tout au long de l'année 1977 car les résultats obtenus jusqu'ici, pour encourageants qu'ils soient, restent fragiles. Il confirme les orientations arrêtées en matière de crédit, de budget, d'évolution des rémunérations. Il se refuse à une relance globale de l'économie pour deux raisons de fond qui expliquent, d'ailleurs, l'attitude prudente des pays qui ont déjà pourtant obtenu de grands succès dans la lutte contre l'inflation — je pense à l'Allemagne fédérale et aux États-Unis.

D'abord, comment effectuer une telle relance ? En majorant inconsidérément le déficit des finances publiques ? En acceptant un nouveau dérapage des revenus ? En créant de la monnaie ? Tous ces moyens signifient le retour à l'inflation. La hausse accrue des prix et la dépréciation nouvelle du franc qui en résulteraient contraindraient, dès la fin de cette année, à prendre de nouvelles mesures restrictives, bien plus rigoureuses, dont l'emploi serait la principale victime. N'oublions pas trop rapidement que l'inflation ne conduit pas au plein-emploi, mais au chômage.

Par ailleurs, l'expérience a montré qu'une action de relance globale a une efficacité douteuse sur l'emploi, car le chômage dans les sociétés modernes n'est pas seulement affaire de conjoncture.

Le Gouvernement ne combat pas et ne combattra pas l'inflation en plongeant le pays dans la récession. Le niveau actuel de l'activité est là pour en témoigner.

Après avoir mis depuis octobre dernier 11,5 milliards de francs de prêts à la disposition des entreprises, notamment des petites et moyennes entreprises qui constituent l'élément vivace de notre tissu industriel, le Gouvernement se propose maintenant d'augmenter le volume des équipements publics engagés en 1977.

Des crédits de paiement supplémentaires d'un montant de 625 millions de francs serviront à accélérer l'engagement des autorisations de programme ouvertes dans les lois de finances récentes.

D'autre part, des autorisations de programme supplémentaires de 1 250 millions de francs, assorties de crédits de paiement, seront ouvertes au 1ᵉʳ juillet prochain au titre du fonds d'action conjoncturelle.

Les crédits de ce fonds seront notamment affectés à l'équipement, au logement, aux travaux ruraux, à l'aménagement du territoire et à la protection de la nature et de l'environnement. Dès les prochains mois, l'effet de cette mesure sur les commandes passées aux entreprises dans le secteur du bâtiment et des travaux publics se fera sentir.

La politique de redressement économique et financier est, à moyen terme, la condition nécessaire d'un retour au plein-emploi. Mais nous ne pouvons, à court terme, rester indifférents à l'accroissement du chômage, dont nous connaissons tous les lourdes conséquences sociales et humaines.

Aussi le Gouvernement entend-il mettre en œuvre sans retard un programme d'action qui soit susceptible de produire à brève échéance des effets positifs sur l'emploi, et notamment sur l'emploi des jeunes. [...]

Ce programme poursuit deux objectifs distincts, mais complémentaires. Il s'agit, en premier lieu, de mobiliser toutes les possibilités d'offrir un emploi aux jeunes.

A cette fin, le Gouvernement propose un ensemble de mesures d'effet immédiat.

Dès le vote de la loi qui sera nécessaire, tout employeur qui embauchera, au-delà de ses effectifs actuels, des jeunes de moins de vingt-cinq ans jusqu'au 31 décembre 1977, bénéficiera de l'exonération de la part patronale des cotisations de Sécurité sociale jusqu'au 1ᵉʳ juillet 1978.

[*Murmures sur les bancs des socialistes et radicaux de gauche.*]

Cette mesure s'appliquera aux jeunes sortis depuis moins d'un an du système scolaire ou universitaire, d'un centre professionnel ou du service national.

Un effort de même nature sera engagé en faveur de l'apprentissage. Les maîtres d'apprentissage qui embaucheront des apprentis avant le 31 décembre 1977 seront exonérés de la part patronale des cotisations de Sécurité sociale pendant toute la durée de l'apprentissage, soit deux années. Ils conserveront le bénéfice des ristournes.

De plus, la qualité d'artisan sera maintenue aux employeurs dont l'effectif de salariés dépasserait le seuil de dix à la suite d'embauches nouvelles d'apprentis.

Enfin, l'État contribuera, lui aussi, à l'effort national de création d'emplois. Le Gouvernement autorisera le recrutement à titre temporaire de 20 000 personnes pour les affecter à des tâches à temps complet ou à temps partiel dans des secteurs prioritaires comme les postes et télécommunications, l'action sociale, la jeunesse et les sports, le fonctionnement de la justice et notre représentation économique à l'étranger.

Il s'agit, sur ce dernier point, de compléter l'effort que je demande aux entreprises d'accomplir en faveur du déploiement de notre économie sur les marchés extérieurs.

Parallèlement à ces mesures, le Gouvernement a décidé de prendre deux initiatives.

Il demande aux organisations professionnelles et syndicales de rechercher les conditions dans lesquelles, pendant la période de difficultés que nous traversons, des travailleurs de moins de soixante-cinq ans pourraient bénéficier d'un régime de préretraite excluant tout cumul avec un nouvel emploi.

Par ailleurs, le Gouvernement souhaite faciliter aux travailleurs immigrés privés d'emploi le retour et la réinsertion dans leur pays d'origine, s'ils en expriment le désir. Une aide individuelle, dont le montant pourrait être de l'ordre de 10 000 francs, leur sera accordée.

Le deuxième objectif du programme pour l'emploi est de mieux préparer les demandeurs d'emploi à l'exercice de leur futur métier. Une part sans doute importante du chômage actuel tient en effet à l'inadaptation des emplois recherchés et des emplois offerts. Cela est particulièrement vrai pour les jeunes et pour les femmes.

Le Gouvernement se propose donc d'offrir à tous les jeunes qui le souhaiteraient et qui n'auraient pu trouver un emploi, de bénéficier, à partir de l'automne, soit de stages dans les entreprises, avec une possibilité de formation, soit d'une formation dans des centres publics ou conventionnés.

Ces jeunes recevront une indemnité mensuelle équivalent à 90 p. 100 du SMIC. Les jeunes de moins de dix-huit ans pourront également accéder à ce dispositif et recevront une indemnité de 410 francs par mois.

Par ailleurs, les femmes seules ayant au moins un enfant à charge et les veuves bénéficieront des contrats emploi-formation réservés jusqu'ici aux jeunes.

Ce programme pour l'emploi est sans précédent.

[*Murmures sur les bancs des socialistes et radicaux de gauche.*]

Il a un coût global de l'ordre de 3 milliards, dont 1 700 millions de francs à la charge de l'État. Il offre aux jeunes à la recherche d'un premier emploi de grandes possibilités supplémentaires d'insertion dans la vie professionnelle. [...]

> Communication du gouvernement à l'Assemblée nationale, séance du 26 avril 1977, *JO*, 28 avril 1977, p. 2127-2128.

1. André Labarrère (1928) est député socialiste des Pyrénées-Atlantiques.

1977. La dégradation
des relations PC-PS

Le 27 juin 1972, le Parti socialiste et le PCF signent un Programme commun de gouvernement. Jusqu'en 1976, le Parti communiste, fort de sa puissance, soutient loyalement l'Union de la gauche. A partir de 1976 toutefois, la situation évolue, et le PCF tend à prendre ses distances. Il exige notamment une extension du programme prévu en matière de nationalisations. Si la gauche finit par s'entendre sur la réactualisation du Programme commun (29 juillet 1977), la direction du PC n'en maintient pas moins ses positions. La lettre adressée au Comité directeur du Parti socialiste par le Comité central du PCF — réuni en session extraordinaire le 23 septembre 1977 — illustre la tension entre les deux partis.

En cette heure grave, nous voulons nous adresser à vous. Nous le faisons au nom de la cause qui nous anime : celle de l'union pour le changement démocratique.

Depuis quinze années, c'est à cette cause que nous avons consacré tous nos efforts. Souvenez-vous. En 1962, nous vous lancions cet appel : « Marchons côte à côte et frappons ensemble. » En 1964, nous vous faisions la proposition de conclure entre nous un programme commun de gouvernement. Et nous avons lutté sans relâche pour aboutir, en 1972, à sa conclusion. En 1965, à notre initiative, nous avons fait, avec vous, de François Mitterrand le candidat unique de la gauche. En 1974, ce fut notre proposition et notre campagne pour un candidat commun de la gauche. En 1976, c'était notre appel à présenter des listes communes aux élections municipales. Oui, nous avons tout fait depuis quinze ans pour ce seul objectif : renforcer notre union, la rendre plus forte, plus large.

Cela n'a pas été facile. Cela n'a pas été rapide. Nous le prévoyions en nous engageant dans cette voie, car nos deux partis étaient très loin l'un de l'autre. Mais nous étions, et nous sommes plus profondément que jamais, persuadés que cette union constitue le seul moyen d'ouvrir une voie nouvelle dans l'intérêt du peuple et du pays.

Naturellement, nos partis sont différents. Mais nous considérons que, comme le dit le préambule du Programme commun, cela ne doit pas mettre en cause « leur volonté et leur capacité de gouverner ensemble ». La seule et vraie question qui se pose aujourd'hui, c'est donc de maintenir et de consolider l'union sur un bon programme commun répondant bien aux besoins des travailleurs et du pays pour vaincre nos adversaires et réussir une grande politique nouvelle de progrès social, de démocratie économique et politique, d'indépendance nationale et de désarmement.

C'est avec cette volonté que nous avons engagé avec votre parti et le Mouvement des radicaux de gauche des discussions pour actualiser le Programme commun.

Il était en effet, selon nous, nécessaire de tenir compte des changements provoqués depuis cinq ans par l'aggravation de la crise où la politique du grand capital plonge notre pays pour que ce programme, adopté en 1972, conserve en 1978 toute sa portée et son efficacité.

Notre parti, pour sa part, a donc fait des propositions, soigneusement étudiées, répondant à cet objectif et strictement fidèles aux orientations du Programme commun.

Or, il est apparu que votre parti adopte une démarche profondément différente, aboutissant à revenir en arrière sur les engagements pris en commun en 1972 et à remettre en cause le compromis positif accepté par nos deux partis.

C'est ainsi que votre parti refuse en 1977 de relever le SMIC au niveau indispensable, correspondant d'ailleurs à la revendication des grandes organisations syndicales, comme cela avait été le cas en 1972, qu'il refuse de s'engager clairement sur le relèvement du pouvoir d'achat des salaires, et sur le resserrement de la hiérarchie des salaires.

C'est ainsi encore que les positions adoptées par votre parti tendent systématiquement à retirer leur efficacité aux moyens économiques et financiers prévus par le Programme commun et absolument indispensables à la mise en œuvre d'une politique sociale nouvelle. C'est le cas pour l'impôt sur le capital et pour l'impôt sur la fortune. C'est le cas pour les nationalisations.

Tenant compte de la situation créée dans les secteurs importants de l'économie, nous avons proposé trois nationalisations nouvelles : la sidérurgie, Peugeot-Citroën et la CFP. C'est ce qu'avait proposé votre parti par la voix de ses dirigeants à plusieurs reprises. Or, aujourd'hui, votre parti refuse ces propositions.

Depuis 1972, nous avions, les uns et les autres, exposé publiquement les mêmes vues sur la nationalisation — considérée comme un « seuil minimum » — des neuf groupes industriels définis par le Programme commun, c'est-à-dire sur la nationalisation des « sociétés mères » et de leurs filiales.

C'est si vrai que, par exemple, la proposition de loi proposée par le groupe parlementaire de votre parti, fin 1974, pour la nationalisation de l'aéronautique militaire incluait la nationalisation de « toute entreprise dont la société mère possède 25 % du capital ».

Or, aujourd'hui, votre parti abandonne cette conception qui nous était commune jusqu'à la dernière période. Les positions qu'il expose aboutissent à laisser le grand capital en place dans la plus grande partie du potentiel industriel des neuf groupes visés par la nationalisation en 1972. Ce serait, du même coup, se priver de toute possibilité de mettre en œuvre la politique nouvelle que les travailleurs attendent.

D'autre part, alors que le programme commun comporte des dispositions prévoyant l'extension des droits des travailleurs à l'entreprise et la gestion démocratique autonome des entreprises nationales, votre parti voudrait maintenant que le président du conseil d'administration de ces entreprises soit en fait désigné par le gouvernement.

Toutes ces questions sont naturellement liées.

Adopter une telle attitude, c'est priver le Programme commun de sa force mobilisatrice, c'est se priver à l'avance des moyens de réussir, c'est écarter les possibilités d'un accord.

Des millions de travailleurs, de simples gens dans tout le pays, confrontés au chômage, aux bas salaires, à des difficultés d'existence insupportables, ont placé leurs espoirs dans le programme commun parce qu'ils voient en lui l'instrument d'une politique nouvelle, transformatrice, leur permettant de vivre mieux et de vivre plus libres.

Des millions de Français attendent de nos partis qu'ils réalisent non pas un compromis avec la politique d'austérité et d'autoritarisme, mais un bon accord permettant de mettre en œuvre la politique nouvelle du programme commun.

Ces espoirs ne doivent pas être déçus. Nous n'avons épargné, nous n'épargnons et nous n'épargnerons quant à nous aucun effort à cette fin.

Nous ne renoncerons, en aucun cas, à ce qui est notre ligne constante : l'union pour le changement démocratique. [...]

> Lettre du Comité central du PCF au Comité directeur du Parti socialiste.

1978. Le « bon choix »
de Valéry Giscard d'Estaing

*A la veille des élections législatives — dont le premier tour est
fixé au 12 mars 1978 —, le président de la République, Valéry
Giscard d'Estaing (1926), prononce un important discours dans
la petite ville bourguignonne de Verdun-sur-le-Doubs, le vendredi
27 janvier 1978.*

Mes chères Françaises et mes chers Français,

Le moment s'approche où vous allez faire un choix capital
pour l'avenir de notre pays, mais aussi un choix capital pour
vous.

Je suis venu vous demander de faire le bon choix pour la
France. [...]

Certains ont voulu dénier au président de la République le droit
de s'exprimer.

Curieuse République que celle qui serait présidée par un muet !

Nul n'est en droit de me dicter ma conduite. J'agis en tant
que chef de l'État et selon ma conscience, et ma conscience me
dit ceci :

Le président de la République n'est pas un partisan, il n'est
pas un chef de parti. Mais il ne peut pas rester non plus indifférent au sort de la France.

Il est à la fois arbitre et responsable.

Sa circonscription, c'est la France. Son rôle, c'est la défense
des intérêts supérieurs de la Nation. La durée de son mandat est
plus longue que celle du mandat des députés.

Ainsi, la Constitution a voulu que chaque président assiste
nécessairement à des élections législatives et, si elle l'a doté de
responsabilités aussi grandes, ce n'est pas pour rester un specta-
teur muet. [...]

Que penseraient et que diraient les Français si, dans ces circonstances, leur président se taisait ? Ils penseraient qu'il manque de courage en n'assumant pas toutes ses responsabilités. Et
ils auraient raison.

Mais le président de la République n'est pas non plus l'agent électoral de quelque parti que ce soit. Le général de Gaulle ne l'était pas. Je ne le serai pas davantage.

Le président n'appartient pas au jeu des partis.

Il doit regarder plus haut et plus loin, et penser d'abord à l'intérêt supérieur de la Nation.

C'est dans cet esprit que je m'adresse à vous. [...]

Il faut achever notre redressement économique.

La France hésite entre deux chemins : celui de la poursuite du redressement et celui de l'application du Programme commun.

Il y a une attitude qui met en danger le redressement : c'est la démagogie qui veut vous faire croire que tout est possible tout de suite.

Ce n'est pas vrai. Ne croyez pas ceux qui promettent tout. Vous ne les croyez pas dans votre vie privée. Pourquoi voulez-vous les croire dans votre vie publique ?

Les Français ne vivront pas heureux au paradis des idées fausses !

[...]

Je vous ai parlé du Programme commun en 1974 pendant la campagne présidentielle, et vous m'avez donné raison.

Mon jugement n'a pas changé et il n'est pas lié aux prochaines élections.

J'ai le devoir de vous redire ce que j'en pense, car il ne s'agit pas pour moi d'arguments électoraux, mais du sort de l'économie française.

L'application en France d'un programme d'inspiration collectiviste plongerait la France dans le désordre économique.

Non pas seulement, comme on veut le faire croire, la France des possédants et des riches, mais la France où vous vivez, la vôtre, celle des jeunes qui se préoccupent de leur emploi, celle des personnes âgées, des titulaires de petits revenus, des familles, la France de tous ceux qui souffrent plus que les autres de la hausse des prix.

Elle entraînerait inévitablement l'aggravation du déficit budgétaire et la baisse de la valeur de notre monnaie, avec ses conséquences sur le revenu des agriculteurs et sur le prix du pétrole qu'il faudra payer plus cher.

Elle creuserait le déficit extérieur, avec ses conséquences directes sur la sécurité économique et sur l'emploi. Une France moins compétitive serait une France au chômage !

Toutes les études qui ont été faites par des personnalités non politiques, toutes les expériences qui ont eu lieu chez nos voisins, aboutissent à la même conclusion. Il n'existe pas un seul expert, un seul responsable européen pour dire le contraire.

Tout cela, votre réflexion permet de le comprendre.

Vous pouvez choisir l'application du Programme commun. C'est votre droit. Mais si vous le choisissez, il sera appliqué. Ne croyez pas que le président de la République ait, dans la Constitution, les moyens de s'y opposer.

J'aurais manqué à mon devoir si je ne vous avais pas mis en garde.

Il faut ensuite que la France puisse être gouvernée.

Vous avez constaté avec moi combien il est difficile de conduire un pays politiquement coupé en deux moitiés égales.

Personne ne peut prétendre gouverner un pays qui serait coupé en quatre.

Quatre grandes tendances se partagent aujourd'hui les électeurs, deux dans la majorité, deux dans l'opposition. Aucune de ces tendances ne recueillera plus de 30 % des voix. Aucune d'elles n'est capable de gouverner seule.

Beaucoup d'entre vous, parce que c'est dans notre tempérament national, aimeraient que le parti pour lequel ils ont voté, qui est le parti de leur préférence, soit capable de gouverner seul. C'est même leur espoir secret. Il faut qu'ils sachent que c'est impossible.

Aucun gouvernement ne pourra faire face aux difficiles problèmes de la France avec le soutien de 30 % des électeurs. Si on tentait l'expérience, elle ne serait pas longue, et elle se terminerait mal.

Puisqu'aucun des partis n'est capable d'obtenir la majorité tout seul, il lui faut nécessairement trouver un allié. C'est ici que la clarté s'impose.

Un allié pour gouverner, ce n'est pas la même chose qu'un allié pour critiquer ou pour revendiquer.

Gouverner, c'est donner, mais c'est aussi refuser et parfois, pour servir la justice, c'est reprendre. Or, il est facile de donner mais il est difficile de refuser ou de reprendre.

Si des partis sont en désaccord lorsqu'il s'agit de promettre, comment se mettront-ils d'accord quand il s'agira de gouverner ?

Dans les villes qui ont été conquises par de nouvelles équipes, combien de budgets ont été votés en commun ? Qui votera demain le budget de la France ?

Il faut donc que vous posiez aux candidats la question suivante : puisque vous ne pouvez pas gouverner tout seuls, quels alliés avez-vous choisis ?

Et deux alliances se présentent à vous :

L'une est l'alliance de la majorité actuelle. Elle a démontré qu'elle pouvait fonctionner, malgré des tiraillements regrettables. Elle a travaillé dans le respect des institutions, dont la stabilité constitue une de nos plus grandes chances et qui doivent être par-dessus tout protégées. Elle a soutenu l'action du gouvernement. Elle a voté le budget de la France.

Elle comprend, à l'heure actuelle, deux tendances principales, ce qui est naturel dans un aussi vaste ensemble, et ce qui répond au tempérament politique des Français. Chacune de ces tendances met l'accent sur ses préférences et exprime son message. Chacune fait connaître clairement et franchement, selon sa sensibilité propre, ses propositions pour résoudre les problèmes réels des Français. Chacune fait l'effort indispensable pour se renouveler et pour s'adapter. Jusque-là, quoi de plus naturel ?

Mais il doit être clair qu'elles ne s'opposent jamais sur l'essentiel et qu'elles se soutiendront loyalement et ardemment au second tour.

Dans chacune de ces tendances, des hommes ont soutenu l'action du général de Gaulle. Dans chacune de ces tendances, des hommes ont soutenu ma propre action de réforme. Et ce sont d'ailleurs, le plus souvent, les mêmes ! Que toutes deux cherchent dans l'histoire récente de notre pays des motifs de s'unir et non de se diviser.

J'ajoute que, pour que l'actuelle majorité puisse l'emporter, il est nécessaire que chacune de ces tendances enregistre une sensible progression. Aucune ne peut prétendre obtenir ce résultat toute seule ! Si elles veulent réellement gagner, la loi de leur effort doit être de s'aider et non de se combattre !

L'autre alliance est celle qui propose le Programme commun.

Les partis qui la composent se sont apparemment déchirés depuis six mois. Aujourd'hui, voici qu'ils indiquent à nouveau leur intention de gouverner ensemble. Quelle est la vérité ? L'équivoque sur les alliances ne peut pas être acceptée, car elle dissimule un débat de fond sur lequel l'électeur a le droit d'être informé au moment de choisir.

Il y a, en effet, deux questions fondamentales :

— Y aura-t-il ou non une participation communiste au gouvernement ?

— Le gouvernement appliquera-t-il ou non le Programme commun ?

Le choix de l'alliance pour gouverner ne peut pas être renvoyé au lendemain des élections. Ce serait retomber dans les marchandages et dans les interminables crises politiques que les Français condamnaient sans appel quand ils en étaient jadis les témoins humiliés.

Vous avez droit à une réponse claire sur un point qui engage notre stabilité politique : avec quel partenaire chacune des grandes formations politiques s'engage-t-elle à gouverner ?

Car il faut que la France puisse être gouvernée. [...]

Mais le choix des Français ne doit pas être seulement un choix négatif.

Il ne suffit pas que les uns votent contre le gouvernement et les autres contre le Programme commun pour éclairer l'avenir de notre pays.

Un peuple ne construit pas son avenir par une succession de refus.

Dans la grande compétition de l'Histoire, un peuple gagne s'il sait où il veut aller.

C'est pourquoi je propose à la France de continuer à avancer dans la liberté, vers la justice et vers l'unité.

Et c'est à vous de le faire connaître à vos élus.

[...]

Patiemment, depuis trois ans et demi, malgré les difficultés économiques, malgré le conservatisme des uns, malgré l'incompréhension des autres, j'ai fait avancer la France vers davantage de justice.

Jamais en trois ans et demi le sort des personnes âgées n'a été plus régulièrement et plus sensiblement amélioré.

Jamais la situation des plus démunis, de ceux qui ne parlent pas le plus fort, les handicapés, les femmes isolées, les travailleurs licenciés, n'a fait l'objet d'autant de mesures nouvelles.

L'indemnisation de nos compatriotes rapatriés, en attente depuis quinze ans, a été proposée et décidée, et je veillerai à sa juste application.

Les évolutions de notre société en profondeur ont été comprises et encouragées par l'action en faveur de la condition des femmes, et de la situation de ceux qui fabriquent de leurs mains la richesse de notre pays, je veux dire les travailleurs manuels.

L'aide aux familles a été simplifiée et désormais sensiblement augmentée.

Et le résultat de toute cette action a été une réduction des inégalités en France, réduction désormais constatée dans les statistiques et qui n'est plus niée que par ceux qui craignent d'être privés d'un argument électoral.

Oui, notre peuple avance vers la justice. Je sais que vous avez peu à peu compris le sens de mon effort.

[...]

Et au-delà de la justice, l'unité.

L'unité, un grand rêve pour la France.

Ma recherche de l'unité, ce n'est pas une manie. Elle n'est pas destinée simplement à rendre plus facile l'action du président de la République.

Elle correspond à notre situation historique.

L'unité est la condition du rayonnement de la France.

Notre pays a soif de vérité, de simplicité et d'unité.

J'agis obstinément pour l'unité. Je n'ai jamais répondu depuis trois ans et demi aux critiques et aux attaques.

Et c'est pourquoi je tends la main, sans me lasser, à tous les dirigeants politiques.

Avec obstination, je continuerai mes efforts pour étendre, je dis bien étendre, la majorité.

Soyons clairs, car on empoisonne parfois le choix des Français par des rumeurs.

Il ne s'agit, de ma part, d'aucune manœuvre obscure ou de combinaison machiavélique, mais de la recherche patiente des conditions qui permettront d'associer un nombre croissant de Français à l'œuvre commune.

Je vous le dis en tant que président de la République et en dehors de la compétition des partis : plus nombreux sera l'équipage et plus loin ira le navire.

Là encore, laissez-vous guider par le bon sens.

L'application d'un programme collectiviste aggraverait la coupure de la France, en déclenchant de profondes divisions et en suscitant des rancunes durables. Elle retarderait de plusieurs années l'effort vers l'unité.

Il faut, pour parvenir à l'unité, que vous m'y aidiez. Les candidats, au moment de l'élection, sont extraordinairement attentifs au message des citoyens. Exprimez donc aux candidats le message que la majorité doit, non se diviser, mais s'étendre.

La majorité, dont la France a besoin, ce n'est pas celle d'un front du refus, mais une majorité prête à l'effort pour la liberté, l'unité et la justice.

Il faut aussi veiller à la réputation de la France.

Je suis ici au plus profond de mon rôle, et je regrette d'ailleurs d'être presque le seul à en parler.

La France est aujourd'hui considérée et respectée dans le monde. Considérée et respectée davantage peut-être que vous ne le croyez.

Elle entretient un dialogue loyal et ferme avec les deux superpuissances, dont j'ai reçu les chefs en visite en France.

Elle participe activement aux réflexions internationales sur la prolifération nucléaire et, désormais, sur le désarmement.

Elle apparaît à la fois comme un pays pacifique, mais capable, quand il le faut, d'agir.

Dans le Tiers-Monde, déchiré par trop d'interventions extérieures, la France est à la tête des efforts pour le développement. Elle reste, pour ses partenaires africains, une amie fidèle et sûre.

En Europe, elle poursuit la tâche lente, difficile et nécessaire de l'union de l'Europe. Personne ne suspecte sa volonté d'y contribuer. Elle prendra à nouveau, le moment venu, les initiatives nécessaires.

Oui, la France est aujourd'hui considérée et respectée. Plus personne, comme c'était le cas à certains moments de notre histoire récente, ne sourit de la France. [...]

Et puisque nous parlons de la France, je conclurai avec elle.

Il m'a toujours semblé que le sort de la France hésitait entre deux directions :

Tantôt, quand elle s'organise, c'est un pays courageux, volontaire, efficace, capable de faire face au pire, et capable d'aller loin.

Tantôt, quand elle se laisse aller, c'est un pays qui glisse vers la facilité, la confusion, l'égoïsme, le désordre.

La force et la faiblesse de la France, c'est que son sort n'est jamais définitivement fixé entre la grandeur et le risque de médiocrité.

Si au fond de moi-même, comme vous le sentez bien, et comme, je le pense, les Bourguignonnes et les Bourguignons l'ont senti pendant ces deux jours, si, au fond de moi-même, je vous fais confiance, c'est parce que je suis sûr qu'au moment de choisir, oubliant tout à coup les rancunes, les tentations, les appétits, vous penserez qu'il s'agit d'autre chose, et que, qui que vous soyez, inconnu ou célèbre, faible ou puissant, vous détenez une part égale du destin de notre pays.

Et alors, comme vous l'avez toujours fait, vous ferez le bon choix pour la France.

Avant de nous séparer, et puisque je vous ai dit que je conclurai avec la France, c'est avec elle que nous allons chanter notre hymne national.

> Valéry Giscard d'Estaing, allocution de Verdun-sur-le-Doubs, 27 janvier 1978, cité *in* Valéry Giscard d'Estaing, *Le Pouvoir et la Vie*, Paris, Livre de Poche, 1989, tome 1, p. 401 *sq* (1re éd. 1988).

1978. La défaite de la gauche

Entré au Parti socialiste en 1974, lors des Assises du socialisme, après avoir été le leader du PSU, Michel Rocard est en train de devenir l'une des figures de proue du parti d'Épinay. La déclaration qu'il fait sur les ondes de RTL et devant les caméras d'Antenne 2 le 19 mars 1978, au soir de la défaite que la gauche vient d'essuyer aux élections législatives, sonne davantage comme le début d'une conquête que comme un amer bulletin de vaincu. Cette intervention préfigure la fortune médiatique de Michel Rocard (né en 1930).

La gauche vient donc de manquer un nouveau rendez-vous avec l'Histoire. C'est le huitième depuis le début de la Vᵉ République. C'est une immense tristesse qui nous atteint ce soir : 14 ou 15 millions de Français qui avaient placé toutes leurs espérances dans un changement profond de notre société vers plus de justice, et qui ne le verront pas. Est-ce une fatalité ? Est-il impossible, définitivement, que la gauche gouverne ce pays ? Je réponds « non ».

N'oublions pas d'abord l'enseignement du premier tour. Pour la première fois depuis trente ans les forces de gauche et d'extrême gauche ont eu une majorité absolue [1]. La victoire était possible, elle le redeviendra. Alors pourquoi cette défaite aujourd'hui ? Une raison dominante. La gauche n'a pas marché du même pas face au bloc des intérêts unis. Nos camarades communistes voulaient une victoire qui fût d'abord la leur. Ils ont pris là une terrible responsabilité devant l'Histoire et devant les travailleurs. Il ne fera pas bon, demain matin, être militant communiste dans les ateliers, dans les bureaux, car il faudra répondre à bien des questions. Pourquoi avoir pendant quatre ans attaqué davantage les socialistes que la droite ? Cet accord signé le 13 mars 1978, pourquoi n'a-t-il pas pu l'être, aux mêmes conditions, le 22 septembre 1977 [2] ? Pourquoi avoir parlé de ministres communistes avant de créer les conditions pour qu'il y en ait ? Était-ce vouloir la victoire que de s'impatienter sur le SMIC et d'exiger des centaines de nationalisations, puisqu'il n'y aura pas de nationalisations nouvelles et que le SMIC restera à 1 900 F ? Nous le savons maintenant de manière claire : la gauche ne pourra vaincre unie que quand le Parti communiste aura accepté de donner la priorité à l'union sur ses propres intérêts de parti. Mais pour le moment, il y a victoire de la droite. Cette victoire peut être amère pour trois raisons : c'est une victoire fragile. La droite va gouverner contre la majorité absolue du suffrage universel. La France devient fragile comme le sont toutes les démocraties d'Occident. Seul un vaste accord national sur un grand projet remédierait à cette fragilité. Deuxième remarque : exclusivement occupée à nous combattre, à attaquer notre programme lorsque nous sommes unis, et notre division lorsque nous ne le sommes pas, la droite n'a rien dit de ses intentions. Que se passera-t-il demain ? Personne ne le sait. La crainte du changement a fait accorder par une courte moitié de l'électorat un chèque en blanc à une coalition sans projet. Mais surtout tous les problèmes demeurent. Et c'est ma troisième remarque : La politique de MM. Giscard d'Estaing, Chirac, Fourcade puis Barre [3] consiste à accepter un chômage régulièrement croissant, on le verra dès la fin des stages de jeunes le mois prochain. La gestion électorale des indices de prix rencontre aussi ses limites. Vous allez voir que vont augmenter dans moins d'un mois, et d'au moins 10 % les prix des cafés, des restaurants, des coiffeurs, des tarifs publics, le téléphone, le train, la redevance télévision et même le timbre-poste par 20 %. Et que de dossiers à l'abandon ! Voilà quatre ans que la droite se sait condamnée par l'opinion et que, du coup, elle laissait pourrir les grands problèmes : réforme de la Sécurité sociale, financement des collectivités locales, régions qui dépérissent, sidérurgie gravement touchée. A la droite d'assumer les conséquences de cette faillite-là. Quant aux forces socialistes leur combat ne cesse pas. La majorité absolue, elle est là, elle n'a besoin que de plus de cohésion, elle ne peut la trouver qu'autour d'un grand projet qu'il nous faut construire, et d'un grand parti socialiste qui en soit l'instrument. Car nous nous sommes un peu fourvoyés et la campagne aurait pu être plus forte.

Qu'est-ce que la gauche dans notre Histoire ? C'est la fondation de la République. C'est le suffrage universel. C'est l'impôt progressif sur le revenu comme première étape vers plus de justice sociale. Ce sont les congés payés, c'est la Sécurité sociale.

A chaque étape, sans doute, le pouvoir d'achat a augmenté, il le fallait. Mais jamais pour la gauche, sauf cette fois-ci, l'essentiel ne s'était limité à l'argent. Même quand il s'agit de mieux partager, l'argent reste à droite. La gauche, c'est la liberté, la responsabilité, la justice. Ce doit être demain, plus de pouvoir pour tous en même temps que plus d'égalité. La loyauté envers le Programme commun de gouvernement nous a amenés à laisser réduire ce programme à une plate-forme revendicative. C'est peut-être là notre part de responsabilité, à nous, socialistes. Aussi, quand François Mitterrand, ayant les coudées plus franches, dans une campagne présidentielle avait dit : « La seule idée de la droite : garder le pouvoir ; mon premier projet : vous le rendre », il avait fourni l'idée qui est celle de la victoire de demain. Celle qui vous permettra de construire un Parti socialiste puissant, activement présent dans les entreprises et les localités, grâce auquel le combat des femmes pour l'égalité, comme le combat des écologistes, n'apparaîtront plus comme des combats marginaux. Un Parti socialiste qui soit l'instrument décisif du socialisme à visage humain.

Kathleen Evin, *Michel Rocard ou l'Art du possible*, Paris, Éd. J.-C. Simoën, 1979, p. 241-243.

1. PCF : 20,6 % (86 sièges) ; PS et MRG : 24,9 % (114 sièges) ; écologistes : 2,2 % ; UDF : 21,4 % (124 sièges) ; RPR : 22,5 % (154 sièges) ; divers majorité : 2,3 % (12 sièges).

2. Inquiet face aux progrès du PS, le PCF, à partir de l'été 1977, commence à dénoncer le « virage à droite » des socialistes. La renégociation du Programme commun envenime les querelles. Le PS s'en tient aux 9 nationalisations prévues tandis que le PCF veut étendre celles-ci aux filiales. Les négociations sont ajournées *sine die* le 23 septembre 1977.

3. Jean-Pierre Fourcade a été ministre de l'Économie et des Finances. Raymond Barre est Premier ministre depuis août 1976.

1978. Jacques Chirac et « le parti de l'étranger »

*Le 30 novembre 1978, les députés RPR se joignent à leurs collè-
gues socialistes et communistes pour juger irrecevable un projet
de loi portant adaptation de la TVA à une directive européenne.
Les opposants estiment en effet que ce texte remet en cause la
souveraineté de l'Assemblée en matière fiscale. Bien que la loi
soit finalement adoptée le 7 décembre, Jacques Chirac (1932),
président du RPR, poursuit ses attaques contre l'Europe, moyen
d'attaquer les giscardiens. Immobilisé par un grave accident de
voiture (26 novembre) à l'hôpital Cochin, il lance un appel dra-
matisé, dénonçant « le parti de l'étranger ». Le leader gaulliste
donne ainsi le ton de sa campagne pour les élections au Parlement européen fixées au 10 juin 1979.*

Il est des heures graves dans l'histoire d'un peuple où sa sauvegarde tient toute dans sa capacité de discerner les menaces
qu'on lui cache.

L'Europe que nous attendions et désirions, dans laquelle pourrait s'épanouir une France digne et forte, cette Europe, nous
savons depuis hier qu'on ne veut pas la faire.

Tout nous conduit à penser que, derrière le masque des mots
et le jargon des technocrates, on prépare l'inféodation de la
France, on consent à l'idée de son abaissement.

En ce qui nous concerne, nous devons dire non.

En clair, de quoi s'agit-il ? Les faits sont simples, même si certains ont cru gagner à les obscurcir.

L'élection prochaine de l'Assemblée européenne au suffrage
universel direct ne saurait intervenir sans que le peuple français
soit exactement éclairé sur la portée de son vote. Elle constituera
un piège si les électeurs sont induits à croire qu'ils vont simplement entériner quelques principes généraux, d'ailleurs à peu près
incontestés quant à la nécessité de l'organisation européenne,
alors que les suffrages ainsi captés vont servir à légitimer tout
ensemble les débordements futurs et les carences actuelles, au
préjudice des intérêts nationaux.

1° Le gouvernement français soutient que les attributions de l'Assemblée resteront fixées par le traité de Rome et ne seront pas modifiées en conséquence du nouveau mode d'élection. Mais la plupart de nos partenaires énoncent l'opinion opposée presque comme allant de soi et aucune assurance n'a été obtenue à l'encontre de l'offensive ainsi annoncée, tranquillement, par avance. Or le président de la République reconnaissait, à juste raison, dans une conférence de presse récente, qu'une Europe fédérale ne manquerait pas d'être dominée par les intérêts américains. C'est dire que les votes de majorité, au sein des institutions européennes, en paralysant la volonté de la France, ne serviront ni les intérêts français, bien entendu, ni les intérêts européens. En d'autres termes, les votes des 81 représentants français pèseront bien peu à l'encontre des 329 représentants de pays eux-mêmes excessivement sensibles aux influences d'outre-Atlantique.

Telle est bien la menace dont l'opinion publique doit être consciente. Cette menace n'est pas lointaine et théorique : elle est ouverte, certaine et proche. Comment nos gouvernants pourront-ils y résister demain alors qu'ils n'ont pas été capables de la faire écarter dans les déclarations d'intention ?

2° L'approbation de la politique européenne du gouvernement supposerait que celle-ci fût clairement affirmée à l'égard des errements actuels de la Communauté économique européenne. Il est de fait que cette Communauté — en dehors d'une politique agricole commune, d'ailleurs menacée — tend à n'être, aujourd'hui, guère plus qu'une zone de libre-échange favorable peut-être aux intérêts étrangers les plus puissants, mais qui voue au démantèlement des pans entiers de notre industrie laissée sans protection contre des concurrences inégales, sauvages ou qui se gardent de nous accorder la réciprocité. On ne saurait demander aux Français de souscrire ainsi à leur asservissement économique, au marasme et au chômage. Dans la mesure où la politique économique propre au gouvernement français contribue pour sa part aux mêmes résultats, on ne saurait davantage lui obtenir l'approbation sous le couvert d'un vote relatif à l'Europe.

3° L'admission de l'Espagne et du Portugal dans la Communauté soulève, tant pour nos intérêts agricoles que pour le fonctionnement des institutions communes, de très sérieuses difficultés qui doivent être préalablement résolues, sous peine d'aggraver une situation déjà fort peu satisfaisante. Jusque-là, il serait d'une grande légèreté, pour en tirer quelque avantage politique plus ou moins illusoire, d'annoncer cette admission comme virtuellement acquise.

4° La politique européenne du gouvernement ne peut, en aucun cas, dispenser la France d'une politique étrangère qui lui soit propre. L'Europe ne peut servir à camoufler l'effacement d'une France qui n'aurait plus sur le plan mondial, ni autorité, ni idée, ni message, ni visage. Nous récusons une politique étrangère qui cesse de répondre à la vocation d'une grande puissance, membre permanent du Conseil de sécurité des Nations unies et investie de ce fait de responsabilités particulières dans l'ordre international.

C'est pourquoi nous disons NON.

Non à la politique de supranationalité.

Non à l'asservissement économique.

Non à l'effacement international de la France.

Favorables à l'organisation européenne, oui, nous le sommes pleinement. Nous voulons, autant que d'autres, que se fasse l'Europe. Mais une Europe européenne, où la France conduise son destin de grande nation. Nous disons non à une France vassale dans un empire de marchands, non à une France qui démissionne aujourd'hui pour s'effacer demain.

Puisqu'il s'agit de la France, de son indépendance et de son avenir, puisqu'il s'agit de l'Europe, de sa cohésion et de sa volonté, nous ne transigerons pas. Nous lutterons de toutes nos forces pour qu'après tant de sacrifices, tant d'épreuves et tant d'exemples, notre génération ne signe pas, dans l'ignorance, le déclin de la patrie.

Comme toujours quand il s'agit de l'abaissement de la France, le parti de l'étranger est à l'œuvre avec sa voix paisible et rassurante. Français, ne l'écoutez pas. C'est l'engourdissement qui précède la paix de la mort.

Mais comme toujours quand il s'agit de l'honneur de la France, partout des hommes vont se lever pour combattre les partisans du renoncement et les auxiliaires de la décadence.

Avec gravité et résolution, je vous appelle dans un grand rassemblement de l'espérance, à un nouveau combat, celui pour la France de toujours dans l'Europe de demain.

> Jacques Chirac, « Appel de Cochin », 6 décembre 1978.

1979. La rupture
avec le capitalisme

Du 6 au 8 avril 1979 se tient à Metz un congrès au cours duquel les militants socialistes doivent désigner une nouvelle majorité pour diriger leur parti. Celui-ci est dominé depuis le congrès de Nantes (1974) par une alliance qui unissait les amis de François Mitterrand et ceux de Michel Rocard, rejetant dans la minorité le CÉRÉS de Jean-Pierre Chevènement. Le nouveau congrès s'annonce comme une recomposition. Sept motions sont proposées aux délégués, chacune désignée par une lettre. La motion C est celle du courant rocardien. Elle s'en prend surtout à une conception, estimée irréaliste, de rupture brutale avec le capitalisme, que lui semblent développer les motions A (mitterrandistes) et E (CÉRÉS).

Les problèmes nouveaux que pose l'évolution du Capitalisme ne se limitent pas au champ économique, et les réponses qu'appelle le Socialisme pas davantage. C'est bien pourquoi la rupture que représente le passage d'un système à l'autre n'est pas seulement une affaire de conditions, ou de calendrier, mais aussi d'objectifs.

Faute de préciser les uns et les autres, on réduirait l'ampleur et la complexité d'un processus qui est en fait la transition au Socialisme, à un débat sur les moyens. Le passé proche témoigne encore des effets destructeurs pour le Parti et le pays de ce décalage entre la pratique et le discours. Souvenons-nous de ce noir hiver du Socialisme où les slogans de congrès : rupture, classe ouvrière, révolution, avaient pour écho dans le monde réel : torture, guerre d'Algérie, répression !

Il n'y aura pas de rupture avec le Capitalisme sans une transformation profonde des rapports sociaux, des structures de pouvoir et du modèle de développement et de consommation qu'il véhicule. Il n'y aura pas de transformation des rapports sociaux sans une rupture avec les rapports hiérarchiques et autoritaires, sans rupture non plus avec le patriarcat qui est sans aucun doute un des modèles les plus profondément enracinés. La mise en cause de la vieille division entre tâches d'exécution et de direction exige de mettre fin à un modèle et à un système dont les hommes ont été les agents, qui pèse sur tous les opprimés, hommes et femmes, et musèle en permanence la conquête de la liberté. Il n'y aura pas de Socialisme sans libération des femmes, pas de libération des femmes sans Socialisme ; c'est là une rupture fondamentale.

Ces rapports hiérarchiques et autoritaires se retrouvent évidemment dans les structures de pouvoir, et se traduisent par l'exclusion de la grande majorité des intéressés de la prise de décision, que ce soit au niveau de l'entreprise, de la ville, de l'État. Il faut rompre avec la concentration du pouvoir, partout aux mains d'un petit groupe de responsables.

Enfin, la rupture passe par une lutte continue contre les différentes formes d'exploitation, de domination et d'aliénation, non seulement dans le domaine de la production mais aussi dans celui de la consommation.

Qui peut imaginer sérieusement qu'un projet aussi vaste puisse être l'affaire de cent jours, de trois mois ? Pour n'être pas seulement le changement de quelques hommes ou de quelques lois, la rupture devra être faite d'un enchaînement de RUPTURES, portant sur tous les mécanismes qui assurent le fonctionnement du capitalisme. Ces transformations évolueront à des rythmes différents, il y aura nécessairement des seuils et des paliers.

Ainsi, dès les premières semaines, **un gouvernement de gauche devra mettre en œuvre les réformes de structure** qui peuvent créer les conditions de la rupture : maîtrise de l'appareil économique par la nationalisation de ses pôles dominants, lancement du Plan démocratique, nouveaux droits pour les travailleurs, décentralisation de l'État, transformation du système scolaire, qui devront être décidées d'autant plus rapidement que leurs effets seront longs à se faire sentir. Mais faire voter des lois ne suffit pas, il faut aussi que ces lois s'inscrivent dans les faits ; et toute transformation profonde se heurtera à des résistances qui ne seront pas seulement celles du capitalisme dépossédé, mais aussi celles des habitudes acquises, des petits privilèges à déraciner, des mentalités à changer.

Ces premiers acquis seront-ils irréversibles ? Il n'y a que deux moyens de l'assurer : la dictature policière ou la mobilisation populaire. Pour des socialistes autogestionnaires, seuls le développement continu de la mobilisation populaire et la sanction permanente du peuple français, par l'expression du suffrage universel, pourront le garantir.

Enfin, souvenons-nous toujours que la rupture avec le capitalisme ne commencera pas avec l'arrivée de la Gauche au pouvoir, mais qu'elle est déjà inscrite dans les luttes, dans l'action que mènent les socialistes dans les entreprises, sur le terrain du cadre de vie, dans les municipalités, les régions, les associations où ils ont des responsabilités. **Le Socialisme se définit à travers des objectifs et par une démarche :** c'est autant à la pratique qu'au discours que se jugent les volontés.

Le Poing et la Rose, nᵒ 79, février 1979, p. 15.

1979. Edmond Maire et
le « recentrage » de la CFDT

*Cruellement échaudé par la défaite de la gauche aux élections
législatives, doutant que le socialisme autogestionnaire puisse tout
bonnement sortir des urnes, Edmond Maire, né en 1931 et secrétaire général de la CFDT (1971-1988), décide d'engager son syndicat sur la voie du recentrage au 38ᵉ Congrès de la CFDT, réuni
à Brest du 8 au 12 mai 1979. Outre la politique de compromis
qu'elle préconise, cette conception vise à revenir sur le terrain
des luttes sociales, un champ délaissé par tous ceux qui attendent leur salut d'une victoire électorale de la gauche. Après avoir,
dans un long rapport, précisé ses conceptions, Edmond Maire
répond à Brest aux différents intervenants cédétistes dont certains remettent en cause cette nouvelle approche.*

Avant ce congrès, me fiant aux débats du Conseil national,
j'en avais conclu que, s'il y avait des réserves nombreuses, des
désaccords et des oppositions à la ligne d'action proposée, il n'y
avait cependant pas d'alternative politique globale dans la CFDT.
Je m'étais trompé. Un nombre de syndicats a en effet proposé
une tout autre attitude pour la CFDT.

Ces syndicats jugent la politique d'action proposée par le
Bureau national comme un abandon de nos perspectives ou une
pente réformiste. Ils ne nient pas la crise mais ne pensent pas
qu'elle appelle de nous, du mouvement ouvrier, des solutions
fondamentalement nouvelles. Ils nous demandent de nous en
tenir à quelques grandes revendications immédiates et unifian-
tes, à appeler à la généralisation et à la globalisation de la lutte
en priorité contre le gouvernement, à proclamer la nécessité d'une
rupture politique avant tout changement profond, à crier bien
haut notre volonté de voir la gauche politique s'unir et se présenter à nouveau comme l'alternative politique.

Eh bien, je le dis calmement : ce choix n'est pas conforme à
la stratégie de la CFDT et, pour être plus précis, à la démarche
syndicale autogestionnaire de la CFDT. D'abord, ils ne nous

répondent pas à la question centrale : «Comment mobiliser ? »
Ils situent l'origine du rapport de forces essentiellement dans la
conviction des militants; c'est une attitude volontariste, idéaliste, qui a pour résultat le plus clair de laisser le patronat tranquille sur le terrain concret de sa gestion quotidienne. Pendant
que nos camarades proclament l'urgence d'une lutte globale, les
forces capitalistes se restructureront et sortiront de la crise à leur
profit et en réprimant si nécessaire ces militants déterminés mais
isolés.

Et même à supposer que, en raison d'événements extérieurs,
la gauche politique parvienne à gagner des élections dans ces
conditions, quelles solutions appliquera-t-elle ? En l'absence d'un
mouvement social préalable de la majorité de la population sur
un projet cohérent de transformations, en l'absence d'un syndicalisme qui ait déjà, par ses luttes, tracé les axes d'une autre politique industrielle, d'un autre développement régional, en
l'absence de luttes sociales qui aient déjà, dans le comportement
et les mentalités, fait progresser les conditions d'une diffusion
du pouvoir, en l'absence d'un syndicalisme qui ait fait des luttes sociales le moteur des transformations, la gauche politique
ne sortira pas du système de domination, d'exploitation et d'aliénation.

Le pari de notre congrès de 1970, c'est tout autre chose. Il
est de prendre en compte réellement la donnée historique fondamentale selon laquelle, après cent cinquante ans de luttes du
mouvement ouvrier, nulle part dans le monde n'existe de socialisme dans la liberté. La recherche de la CFDT n'est cependant
pas isolée; elle rejoint les efforts de ceux des socialistes scandinaves qui tentent de dépasser, dans l'action pour une autre organisation du travail, les limites de la social-démocratie. Elle rejoint
la lutte unitaire du mouvement ouvrier italien cherchant une voie
nouvelle pour dépasser l'impasse. Elle rejoint l'action des
communistes yougoslaves pour briser le stalinisme à la racine,
c'est-à-dire dès le processus de travail.

Quand des intervenants jugent notre stratégie réformiste,
c'est par rapport à quelle orthodoxie, à quelle norme révolutionnaire ?

Qui est conservateur, de celui qui nous demande de reprendre une logique de l'échec, hélas surabondamment démontrée
par l'Histoire, ou de celui qui propose le refus radical de toute

démagogie, le choix radicalement nouveau d'une logique de luttes sociales qui lie l'action contre le capitalisme et l'action consciente de masse, dès aujourd'hui, pour l'autodétermination, pour un autre mode de vie ?

Qui est révolutionnaire ? Celui qui nous reproche sans cesse de ne pas proclamer la nécessité de la rupture mais qui la renvoie à après-demain, quand la gauche aura le pouvoir d'État, ou celui qui, avec le congrès de 1970, retrouvant les sources du syndicalisme et du socialisme, affirme qu'il n'y a aucun raccourci de possible pour l'émancipation des travailleurs. Elle ne peut découler d'une avant-garde politique ou syndicale, car elle ne se fera que si elle est l'œuvre des travailleurs eux-mêmes.

Nous sommes conscients des énormes pesanteurs extérieures et intérieures qui s'opposent à cette stratégie définie par nos congrès et encore si mal appliquée. Ces pesanteurs se trouvent d'ailleurs plus ou moins en chacun de nous. Ce que nous pouvons au moins demander, c'est que l'on ne travestisse pas nos positions, et que ceux qui prennent le risque de faire échouer notre démarche autogestionnaire mesurent leur responsabilité.

Depuis plus d'un an, depuis notre volonté d'en revenir à notre stratégie fondamentale, tout sert de prétexte à la contre-offensive de ceux qui s'y opposent.

Une déclaration malhabile sera tournée en dérision, l'appel à la lucidité sera confondu avec l'acceptation de l'austérité, l'analyse concrète du terrain avec l'abandon des grandes visions d'avenir.

Et cependant, depuis plus d'un an, nous résistons à tout cela, malgré le fait que bien des militants accordent plus d'importance aux déformations et interprétations des informations extérieures qu'à ce que dit la presse confédérale. Nous résistons parce que nous savons que la CFDT n'a pas d'autre raison d'être que d'ouvrir un débouché au mouvement ouvrier, parce que depuis trente ans le chemin parcouru, malgré les détours, montre le sens de notre histoire.

La politique d'action à ce congrès est-elle au-dessus de nos forces ? Nous espérons, nous, que ce n'est pas le cas. Mais qui a jamais cru que la marche au socialisme autogestionnaire se ferait sans un formidable effort sur nous-mêmes et d'abord sans un effort d'unité interne et de progrès de toute la CFDT ?

Si cette politique d'action rencontre votre accord, la CFDT

sortira de son 38ᵉ Congrès dans la cohésion et l'allant d'une dynamique retrouvée, d'une dynamique unitaire au plan syndical comme à celui de l'union des forces populaires.

Alors le congrès de Brest aura bien le sens que vous propose le Bureau national, celui du retour à l'espoir.

« Réponse d'Edmond Maire aux intervenants, 8-12 mai 1979 », *in* Edmond Maire, *Reconstruire l'espoir*, interventions publiques, 1978-1979, Paris, Éd. du Seuil, 1980, p. 110-114.

1980. La mort
de Jean-Paul Sartre

Le 15 avril 1980 disparaît Jean-Paul Sartre (1905). Philosophe existentialiste, fondateur de la revue Les Temps modernes *(1946), romancier et dramaturge, écrivain engagé — un temps proche du PCF puis sympathisant de la cause gauchiste —, Sartre est incontestablement un maître à penser pour une large frange de la jeunesse. Plus de 20 000 personnes, au demeurant, assistent à ses obsèques le 19 avril. Dans un article publié par* Le Monde *le 17 avril, le romancier et critique littéraire Bertrand Poirot-Delpech (1929) cherche à s'expliquer l'influence de cet auteur d'exception.*

« *Alors, voilà, c'est comme ça...* » Ainsi Sartre découvre à son tour la chambre sans fenêtre du *Huis clos* sans fin. Lui pour qui la vie signifiait avant tout liberté et devoir de retoucher ses actes, comment l'imaginer inerte, tel un bronze d'art ? Lui qui se demandait encore, après des milliers de pages, que penser de Flaubert, comment dire en quelques lignes ce qu'il fut et ce qu'il restera ? Comment dominer l'émotion, alors que sa silhouette tassée d'éternel étudiant, son regard écartelé, sa voix métallique, ses vérités, ses erreurs, ont fait partie, pour trois générations, de la famille et d'une époque soudain révolue ?

Première certitude : aucun intellectuel français de ce siècle ni aucun des Nobel, dont il refusa de faire partie [1], n'aura exercé une influence aussi profonde, durable, universelle. C'est bel et bien un magistère mondial qui s'achève, après bientôt cinquante ans, et autant d'œuvres, tirées à des millions d'exemplaires, traduites en vingt-huit langues et touchant à tous les genres.

Est-ce sa philosophie qui lui a valu ce rayonnement ? Tous ceux qui ont découvert *L'Être et le Néant* à sa sortie, en 1943, ont cru, avec Michel Tournier, qu'un « système » leur était enfin donné. De fait, Sartre libérait les étudiants d'un enseignement fortement idéaliste et abstrait, en posant le primat d'un homme sans Dieu, libre, responsable, sans excuse.

Il ouvrait la prison du cogito cartésien sur le monde des bistrots et des massacres. La philosophie redevenait un moyen de penser la vie quotidienne, la science, et la nature, mais il a fallu admettre que cette percée phénoménologique devait beaucoup à Husserl et que le lien de la conscience « existentialiste » avec les « autres », l'histoire, l'action, restait incertain.

Le prestige de Sartre s'explique encore moins par ses théories politiques et ses engagements que par sa philosophie. Ses adversaires ont eu beau jeu d'ironiser sur sa difficulté à concilier son humanisme libertaire d'antibourgeois viscéral avec le marxisme rigide du « parti de la classe ouvrière », sans lequel rien ne lui paraissait possible. Le « compagnon de route » fut souvent plus intempestif qu'incommode, et l'ami des gauchistes montra parfois une violence forcée.

D'où donc est venue la véritable fascination exercée par Sartre ? Probablement de ses contradictions mêmes. Son œuvre entière en porte la marque, par sa diversité — philosophie, romans, critique, théâtre, films... — et son inachèvement. Presque toutes ses entreprises restent en suspens.

« *J'ai écrit exactement le contraire de ce que je voulais écrire* », a-t-il déclaré récemment. Ce n'est pas une de ces boutades dont il avait le secret, et qui émaillent son théâtre. Sans rien renier, il refuse de se sentir lié par ses positions antérieures.

Il reproche à Mauriac de ne pas laisser ses héros assez libres, mais il reconnaît plus tard qu'il a fait pareil. Il dit détester son enfance, mais il lui consacre ce chef-d'œuvre que sont *Les Mots*. Il prône l'engagement, juge que la littérature ne peut rien contre la faim d'un enfant, mais il se rallie à l'œuvre intemporelle et s'y voue. Il décrit mieux que personne le mal d'être (*La Nausée*) ou le mal d'aimer (*Le Sursis*) mais il avoue avoir été toujours protégé du malheur par la névrose de l'écriture. Il sait, dès l'âge de cinq ans, que la mort, un jour, « *sur une route déserte lui baisera les doigts* », mais il ne sent son « *mufle au carreau* » que quand il écrit : d'où, sous la maîtrise classique du style, on ne sait quelle urgence haletante, marque de ce que l'avenir appellera ou non son génie.

Un couple sans égal

Parfaitement, le penseur de l'angoisse, que la presse à sensation des années 50 présentait comme l'idole corruptrice des caves de Saint-Germain-des-Prés, était un homme heureux, bon vivant, aimant la blague. C'était vrai comme étudiant, quand il sillonnait à vélo la France d'avant-guerre et de l'occupation, lors des « fiestas » amicales de la victoire, avec la bande des *Temps modernes*, les maoïstes d'après 1968, et, récemment, avec Françoise Sagan, devenue son amie. Son amour de la vie était plus fort que tous les coups du sort, comme la cécité des dernières années, où Montherlant vit une raison de ne plus vivre, et qui n'a pas empêché Sartre de cultiver l'amitié et la musique, ses jardins secrets.

Contradictions encore : son refus du mariage bourgeois et le couple sans égal dans la littérature qu'il aura formé avec Simone de Beauvoir depuis leur rencontre, il y a juste cinquante ans : le souci de ne pas être suivi, et l'audience la plus vaste qu'un penseur ait connue de son vivant, l'horreur et le respect de la force, la passion de la liberté et le souci de la faire servir.

C'est sans doute cette double aspiration à la responsabilité et à l'utilité qui explique son ascendant, au-delà des réponses plus ou moins lucides et logiques que les événements lui ont inspirées personnellement. On peut diverger sur ses positions distraites face au Front populaire et à la Résistance, flottantes lors de la guerre froide, suivistes à l'égard du gauchisme, mais non sur sa volonté obstinée d'échapper à ce qui nous est inculqué, de posséder le moins possible, de se choisir des règles, d'évaluer les situations, de justifier sa vie, de se rendre utile.

C'est par ce programme, gagé sur des comportements d'une rigueur et d'une générosité exemplaires, qu'ont été séduites successivement les générations de l'antifascisme, de l'anticolonialisme, de la contestation étudiante, et les jeunes d'aujourd'hui, bien qu'ils accordent plus d'attention à l'inconscient qu'au conscient, et au langage qu'à l'homme. Le recul de l'hypocrisie en politique, c'est aussi lui.

Une œuvre immense se dresse à jamais au-dessus de ce siècle, liée à ses secousses, à ses doutes. Un vivant ne cesse de dire le mystère de vivre, l'envie de connaître, la soif de sentir. Un homme droit et fraternel nous montre, par ses détours mêmes, les chemins de la liberté.

Le Monde, 17 avril 1980.

1. Sartre refuse le prix Nobel de littérature en 1964.

1981. La victoire
de François Mitterrand

Le 10 mai 1981, le candidat du Parti socialiste, François Mitterrand (né en 1916), qui a rassemblé près de 26 % des suffrages au premier tour, remporte les élections présidentielles avec 51,76 % des voix. A Château-Chinon, ville dont il est le maire depuis 1959, dans une atmosphère de liesse, le nouveau président de la République fait, le soir même de sa victoire, devant micros et caméras, la déclaration suivante.

Cette victoire est d'abord celle des forces de la jeunesse, des forces du travail, des forces de création, des forces du renouveau qui se sont rassemblées dans un grand élan national pour l'emploi, la paix, la liberté, thèmes qui furent ceux de ma campagne présidentielle et qui demeureront ceux de mon septennat.

Elle est aussi celle de ces femmes, de ces hommes, humbles militants pénétrés d'idéal, qui, dans chaque commune de France, dans chaque ville, chaque village, toute leur vie, ont espéré ce jour où leur pays viendrait enfin à leur rencontre.

A tous je dois et l'honneur et la charge des responsabilités qui désormais m'incombent. Je ne distingue pas entre eux. Ils sont notre peuple et rien d'autre. Je n'aurai pas d'autre ambition que de justifier leur confiance.

Ma pensée va en cet instant vers les miens, aujourd'hui disparus, dont je tiens le simple amour de ma patrie et la volonté sans faille de servir. Je mesure le poids de l'Histoire, sa rigueur, sa grandeur. Seule la communauté nationale entière doit répondre aux exigences du temps présent. J'agirai avec résolution pour que, dans la fidélité à mes engagements, elles trouvent le chemin des réconciliations nécessaires. Nous avons tant à faire ensemble et tant à dire aussi.

Des centaines de millions d'hommes sur la terre sauront ce soir que la France est prête à leur parler le langage qu'ils ont appris à aimer d'elle.

J'ai une autre déclaration brève à faire. A M. Giscard
d'Estaing que je remercie de son message [1], j'adresse les vœux
que je dois à l'homme qui, pendant sept ans, a dirigé la France.
Au-delà des luttes politiques, des contradictions, c'est à l'Histoire qu'il appartient maintenant de juger chacun de nos actes.

François Mitterrand, *Politique, 1977-1982*, Paris,
© Librairie Arthème Fayard, 1977, p. 299.

---

1. Dans la soirée, Valéry Giscard d'Estaing avait diffusé le message
suivant : « J'adresse mes vœux à M. François Mitterrand pour son élection à la présidence de la République. Je crois avoir fait tout ce qui dépendait de moi pour expliquer aux Françaises et aux Français la portée des conséquences de leur choix... »

1981. Le PCF réclame
des ministres

Depuis les élections législatives de 1978, l'Union de la gauche n'est plus qu'un vieux souvenir. Au premier tour des élections présidentielles de 1981, le PCF a présenté la candidature de Georges Marchais qui ne recueille qu'un peu moins de 15,5 % des voix. Ce résultat est un échec qui place les communistes dans une position difficile d'autant plus qu'ils n'ont appelé à voter pour François Mitterrand, au second tour, que du bout des lèvres. La question de la présence de ministres communistes dans le futur gouvernement, qui a occupé une place importante au cours de la campagne pour le second tour, n'a en outre reçu aucune réponse claire du candidat Mitterrand. C'est la raison pour laquelle la direction du PCF fait pression pour obtenir quelques ministres communistes. Le 12 mai 1981, le Bureau politique adopte un communiqué allant dans ce sens.

Tous les communistes ressentent profondément la joie et l'espérance qui se manifestent dans le monde du travail, au sein de la jeunesse, dans les entreprises et les localités. Cette élection est, en effet, une première victoire des travailleuses et des travailleurs, de toutes les victimes de la politique du capital, avec ses injustices, son arrogance, son mépris de la dignité et des droits des hommes et des femmes.

Unir toutes les forces populaires pour mettre en œuvre une politique nouvelle de justice sociale, de progrès, de liberté, d'indépendance et de paix : telle est, telle reste et restera notre ligne. Celle qu'ont définie nos XXIIe et XXIIIe Congrès.

Sur ce chemin, nous sommes disposés à favoriser tout pas en avant, à aller aussi loin et aussi vite que le veulent les travailleurs, les citoyens eux-mêmes. Nous ne laissons et ne laisserons passer aucune chance d'obtenir des changements. Nous sommes disponibles pour tout progrès.

Dès la conférence nationale d'octobre 1980, par laquelle le

Parti communiste français a ouvert sa campagne pour l'élection présidentielle, notre objectif a été nettement fixé : en finir avec le pouvoir et la politique de Giscard d'Estaing et changer vraiment.

Sept mois durant, la campagne de notre Parti a été exclusivement guidée par cette volonté. Notre candidat s'est présenté comme candidat anti-Giscard. Sa campagne a porté des coups décisifs au pouvoir en place, formulé des propositions transformatrices et semé des idées importantes pour la politique nouvelle qui est nécessaire.

La même volonté de changement et d'union nous a animés pour le deuxième tour. Notre Parti s'est mobilisé pour mettre en œuvre l'appel du Comité central à voter François Mitterrand. Ainsi notre Parti, les électrices et les électeurs communistes ont pleinement contribué à la victoire du 10 mai.

Dès maintenant nous sommes prêts à assumer au gouvernement, comme à tous les niveaux de la vie nationale, toutes nos responsabilités.

Il s'agit, en effet, pour la nouvelle majorité présidentielle d'accomplir l'effort nécessaire pour répondre à l'espérance populaire. Appartenant à cette majorité, nous voulons lui apporter toute notre contribution. Nous nous mettons entièrement — avec les droits et les devoirs correspondants — au service de l'action pour le changement et pour les réformes démocratiques qu'il implique.

La victoire du 10 mai n'aurait pas pu être remportée sans les communistes. De la même façon, le changement ne peut s'accomplir sans la participation active et sans l'apport original du Parti communiste français.

L'Humanité, 13 mai 1981.

1981. Le dialogue Nord-Sud

A l'initiative du chancelier Bruno Kreisky et du président José López Portillo se déroule à Cancún une conférence internationale portant sur les rapports Nord-Sud (22-23 octobre 1981). Avant d'assister à ce forum — auquel 22 pays participent —, François Mitterrand, en visite officielle au Mexique, définit les positions de la France en matière de développement lors d'un dîner offert à Mexico par le président Portillo. Fraîchement investi à la présidence, François Mitterrand entend substituer aux tutelles néo-coloniales un authentique dialogue entre pays riches et pays pauvres. Mais les intenses espoirs suscités par cette conférence seront rapidement déçus, malgré l'écho des discours mexicains de F. Mitterrand, improprement baptisés « discours de Cancún ».

La France entend contribuer au développement du tiers-monde, ce développement qui n'est pas à nos yeux une menace mais une chance à saisir. Ce choix ne procède pas d'une intention charitable mais d'une volonté politique autant que d'une vision à long terme de nos propres intérêts. C'est pourquoi nous opposons à la fallacieuse et stérile opposition entre pays développés et sous-développés, tous frappés par la crise, l'idée d'un codéveloppement généralisé. Je l'ai déjà dit, l'esprit de solidarité ne se partage pas. Le globe terrestre ne se coupe pas en deux par le milieu de l'équateur. L'interdépendance économique et politique entre pays du Nord et pays du Sud nous autorise, que dis-je, nous contraint à reconnaître que nous ne sortirons pas de la crise seuls. Le « Pour qui sonne le glas ? » ne vaut pas que pour les individus, il vaut pour nos nations. C'est-à-dire que nous ne considérons pas la coopération avec le tiers-monde comme une rubrique à part, encore moins comme on ne sait quel service d'assistance sociale élargie, mais comme une partie intégrante d'une stratégie cohérente où la dimension économique est inséparable de la dimension politique. Car tel est l'enjeu : il ne peut pas y avoir de paix dans un monde où les deux tiers des êtres humains n'ont pas accès au minimum vital.

La conférence de Cancún offre une chance historique à la paix dans le monde. Elle sera, en premier lieu, l'occasion d'un échange de vues entre les chefs d'État ou de gouvernement qui y participeront.

La France souhaite que les négociations globales qui s'étaient enlisées aux Nations unies soient relancées d'ici la fin de l'année. Mon pays attache, par ailleurs, une très grande importance au développement de l'action multilatérale dans le secteur de l'énergie.

Nous sommes également d'accord pour penser avec vous, monsieur le Président, qu'un certain nombre de pays partageant la même idée de l'Homme doivent concentrer leurs efforts sur l'une des régions où le besoin de justice est le plus urgent : l'Amérique centrale, si cruellement déchirée. Vous avez donné l'exemple en mettant en œuvre avec le Venezuela un plan intelligent, désintéressé et pratique d'aide pétrolière.

Mon pays et d'autres nations européennes pourraient aussi contribuer à la solution des problèmes économiques et financiers qui s'y posent, notamment dans le domaine agricole et alimentaire. La France, quant à elle, est prête à apporter son aide amicale et désintéressée. Sur un autre plan, nous nous sommes exprimés, vous et nous, au sujet du drame que vit le peuple salvadorien, par une déclaration de caractère politique qui ouvrira, je le souhaite de tout cœur, les voies de la négociation. Les principes qui inspirent la démocratie française en plein renouveau nous dictent une attitude sans compromis vis-à-vis des atteintes aux droits des peuples, où que ce soit dans le monde, à son Occident comme à son Orient. J'espère que cet appel solennel et conjoint du Mexique et de la France permettra d'éviter la perte de nombreuses vies humaines et de restaurer la stabilité politique dans et par la justice sociale.

Les pays les plus faibles et les plus pauvres ne peuvent rester sans danger, pour l'ensemble du monde, l'objet passif d'un conflit entre les très grandes puissances. Je dis cela pour des raisons de principe et au nom d'une certaine idée de l'homme, puisque je pense profondément que chaque peuple a le droit de déterminer lui-même sa voie, sa vérité, ses différences.

> F. Mitterrand, discours du 19 octobre 1981 (Service de presse de l'Élysée).

1982. La mort de Pierre Mendès France vue par Michel Rocard*

Incarnant la rigueur et la générosité, Pierre Mendès France (1907-1982) constitue le symbole d'une gauche moderne et humaniste pour toute une génération. Animateur du PSU puis député socialiste des Yvelines, Michel Rocard (1930) s'affirme ainsi marqué par l'héritage mendésiste. Au lendemain de la disparition de PMF (18 octobre 1982), le ministre d'État, responsable du Plan et de l'Aménagement du territoire dans le gouvernement de Pierre Mauroy, souligne l'importance de cette figure charismatique.

Découvrir la politique dans les années cinquante, lorsqu'on allait sur ses vingt ans, celà faisait un choc dont beaucoup ne se remirent pas. Guerre froide, division des forces politiques et sociales de gauche, impuissante de gouvernements éphémères, enlisement indochinois, malthusianisme économique, un tel ensemble suscitait un sentiment de dégoût pour la vie publique et, à tout le moins, de distance. La génération montante était rebutée par l'engagement militant. Certains l'estimèrent même perdue pour les combats de la gauche. Aceux-là, et à tous ceux qui vinrent après eux, Pierre Mendès France fut d'abord celui qui l'espoir.

Étonnant destin, en vérité, que celui de cet homme qui en toutes circonstances choisit de dire la vérité, même la plus dure, d'aller jusqu'au bout de ses convictions, même les moins populaires, qui se distingua toujours par son refus de la démagogie et des compromissions, qualifié parfois de Cassandre de la gauche, et resta jusqu'au bout un symbole d'espérance.

En juin 1953, la révélation fut fugitive puisque l'Assemblée nationale lui refusa l'investiture, le M.R.P. rejetant l'expérience et choisissant de s'enfermer définitivement dans le camp de la droite et du colonialisme. Néanmoins, l'opinion prit conscience que la République avait en réserve un homme d'État et qu'une autre politique était possible. Un Homme nouveau, appuyé seulement par une petite équipe, incarnait l'espoir du changement et du renouveau. Peu nombreux étaient alors ceux qui le connaissaient vraiment, si ce n'est les compagnons de la Résistance du courageux combattant de la France libre et les étudiants ou les spécialistes de l'économie qui avaient eu connaissance des thèses rigoureuses défendues en vain par l'ancien ministre de l'économie nationale du général de Gaulle [1].

Ce fut la dégradation de la situation militaire en Indochine et le blocage institutionnel dans lequel les appareils politiques étaient embourbés qui furent de Pierre Mendès-France le seul recours possible : autre paroxe que de voir porté au pouvoir par les circonstances celui qui mit un point d'honneur à toujours mettre en avant, comme critère de choix, son programme et ses propositions.

Un autre 18 juin.

Le choc profond que provoqua l'investiture du 18 juin 1954 — un autre 18 juin... — surprendrait peut-être ceux qui n'ont pas vécu l'évènement. *A posteriori*, pourtant, il était inscrit dans les données incontournables de la réalité politique que la droite restait largement représentée au gouvernement et n'abandonnait que très provisoirement les rênes du pouvoir. Le parti communiste, de son côté, n'avait pas intérêt à faire durer une expérience dont l'impact populaire était réel sans qu'il en soit partie prenante. Il n'empêche que ces quelques mois de juin 1954 à février 1955 sont restés longtemps dans les esprits, et aujourd'hui dans l'histoire de la IVᵉ République, une référence mobilisatrice : sucession d'initiatives audacieuses, clarté des choix, rapidité d'exécution, respect des promesses annoncées — quel contraste avec ce qu'on appelait alors « le système » !

Pierre Mendès-France fut renversé sans que le pays ait eu à se prononcer Le chef de gouvernement lucide, efficace et courageux ne devint pas un homme de parti aussi heureux dans ses choix et dans la mobilisation de l'opinion. il était, il est vrai, beacoup plus difficile de rendre perceptible dans l'opposition les qualités qui s'étaient imposées pendant sept mois au gouvernement. Il reste que l'on peut s'interroger, hier comme aujourd'hui, sur les obstinations difficilement explicables qui furent perçues par ses partisans les plus fidèles comme un rejet délibéré des moyens du succès. Il y a là un mystère de l'homme que nul n'élucidera jamais.

Nouveau paradoxe, son isolement en marge des formations politiques, son adhésion longuement motivée au socialisme [2] qui resta un acte individuel, son intransigeance à l'égard des institutions de la Vᵉ République malgré leur sanction répétée par le suffrage universel, renforcèrent encore sa stature morale et son autorité politique.

Ses prises de position, face à Michel debré en 1965 [3], à nouveau en faveur de François Mitterrand en 1974 et 1981, pour les solutions pacifiques et négociées au Proche-Orient avaient à chaque fois un retentissement considérable.

« Gouverner, c'est choisir », son adhésion sans réserve à une conception « moderne » de la République du calendrier annoncé et respecté, son souci de pédagogie et de persuasion de l'action entreprise son autant de pricipes de gouvernement qui ont et qui demeurent des références essentielles. Elles devraient être, pour la gauche et bien audelà, des règles de la vie publique.

Pierre Mendès-France fut pour moi à la fois un maître et un ami. Son message de droiture morale et d'intégrité intellectuelle est résumé dans ces lignes que son biographe a choisi pour le définir : toute action n'est pas vaine,toute politique n'est pas impure.

La fidélité à cet héritage, à la fois collectif et personnel, sera notre meilleur hommage.

> Michel Rocard, « L'exception et la règle », *Le Monde*, 20 octobre 1982.

* L'orthographe et le style de l'article ont été scrupuleusement respectés.

1. Un débat oppose en 1945 René Pleven et Pierre Mendès France sur la politique économique à tenir.

2. Radical au départ, Mendès France adhère au PSA le 22 septembre 1959.

3. En novembre-décembre 1965, Pierre Mendès France et Michel Debré s'opposent sur les ondes trois soirées durant. Un livre, *Le Grand Débat*, a été tiré de ces huit heures d'affrontement.

1982. La rigueur

Le Premier ministre désigné par François Mitterrand, Pierre Mauroy (né en 1928), député-maire socialiste de Lille, engage dès l'été 1981 une politique qui prend le contre-pied de celle conduite par son prédécesseur Raymond Barre. Priorité est donnée à la lutte contre le chômage par une relance de l'activité économique : desserrement du crédit, abaissement des taux d'intérêt, revalorisation des bas salaires. Cette politique, qui contribue à ralentir la poussée du chômage, va à contre-courant des politiques suivies au même moment par les grands pays industriels. La situation financière de la France se dégrade et conduit le gouvernement à dévaluer le franc à l'automne 1981 puis en juin 1982. A partir de cette date, le gouvernement de Pierre Mauroy infléchit sa politique et donne la priorité au rétablissement des « grands équilibres ». Dans un discours du 4 novembre 1982, le Premier ministre défend sa nouvelle ligne.

La rigueur est notre règle pour tenir nos promesses et respecter nos engagements.

La rigueur pour assurer un nouveau partage des revenus et une plus grande justice sociale.

La rigueur pour maintenir nos grands équilibres économiques.

La rigueur dans la gestion de nos budgets sociaux.

La rigueur, en un mot, pour permettre à la France de rester dans les premiers rangs des pays développés et réussir l'adaptation aux mutations technologiques et industrielles.

Le gouvernement n'a de cadeaux à faire à personne. Le problème ne se pose pas en ces termes. Le gouvernement prend en compte l'intérêt du pays.

Pour relever les défis, nous avons besoin d'entreprises saines, capables de se développer. Nous nous en donnons les moyens car la France, plus que beaucoup d'autres pays, a besoin d'accroître et de moderniser son appareil de production.

Mais la politique du gouvernement est d'abord orientée vers les Français qui travaillent et en tirent leurs revenus. Nous avons le souci constant de préserver leurs intérêts. Nous avons le souci de renforcer leur rôle à travers la politique contractuelle d'une part, mais aussi, d'autre part, en élargissant leurs droits au sein des entreprises.

Et c'est parce qu'ils le savent qu'ils acceptent les contraintes du temps. Car ils savent que la politique que nous mettons en œuvre est à même de préserver leurs emplois, de sauvegarder leur pouvoir d'achat et de garantir leur protection sociale. Et c'est là une différence essentielle par rapport aux mesures de déflation prises dans de nombreux pays voisins.

Bien sûr, la lutte que nous avons engagée n'en demeure pas moins rude. Mais les salariés ne doivent jamais perdre de vue que dans la course de l'inflation, ils seront toujours les vaincus. L'inflation est en effet l'impôt le plus injuste puisqu'il frappe d'abord ceux dont les revenus sont les plus faibles.

Je sais bien que la France, depuis des décennies, s'est habituée à vivre avec l'inflation comme avec une drogue. L'inflation est effectivement comme une drogue : nocive.

Parce que nous sommes le gouvernement du changement, nous n'avons pas hésité à prendre à bras-le-corps ce problème. Nous n'avons pas hésité non plus sur les moyens à mettre en œuvre.

Vous le voyez, nous sommes décidés à poursuivre nos efforts dans la rigueur certes, mais aussi et d'abord dans la justice.

> Pierre Mauroy, *A gauche*, Paris, Albin Michel, 1985, p. 111-112.

1983. La fin de l'état de grâce?

A partir de 1983, le pouvoir socialiste subit une nette érosion de popularité qui gagne une partie de la gauche française. Le 26 juillet 1983, Max Gallo (1932), secrétaire d'État, porte-parole du gouvernement, lance dans Le Monde *un vaste débat concernant « le malaise des intellectuels ». Jean-François Kahn (1938), à l'époque directeur de la rédaction au* Matin — *un quotidien proche des socialistes —, contribue également à cette réflexion sur l'avenir des forces de progrès. Dans* Et si on essayait autre chose, *il appelle dans une première partie à renoncer aux formules toutes faites et aux a-priori idéologiques générateurs de guerre civile. Dans une seconde partie, il livre au lecteur son Journal des deux premières années de François Mitterrand. La date du 10 mai 1983 retient, on le devine, toute son attention.*

10 mai 1983.

« J'ai le temps pour moi ! » ne cesse de confier à ses visiteurs le président de la République.

A quoi un vieux proverbe inscrit sur un cadran solaire répond : il est toujours plus tard qu'on ne le croit...

Le pouvoir socialiste n'a que deux ans d'âge. Et cependant il apparaît déjà voûté et courbatu. Prématurément vieilli par le poids du réel, comme si, sur l'avenant visage du changement, s'étaient déjà creusées les rides des rêves envolés.

Ceux qui craignaient les turbulences de la juvénilité peuvent être rassurés : en deux ans, le jeune homme fringant est devenu un quinquagénaire débonnaire et rassis. A cet égard, la droite s'est trompée lourdement : elle nous annonçait Robespierre, nous avons le Directoire. Il aura fallu moins d'un tiers de septennat pour que le Lénine qu'elle nous promettait se métamorphose en Joseph Caillaux. Au lieu de la radicalisation promise, l'avènement tranquille d'une sagesse désabusée ; point de fuite en avant, mais l'aspiration, presque mythifiée, à une gestion de bon père de famille, juste relevée d'une pincée de justice sociale. Résurgence significative des mots et des concepts d'hier. Nostalgie !

La France, au fond, est gouvernée par un cabinet de centre gauche minoritaire auquel s'opposent d'un côté les conservateurs et de l'autre côté les marxistes. Comme sous le ministère Chaban-Delmas, en quelque sorte, la permanence étant symbolisée par Jacques Delors [1]. Voilà la réalité que les institutions de la Ve République dissimulent de plus en plus mal. Il n'y a que *Le Figaro* qui voit le spectre de Marx à l'heure où l'on renonce même à Keynes.

Il y a deux ans, la gauche commémorative revivait le triomphe de Blum en 1936. Aujourd'hui, elle n'ose trop s'avouer qu'elle se retrouve dans la situation de Daladier en 1934. Avec, d'un côté l'assaut des ligues de droite relayant l'exaspération des corporatismes catégoriels, et de l'autre la sourde opposition du monde du travail canalisée par la contestation syndicale et entretenue par les critiques de la gauche socialiste. Seulement, la comparaison s'arrête là : en février 1934, un puissant mouvement de masse inspiré par la droite et encadré par l'extrême droite se heurta à un puissant sursaut populaire animé par l'ensemble de la gauche socialiste, relayée par les syndicats. Aujourd'hui, rien de tel : les étudiants en droit peuvent bien, par réminiscence, aller faire le coup de main place de la Concorde ; les groupuscules fascisants peuvent bien jouer à la guérilla urbaine boulevard Saint-Germain ; *Le Figaro* peut bien appeler à la lutte finale contre un pouvoir abhorré, le cœur n'y est pas... ou pas encore. La droite n'est pas pour l'instant en mesure de mobiliser à son seul profit, de transformer en un processus de révolte active le mécontentement diffus qui se répand dans presque toutes les couches de la société. Dans ses profondeurs, le pays n'aspire pas à la revanche : il refuse la logique de la guerre civile.

Le problème — et il est de taille —, c'est que la capacité de mobilisation et de riposte de la gauche apparaît encore plus faible. Et pour cause : en février 1934, le centre gauche était au pouvoir, mais l'union de la gauche était à faire, alors qu'en mai 1983 le centre gauche est au pouvoir, mais l'union de la gauche a déjà été faite. En 1934, l'espoir était devant ; en 1983, il est derrière. En 1934, on pouvait essayer Blum ; en 1983, on a déjà essayé Blum. En 1934, une idéologie ultraconservatrice s'opposait à une idéologie progressiste tout aussi dynamique et mobilisatrice ; en 1983, la philosophie du progrès paraît avoir d'elle-même capitulé devant le retour en force de la pensée, libérale au mieux, réactionnaire au pire. Le terrorisme intellectuel dont bénéficia si longtemps l'idéologie néo-marxiste joue aujourd'hui exclusivement en faveur du courant conservateur... La démarche rationaliste est presque marginalisée ; l'aspiration réformiste confinée dans un ghetto ; l'héritage de la philosophie des Lumières voué aux gémonies. Le Goulag était dans Rousseau !

Il y a vingt-cinq ans, le summum du modernisme, c'était le retour à Proudhon, version 1848 ; aujourd'hui, c'est le retour à Guizot, version 1830. En 1934, enfin, toute une presse modérée ou centriste équilibrait la presse d'extrême droite, tandis qu'à gauche de brillants polémistes donnaient efficacement la réplique. En 1983, tout glisse : les journaux de gauche vers le centre gauche, les journaux du centre vers la droite musclée, les journaux de droite modérée vers l'extrême droite. L'équilibre est rompu. La classe intellectuelle elle-même se laisse fasciner par les sirènes du néo-légitimisme. L'ex-maoïste Philippe Sollers donne dans un christianisme saint-sulpicien. L'historien Le Roy Ladurie, ex-stalinien, exprime dans *Le Figaro* ses craintes néo-élitistes. L'intelligentsia de droite occupe presque seule la place publique. L'intelligentsia de gauche a réintégré le secret de ses laboratoires : elle se boude elle-même. Sur dix essais qui paraissent aujourd'hui en librairie, huit au moins sont marqués à droite. Détail significatif : le pamphlet de gauche a presque totalement disparu du marché, au moment même où Jean Cau réactualise Léon Daudet et Lucien Rebatet [2]. Jean-Pierre Faye peut bien écrire un très remarquable ouvrage encore marqué d'une foi socialisante [3], comme ce n'est pas dans le vent, personne n'en parle... Régime de la censure volontaire ! Jean-François Revel l'a bien compris, qui tape là où il est désormais obligatoire de taper si l'on veut conquérir un droit à l'existence.

Là, donc, réside le vrai danger : face à un pays que l'opposition, comme c'est son droit, morcelle en mille parcelles de rétractions corporatives, un pays qui se livre aux vertiges de l'autolacération, qui se dilue dans l'égoïsme catégoriel, que voit-on ? Un pouvoir lui-même dilué, lui-même morcelé, lui-même catégorisé. Une sorte de « chacun pour soi et les sondages trancheront », de pré-congrès permanent dont chaque courant comptabiliserait ses ministères. Et le but dans tout cela, le dessein, le projet, l'objectif, le souffle, la philosophie, la dynamique ?

A court terme, au moins, l'opposition sait ce qu'elle veut, même si toutes ses composantes ne le veulent pas de la même façon. La gauche, elle, ne sait plus ce qu'elle doit espérer. Et cela, c'est grave. Car, si le flot qui monte est beaucoup moins puissant qu'en 1934, la digue qui est censée l'arrêter est mille fois moins solide qu'elle ne l'était le 6 février. Et entre ce flot et cette digue, il n'y a même plus de *no man's land*. Qu'on ne nous reproche pas de ne l'avoir pas écrit...

12 mai 1983.

Décision de créer un journal [4].

Il faut, il faut, il faut que ce combat contre la guerre civile se poursuive.

Jean-François Kahn, *Et si on essayait autre chose?*, Paris, Éd. du Seuil, 1983, p. 223-227.

1. Jacques Delors (1925), conseiller du Premier ministre Jacques Chaban-Delmas (1969-1972), est à l'époque ministre de l'Économie et des Finances.

2. Ces deux derniers hommes sont des écrivains d'extrême droite.

3. Jean-Pierre Faye publie en 1981 *Les Grandes Journées du Père Duchesnes*.

4. *L'Événement du jeudi* — que J.-F. Kahn dirige des origines à 1990 — paraîtra en 1984.

1984. Le conflit
de l'école privée

Le Parti socialiste avait annoncé son intention de bâtir un grand service public unifié de l'éducation nationale. A la suite de la victoire de François Mitterrand, Alain Savary, ministre chargé du portefeuille de l'Éducation, entame des discussions avec les représentants de l'école privée avant de présenter ses propositions. Une fois publiées, celles-ci sont jugées trop modérées par les « laïcs » (en particulier les syndicalistes de la FEN) et dangereuses par les représentants de l'enseignement confessionnel catholique, très majoritaire dans l'enseignement privé. Des manifestations hostiles au projet gouvernemental se multiplient dans toute la France et connaissent un grand succès. L'une d'elles est prévue à Paris pour le 24 juin 1984. Quelques jours avant, Jean-Marie Lustiger (né en 1926), archevêque de Paris, donne son appréciation dans une interview accordée au Monde.

Le clivage réel passe entre ceux qui demeurent prisonniers de leurs idéologies corporatistes, d'une part, et ceux qui, catholiques ou non, admettent le vrai débat dans la crise indiscutable du système éducatif français. Il faut reconnaître que se joue l'avenir de la France.

L'angoisse des familles devant l'avenir, angoisse qui se manifeste déjà par la chute dramatique de la natalité, est nourrie par une crainte : celle de ne pouvoir transmettre aux enfants un savoir, des convictions, une manière de vivre, et des raisons de donner sa vie. Toutes les questions importantes de notre société s'accumulent sur la jeunesse. Toutes leurs difficultés s'additionnent dans le système éducatif : emploi et formation, racisme et diversité des cultures, respect de la liberté et apprentissage des règles de la vie commune. Il est insensé de se dérober à ce vrai débat par une régression vers l'idéologie positiviste, d'ailleurs abandonnée partout, sauf dans certains milieux héritiers de M. Homais, vers un anticléricalisme aussi démodé que les banquets électoraux qui le nourrissaient. Il est trop tard pour mimer 1905.

[...]

[...] personne ne croit sérieusement que l'Église garde ou veuille reconquérir un pouvoir politique, même indirect, en France. Et c'est très bien ainsi. L'autorité universelle du pape ne se fonde pas sur la puissance de l'État du Vatican. En France, l'autorité morale de l'Église ne se fonde pas davantage sur un accord politique avec l'État.

En cette fin de siècle, les hommes de bonne foi savent que l'Église est au premier rang pour la défense des droits de l'homme, de la liberté de conscience et que ce fait universel éclaire son enseignement. L'Église a la charge de dire des vérités, souvent dures à entendre tantôt pour les uns, tantôt pour les autres et parfois pour tous. Elle est ainsi amenée à devenir porte-parole de l'essentiel. Qu'importe que l'opinion du moment veuille classer cette parole ou la récupérer.

[...]

L'enfant n'appartient à personne et surtout pas à l'État. Il est donné par Dieu à des parents qui n'en sont pas les propriétaires, et qui en sont responsables comme d'un don confié. Pour que cet enfant devienne ce qu'il est — libre, à l'image de Dieu libre —, il faut que ses parents, premiers responsables, l'initient à cette liberté ! D'où la nécessité de la famille éducative. Tous les psychologues savent bien que l'enfant naît à la conscience de soi devant ses parents. Tous les régimes totalitaires, du nazisme à toutes les formes de bolchevisme, savent aussi qu'ils doivent soustraire l'enfant le plus tôt possible à sa famille s'ils veulent le transformer en « l'homme nouveau ».

Il ne s'agit pas de nier le rôle de l'État, mais de le situer : l'État ne doit pas se substituer aux familles, mais leur permettre d'assumer leurs responsabilités, à tous les niveaux. Quant aux affirmations selon lesquelles la transmission de la foi attenterait à la liberté de conscience de l'enfant, cela me semble aussi intelligent que de voir dans l'apprentissage de la langue française une atteinte à la liberté des enfants nés en France. L'Église, à tous ses niveaux, n'endoctrine pas, comme le pensent ceux qui conçoivent spontanément l'enseignement comme endoctrinement idéologique ; elle tente de développer toutes les dimensions de la conscience, donc la liberté par quoi seule l'homme est l'homme et peut atteindre Dieu.

[...]

[...] par ce piètre débat, comme citoyen je suis déçu. Par ces polémiques, comme évêque, je suis blessé. Nous avons tenu un langage digne du vrai problème, des propos responsables et mesurés. Les excès viennent soit de récupérations politiques de notre démarche, soit surtout d'adversaires dont le sectarisme me consterne. J'ose espérer que le pouvoir politique saura mesurer, vite, l'état de choc dans lequel ses récentes décisions ont plongé une partie de l'opinion nationale. Aura-t-il le courage de prendre les moyens pour y porter remède ? Tout citoyen raisonnable doit l'espérer. Quant à nous, nous désignons le vrai débat et demandons le droit. Nous continuerons.

« Un entretien avec Mgr Lustiger », *in* Mgr Lustiger,
Osez vivre, Paris, Éd. du Centurion, 1985, p. 152-158.

1985. L'idéologie sécuritaire

*L'aggravation de la petite délinquance et plusieurs attentats ter-
roristes retentissants au cours de la première moitié des années
1980 ont contribué à remettre au centre du débat politique le
thème de la sécurité des biens et des personnes. Le Front national, en outre, grignote une partie de l'électorat traditionnel de
la droite par l'exploitation de ses peurs. Charles Pasqua (né en
1927), figure de proue du groupe RPR au Sénat, ancien responsable du SAC, se fait le chantre d'un discours musclé qui s'en
prend à la politique jugée trop libérale mise en place par les socialistes en matière de sécurité publique.*

On m'excusera de faire une fois de plus allusion à une de mes
propositions de loi, mais elles posent quelques jalons sur la route
qu'il sera urgent de suivre, demain, pour restaurer des conditions de vie et de sécurité décentes dans ce pays. Celle-ci suggère
que l'identité de toute personne puisse être contrôlée, en toute
circonstance et dans tous lieux publics, par les agents et officiers
de police judiciaire : « Nul ne peut refuser de se soumettre à un
contrôle d'identité. L'identité doit être justifiée par la production de documents administratifs en règle. »

Qui donc, à part les malfaiteurs, pourrait avoir à se plaindre
d'une telle mesure ? Nous sommes arrivés aujourd'hui à ce paradoxe que les membres des forces de l'ordre peuvent demander
ses papiers à n'importe quel automobiliste, mais pas à un poseur
de bombes !

Pour que l'insécurité passe enfin dans le camp des terroristes,
il faut donner à la police les moyens de la prévention et de la
recherche des coupables. A cet égard, nous pouvons utiliser avec
profit les méthodes mises au point par la police italienne et le
BKA allemand [1], à qui elles ont permis de prévenir de nombreux
attentats et de démanteler les organisations terroristes. En France,
nous avons laissé ces organisations installer au fil des années des
sanctuaires à partir desquels elles lancent leurs opérations de
déstabilisation. A notre tour de les déstabiliser, en supprimant
peu à peu tous leurs soutiens logistiques : caches, faux papiers,

armes, relais. Pour y parvenir, il faut exercer une surveillance systématique des milieux sympathisants susceptibles de leur apporter une aide conjoncturelle, ainsi que certains milieux diplomatiques dans lesquels les réseaux activistes trouvent trop souvent des complicités.

Le rôle du renseignement est, bien entendu, primordial : c'est grâce aux informateurs et à l'échange de renseignements avec des services étrangers que la police reconstitue le plus souvent les filières terroristes et l'identité de leurs agents.

Une fois ces données obtenues, il reste sans perdre un instant à arrêter les coupables et à sévir. Pour éviter de le faire, M. Badinter [2] prétextait naguère que l'on risquait de « faire des martyrs ». Belle excuse ! Si l'on ne veut pas de martyrs, que l'on s'abstienne de les parer d'avance d'auréoles. L'État a le droit et le devoir de mener une lutte sans merci contre toute forme de terrorisme, d'où qu'il vienne et quels que soient ses alibis idéologiques. Il doit soumettre ceux qui se rendent coupables d'actes terroristes à toutes les rigueurs de la loi, au lieu de les relâcher ou de les reconduire à la frontière, fût-ce celle du Burundi. Dans la lutte contre ces groupes armés qui sont les ennemis jurés de la France et de la démocratie, il n'y a pas de place pour les états d'âme.

Charles Pasqua, *L'Ardeur nouvelle*, Paris, Albin Michel, 1985, p. 176-178.

1. Services de police de la République fédérale d'Allemagne.
2. Avocat, Robert Badinter est garde des Sceaux depuis juin 1981.

1986. La victoire de la droite

Le 16 mars 1986, les Français élisent une majorité UDF-RPR à la Chambre. Le lundi 17 mars, le président de la République, François Mitterrand, prend acte de cette nouvelle donne dans une allocution radiotélévisée.

Vous avez élu dimanche une majorité nouvelle de députés à l'Assemblée nationale. Cette majorité est faible numériquement mais elle existe[1]. C'est donc dans ses rangs que j'appellerai demain la personnalité que j'aurai choisie pour former le gouvernement selon l'article 8 de la Constitution.

M. Laurent Fabius m'a informé ce matin qu'il était prêt dès maintenant à cesser ses fonctions. J'ai pris acte de sa démarche et lui ai demandé de rester à son poste avec les autres membres du gouvernement jusqu'à la nomination de son successeur.

Ainsi restera assurée l'indispensable continuité des pouvoirs publics. Vous m'en avez donné mandat en 1981, et vous m'en avez fait par là même un devoir, je m'y conformerai.

Les circonstances exigent que tout soit en place d'ici peu. Je remercie la majorité sortante pour le travail qu'elle a accompli avec courage et détermination. Elle laisse la France en bon état et peut être fière de son œuvre.

Je forme des vœux pour que la majorité nouvelle réussisse dans l'action qu'elle est maintenant en mesure d'entreprendre, selon les vues qui sont les siennes. Je mesure l'importance du changement qu'implique dans notre démocratie l'arrivée aux responsabilités d'une majorité politique dont les choix diffèrent sur des points essentiels de ceux du président de la République. Il n'y a de réponse à cette question que dans le respect scrupuleux de nos institutions et la volonté commune de placer au-dessus de tout l'intérêt national.

Quant à moi, dans la charge que vous m'avez confiée et que j'exerce, je m'attacherai à défendre partout, à l'intérieur comme à l'extérieur, nos libertés et notre indépendance, notre engagement dans l'Europe, notre rang dans le monde.

Mes chers compatriotes, ayons confiance. Au-delà des divergences bien naturelles qui s'expriment à chaque consultation électorale, ce qui nous rassemble est plus puissant encore : c'est l'amour de notre patrie.

Vive la République, vive la France.

François Mitterrand, allocution du 17 mars 1986.

1. L'UDF a obtenu 132 sièges et le RPR 157, soit une majorité de 289 sièges alors que la gauche n'obtient que 250 députés.

1986. Le libéralisme
à la française

Le « libéralisme », opposé à l'« étatisme », a été le thème sur lequel la droite a appuyé une bonne partie de sa campagne électorale pour les élections législatives de mars 1986. Après la victoire de celle-ci, le président de la République, François Mitterrand, appelle au poste de Premier ministre Jacques Chirac qui représente le groupe parlementaire le plus fort à l'Assemblée nationale. Le 9 avril 1986, le nouveau chef du gouvernement fait sa déclaration de politique générale devant les députés.

Depuis des décennies — certains diront même des siècles —, la tentation française par excellence a été celle du dirigisme d'État. Qu'il s'agisse de l'économie ou de l'éducation, de la culture ou de la recherche, des technologies nouvelles ou de la défense de l'environnement, c'est toujours vers l'État que s'est tourné le citoyen pour demander idées et subsides. Peu à peu s'est ainsi construite une société administrée, et même collectivisée, où le pouvoir s'est concentré dans les mains d'experts formés à la gestion des grandes organisations. Ce système de gouvernement, qui est en même temps un modèle social, n'est pas dénué de qualités : il flatte notre goût national pour l'égalité ; il assure pérennité et stabilité au corps social ; il se concilie parfaitement avec le besoin de sécurité qui s'incarne dans l'État-Providence.

Mais il présente deux défauts rédhibitoires : il se détruit lui-même, par obésité ; et surtout, il menace d'amoindrir les libertés individuelles.

Les Français ont compris les dangers du dirigisme étatique et n'en veulent plus. Par un de ces paradoxes dont l'histoire a le secret, c'est précisément au moment où la socialisation semblait triompher que le besoin d'autonomie personnelle, nourri par l'élévation du niveau de culture et d'éducation, s'exprime avec le plus de force. Voilà d'où naissent sans aucun doute les tensions qui travaillent notre société depuis des années : collectivisation accrue de la vie quotidienne mais, inversement, recherche d'un nouvel équilibre entre les exigences de la justice pour tous et l'aspiration à plus de liberté pour chacun.

Nous vivons une de ces époques privilégiées où le système de valeurs reverdit en plongeant ses racines dans la tradition culturelle de la Nation. Ainsi commencent toujours les renaissances.

Il est grand temps de tourner le dos aux idéologies fermées, aux systèmes construits pour substituer à l'autonomie défaillante de l'individu tel ou tel mode de prise en charge par la collectivité.

Il faut aller vers les valeurs qui nous ouvrent l'avenir, tout en nous rattachant à la longue lignée de l'humanisme occidental. Ces valeurs s'appellent : liberté, création, responsabilité, dignité de la personne humaine.

Le Monde, 10 avril 1986.

1986. La cohabitation

*La droite remportant les élections législatives (mars 1986), l'un
de ses dirigeants, Jacques Chirac (1932), devient Premier ministre. Pour la première fois sous la Vᵉ République, les hôtes de
l'Élysée et de Matignon n'ont pas la même couleur politique.
S'ouvre alors la période de cohabitation : la droite tente d'appliquer son programme, mais François Mitterrand, fort de ses prérogatives constitutionnelles, n'entend pas lui faciliter la tâche.
Certes, le président, le 2 juillet 1986, signe la loi habilitant le gouvernement à fixer par ordonnances les modalités de privatisation de 65 entreprises industrielles et bancaires. Mais, le 14 juillet,
il précise au journaliste Yves Mourousi qu'il se refuse à signer
l'ordonnance portant sur la dénationalisation de certains groupes (cf. ci-dessous). Édouard Balladur (1929), ministre de
l'Économie et des Finances, s'insurge contre cette position (cf.
p. 653).*

C'est alors que le chef de l'État a répondu, en ces termes, à
la question qui lui était posée sur son éventuelle signature de
l'ordonnance relative aux dénationalisations :

> Ces textes, je ne les ai pas encore. Ils ont été examinés
> par le Conseil d'État, ils devraient être soumis au Conseil
> des ministres de mercredi. J'espère qu'avant mardi soir
> je les aurai sur ma table... De toute manière, il faudrait
> alors du temps pour que je puisse les examiner. Mais le
> problème ne se pose pas exactement en ces termes.
> Permettez-moi de rappeler, en une minute, que la majo-
> rité parlementaire actuelle, issue des élections du 16 mars,
> veut vendre aux intérêts privés une partie du patrimoine
> national. C'est son opinion, ce n'est pas la mienne. La
> majorité est la majorité, elle a le droit d'exercer les compé-
> tences que l'opinion nationale lui a consenties. Mais il faut
> se représenter l'ampleur de ce sujet.
> C'est énorme de vendre les soixante-cinq entreprises indus-
> trielles et bancaires qui ont été prévues. Songez que les

seules entreprises industrielles en question représentent plus de 500 milliards de chiffre d'affaires. Combien valent-elles ? Je suis incapable de le dire, mais les estimations peuvent atteindre 250 à 300 milliards, de telle sorte que cela mérite vraiment réflexion. C'est pourquoi le Conseil constitutionnel, le Conseil d'État et le gouvernement, lui aussi, ont beaucoup réfléchi, beaucoup travaillé, et tenté de mettre au clair, par écrit, des dispositions d'ordre législatif qui permettront d'éviter, comment dirais-je, le trouble, le désordre, et finalement la vente dans de mauvaises conditions. Particulièrement, le Conseil constitutionnel a demandé des précisions.

La première, fort importante, est celle-ci : vous n'avez pas le droit de vendre une fraction du patrimoine national moins cher qu'elle ne vaut, pas un franc de moins que sa valeur : donc il y a un problème d'évaluation. Pas facile. Le deuxième principe qui inspire le Conseil constitutionnel, c'est de dire : attention, vous ne pouvez pas nuire à tout ce qui pourrait être utile à l'indépendance nationale. On ne peut pas nuire aux intérêts nationaux. C'est-à-dire qu'on ne peut pas rétrocéder ces biens qui appartiennent aujourd'hui à la nation et, sous couvert de les faire passer à des intérêts privés, les faire passer à des intérêts étrangers. Il faut que ça reste entre les mains françaises. Et ces deux arguments, vraiment, je les retiens. Je pense comme le Conseil constitutionnel. Mais moi, j'ai une responsabilité supplémentaire. Je suis non seulement chargé de veiller au respect de la Constitution, mais au regard d'un certain nombre de données qui sont écrites dans cette Constitution et qui impliquent, en particulier, que je dois être le garant de l'indépendance nationale.

Je ne peux donc pas accepter que ces biens, qui appartiennent à la nation — je le répète une fois de plus pour être bien compris —, soient vendus de telle sorte que demain, alors que l'on fabrique des objets, des produits, des marchandises nécessaires à l'indépendance nationale, on puisse les retrouver dans les mains d'étrangers. Je ne les citerai pas, mais je vois très bien de qui il s'agit. Alors, des précautions verbales sont prises, écrites aujourd'hui, mais je ne vois pas comment cela serait respecté si on les livre au marché privé, surtout à l'intérieur de la Communauté européenne qui a, selon ses règles, un marché intérieur libre, où chacun peut acheter ce qu'il veut à l'intérieur de nos douze pays. Ce sera tout à fait vrai dans cinq ans. Alors, on doit tout de même prévoir au-delà de demain matin : on doit prévoir sur dix ans, quinze ans, car c'est le bien de la nation. Tout cela me conduit à penser que je n'ai pas à l'heure actuelle les assurances qu'il me faudrait. Moi, mon devoir, c'est d'assurer l'indépendance nationale, de faire prévaloir l'intérêt national. C'est pour moi un cas de conscience, et la conscience que j'ai de l'Intérêt national passe avant toute autre considération.

Signera-t-il quand même l'ordonnance ?

Dans l'état présent des choses, [dit-il], certainement pas. Il existe une autre voie. Cette voie, c'est la voie parlementaire. Il se trouve que le gouvernement a choisi la voie des ordonnances : le Parlement a voté une loi très courte, donnant quelques directions et la liste des soixante-cinq entreprises à privatiser, puis les règles viennent d'être complétées, précisées, sur les points principaux, par le Conseil constitutionnel, et interprétées par le Conseil d'État. Alors, il faut intégrer ces observations dans la loi, et c'est au Parlement, à l'Assemblée nationale d'abord, qu'il incombe d'intégrer ces observations dans la loi. Cela ne peut pas être simplement la décision du gouvernement, et moi, personnellement, je n'ai pas à apporter ma caution à l'élaboration de textes qui ne seraient pas passés de façon approfondie devant le Parlement. Le sujet est très difficile, très complexe et très important sur le plan national : c'est au Parlement de prendre ses responsabilités. Le gouvernement dispose d'une majorité au Parlement, je fais confiance aux parlementaires pour décider eux aussi en conscience ce qui est bon pour le pays. Si la loi qui sera votée est contraire à mon sentiment, je le regretterai, mais ce sera la loi. En tout cas, on aura observé les règles et les précautions qui s'imposent.

François Mitterrand, entretien télévisé avec Yves Mourousi du 14 juillet 1986.

Le gouvernement poursuit la mise en œuvre de l'action qu'il a fait approuver par les Français et que ceux-ci lui ont donné mandat de réaliser. Il a donc terminé l'élaboration de l'ordonnance relative à la privatisation d'un certain nombre d'entreprises nationalisées, la plupart depuis 1982, depuis quatre ans seulement. Cette privatisation est indispensable pour redonner la liberté à notre économie.

Je rappelle dans quelles conditions cette décision a été prise :

— le Parlement a voté une loi habilitant le gouvernement à prendre une ordonnance relative à la privatisation ;

— le Conseil constitutionnel a jugé cette loi conforme à la Constitution, en indiquant les principes que l'ordonnance devait respecter ;

— le président de la République a donc signé cette loi qui décide le transfert au secteur privé d'entreprises nationalisées nommément désignées. Cette loi fait désormais partie de notre droit. Et c'est elle qui donne compétence au gouvernement d'intervenir en ce domaine de par la volonté même du Parlement ;

— le projet d'ordonnance a été soumis au Conseil d'État qui en a longuement débattu.

Où en sommes-nous aujourd'hui ?

Le gouvernement retient intégralement les principes posés par le Conseil constitutionnel et les propositions faites par le Conseil d'État.

Il faut être tout à fait clair afin de dissiper toutes les inquiétudes :

— d'abord, il ne s'agit pas de vendre aux intérêts privés le patrimoine national. La plupart des entreprises concernées ne font partie du secteur nationalisé que depuis 1982. Même après leur privatisation, le secteur nationalisé demeurera en France l'un des plus importants d'Europe. Ces entreprises ne seront pas bradées, elles seront vendues à leur juste prix selon des modalités très précises ;

— en second lieu, il ne s'agit pas de vendre ces entreprises à l'étranger. Des dispositions très précises seront prises afin d'interdire leur prise de contrôle par des intérêts étrangers. Ce n'est pas au gouvernement actuel ni, permettez-moi de le dire, à moi-même que l'on peut faire le reproche de ne pas veiller avec la plus grande vigilance au respect des intérêts nationaux.

Dans ces conditions, je considère que le souci exprimé par le président de la République a été totalement pris en compte, et ce d'autant plus que ce souci rejoint totalement mes propres convictions comme je l'ai indiqué dès l'origine.

Je me résume :

— le Parlement a décidé de confier au gouvernement la responsabilité de prendre une ordonnance fixant les modalités de la privatisation ;

— le gouvernement respecte intégralement les principes posés par le Conseil constitutionnel sur l'évaluation des entreprises et sur la défense des intérêts nationaux et retient intégralement les propositions du Conseil d'État.

Dans ces conditions, et en accord avec le Premier ministre, avec lequel je me suis entretenu cet après-midi, ce projet d'ordonnance pourra être soumis au Conseil des ministres mercredi.

Déclaration d'Édouard Balladur, 14 juillet 1986.

1986. Le terrorisme
d'extrême gauche

*Fondé, entre autres, par Jean-Marc Rouillan en 1979, le grou-
puscule d'extrême gauche Action directe multiplie les attentats
contre des personnalités diverses (René Audran, Guy Brana...).
Le 17 novembre 1986, l'un de ses commandos, composé de
Nathalie Ménigon et de Joëlle Aubron, assassine froidement
Georges Besse (1927), P-DG de la Régie Renault depuis le
25 janvier 1985. Dans un éditorial, le directeur du* Monde, *André
Fontaine, donne son sentiment sur cet acte barbare.*

Des hommes de cette trempe, on n'en rencontre pas tous les
jours. C'est évidemment pour cette raison que Georges Besse a
été abattu. Car si les tueurs avaient voulu s'en prendre à une
symbole de l'oppression capitaliste, ils auraient frappé à une autre
adresse. Le P-DG de Renault n'avait rien de l'exploiteur qui ne
songe qu'à se remplir les poches pour mieux courir les boîtes de
nuit et les mers tropicales. La passion qui nourrissait son regard
inoubliable n'était pas celle du profit, mais du défi à relever et,
pour mieux dire, du service.

À tâches rudes, méthodes rudes. La médecine n'avait pas suffi
à la Régie. Il fallait un chirurgien, et c'est pourquoi Laurent
Fabius alla chercher Georges Besse, qui avait abondamment fait
ses preuves ailleurs. Personne ne peut contester qu'en moins de
deux ans il avait largement engagé l'entreprise sur la voie du
redressement. Le coût social a certes été lourd. Mais pouvait-il
en être autrement ? Les mêmes syndicats qui s'étaient opposés
à diverses initiatives de Georges Besse sont unanimes aujourd'hui
à s'indigner de son assassinat. De toute manière, comme l'écrit
L'Humanité, « le sang d'un P-DG dans un caniveau ne règle pas
les problèmes de la lutte de classes ».

Les Français sont quasi unanimes à penser de la sorte, et il
n'y a qu'une poignée de fous pour s'arroger le droit de tuer au
nom d'un peuple auquel ils font en réalité horreur. Ne laissons
surtout pas des considérations de basse politique ou de haute

police entraver cette mobilisation de toute la nation contre le terrorisme qui constitue le seul moyen sûr d'en venir finalement
à bout.

André Fontaine, « Une poignée de fous », *Le Monde*,
19 novembre 1986.

1987. Le Front national

1972 marque la naissance du Front national, une organisation d'extrême droite. Longtemps sans audience, cette formation, dirigée par Jean-Marie Le Pen (1928), connaît une progression spectaculaire à partir de 1983. Le dimanche 26 avril 1987, Jean-Marie Le Pen annonce sa candidature à la présidence de la République depuis La Trinité-sur-Mer, commune de sa naissance.

J'ai pris la grave décision d'être l'an prochain candidat à la présidence de la République.

J'ai voulu en faire l'annonce officielle ici, dans cette petite maison bretonne de La Trinité-sur-Mer où je suis né il y a cinquante-huit ans, et que je tiens de mon père, qui la tenait du sien, au milieu de ceux qui me connaissent mieux que d'autres, sur cette terre de foi où la civilisation s'est affirmée plus de cinq mille ans, au bord de cette mer qui fut le domaine et le lieu de travail des miens, symbole pour tous les hommes de liberté, de découvertes et d'évasion, et pour la France de sa grande aventure conquérante et civilisatrice, moyen aujourd'hui encore d'une grandeur retrouvée pour elle et pour l'Europe.

Enfant du peuple, pupille de la nation, j'y ai été élevé par ma mère dans l'amour de Dieu et du pays. J'ai moi-même consacré ma vie à ma famille et à ma patrie, que j'ai servie de mon mieux depuis plus de quarante ans, tant sous son drapeau que dans ma vie militaire et publique.

C'est parce que j'ai la profonde conviction que la patrie est en grand danger et que les Français sont menacés d'être ruinés, submergés et asservis que j'ai décidé de m'engager dans cette bataille décisive pour l'avenir de la France.

Les partis politiques traditionnels, les institutions elles-mêmes, sont incapables ou impuissants à faire échec à ce destin sinistre. Les oligarchies, les factions, les lobbies nationaux ou étrangers se disputent le pouvoir, et la démocratie n'est plus qu'une façade.

La crise démographique, l'immigration, le chômage, l'insécurité, l'étatisme bureaucratique, le fiscalisme, la dégradation des mœurs, sont les signes cliniques d'une décadence mortelle.

Or la démocratie, c'est le gouvernement du peuple par le peuple, pour le peuple. Il faut donc que le peuple parle, qu'il dise clairement sa volonté et son choix majoritaire, et quel est le chef qu'il se choisit pour conduire son sursaut et sa renaissance. Encore faut-il, ce qui n'est hélas pas le cas aujourd'hui, qu'il soit clairement et loyalement informé des questions auxquelles il doit répondre.

L'ordre et le travail.

C'est pour l'y aider que je serai candidat et ferai campagne toute une longue année.

Après tant de désillusions et de revers, je sais que les Français dans leur majorité aspirent à l'ordre, au travail, à la concorde, dont ils ont le goût et l'instinct, comme en témoignent les succès croissants du mouvement national que j'anime.

C'est cette majorité que je vais, avec votre aide, m'efforcer de rassembler.

Je le ferai avec la volonté d'agir contre le chômage, contre la crise économique et contre le socialisme qui les a engendrés ; avec celle aussi de remettre à l'honneur la foi patriotique à partir de la famille et de l'école, d'exalter les valeurs les plus sacrées, et afin d'œuvrer au renforcement de notre sécurité par l'union des patries de l'Europe et leur défense commune.

Homme de foi, je crois avec passion que le déclin n'est pas inéluctable et qu'il y a pour la France un avenir d'espoir, pour peu que chacune et chacun de vous, Français, en fasse son affaire, car c'est son affaire.

Aidons-nous, et, j'en suis sûr, Dieu nous aidera !

> Jean-Marie Le Pen, déclaration du 26 avril 1987, *Le Monde*, 28 avril 1987.

1988. Lettre aux Français

Le 22 mars 1988, François Mitterrand déclare devant les télé-spectateurs qu'il sera candidat à sa propre succession lors des élections présidentielles d'avril-mai 1988. Désireux de mainte-nir la prééminence de sa fonction, il ne souhaite pas apparaître comme l'homme d'un parti en se trouvant lié au programme de celui-ci. Il annonce qu'il fera peu de meetings. Il fait con-naître ses intentions politiques le 7 avril dans une « Lettre aux Français » publiée sous forme de publicité dans Libération *et* Le Parisien libéré *ainsi que dans 23 journaux de province. Il y aborde, de façon libre, les principaux thèmes qui se dégagent au cours de la campagne. Celui de l'immigration n'est pas le moindre.*

[...] Depuis des siècles, les enfants qui naissent en France de parents étrangers sont français. C'est ce qu'on nomme le droit du sol. Je crois que, seul, le régime de Vichy, sous l'occupation allemande, a manqué à ce droit. Georges Pompidou, qui fut le dernier à retoucher le Code de la nationalité, l'a respecté. Les enfants d'immigrés nés en France peuvent, à dix-huit ans, opter pour la nationalité de leurs parents. Mais ils n'ont aucun geste à faire pour devenir français. Ils le sont. Pourquoi changer cela ? La France s'en est fort bien portée jusqu'ici.

Mais une confusion a embrouillé cette question pourtant sim-ple. Vous savez que parmi les immigrés qui séjournent chez nous pour trouver du travail ou chercher un asile, certains déposent une demande de naturalisation. Ils n'étaient pas français, ils aspi-rent à le devenir. Rien à voir avec le problème précédent. Ils font alors l'objet d'enquêtes minutieuses, ils remplissent des formu-laires compliqués. Une remarque au passage. Nous nous hono-rerions en rendant les procédures moins humiliantes : attentes interminables et répétées, rebuffades, délais excessifs. Finalement le rythme des naturalisations reste à peu près le même chaque année. Du commencement à la fin, l'administration demeure entièrement maîtresse de la décision. On ne voit pas quelle garan-tie supplémentaire pourrait être exigée. Voilà pourquoi je comprends mal — et n'excuse pas — le regain de racisme auquel nous assistons et l'ampleur prise par ce débat dans notre politique intérieure. Je regrette même que le nouveau citoyen français soit accueilli d'une façon si plate, si poussiéreuse. J'aimerais que les naturalisés de l'année fussent reçus comme pour une fête, de façon solennelle et joyeuse, par le maire et dans sa mairie, là où ils résident. On respirerait mieux en France.

[...]

Quand on aborde calmement la controverse sur le Code de la nationalité, on s'aperçoit que ni la situation des « beurs » ni celle des « naturalisés » ne justifient le procès fait aux immigrés qu'ils n'ont jamais été ou bien qu'ils ne sont plus. Or la masse des immigrés de toute origine qui vivent et travaillent chez nous, sans prétendre à la nationalité française parce qu'ils sont fidèles à la leur, ne relèvent pas davantage et par définition de ce fameux code qui nous a valu tant de querelles et dont l'actuel gouvernement aurait pu faire l'économie pour le plus grand bien du pays [1]. Que l'immigré venu clandestinement en France soit refoulé hors de nos frontières a quelque chose de douloureux, mais le droit est le même pour tous et doit être appliqué, mais appliqué humainement. Quant à l'immigré en situation régulière, pourvu d'une carte de séjour et d'un contrat de travail, il est normal qu'il soit traité, sous tous les aspects de sa vie professionnelle et personnelle, salaire, conditions de travail, protection sociale, école pour les enfants, etc., comme le sont les travailleurs français. La Grande-Bretagne, la Hollande, les pays scandinaves sont même allés jusqu'à reconnaître à leurs immigrés un droit de regard — par le vote — sur des décisions politiques locales ou nationales. Même si je sais que vous êtes, dans votre grande majorité, hostiles à une mesure de ce genre, je déplore personnellement que l'état de nos mœurs ne nous la permette pas.

François Mitterrand, *Lettre aux Français*, s.e., 1988, p. 41-42.

---

1. Il s'agit du gouvernement de Jacques Chirac qui a mis en place une commission pour la réforme du Code de la nationalité.

1988. La réélection
de François Mitterrand

*Le 8 mai 1988, François Mitterrand (1916-1996) obtient 54 %
aux élections présidentielles. Fort de cette majorité, le président précise dans un message les orientations qu'il entend
suivre pour son nouveau mandat.*

Mes chers compatriotes, les résultats connus, à l'heure où
je m'exprime, m'apprennent que vous avez choisi de m'accorder votre confiance. Je continuerai donc d'exercer la mission dont j'ai déjà pu éprouver pendant sept ans la grandeur
et le poids mais qui, renouvelée, m'oblige plus encore à faire
ce que je dois pour rassembler les Français qui le voudront.

J'agirai, c'est bien le moins, dans la fidélité aux principes de
la République. La liberté, l'égalité et le respect des autres, refus
des exclusions, qu'on nomme aussi fraternité, n'ont pas fini
d'entretenir l'espérance des hommes. Il y a trop d'angoisse, trop
de difficultés, trop d'incertitudes pour trop des nôtres dans notre
société pour que nous oubliions que notre premier devoir est celui
de la solidarité nationale. Chacun selon ses moyens, pour
concourir au bien de tous.

Je vous ai dit au long de cette campagne présidentielle que c'est
dans la cohésion sociale que réside la capacité de la France à faire
rayonner à travers le monde, et d'abord dans l'Europe à construire, son économie, sa technologie, sa culture, bref son génie.
Mais tout commence par la jeunesse. Voilà notre ressource la
plus sûre. Je veux consacrer le principal de notre effort à lui procurer l'égalité des chances par l'école, par la formation de l'esprit
et des mains aux métiers qui placeront enfin le plus grand nombre de nos entreprises dans la grande compétition moderne avec
les atouts pour gagner.

Enfin, puisque la vie même de l'humanité en dépend, je ser-
virai passionnément en votre nom le développement des pays pauvres, le désarmement et la paix. Et sans plus tarder, car l'urgence

est là. J'entends que le gouvernement qui sera bientôt mis en place recherche dès les prochains jours, en métropole et outre-mer, les apaisements et les dialogues nécessaires [1].

Mes chers compatriotes, à chacune et chacun d'entre vous, quelles qu'aient été ses préférences, j'adresse un salut fraternel. Je remercie du fond du cœur celles et ceux qui m'ont apporté leurs suffrages, celles et ceux qui m'ont tant aidé. Je sais ce que représente pour eux et pour la France, notre patrie si chère, cette victoire qui est la leur.

A l'approche d'un autre millénaire, étape ou symbole, s'ouvre une période nouvelle de notre histoire. Comment vous dire les sentiments qui sont les miens ? En cette heure grave et solennelle, je le répète, aimons la France et servons-la. Vive la République, vive la France !

François Mitterrand, message du 8 mai 1988.

1. Allusion aux attentats survenus à Paris et en Corse ainsi qu'aux troubles qui frappent la Nouvelle-Calédonie.

1988. Le drame néo-calédonien

A partir de 1983, la situation se dégrade en Nouvelle-Calédonie. Le gouvernement français prépare alors un statut accordant une large autonomie à ce TOM. La victoire des anti-indépendantistes aux élections de septembre 1985 et la nomination de Jacques Chirac à Matignon le rendent inapplicable. L'échec enregistré le 13 septembre 1986 par les indépendantistes lors du référendum portant sur l'autodétermination le démontre. La situation se tend alors entre les communautés canaques et caldoches, aboutissant les 5-6 mai 1988 à la tuerie d'Ouvéa. Sitôt nommé, le nouveau Premier ministre, Michel Rocard, s'emploie à désamorcer la tension. Le 26 juin 1988, il parvient à accorder le RPCR de Jacques Lafleur et le FLNKS de Jean-Marie Tjibaou sur un statut que le référendum du 6 novembre 1988 entérine à une très large majorité (79,98 % des voix).

Les communautés de Nouvelle-Calédonie ont trop souffert, dans leur dignité collective, dans l'intégrité des personnes et des biens, de plusieurs décennies d'incompréhension et de violence.

Pour les uns, ce n'est que dans le cadre des institutions de la République française que l'évolution vers une Nouvelle-Calédonie harmonieuse pourra s'accomplir.

Pour les autres, il n'est envisageable de sortir de cette situation que par l'affirmation de la souveraineté et de l'indépendance.

L'affrontement de ces deux convictions antagonistes a débouché jusqu'à une date récente sur une situation voisine de la guerre civile.

Aujourd'hui, les deux parties ont reconnu l'impérieuse nécessité de contribuer à établir la paix civile pour créer les conditions dans lesquelles les populations pourront choisir, librement et assurées de leur avenir, la maîtrise de leur destin.

C'est pourquoi elles ont donné leur accord à ce que l'État reprenne pendant les douze prochains mois l'autorité administrative sur le territoire.

En conséquence, le Premier ministre présentera un projet dans ce sens au Conseil des ministres du 29 juin 1988.

Les délégations se sont, par ailleurs, engagées à présenter et à requérir l'accord de leurs instances respectives sur les propositions du Premier ministre concernant l'évolution future de la Nouvelle-Calédonie.

Annexe n° 1.

L'ouverture d'une perspective nouvelle pour la Nouvelle-Calédonie, garantissant une paix durable fondée sur la coexistence et le dialogue, fondée également sur la reconnaissance commune de l'identité et de la dignité de chacune des communautés présentes sur le territoire, reposant sur un développement économique, social et culturel équilibré de l'ensemble du territoire, sur la formation et la prise de responsabilité de l'ensemble des communautés humaines qui le peuplent, appelle dans un premier temps, limité à douze mois, le renforcement des pouvoirs de l'État. Son impartialité la plus stricte, la sécurité et la protection, seront assurées à tous, ainsi qu'une meilleure répartition dans toutes les régions des services publics et administratifs.

Il en découle que le budget du territoire pour 1989 sera préparé par le haut-commissaire. Par ailleurs, si les recours actuellement déposés devant le Conseil d'État contre les élections régionales du 24 avril mettaient le Congrès dans la situation de ne plus pouvoir exercer les compétences qu'il tient de la loi n° 88-82 du 22 janvier 1988 précitée, en matière budgétaire et fiscale, le haut-commissaire réglerait le budget, sans que puissent être modifiées les dispositions fiscales existantes.

A cet effet, un projet de loi présenté par le gouvernement le 29 juin prochain prévoira de faire exercer par le haut-commissaire les pouvoirs du Conseil exécutif du territoire tels que les définit la loi n° 88-82 du 22 janvier 1988. Le haut-commissaire sera assisté, pour l'exercice de sa mission, d'un comité consultatif de huit membres, nommés par décret et représentatifs des principales familles politiques de Nouvelle-Calédonie. Ce comité sera également consulté sur les projets de loi ou de décret intéressant le territoire. Sa composition sera rendue publique en même temps que le projet de loi.

Cette unification sous l'autorité du haut-commissaire des services de l'État et de ceux du territoire, pour une durée limitée à un an, devra engager une répartition des crédits et des emplois publics permettant le développement de régions défavorisées de Nouvelle-Calédonie, couplée avec une politique favorisant les investissements privés. Elle permettra de jeter les bases d'une véritable politique de formation, afin de rattraper les retards et de corriger les déséquilibres que traduit la trop faible présence de Mélanésiens dans les différents secteurs d'activité du territoire, et en particulier dans la fonction publique.

Cette phase intermédiaire, qui prendra effet dès la promulgation de loi, sera mise à profit dans l'élaboration des dispositions définitives du projet de loi consacrant le nouvel équilibre géographique, institutionnel, économique et social du territoire, élaboré à partir des principes énoncés dans le présent document.

Dès le début de la session parlementaire d'automne, le gouvernement proposera à M. le président de la République, conformément à l'article 11 de la Constitution, de soumettre ce projet de loi à la ratification du peuple français par voie de référendum.

Ces nouvelles dispositions institutionnelles s'appliqueront à compter du 14 juillet 1989. Les élections aux nouvelles instances provinciales interviendront le même jour que le renouvellement général des conseils municipaux en France métropolitaine et outre-mer. Le projet de loi soumis à référendum fixera donc au 14 juillet 1989 la limite du mandat des actuels conseils de région et donc du Congrès du territoire.

Ces élections se dérouleront après une refonte des listes électorales. Le centre d'information civique sera invité à organiser une campagne d'information en vue de l'inscription des jeunes électeurs sur les listes électorales.

Dès janvier 1989, l'INSEE engagera en Nouvelle-Calédonie les opérations prévues dans le cadre du recensement général de la population.

Le haut-commissaire engagera dès le quatrième trimestre 1988 les études et négociations préalables à la signature des contrats États-provinces.

Ceux-ci mettront notamment l'accent sur des actions de formation nécessaires à l'exercice des responsabilités nouvelles. Ils prévoiront la réalisation de grands travaux destinés à rééquilibrer le développement économique du territoire et à améliorer les conditions de vie quotidienne de ses habitants.

A titre d'exemple, seront engagées, ou poursuivies, les études de réalisation de la route transversale Koné-côte est, de la jonction route côtière Houailou-Canala, et du port en eau profonde de Nepoui.

De plus, 32 millions de francs français seront dégagés pour 1988 et 1989 pour donner aux communes les moyens de réaliser les actions d'aménagement confiées aux jeunes dans le cadre de travaux d'utilité collective.

Le haut-commissaire engagera la réorganisation des services de l'État et du territoire, nécessitée par les nouvelles structures provinciales, et définira les moyens et les infrastructures qu'appelle ce redéploiement.

Enfin, pour permettre l'expression et l'épanouissement sous toutes ses formes de la personnalité mélanésienne, une action soutenue sera mise en œuvre pour assurer l'accès de tous à l'information et à la culture. A cet effet, il sera créé un établissement public, dénommé Agence de développement de la culture canaque.

La Commission nationale de la communication et des libertés sera saisie par le gouvernement afin que les cahiers des charges des moyens de communication de service public respectent le pluralisme de l'information et la diversité des programmes au regard des différentes communautés du territoire.

Déclaration commune signée le 26 juin par M. Rocard, les représentants du RPCR, du LKS et du FLNKS, *Le Monde*, 28 juin 1988.

1989. Les dix de Billancourt

La loi d'amnistie, qui fait suite à l'élection présidentielle de 1988, ne permet pas la réinsertion de 10 syndicalistes licenciés par Renault, lors d'un conflit social, pour « entrave à la liberté du travail ». La CGT et le Parti communiste s'engagent dans une virulente campagne afin de demander la réintégration des ouvriers en cause. Henri Krasucki (1924-2003), secrétaire général de la CGT, prend leur défense dans L'Humanité.

Les dix de Renault n'ont rien commis dont un travailleur tenant à sa dignité, un syndicaliste généreux aient à rougir. Ils ont fait preuve de fermeté, de courage et d'un grand sens des responsabilités. C'est ce qui leur vaut l'estime, la confiance et l'appui de leurs collègues de toutes les catégories, à Billancourt, dans toutes les usines Renault, et un vaste soutien à travers le pays.

Les accusations aussi stupides qu'haineuses contre la CGT ne l'empêcheront pas de faire son devoir de syndicat, défenseur des salariés face au patronat, et quel que soit le pouvoir en place. Avec le dynamisme et le sérieux qui la caractérisent.

En interpellant le président de la République, nous nous adressons tout simplement à la bonne porte : là où cette affaire se décide réellement.

Nous savions bien, dès le début, que nous n'avions pas affaire seulement à une direction particulièrement vindicative et mesquine, ce qu'elle est pourtant. Elle dépend du gouvernement et du président.

Quand il est devenu plus difficile de s'abriter derrière cette direction qu'on a nommée, c'est le Conseil constitutionnel qui devient le nouvel abri. Mais qu'est donc cet organisme ? « De tous les corps domestiques de l'État, le plus domestique est le Conseil constitutionnel. » Ainsi en jugeait M. François Mitterrand quand il n'était pas encore président de la République.

Aujourd'hui, il l'est et use de ses pouvoirs. Le Conseil constitutionnel n'a pas changé de nature. Il se trouve qu'il est actuellement composé, dans sa majorité absolue, de personnes désignées par le président ou ses amis, en qualité de présidents successifs de l'Assemblée nationale.

Et c'est ce Conseil constitutionnel ainsi jugé et ainsi composé, présidé par M. Robert Badinter, tranquillement assis sur sa réputation d'humaniste, qui fait opposition à une loi d'élémentaire justice favorable aux syndicalistes. A qui donc encore fera-t-on se mêler le Conseil constitutionnel ?

Faut-il que les dix et l'action syndicale, l'esprit de lutte qu'ils représentent soient gênants pour qu'on en vienne à un tel acharnement contre eux, et contre tous les salariés victimes de la répression dans le pays que cette amnistie doit concerner.

Mais trop, c'est trop. Conseil constitutionnel ou pas, il faut réintégrer les dix et rendre justice aux milliers de salariés de toutes les branches et dans tout le pays, sanctionnés pour leur action syndicale.

La nomination d'un « Monsieur Bons Offices » chez Renault prouve au moins que le pouvoir a des moyens qu'il pouvait utiliser bien plus tôt. Encore faut-il qu'il s'agisse bien d'aboutir à la justice, donc à la réintégration. Notre combat est celui-là, et tout en même temps celui de toutes les victimes de la répression.

Il s'agit du sort d'hommes et de femmes, de leurs familles, persécutés depuis plusieurs années. Il s'agit aussi des libertés syndicales. Cela concerne tous les salariés et tous les syndicalistes.

Car il y a bien plus que le réveil d'une certaine forme d'antisyndicalisme, il y a une véritable répression antisyndicale massive.

La liberté syndicale est un indice certain du degré de démocratie d'un pays. Chaque fois qu'il y a été porté atteinte, c'est la démocratie tout entière qui en a souffert.

C'est pourquoi, bien au-delà de la CGT, au-delà des syndicalistes et au-delà des salariés, c'est à tous les démocrates que nous nous adressons.

Pour les dix, car il y a urgence, et partout où les libertés syndicales sont attaquées, un souffle nouveau doit faire se dresser tous les défenseurs des droits de l'homme par-delà les différences d'opinion, les préférences politiques ou syndicales. Pour la liberté, contre l'injustice !

Ainsi, la célébration officielle du Bicentenaire restera marquée par le refus de l'amnistie pour les salariés et les syndicalistes et par cette sorte « d'états généraux » de la richesse qui oppriment tant de peuples dans le monde.

Mais elle est aussi marquée par des ripostes dans chaque cas, selon les sujets et les initiateurs. Des ripostes qui expriment des inquiétudes, des révoltes et des volontés.

Décidément, ce n'est pas le même Bicentenaire que celui des travailleurs, de la jeunesse, des petites gens, des démocrates, des femmes et des hommes de culture qui ont une autre idée des droits de l'homme, des idéaux de justice, de liberté, de progrès humain que portait la Révolution française, dont l'œuvre est bien loin d'être achevée.

L'Humanité, 12 juillet 1989.

1989. Le « niveau » de l'éducation baisse-t-il ?

Le 12 novembre 1985, Jean-Pierre Chevènement, ministre de l'Éducation, annonce qu'il entend conduire 80 % d'une classe d'âge au niveau du baccalauréat d'ici l'an 2000. La question scolaire provoque dès lors de violentes polémiques dans les années quatre-vingt. Les uns souhaitent une professionnalisation des enseignements, les autres le maintien des humanités. Certains dénoncent la baisse du niveau, d'autres réclament une ouverture accrue de filières jusque lors réservées à une élite restreinte. Dans un ouvrage au titre provocateur paru en 1989, deux universitaires, Christian Baudelot et Roger Establet réfutent « une vieille idée concernant la prétendue décadence de nos écoles ».

Avec l'ombre des marronniers dans la cour, l'odeur de la craie, l'agitation anxieuse de la rentrée, la baisse du niveau fait partie des éléments qui composent le paysage intemporel de l'école : on a beau la découvrir chaque année avec le même effroi comme un scandale inouï, on la déplore aujourd'hui dans les mêmes termes qu'hier [1].

C'est avec l'émotion du temps retrouvé qu'on écoute l'inspecteur Jean-Baptiste Piobetta [2] brosser la fresque de l'indignité des candidats des années trente : au concours de Polytechnique, on ignore l'orthographe, le sens des mots et on entasse les notions confuses ; les jeunes filles, aux épreuves d'agrégation, abusent de termes abstraits et déconcertent par leur manque de logique (ah ! les femmes !) ; à Normale Sup, les versions sont pleines de contresens et d'impropriétés, et les copies de philosophie témoignent de « servilité passive » et d'une incapacité trop marquée à faire un effort de pensée personnelle ; les bacheliers ignorent l'orthographe du mot « session ». La baisse n'épargne aucun niveau : « La participation aux épreuves d'un trop grand nombre de candidats médiocres a pour résultat inévitable d'abaisser le niveau des examens et des concours. »

Quarante-huit ans plus tard, ce discours n'a pas une ride. Guy

Bayet, président de la Société des agrégés, lui fait écho en s'indignant des résultats du baccalauréat de 1988 où près de 72 % des candidats ont été reçus : « Ces résultats ne doivent pas faire illusion. Il serait malhonnête de parler d'un bon cru alors que, notamment en série C, une notation beaucoup trop indulgente a été imposée pour les épreuves écrites de mathématiques et de sciences physiques. Il sera dans ces conditions de plus en plus difficile d'éviter des échecs de plus en plus nombreux dans les universités qui sont tenues d'accepter les bacheliers [3]. »

Il y a quelque chose de paradoxal dans ce propos qui se répète lui-même depuis plus de cent cinquante ans. Il suffit de remonter le temps : la répétition de ce discours porte en elle les germes de sa destruction. La mise en perspective historique des propos tenus sur « le niveau » par des personnes autorisées (présidents de jury de baccalauréat, présidents de commissions, inspecteurs généraux ou d'académie, grands universitaires) a de quoi faire frémir les plus endurcis sur le degré abyssal de nullité atteint par les jeunes d'aujourd'hui après 168 années de baisse ininterrompue. [...]

Il faut supposer un réel acharnement contre la jeunesse pour soutenir avec cet aplomb intemporel que l'amélioration patente de toutes les sciences et de toutes les techniques ait été produite par des hommes et des femmes toujours plus débiles que leurs aînés ! Entre les éclats de silex, le génie de l'homme se montrait à son apogée ; dans l'informatique, la relativité générale, la musicologie baroque ou l'aéronautique ne s'expriment que des sous-hommes avilis par la baisse multiséculaire du niveau. Ici réside en effet le deuxième aspect du paradoxe : le discours intemporel sur la baisse du niveau demeure sourd et aveugle aux évidences qui en démentent chaque jour le bien-fondé.

L'idée a, en effet, de quoi surprendre dans une société où le progrès constitue l'une des dimensions de la vie quotidienne : les voitures, toujours plus rapides et confortables, le TGV, les avions supersoniques, l'espérance de vie, l'équipement ménager, la circulation de l'information et des images, la puissance destructive des armements... Dans cet univers en expansion permanente, seule l'intelligence des hommes serait inexorablement entraînée sur une pente descendante. A se demander si ce sont bien les élèves de plus en plus nuls au fil des générations qui ont engendré toutes ces merveilles techniques en continuel progrès.

672 La France du XXe siècle

Face à ce mystère insondable, il n'est plus qu'à s'en remettre au système théorique de Louis Pauwels tout entier fondé sur la magie et le sida mental. Ou, pour parodier Sophocle à l'envers, de plus en plus nombreuses sont les merveilles de notre monde ; une seule exception, l'homme.

Avec 41 450 bacheliers C, le cru 1988 dépasse le nombre de ceux qui avaient, cent huit ans plus tôt, atteint ou dépassé le niveau du certificat d'études primaires. Le niveau d'instruction de la France de 1880 évoque la statistique actuelle du Sénégal ou du Zimbabwe. Prétendre qu'un siècle plus tard, le niveau en France a baissé revient donc à dire : la formation scolaire en France aujourd'hui est inférieure à celle que reçoivent les enfants du tiers-monde. Une magistrale stupidité !

Le paradoxe comporte un troisième aspect : le corps de l'homme et son esprit sont animés de mouvements inverses. Quel contraste en effet entre l'école où le niveau baisse et le sport où, chacun le reconnaît, le niveau ne cesse de monter !

> Christian Baudelot et Roger Establet, *Le niveau monte, réfutation d'une vieille idée concernant la prétendue décadence de nos écoles*, Paris, Éd. du Seuil, 1990 (1re édition, 1989), p. 9-14.

---

1. Dominique Glasman a consacré, en 1984, une étude documentée sur les fonctions que remplit auprès du corps enseignant le thème idéologique de la baisse du niveau : D. Glasman, *Le niveau baisse ! Réflexions sur les usages sociaux de la fausse évidence*, CRDP et CDDP de l'académie de Grenoble, 1984.

2. Jean-Baptiste Piobetta, *Examens et Concours*, Paris, PUF, 1943.

3. Dans une déclaration à l'AFP du 22 juillet 1988.

1989. Le pouvoir
et les affaires

Le 19 novembre 1988, le Premier ministre annonce la reprise par le groupe Péchiney de la firme American National Can, spécialisée dans les emballages métalliques. Or, certaines personnalités proches du pouvoir, bénéficiant, semble-t-il, d'informations confidentielles, ont réalisé de substantielles plus-values. Membre du Secrétariat national du PS, Max Gallo (1932) s'interroge sur les rapports complexes qu'entretiennent la gauche et l'argent à une époque où le profit, la Bourse et l'entreprise se voient significativement revalorisés.

Les « affaires » ? Difficiles à vivre pour les socialistes. Sur un marché du XIVe arrondissement, le dimanche 22 janvier, des Parisiens refusent les tracts socialistes, certains s'indignent avec fureur, d'autres, ironiques, lancent aux militants : « Vous n'êtes pas initiés ? » Continuer quand même. Répondre à la droite, celle du brigandage immobilier, des SAC [1] en tous genres, d'un ministre de la Justice qui, de son bureau, apercevait la vitrine d'une joaillerie qui ne lui était pas indifférente (quel romancier oserait imaginer cela ? Même pas Zola !) [2], celle des privatisations [3], celle dont l'un des premiers actes de gouvernement fut d'amnistier les fraudeurs à l'exportation des capitaux, etc.

Combattre donc cette droite impudente. Mais, s'il faut continuer, répondre, s'affirmer solidaires face aux diffamations et aux exploitations politiques, on ne peut se contenter de cela. Il faut chercher à comprendre pourquoi un tel climat existe, pourquoi, quelle que soit la réalité des faits — ils restent à prouver, à délimiter —, la suspicion se répand. Et c'est aux socialistes, s'ils veulent continuer, dans les années à venir, à représenter une perspective et à exprimer l'exigence de plus de justice et d'égalité, à incarner l'espoir des salariés, de poser des questions. Non sur le détail de telle ou telle affaire : le gouvernement, la presse, la COB, la justice y pourvoiront. Mais quant au fond, c'est-à-dire à ce qui les rend possibles, sinon probables.

Une autre organisation sociale.

Longtemps la gauche, en ce pays, a symbolisé face à tous les « manieurs d'argent » un système de valeurs, une vision de la société — une autre organisation sociale dont l'argent, précisément, n'aurait pas été le ciment —, sur lesquels s'appuyait le mouvement socialiste, qui fondaient une éthique de la République et, pour finir, par le jeu des élites intellectuelles — de l'école donc —, imprégnaient l'État et ses fonctionnaires. On s'est moqué de cela. C'était, dit-on, archaïque. Et pourquoi pas, ajoute-t-on, lourd de menaces totalitaires. L'argent fluide et honoré, ce serait la démocratie et la liberté et, bien sûr, la « jouissance ». C'est oublier que la France a, dans son histoire, expérimenté déjà de tels discours. De l'« enrichissez-vous » orgueilleux au méprisant « silence aux pauvres », des spéculations sur les chemins de fer ou sur les terrains, des bourgeois louis-philippards aux Morny et Haussmann, on a su, on sait, ce qu'a été le pouvoir libre de l'argent, la corruption qu'il a provoquée.

Quand, en 1857, plein de dégoût et de rage, Vallès publie *L'Argent*, qu'il écrit : « Je suis descendu du Panthéon à la Bourse », car « la Bourse est l'hôtel de ville de la République moderne » et qu'il ajoute : « Faisons de l'argent morbleu ! gagnons de quoi venger le passé triste, de quoi faire le lendemain joyeux, de quoi acheter l'amour, des chevaux et des hommes » et qu'il s'écrit : « Vive l'argent ! », il a saisi l'essence même du second Empire. Une époque qui, avec ses bouleversements technologiques, ses restructurations industrielles, sa fête impériale, son « consensus », ressemble tant à la nôtre. Et il n'y manque même pas la « charité », qui vient jeter le manteau de la bonne conscience sur la misère. Comme dit le saint-simonien — déjà ! — Napoléon III, il faut en finir avec le « paupérisme »... Et roule carrosse.

Or la République s'est construite à la fois contre le pouvoir impérial et contre cette hypocrisie sociale, cet argent ruisselant, facile, cette débauche de luxe pour quelques-uns. Elle s'est pensée comme une volonté de moralisation de la politique, pas toujours réussie, il s'en faut et de beaucoup. Mais elle a voulu « brider » l'argent. Le « concours » pour accéder aux fonctions, l'élection, les valeurs de l'école, le travail, les vertus républicaines, toute une idéologie s'est mise en place, avec sa part de tromperie certes, mais faisant néanmoins du « mérite », du diplôme, de l'effort, de l'égalité, les piliers officiels de l'État républicain. En rupture avec la « corruption », l'affairisme louis-philippards et impériaux.

Logique des intérêts.

Certes il y a eu des « affaires » sous la IIIᵉ République naissante. Mais elles étaient « scandaleuses » et non plus admises comme « normales ». Une éthique « laïque » s'affichait : indépendance rigoureuse, têtue, de l'État républicain face aux idéologies officielles et au pouvoir de l'argent.

Mais qu'est-il advenu ? Nous nous sommes, dit-on, modernisés. Bad Godesberg[4] ? Qu'à Dieu ne plaise ! Mais où est la social-démocratie ? On répète que l'objectif prioritaire est de faire de Paris une grande place financière. On se félicite de voir flamber les valeurs de la Bourse (400 %...). La vulgate politique se décline en quelques mots : entreprise, investissements, rentabilité, profit, spéculation, libération du marché des capitaux. On sous-entend qu'un gouvernement ne peut rien ou si peu contre la logique des intérêts. Les chefs d'entreprise sont nos héros et nos hérauts. Ils décernent en grande pompe des diplômes aux ministres de la République (quel symbole !). Parfois ils sont même candidats des socialistes. Le « patronat » n'existe plus. Et naturellement les classes sociales. Il y a les « gagneurs » et les « perdants ». Aux uns les honneurs, aux autres le RMI[5] et les restaurants du cœur. La culture d'entreprise vaut la culture tout court. Et celle-ci est un « look » utile pour faire vendre les « produits culturels » et faire tourner les « industries culturelles ».

Hier la France était une nation, une idée, un État ; aujourd'hui c'est l'« entreprise France ». Ce n'est plus vers la rue d'Ulm qu'on se dirige, mais vers les business schools, et on nous dit (les intellectuels à la mode) qu'il faut renoncer au français, puisque les affaires se traitent en anglais : il n'est question, de « La roue de la fortune » aux « Nouvelles de la Bourse » en passant par les couvertures des hebdomadaires, que de profit, d'argent, de cours des actions, de listes des plus riches Français, des plus hauts salaires, etc.

Et l'on voudrait, puisque tout cela est, qu'il n'y ait pas d'« initiés » ? Le mot dit naïvement que ceux-là ont découvert le vrai ressort des choses et que, simplement, ayant percé les mystères du temps, ces initiés appliquent à leur avantage la loi qui demeure secrète aux autres. Les autres ? Les électeurs de la gauche et qui lui ont fait confiance. Infirmières, salariés en tous genres à moins de 6 500 F par mois, enseignants, etc. Et aussi militants qui veulent encore « changer la vie », élus qui versent une large part de leurs indemnités au parti, et qui « labourent » le terrain, au contact des « non-initiés ».

A tous ceux-là on demande d'être raisonnables, réalistes, de comprendre les grands équilibres. On ne veut les augmenter qu'au « mérite » (tiens, le mérite est encore une valeur...), sans doute de 300 F par mois — au mieux —, alors que quelques coups de téléphone suffisent à faire gagner quelques milliards de centimes. Qu'on soit initié ou pas. Que les pauvres courent à la Bourse, disait déjà Vallès. « La misère a fait son temps, je passe du côté des riches. »

Une gauche ne peut tenir longtemps (j'entends au-delà d'une législature ou de deux septennats ; mais sommes-nous socialistes si nous ne voulons pas garder intact l'espoir d'« autre chose » ?) avec une telle contradiction. On s'abstiendra de voter pour elle. On sera démoralisé. Tous pareils, dira-t-on. Et peut-être tous « pourris ». Injuste, certes. Mais il s'agit non de jugement porté sur telle ou telle personne, mais d'un climat, de politique donc, et de valeurs autres que boursières. L'argent n'est pas condamnable en soi, mais il faut savoir comment, et aux dépens de qui, et au profit de qui on le gagne. La Bourse, la spéculation ou le développement industriel ? Le jeu financier ou le travail productif ?

L'exception française.

Dans ce pays nous n'avons ni la Bible des nations anglo-saxonnes pour soutenir la morale individuelle ni des contre-pouvoirs suffisants. Tout ce qui peut les renforcer est positif. Mais nous avions une tradition d'État, des valeurs républicaines, une certaine conception du citoyen et une référence à l'égalité. Et ceux qui veulent en finir avec l'« exception française » oublient que c'est là notre « bible » et que, quand on la ferme, il reste le cynisme. Il serait temps de retrouver cette adhésion aux vertus républicaines et à leurs exigences, ce qui signifie avoir un projet.

Et parce que tout se tient — passé, présent, avenir —, une remarque. En cette année du bicentenaire de 1789, il est de bon ton d'exclure Robespierre. Terroriste, sanguinaire, etc., il fut et il demeure cependant, même aux yeux de ses adversaires, l'Incorruptible. Barras, Tallien, Fouché, qui furent plus terroristes que lui, ne sont jamais dénoncés. Ils gardèrent leurs têtes, souvent le pouvoir, et firent de solides fortunes. C'est aussi une culture de gouvernement.

M. Gallo, « L'Incorruptible », *Le Monde*, 28 janvier 1989.

1. Créé en 1958, le Service d'action civique assure les services d'ordre de l'UNR puis de l'UDR. La gauche le met fréquemment en cause pour la violence de ses actions.

2. Ministre de la Justice dans le gouvernement Chirac (1986-1988), Albin Chalandon (1920) est client de la joaillerie Chaumet. La faillite de cet établissement en 1987 dévoile des pratiques frauduleuses dont le garde des Sceaux semble avoir été victime.

3. La gauche s'émeut que les privatisations du gouvernement Chirac (Société générale, Compagnie financière de Suez...) soient confiées à des groupes choisis par le pouvoir politique.

4. Au congrès de Bad Godesberg (1959), le SPD (Parti social-démocrate allemand) adopte une approche résolument sociale-démocrate.

5. Le revenu minimum d'insertion garantit aux plus démunis une allocation mensuelle.

1989. Le bicentenaire de la Révolution française

Le 14 juillet 1989, la France célèbre avec éclat le bicentenaire de la Révolution française. Dans un article, Edwige Avice (1945), ministre délégué aux Affaires étrangères et ancien ministre de la Coopération, définit l'actualité — et le sens — du message révolutionnaire.

Le principal mérite du Bicentenaire est de nous faire prendre conscience de l'actualité et de la vitalité des idéaux démocratiques dans le monde, deux siècles après leur première consécration.

Alors que s'effritent systèmes et modèles, la question de la démocratie n'est-elle pas la grande affaire de cette fin de siècle, qui pourrait devenir celui de la Démocratie, comme le XVIIIe fut celui des Lumières ?

Edgar Morin n'a-t-il pas raison d'écrire dans *Le Monde* que la trinité liberté-égalité-fraternité « c'est, pour le XXe siècle, l'étoile du futur » ?

En France, ce peut être une réponse mobilisatrice à une recherche — et même aux doutes — sur les finalités de la politique. Nous avons encore beaucoup de chemin à parcourir pour que la démocratie s'identifie pleinement à la lutte contre les exclusions, à la justice sociale. Pour qu'elle permette enfin que s'exercent, dans la société, les responsabilités des femmes, la citoyenneté des jeunes. Pour que l'action internationale soit neuve et généreuse.

« Dès que possible ».

Dans le monde, où les idées de 1789 ont cheminé en forme d'espoir, égalité veut dire d'abord développement ; liberté, droits de l'homme ; et fraternité, désarmement. C'est en tout cas de cette manière que de nombreux pays attendent de la France qu'elle défende et soutienne les idéaux attachés à son image.

En Europe, un phénomène me paraît avoir été peu souligné. C'est le retour à l'esprit de la déclaration sur l'Europe libérée, contenue dans les accords de Yalta du 11 février 1945. La déclaration portait l'intention de « créer les conditions de la paix [...] ; secourir les peuples en détresse [...] : constituer des autorités gouvernementales provisoires, largement représentatives de tous les éléments démocratiques des populations de l'Europe libérée, et qui s'engageront à établir, dès que possible, par libres élections, des gouvernements qui soient l'expression de la volonté des peuples ; enfin faciliter partout où cela sera nécessaire de telles élections ».

Les changements et les élections intervenus récemment en Pologne et en Hongrie, l'abandon officiel de la « doctrine Brejnev » par l'Union soviétique, ne permettent-ils pas de penser que, quarante-quatre ans après, le « dès que possible » commence enfin en Europe de l'Est ?

Les révolutionnaires de 1789 ne sont pas les maîtres de leur postérité. Aujourd'hui, leurs idées trouvent à des milliers de kilomètres de la France un terreau fertile — particulièrement dans les démocraties récentes. Au Brésil ou ailleurs, on les invoque encore, deux cents ans plus tard, et on met au crédit de la France ce qui apparaît, à distance, comme l'immense mouvement d'un peuple porté par sa jeunesse. Il nous faut maintenant justifier ce crédit. Le président Alfonsín [1] ne m'a-t-il pas confié : « Vous, les démocraties, vos solidarités pour nos démocraties ne sont souvent que *post mortem*. »

Dans un monde dur, violent, un océan de pauvreté avec quelques îlots de richesse, la paix ne saurait résulter du seul désarmement, bien qu'il en soit l'une des conditions essentielles. C'est pourquoi les trois axes de notre politique : développement, droits de l'homme, désarmement (les 3 « D »), sont étroitement liés. Sur ces trois terrains, la France a pris des initiatives marquantes.

Notre pays a fait du développement une dimension majeure de sa politique étrangère. Il s'est attaché à pousser la communauté internationale à être plus agissante, à l'amener à une remise en cause. A son initiative, une réflexion sur les devoirs des pays les plus riches a été lancée.

Le drame de la dette.

Comment ne pas voir que l'endettement provoque un décrochage économique catastrophique pour des pays soumis à des progressions démographiques insupportables, à la pénurie de main-d'œuvre qualifiée et à la recrudescence des grandes endémies ?

Il convient de rappeler avec quelle persévérance le président de la République s'est attaqué à ce drame international, en proposant d'alléger l'endettement, qui atteint en 1989 le montant astronomique de 1 300 millions de dollars.

La décision prise à Toronto, en 1988, à l'initiative de la France, a constitué un progrès important pour les pays les plus pauvres : une dizaine de pays d'Afrique sub-saharienne ont depuis lors obtenu du Club de Paris un aménagement de leur dette [2].

A Dakar, François Mitterrand a proposé une remise inconditionnelle de la totalité de la dette publique des trente-cinq pays les plus pauvres d'Afrique [3].

En ce qui concerne les pays à revenu intermédiaire, le président de la République a lancé, devant l'Assemblée générale des Nations unies, l'idée de créer un fonds multilatéral garantissant le paiement des rémunérations dues aux banques [4].

Le prochain sommet des pays industrialisés permettra à la France de souligner encore l'urgence d'une action commune et de proposer à ses partenaires d'aller plus loin.

La célébration du Bicentenaire et du quarantième anniversaire de la Déclaration universelle a fait de notre pays un grand carrefour de manifestations et de débats.

La présence d'Andreï Sakharov, Elena Bonner, Lech Walesa et de tant d'autres à Paris, le 10 décembre 1988, n'était pas une coïncidence [5]. La venue, en juin dernier, de tant de femmes illustres par leur courage, lors des États généraux organisés par la Fédération internationale des Droits de l'homme et la Fondation France-Liberté [6], marque elle aussi la considération que l'on a vu dans le monde pour le travail de la France.

Nous avons fait des propositions novatrices. Elles ont été adoptées à l'unanimité. Elles ont valu à notre pays d'être réélu en tête des candidats à la Commission des droits de l'homme des Nations unies.

Champs nouveaux.

Bien sûr, beaucoup reste à faire : droits des femmes, de l'enfant, droit à l'environnement et à une meilleure gestion des ressources de la planète, droit à l'établissement d'une éthique pour nous protéger mieux contre certains abus des techniques et des sciences. Ces champs nouveaux des droits de l'humanité, il nous faut les définir, les concrétiser et les garantir.

Il s'agit là d'une priorité internationale dans laquelle nous cherchons à prendre toute notre part : conférence de Paris sur le désarmement chimique de janvier 1989 ; poursuite de l'action en faveur d'un désarmement conventionnel.

La France, avec sa proposition de conférence sur le désarmement en Europe, puis par son action à Madrid et à Stockholm, est largement à l'origine de l'approche retenue en la matière, à savoir la prise en considération dans les négociations d'une zone couvrant l'ensemble du continent européen, de l'Atlantique à l'Oural.

Nous attachons une grande importance à ce que cette entreprise de désarmement soit insérée dans le cadre plus large de la CSCE [7], processus à long terme visant à surmonter la division actuelle de l'Europe.

Enfin, nous avons voulu lier notre réflexion sur un désarmement général, progressif et contrôlé, à la réflexion sur le développement. La France a pris l'initiative de la première conférence des Nations unies qui se soit tenue sur ce thème, en 1987. L'analyse des relations complexes entre désarmement et développement mérite d'être reprise et prolongée.

Sur ces trois sujets essentiels pour le XXIᵉ siècle, les perspectives sont ouvertes. A nous maintenant de les traduire d'une manière suffisamment claire et convaincante pour qu'elles soient comprises et partagées, d'abord, par les générations nouvelles.

Il est vrai qu'il faut compter avec le temps. La démocratie est une idée globale et un long processus. Même dans notre pays, nous n'avons pas encore tiré toutes les conséquences de cette idée-là. A un moment où certains se félicitent de la fin des idéologies, plaidons plutôt pour le retour des idéaux. Nous les avons implicitement à l'esprit quand nous dénonçons la faim, la torture, la guerre. Exprimons-les sur un mode positif.

Le nouvel ordre international ne peut s'accomplir sans la démocratie, c'est-à-dire sans un souffle de liberté, de justice et de paix.

> E. Avice, « Vers un nouvel ordre international », *Le Monde*, 12 juillet 1989.

1. Raoul Alfonsín est président de la République argentine de 1983 à 1989.

2. Au sommet des pays les plus industrialisés de Toronto (19-21 juin 1988), les 7 décident d'alléger la dette des pays en voie de développement.

3. Au troisième sommet francophone (Dakar, 24-26 mai 1989), François Mitterrand annonce que Paris renonce sans condition aux 16 milliards de francs dus par 35 pays africains.

4. Selon l'idée défendue par François Mitterrand aux Nations unies en septembre 1988.

5. Lors de la célébration du 40ᵉ anniversaire de la Déclaration universelle des droits de l'homme au Palais de Chaillot, François Mitterrand invite notamment Lech Walesa, fondateur de Solidarnosc. Dissidents soviétiques, Andreï Sakharov et sa femme, Elena Bonner, sont également autorisés à participer à cette manifestation.

6. Centrée sur la défense des droits de l'homme, France-Liberté est présidée par l'épouse du président de la République, Danielle Mitterrand.

7. La conférence sur la Sécurité et la Coopération en Europe commence ses travaux à Helsinki en 1975 et associe toutes les nations européennes, pays de l'Est inclus.

1989. L'écologisme

Les mouvements écologistes rencontrent un écho grandissant dans la seconde moitié des années 1980. Leurs résultats aux élections le révèlent nettement. Profitant en partie de l'érosion de l'électorat socialiste, ils recueillent parfois plus de 10 % des voix. Plusieurs intellectuels s'interrogent sur cette nouvelle donnée. Le psychanalyste et philosophe Félix Guattari (1930-1992) publie dès 1989 une réflexion sur le sujet.

C'est de la façon de vivre désormais sur cette planète, dans le contexte de l'accélération des mutations technico-scientifiques et du considérable accroissement démographique, qu'il est question. Les forces productives, du fait du développement continu du travail machinique, démultiplié par la révolution informatique, vont rendre disponible une quantité toujours plus grande du temps d'activité humaine potentielle [1]. Mais à quelle fin? Celle du chômage, de la marginalité oppressive, de la solitude, du désœuvrement, de l'angoisse, de la névrose ou celle de la culture, de la création, de la recherche, de la ré-invention de l'environnement, de l'enrichissement des modes de vie et de sensibilité? Dans le tiers-monde, comme dans le monde développé, ce sont des pans entiers de la subjectivité collective qui s'effondrent ou qui se recroquevillent sur des archaïsmes, comme c'est le cas, par exemple, avec l'exacerbation redoutable des phénomènes d'intégrisme religieux.

Il n'y aura de réponse véritable à la crise écologique qu'à l'échelle planétaire et à la condition que s'opère une authentique révolution politique, sociale et culturelle réorientant les objectifs de la production des biens matériels et immatériels. Cette révolution ne devra donc pas concerner uniquement les rapports de forces visibles à grande échelle mais également des domaines moléculaires de sensibilité, d'intelligence et de désir. Une finalisation du travail social régulée de façon univoque par une économie de profit et par des rapports de puissance ne saurait plus mener, à présent, qu'à de dramatiques impasses. C'est manifeste avec l'absurdité des tutelles économiques pesant sur le tiers-monde et qui conduisent certaines de ses contrées à une paupérisation absolue et irréversible. C'est également évident dans des pays comme la France où la prolifération des centrales nucléaires fait peser le risque, sur une grande partie de l'Europe, des conséquences possibles d'accidents de type Tchernobyl [2]. Sans parler du caractère quasi délirant du stockage de milliers de têtes nucléaires qui, à la moindre défaillance technique ou humaine, pourraient conduire de façon mécanique à une extermination collective. A travers chacun de ces exemples se retrouve la même mise en cause des modes dominants de valorisation des activités humaines, à savoir : 1° celui de l'impérium d'un marché mondial qui lamine les systèmes particuliers de valeur, qui place sur un même plan d'équivalence : les biens matériels, les biens culturels, les sites naturels, etc. ; 2° celui qui place l'ensemble des relations sociales et des relations internationales sous l'emprise des machines policières et militaires. Les États, dans cette double pince, voient leur rôle traditionnel de médiation se réduire de plus en plus et se mettent, le plus souvent, au service conjugué des instances du marché mondial et des complexes militaro-industriels.

Félix Guattari, *Les Trois Écologies*, Paris, © Galilée, 1989, p. 13-15.

1. Aux usines Fiat, par exemple, la main-d'œuvre salariée est passée de 140 000 ouvriers à 60 000 en une dizaine d'années, tandis que la productivité augmentait de 75 %.
2. Le 25 avril 1986, à Tchernobyl, ville d'Ukraine en URSS, une centrale nucléaire explose.

1990. La droite classique et le Front national

Né en 1944, député RPR du Rhône, ministre délégué au Commerce extérieur dans le gouvernement Chirac, Michel Noir se démarque de son parti en refusant toute entente avec le Front national. A une époque où Charles Pasqua déclare partager certaines valeurs avec la formation de Jean-Marie Le Pen, Michel Noir, fils de déporté, affirme préférer perdre les élections que sacrifier son âme. En réaction au 8ᵉ congrès du Front national (30 mars-1ᵉʳ avril 1990), Michel Noir, en congé du RPR, développe son analyse sur l'identité française.

Dans une société de plus en plus soumise au bombardement infini et monotone des images de télévision, la mémoire culturelle des Français disparaît peu à peu, comme happée par le trou noir de l'oubli. Il ne faut donc pas s'étonner aujourd'hui si le discours de la France est monopolisé par des orphelins de Vichy, qui ont naturellement tout intérêt à effacer le passé pour mieux le recommencer, pour le cas, heureusement très improbable, où ils accéderaient au pouvoir.

Au nom d'une pseudo-unité ethnique du pays, les chantres du nationalisme contemporain excluraient volontiers de la communauté nationale tous ceux dont la couleur de peau ou la confession d'origine ne sont pas celles de la majorité des habitants de la France, même s'ils sont français depuis plusieurs générations.

Les Français devraient pourtant bien connaître les lourdes arrière-pensées de ces oraisons nationalistes, grosses de la barbarie et de la guerre qu'elles finissent toujours par engendrer. Les États-nations issus des révoltes des nationalités contre la France démesurée de 1811 — de Hambourg jusqu'à Rome ! — n'ont su que s'entre-déchirer avec la plus féroce sauvagerie, quand ils ne s'entendaient pas temporairement pour asservir les peuples d'Afrique ou d'Asie. Sadowa, Fachoda, Tanger, puis Verdun et enfin Auschwitz ; voilà les grandes réalisations du nationalisme dominateur.

Agresseur à l'extérieur, le nationalisme est nécessairement exclusif, donc intolérant et antisémite à l'intérieur. Il faudrait être aveugle et sourd pour ne pas entendre, derrière les propos de Jean-Marie Le Pen et de la plupart de ses amis, les cris fanatiques d'il y a un siècle : « Mort aux juifs ! Mort à Zola ! » et plus près, hélas, de nous, les articles des faussaires de l'Histoire qui nient l'existence des chambres à gaz.

Aujourd'hui, le musulman, l'ennemi, sera demain le juif, puis le protestant, et on en arrivera lentement et sûrement à partager les « thèses » de *Mein Kampf* sur la lutte pour la pureté de la race. Au reste, en invitant à Lyon, capitale martyre de la Résistance, l'ancien SS Schönhuber [1], le Front national a montré avec une impudence rare le cas qu'il fait de ceux qui sont morts en luttant contre le nazisme, c'est-à-dire pour la liberté et les droits de l'homme. Le même Schönhuber, qui paradait du reste à la tribune du Front national à Nice.

On peut aimer sa patrie sans haïr les autres ; on respecte et on glorifie d'autant plus la France qu'on n'est ni raciste ni xénophobe. La Constitution du 3 septembre 1791 affirmait déjà : « La nation française renonce à entreprendre aucune guerre dans la vue de faire des conquêtes et n'emploiera jamais ses forces contre la liberté d'aucun peuple » et, plus loin, « Les étrangers qui se trouvent en France sont soumis aux mêmes lois criminelles et de police que les citoyens français, sauf les conventions arrêtées par les puissances étrangères ; leur personne, leurs biens, leur industrie, leur culte sont également protégés par la loi. » La Constitution du 4 octobre 1958 lui répond en écho : « La France est une République indivisible, laïque, démocratique et sociale. Elle assure l'égalité devant la loi de tous les citoyens sans distinction d'origine, de race ou de religion. Elle respecte toutes les croyances. »

Disons-le fermement : l'homme, pour toute la tradition née en France des Lumières, n'est pas ce primate grégaire et anonyme, mû par un prétendu élan vital, auquel le réduisent les penseurs nationalistes. Non, il est un citoyen et même, pour reprendre la belle expression de Voltaire, « un citoyen de l'univers », à l'opposé d'un déterminisme sociobiologique donnant force et volonté de puissance.

A l'origine de notre République, on retrouve en effet la Déclaration des Droits de l'homme et du citoyen, qui fonde le contrat que la nation, c'est-à-dire le peuple rassemblé, passe avec son représentant élu : l'État. La nation, l'État, deux termes apparemment vieillis et auxquels notre amnésie coupable refuse de plus en plus la majuscule initiale. Nous oublions que la nation est un projet universaliste d'épanouissement de l'individu, nous oublions que l'État républicain a reçu mandat des citoyens pour réaliser l'idéal métaphysique des droits de l'homme et du citoyen. Pourquoi donc, dans ce débat-piège sur l'identité nationale, parle-t-on sans cesse des « valeurs » ? Parce que l'on ne veut pas reconnaître que nos valeurs sont celles de la République et sont inscrites dans les Constitutions de 1791, 1848, 1946 et 1958. Liberté, Égalité, Fraternité, voilà notre souverain bien, vers lequel tous nos efforts doivent tendre.

La nation est un contrat volontaire, une communauté d'adhésion où les considérations de race, de religion ou d'origine n'ont nulle place : une fois de plus, la République, c'est le citoyen contre le primate.

A ce discours républicain on tentera bien vainement d'opposer le sentiment d'appartenance à une communauté culturelle donnée, ce que Raymond Aron appelait d'ailleurs la « nationalité ». En fait, il n'y a pas opposition mais complémentarité entre l'adhésion à la nation et le sentiment d'appartenance à une même communauté culturelle. A ce sujet, une remarquable exposition organisée par la Bibliothèque nationale vient à point nommé enrayer notre perte de mémoire. Des Serments de Strasbourg qui, en 842, abandonnent le latin pour mieux différencier le français et l'allemand, à la virtuosité avant-gardiste de *La Route des Flandres* [2], chacun y redécouvre l'épaisseur et la diversité de la mémoire française ; chacun aussi pourra y faire deux constatations.

Notre meilleur garde-fou.

Notre langue, l'âme de notre culture, n'a jamais été l'apanage des seuls Français. Ainsi, la première encyclopédie rédigée directement en langue vulgaire — et non plus en latin — fut écrite « selon le langage des François » par un exilé toscan : Brunetto Latini. Ainsi encore, *Le Livre des merveilles du monde*, chef-d'œuvre immortel dicté par Marco Polo de Venise, fut-il écrit par Rustichiello de Pise... en français ! Aujourd'hui, Eugène

Ionesco, Samuel Beckett, Nadia Tuéni ou Milan Kundera figurent parmi les meilleurs artistes de notre langue. La culture française n'est pas la propriété des soi-disant « Français de souche » : elle ne dépend d'aucune « hérédité ».

Notre langue est aussi, bien évidemment, l'expression de cet « esprit général » de la nation dont Montesquieu voyait « l'origine dans le climat, la religion, les lois, les maximes du gouvernement, les exemples des choses passées, les mœurs, les manières ». Les *Essays* de Michel de Montaigne, comme *Les Thibault* de Roger Martin du Gard sont la musique de l'âme française, et tout citoyen, qu'il s'imagine ou non patriote, ressent la même joie frémissante, le même plaisir singulier à lire ces pages merveilleuses. Être français, c'est aussi tout bonnement aimer sa langue comme une partie de soi et regretter la négligence coupable de notre patrimoine culturel.

En somme, notre « nationalité » reste notre meilleur garde-fou contre le nationalisme, ce principe exclusif qui va à l'encontre d'une tradition culturelle faite d'ouverture et d'enrichissement extérieurs.

On l'aura compris, la mémoire et l'esprit critique sont les meilleures armes contre les extrémistes et aussi contre l'uniformité. Rénovons l'enseignement de l'histoire, de la philosophie et du français en réservant à l'histoire des idées et des civilisations une place importante. Développons, par un effort sans précédent, les cours de langues étrangères et les séjours linguistiques afin que nos voisins nous soient plus proches, plus compréhensibles, bien mieux dans tous les cas que grâce à un sous-espéranto vaguement anglophone !

La France n'est pas je ne sais quelle détermination ethnobiologique : elle est une culture et chaque homme est libre de l'aimer.

> Michel Noir, « Les orphelins de Vichy », *Le Monde*,
> 6 avril 1990.

1. Ancien SS, Franz Schönhuber dirige le Parti républicain allemand, une formation d'extrême droite. Le 26 mars 1990, le Front national accueille cette personnalité lors de la Foire de Lyon avant de l'inviter à siéger à la tribune du 8ᵉ congrès réuni à Nice.
2. Roman de Claude Simon publié en 1960. L'auteur reçoit le prix Nobel de littérature en 1985.

1990. Le manifeste de SOS Racisme

Créé en 1985 en réaction à la montée du Front national et à l'exploitation grandissante des thèmes racistes dans la vie politique française, SOS Racisme remporte vite un grand succès, surtout auprès de la jeunesse. Dotée d'un insigne aisément reconnaissable — une main ouverte — et d'un slogan reprenant les termes d'un langage « jeune » — « Touche pas à mon pote » —, l'association antiraciste profite d'un leader doué d'une aura peu contestable : Harlem Désir (né en 1959). En avril 1990, l'organisation publie un manifeste dans lequel elle formule plusieurs propositions.

Il n'y a pas de fatalité à ce que la réhabilitation des quartiers anciens déplace les habitants vers des banlieues lointaines.

Une réelle priorité à la construction de logements sociaux dans les centres villes doit être mise en œuvre. Elle ne peut se réaliser que si des mesures sont prises, permettant aux offices HLM d'échapper aux contraintes de la spéculation foncière.

Le logement social doit devenir, encore plus qu'aujourd'hui, une priorité budgétaire.

Mais il ne suffit pas de construire, il faut changer la localisation, réintégrer les HLM dans une politique urbaine cohérente. Cela suppose de dépasser les égoïsmes municipaux au profit d'une réelle solidarité intercommunale basée sur la péréquation de la taxe professionnelle. En préalable, il est nécessaire de moduler en l'augmentant la dotation globale de fonctionnement des communes, en fonction des assiettes fiscales.

Il faut également mettre sur le marché locatif social tous les logements vides non loués.

Il faut imposer, lorsque c'est nécessaire, aux collectivités locales la construction de logements sociaux. La répartition des logements doit faire l'objet de décisions au niveau des bassins d'habitat régionaux, articulés avec les politiques de transport et de localisation des activités.

L'action de l'État doit fixer les grandes lignes des règles d'attribution de logement, pour prévenir toute pratique de quota d'attribution.

Un effort particulier doit être consacré au logement des jeunes et des plus démunis, qui sont de plus en plus exclus du secteur HLM.

Il faut dégager des crédits supplémentaires pour le logement social, par le biais d'un grand emprunt. Cela devra s'accompagner de moyens permettant d'accroître l'offre foncière dans les zones où la pénurie se manifeste.

Pour traiter de tout cela, il est nécessaire de réunir des états généraux du logement.

> *Manifeste pour l'intégration par la ville et l'école*, s.l., SOS Racisme, 1990, p. 44-45.

1991. La guerre du Golfe

Le 2 août 1990, l'Irak envahit le Koweit. Dès le 6, le Conseil de sécurité de l'ONU décrète un embargo commercial, militaire et financier contre Bagdad. Mais certaines puissances souhaitent l'utilisation de la force. Si le 24 septembre, François Mitterrand propose un règlement pacifique du conflit, il n'est guère entendu. Le 29 novembre 1990, le Conseil de sécurité autorise le recours à une solution militaire si l'Irak ne se soumet pas avant le 15 janvier aux résolutions de l'organisation internationale. Le 17 janvier, la force multinationale dépêchée dans le Golfe déclenche l'opération « Tempête du désert ». Dans une allocution prononcée la veille, François Mitterrand expose le sens de l'engagement français.

Françaises, Français, mes chers compatriotes,

Lorsque je vous ai adressé mes vœux le 31 décembre, je ne vous ai pas caché la gravité de la situation créée par le refus obstiné de l'Irak d'évacuer le Koweit et de respecter le droit international qu'il avait approuvé, comme nous, en signant la Charte des Nations unies.

Je vous ai dit alors quels étaient les devoirs de la France, quelles propositions nous avions faites en son nom au Conseil de sécurité et ailleurs, pourquoi nous avions appliqué les résolutions des Nations unies, notamment par l'envoi d'une force armée dans la région du Golfe.

Je vous ai dit que rien ne serait négligé par la France pour tenter de sauver la paix.

Or, depuis ce matin, la crise internationale est entrée dans une phase décisive. Depuis ce matin, le délai accordé par les Nations unies à la réflexion, et autant que possible au dialogue, entre ceux qui pouvaient infléchir le destin est maintenant dépassé. Sauf événement imprévu, donc improbable, les armes vont parler.

Comme je m'y étais engagé, tout ce qu'il était raisonnable d'entreprendre pour la paix l'a été.

Hier encore, tout le long de la journée, nous sont arrivés de partout, de la plupart des pays d'Europe, du monde arabe, de l'immense majorité des pays neutres, de plusieurs pays d'Amérique, les encouragements, les soutiens pour notre ultime initiative auprès des Nations unies, appelée par beaucoup le plan de paix français.

Hélas, comme je l'ai déclaré il y a quelques heures dans mon message au Parlement [1], pas un mot, pas un signe n'est venu de l'Irak qui aurait permis d'espérer que la paix, au bout du compte, l'emporterait.

Puisqu'il en est ainsi, je vous demande, mes chers compatriotes, de faire bloc autour de nos soldats et pour les idéaux qui inspirent notre action.

Il y faudra du courage, de la clairvoyance, de la persévérance.

Du courage, cela va de soi. La guerre exige beaucoup d'un peuple, nous le savons d'expérience. Même si n'est pas en jeu notre existence nationale, même si les douze mille des nôtres qui prendront part, sur le terrain, aux opérations militaires ont choisi le métier des armes, c'est la nation tout entière qui doit se sentir engagée, solidaire de leurs efforts et de leurs sacrifices. C'est la France tout entière qui doit les entourer de sa confiance et de son affection.

De la clairvoyance. Les résolutions adoptées par les Nations unies, que nous avons votées, représentent à mes yeux la garantie suprême d'un ordre mondial fondé sur le droit des peuples à disposer d'eux-mêmes. De ce droit, nous avons le plus grand besoin. Nos libertés, notre indépendance, notre sécurité, sont à ce prix.

Il faut que vous en soyez sûrs : protéger le droit dans le Golfe, au Moyen-Orient, aussi loin de nous qu'ils semblent sur une carte de géographie, c'est protéger notre pays.

Ne laissons jamais à la loi du plus fort le soin de gouverner le monde. Un jour ou l'autre, elle s'installerait chez nous.

De la persévérance. Nous traverserons cette épreuve sans haine pour personne, sans jamais perdre espoir, sans oublier que viendra nécessairement le jour où les peuples aujourd'hui divisés devront se retrouver, en gardant toujours à l'esprit que l'ordre des nations l'emportera sur la violence.

A quelque moment que ce soit, nous répondrons à tout appel, nous saisirons toute occasion qui rendra ses chances à la paix dans le respect du droit.

Comme elle aura été présente dans la guerre, la France, écoutée, respectée de tous côtés, je vous l'assure, sera présente au rendez-vous quand le dialogue reprendra pour mettre, enfin, un terme aux déchirements du Moyen-Orient.

Nous savons bien que, le Koweit évacué, rien ne sera réglé au fond tant qu'une conférence internationale ne se sera pas attachée à résoudre, par la négociation, les graves problèmes de cette région, c'est-à-dire tout ce qui tourne autour du conflit israélo-arabe, sans oublier le drame libanais et les Palestiniens.

Tout repose désormais sur les soldats des vingt-neuf nations alliées dont les forces sont en place dans le Golfe et, pour ce qui nous concerne, sur notre cohésion nationale.

La patrie fera face aux heures difficiles qui s'annoncent en préservant son unité.

Je compte sur vous tous.

Vive la République, vive la France.

François Mitterrand, allocution du 16 janvier 1991.

1. Dans son message au Parlement du 16 janvier, François Mitterrand affirme que le recours à la force est légitime.

1991. Les oppositions
à la guerre du Golfe

*Le 2 août 1990, l'Irak envahit le Koweit. Après avoir décrété
l'embargo, l'ONU autorise, le 29 novembre 1990, le recours à
la force pour contraindre Bagdad à évacuer le territoire qu'il
occupe indûment. Face au refus irakien, une force multinationale déclenche l'opération militaire «Tempête du désert» le
17 janvier. Si la majorité des familles politiques acceptent cette
logique, une minorité pacifiste la récuse. Dès septembre 1990,
75 personnalités signent, à l'initiative de l'avocat Denis Langlois,
un appel à la paix. Née en 1927, avocate, ancienne députée (apparentée PS) et ancienne ambassadrice déléguée permanente de la
France auprès de l'UNESCO, Gisèle Halimi cosigne cet appel.
Dans un article du* Monde, *elle pousse par ailleurs Jean-Pierre
Chevènement (1939) — dont le courant refuse la guerre — à
démissionner.*

Devrais-je écrire aujourd'hui, monsieur le ministre de la
Guerre [1]? Car vous voilà, à votre corps défendant, contraint
de conduire cette guerre du Golfe contre votre parti pris politique et celui de vos amis. D'ailleurs, la conduisez-vous vraiment, cette guerre? La personnalité de François Mitterrand et
la Constitution de la Ve République vous réduisent à la portion congrue. L'Élysée dépêche, sur le front des médias, ses
propres porte-parole. Ils rectifient, expliquent, reclassent vos
propos.

Soyons justes, vous ne leur rendez guère la tâche facile. Vous
jouez de la syntaxe et de la sémantique, vous donnez à tel propos du président de la République un ton qui en modifie la
portée, vous pratiquez dans vos discours une sorte de «col-
lage» ingénieux des données officielles. Bref, vous biaisez, vous
dites oui pour signifier non, vous exprimez à l'opinion publique qui l'a compris depuis longtemps votre refus de cette
guerre.

Vous voilà devenu la cible de nombreux mécontents. L'opposition traque en vous la faille, le relent d'un pacifisme honni. D'autres masquent difficilement leurs arrière-pensées sionistes. L'antisémitisme d'extrême droite s'en nourrit.

L'information, comme nos troupes, est sous commandement américain. Le Pentagone décide des images et des nouvelles qui nous parviennent. Votre parti — le PS — est sur le point d'éclater. L'on dépêche comme débatteur de service sur toutes les chaînes le ministre chargé des relations avec le Parlement, en même temps que l'on tente de morigéner deux de vos camarades, anciens ministres (Cheysson et Gallo) [2], qui « votent » par leurs prises de position et font voter (ceux de votre courant et d'autres) contre la guerre. Que faites-vous pour mettre fin à cette cacophonie ?

Où est donc votre cohérence quand vous faites la guerre parce qu'elle est légale et refusez de la faire parce qu'elle est illégitime ? Légale, la résolution 678 du Conseil de sécurité l'est, sans aucun doute [3]. Votée selon les principes et les formes de la Charte des Nations unies, elle dit le droit international. Mais remplissent les mêmes conditions les résolutions condamnant Israël dans les territoires occupés ou ordonnant à toutes les troupes étrangères d'évacuer le Liban (pour ne parler que de la région).

Comment s'étonner que Saddam Hussein soit resté sourd aux appels solennels de la communauté internationale ? Pourquoi évacuerait-il le Koweit si d'autres territoires, « *annexés* » et « *occupés* », selon les termes mêmes des résolutions de l'ONU, continuent de l'être ? Que vaut « *un nouvel ordre international* » fondamentalement contraire à l'égalité de tous les pays devant la loi ?

« Il faut naturellement détruire le potentiel militaro-industriel de l'Irak [4] », a déclaré le président de la République. Affirmation d'une certaine gravité et qui pose le problème du respect du droit et du contenu de la résolution 678. Le mandat de l'ONU — libérer le Koweit — permet-il cette guerre absolue à l'Irak ? N'allons-nous pas nous laisser entraîner dans l'aventure des guerres-gigognes ?

La France n'a pas pu faire prévaloir son dernier appel de paix à l'ONU. Bien qu'accepté par 13 pays sur 15 (les États-Unis et la Grande-Bretagne se déclarant opposés), le Conseil de sécurité ne l'a pas discuté. Ne vous sentez-vous pas, comme moi, comme chaque Française et Français, inquiet de ce droit qui n'est

le droit que s'il colle à la volonté du seul géant d'aujourd'hui,
les États-Unis ? Est-ce l'avènement d'une nouvelle « morale » de
la concertation où la puissance seule ferait la loi ? Est-ce le recom-
mencement de ce temps du mépris que de Gaulle avait su jadis
tenir en échec ?

Une démission nécessaire.

Non ! me direz-vous, impossible. Aujourd'hui, nous avons
l'Europe. Parlons-en, justement, de l'Europe ! 350 millions
d'habitants, un PNB supérieur à celui des États-Unis, et, dans
ce conflit, une totale incapacité. Pusillanime, sans imagination
ni volonté, respectueuse au-delà de toute décence du « projet américain », l'Europe a fait la preuve de son inexistence politique.
Quand l'URSS tend la sébille aux États-Unis, l'Europe a le devoir
de prendre sa place dans le rapport des forces internationales.
Il ne s'agit plus ni de compter les moutons anglais, ni de fixer
des quotas laitiers, mais bien de créer le nouvel équilibre nécessaire à la paix dans le monde.

Reste, monsieur le Ministre, à préserver l'avenir. Cette guerre
contre Saddam Hussein — serait-elle victorieuse — en aura entre-
temps allumé d'autres. Et d'abord ce divorce d'avec nos alliés
arabes.

Je ne parle ni de l'Égypte, qui, pour un plat de lentilles (7 milliards de dollars), s'est alignée sur les États-Unis [5]. Ni encore de
la Syrie, dont les troupes, à nos côtés pour moitié, écrasent le
Liban pour l'autre moitié, et encore moins des émirats de pétrole
ou de la Jordanie, divisée entre son roi et sa rue.

Je pense à l'Algérie, à la Tunisie, à la Palestine même, dont
la juste cause — le droit à une patrie — est reconnue par la
communauté internationale. J'ai peur que de mauvais souvenirs
— la France de l'expédition de Suez et du pétrole, la France de
l'Algérie et des tortures... — n'aient aujourd'hui raison des liens
profonds qui nous unissent au monde arabe.

« Nous ne faisons pas la guerre à l'islam [6] » a dit encore le
président de la République. N'importe ! Cette coalition des pays
riches de l'Occident (même si quelques gouvernements satellites
arabes, déjà désavoués par leurs peuples, sont à nos côtés) ne
peut être vécue par le tiers-monde que comme une insupportable volonté d'écrasement.

Mais, me diriez-vous, puisqu'il y a guerre, il faut attendre. Non. Déjà, me semble-t-il, votre départ s'imposait quand l'embargo fut abandonné *sans raisons* pour un ultimatum qui ne pouvait déboucher que sur l'affrontement armé. Vous ne pouvez continuer à vous laisser ballotter par des événements et une politique qui vous échappent.

En revanche, vous pouvez, vous devez peser sur l'avenir. Et l'avenir, c'est un cessez-le-feu immédiat suivi de négociations. Plus tard viendra la réconciliation. Tout se négocie. Y compris le retrait d'un territoire injustement occupé. La faute politique (à moins qu'il ne s'agisse d'une volonté délibérée de remodeler, par la force, la carte politico-stratégique de la région ?) fut d'en faire un préalable. Question de dignité, d'orgueil de peuples si longtemps et si souvent humiliés. La négociation préparera une réconciliation, même si elle apparaît comme hypothétique et lointaine aujourd'hui. *Un droit*, le même pour tous et partout, servi par des « instruments » impartiaux tels la Cour internationale de La Haye pour avis et le comité d'état-major de l'ONU pour intervention, si besoin est.

Pour cela, monsieur le Ministre de la Défense, votre place n'est plus au gouvernement, où vous ne pouvez ni décider ni influencer. Jusqu'à présent, vous avez tenté de résister courageusement à la sottise des va-t'en-guerre. Et cela vous a valu de nombreux coups. Ce temps est aujourd'hui révolu. Pour l'avenir — le vôtre, celui de vos amis et celui de notre pays —, pour notre histoire, monsieur le Ministre, démissionnez.

En 1985, un ministre quitta le gouvernement pour manifester son désaccord sur le choix de la loi électorale. On lui prédit une mort politique [7]. Il est aujourd'hui Premier ministre. Demain, la gauche — celle qui aura, tout au long de cette crise, privilégié la négociation sur l'affrontement — aura besoin d'hommes et de femmes qui auront refusé les irrémédiables ruptures, de porte-parole de nouveaux dialogues, en un mot de rassembleurs. Vous pouvez être le premier d'entre eux.

Gisèle Halimi, « Au ministre de la Défense », *Le Monde*, 26 janvier 1991.

1. Ministre de la Défense, Jean-Pierre Chevènement désapprouve l'intervention au Koweit et démissionne le 29 janvier 1991.

2. Ancien ministre des Relations extérieures, Claude Cheysson — comme Max Gallo, député européen — fait connaître son désaccord avec la position officielle française.

3. La résolution 678 des Nations unies autorise le recours à la force si l'Irak ne se soumet pas aux précédentes résolutions de l'organisation internationale.

4. Affirmation de François Mitterrand lors de l'entretien télévisé du 20 janvier 1991.

5. Dès le 10 août 1990, 12 des 20 membres de la Ligue arabe — dont l'Égypte — approuvent l'envoi d'une force arabe dans le Golfe.

6. Dans son entretien télévisé du 20 janvier 1991.

7. En désaccord avec l'adoption du scrutin proportionnel pour les législatives de 1986, Michel Rocard, ministre de l'Agriculture, démissionne le 4 avril 1985.

1992. Le débat sur Maastricht

A la suite de l'accord conclu les 9 et 10 décembre 1991, les minis-
tres des Finances et des Affaires étrangères des 12 paraphent le
7 février 1992 le traité de Maastricht. En créant une Banque cen-
trale et une monnaie européenne, cet accord prolonge le traité
de Rome. Mais en prévoyant une politique étrangère commune
et en envisageant d'étendre les compétences de l'union en matière
de police et de justice, il modifie substantiellement la nature de
la construction européenne. Or, tous les acteurs de la vie politi-
que française ne partagent pas ces conceptions. La ratification
du traité étant soumise à un référendum — dont la date est fixée
au 20 septembre 1992 —, de violents débats s'engagent et divi-
sent les familles politiques en leur sein. Au RPR, Philippe Séguin
et Charles Pasqua font campagne pour le non *(de même que*
Jean-Pierre Chevènement) alors que Jacques Delors et Jacques
Chirac se battent pour le oui. *Dans un article publié le 2 sep-*
tembre 1992 dans Le Monde, *Francis Wurtz (1948), membre du*
PCF et député européen depuis 1979, explique les raisons de son
vote. Le oui *finira par l'emporter par 51,04 % des voix, le* non
recueillant 48,95 % des suffrages, les abstentions concernant
30,31 % du corps électoral.

> « Mais l'homme, quand en sera-t-il question ? »
> (Saint-John Perse)

Le fait que la victoire du « non » au référendum ne soit désormais plus à exclure [1] plonge la classe politique dans la conster-
nation. On peut comprendre son désarroi. D'abord, son projet,
de portée stratégique, mettant d'immenses intérêts en jeu, apparaît sérieusement compromis. Ensuite, un désaveu de cette nature
adressé par le pays réel à ceux qui sont censés le représenter ne
serait pas, pour qui le subirait, la meilleure rampe de lancement
vers le pouvoir. Cela concerne particulièrement les dirigeants de
la droite, qui piaffent d'impatience de reprendre les rênes mais
ont pris tout naturellement position pour le « oui », Maastricht
étant pour eux un véritable programme de gouvernement. « Si

le ''non'' l'emporte, vient de souligner Bernard Stasi[2] après Édouard Balladur, ils seront tous vaincus, et ce sera un affaiblissement formidable de l'opposition. »

En appeler à l'intelligence des Français.

On peut tout aussi bien concevoir la rage de l'aristocratie financière européenne. Je pense notamment à la « table ronde » des quarante-cinq groupes les plus puissants du continent, que Jacques Delors appréciait naguère comme son « appui le plus précoce et le plus sûr dans l'avancée du marché unique européen ». De fait, l'essentiel des exigences de ce super-lobby se retrouve, parfois mot à mot, dans le texte du traité.

Que tous ces hérauts de Maastricht, se sentant pris à contrepied par les événements, multiplient les scénarios-catastrophes dans l'hypothèse d'un succès du « non » n'a donc rien d'étonnant. Ce n'est ni la première ni la dernière variante du « moi ou le chaos ». Ces tentatives d'intimidation ne doivent en rien perturber l'analyse sérieuse et sereine du traité et de ses enjeux par les forces progressistes de notre pays.

L'ambition des communistes n'est ni plus ni moins que de favoriser autant que possible cette approche réfléchie et responsable de l'échéance du 20 septembre. Nous sommes, au Parti communiste français, sans doute quasi unanimement, en faveur du « non ». On nous rendra cette justice que cette position n'est pas dictée par des considérations politiciennes : nous ne demandons aucunement, quant à nous, que le président de la République écourte son mandat en cas de rejet du traité.

De même, nous ne nous situons pas sur le registre de la passion : représentants du seul parti à avoir pris l'initiative de diffuser le texte intégral des accords de Maastricht, nous avons pour principe dans cette bataille d'en appeler à l'intelligence des Français et de les inviter à prendre leur décision en connaissance de cause. C'est dans le même esprit que nous avions demandé, dès le lendemain de la signature du traité, que la ratification ait lieu par voie référendaire[3] : la pétition que nous avons fait circuler dans ce but a permis à un million de personnes — adversaires comme partisans de Maastricht — de se prononcer en faveur de la consultation populaire.

Enfin, bien que notre jugement soit sévère sur le contenu de cet accord, nous ne nous sommes pas, quant à nous, laissés aller à l'invective à l'égard de ceux qui ne partagent pas notre point de vue. Nous avons, tout au contraire, demandé avec insistance l'organisation de débats réellement contradictoires, permettant à chacune et à chacun de juger sur pièces de la validité des arguments échangés. Nous ne poursuivons qu'un objectif : contribuer au mieux à donner au « non » un contenu de gauche.

En l'occurrence, notre tâche est relativement aisée : l'orientation « libérale », la marque antidémocratique et la logique de bloc affleurent dans tous les chapitres du traité. Comme l'a noté avec franchise Alain Duhamel [4], partisan convaincu de ces accords : « S'il faut un symbole, ce serait plutôt une Europe CDU-CSU, une Europe chrétienne-démocrate [...], une union qui tourne exactement le dos aux thèses du Parti socialiste durant les années 80. »

On parle volontiers d'« Europe sociale ». Nous ne souhaitons pas autre chose. De fait, le chômage, la précarité, les bas salaires rongent littéralement notre société. L'emploi et ses corollaires, la formation, la qualification, l'insertion, sont aujourd'hui, en Europe, un problème crucial pour tous. Maastricht induirait-il des mesures contribuant à y porter remède ? Les moyens d'une telle politique passeraient par une remise en cause de la croissance financière débridée qu'on constate aujourd'hui. Au lieu de cela, Maastricht affiche dès son préambule le credo le plus « libéral » qui soit : « Les États membres de la Communauté agissent dans le respect du principe d'une économie de marché ouverte, où la concurrence est libre. » Et pour que les choses soient claires, il est précisé que « toutes les restrictions aux mouvements de capitaux [dans et hors de la Communauté] sont interdites » (article 73). Un des promoteurs de cette Europe, Giovanni Agnelli [5], en a déjà conclu qu'« on devra peut-être s'habituer à un taux de chômage élevé », ce que confirme le directeur général de la Banque des règlements internationaux et qu'atteste une étude de l'INSEE dont nous demandons — en vain jusqu'à ce jour — la publication avant le 20 septembre. La construction d'une Europe sociale passe bien par la mise en échec du traité de Maastricht.

Il en va de même dans le domaine de la démocratie. C'est là une des plus fortes exigences universelles de notre temps. Or, loin de rapprocher les centres de décision des citoyens, Maastricht non seulement les en éloigne mais prétend ériger un véritable mur entre les peuples et les dirigeants : une Commission toute-puissante et non élue ; un Conseil statuant dans la plupart des cas à la majorité, quitte à imposer aux populations des nations mises en minorité des décisions contraires à leurs choix — y compris par des sanctions à l'égard de pays s'écartant de l'orthodoxie financière prescrite dans le traité (article 104 C) ; une Cour de justice d'essence foncièrement fédéraliste, dont les magistrats désignés et aux pouvoirs exorbitants n'ont de comptes à rendre à personne et imposent leurs règles au droit républicain français ; une Banque centrale européenne dotée d'un directoire de six membres et d'un conseil des gouverneurs évidemment non élus, indépendants des gouvernements eux-mêmes, c'est-à-dire directement branchés sur les marchés financiers, et disposant du droit de régenter la politique économique et sociale des États (articles 105 A, 107, 109 A). L'aspiration à une Europe démocratique n'est-elle pas portée par le « non » à cette hypercentralisation des pouvoirs inscrite dans Maastricht ?

Peut-on, enfin, espérer faire avec Maastricht un pas vers cette Europe pacifique et solidaire qui est souvent l'une des principales motivations des gens de gauche tentés par le « oui » ? Le « renforcement du pilier européen de l'Alliance atlantique » et « l'étroite coopération UEO-OTAN » (déclaration annexée au traité, relative à l'UEO [6], chapitre B, quatrième alinéa) sont-ils vraiment la réponse adaptée aux besoins de sécurité collective dans une Europe non alignée, après la disparition de l'autre bloc ?

De plus, les rapports de domination, tant à l'égard des pays de la Communauté, et tout particulièrement ceux du Sud — soumis à des contraintes économiques et sociales draconiennes pour espérer intégrer le « club des riches » digne de disposer d'une monnaie unique — que vis-à-vis des peuples d'Europe centrale et orientale, poussés à la désillusion, à plus forte raison à l'égard d'un tiers-monde de plus en plus marginalisé, ne sont-ils pas une véritable machine à alimenter tensions et conflits au cœur du continent, voire au sein des Douze ? La construction, même très progressive, d'une communauté de tous les peuples et nations d'Europe, sans hiérarchie ni exclusion, qui appliquerait au reste du monde, en particulier aux peuples du tiers-monde, les mêmes principes que ceux qu'elle s'applique à elle-même, passe à nos yeux par la mise en échec d'un traité renforçant une logique de bloc dans une Europe à plusieurs vitesses.

Chacune de ces questions — et tant d'autres — mérite un examen sérieux à l'abri des jugements comminatoires du type : « dire ''non'' à Maastricht, c'est dire ''non'' à l'Europe », destinés à étouffer dans l'œuf toute tentative de contester l'ordre établi. C'est précisément ce fatalisme qui est en train de se dissiper avec la montée des convergences de gauche en faveur du « non » à Maastricht, en France et aussi au-delà. Un « non » souvent empreint d'une grande profondeur humaine, où se mêlent intimement frustration et espérances, identité blessée et quête d'autre chose. Notre peuple semble reprendre peu à peu confiance dans sa force. Stimulons cette soif de démocratie. Aidons-là à s'épanouir. La perspective est là.

Francis Wurtz, « Catastrophe ou perspective », *Le Monde*, 2 septembre 1992.

1. Les sondages publiés avant le référendum montrent une nette progression des *non*.

2. Bernard Stasi (1930), député CDS de la Marne (1968-1993), est un européen convaincu.

3. La ratification du traité pouvait passer par la voie parlementaire et non par la voie référendaire.

4. Alain Duhamel (1940) est un journaliste proche de la droite.

5. Giovanni Agnelli, patron de la FIAT, se déclare en faveur de l'Europe.

6. Le traité de l'Union de l'Europe occidentale est un accord de défense européen signé en 1954.

1993. Le SIDA

Au début des années quatre-vingt naît puis se développe une nouvelle maladie, le SIDA. Au départ, ce fléau redoutable laisse scientifiques et responsables politiques désemparés et provoque de redoutables erreurs d'appréciation. Ainsi, les dirigeants de la Santé publique ne s'opposent pas à l'utilisation, pour les transfusions sanguines, de stocks de sang contaminé, et cette coupable négligence provoque des drames innombrables — au bas mot 250 morts (1985). Les découvertes scientifiques, pourtant, se multiplient comme le confirme dans un article-bilan Luc Montagnier (1932), professeur à l'Institut Pasteur et pionnier incontesté dans la lutte contre le SIDA.

Face à un fléau menaçant l'humanité tout entière, la lutte contre le sida doit s'intensifier. Il y a dix ans, mes collaborateurs [1] et moi-même isolions ce qui allait devenir le virus du sida. Dès février 1983, il apparaissait qu'il s'agissait d'un nouveau virus. Dès août 1983 un faisceau d'arguments expérimentaux en faisaient le suspect numéro 1 pour être l'agent causal de la maladie. Dès novembre 83, la croissance du virus dans des cellules d'origine tumorale permettait sa production à plus grande échelle, en vue de tests sérologiques. Ces tests détectaient des anticorps chez les personnes appartenant aux groupes à risque sans symptômes ou en pré-sida ainsi que chez les patients en sida déclaré. Ce fut une avancée rapide, spectaculaire même, vu les faibles moyens mis en jeu, mais qui fut plutôt mal accueillie. Toute découverte suscite à la fois l'enthousiasme de ses participants en même temps qu'elle provoque les réserves et critiques d'une communauté scientifique non préparée, ce qui est normal, parfois aussi elle rencontre l'indifférence et l'incompréhension, ce qui l'est moins. Médiatisation, prestiges politique et scientifique aidant, cette découverte fut suivie d'un imbroglio juridique et scientifique assez extraordinaire. Il n'est pas dans mon propos de commenter ici ce qui est devenu l'« affaire Gallo [2] ». Du point de vue scientifique, aussi bien en ce qui concerne les contributions respectives des deux laboratoires, la reconnaissance par l'équipe américaine de l'utilisation du virus que nous lui avions envoyé, et compte tenu des résultats des investigations effectuées aux États-Unis, cette « affaire » me paraît devoir être classée.

Les scientifiques doivent à présent consacrer tout leur temps et leurs efforts au problème essentiel : le sida. Il reste un différend juridique entre les deux institutions, Pasteur et le National Institute of Health, qui finira par être réglé, et qui, de toute façon, ne porte pas sur des sommes considérables, 1 ou 2 millions de dollars par an. Restent cependant des traces amères et durables dans la communauté scientifique, et aussi, pour le public, une déplorable image de querelles sordides, alors que des malades meurent chaque jour.

L'affaire du sang contaminé a contribué à accentuer le malaise profond qui affectait déjà le débat autour du sida. Les retards pris dans les décisions de santé publique en 1985 dans les différents pays ont été largement dus au peu de cas fait de ces recherches, comme de la maladie. En France, du fait du monopole de la transfusion sanguine, les victimes se sont retournées contre un petit nombre de responsables de l'époque. Des condamnations ont été prononcées, et l'État, tardivement, a marqué une volonté de réparation. L'essentiel est de tirer les leçons de ces événements dramatiques [3].

[...]

La démarche scientifique procède par approximations successives, par une adaptation permanente aux faits nouveaux. La vision de la maladie en 1993 n'est pas la même que celle de 1985. Le bilan de l'épidémie, en ce début de 1993, n'est pas réjouissant, pas plus que les prévisions à court et à moyen terme. Dix millions de personnes infectées, dont la grande majorité mourront du sida dans les dix ans qui viennent, à moins que l'on fasse des progrès dans les traitements.

Il existe une transmission hétérosexuelle galopante du virus en Afrique centrale, en Inde, dans le Sud-Est asiatique, en Amérique du Sud, dans les Caraïbes. Le « faux plat » qui existe actuellement dans les pays développés ne doit pas faire illusion. La transmission hétérosexuelle y est plus rare, mais elle existe et progresse. De plus en plus de femmes sont infectées par voie sexuelle.

La toxicomanie par voie intraveineuse constitue toujours un mode majeur de transmission dans les pays de l'Europe latine :

France, Italie, Espagne. Il faut reconnaître que dans les pays du nord de l'Europe, où sont pratiqués la vente libre ou l'échange des seringues, associés à une libéralité dans les prescriptions médicales des drogues, le nombre de toxicomanes infectés par le VIH est beaucoup plus faible.

La transmission mère-enfant, elle, ne descend guère en dessous de 20 % dans nos pays. On sait maintenant qu'elle se fait soit durant la grossesse, soit au moment de la naissance. En Afrique, le taux de transmission est plus élevé et contribue à aggraver la mortalité infantile déjà très forte. Une attitude fort dangereuse et inconséquente serait de considérer que tous ces maux ne concernent que des pays lointains ou, chez nous, des marginaux au comportement sexuel différent.

Il est à craindre que l'existence d'une population de plusieurs millions d'individus aux défenses immunitaires affaiblies favorise la résurgence de maladies très contagieuses que l'on croyait jugulées dans notre monde développé. Le danger est immédiat pour la tuberculose, l'infection opportuniste du sida la plus fréquente chez les Africains séropositifs, qu'ils vivent dans leur pays ou soient émigrés dans les pays développés, et aussi aux États-Unis chez les populations les plus défavorisées. Fait aggravant : plus de 15 foyers d'infections hospitalières à germes tuberculeux multirésistants ont été détectés aux États-Unis et un en France.

Ce qui est vrai pour la tuberculose peut l'être demain pour d'autres maladies infectieuses et parasitaires. Il y a donc un danger mondial d'épidémie secondaire à l'épidémie du sida.

Face à ces urgences absolues, que fait la recherche ?

[...]

Pour ce qui est du vaccin, il existe des espoirs, mais qui ne peuvent être concrétisés immédiatement.

Trois obstacles majeurs restent à surmonter :

— la durée de protection, qui ne dépasse pas actuellement quelques mois ;

— la variabilité du virus, énorme ;

— la protection contre la transmission sexuelle du virus, de muqueuse à muqueuse, mode de transmission majeur.

Faut-il se contenter d'attendre, de conseiller la patience aux séropositifs. Ma réponse est non, je pense que l'on peut faire plus, et plus vite.

La recherche sur le sida souffre d'une approche réductionniste.

Le dogme des premiers microbiologistes — une maladie infectieuse, un agent causal — a été appliqué mécaniquement au sida. Le virus isolé était en apparence le candidat idéal, nous l'avons dit, et bien d'autres après nous. Alors que les autres pathologies dont souffre l'homme du XXᵉ siècle sont multifactorielles (cancer, maladies cardio-vasculaires, dégénérescence du système nerveux), on s'est refusé à appliquer ce concept aux maladies infectieuses. Or les faits, surtout les plus récents, sont têtus.

On sait aujourd'hui que le virus existait bien avant l'épidémie, non seulement en Afrique, mais peut-être aussi dans nos pays, et que ce ne peut être une simple mutation qui aurait transformé, par un coup de baguette magique, de multiples variants paisibles en virus-tueurs. Le même virus, alors qu'il cause le sida chez l'homme, est inoffensif chez le chimpanzé — pourtant un modèle fidèle pour beaucoup de maladies humaines (polio, hépatite, etc.).

On suppose également que, durant la période dite silencieuse de l'infection, où le virus persiste dans un très petit nombre de cellules, un très grand nombre de lymphocytes, bien que non infectés, sont dans un état anormal conduisant à une sorte de mort prématurée. Tout se passe comme si le système immunitaire se « suicidait » progressivement. Il y a donc des facteurs qui amplifient l'action du virus, et malheureusement aucun programme de recherche d'envergure n'existe pour identifier ces facteurs, dont certains proviennent du virus lui-même, mais d'autres sont peut-être indépendants de lui. Il existe, selon moi, de fortes présomptions quant à l'implication de petites bactéries sans paroi rigide, les mycoplasmes. En laboratoire, ils augmentent l'effet tueur et la multiplication du virus. On les isole, bien que difficilement, chez des patients séropositifs. Il s'agit d'espèces ayant acquis la faculté de pénétrer et de vivre à l'intérieur de cellules, comme le virus, ce qui les rend particulièrement résistants aux antibiotiques. Ce serait la rencontre fortuite entre ces germes et le VIH qui aurait rendu ce dernier formidablement armé pour tuer et être transmis.

Même si l'hypothèse de l'existence de facteurs d'amplification est controversée — nous ne sommes qu'une poignée dans le monde à essayer de la vérifier, analogie avec 1983 —, on ne peut

se permettre de prendre le risque de ne pas l'explorer à fond.
Cela demande la mise en œuvre de moyens matériels et financiers importants. [...]

> Luc Montagnier, « Le SIDA 10 ans après », *Le Monde*,
> 24-25 janvier 1993.

1. F. Barré-Sinoussi, J.-C. Chermann avec W. Rozenbaum, F. Brun-
Vezinet, C. Rouzioux, C. Dauguet, C. Axler, S. Chamaret, J. Gruest,
M.-T. Nugeyre, F. Rey, rejoints quelques mois plus tard par J.-C. Gluk-
man et D. Klatzmann (NdA).

2. Le 30 novembre 1992, des experts américains accusent le professeur Robert Gallo de mauvaise conduite scientifique, ce dernier ayant
isolé le virus du SIDA grâce à des souches fournies par l'Institut Pasteur. Devant ce détournement, les Français demandent la révision des
accords conclus le 31 mars 1987 qui prévoyaient une répartition équitable des bénéfices réalisés sur les tests pour le SIDA.

3. Le 21 septembre 1991, trois anciens responsables de la Santé, Michel
Garretta, Robert Netter et Jacques Roux, sont inculpés pour n'avoir pas
empêché des transfusions sanguines opérées à partir de stocks de sang
contaminé. Le procès (22 juin-5 août 1992) se solde par des peines de
prison et des amendes infligées le 23 octobre 1992 ; un jugement con-
firmé dans ses grandes lignes le 13 juillet 1993.

1993. Édouard Balladur

Les 21 et 28 mars 1993, les élections législatives se soldent par un échec retentissant pour la gauche. Au second tour, le RPR obtient en effet 245 députés (plus 12 apparentés), l'UDF alignant 213 élus (et 2 apparentés). Dès le 29 mars, Pierre Bérégovoy, Premier ministre socialiste, remet sa démission au président de la République qui nomme Édouard Balladur à l'Hôtel Matignon. Ancien conseiller de Georges Pompidou (1966-1968), ministre des Finances dans le gouvernement Chirac (1986-1988), Édouard Balladur, membre du RPR, accepte cette responsabilité et expose dans une déclaration de politique générale son programme aux députés (8 avril). Il obtient la confiance par 457 voix contre 81 et 2 abstentions.

Les Français l'ont décidé, voici que commence une nouvelle période de notre histoire. Inutile de rappeler les événements de ces dernières années. C'est justement parce qu'ils les avaient présents à l'esprit que les Français ont voulu changer de cap. Vous voilà donc, mesdames et messieurs, investis d'une très large confiance et d'un très large soutien populaire. Vous voilà en mesure de donner, en étroite association avec le gouvernement, un élan nouveau à notre nation, d'apporter à notre société les réformes qui lui assureront à la fois le progrès, l'équilibre et la justice.

Telle est la mission qui nous est impartie : orienter la France vers le renouveau. Mais ce n'est pas tout, et notre conception de la République nous impose des devoirs : celui de pratiquer la tolérance et le respect d'autrui ; celui de rester ouverts aux autres, attentifs aux propositions, d'où qu'elles viennent ; celui en somme de rassembler tous les Français.

Renouveau, tolérance, rassemblement, tels sont les principes de l'action du gouvernement.

[...]

En ce monde où tout change, alors que notre situation intérieure est elle-même incertaine, à notre tour aujourd'hui de faire à nouveau de la France un exemple. Il y faudra de nombreuses années. Nous entendons commencer sans tarder. D'autres ensuite prendront le relais.

[...]

Sur le plan intérieur, la France doit faire face à une situation économique et sociale plus grave qu'aucune de celles qu'elle a connues depuis une quarantaine d'années, lorsqu'elle eut surmonté les conséquences de la guerre. C'est toute notre société qui s'interroge ou, trop souvent, doute : l'aggravation de l'insécurité, comme celle du chômage, jette le trouble dans l'esprit des Français et l'impuissance des gouvernements précédents pour limiter l'une et l'autre a accru leurs inquiétudes ; la crise des banlieues et des villes est sérieuse, les incertitudes des jeunes face à leur avenir sont profondes. Tout ceci conduit à une crise morale.

Aux erreurs graves du début des années 80, et dont nous supportons encore les conséquences, erreurs marquées par la volonté d'assurer le progrès social sans chercher à lui donner une base économique réelle, s'est ajoutée une autre erreur dans les années 1988-1990. Alors, une chance historique de réformer la société française dans une période de croissance a été manquée. En outre, notre pays connaît une crise de l'État. Celui-ci ne joue plus de façon satisfaisante son rôle de garant de l'ordre social et de la solidarité. Il a du mal à assumer ses responsabilités régaliennes essentielles dans les domaines de la justice et de la sécurité.

Voilà brièvement décrite la situation que le peuple français nous a demandé de redresser. Encore tout n'est-il pas connu. Pour agir, il nous faut en savoir plus, notamment sur l'ampleur réelle des déficits publics, sur la situation financière exacte des régimes sociaux, sur l'aptitude de notre système d'éducation à donner à notre jeunesse les clés de son avenir, sur les conditions permettant de garantir à notre agriculture sa plus juste place dans notre économie.

[...]

Comment la France inquiète peut-elle devenir une France confiante et rassemblée dans l'effort ? Seule une politique de réforme [1] le lui permettra. Seule cette politique fera à nouveau de notre pays un exemple : celui d'une France plus forte, et aussi plus juste, d'une France diverse, dans le respect des principes de la décentralisation, mais aussi plus dynamique et plus cohérente, d'une France moteur de la construction européenne, et aussi déterminée à rester elle-même, d'une France plus solidaire des autres nations du monde.

C'est la volonté de créer un nouvel exemple français qui nous permettra de rénover notre société tout entière, qu'il s'agisse de l'enseignement, de la protection sociale, du statut des salariés, du dynamisme des entreprises, de la réaffirmation du rôle de l'État. Ces réformes, il faut les commencer sans tarder, notre pays, répétons-le, ne peut pas attendre. Nous ne résoudrons pas les problèmes de notre nation sans de profonds changements dans nos structures, dans nos habitudes, dans nos mentalités. Tous nos concitoyens en sont bien conscients, et, vous qui les représentez, vous le savez. Les Français y sont prêts.

Une politique de réforme à mener en deux années, avant une grande échéance nationale, sera d'autant plus difficile à mettre en œuvre, nul ne l'ignore et moi moins que tout autre. Mais il faut amorcer le mouvement dès maintenant, même si cinq années, au moins, sont nécessaires pour redresser notre pays ; c'est cinq années que vous avez devant vous pour vous y consacrer. Les mesures que nous vous proposerons devront s'inscrire dans une perspective quinquennale qui vous permettra de décider clairement où vous voulez aller et selon quelles étapes.

Il faut le faire en restant largement ouverts, à l'écoute de tous nos concitoyens quels qu'ils soient, à quelque organisation qu'ils appartiennent, dans un esprit de tolérance et de respect mutuel. Nul ne peut être assuré de posséder à jamais les meilleures solutions. C'est pourquoi je me propose, dans les jours qui viennent, d'inviter à me rencontrer toutes les forces politiques ayant dans notre pays une audience incontestable, même quand elles ne sont pas représentées au Parlement.

La mise en œuvre d'un ambitieux programme de réformes requiert l'efficacité et la cohésion des pouvoirs publics, efficacité et cohésion qui reposent sur un fonctionnement des institutions scrupuleusement conforme à leur lettre et à leur esprit. C'est dire que l'action du gouvernement, reposant sur votre confiance, doit pouvoir se développer normalement. Le gouvernement, aux termes de la Constitution, « détermine et conduit la politique de la nation [2] », et il le fait sous votre contrôle. La période difficile que nous traversons suppose que les efforts de tous soient tendus vers le même but. Nous avons besoin que notre pays vive dans le calme et le travail les mois qui viennent et que notre efficacité, la vôtre comme la nôtre, soit assurée. Pour ma part, je ne prendrai aucune initiative qui troublerait cette sérénité. La

France traverse une crise économique, sociale, morale et nationale qui est grande, nul besoin d'y ajouter une crise politique. Tel est le sens de mes propos et de mes actes depuis huit jours. Mais pour autant j'entends exercer dans leur plénitude les attributions que me confère la Constitution.

Il n'est pas dans mes intentions de décrire devant vous dans le détail tous les aspects de cette politique nouvelle fondée sur la réforme et la construction d'un nouvel exemple français, mais d'en dessiner les traits essentiels. L'objectif, s'il est ambitieux, s'énonce clairement : affirmer l'État républicain, assainir notre économie pour développer l'emploi, garantir les solidarités essentielles à notre société, mieux assurer la place de la France en Europe et dans le monde. Ces quatre principes guideront notre action.

Première orientation : affirmer l'État républicain et reconstruire une démocratie équilibrée où les règles de la morale et les principes de tolérance et d'impartialité soient mieux respectés. Trop souvent, les citoyens ont le sentiment que l'État est possédé et non pas servi par ceux qui gouvernent, qu'il n'est pas au service de tous.

En premier lieu, le travail parlementaire doit être facilité et les rapports du Parlement avec le gouvernement améliorés. Le gouvernement, soucieux d'exercer pleinement ses prérogatives constitutionnelles, veillera cependant au respect de l'initiative parlementaire. Il favorisera, chaque fois que cela sera possible dans le domaine concerné, l'inscription à l'ordre du jour d'une proposition de loi. Il sera également très attentif aux demandes d'inscription présentées par les présidents de groupe et de commission. Il conviendra qu'à cette fin le calendrier des travaux ménage le temps disponible à l'exercice d'un droit que les élus considèrent, à juste titre, comme fondamental.

[...]

L'État républicain, c'est aussi une meilleure sécurité pour tous. L'augmentation de la délinquance et de la criminalité est une préoccupation grandissante de nos concitoyens. Il est vrai qu'elle frappe d'abord les plus vulnérables d'entre nous. Je suis déterminé à mettre tout en œuvre, avec l'appui de M. le ministre d'État, ministre de l'Intérieur et de l'Aménagement du territoire [3], pour stopper et inverser cette dégradation, douloureuse pour ceux qui sont menacés, et qui, de surcroît, met en cause l'autorité de l'État.

[...] Le dispositif juridique dans lequel s'inscrit l'action des magistrats, policiers, gendarmes et fonctionnaires de l'administration pénitentiaire doit être amélioré pour lui donner une plus grande efficacité. Je pense notamment aux contrôles d'identité et à la lutte contre les bandes organisées. Il faudra mieux combattre la petite et la moyenne délinquance ; grâce à une meilleure organisation de notre système judiciaire, les infractions aujourd'hui non sanctionnées devront être poursuivies — c'est au juge de proximité que je pense. Une réaffirmation de l'autorité de l'État devra s'étendre aussi aux quartiers sensibles où les lois de la République, comme l'esprit de solidarité, doivent prévaloir.

Il faudra enfin intensifier la lutte contre la toxicomanie, péril pour notre jeunesse, facteur de désagrégation sociale et de délinquance. Pour cela, au-delà du renforcement des structures d'accueil, qui permettent d'aider les toxicomanes à surmonter leur mal, il conviendra de renforcer l'action menée contre la criminalité organisée.

L'État républicain, c'est une nation assurée d'elle-même, de sa cohésion, de son identité, de son avenir. C'est une nation qui sait être accueillante, mais qui entend conserver son identité. C'est dire qu'il faut mener une politique de l'immigration claire, courageuse et, en même temps, respectueuse des droits de l'homme.

[...]

Une politique de l'immigration cohérente exige, tout d'abord, qu'il soit mis fin aux situations irrégulières ; elle suppose aussi que les décisions d'expulsion et de reconduite à la frontière soient exécutées sans faiblesse. Les contrôles aux frontières et sur le territoire national seront renforcés, et le travail clandestin vigoureusement réprimé.

Mais appliquer la loi ne suffit pas ; il faut la changer quand elle n'est pas adaptée aux besoins. Les conditions d'entrée et de séjour des étrangers en France doivent être définies de manière plus stricte. La France est une vieille nation qui entend rester elle-même. Elle doit aussi être respectueuse de ceux qui sont animés du désir sincère d'y séjourner paisiblement et régulièrement, dans le respect de nos lois et de nos principes.

[...]

Deuxième orientation : assainir notre économie, au service de l'emploi. Recréer un exemple français de société, cela implique

que nous redressions l'économie de notre pays, durement atteinte par la crise et par les mauvais résultats sociaux, financiers et budgétaires de la gestion précédente.

Notre volonté est de dégager, sans tarder, des marges de manœuvre permettant une croissance économique plus forte et donc une amélioration de la situation de l'emploi. C'est pour nous une priorité absolue. Il faut impérativement sortir de la stagnation qui s'est installée dans notre économie et qui menace notre avenir.

Pour assainir notre économie, la première condition est bien naturellement la solidité et la stabilité de notre monnaie. Je tiens à réaffirmer mon attachement à l'actuelle parité entre le franc et le deutschmark. C'est le fondement du système monétaire européen ; c'est la condition d'une baisse durable des taux d'intérêt déjà amorcée et qui contribuera à redonner dynamisme à l'investissement comme à la consommation. C'est à mes yeux un objectif national.

Je compte y parvenir en engageant, sans tarder, le dialogue avec l'ensemble de nos partenaires, et en premier lieu avec l'Allemagne, car c'est de la solidité du couple franco-allemand que dépend, au-delà de la situation monétaire et de la conjoncture économique, l'avenir de l'Europe. Chacun de nos deux pays doit apporter sa pierre à l'édifice, en menant une politique budgétaire, monétaire et fiscale qui évite des divergences dans l'évolution des économies et qui rende naturels, stables et durables les rapports entre les monnaies.

Ce retour à la confiance, garantie d'une baisse durable des taux d'intérêt, suppose que soit clairement affirmée et définie l'autonomie de la Banque de France. Une loi sera déposée dans les prochaines semaines pour mettre en œuvre cette réforme, qui permettra à notre institut d'émission d'entamer avec les autres banques centrales, et notamment la Bundesbank, un dialogue constructif fondé sur la coopération et la prise en compte réciproque des intérêts communs. Les grandes périodes de l'histoire de la France ont toujours été les périodes où sa monnaie était solide. La stabilité du franc, garantie par l'autonomie de l'institut d'émission, est un objectif en soi, un objectif national, rendu d'autant plus nécessaire par le flottement général des monnaies dans le monde.

[...]

Après le raffermissement de l'État républicain, après l'assainissement de notre économie au service de l'emploi, la troisième grande orientation de notre action, mesdames et messieurs les Députés, sera de garantir les solidarités essentielles à notre société.

[...]

Notre objectif, je crois indispensable d'y revenir, est d'établir, en liaison avec les organisations syndicales et professionnelles et, il faut le souhaiter, avec leur accord, les bases d'une loi quinquennale de lutte pour l'emploi dont le but sera de rechercher tous les moyens de développer l'emploi, notamment en abaissant le coût du travail, en assouplissant les contraintes pesant sur l'emploi, en développant la formation et l'apprentissage des jeunes, qui constituent à mes yeux une impérieuse priorité. Cette réflexion doit aussi porter sur les moyens de rendre le traitement social du chômage plus efficace, afin que les chômeurs puissent être réinsérés plus rapidement dans la société active.

On entend souvent affirmer que tout aurait été dit sur ce sujet essentiel, le plus grave de ceux auxquels nous soyons confrontés ; que toutes les méthodes ont été analysées, tous les systèmes proposés ; que personne ne détient la vraie et la complète réponse. Il ne s'agit pas de trouver une solution définitive à un problème avec lequel nous devrons vivre sans doute de longues années encore. Il s'agit de faire en sorte que le chômage qui, ainsi que je l'ai déjà dit, progressera inéluctablement cette année, soit stabilisé à la fin de 1993 et qu'une décrue puisse être, ensuite, amorcée. Si nous y parvenions, ce serait déjà un résultat appréciable. Notre ambition est de rompre avec ce cycle infernal où le chômage entraîne l'alourdissement des charges destinées à en soulager les effets, et où cet alourdissement entraîne à son tour l'aggravation du chômage.

[...]

Créer un nouvel exemple français de société, c'est aussi donner une vie nouvelle à notre système d'éducation, à l'image de ce que fut l'œuvre de Jules Ferry il y a un siècle, et travailler à une démocratisation véritable de l'accès à la culture.

[...]

Cette action, quels en seraient les principes ? Il ne s'agit pas de tout bouleverser. Il s'agit de faire évoluer progressivement notre système d'enseignement pour le rendre plus juste, plus efficace, plus démocratique.

Les établissements pourraient être rendus plus autonomes et les pouvoirs dévolus à leurs conseils pour l'organisation des études pourraient être renforcés.

Ces conseils d'établissement devraient faire une place plus grande aux représentants des collectivités territoriales, des entreprises et des associations.

Soyons clairs. L'État doit conserver la responsabilité de l'enseignement, qui est l'une de ses missions essentielles. L'État doit coordonner notre système d'enseignement, en fixer les principes, en définir les programmes, en vérifier les diplômes. Il doit surtout veiller à ce que la solidarité entre les collectivités empêche la naissance d'un enseignement à deux vitesses, l'un dans les régions les moins pourvues, l'autre dans les régions qui le sont le plus. Il doit également garder ses attributions en matière de recrutement, de formation et de rémunération des maîtres et des enseignants.

Quant au développement de la formation professionnelle, de la formation en alternance et de l'apprentissage, j'ai déjà indiqué que c'était l'un des moyens essentiels de lutter contre le chômage, notamment contre le chômage des jeunes. Notre objectif sera de doubler rapidement le nombre des jeunes en formation dans l'entreprise, grâce à un crédit d'impôt accordé aux entreprises beaucoup plus largement qu'il ne l'est aujourd'hui.

Il faut appeler celles-ci à prendre davantage conscience que l'un de leurs devoirs essentiels, afin d'assurer le progrès et l'emploi, est de participer plus activement à la formation des jeunes, et en particulier de ceux qui ont quitté l'enseignement et sont sans emploi.

[...]

J'en viens, mesdames et messieurs les Députés, à la quatrième orientation de notre action : mieux assurer la place de la France en Europe et dans le monde.

[...]

Les objectifs de la politique européenne sont clairs : approfondir le dialogue avec tous nos partenaires européens, au premier rang desquels l'Allemagne et la Grande-Bretagne ; revivifier les politiques communes actuellement en déshérence, notamment dans le domaine industriel ; limiter les dérapages budgétaires et soumettre l'activité trop bureaucratique de la Commission à un contrôle plus strict afin que la Communauté participe, elle aussi, au grand effort de restauration des équilibres financiers engagé par tous les pays européens. Un dernier objectif, mais non le moindre, est de renforcer le système monétaire européen, dû à l'initiative du président Giscard d'Estaing et qui est fondé sur l'idée que le développement harmonieux des échanges est lié à la stabilité monétaire.

[...]

Dans le même temps, nous devons, sans relâche, appeler nos partenaires à une cohésion militaire et politique plus forte, qui permette à l'Europe d'exister face au reste du monde.

A ces nombreuses réformes, il faut associer toutes les femmes et tous les hommes, à quelque parti, à quelque tendance qu'ils appartiennent. Il ne s'agit pas de gouverner pour une catégorie sociale contre une autre, pour certaines régions contre d'autres, pour certains intérêts contre d'autres. Il s'agit de rassembler, c'est l'exemple et le message que nous a laissés le général de Gaulle, le plus grand nombre possible de Français au service de l'action de redressement, sans esprit partisan, avec tolérance et compréhension. Je demeurerai toujours ouvert à toutes les consultations indispensables. Le rassemblement de tous les Français est notre héritage commun, que nous ne devons ni déchirer ni menacer.

C'est à un grand effort de redressement, de rassemblement et de tolérance que le gouvernement vous convie. En application de l'article 49, premier alinéa, de la Constitution, j'engage la responsabilité de mon gouvernement sur la présente déclaration de politique générale, que je demande à l'Assemblée nationale de bien vouloir approuver.

Vous me permettrez, mesdames et messieurs les Députés, de terminer par une note plus personnelle.

Durant la plus grande partie de ma vie, j'ai servi l'État, notamment aux côtés du président Georges Pompidou, ce grand Français dont je tiens à saluer la mémoire et dont je m'honore d'avoir été le collaborateur. Ce fut pour moi une période féconde et heureuse, à laquelle le destin assigna un terme trop brutal. Bien des années après, j'entrai dans la vie publique, sous les auspices et à la demande de Jacques Chirac, auquel m'attachent depuis si longtemps les liens d'une indéfectible amitié ; grâce à sa compétence et à son courage, son gouvernement eut, entre 1986 et 1988, une action bénéfique pour la France ; grâce à son soutien constant, je pus moi-même m'acquitter de la mission qu'il m'avait confiée.

Me voici aujourd'hui devant vous, responsable cette fois du gouvernement, sollicitant votre confiance et votre appui pour une action de redressement et de réforme qui concerne la plupart des domaines de la vie nationale.

Mon engagement dans cette action est total. Seul son succès m'importe. Je m'y dévouerai exclusivement. Je sais que vous ne mesurerez pas votre soutien au gouvernement, qui a besoin de votre confiance pour accomplir sa lourde tâche.

Ce sera difficile ? A coup sûr. Périlleux ? Peut-être. Indispensable ? Évidemment.

Ayons conscience de notre responsabilité devant la France, devant les Français, tous les Français quelles que soient leurs opinions. Convainquons-les que nous saurons comprendre leurs attentes, que nous voulons les rassembler dans le respect de leurs différentes convictions. C'est l'ensemble du peuple français que nous devons servir, dans sa diversité, mais dans son amour commun pour la patrie.

Mesdames, messieurs les Députés, une page de la longue histoire de notre pays est tournée. Une autre est ouverte ; elle est encore blanche, c'est à nous d'y écrire les premiers mots. N'ayons pas peur du risque. Ensemble, nous allons bâtir le nouvel exemple français.

> Édouard Balladur, Déclaration de politique générale à l'Assemblée nationale, 8 avril 1993, *Le Monde*, 10 avril 1993.

1. Édouard Balladur a, en 1992, publié un *Dictionnaire de la réforme*.
2. Citation de l'article 21 de la Constitution.
3. Il s'agit de Charles Pasqua (1927).

1994. Les intellectuels français face à la guerre dans l'ex-Yougoslavie

Face à la guerre qui fait rage en Bosnie, plusieurs intellectuels français se sont tôt mobilisés. A la veille des élections européennes de juin 1994, Alain Finkielkraut, directeur de la revue Le Messager européen, *Pierre Hassner, professeur à l'Institut d'études politiques de Paris, et Véronique Nahoum-Grappe, enseignante à l'École des hautes études en sciences sociales, publient le texte suivant dans les colonnes du quotidien* Le Monde.

Les élections européennes auraient dû être l'occasion d'un choix entre l'Europe sociale et l'Europe libérale, l'Europe ouverte et l'Europe protégée, la défense des souverainetés nationales et la fédéralisation, l'approfondissement et l'élargissement... Mais la catastrophe yougoslave a modifié radicalement les termes et les enjeux du débat. A la lumière de cet événement, la question n'est plus de savoir dans quelle Europe nous souhaitons vivre, mais si l'Europe elle-même a encore un sens.

Voyant le découragement et la honte se répandre dans l'opinion, certains hommes politiques expliquent l'infidélité flagrante de l'Europe à son serment originel — plus jamais de guerre impérialiste ni d'extermination raciale sur le Vieux Continent — par l'inachèvement de la construction européenne. « Vous voulez que l'Europe agisse, disent-ils aux accablés, alors aidez-nous à la faire ! » Cette proposition est irrecevable.

Ce n'est pas faute de moyens, d'institutions adéquates ou de résolutions internationales contraignantes, qu'après avoir laissé la Serbie détruire Vukovar, occuper la Krajina et saccager la Bosnie-Herzégovine, l'Europe s'ingénie, maintenant que les conquérants sont presque repus, à obtenir une paix indigne. C'est faute de volonté ou, pour être plus exact, faute d'une autre volonté que celle, inflexible et constante, d'éviter toute escalade militaire.

Et cette décision initiale inspire toutes les analyses de nos dirigeants. Ils se disent réalistes et fustigent volontiers l'irresponsabilité des quelques personnes qui ont eu l'audace de leur faire des remontrances ; en fait, ils ne s'adaptent pas à la réalité, ils l'adaptent et la corrigent sans vergogne pour justifier leur attitude. La négociation ayant été préférée à l'intervention, et la FORPRONU ayant été chargée d'un mandat d'assistance humanitaire au lieu d'un mandat de rétablissement de la paix, il ne peut plus y avoir d'agresseur, mais trois belligérants, inégalement coupables, certes, mais tous coupables, tous excités, tous mus par le désir de se partager d'une manière ou d'une autre les dépouilles de la Bosnie-Herzégovine.

Le diagnostic de la situation procède de la politique choisie et non l'inverse, comme on voudrait nous le faire croire. D'où la raideur et la froideur de l'accueil réservé par le Quai d'Orsay à l'accord signé à Washington entre Croates et musulmans : en faisant resurgir la véritable signification de la guerre, cette réconciliation des agressés opposait au « réalisme » en vigueur le démenti tout à fait inconvenant de la réalité.

Questions aux candidats.

A persister ainsi dans le mensonge et dans l'oubli de ses principes fondateurs, l'Europe ne se fait pas, l'Europe se perd. On ne peut pas bâtir une identité sur une démission. Il est donc impératif de placer la guerre en Croatie et en Bosnie au centre de la campagne pour les européennes. Citoyens français d'Europe, nous demandons pour notre part aux divers candidats qui sollicitent nos suffrages de répondre aux questions suivantes :

— Vous sentez-vous comptable de la reconnaissance internationale de la Croatie et de la Bosnie-Herzégovine ?

— Pour préserver l'intégrité de ces Républiques et pour empêcher la réalisation de la Grande Serbie, réclamerez-vous la levée de l'embargo sur les armes et le soutien aérien de l'OTAN aux victimes de l'agression ?

— Au nom même du tribunal créé pour juger les crimes commis pendant cette guerre, dénoncerez-vous la politique qui érige les principaux criminels en négociateurs incontournables, donc respectables ? Autrement dit, mettrez-vous l'Europe en demeure de choisir entre la répression du nettoyage ethnique par la justice et sa rétribution par la diplomatie ?

Nous voterons le 12 juin en fonction des réponses à ces questions et des engagements pris. Si, par-delà les larmes de rigueur et les regrets d'usage, il apparaît que les différentes listes en présence considèrent la reconnaissance du fait accompli comme l'horizon indépassable de la politique européenne, nous envisagerons, pour sanctionner cette Europe, la voie civique de l'abstention ou du vote blanc.

Le Monde, 13 mai 1994.

1995. Le plan Juppé

Lors de sa campagne présidentielle, Jacques Chirac, alors candidat, avait promis de réduire la « fracture sociale ». C'est pourtant à une politique plus classique que son Premier ministre, Alain Juppé (né en 1945), s'attelle à l'automne 1995. Soucieux de réduire les déficits publics – et notamment de la Sécurité sociale –, il propose un plan dont il expose les grandes lignes devant l'Assemblée nationale le 15 novembre après avoir engagé la responsabilité de son gouvernement. Très vite, une partie du secteur public s'embrase, qu'il s'agisse de la SNCF (24 novembre), de la RATP (le 28) puis de France Télécom. Devant les grèves et les manifestations qui paralysent le pays et atteignent leur apogée dans la semaine du 12 au 16 décembre, le gouvernement fait machine arrière.

Le moment est venu pour le gouvernement de vous présenter son plan de réformes de la Sécurité sociale.

Trois idées fortes nous ont guidés : une exigence, la justice ; un principe, la responsabilité ; une contrainte, l'urgence.

Au nom de la justice, nous voulons la Sécurité sociale pour tous. Ce n'est pas encore tout à fait le cas aujourd'hui. Les Français ne sont pas encore égaux devant la protection sociale.

Pour atteindre notre objectif de justice, nous engagerons quatre réformes majeures :

Nous instituerons d'abord le régime universel d'assurance-maladie. [*Applaudissements sur les bancs du groupe du Rassemblement pour la République, du groupe de l'Union pour la démocratie française et du Centre.*] Il existe actuellement 19 régimes différents d'assurance-maladie, ce qui est source d'inégalités, de complications et de surcoûts. Le régime universel ouvrira droit aux mêmes prestations en nature pour tous, sous la condition d'une résidence régulière en France. [*Applaudissements sur les mêmes bancs.*] Il permettra d'harmoniser l'effort contributif de tous les assurés.

Il se mettra en place progressivement ; il ne signifiera pas

« régime unique » car il sera compatible avec une organisation en caisses à base professionnelle ; mais il permettra une simplification drastique des relations entre régimes et des conditions d'affiliation ; il apportera la garantie que toute la population est effectivement couverte par l'assurance-maladie, en un mot que tous les Français sont bien soignés.

Au nom de la justice, nous voulons en second lieu faire progresser l'égalité devant la retraite.

La répartition reste et restera le socle de nos régimes de retraite, le président de la République s'en est porté garant. [*Applaudissements sur plusieurs bancs du groupe du Rassemblement pour la République, du groupe de l'Union pour la démocratie française et du Centre.*]

Au-delà des régimes de base et des régimes complémentaires et pour préparer l'avenir, nous favoriserons la constitution d'une épargne-retraite. Cela impliquera des dispositions fiscales cohérentes avec la réforme des prélèvements obligatoires que le gouvernement vous proposera au début de l'an prochain. [*Applaudissements sur les mêmes bancs.*]

Au nom de la justice, nous engagerons la réforme des régimes spéciaux de retraite. Il s'agira de préciser les mesures nécessaires à l'équilibre de ces régimes, notamment les modalités d'allongement de trente-sept ans et demi à quarante ans de la durée de cotisation requise pour bénéficier d'une retraite à taux plein. [*Applaudissements sur de nombreux bancs du groupe du Rassemblement pour la République, du groupe de l'Union pour la démocratie française et du Centre.*]

Il s'agira, en second lieu, de prévoir la création d'une Caisse de retraite des agents de la fonction publique de l'État, comme il existe une Caisse nationale de retraite des agents des collectivités locales, et cela afin d'établir la transparence du système. [*« Très bien ! » sur plusieurs bancs du groupe du Rassemblement pour la République, du groupe de l'Union pour la démocratie française et du Centre.*] J'installerai sans délai la Commission de réforme des régimes spéciaux qui me proposera sous quatre mois les mesures correspondant à ces orientations. Ainsi progressera l'égalité des Français devant la retraite.

Au nom de la justice, nous nous efforcerons, en troisième lieu, de rendre la politique familiale plus équitable et plus efficace.

Comme l'a montré la concertation, les Français sont sensibles à l'inéquité d'un système qui verse des allocations familiales sans condition de ressources, hors impôts, avec un mécanisme de quotient familial certes plafonné mais puissant. Une majorité d'opinions s'est dégagée pour estimer que la meilleure manière de corriger les inégalités qui en résultent, c'est de soumettre à l'impôt sur le revenu les allocations familiales, à une triple condition : que cette mesure s'intègre dans une réforme d'ensemble de l'impôt sur le revenu et notamment de son barème [*« Très bien ! » sur plusieurs bancs du groupe du Rassemblement pour la République, du groupe de l'Union pour la démocratie française et du Centre*], que des dispositions spécifiques soient prises dans ce cadre au profit des familles les plus modestes et des familles nombreuses, que le solde de recettes supplémentaires ainsi obtenues soit intégralement affecté à la branche famille. [*Applaudissements sur de nombreux bancs du groupe du Rassemblement pour la République, du groupe de l'Union pour la démocratie française et du Centre.*]

C'est ce que fera le gouvernement, lors de la réforme des prélèvements obligatoires dont j'ai déjà parlé, c'est-à-dire avec effet en 1997.

Nous restons par ailleurs attachés à relancer la dynamique d'une grande politique familiale. C'est la raison pour laquelle nous souhaitons le retour rapide à l'équilibre de la branche. Comme plusieurs d'entre vous l'ont souligné pendant le débat, une simplification des prestations et allocations existantes – il en existe vingt-quatre, je crois – est nécessaire à court terme pour améliorer l'efficacité du dispositif d'ensemble.

La solidarité de la nation envers ses familles, c'est notre meilleur investissement pour l'avenir. [*Applaudissements sur plusieurs bancs du groupe du Rassemblement pour la République, du groupe de l'Union pour la démocratie française et du Centre.*]

Au nom de la justice, nous entreprendrons enfin une quatrième réforme : celle du financement de la protection sociale.

Tout le monde s'accorde à reconnaître que le financement actuel est défavorable à l'emploi parce que les cotisations sont assises sur les salaires, et renchérissent donc le coût global du travail. Nous agirons, pour remédier à ce grave défaut, dans trois directions : réforme de la cotisation sociale généralisée par élargissement de son assiette ; basculement progressif – cela prendra du temps – d'une partie des cotisations maladie des salariés sur la cotisation sociale généralisée ainsi élargie ; réforme des cotisations patronales dont l'assiette devra être diversifiée, en intégrant par exemple la notion de valeur ajoutée de l'entreprise. [*Applaudissements sur de nombreux bancs du groupe du Rassemblement pour la République, du groupe de l'Union pour la démocratie française et du Centre.*]

Il s'agit là d'un changement structurel du financement de la Sécurité sociale ; il s'accomplira naturellement par étapes et tendra à faire de la CSG une cotisation sociale à part entière.

Alain Juppé, déclaration du 15 novembre 1995,
débats à l'Assemblée nationale, *JO,* p. 375959.

1996. Hommage de J. Chirac pour la mort de François Mitterrand

Le 8 janvier 1996, François Mitterrand, président de la République durant deux septennats (1981-1995), meurt des suites d'un cancer de la prostate. Son successeur, Jacques Chirac, qui fut son Premier ministre lors de la première cohabitation (1986-1988) et son adversaire lors des présidentielles de 1988, lui rend hommage dans une allocution télévisée. François Mitterrand fut enterré le 11 janvier dans sa ville d'origine, Jarnac, Jacques Chirac présidant l'hommage solennel rendu, le même jour et à la même heure, à Notre-Dame de Paris.

Mes chers compatriotes,

Le président François Mitterrand est mort ce matin. Les Français ont appris avec émotion la disparition de celui qui les a guidés pendant quatorze ans.

Je voudrais saluer la mémoire de l'homme d'État, mais aussi rendre hommage à l'homme, dans sa richesse et sa complexité.

François Mitterrand, c'est une œuvre. Grand lecteur, amoureux des beaux livres, l'écriture était pour lui une respiration naturelle. Sa langue classique fut toujours la traductrice fidèle et sensible de sa pensée.

François Mitterrand, c'est une volonté. Volonté de servir certains idéaux. La solidarité et la justice sociale. Le message humaniste dont notre pays est porteur, et qui s'enracine au plus profond de nos traditions. L'Europe, une Europe dans laquelle la France, réconciliée avec l'Allemagne et travaillant avec elle, occuperait une place de premier rang. Mais aussi une façon de vivre notre démocratie. Une démocratie moderne, apaisée, grâce notamment à l'alternance maîtrisée, qui a montré que le changement de majorité ne signifiait pas crise politique. Et nos institutions en ont été renforcées.

En politique, François Mitterrand fut d'abord profondément respectueux de la personne humaine, et c'est pourquoi il décida d'abolir la peine de mort. Respectueux aussi des droits de l'homme : il ne cessa d'intervenir partout où ils étaient bafoués. Ses choix étaient clairs, et il les a toujours faits au nom de l'idée qu'il se faisait de la France.

Mais François Mitterrand, c'est d'abord et avant tout, je crois, une vie. Certaines existences sont paisibles, et égrènent des jours semblables, parsemés d'événements privés. Le président Mitterrand, au contraire, donne le sentiment d'avoir débordé sa propre vie. Il a épousé son siècle. Plus de cinquante ans passés au cœur de l'arène politique, au cœur des choses en train de s'accomplir. La guerre. La Résistance. Les mandats électoraux. Les ministères dont, très jeune, il assume la charge. La longue période, ensuite, où il sera l'une des figures majeures de l'opposition, avec détermination, opiniâtreté, pugnacité. Les deux septennats enfin, où il prendra toute sa dimension, imprimant sa marque, son style à la France des années 80.

Mais François Mitterrand n'est pas réductible à son parcours. S'il débordait sa vie, c'est parce qu'il avait la passion de la vie, passion qui nourrissait et permettait son dialogue avec la mort. La vie sous toutes ses formes. La vie dans ses heures sombres et ses heures glorieuses. La vie du terroir, la vie de nos campagnes, cette France rurale qu'il a tant aimée, presque charnellement. Il connaissait notre pays jusque dans ses villages et partout, il avait une relation, un ami. Car il avait la passion de l'amitié. La fidélité que l'on doit à ses amis était pour lui un dogme, qui l'emportait sur tout autre. Il suscita en retour des fidélités profondes, au travers des années et des épreuves.

Ma situation est singulière, car j'ai été l'adversaire du président François Mitterrand. Mais j'ai été aussi son Premier ministre, et je suis, aujourd'hui, son successeur. Tout cela tisse un lien particulier, où il entre du respect pour l'homme d'État et de l'admiration pour l'homme privé qui s'est battu contre la maladie avec un courage remarquable, la toisant en quelque sorte, et ne cessant de remporter des victoires contre elle.

De cette relation avec lui, contrastée mais ancienne, je retiens la force du courage quand il est soutenu par une volonté, la nécessité de replacer l'homme au cœur de tout projet, le poids de l'expérience.

Seuls comptent, finalement, ce que l'on est dans sa vérité et ce que l'on peut faire pour la France.

En ce soir de deuil pour notre pays, j'adresse à Mme Mitter-

rand et à sa famille le témoignage de mon respect et de ma sympathie. A l'heure où François Mitterrand entre dans l'Histoire,
je souhaite que nous méditions son message.

Jacques Chirac, intervention du 8 janvier 1996.

1997. La dissolution de l'Assemblée nationale

Élu président de la République au mois de mai 1995 contre le candidat de la gauche, Lionel Jospin, Jacques Chirac disposait d'une forte majorité parlementaire élue lors des élections législatives de mars 1993. Les deux premières années du mandat présidentiel avaient été notamment marquées par de très importantes grèves, en décembre 1995, au cours desquelles s'était exprimée une vive hostilité à l'encontre des projets de réforme des retraites voulus par le Premier ministre Alain Juppé. Le gouvernement et le président de la République n'étaient pas sortis indemnes d'une telle épreuve. C'est dans l'espoir de donner un second souffle à son septennat que Jacques Chirac décide de dissoudre l'Assemblée nationale qui lui était pourtant acquise.

Mes chers compatriotes,

Après consultation du Premier ministre, du président du Sénat et du président de l'Assemblée nationale, j'ai décidé de dissoudre l'Assemblée nationale. Le décret de dissolution et le décret fixant la date des élections législatives au 25 mai et au 1er juin seront publiés demain matin. Pourquoi, au risque de vous surprendre, me suis-je résolu à user maintenant du pouvoir que me confère l'article 12 de la Constitution, pour abréger le mandat d'une Assemblée que j'ai tenu à conserver en 1995 et dont la majorité a soutenu loyalement le gouvernement ? Une Assemblée qui a contribué à définir les lignes de force d'une France moderne et compétitive et à laquelle je rends hommage. Aujourd'hui, je considère, en conscience, que l'intérêt du pays commande d'anticiper les élections. J'ai acquis la conviction qu'il faut redonner la parole à notre peuple, afin qu'il se prononce clairement sur l'ampleur et le rythme des changements à conduire pendant les cinq prochaines années. Pour aborder cette nouvelle étape, nous avons besoin d'une majorité ressourcée et disposant du temps nécessaire à l'action. Nous avons engagé ensemble un effort considérable. Des réformes de fond sont en cours : la protection sociale, les armées et le service national, l'enseignement supérieur, la fiscalité, le secteur public. Après un long laisser-aller dont nous payons toujours le prix, l'assainissement de nos finances a été entrepris grâce à chacun d'entre vous. Nous avons ainsi recréé les conditions de la croissance. Cette politique commence à donner des résultats, mais ils ne sont pas suffisants. Ce n'est donc pas le moment de marquer une pause. Notre économie, nos entreprises, l'emploi ne peuvent attendre. Il faut au contraire, dès maintenant, aller plus loin sur le chemin des changements. Il faut que l'action politique monte en puissance pendant les cinq années qui viennent. Pour réussir, la France a besoin d'un nouvel élan. Cet élan ne peut être donné que par l'adhésion, clairement exprimée, du peuple français.

Mes chers compatriotes, le temps est venu de vous prononcer. Ensemble, nous devons réformer en profondeur l'État, afin de permettre une baisse de la dépense publique, seule façon d'alléger les impôts et les charges qui pèsent trop lourdement sur vous et qui, trop souvent, vous démotivent. La baisse des impôts, c'est un choix exigeant, mais c'est un choix majeur que je fais parce que c'est le choix de l'avenir. Ensemble, nous devons encourager, plus fortement qu'on ne le fait, les créations d'entreprises et les initiatives locales qui font notre richesse. Nous devons faire évoluer les comportements qui font obstacle à l'emploi. Il faut partout développer le dialogue et la concertation pour trouver de nouvelles réponses au chômage.

Ensemble, nous devons prendre toutes les mesures qui s'imposent afin que notre système éducatif s'adapte aux exigences de l'entrée des jeunes dans la vie active. Nous devons poursuivre la nécessaire adaptation de notre protection sociale, dont je suis et dont je resterai le garant. Nous devons réformer notre justice et la rendre plus indépendante, mais aussi plus rapide et plus proche. Vous le voyez, il s'agit de choix déterminants pour chacun d'entre vous. Et ces choix requièrent, exigent votre adhésion. Et puis, il y a l'Europe. Elle impose parfois des contraintes, c'est vrai. Mais, ne l'oublions jamais, depuis un demi-siècle, pour nos vieilles nations qui se sont tant combattues, l'Europe, c'est la paix. Aujourd'hui, dans un monde qui s'organise et se transforme toujours plus vite, l'Europe nous apportera un supplément de prospérité et de sécurité, tout simplement parce que l'Europe, c'est l'union et que l'union fait la force. Or d'importantes décisions seront prises au cours des tout prochains mois : le passage à la monnaie unique, indispensable si nous voulons nous affirmer comme une grande puissance économique et politique, avec un euro à l'égal du dollar et du yen ; la réforme des institutions européennes que nous voulons plus démocratiques, plus équilibrées, plus efficaces ; l'élargissement de l'Union aux jeunes démocraties qui appartiennent à la famille européenne et qui formeront, avec nous, la grande Europe ; la réforme de l'Alliance atlantique, qui doit permettre aux Européens de mieux assumer la responsabilité de leur sécurité, dans un nouveau partage avec les Américains ; et surtout, ce qui me tient le plus à cœur, une Union européenne au service des hommes. Un modèle social vivant. Un front commun contre les fléaux qui menacent nos sociétés : le chômage et l'exclusion bien sûr, mais aussi l'exploitation des enfants, la drogue, l'argent sale, le terrorisme. Tout cela va donner lieu à des négociations difficiles. Pour aborder ces échéances en position de force, pour construire une Europe respectueuse du génie des nations qui la composent et capable de rivaliser avec les grands ensembles mondiaux, votre adhésion et votre soutien sont essentiels.

Enfin, mes chers compatriotes, nous partageons des valeurs qui fondent notre communauté nationale et donnent à la France son destin singulier. Or les esprits sont troublés. Des principes essentiels ont été mis en cause : le respect dû à chaque homme, la tolérance, la solidarité la plus élémentaire. Des appels à la haine ont été lancés, et des boucs émissaires désignés. Ensemble, nous devons réaffirmer nos valeurs et les repères civiques et moraux qui sont les nôtres. Ensemble nous devons dire clairement dans quelle société nous voulons vivre.

Les réponses aux grandes questions qui se posent aujourd'hui ne se trouvent ni dans le repli sur nous-mêmes ni dans l'exploitation des peurs et des ignorances. Les réponses ne se trouvent pas non plus dans un « laisser faire-laisser aller » contraire à notre culture et à nos traditions sociales. Les réponses ne se trouvent pas davantage dans des solutions archaïques fondées sur le « toujours plus » d'État, le « toujours plus » de dépenses, le « toujours plus » d'impôts. C'est un autre chemin que je vous propose de suivre. Ce que je vous propose, c'est l'idéal de notre République. Des droits farouchement défendus, et d'abord le droit à la dignité et à la protection, pour chaque homme, chaque femme, chaque enfant. Des devoirs et des responsabilités assumés, qui correspondent à ces droits. Une cohésion sociale renforcée. C'est la défense de l'ordre républicain. C'est une société apaisée, décrispée, qui anticipe mieux les problèmes et qui les surmonte par le dialogue et la concertation. C'est une morale politique retrouvée avec des dirigeants qui donnent l'exemple. C'est une vie politique modernisée, donnant toute leur place aux femmes et où les élus se consacrent pleinement à leurs fonctions. C'est une France laïque, respectueuse des croyances de chacun.

Voilà pourquoi, mes chers compatriotes, je vous demande de donner à la France une majorité qui aura la force et la durée nécessaires pour relever les défis d'aujourd'hui. Rien n'est facile, mais nous devons choisir la bonne voie, celle qui concilie la justice, la solidarité et la modernité. Nous sommes à moins de mille jours de l'an 2000. Je veux que nous exprimions sans tarder notre volonté commune d'entrer dans le troisième millénaire avec confiance et avec enthousiasme.

Mes chers compatriotes, je vous remercie.

Jacques Chirac,
allocution du 21 avril 1997.

1998. La victoire de la France à la Coupe du Monde de football

Parvenue en finale de la Coupe du Monde de football, l'équipe de France l'emporta sur celle du Brésil par trois buts à zéro, le 12 juillet. Le résultat et le score étaient inespérés. C'est la première fois que, depuis la création de cette épreuve, la France se trouvait couronnée championne du monde. L'enthousiasme populaire fut à son comble. Le soir de la victoire, une foule de plus d'un million de personnes envahit l'avenue des Champs-Élysées pour acclamer les vainqueurs. Les commentateurs s'abandonnèrent à des observations plus ou moins inspirées sur une équipe « black-blanc-beur », métissée, composée de joueurs issus des diverses cultures présentes sur le sol français. Jacques Julliard (né en 1933), historien, directeur d'études à l'École des Hautes Études en sciences sociales et éditorialiste au Nouvel Observateur, *livre ses propres commentaires.*

Même abrutis par la publicité et la consommation, nous avons besoin d'exaltation, c'est-à-dire d'un dépassement par le haut. Et au besoin, faute de mieux, par le football.

Jacquet[1], Pioline[2], Jospin, après Tapie, Noah[3], Mitterrand. Je vous épargne le topo. C'est la fin des années frime, le retour aux valeurs de base[4].

Thuram, Barthez, Zidane[5] : une équipe black-blanc-beur, serait-ce la fin des années Le Pen ? Pas si vite, mais un mois sans Le Pen, c'est toujours bon à prendre. Et cela peut donner des idées pour la suite. La France en tricolore enfin, après la France en sombre. Le foot nous a rendu les couleurs de la France ; comme si les Français avaient fini par se lasser de leur délectation morose et de leur culture de la défaite. Ils en avaient assez d'être humiliés et de s'humilier eux-mêmes.

Il faudra revenir sur la performance d'Aimé Jacquet. Depuis dimanche, il a réussi à faire croire aux Français qu'à l'exception de Jérôme Bureau[6] ils étaient tous derrière lui depuis deux ans. Alors que jusqu'au mois de juin il n'avait pas 60 millions de supporters, mais 60 millions de sélectionneurs rivaux. Et surtout, il a réussi à gagner la Coupe du Monde avec des personnalités dans l'ensemble moins brillantes que celles de la bande à Platini [7]. Mais au pays de l'individualisme, il a réussi à faire une équipe. Son côté moniteur de colo a fait merveille. Il y a quelques semaines encore, *Elle* proposait de « relooker Jacquet ». Trop tard. Les ringards vous saluent bien. Il a eu le courage, peut-être aussi l'habileté, d'aller contre les valeurs dominantes de l'époque, dont les Français sont las. Comme Jospin quand il prêche la morale républicaine, comme Jean-Paul II l'été dernier lors des Journées mondiales de la Jeunesse, il a donné l'impression de croire à ce qu'il dit. De nos jours, ça n'a pas de prix.

Il ne faudrait tout de même pas se laisser aller sans retenue à la chaleur communicative des gradins. Que les banlieues « difficiles » se couvrent de bleu-blanc-rouge ; que Zidane, un Kabyle d'origine, je me plais à le souligner, soit devenu une idole tricolore prouve que sans intégration, pas de salut pour la nation. Et cependant, tandis que la France chavirait dans l'ivresse de l'unanimité, trente sans-papiers et un anthropologue, Emmanuel Terray, de l'École des Hautes Études, poursuivaient leur grève de la faim. Je ne suis pas favorable à la régularisation systématique des sans-papiers. Mais après la victoire de cette équipe plurielle, une mesure symbolique montrerait que l'euphorie ambiante ne repose pas sur l'hypocrisie collective.

Qu'est-ce donc que ce sentiment d'appartenance nationale qui nous a tous saisis depuis un mois ? Du chauvinisme ? Un peu. Du tribalisme ? Je ne crois pas. L'équipe d'Aimé Jacquet ressemble à la nation de Renan. Elle ne repose pas exclusivement sur le sentiment de l'origine, dont il faut reconnaître la puissance, mais sur la mise en commun d'un projet. Une communauté de destin et pas seulement d'ancêtres. Nous savons cela depuis longtemps. Mais surtout sur le besoin irrésistible d'appartenir à un ensemble symbolique qui nous dépasse et qui nous exalte. Le lien social ne saurait consister dans le rapprochement horizontal d'individus partageant les mêmes intérêts : l'homme est un être vertical.

L'anthropologie commune au libéralisme et au marxisme, ces deux frères ennemis, présuppose que l'homme se résume à ses intérêts. Les deux doctrines s'inspirent de La Rochefoucauld, pour qui les passions se jettent dans l'intérêt comme les fleuves dans la mer. « Derrière les passions, cherchez donc l'intérêt » : c'est là une bien pauvre anthropologie. Ce que nous apprend au contraire l'expérience, c'est que bien souvent, derrière les intérêts, il faut rechercher les passions. L'homme ne vit pas seulement de pain mais aussi de satisfactions symboliques que seule une communauté d'appartenance peut lui procurer. Cela, c'est, si j'ose ce mot, son pain Jacquet. Même abrutis par la publicité et la consommation, nous avons besoin d'exaltation, c'est-à-dire de dépassement par le haut. L'homme est un animal religieux et le football sa nouvelle religion temporelle. Une théorie, à vrai dire fort discutée, prétend que chez les Mayas l'équipe victorieuse au jeu de balle était immolée aux dieux pour permettre à la cité de continuer. En fait de sacrifice, nos héros ont eu droit à la descente des Champs-Élysées et à la garden-party de l'Élysée : mais ils font désormais partie de la religion civique, et la cérémonie qu'ils nous ont offerte ressemblait à une espèce de communion solennelle.

> Jacques Julliard, « L'homme vertical »,
> *Le Nouvel Observateur*, 16-22 juillet 1998.

1. Entraîneur de l'équipe de France, longtemps controversé, notamment par la presse sportive qui lui reprochait ses méthodes et son manque de charisme.

2. Joueur de tennis.

3. Joueur de tennis et entraîneur de l'équipe de France de tennis.

4. Parce que c'est un homme intelligent et généreux, Yannick Noah l'a compris. Ne mène-t-il pas maintenant une équipe nationale de tennis comme Jacquet celle de football ? *(art. cité.)*

5. Joueurs de l'équipe victorieuse.

6. Directeur du journal *L'Équipe* qui s'était illustré par une vive hostilité à Aimé Jacquet.

7. Ancien joueur de football et ancien entraîneur de l'équipe de France.

1999. Le PACS

En 1998, le gouvernement de Lionel Jospin dépose un projet de loi qui vise à réformer le statut du concubinage tout en offrant de nouveaux droits aux homosexuel(le)s désireux de s'unir. Le projet de Pacte civil de solidarité (PACS), défendu devant l'Assemblée nationale par le garde des Sceaux, Élisabeth Guigou, est adopté en première lecture par les députés en décembre 1998, mais le Sénat, après débat dont est ici proposé un extrait, le rejette le 18 mars 1999. Malgré les réserves qu'expriment les Églises et le président de la République (5 avril 1999), la loi, votée en seconde lecture par l'Assemblée (7 avril), est promulguée le 16 avril.

M. *Philippe Marini*[1], *rapporteur pour avis :* Mais la commission des Finances, comme la commission des Lois, saluant l'excellente et amicale atmosphère qui a présidé à nos travaux communs, a abordé le sujet dont il s'agit sans aucun *a priori*, ni moral ni idéologique. Le seul parti pris que nous revendiquions, au même titre que nos collègues de la commission des Lois, c'est celui du réalisme.

Les uns et les autres, nous avons des convictions morales, religieuses, qui peuvent être diverses et qui nous différencient à l'extérieur de cet hémicycle, mais la commission des Finances comme la commission des Lois ont considéré une nouvelle fois que, dans la République où nous vivons, République reposant sur le principe de l'universalisme, République laïque, l'État n'a pas « à soulever le toit de la maison » pour savoir comment on y vit !

Nous avons voulu respecter cette vision traditionnelle de la République et nous inscrire dans le réalisme en veillant à respecter toutes les prises de position, notamment de caractère moral ou religieux, qui n'ont pas lieu d'interférer directement sur nos travaux, mais que nous nous devons d'écouter avec une grande attention.

Ce parti pris de réalisme, comment s'exprime-t-il ou, plus exactement, sur quels éléments porte-t-il ?

En premier lieu, les mœurs étant ce qu'elles sont, nous observons aujourd'hui que la famille est à géométrie variable, qu'elle n'est plus ce qu'elle était autrefois. Nous pouvons, selon nos orientations, le déplorer ou nous en réjouir, mais c'est un fait.

Néanmoins, la famille, en tant que réalité sociale, en tant qu'institution, nous semble avoir, dans la société actuelle, une responsabilité sociale croissante. Notre société a de plus en plus besoin de solidarité, notre société est divisée en un nombre de plus en plus grand d'individualismes, elle est traversée de tensions, elle rencontre de nombreux risques et la famille est un élément fondamental de réduction de ces tensions et de ces risques par l'exercice de solidarités naturelles, qui sont les premières.

En deuxième lieu, ce réalisme nous conduit à observer que, jusqu'ici, d'une manière ou d'une autre, le droit fiscal de la famille s'est déterminé à partir du critère de l'intérêt social, c'est-à-dire de l'intérêt des enfants. C'est à partir de là que notre édifice législatif, certes composite, s'est construit et, au nom du réalisme, notre commission des Finances doit se placer dans cette logique.

De quoi ont besoin les enfants ? Ils ont besoin, d'abord, d'un cadre stable. Ils ont besoin d'affection, de sécurité. Il leur faut être guidés, orientés. Et si l'État a une mission, c'est bien de leur permettre d'accéder à l'égalité des chances.

Pour ce faire, il nous semble, au nom du réalisme, que nous devons privilégier les liens naturels, équilibrés, durables, pérennes, qui sont de nature à assurer l'épanouissement des enfants dans la société d'aujourd'hui. [*M. Machet*[2] *applaudit.*]

Le réalisme conduit à observer que notre société compte aujourd'hui cinq fois plus de couples mariés que d'autres. Il convient, mes chers collègues, de prendre garde à ne pas oublier cet élément. Il ne faudrait pas que, par une sorte de déformation médiatique et parce que les couples heureux n'ont pas d'histoire, l'on cesse de considérer le mariage comme un modèle de référence ; il ne faudrait pas que l'on se détourne des valeurs de fidélité et d'entraide qui le sous-tendent et que notre société a aujourd'hui le plus grand intérêt à préserver et à mettre en valeur. [*Très bien ! et applaudissements sur les travées du RPR et sur certaines travées de l'Union centriste.*]

Enfin, mes chers collègues, toujours au nom du réalisme, nous reconnaissons ce qui est. Nous savons qu'il existe d'autres situations de fait que le mariage, qu'elles ne peuvent pas être ignorées et que les intérêts légitimes des personnes placées dans ces situations doivent être pris en compte par le législateur. C'est ce à quoi nous nous sommes employés par les propositions qui sont formulées et sur lesquelles la Haute Assemblée aura à se prononcer.

Ainsi, madame le ministre, et toujours avec ce seul parti pris du réalisme que nous revendiquons, nous observons – et la commission des Finances a une analyse strictement conforme à celle de la commission des Lois – que le PACS est à la fois inopportun, inutile et dangereux.

Ce pacte est inopportun car il introduit une confusion des valeurs, notamment en ce qu'il aboutit à nier *de facto*, que vous le vouliez ou non, la fonction centrale du mariage dans la société.

M. Jean Chérioux[3] *:* Absolument !

M. Philippe Marini, rapporteur pour avis : M. Gélard[4] en a fait la démonstration de manière très argumentée. Quelles que soient les précautions oratoires que vous prenez, madame le ministre, ce pacte est ou sera un sous-mariage.

M. Jacques Machet : Très bien !

M. Philippe Marini, rapporteur pour avis : Ce pacte est inopportun car il conduit à des situations juridiques confuses, parfois inacceptables, liées à la faculté de renvoyer le partenaire à tout moment. C'est la répudiation qui vous inspirait tout à l'heure, par avance, madame le ministre, une réponse qui ne peut pas nous paraître convaincante.

Enfin, le pacte est inopportun car il n'est pas porteur d'équité.

De notre point de vue, je parle au nom de la commission des Finances, il offre en effet de multiples possibilités d'optimisation fiscale. Mais nous reviendrons sur ce point au cours de la discussion des articles.

Débats du Sénat, 17 mars 1999, *JO,* p. 1520 *sq.*

---

1. Né en 1950, Philippe Marini, sénateur RPR de l'Oise, appartient à la commission des Finances.

2. Né en 1923, Jacques Machet, est sénateur Union centriste de la Marne.

3. Né en 1928, Jean Chérioux, sénateur RPR de Paris, appartient à la commission des Affaires sociales.

4. Né en 1938, Patrice Gélard, sénateur RPR de la Seine-Maritime, appartient à la commission des Lois.

2000. L'imbroglio corse et la démission de Jean-Pierre Chevènement

Depuis les années soixante-dix, une mouvance nationaliste réclame, en utilisant la violence, l'indépendance de la Corse, le FLNC naissant en 1976. Face à une violence croissante – qui culmine avec l'assassinat du préfet Claude Érignac le 6 février 1998 –, le gouvernement de Lionel Jospin s'efforce de trouver une solution politique. Profitant de nouvelles élections à l'Assemblée de Corse (mars 1999), le Premier ministre reçoit 28 élus corses pour lancer un processus dit de Matignon (décembre 1999). Le 3 juillet 2000, L. Jospin renouvelle l'opération et formule, lors d'une seconde rencontre, quelques propositions – aide à la langue corse, avantages fiscaux, transfert de responsabilités notamment législatives à l'Assemblée de Corse (mécanisme qu'encadrerait le législatif). Face à cette évolution qu'il juge dangereuse, le ministre de l'Intérieur, Jean-Pierre Chevènement, ne cache pas ses réticences, réticences qui le conduiront à présenter sa démission le 29 août 2000.

– *A propos du dossier corse, votre départ du gouvernement ou du ministère de l'Intérieur est-il à l'ordre du jour ?*
– Mes analyses sont connues. Les faits survenus depuis le 19 juillet ne les ont pas démenties. J'ai fait connaître, fin juillet, au Premier ministre que je me sentais dans l'impossibilité de défendre un projet de statut sur la Corse qui s'inscrit dans la perspective d'une dévolution, même partielle, du pouvoir législatif à la Corse. Le chef du gouvernement a souhaité que nous nous donnions le temps de la réflexion quant aux conséquences à en tirer. J'aurai l'occasion de le rencontrer à la fin de la semaine. Acceptez que je ne vous en dise pas davantage.
– *Les faits que vous mentionnez confortent-ils vos analyses ?*
– Malheureusement, oui. Tant que les organisations clandestines – qui ont d'ailleurs pignon sur rue – et les élus qui sont dans leurs mains n'auront pas renoncé explicitement à la violence, toutes les dérives resteront possibles, comme l'a montré l'assassinat de Jean-

Michel Rossi[1]. Bien sûr, comme l'a dit le Premier ministre, « aucun relâchement n'est à attendre dans la poursuite et la sanction des faits délictueux et criminels », mais les séparatistes n'ont renoncé ni à l'indépendance ni à la violence clandestine.

« M. Talamoni[2] a évoqué la caducité des accords si l'amnistie n'était pas au rendez-vous. Un autre dirigeant de la Cuncolta, M. Sargentini, a parlé d'un *"processus étatiste"* en vue de parvenir à l'indépendance. Dans une conférence de presse du 3 août, Fronte patriotu corsu, qui vient de rejoindre le FLNC, se réserve *"la possibilité d'interventions ponctuelles"*. Et plusieurs organisations clandestines théorisent ainsi la légitimité de ce qu'elles appellent *"la résistance armée"* pour "créer un rapport de forces avec l'État".

« Ce langage n'augure rien de bon : une minorité violente continue à vouloir imposer par la terreur et le chantage ses solutions à l'immense majorité de nos compatriotes corses qui veulent, eux, rester français et demandent que l'État fasse respecter la démocratie et la loi dans l'île. Plusieurs assassinats depuis un an ont manifesté l'existence d'une guerre des chefs au sein de la mouvance nationaliste. Il importe que chacun se souvienne que nul n'a le droit de se faire justice soi-même.

– *Un rappel à François Santoni ?*[3]

– Dans leur livre récent, qui a le mérite de rompre avec la langue de bois, sinon avec l'omerta, François Santoni et Jean-Michel Rossi[4] déclarent, je cite de mémoire, que le vrai clivage serait à l'avenir entre ceux qui accepteraient que la République fasse elle-même le ménage en Corse et les autres. Les récentes déclarations de François Santoni au *Figaro Magazine* ne vont pas dans ce sens. Je les juge aberrantes. Il faut savoir dominer un ressentiment, même compréhensible, au lendemain de l'assassinat de Jean-Michel Rossi. Je le répète, il me paraît nécessaire que l'ensemble des organisations nationalistes, non seulement Armata Corsa, mais aussi le FLNC et les groupuscules qu'il fédère, renoncent définitivement et explicitement à l'action clandestine.

– *Quel peut être l'effet du dossier corse sur l'ensemble de la réforme de l'organisation territoriale ?*

– La commission Mauroy[5] ne s'est pas saisie du dossier corse, qui est d'ailleurs un très mauvais point d'application pour toute réflexion concernant l'avenir de la décentralisation. Je sais bien qu'un certain nombre d'esprits faux se sont engouffrés dans la

brèche pour opposer de soi-disant girondins à de prétendus jacobins, évidemment affreux, archaïques, dépassés, etc. Cette opposition a un caractère purement idéologique et polémique.

« J'ai moi-même fait voter deux lois importantes, l'une en
1985 concernant la décentralisation des collèges et des lycées,
l'autre en 1999 sur l'intercommunalité. Pierre Mauroy a salué
cette véritable révolution dont la généralisation peut permettre
de repenser intelligemment notre organisation territoriale. A
terme, les conseillers communautaires, au moins dans les
grandes agglomérations, pourraient être élus au suffrage universel en même temps que les conseillers municipaux. De même,
les assemblées départementales pourraient être élues sur un
mode de scrutin calqué sur l'intercommunalité. Les grands élus
qui composent la commission Mauroy ont déjà formulé au
cours de leurs travaux beaucoup d'autres propositions qui me
paraissent à la fois simples, pratiques et porteuses d'avenir.

« D'ici la fin 2000, trente-sept communautés d'agglomération
en cours de constitution vont pouvoir s'ajouter aux cinquante et
une déjà constituées à la fin de 1999. Deux nouvelles communautés urbaines ont vu le jour : Marseille et Nantes. Ainsi, un pouvoir
d'agglomération disposant de compétences stratégiques (développement économique, urbanisme, etc.) et d'une taxe professionnelle unique aura vu le jour dans la plupart des aires urbaines de
notre pays. Voilà du concret. En matière de décentralisation, la
France n'a pas besoin d'une nouvelle guerre de religion.

Jean-Pierre Chevènement, entretien à l'AFP,
22 août 2000.

1. Le 7 juillet 2000, Jean-Michel Rossi (ancien responsable d'A
Cuncolta nazionalista) et son ami Jean-Claude Fratacci ont été abattus à l'Ile-Rousse.

2. Jean-Guy Talamoni est le leader de Corsica Nazione.

3. François Santoni est un ancien dirigeant d'A Cuncolta, considéré comme la vitrine légale du FLNC.

4. François Santoni et Jean-Michel Rossi viennent de publier *Pour
solde de tout compte* aux éditions Denoël.

5. En novembre 1999, Lionel Jospin a chargé Pierre Mauroy de
présider un groupe de travail chargé de réfléchir à la réforme de la
décentralisation. Le groupe remettra son rapport au Premier ministre
le 17 octobre 2000.

2001. Le débat autour
de la mondialisation

Alors que la gauche se trouve au pouvoir depuis les élections législatives de 1997, celle-ci doit affronter un débat qui la piège parfois : la mondialisation. Plusieurs associations, notamment ATTAC, proposent, au sein d'une gauche non gouvernementale, de nouveaux modèles de développement, alternatifs à la « mondialisation capitaliste ». Dans un livre d'entretien, l'ancien Premier ministre socialiste Michel Rocard (né en 1930) propose sa propre analyse.

– Quel autre moyen discernez-vous pour nous protéger de la mondialisation et faire en sorte qu'elle soit positive pour la France ?

– Qu'est-ce que la mondialisation ? C'est d'abord un fait beaucoup plus ancien qu'on ne le croit. La France exporte ou importe de l'ordre de 24 % de son produit national, c'est-à-dire que nous importons et exportons beaucoup, mais à peine 2 % de plus qu'en 1913. L'ouverture de nos économies au monde n'est donc pas un fait récent. On appelle mondialisation des phénomènes nouveaux multiples et d'ordre technique. L'essentiel est technique et la conclusion politique.

Premièrement, l'accélération de la vitesse de transport. Quand il s'agit de produits sensibles, on les transporte par avion. Le transport vers les États-Unis représente désormais six ou sept heures au lieu de prendre des semaines. Même en ce qui concerne le transport lourd, on a gagné sur le calendrier. De même tout ce qui n'a pas de poids, les informations, mais aussi les ordres financiers, notamment boursiers, se transmet maintenant à la vitesse de la lumière.

A cela s'ajoute – et là on est dans la technique – le fait que les décideurs politiques ont abandonné, un peu partout dans le monde, tout contrôle des mouvements de capitaux. Cette évolution a été achevée en France alors que j'étais Premier ministre. J'aurais préféré que mon ministre des Finances, Pierre Bérégovoy, la négocie en contrepartie de la progression vers l'écu, devenu l'euro. En 1990, nous avons totalement libéré les mouvements de capitaux, et j'ai envie d'ajouter que nous ne pouvions pas faire autrement. La pression était trop forte, il n'y avait aucun sens à entraver notre insertion dans l'économie mondiale. Il ne faut pas se protéger de la mondialisation, il faut la faire jouer dans le bon sens, ce qui signifie arriver à ce que le monde entier se dote de règles. Pourquoi sommes-nous inquiets ? Parce que, en une décennie, nous avons vécu une dangereuse crise financière au Mexique, en 1991, suivie d'une autre crise financière en Europe, où, sur un assaut de spéculation, la livre sterling, la peseta et la lire italienne ont été expulsées du système monétaire européen. Il a fallu des années pour y ramener les deux dernières mais l'opération a échoué pour la livre sterling. Puis est survenue une nouvelle crise mexicaine et enfin la crise financière asiatique, qui a menacé l'équilibre de l'ensemble du système financier mondial. Nous vivons sur un volcan financier. Derrière tout cela, il faut préciser qu'il n'existe pas de règles sur les marchés mondiaux, 40 % des liquidités mondiales étant stockées dans des paradis fiscaux dont une part joue de manière effrénée un jeu de spéculation de court terme qui déstabilise les marchés mondiaux. A cet immense danger, il n'y a de solution que mondiale.

L'Europe est née d'un hasard. Celui de la rencontre entre, aujourd'hui, quinze nations, qui se sont dotées du meilleur niveau de protection sociale au monde. Cette convergence est le résultat de contingences historiques entre des pays qui relèvent d'une culture commune et d'un bon niveau de développement des services publics, à l'abri, jusqu'à présent, de l'appareil intellectuel logomachique, qui cherche à détruire la puissance publique au nom de sa non-pertinence.

Si on la compare avec les autres sociétés connues, plus pauvres, ou ayant atteint un niveau de développement analogue, mais plus cruelles socialement – je pense principalement aux États-Unis et au Japon –, l'Europe me paraît devoir remplir trois fonctions. La première est de défendre et d'exporter un modèle de société à haute protection sociale. La seconde – elle lui est liée – est de défendre et d'exporter un modèle de société à haute qualité de services publics : écoles, santé, routes, sécurité, etc. La troisième, puisque nous sommes au même niveau de puissance que les États-Unis et aussi riches, est d'assumer nos responsabilités dans l'instauration d'un ordre mondial. Cela nécessite d'abord l'accomplissement de missions et la présence des soldats au service de la paix dans le monde. Cela signifie, ensuite, un immense effort d'aide au développement. La protection sociale, le service public, la paix dans le monde, une autre compréhension du développement : telles sont donc les missions de l'Europe. Les deux premières donnent l'impression de ne se définir qu'à l'intérieur de l'Europe. C'est une illusion dans la mesure où c'est une question de débat international. Il s'agit d'imposer un modèle : les règles de la concurrence le mettraient à mal si nous ne le défendions pas fermement en l'étayant sur une forte productivité et une grande efficacité économiques. L'essentiel de la définition de l'Europe de demain passe pour moi par cette relation avec le reste du monde et le poids que l'Europe y prendra pour imposer ce modèle de société, lequel me paraît, du point de vue de l'éthique, comme de la morale sociale et politique à la fois le plus acceptable et le meilleur.

L'Europe dispose pour ce faire de plusieurs moyens. Le premier est intellectuel. Il existe aujourd'hui un profond débat sur le rôle de l'État et la responsabilité de la puissance publique, en matière de protection sociale et de service public. L'état des services publics en Grande-Bretagne est inquiétant. Tony Blair[1] lui-même est en train d'en prendre conscience. Mais il est vrai également que le commerce favorise la paix. Quand on transporte des produits, on transmet aussi bien des modes d'emploi que des ingénieurs. Des hommes se rencontrent, échangent des idées. Mais il n'y a guère de présence au monde qui ne soit appuyée sur la diplomatie et la force.

Dans trente ans, la moitié de la production mondiale sera assurée par l'Asie. Cette dernière contrôlera donc la moitié du commerce international. Seul le Japon – si on met à part le cas, plus compliqué, de l'Inde – a en Asie une relative habitude de la démocratie et celle de négocier l'issue de ses conflits d'intérêts plutôt que d'user de la force. Aucun autre pays d'Asie, ni la Chine, ni la Malaisie, ni l'Indonésie, ne possède cette culture. La défense de la paix dans le monde, de notre place commerciale – qui en est aussi la condition –, de notre système d'influence avec l'Asie, suppose que nous sachions écouter, comprendre, avoir le respect des hommes et des cultures. Mais il faut aussi que nous puissions exercer les pressions nécessaires, que nous disposions d'un appareil militaire dissuasif, capable d'empêcher que les règles du jeu, y compris commerciales mais aussi humaines, ne soient violées. Il faudra arriver à une forme d'ingérence, à une police mondiale. L'Europe comme les États-Unis sont les plus riches et les mieux à même de l'assurer. Il y a là des responsabilités éminentes et urgentes.

La place de l'Europe dans le monde nous pose à nous, Européens, des problèmes aussi urgents que l'assainissement de nos propres affaires intérieures. C'est pour cela que le débat sur les institutions futures de l'Europe m'insupporte, car personne ne soulève le problème des missions à remplir ni de savoir à quoi cela sert. On serait ainsi plus aisément convaincu de la nécessité qu'il y a à faire l'Europe et à la doter d'une structure, constitution ou simple traité. Je m'intéresse pour ma part à la substance, c'est-à-dire à l'autorité, à sa légitimité et à ses finalités, plus qu'au mot qui va couvrir la réalité. Traité, convention, constitution, accord, pacte, peu importe. Tous les Latins rêvent de constitution, tous les Scandinaves ont encore en tête que leur souveraineté est pour l'instant inviolable. Ils ne sont pas dans le mécanisme mental que je décris. Quant à la Grande-Bretagne, en grande mutation car elle a l'habitude des responsabilités mondiales, elle est en train de comprendre que nos responsabilités nous sont communes, comme en témoigne sa politique de défense européenne. Simplement elle n'a pas de constitution, et considère qu'écrire le droit revient à le rigidifier et à le rendre impraticable. Il faut respecter ces habitudes. L'enjeu central, c'est de savoir si nous voulons une Europe puissante et capable de faire rayonner son modèle de civilisation. Il faut alors interdire les règles qui mettent en danger la protection sociale, limitent les services publics, nous empêchent de contribuer à la consolidation de la paix, et nous conduisent à rester sourds face aux besoins des pays pauvres en matière de développement.

Michel Rocard, *Entretien avec Judith Waintraub*, Paris, Flammarion, « Mémoire vivante », 2001.

---

1. Premier ministre britannique issu du New Labour Party.

2002. La défaite de Lionel Jospin

A la surprise générale, placé au premier tour des élections présidentielles du 21 avril, derrière le candidat du Front national, Jean-Marie Le Pen, le candidat socialiste Lionel Jospin est éliminé du second tour. Ce dernier obtient 16,18 % des suffrages exprimés contre 16,86 % à Jean-Marie Le Pen. Un peu moins de 200 000 voix les séparent. Jacques Chirac, quant à lui, arrive en tête avec un score de 19,88 %. Ce bouleversement politique brutal conduit Lionel Jospin à annoncer immédiatement son retrait de la vie politique. Il en fait l'annonce le soir même des résultats du premier tour à partir de son « Atelier de campagne ».

« Si, comme on peut le penser, les estimations sont exactes, le résultat du premier tour de l'élection présidentielle vient de tomber comme un coup de tonnerre. Voir l'extrême droite représenter 20 %[1] des voix dans notre pays et son principal candidat affronter celui de la droite au second tour est un signe très inquiétant pour la France et pour notre démocratie.

« Ce résultat, après cinq années de travail gouvernemental entièrement voué au service de notre pays, est profondément décevant pour moi et ceux qui m'ont accompagné dans cette action. Je reste fier du travail accompli. Au-delà de la démagogie de la droite et de la dispersion de la gauche qui ont rendu possible cette situation, j'assume pleinement la responsabilité de cet échec et j'en tire les conclusions en me retirant de la vie politique après la fin de l'élection présidentielle. Jusque-là, je continuerai naturellement d'exercer ma fonction de chef du gouvernement.

« J'exprime mes regrets et mes remerciements à tous ceux qui ont voté pour moi et je salue les Français que j'ai servis de mon mieux pendant ces cinq années. J'invite les socialistes et la gauche à se mobiliser et à se rassembler dès maintenant pour les élections législatives afin de préparer la reconstruction de l'avenir[2]. »

Lionel Jospin, déclaration du 21 avril 2002.

1. Bruno Mégret, candidat du second parti d'extrême droite, le Mouvement national républicain (MNR), issu d'une scission du Front national, atteint le score de 2,34 %.

2. Les élections législatives devaient suivre l'élection présidentielle au mois de juin selon une inversion de calendrier voulue par Lionel Jospin.

Index

Table

1918-1944
LE TEMPS DES CRISES

LE TEMPS DES RENOUVEAUX ?

Ouvrages d'Olivier Wieviorka

AUX MÊMES ÉDITIONS

Nous entrerons dans la carrière
De la Résistance à l'exercice du pouvoir
« XXᵉ siècle », *1994*

Une certaine idée de la Résistance
Défense de la France. 1940-1949
« XXᵉ siècle », *1995*

Les Orphelins de la République
Destinées des députés et sénateurs français. 1940-1945
« L'Univers historique », *2001*

EN COLLABORATION AVEC J.-P. AZÉMA

Les Libérations de la France
La Martinière, 1993

Vichy, 1940-1944
Librairie académique Perrin, 1997

Ouvrages de Christophe Prochasson

AUX MÊMES ÉDITIONS

Contributions à

Les Formes de la culture
Histoire de la France, t. 4
sous la direction d'André Burguière et Jacques Revel
1993

Les Intellectuels, le Socialisme
et la Guerre. 1900-1938
« L'Univers historique », *1993*

CHEZ D'AUTRES ÉDITEURS

Les Années électriques, 1880-1910
*La Découverte, « L'aventure intellectuelle
de la France au XXᵉ siècle », 1991*

Au nom de la Patrie
Les intellectuels et la Première Guerre mondiale,
1910-1919
*(en collaboration avec Anne Rasmussen)
La Découverte, 1996*

Les Intellectuels et le Socialisme. XIXᵉ-XXᵉ siècle
Plon, 1997

Paris 1900. Essai d'histoire culturelle
Calmann-Lévy, 1999

Introduction à l'histoire de la France au XXᵉ siècle
La Découverte, 2000

Dictionnaire critique de la République
*dirigé en collaboration avec Vincent Duclert
Flammarion, 2002*

Du « vrai » et du « faux » dans la Grande Guerre
*en collaboration avec Anne Rasmussen
La Découverte, 2004*

IMPRESSION : NORMANDIE ROTO IMPRESSION S.A.S., À LONRAI
DÉPÔT LÉGAL : FÉVRIER 2004. N° 63236 (033140)
IMPRIMÉ EN FRANCE